Norbert Eisold · Edeltraud Lautsch

Sachsen-Anhalt

Zwischen Harz und Fläming, Elbe, Unstrut und Saale – eine denkmalreiche Kulturlandschaft

DUMONT KUNST REISEFÜHRER

In der vorderen Umschlagklappe:
Übersichtskarte von Sachsen-Anhalt

In der hinteren Umschlagklappe:
Plan der Englischen Anlagen zu Wörlitz

Die wichtigsten Orte auf einen Blick

Allstedt (C 3) 381	Landsberg (E 4) 302
Arendsee (C 10) 93	Leitzkau (E 6) 76
Aschersleben (C 5). . . 218	Lützen (E 3) 316
Bad Kösen (D 2) 342	Magdeburg ☆☆ (D 7) . . 55
Bad Lauchstädt ☆ (D 3) 313	Mansfeld (C 4) 372
	Memleben (C 3) 356
Ballenstedt ☆ (B 5) . . 211	Merseburg ☆☆ (E 3). . 304
Bernburg ☆ (D 5). . . . 226	Naumburg ☆☆ (D 2). . 328
Blankenburg ☆ (B 5) . 182	Oranienbaum ☆ (F 5) . 253
Bodetal (B 5) 181	Osterwieck ☆ (A 6) . . 155
Brocken (A 5) 194	Petersberg (E 4) 299
Burgscheidungen (D 3) 348	Prettin (G/H 5) 274
Dessau ☆☆ (E 5) 241	Quedlinburg ☆☆ (B 5) 170
Diesdorf (A 10) 103	Querfurt ☆ (D 3) 350
Drübeck (A 5) 191	Salzwedel ☆☆ (B 10) . . 95
Eisleben ☆ (C 4) 363	Sangerhausen ☆ (C 4) . 376
Falkenstein ☆ (C 5) . . 209	Schönebeck-Salzelmen (D 6) . . . 127
Freyburg ☆ (D 2) 344	Schulpforta ☆ (D 2) . . 340
Gardelegen (C 9) . . . 105	Seeburg (D 4) 360
Gernrode ☆☆ (B 5) . . 214	Stendal ☆☆ (D 9). . . . 109
Halberstadt ☆☆ (B 6) . 158	Stolberg ☆ (B 4) 195
Halle ☆☆ (E 4) 281	Tangermünde ☆ (D/E 9) 119
Hamersleben ☆☆ (B 6) 139	
Havelberg ☆☆ (E 10) . . 84	Thale (B 5) 181
Hecklingen (C 5) . . . 224	Weißenfels ☆ (E 2). . . 317
Huysburg (B 6) 157	Werben (D/E 10) 89
Ilsenburg (A 5) 193	Wernigerode ☆ (A 5) 186
Jerichow ☆☆ (E 8). . . . 79	Wittenberg ☆☆ (G 6) . 265
Kloster Gröningen (B 6) 137	Wörlitzer Garten ☆☆ (F 5) 256
Köthen ☆ (E 5) 232	Zeitz (E 2) 322
Kyffhäuser ☆ (B 3) . . . 199	Zerbst (E 6) 236

ohne Stern
sehenswert

☆
Umweg lohnt

☆☆
keinesfalls versäumen

Vollständiges Verzeichnis der Orte im hinteren Registerteil

Inhalt

Land und Geschichte

Das Land Sachsen-Anhalt	8
Geschichte an mittlerer Elbe und unterer Saale	11
Vom Faustkeil zum Sachs	11
Das Schwert zwischen Kreuz und Krone	17
»Ein' feste Burg ist unser Gott«	23
Gleichschritt, Ladestock und Schönheit	26
Die preußische Provinz Sachsen	29
Die goldenen Zwanziger	32
Das ›sozialistische Experiment‹	34
Daten zur Geschichte	37
Galerie bedeutender Persönlichkeiten	41

Reisen durch Sachsen-Anhalt

Magdeburg   54

Das ›dritte Rom‹	55
Dom	55
Kloster Unser Lieben Frauen	64
Zwischen Hasselbachplatz und Lutherturm	65
Außenbezirke und Grünanlagen	70

Rechts der Elbe   72

Zwischen Magdeburg und Hohem Fläming	73
Rund um Burg und Gommern	73
Die Streusandbüchse des Heiligen Römischen Reiches	78
Von Magdeburg nach Jerichow	78
Jerichow	79
Havelberg	84

Die Alte Mark   88

»O ihr Altmärker, danket Gott!«	89
Von Werben zum Arendsee	89
Salzwedel	95
Von Osterwohle bis Kalbe	102
Gardelegen	105
Über Kloster Neuendorf nach Bismark	108
Stendal	109
Arneburg und Hämerten	119
Tangermünde	119

Die Börde bei Magdeburg — 126
- Kreuz und quer durch die Börde — 127
  - Schönebeck — 127
  - Von Groß Mühlingen nach Gröningen — 131
- Zwischen Großem Bruch und Mittellandkanal — 139
  - Hamersleben — 139
  - Von Beckendorf-Neindorf nach Wolmirstedt — 141

Der Harz — 152
- »Harz, Du Muttergebürg« — 153
  - Rund um Osterwieck — 154
- Halberstadt — 158
- Quedlinburg — 170
- Hexen, Teufel und Heilige — 181
  - Thale und Bodetal — 181
  - Blankenburg und Umgebung — 182
- Wernigerode — 186
  - Über Drübeck und Ilsenburg zum Brocken — 191
  - Rund um Stolberg — 195
- Im Kyffhäusergebirge — 199
  - Tilleda und Kelbra — 201
  - Bad Frankenhausen — 203

Von Anhalt nach Anhalt — 206
- Die Wiege Anhalts – der Harzkreis — 207
  - Von Burg Anhalt nach Harzgerode — 207
  - Rund um Burg Falkenstein — 209
  - Ballenstedt — 211
  - Gernrode — 214
- Aschersleben — 218
  - Drei Wege nach Bernburg — 222
- Bernburg — 226
  - Gröbzig — 231
- Köthen — 232
  - Aken — 234
- Zerbst — 234
- Der Dessau-Wörlitzer Kulturkreis — 241
  - Dessau-Roßlau — 241
  - Großkühnau und Mosigkau — 250
  - Roßlau — 253
  - Oranienbaum und Gräfenhainichen — 254
  - Wörlitz — 257
  - Coswig — 262

Reformationsland — 264
- Lutherstadt Wittenberg — 265

An Saale, Unstrut und Weißer Elster   280
Halle   281
  Stationen zwischen Wettin und Landsberg   297
Merseburg   304
  Rund um Merseburg   312
Weißenfels   317
  Goseck   321
Zeitz   322
  Umgebung   327
Naumburg   328
  Über Schulpforta nach Eckartsberga   339
Weinselig und burgenreich – im Tal der Unstrut   343
  Freyburg   344
  Von Laucha nach Tröbsdorf   348
  Über Steigra nach Querfurt   350
  Von Reinsdorf über Memleben
  zum Wendelstein   353

Das Mansfelder Land   358
Eine »um- und umgewendete Landschaft«   359
Zwischen Seeburg und Helfta   360
Lutherstadt Eisleben   363
An Eine und Wipper   371
  Lutherstadt Mansfeld   372
  Klostermansfeld, Hettstedt und Wiederstedt   374
Sangerhausen und Umgebung   376
  Sangerhausen   376
  Allstedt   381

Erläuterung der Fachbegriffe (Glossar)   383
Literaturauswahl   390
Abbildungsnachweis   391
Verzeichnis der Karten und Pläne   392

Tipps und Adressen
Hinweise für die Reiseplanung   395
Informationen für unterwegs – von Ort zu Ort   399
Reiseinformationen von A bis Z   420
Register   427

Land und Geschichte

Land und Geschichte

Das Land Sachsen-Anhalt

Das Land Sachsen-Anhalt ist ein Ergebnis jüngster Geschichte. Es kann weder auf eine lange politische Tradition zurückblicken noch nimmt es einen geographisch geschlossenen Raum ein. Dennoch schlägt in seinen Kerngebieten an mittlerer Elbe und unterer Saale ein Puls, dessen Rhythmus seit ur- und frühgeschichtlicher Zeit durch spezifische Eigenarten und in geschichtlicher Zeit durch ein Kontinuum historischer Kräfte bestimmt wurde.

Ein Land Sachsen-Anhalt, wie es heute existiert, bestand erstmals die kurze Zeit vom 9. Juli 1945 bis zum 25. Juli 1952.

Sachsen-Anhalt, wie es seit dem 14. Oktober 1990 wieder existiert, hat davor nur die äußerst kurze Zeit vom 9. Juli 1945 bis zum 25. Juli 1952 bestanden. Es war hervorgegangen aus den alten anhaltischen Territorien, die sich vom Harzkreis mit dem Zentrum Ballenstedt in östlicher Richtung bis nach Dessau ausbreiteten, und aus dem Hauptgebiet der 1815 ins Leben gerufenen preußischen Provinz Sachsen. Diese war schon 1944 um den zu Thüringen geschlagenen Regierungsbezirk Erfurt verkleinert worden. Der östliche Teil des braunschweigischen Kreises Blankenburg und die Exklaven Allstedt und Calvörde kamen hinzu. Die Grenzen dieses Landes änderten sich nochmals, als 1952 aus seinem Territorium die beiden Bezirke Magdeburg und Halle hervorgingen. Der Bezirk Magdeburg verlor die Kreise Quedlinburg und Aschersleben sowie einen schmalen östlichen, an den Bezirk Potsdam fallenden Grenzstreifen. Dafür erhielt er den ehemals anhaltischen Kreis Zerbst und das ehemals brandenburgische Havelberg. Der Bezirk Halle, einerseits um die Kreise Aschersleben und Quedlinburg erweitert, gab im Osten große Teile des alten Landesterritoriums an die Bezirke Leipzig und Cottbus ab. Von ihnen hat sich mit der Neugründung des Landes nur der Kreis Jessen zur Rückkehr entschieden. Auch im Süden, zu den thüringischen Bezirken, gab es Veränderungen. So erhielt Halle die Gegend um Frankenhausen, die als Kreis Artern 1990 wieder zu Thüringen wechselte.

Das Land Sachsen-Anhalt vermittelt einen Eindruck der Vielgestaltigkeit, ja Widersprüchlichkeit. Dies kann durchaus dazu verführen, gerade im Wechsel der unterschiedlichen Einflüsse und Entwicklungen, im Unabgeschlossenen und Offenen den oft überwältigenden Reiz, die Qualitäten und die künftigen Chancen dieses europäischen Durchgangslandes zu erblicken.

Angesichts einer solchen Geschichte kann es nicht verwundern, dass Sachsen-Anhalt als Land, als soziale, kulturelle oder wirtschaftliche Größe gerade erst beginnt, in das allgemeine Bewusstsein zu treten, zumal schon der große Vorgänger, die preußische Provinz Sachsen, als »allein aus Gründen der Verwaltung völlig künstlich geschaffen« galt und die früher oder später notwendige Reform der deutschen Bundesländer auch Sachsen-Anhalt wieder in einem größeren politischen Verbund aufgehen lassen wird. Doch kann man den von den Sachsen im frühen Mittelalter eingenommenen nordthüringischen Raum als ein Gebiet mit einer gewissen Eigenständigkeit betrachten, sowohl gegenüber den nordwestlichen sächsischen Stammlanden als auch gegenüber den übrigen Territorien. Nach dem Ende der großen Zeit der sächsischen Könige übernahmen hier, an der mittleren Elbe, das Erzbistum Magdeburg und eine Vielzahl klei-

Das Land Sachsen-Anhalt

Bekrönt vom »deutschesten aller Berge«, dem Brocken, dem von Teufels- und Hexenspuk umwitterten Blocksberg, scheint der Harz mit seiner sagenumwobenen, vielgestaltigen Gebirgslandschaft tatsächlich einzig dazustehen. Vom Gipfel des Brockens bietet sich bei gutem Wetter ein weiter Blick auf das zu seinen Füßen sich ausbreitende Land Sachsen-Anhalt.

nerer Herrschaften die Rolle der prägenden Kräfte. Vor allem unter ihnen wurde Sachsen-Anhalt zu einer der bedeutendsten deutschen Kulturlandschaften. Eine nicht unbeträchtliche Anzahl der Bau- und Kunstdenkmäler zeichnet sich durch eine Großartigkeit aus, die nicht allein deutschen, sondern europäischen Rang besitzt.

Die heutige Landeshauptstadt Magdeburg – im Zweiten Weltkrieg um große Teile ihrer historischen Bausubstanz gebracht – wurde unter dem ehrgeizigen Sachsenkaiser Otto I. als ›drittes Rom‹ verehrt. Hier wirkten geistliche Fürsten wie Norbert von Xanten oder Wissenschaftler wie der berühmte Physiker Otto von Guericke, der mit seinen Magdeburger Halbkugeln die enorme Kraft des Luftdrucks sichtbar machte. Der 1209 nach französischem Muster begonnene gotische Dom zählt zu den bedeutendsten Kathedralen Deutschlands. Wie einst steht er über dem Ufer des Elbstroms, der sich hier nach Norden wendet, um in weiten, mitunter melancholisch stimmenden Auen- und Wiesenlandschaften, aber auch begleitet von windzerzausten Steilufern, den Weg durch die Norddeutsche Tiefebene in die Nordsee anzutreten.

Östlich des Flusses dehnt sich ein schmaler Streifen sandigen Landes über Jerichow bis hinauf zum ehemaligen Bistumssitz Havelberg, dem Südzipfel der Prignitz. Westlich des Flusses breitet sich die bevorzugt landwirtschaftlich geprägte Altmark aus. Dominiert im Süden des Landes der Feld-, Kalk- oder Sandstein, ist hier der kulturvolle rote Backstein das dominierende Baumaterial. Die großen Kirchen bzw. Klöster von Jerichow, der alten Kaiserstadt Tangermünde, Havelberg, Werben, Salzwedel oder Stendal legen nicht nur davon ein beredtes Zeugnis ab.

Südlich und westlich von Magdeburg entfalten die weiten, fruchtbaren Ackerflächen der Börde mit kleinen eingestreuten Dörfern

Land und Geschichte

und Städten ihren spröden, verschlossenen Reiz, aus dem die hochromanische Stiftskirche in Hamersleben wie ein Juwel aufleuchtet.

Zwischen den mehr landwirtschaftlich orientierten nördlichen Landesteilen und dem stärker industrialisierten Süden legen sich die von Harzgerode bis Wörlitz reichenden anhaltischen Gebiete wie ein Gürtel über das Land. Hier ist es der Weg von der ottonischen Stiftskirche Gernrode bis zu dem von Walter Gropius entworfenen Bauhaus in Dessau, der 1000 Jahre Architekturgeschichte lebendig macht. Die Schlösser von Ballenstedt, Bernburg oder Köthen stehen als steinerne Zeugen einer vor allem durch Erbteilungen charakterisierten Landesgeschichte. Diese erreicht im vielgerühmten Dessau-Wörlitzer Kulturkreis ihren Höhepunkt. Ende des 18., Anfang des 19. Jh. war das schon früher von den bürgerlichen Niederlanden beeinflusste Fürstentum Anhalt-Dessau unter seinem Regenten Leopold III. Friedrich Franz ein von den aufgeklärten Geistesgrößen Deutschlands in den Rang eines Wallfahrtsortes erhobenes ›Musterländchen‹. Das von Friedrich Wilhelm von Erdmannsdorff entworfene Wörlitzer Schloss gilt als Gründungsbau des Klassizismus in Deutschland und der über 100 ha große Wörlitzer Garten als erster großer Landschaftspark auf dem europäischen Festland.

Nur 20 km östlich liegt Wittenberg. Ausgelöst durch Martin Luther nahm die Reformation, die für die europäische Geistesgeschichte der Neuzeit wohl folgenreichste Bewegung, hier ihren Ausgang. In dem zu dieser Zeit in der neu erbauten Moritzburg in Halle residierenden Magdeburger Erzbischof Kardinal Albrecht fand sie einen ihrer exponiertesten Gegner. Dennoch war es ausgerechnet dieser Renaissancefürst, der als Bauherr und Mäzen den Umbau Halles zu einer Stadt modernen Stils förderte. Ende des 17. Jh. als Zentrum der Frühaufklärung gerühmt und Anfang des 19. Jh. durch die Ausstrahlung von Reichardts Garten ein Treffpunkt vor allem der romantischen Künstlergeneration, verband sich in neuerer Zeit der Name der Stadt immer mehr mit den in unmittelbarer Nähe entstehenden Industrie- und Bergbauregionen Bitterfeld und Leuna. Das hier wie in den Braunkohlegruben des Geiseltals, den Mansfelder Bergbaurevieren oder anderen Gebieten so erschreckend gestörte Gleichgewicht zwischen Landschaft und menschlicher Zivilisation steht in hartem Kontrast zu den lieblichen Partien der oft besungenen, burgenreichen Täler der Saale und der Unstrut. Dort, an manchem alten Weinberg, scheint die Zeit wie im Schlaf zu ruhen und das Gleichgewicht zwischen Natur und menschlicher Kultur noch von Bestand. Die gemütlichere Gangart und der kursächsische Barock haben nicht nur Weißenfels oder Zeitz beeinflusst. Burg Saaleck und die Rudelsburg, die Winzerstadt Freyburg oder die Domstadt Naumburg sind nur weitere von vielen lohnenden Zielen. Der Naumburger Dom gehört wie der Magdeburger und der Halberstädter Dom zu den wertvollsten Deutschlands.

Als »schönstes deutsches Mittelgebirge« nimmt der Harz natürlich auch unter den Landschaften Sachsen-Anhalts eine Sonderstellung ein. Seit der Königswahl des Sachsenherzogs Heinrich für 100 Jahre zur Königslandschaft und einem der Zentren des werdenden Reiches erkoren, bestimmen neben den Fachwerkstädten Quedlinburg, Stolberg, Wernigerode und Osterwieck sowie den zahlreichen Burgruinen und Schlossbauten jedoch vor allem die Kirchen- und Klosterbauten aus romanischer Zeit das unverwechselbare Gesicht des Harzraums. Gekrönt wird die vielgestaltige Gebirgslandschaft vom »deutschesten aller Berge«, dem Brocken. Von seinem Gipfel bietet sich bei gutem Wetter ein weiter Blick auf das zu seinen Füßen sich ausbreitende Land Sachsen-Anhalt.

Geschichte an mittlerer Elbe und unterer Saale

Vom Faustkeil zum Sachs

Im Einzugsgebiet der mittleren Elbe und unteren Saale waren es vor allem die sich aus der Leipziger Tieflandbucht über das Merseburger und Querfurter Land nach Magdeburg bis an den Rand der Letzlinger Heide und weiter nach Westen ausdehnenden Schwarzerde- und Lößlandschaften, die schon in vor- und frühgeschichtlicher Zeit ideales Siedlungsgebiet für den Menschen darstellten. In ganz Mitteleuropa sind ihm nur wenige ebenso dicht und dauerhaft besiedelte Gebiete vergleichbar. Da die Altsteinzeit zeitlich mit der jüngsten Vereisungsperiode Mitteleuropas verbunden ist, sind die frühesten Werkzeuge nur noch aus ihrem eigentlichen geographischen Zusammenhang verschoben in Flussschotterterrassen zu finden. Für Sachsen-Anhalt wären hier Fundstätten wie Wangen im Unstrut-Tal und Wallendorf westlich von Merseburg zu nennen. Eine überaus glückliche Ausnahme bildet der Fundplatz Bilzingsleben an der Wipper südöstlich der Hainleite. Diesem Rastplatz einer Frühmenschengruppe wird von der Wissenschaft ein Alter von 350 000 Jahren zugestanden. Die wichtigsten Funde dieses Ortes sind Bruchstücke vom Schädelknochen des Homo erectus. Splitterartige Feuersteingeräte, grob zugerichtete größere Geräte aus Quarzit oder Knochen dienten diesen Menschen als Werkzeuge. Eine Unzahl von Zähnen und Knochen ihrer Jagdbeute – Knochen, die teils mit Gravierungen verziert waren – ließ auf ein recht umfangreiches Nahrungsangebot schließen. Waldelefant, Nashorn, Antilope, Hase, Hirsch, Vögel und Biber, ja sogar Löwe und Schildkröte, Früchte und verschiedene Pflanzenteile standen auf dem ›Speisezettel‹.

In der folgenden Kaltzeit verschlechterten sich die Lebensbedingungen. Nur die große Anpassungsfähigkeit des Menschen sicherte sein Überleben. In der nun typischen Tundrenlandschaft jagte er

Die Klage der Prinzessin Radegunde, übermittelt von Venantius Fortunatus in ›De excidio Thuringiae‹, legt ein erschütterndes Zeugnis aus der Zeit Ende des 6. Jh. ab: »Wie rasch stürzen stolze Reiche zu Boden! Lang sich hinziehende Dachfirste, die in Zeiten des Glücks dagestanden hatten, liegen nun, durch die furchtbare Niederlage gebrochen, verbrannt am Boden. Die Halle, die vorher im königlichen Schmuck geprangt hatte, bedeckt jetzt an Stelle gewölbter Decke, Trauer erregend, glühende Asche ... Unbeerdigt bedecken Leichen das Feld. Und so liegt das ganze Volk in einem einzigen Grab.«

Land und Geschichte

Erste künstlerische Impulse entfalten sich in Fruchtbarkeits- und Jagdzaubern. Kleine stilisierte, etwa 14 000 Jahre alte Frauenfigürchen, wie sie in Nebra gefunden wurden, verraten noch wenig über die Motivation dieser ersten ›Künstler‹. Es lässt sich aber vermuten, dass diese Kunst eng mit kultischen Gebräuchen, mit Heilkunde, Totenverehrung, Musik und Tanz verwoben war.

nach Mammut, Wollnashorn, Riesenhirsch, Bison, Ur und Pferd. Fundstücke im Elbtal bei Magdeburg oder in Hundisburg legen Zeugnis von diesem Überlebenskampf ab, in dem sich der Mensch auch in den folgenden Perioden gegen zahlreiche klimatische Wechsel behaupten musste.

Bereits die Herstellung eines Faustkeils erforderte komplizierte Schlagtechniken, und so entwickelte sich über das Handwerk auch die Verfeinerung der Jagdgeräte – Speer, Speerschleuder, Harpune, Pfeil und Bogen. Höhle oder einfacher Windschutz wurden durch die transportable Behausung aus Stöcken, Knochen, Geweihen und Fellen ersetzt. Gemeinsam mit der beginnenden Nutzung des Feuers bedeutete das einen ungeheuren Gewinn an Unabhängigkeit.

Die im Holozän nach dem Abschmelzen des Festlandeises einsetzende Erwärmung ließ Siedler aus dem südöstlichen Europa in die nördlichen Teile vorstoßen. Sie brachten die entscheidende Kenntnis über den Ackerbau mit. Fortan wurde damit begonnen, die Umwelt nach eigenem Bedarf umzugestalten. Der Mensch wurde sesshaft. Gerste, Einkorn, Emmer, Zwergweizen sowie Lein, Erbse, Linse und Hirse waren schon in der frühen Jungsteinzeit bekannt. Jagd spielte bald nur noch eine untergeordnete Rolle, da Schweine, Ziegen, Schafe und Rinder als Haustiere gehalten wurden. Einfache Pfostenhäuser mit Schilf-, Stroh- oder Grassodendächern dienten als Unterkunft. Die Siedlungen, die zum Teil mit Gräben, Wällen und Palisadenzäunen umwehrt waren, nahmen mitunter beträchtliche Ausmaße an: In der Dölauer Heide bei Halle wurde eine solche Anlage auf einer Fläche von 25 ha ausgegraben. Die Vorratswirtschaft spielte eine immer größere Rolle. Neben Erdgruben fanden sich immer häufiger auch Scherben und Gefäße aus Ton. An Hand der Muster und Formen der verschiedenen Gefäße ließen sich allein im Mittelelbe-Saale-Gebiet über einen Zeitraum von ca. 3000 Jahren 14 selbständige Kulturen nachweisen. Die wichtigsten Gruppen sind in chronologischer Reihenfolge die Linien- oder Stichbandkeramiker, Trichterbecher- und Schnurkeramiker.

Weitere Aufschlüsse über die Lebensumstände der jungsteinzeitlichen Menschen konnten aus der Art und Weise ihrer Bestattungen gewonnen werden. Steinkisten aus exakt behauenen Platten oder Großsteingräber setzten komplizierte Arbeitsverfahren voraus. Die Verstorbenen wurden in Hocklage oder gestreckt bestattet, teils in einfachen, teils aber eben in solchen steingestützten Erdgräbern. Die Entdeckung ganzer Gruppengräber könnte ein erster Hinweis auf familiäre Bindungen sein, auf einen Zusammenhalt in Großfamilien, also Sippenverbänden. Die vielfach noch heute in Feldfluren anzutreffenden schlanken, aufgerichteten Steine, die so genannten Menhire, fanden sowohl im Totenkult als auch in anderen rituellen Zusammenhängen Verwendung. Ein schönes Beispiel ist die ›Steinerne Jungfrau‹ in der Nähe der Dölauer Heide. Neben der Entwicklung des Kultus beiddruckt besonders die technologischer Neuerungen. Nachweislich erfolgreiche Schädeloperationen mögen hier als

Vom Faustkeil zum Sachs

In der ›historischen Quadratmeile‹ im Haldenslebener Forst konzentrieren sich gleich 84 Großsteingräber, die sich auf rund 4000 vor der Zeitenwende zurückdatieren lassen. Diese Dichte ist einmalig in ganz Mitteleuropa. Darüber hinaus finden sich auch in der Altmark zahlreiche Hünengräber.

überraschendstes Beispiel stehen. Rad und Wagen wurden bereits gebaut, Steinbohrer und Pendelsäge, Spinnwirtel und Webgewichte waren in Gebrauch. Bernsteinfunde lassen auf Handelswege bis zum Meer schließen. Die Fortentwicklung von Pfeil und Bogen, der Gebrauch von Streitaxt und Schild und nicht zuletzt die bereits erwähnte, oft starke Umwehrung der Siedlungen weisen zudem darauf hin, dass aus dem Nebeneinander sich kaum berührender Kulturen mit zunehmender Besiedlungsdichte immer mehr auch ein Gegeneinander wurde. Damit war das Ende des steinzeitlichen, unter dem Vorzeichen des Mutter- und Naturkultes stehenden Zusammenlebens eingeläutet.

Zudem wirkte der Umgang mit den Metallen in allen Bereichen revolutionierend. Nicht von ungefähr nennen die Historiker, die von 1800–700 v. Chr. währende Periode Bronze- und die daran anschließende Eisenzeit. Neben Ackerbauern und Viehzüchtern profilierten und spezialisierten sich vor allem die mit den neuen Techniken vertrauten Handwerker, aber auch Bergleute oder Händler. Gerade den letzteren dürfte das Pferd, welches nun vermehrt als Zug- und Reittier Verwendung fand, wichtig gewesen sein. Die anderen Haustiere, die Ende der Bronzezeit schon in Ställen gehalten wurden, dienten fast ausschließlich als Fleischlieferanten. Sowohl in der Landwirtschaft als auch im Handwerk wurde nun über die notwendigsten Bedürfnisse hinaus produziert. Forscher fanden entsprechende Handwerker- und Händlerdepots, ebenso Hausschätze. Die Hortfunde und Grabbeigaben dagegen sind wohl dem kultischen Bereich zuzurechnen, waren Opfergaben oder sollten der eigenen Ausstattung im Jenseits dienen. Dabei müssen die Vorstellungen über dieses Jenseits sehr differenziert gewesen sein. So überwiegt zu bestimmten Zeiten fast ausnahmslos die Feuerbestattung. Häuptlingsgräber aus der frühen Bronzezeit, von denen das in Helmsdorf bei Eisleben ergrabene besonderen Rang besaß, werfen zugleich ein erhellendes

Die etwa 3600 Jahre alte ›Himmelsscheibe von Nebra‹ ist der spektakulärste Bronzezeitfund der letzten Jahre, die vermutlich älteste konkrete Himmelsdarstellung der Welt (zu sehen im Landesmuseum für Vorgeschichte in Halle/ Saale). 20 km vom Fundort der Himmelsscheibe entdeckte man 1991 ein ca. 7000 Jahre altes Sonnenobservatorium, das als das älteste Europas gilt. Die rekonstruierte Anlage ist seit 2005 zugänglich.

13

Land und Geschichte

Als Zeichen größerer kriegerischer Auseinandersetzungen an der Wende zur Eisenzeit gelten Funde einzelner eiserner Gegenstände, Spuren von verbrannten Siedlungen und zerstörten Wallanlagen sowie häufig entdeckte Versteckfunde.

Opfergefäß in Stiergestalt aus Halle/Trotha (um 4000 v. Chr.), Landesmuseum für Vorgeschichte, Halle

Licht auf die beginnende soziale Differenzierung innerhalb der Sippen und Verbände. Vornehmlich wird diese frühe Stufe von der Aunjetitzer Kultur geprägt, die sich im Laufe der Zeit aufsplitterte und neuen, von den Randzonen des Mittelelbe-Saale-Gebietes hereindrängenden Kulturen Platz machen musste.

Seit dem 5. Jh. v. Chr. kam es zu intensiveren Berührungen mittelmeerischer mit germanischen Völkern. Die von Südwesten eindringenden Kelten gewannen vornehmlich im thüringischen Raum Einfluss. Die nördlich davon siedelnden, wohl hauptsächlich germanischen Stämme übernahmen nur in Ausnahmen einzelne Elemente keltischer Kultur und diese oft in einem veränderten Sinnzusammenhang. Sie hatten eine eigene kulturelle Sprache entwickelt, die sie auch bewahrten. In der Bestattung, wo Verbrennung neben Leichenbeisetzung stand, ist die Form der Haus- und Gesichtsurnen, die im Gebiet von Dessau, Köthen und Halberstadt auftauchen, besonders interessant. Bei Halle, das damals durch die bereits intensiv betriebene Salzsiederei eine besonders farbige Kultur ausgebildet hatte, war der Fund der ›Fürstin von Trotha‹ ausgesprochen aufschlussreich. Die vornehme Dame trug mit einer Nadel zusammengestecktes Haar, Armreifen und eine Halskette. Auch ihr Gewand war mit Nadeln zusammengerafft. Im ganzen ein Bild, das kaum dem einer kulturlosen Barbarin entspricht.

Durch die erste heftige Konfrontation mit der sklavenhaltenden, hochkultivierten Weltmacht Rom traten die Germanen Mitteleuropas am Ende des 2. Jh. v. Chr. aus dem Dunkel vorgeschichtlicher Entwicklung. Als wirksamer als jede noch so überlegene Kriegstechnik erwies sich ihr ideeller Zusammenhalt: Der Kodex des unbedingten Gehorsams wurde zur Potenz. Diese Gefolgschaft setzte eine festgelegte Rangordnung voraus. An der Spitze stand der so genannte Herzog, also derjenige, der dem Heer vorauszog und so zur Leitfigur wurde. Mit Erfolg: Am Ende marschierten nicht die römisch-kaiserlichen Legionen in Germanien ein, sondern Germanen in die römischen Provinzen und schließlich in das weströmische Kernland. Von dort übernahmen sie nicht nur bestimmte technische und künstlerische Neuerungen, sondern später auch Brauchtum und Rechtsgewohnheiten. Dies belegen vor allem Erzeugnisse aus Ton und abermals Beigaben, wie sie in den Gräbern von Leuna, Ermsleben oder Aschersleben aufgefunden wurden. Römische Tafelgeschirre, Glas, Schmuck, Münzen, Toilettengeräte, auch ein römisches Arztbesteck fanden sich dort.

Die Wohnbauten des germanischen Stamms der Hermunduren waren dreischiffige, aus Stall- und Wohntrakt bestehende hölzerne Pfostenhäuser, deren Grundmodell besonders in der Altmark bis in das 19. Jh. hinein Bestand hatte. Die Sippenverbände und patriarchalisch geprägten Großfamilien jedoch veränderten nach dem Sieg über das Römische Reich ihre auf Gemeinschaftlichkeit beruhende Struktur. Große Herrenhöfe, in denen die Wirtschaftsgebäude vom Wohngebäude getrennt standen, bezeugen die Ausbildung einer Aristokratie. Selbst in die kultischen Gebräuche drangen südliche Gewohnheiten ein. In manchen Gräbern beispielsweise wurde der so genannte Charonspfennig entdeckt, das Fährgeld, welches nach römischem Glauben für das Übersetzen über den Acheron an Charon, den Fährmann der Unterwelt, zu entrichten war.

Die Bezeichnung der an die römische Kaiserzeit anschließenden Periode als ›Völkerwanderungszeit‹ (375–700) lässt eher an einen Spaziergang größeren Ausmaßes denken als an den durch die Zerschlagung des weströmischen Reiches nun einsetzenden kriegerischen Verdrängungswettbewerb um bessere Siedlungsplätze. Die aus dem inneren Asien vordringenden Hunnen waren hier unter ihrem König Attila ein besonders aggressives Element. Ihm konnten sich auch die Germanen nur schwer widersetzen. Erst die Niederlage auf den Katalaunischen Feldern in Gallien 451 zwang die Hunnen zum Rückzug und löste die Fesseln der Tribut- und Gefolgschaftspflicht.

An der Zerstörung des Limes wie an der Eroberung der römischen Provinzen war wahrscheinlich der um diese Zeit im Gebiet Sachsen-Anhalt dominierende germanische Stamm der Hermunduren beteiligt – auch wenn die germanischen Stämme bis dato noch in eher primitiven Haufen- oder Weilerdörfern zusammenlebten.

Auf einem Gebiet, das etwa von Dresden bis Hannover und von Berlin bis zum Main reichte, hatten sich seit Beginn des 5. Jh. verwandte germanische Stämme zu dem Großstamm der Thüringer verschmolzen. (Thüringer = Duringer könnte eine Ableitung oder Verkürzung von Hermunduren sein.) Aus diesem war nach der Mitte des 5. Jh. das Königreich der Thüringer entstanden. Sein Machtzentrum befand sich zwischen unterer Saale und Ostharz. In frühfeudalen Verhältnissen entfaltete sich eine feste Hierarchie aus Hochadel, Adel, Freien, Halbfreien und Unfreien. Zahlreiche Grabfunde lassen auf größeren Reichtum, ein blühendes Handwerk sowie auf rege Handelsbeziehungen schließen. Die Edelschmiede beherrschen komplizierte Gussverfahren, kannten die Feuervergoldung, fassten Glas oder Edelsteine in ein vielgestaltiges Zellenmosaik oder brachten Licht- und Schattenkontraste durch Kerbschnittverzierungen zur Geltung. Der so genannte germanische Tierstil kam im Thüringer Königreich zur Blüte. Seit dem 5. Jh. hatte er sich von Skandinavien aus über ganz Mitteleuropa ausgebreitet. Insbesondere bei den nordischen Völkern, aber auch bei den Merowingern blieb er bis in das 7. Jh. lebendig. Er darf als die erste bedeutende, völlig eigenständige Kunstleistung dieser Völker gelten.

In der Landwirtschaft erleichterte der eisenscharbewehrte Pflug die Arbeit der Bauern. Auch der aus den südlichen Ländern übernommene Obstanbau begann eine Rolle zu spielen. Die mit besonderer Hingabe und ausgezeichnetem Erfolg gezüchteten Pferde waren ein Exportschlager. Die Ausbeute der Bienenhaltung blieb vornehmlich der Eigenverwertung vorbehalten, das Wachs wurde beim Bronzeguss und der Honig nicht nur zum Süßen der Speisen verwendet, sondern auch zur Herstellung des Rauschgetränks Met.

Indessen durfte das junge Königreich, das neben zwei anderen zur beherrschenden Kraft in Mitteleuropa zählte, die angenehmen Seiten des Lebens nicht allzulange genießen. Mit den Langobarden und den Ostgoten unter Theoderich dem Großen standen sie in einem vor allem gegen die Franken gerichteten Bündnis, das nach Theoderichs

Land und Geschichte

Der heute im Landesmuseum für Vorgeschichte, Halle, aufbewahrte berühmte ›Grabstein‹ von Hornhausen konnte von der neueren Forschung als Teil einer Chorschranke identifiziert werden. Er vermittelt in der künstlerischen Formensprache von Band- und Tierornamentik ein anschauliches Bild eines sächsischen Kriegers aus dem Anfang des 8. Jh., der dort als Reiter mit einem sonnenradgeschmückten Schild, Lanze, Schwert und vermutlich eiserner Gesichtsmaske dargestellt ist.

Tod zerbrach. Dadurch gelang es den merowingischen Franken 531 mit der entscheidenden Schlacht an der Unstrut, das Thüringer Königreich zu Fall zu bringen. Bei der Eroberung konnten sich die Merowinger auf Teile der offenbar schon früher mit ihnen verbundenen Sachsen stützen, die von Norden her in die Kämpfe eingriffen. Diese Urväter des späteren Sachsenlandes sollen besonders wild gewesen sein. Ihren Namen leiteten sie von dem Sax oder Sachs, einem von ihnen besonders gewandt eingesetzten und als Waffe bevorzugten, einschneidigen Kurzschwert her. Für die treue Gefolgschaft der Sachsen überließen ihnen die Franken das nördliche, westlich der Saale gelegene und im Süden von Helme und Unstrut begrenzte Gebiet des ehemaligen Thüringerreiches. Der berühmte, in der neueren Forschung als Teil einer Chorschranke identifizierte ›Grabstein‹ von Hornhausen bei Oschersleben vermittelt in der künstlerischen Formensprache von Band- und Tierornamentik ein anschauliches Bild eines sächsischen Kriegers aus dem Anfang des 8. Jh., der dort als Reiter mit einem sonnenradgeschmückten Schild, Lanze, Schwert und vermutlich eiserner Gesichtsmaske dargestellt ist.

Das Schwert zwischen Kreuz und Krone

Von einer tatsächlichen Herrschaft der fränkischen Könige im sächsisch-thüringischen Raum konnte zunächst nicht die Rede sein. Ebensowenig von einer willigen Übernahme des christlichen Glaubens. Immer wieder hatten die Franken in Waffengängen und Verhandlungen sich gerade dort durchzusetzen, wobei seit dem 6. Jh. durch das Einströmen slawischer Stämme in die Gebiete östlich der Elbe-Saale-Linie eine zusätzliche Gefährdung erwuchs. An Saale und Elbe entstanden Grenzen zwischen Völkerschaften, deren Auseinandersetzungen bis ins 20. Jh. fortgedauert haben.

Weit entschiedener und planmäßiger als seine Vorgänger trat seit 775 Karl der Große dem Widerstand und dem Willen zur Unabhängigkeit der Sachsen entgegen. Die Einführung der fränkischen Grafschaftsverfassung ging mit der oft mittels drakonischer Maßnahmen durchgesetzten Missionierung Hand in Hand. Dennoch wurden weiterhin Wodan und Donar Stiere und Böcke geopfert und an Quellen, Sümpfen und anderen heiligen Orten die alten Orakel befragt. Gerade solche heiligen Orte wurden bevorzugt vereinnahmt: an ihnen wurden Kirchen und Kapellen errichtet, die von den hauptsächlich an der Missionierung beteiligten Klöstern von Fulda, Corvey und Hersfeld verwaltet wurden. Für die Christianisierung des Harzgaus gingen erste entscheidende Impulse von Osterwieck aus, einem bezeichnenderweise der Frühlingsgöttin Ostera geweihten Platz. Kurzzeitig in Seligenstadt umbenannt, konnte der Ort bald schon das ganze sächsische Gebiet zwischen Helme und Unstrut, Saale und Elbe und Ohre, Biese, Milde und Oker nicht mehr erfassen. Dadurch kam es um 800 zur Verlegung des Bistums in das günstiger gelegene Halberstadt. Von hier aus ließ Hildegrim von Châlons-sur-Marne, der erste Bischof von Halberstadt, etwa 35 Kirchen errichten. Aber gerade im Harzraum hielt die ansässige Bevölkerung noch sehr lange an heidnischen Bräuchen fest. Sagen um den Hexentanzplatz bei Thale oder die später von Goethe im ›Faust‹ aufgegriffene der Walpurgisnacht auf dem Blocksberg zeugen davon.

Was die Christianisierung für den geistig-kultischen Bereich war, vollzog die anfangs erwähnte fränkische Grafschaftsverfassung im soziopolitischen und ökonomischen Bereich. Sie ersetzte das ›Almende‹ genannte altgermanische Recht, wonach jeder Freie ein Stück Land beackern durfte, während das übrige Gelände der gemeinschaftlichen Nutzung als Weide, Jagd- und Fischgebiet oder zur Holznutzung offenstand. Dieser scharfe Einschnitt in die althergebrachten Rechte der Allgemeinheit erklärt die drei heftig geführten Aufstände der Sachsen, die dieses neue Joch abzuschütteln versuchten. Den adligen Anführern wurde der Besitz entzogen, die Schutzburgen wandelte Karl in Königshöfe, zum Teil aber auch in Bollwerke gegen die eindrängenden Slawen um. Mit den um 800 errichteten Kastellen bei Halle und Magdeburg versuchte er, die Grenze seines

Karl der Große bediente sich drakonischer Maßnahmen zur Missionierung. So erließ er Gesetze, die diejenigen Sachsen mit dem Tode bedrohten, die sich ungetauft versteckten, einen Leichnam nach heidnischem Brauch verbrannten oder das heilige vierzigtägige Fasten nicht einhielten. Bei Ohrum ließ er die Sachsen gewaltsam in den Fluss treiben und das Glaubensbekenntnis ablegen.

Land und Geschichte

Reiches zu befestigen, zog im Havelland selbst gegen die Wilzen, während sein Sohn die Sorben jenseits der Saale unter seine Herrschaft zwang. 843 kam es nach dem Tode Karls († 814) durch den Vertrag von Verdun zur Dreiteilung des Frankenreichs. Ludwig der Deutsche erhielt den östlichen Teil des immer noch als *Regnum Francorum* angesprochenen Reiches.

Die Schwächung der einenden Zentralgewalt bedeutete zwangsläufig eine Stärkung des territorialen Adels, auf den bei der Verteidigung des Landes gegen die immer häufiger einfallenden Slawen nicht verzichtet werden konnte. Die aus diesem Adel hervorgegangenen Liudolfinger nahmen dabei eine besondere Rolle ein und sicherten sich durch umfangreichen Grundbesitz, die Besetzung wichtiger geistlicher Ämter und eine geschickte Heiratspolitik eine Vormachtstellung. Schließlich stiegen sie zu Herzögen des östlichen Sachsen auf. Ihre überzeugende Stellung soll den sterbenden König Konrad I. zu den Worten bewogen haben, dass bei den Sachsen die höchste Gewalt im Reiche stehe. Damit war Herzog Heinrich von Sachsen zum neuen König designiert. 919 folgte in Fritzlar durch einen großen Teil der sächsischen und fränkischen Feudalherren seine Wahl.

Das Kernland Sachsen zwischen Magdeburg, Quedlinburg, Merseburg, Nordhausen und Gandersheim rückte damit für ca. 100 Jahre – so lange währte die Herrschaft des sächsischen Hauses – in das Zentrum des entstehenden deutschen Reiches. Tatsächlich erwies sich Heinrich als fähig, das innerlich geschwächte und von äußeren Feinden bedrängte Land zu stabilisieren. Er kämpfte erfolgreich gegen die Slawen und verschaffte sich mit einem 924 geschlossenen Vertrag gegen Tributzahlungen neun Jahre Waffenstillstand mit den Ungarn, die auch die Königslandschaft um den Harz berannt hatten. In dieser Frist ließ er bestehende bzw. zerstörte Befestigungen wieder aufrichten und neue bauen. Im gesamten Gebiet entstand ein dichtes Netz von Pfalzen und Burgen. Nunmehr waren diese Burgwarde nicht mehr nur mit Wällen, sondern auch mit steinernen Ringmauern gesichert. Da sie zugleich als Zufluchtsstätten dienten, siedelten in ihrem Umkreis nicht nur Bauern, sondern gleichermaßen Handwerker, so dass sich dort ein reges wirtschaftliches Leben entwickelte, was die meist verkehrsgünstigen Standorte als Plätze des Handels und des geistigen Austausches noch beförderte.

Der Schutz des Landes oblag den *milites agrarii*. Dies waren aus je zehn freien Männern zusammengeschlossene Einheiten, die als Soldaten mit ihrer Familie zwar Ackerbau betrieben, zugleich aber verpflichtet waren, eine Burg zu erbauen. Aus ihren Reihen wählten sie einen *primus inter pares*, einen Ersten unter Gleichen, der die Stellung eines Oberhauptes, eines Schulzen einnahm. Des weiteren erhielt der Beste, Hervorragendste der Gruppe das Privileg, in die Burg zu ziehen und sich ein Lehnpferd zu halten. Dieser war der *Edelmann* oder auch – auf das Pferd bezogen – der *Ritter*, der Reiter. Durch dieses System schuf sich Heinrich nicht nur treue Gefolgs-

Das Schwert zwischen Kreuz und Krone

leute, sondern zuallererst jenes Reiterheer, das in der Lage war, 933 die ungarischen Reiterscharen bei Riade an der Unstrut zu schlagen.

Heinrich hatte sich mit der bloßen Unterwerfung und Tributzahlung der slawischen Stämme zufriedengegeben. Sein Sohn Otto I., der zur deutschen Königskrone auch noch die römische Kaiserkrone erworben hatte, ging dazu über, das so genannte Ostland seinem Staat regelrecht anzugliedern. Die von ihm zur Grenzsicherung bestellten Markgrafen erhielten darüber hinaus die Aufgabe, ihre Herrschaft auf das Gebiet jenseits von Elbe und Saale zu erweitern. Gero, Gründer des Stiftes Gernrode und vielleicht Organisator der ersten, um Magdeburg auftauchenden, straffer organisierten Burgbezirke, war einer der gefürchtetsten und skrupellosesten Markgrafen. Wiederum wurde die Vereinnahmung eines anderen Kulturkreises als Heidenmissionierung bemäntelt. Nur dass es diesmal die Sachsen selbst waren, die unter dem Zeichen des Kreuzes gegen die Slawen vorrückten. Dass das deutsche Wort Sklave von Slawe entlehnt wurde, macht die Verfahrensweise deutlich.

Mit dem Magdeburger Reiter ist uns wahrscheinlich ein Porträt Ottos I. überliefert. Das Original aus Sandstein wird im Kulturhistorischen Museum, Magdeburg, verwahrt.

Die im einstigen Slawenland liegenden Bistümer Havelberg und Brandenburg wurden bereits 948 eingerichtet. 20 Jahre später gründete Otto I. das Erzbistum Magdeburg, dem sich die Gründung der Bistümer Meißen, Merseburg und Zeitz anschloss, die Magdeburg unterstellt waren. Der Dom zu Magdeburg wurde mit dem ehrgeizigen Plan in Angriff genommen, alle anderen Gotteshäuser an Pracht und Glanz zu überstrahlen. Magdeburg galt in ottonischer Zeit als das ›dritte Rom‹. Trotzdem blieb auch das schon von Heinrich besonders geschätzte Quedlinburg im Ansehen der sächsischen Herrscher eine Königsmetropole, ein Mittelpunkt auch europäischer Politik. Wachsender Reichtum, wie er zum Beispiel aus dem damals bereits erschlossenen reichen Harzer Silberbergbau floss, begünstigte das Eigenständige auch in der Kunst dieser Epoche der sächsischen Kaiser. Traditionen der Karolinger verband die ottonische Kunst mit byzantinischem Formgut zu der so genannten ›Ottonischen Renaissance‹. Buchmalerei, Bronzebildnerei und Kirchenbau standen in höchster Blüte. Diese Prachtentfaltung der sächsischen Großen konnte nicht darüber hinwegtäuschen, dass das Reich gerade im Osten auf schwachen Füßen stand. Unter Otto II. ging nach verlorener Schlacht in Unteritalien auch das gesamte ostelbische Gebiet wieder an die Slawen verloren. Mit großer Mühe konnten wenigstens die Altmark und das wichtige Magdeburg und damit die Elbe als Grenzlinie gegen die Wenden behauptet werden.

Der dann unter dem letzten Sachsen Heinrich II. immer deutlicher zu beobachtende innerstaatliche Verfall beruhte vor allem darauf, dass geistlicher und weltlicher Adel sich für die von ihnen erworbenen Territorien immer mehr Immunitätsrechte sicherten. Diese Entwicklung setzte sich unter den 1024 an die Macht gelangenden salischen Kaisern fort. Nach dem Tode Heinrichs III. gab gar die Regentschaft für seinen noch unmündigen Sohn große Teile ehemals ottonischen Reichsgutes in fremde Hände. Als dann ab 1068

Neben Magdeburg blieb Quedlinburg geschätzte Königsmetropole, wie die Zeremonien zum Osterfest des Jahres 973 zeigen. In der Pfalz Quedlinburg erschienen neben einheimischen Edelleuten Fürsten aus ganz Europa, unter anderen auch der polnische Herzog Miseko, Bolizlav, Herzog von Böhmen, Herzöge der Griechen, Beneventer, Ungarn, Bulgaren, Dänen und Elbslawen, um Otto I. mit kostbaren Geschenken zu huldigen. Kamele, Löwen, Affen und selbst Strauße sollen unter diesen Präsenten gewesen sein.

19

Land und Geschichte

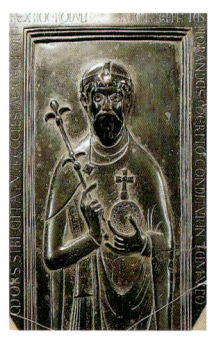

*Die Grabplatte im Merseburger Dom zeigt Rudolf von Schwaben, den 1077 von den Gegnern Heinrichs IV. zum Gegenkönig gewählten Herzog von Schwaben. In der Schlacht bei Hohenmölsen (1080) siegten seine Truppen zwar über die Heinrichs, doch Rudolf starb an einer ihm zugefügten Wunde.
Zu den Gegnern des Königs zählte auch Bischof Burchard II. von Halberstadt, kurz Buko genannt, der sich rühmte, dreizehnmal an der Spitze eines Heeres gegen den König gezogen zu sein. Und auch Buko erlag acht Jahre später einer im Kampf erlittenen Verletzung.*

der junge König daranging, das gerade im sächsischen Raum verlorene Reichsgut zurückzugewinnen, stieß er auf den Widerstand des sächsischen Adels. Dieser verband sich mit den gereizten Bauern, die Übergriffen der vom König eingesetzten schwäbischen Ministerialen ausgesetzt waren. Gemeinsam probten sie den Aufstand. Diese Auseinandersetzungen liefen parallel zu der kirchenrechtlichen, die zwischen dem deutschen König und dem Papst über das Recht zur Investitur, also zur Einsetzung und Belehnung von Bischöfen ausgebrochen war. Eine Entscheidung über die Machtverteilung im Mittelelberaum fiel erst unter Heinrich V., dessen Truppen 1115 in der Schlacht am Welfesholz denen des sächsischen Herzogs Lothar von Supplinburg unterlagen. Lothar wurde zehn Jahre später gegen die im Erbrecht begründeten Ansprüche der Staufer zum deutschen König gewählt. Der Investiturstreit fand 1122 im Kompromiss des Wormser Konkordats zwischen Heinrich V. und Papst Calixt II. ein Ende. Besonders die Bischöfe gewannen dadurch eine größere Freiheit gegenüber dem Königtum, das nunmehr seine Machtbasis im Mittelelberaum weitgehend verlor.

Erschienen als neue Territorialmächte in Niedersachsen die bis dahin in Bayern und Schwaben ansässigen Welfen, gewannen in Ostsachsen Askanier und Wettiner an Einfluss. Neben diesen griffen vor allem die Erzbischöfe von Magdeburg in die Neuverteilung von Macht und Ländereien ein. Sie war außer durch die heftigen Auseinandersetzungen um die Würde des Königtums und des sächsischen Herzogtums vor allem durch einen erneuten Schub der unter Otto I. gestarteten Ostexpansion bestimmt, an der mehr oder weniger alle sächsischen Fürsten teilnahmen und die sich unter der in Palästina erprobten Kreuzzugsidee mit christlicher Missionierung und Wiederaufrichtung der ostelbischen Kirche verband.

In Albrecht dem Bären besaßen die aus dem Harz stammenden Askanier einen Mann, dessen Tatkraft besonders hervorstach. Über Bernburg, Köthen und Dessau waren seine Vorfahren bereits bis die Elbe vorgedrungen. Als er 1134 von Lothar von Supplinburg zum Markgrafen der Nordmark und späteren Altmark gemacht wurde, stieß er von hier nach Osten vor und wurde zum Gründer der Mark Brandenburg. Obwohl die brandenburgischen Askanier bereits 1320 ausstarben, blieb diese territoriale Verbindung bis 1815 bestehen. Im Ursprungsland zwischen Harz und Wittenberg hatte die askanische Linie länger Bestand. 1180 war die sächsische Herzogswürde über Bernhard, den jüngsten Sohn Albrechts des Bären, an dessen Erben gegangen, die sich 1212 in die Linie Sachsen-Wittenberg und die Linie Anhalt aufspalteten. Während die anhaltischen Askanier unter wechselnden Verhältnissen bis zum Jahr 1918 zwischen Harzgerode und Dessau herrschten, starb die Linie der Wittenberger Kurfürsten 1422 aus. Das Gebiet ging aber nicht zurück an die Askanier, sondern wurde von Kaiser Sigismund als erledigtes Reichslehen an die wettinischen Markgrafen von Meißen gegeben. Sie erhielten die Kurwürde und sorgten dafür, dass sich der geographische Begriff ›Sach-

Das Schwert zwischen Kreuz und Krone

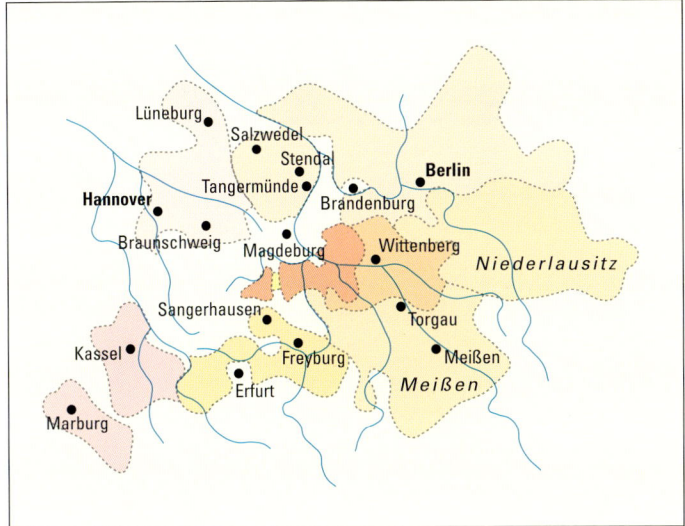

Die weltlichen Fürstentümer des Mittelelbe-Saale-Gebietes vom 12.–14. Jh. (nach Haring)

- Grafschaft Anhalt
- Der Grafschaft im 14. Jh. verlorengegangen
- Markgrafschaft Brandenburg
- Herzogtum Sachsen-Wittenberg
- Besitz der Wettiner
- Landgrafschaft Thüringen, 1263 von den Wettinern erworben
- Hessische Besitzungen der Landgrafen, 1263 in selbständige Landgrafschaft Hessen verwandelt
- Besitz der Welfen, seit 1235 Herzogtum Braunschweig-Lüneburg

sen‹ mit dem damit noch heute hauptsächlich identifizierten Gebiet des heutigen Freistaats verband. Die Wettiner, ihre Besitzungen von Landsberg und Brehna erweiternd, waren schon 1089 Markgrafen der Lausitz, 1125 Markgrafen von Meißen gewesen und traten nun mit dem Gewinn Wittenbergs wieder stärker in die Geschichte des Mittelelbe-Saale-Raums. Kurfürst Ernst und Herzog Albrecht teilten 1485 das reiche und mächtige Land dauernd in die nach ihnen benannten Linien. Meißen, Leipzig und das nördliche Thüringen wurden albertinisch, Wittenberg, Torgau, Weimar und Gotha waren die Zentren der ernestinischen Linie. Ihre kontinuierliche Konkurrenz sollte bald einen der historischen Hintergründe der lutherischen Reformation abgeben.

Neben diesen Großen des Reiches etablierten sich auch andere, nur punktuell in das Geschehen der hohen Politik eingreifende Adelsfamilien, wie etwa die Herren von Falkenstein, Arnstein, Barby, Wernigerode, Regenstein-Blankenburg, Honstein, Stolberg, Mansfeld oder Querfurt. Nicht zuletzt aus diesen und anderen Familien rekrutierten sich die Bischöfe der einzelnen Bistümer und die Erzbischöfe von Magdeburg.

Einer der bedeutendsten geistlichen Fürsten seiner Zeit war Norbert von Xanten (um 1085–1134), Erzbischof von Magdeburg, Berater und Kanzler Lothar von Supplinburgs. Die von ihm 1129 in Magdeburg begründete Filiale der Prämonstratenser wurde zu einer wichtigen Kraft in der Ostexpansion. Die 1140 und 1144 begründeten und mit Prämonstratensern besetzten Klöster in Leitzkau und Jerichow wurden Ausgangspunkte zur Wiedererrichtung der Bistümer in Havelberg (1147) und Brandenburg (1165). Anfangs oft im Zusam-

Zur Gewinnung neuen Siedlungsgebietes waren neben Altsiedlern aus den Gebieten unmittelbar westlich der Elbe mit den Menschen aus Westfalen, den Niederlanden und Flandern Experten in der Trockenlegung von Sumpfland angeworben worden. Namen wie der des Höhenzugs ›Fläming‹ gehen auf die Kolonisten zurück.

mengehen mit den Askaniern erwarb sich das Erzbistum mit der Zeit einen ansehnlichen Besitz. Ende des 15. Jh. umfaßte er den Elbe-Havel-Winkel, fast die ganze Börde, das Land Jüterbog und Dahme, die Herrschaft Querfurt und den Saalkreis mit Halle als Zentrum. Dorthin, in die neu erbaute Zwingfeste Moritzburg, verlegten die Erzbischöfe 1503 ihre Residenz.

Stärker als Halle hatte Magdeburg schon früh versucht, sich von der erzbischöflichen Stadthoheit zu befreien und Reichsunmittelbarkeit zu erlangen, was zu schwerwiegenden Konflikten geführt hatte. Während eines Aufstandes im Jahr 1325 kam es gar zur Gefangensetzung und Ermordung des Erzbischofs Burchard III., woraufhin Acht und Bann über die Stadt verhängt wurden. Dieser Prozess setzte Kräfte in Bewegung, zu deren Entstehung und Stärke die Landesherren einst selbst beigetragen hatten. Nicht selten gingen viele der dörflichen Neuansiedlungen, die sich teils zu mächtigen Städten gemausert hatten, auf ihre Gründung zurück. Dem Zug der Zeit und allgemeiner europäischer Entwicklung folgend, gründeten, erweiterten und verlegten Landes- und Kirchenfürsten Städte. Burg, Calbe, Jüterbog oder Jerichow verbinden sich beispielsweise mit dem Namen des Erzbischofs Wichmann von Seeburg. Etwa 1160 gründete Albrecht der Bär Stendal. Das gleichfalls von den Askaniern gegründete Aken ist ein Muster einer so genannten Kolonialstadt. In Brehna, Weißenfels oder Herzberg an der Elster legten die Wettiner völlig neue städtische Siedlungen an.

Seit der Mitte des 13. Jh. erstarkten die Städte nicht nur zusehends wirtschaftlich, sie wurden auch zu Schmelztiegeln neuer sozialer und kultureller, oft sehr konfliktreicher Bewegungen. Gleich Magneten zogen sie das Leben in ihre Mauern. Eine neue Gesellschaftsschicht, das Bürgertum, entfaltete ökonomische Kraft und Selbstbewusstsein. War die bürgerliche Prachtentfaltung, die so weit ging, dass Kaufmannssöhne ritterliche Turniere abhielten, ein eher äußerliches Zeichen angestrebter Ebenbürtigkeit des Bürgers mit dem Edelmann, so setzte ihre unbestrittene Wirtschaftskraft in rechtlichen Belangen grundlegende Änderungen durch.

Wie das von Eike von Repgow im ›Sachsenspiegel‹ fixierte Land- und Lehnrecht weit über den sächsischen Raum hinausgriff, ist auch das ›Magdeburger Recht‹ von weit reichender Bedeutung gewesen. Schon im 12. Jh. auf deutsche und außerdeutsche Städte übertragen, arbeitete bis 1631 ein Schöffenstuhl in Magdeburg als Einspruchsinstanz für die mit dem Magdeburger Recht begabten Städte. Ebenso ausgedehnt waren die Handelsverbindungen, die von Westeuropa bis nach Russland reichten und durch die Eingliederung zahlreicher mitteldeutscher Städte in die Hanse noch verbessert wurden. Neben den bereits wichtigen Städten wie Magdeburg, Halle, Halberstadt oder Merseburg traten andere in Erscheinung. Im Süden war Naumburg noch vor Leipzig bedeutendster Markt. Die mansfeldischen Städte kamen durch die Kupferförderung zu Reichtum. Ebenfalls der Bergbau brachte in Stolberg das Geld. Mit ihren an Wasserstraßen gelegenen Handelsplätzen Salzwedel, Stendal und Tangermünde besaß die Altmark eine besonders exponierte Stellung.

Auseinandersetzungen zwischen den Städten und ihren Schutzherren, aber auch zwischen den wohlhabenden Patriziern und den ärmeren, zu Zünften zusammengeschlossenen Handwerkern waren durch das Besitzgefälle vorprogrammiert. 1301 verbrannten siegreiche Patrizier zehn Zunftmeister, die ihren Anteil an der Macht gefordert hatten, öffentlich auf dem Marktplatz von Magdeburg. Kaum 20 Jahre später brach in Nordhausen ein regelrechter Bürgerkrieg aus, in dessen Verlauf sich die Einwohner gegenseitig erhängten, räderten oder sonstwie zu Tode brachten.

Diese innere Schwäche machte es den Feudalherren leicht, ihr Regiment zu festigen und gar zu erneuern. Als sich 1488 die altmärkischen Städte weigerten, eine Biersteuer zu zahlen, schlug Kurfürst Johann Cicero die sich ihm widersetzenden Bürger mit einem militärischen Aufgebot. In Stendal, Salzwedel und Gardelegen ließ er die aufrührerischen Untertanen enthaupten oder einkerkern. Die weitreichendste Rache aber war die Verlegung der hohenzollerischen Residenz von Tangermünde in das unscheinbare Berlin, das später zur Welt- und Hauptstadt aufsteigen sollte, während die wohlhabende Altmark dazu verurteilt war, in Provinzialität zu versinken.

In Halberstadt stürzten Aufständische 1424 den Rat und enthaupteten vier Ratsherren vor dem Roland – hier noch an seinem langjährigen Standort vor der Martinikirche.

»Ein' feste Burg ist unser Gott«

Zwischen dem unerschütterlichen Gottvertrauen, das aus dem Lied Martin Luthers spricht, und der Verzweiflung des schlesischen Dichters Andreas Gryphius in ›Tränen des Vaterlandes‹ stehen die Erfahrungen des 16. und der ersten Hälfte des 17. Jh., auch und gerade im Raum zwischen Harz und Fläming, Altmark und Unstrut als einem der Mittelpunkte europäischer Politik. Ihre Folgen für den sachsen-anhaltischen Raum waren der Sieg des Protestantismus und die Anwartschaft Brandenburg-Preußens auf die führende Rolle.

Am 31. Oktober 1517 schlug der Augustinermönch und Professor der Theologie Martin Luther der umstrittenen Überlieferung nach seine 95 nicht nur den Ablasshandel, sondern auch weitere wichtige katholische Dogmen angreifenden Thesen an die Tür der Schlosskirche zu Wittenberg. Aktueller Anlass waren die Aktivitäten des dominikanischen Ablasspredigers Tetzel, der den Auftrag hatte, durch Ablasshandel die Gebühren aufzutreiben, die vom Heiligen Stuhl für die Bestätigung der kirchlichen Ämter Markgraf Albrechts von Brandenburg gefordert wurden. Albrecht hatte mit der Wahl zum Erzbischof von Magdeburg, Bischof von Halberstadt und Erzbischof von Mainz eine bisher unbekannte Machtfülle in seiner Hand vereinigt und musste entsprechend zahlen. Wobei der Gewinn zur Hälfte zum Bau des Petersdoms in Rom, zur anderen Hälfte für Tilgung von Schulden, die Albrecht bei den Fuggern in Augsburg

Andreas Gryphius, der bedeutendste Lyriker und Dramatiker des deutschen Barock, gab 1636 in ›Tränen des Vaterlandes‹ einer Verzweiflung Ausdruck, die dem Gottvertrauen Martin Luthers diametral entgegengesetzt ist:
»Die Türme stehn in Glut, die Kirch ist umgekehret, /
Das Rathaus liegt im Graus, die Starken sind zerhaun, /
Die Jungfern sind geschändt, und wo wir hin nur schaun, /
Ist Feuer, Pest und Tod, der Herz und Geist durchfähret.«

Land und Geschichte

Die Mitteltafel des Reformationsaltars in der Stadtkirche von Wittenberg wurde wohl von Lucas Cranach d. Ä. vor 1539 geschaffen, die beiden Flügel vielleicht 1547 von Lucas Cranach d. J. Das Heilsgeschehen wird in der Art mittelalterlicher Meister als unmittelbare Gegenwart begriffen.

hatte, gedacht war. Dieser Vorgang zeigte den längst als bedenklich erkannten religiösen, ökonomischen und sozialen Zustand der katholischen Kirche wie unter einem Brennglas. Die zwischen allen Schichten der Gesellschaft angestauten Widersprüche trieben zu einer offensiven und auch gewaltsamen Auseinandersetzung. Die Namen Martin Luther und Thomas Müntzer standen im Raum Sachsen-Anhalt als Synonyme für die zwei beherrschenden Bewegungen, die des bürgerlich-adeligen Lagers gegen die Vorherrschaft von Papst und Kaiser und die des bäuerlich-plebejischen Lagers gegen Patrizier, Adel, Kaiser und Papst. Diese entzündeten sich an der schon über die Jahrhunderte vorher gewachsenen reformatorischen Kraft, die sich in einen radikalen, außerkirchlichen Flügel und einen bei aller Radikalität Luthers letztlich vermittelnden, nicht zum Umsturz, sondern zu vernunftbetonter Änderung strebenden Flügel teilte.

»Ein' feste Burg ist unser Gott«

Von Wittenberg, wo es unter Einfluss des radikaleren Flügels und in Abwesenheit Luthers zum Bildersturm gekommen war, breitete sich die Reformation rasch aus. War Luthers Landesfürst Friedrich der Weise eher ein duldender denn tatkräftiger Förderer der Reformation gewesen, bildete sich unter seinen Nachfolgern eine aktive protestantische Partei aus Kursachsen, Hessen und anderen Gebieten, die 1531 in der Gründung des weit umfänglicheren Schmalkaldischen Bundes mündete, dem zum Beispiel auch Magdeburg angehörte. Ihnen standen hier zunächst als Vertreter des Katholizismus die albertinischen Sachsen unter Herzog Georg, Kardinal Albrecht von Magdeburg und dessen Bruder Kurfürst Joachim I. von Brandenburg sowie Herzog Heinrich von Braunschweig-Wolfenbüttel gegenüber. Dem Katholizismus war aber gerade im Norden Deutschlands keine längere Dauer beschieden. 1529 schon wurde Braunschweig, 1534 Anhalt und 1540 Brandenburg und das albertinische Sachsen protestantisch. Als der bis dahin zwar mit den katholischen Fürsten insbesondere Süddeutschlands verbündete Kaiser Karl V. 1544 durch einen Friedensschluss mit Frankreich politischen Freiraum bekam, rüstete er gegen den Protestantismus. Es gelang ihm sogar, das reformierte albertinische Sachsen auf seine Seite zu bringen. Im Schmalkaldischen Krieg wurde das Haupt des Protestantismus, Kurfürst Johann Friedrich bei Mühlberg an der Elbe geschlagen und gefangengenommen. Vor den Toren seines belagerten Wittenberg als »Rebell gegen kaiserliche Majestät« verurteilt, mit dem Tode bedroht und begnadigt, verlor Johann Friedrich die östlichen Ländereien und die Kurwürde an Moritz von Sachsen.

Dieses wirklich kaiserliche Geschenk für einen Waffengang gegen die eigene Verwandtschaft bescherte Deutschland für ein Vierteljahrtausend die feste Größe eines starken sächsischen Kurfürstentums, in welchem Wittenberg an den Rand rückte, Dresden zum Zentrum wurde, und eine Stadt wie Leipzig bald die Vormachtstellung gegen bis dahin dominierende Orte wie Naumburg, Halle oder Magdeburg gewann. Im Nachgang des Schmalkaldischen Krieges hatte der nun zum Kurfürsten avancierte Moritz 1550 nochmals Magdeburg belagert, war aber letztlich glücklos geblieben und in Erkenntnis der wirklichen Machtkonstellationen im Elberaum wieder zur anti-kaiserlichen Partei übergetreten. Diese erreichte 1555 im Augsburger Religionsfrieden die Gewährung der existierenden konfessionellen Verhältnisse. Das bedeutete aber nicht das Ende der Auseinandersetzungen auf diesem Feld, zumal sich seit 1549 die Gegenreformation in Deutschland stark machte und es im protestantischen Lager zu zahlreichen internen Streitigkeiten kam. So setzte sich in Sachsen ein orthodoxes Luthertum durch, indes Brandenburg und auch der Großteil der Anhalter Fürsten zum sittenstrengeren Calvinismus übertraten. Weit wichtiger für die Landesfürsten war jedoch die Frage, wie die nun nach und nach auch zum Protestantismus übertretenden geistlichen Fürstentümer in die Hand zu bekommen seien. Während das Bistum Merseburg und Naumburg-Zeitz 1564/65 säku-

In der Folge der Reformation führte der Kampf des protestantischen Lagers in Dezennien während diplomatische, vor allem aber kriegerische Auseinandersetzungen, während der religiöse Schwärmerei und soziale Radikalität verbindende Kampf im Bauernkrieg rasch entflammte und niedergeschlagen wurde.

Land und Geschichte

larisiert und Kursachsen eingegliedert wurden, war die Situation im Bistum Halberstadt und auch im Erzbistum Magdeburg – obwohl von protestantischen Administratoren des Hauses Braunschweig bzw. Brandenburg verwaltet – durchaus noch offen.

Im Dreißigjährigen Krieg, in dem die europäischen Nationalstaaten versuchten, ihre jeweiligen hegemonialen Pläne durchzusetzen, konnte das zersplitterte Deutschland und so auch Mitteldeutschland mehr oder weniger nur Objekt dieser Interessen sein. Waren anfangs nur Ernst von Mansfeld, der Administrator des Bistums Halberstadt, Christian von Braunschweig und einzelne Anhalter Fürsten bereit, aktiv in die Kriege einzugreifen, musste sich das mit der Verlagerung des Krieges nach Norddeutschland und dem Eingreifen der Dänen und Schweden ändern. Sachsen-Anhalt bebte unter den Stiefeln der europäischen Militärs. Die Rekatholisierung griff nach dem Bistum Halberstadt und dem Erzbistum Magdeburg. 1626 wurde Ernst von Mansfeld von kaiserlichen Truppen unter Wallenstein an der Elbbrücke bei Dessau geschlagen. 1631 wurde Magdeburg von den Truppen Tillys erobert und von Angehörigen des Pappenheimerschen Regiments gebrandschatzt. Die Stadt ging in Flammen auf, und das Elend war so groß, dass noch 14 Tage nach dem Massaker verkohlte Leichen geborgen und in die Elbe geworfen wurden. Auch Landstädte und Dörfer hatten unter den durchziehenden Truppen schwer zu leiden. Stendal, Gardelegen und Osterburg wurden bis zu fünfmal geplündert. Vorwerke des anhaltischen Amtes Lindenau wurden innerhalb von vier Monaten bis zu fünfzehnmal geplündert. Die Stadt Zörbig zählte gar 45 Plünderungen. Was im Krieg nicht umgekommen war, rafften Pest und Hunger hinweg. Aasfleisch wurde verzehrt, und der Kannibalismus kehrte nach Mitteleuropa zurück. In Stendal fraß ein Soldat ein Kind, in Tangermünde stürzte sich ein Haufen auf einen wohlgenährten Bauern, um ihn zu schlachten. Die Kirchenbücher sind voll von Auflistungen verhungerter Bettelgestalten, die irgendwo tot oder in angefressenem Zustand aufgefunden wurden. Die Verwüstung war allumfassend.

Trotzdem gab es Zeichen einer neuen Zeit wie die wissenschaftlichen Versuche Otto von Guerickes, die mit zu dem Mut beigetragen haben mögen, die zerstörten Landstriche zu rekultivieren und die verbrannten Städte wieder aufzubauen.

Nach dem Dreißigjährigen Krieg hatten sich die Wölfe so stark vermehrt, dass es besonderer Verordnungen bedurfte, um die Raubtiere zu dezimieren.
Der Pfarrer von Radisleben bei Ballenstedt schildert den Zustand einer Ortschaft, die von Bäumen und Sträuchern so zugewachsen war, dass die Einwohner durch das Gestrüpp kriechen mussten, um in die Häuser zu gelangen.

Gleichschritt, Ladestock und Schönheit

Schneller als Brandenburg gelang es Sachsen, mit den Folgen des Dreißigjährigen Krieges fertigzuwerden. Mit dem wirtschaftlichen Erstarken, beschleunigt unter anderem durch die zahlreich ins Land strömenden böhmischen Glaubensflüchtlinge, erlebte die Kultur des Barock als Kultur der Gegenreformation einen Aufschwung, der in der Dresdener Residenz europäischen Rang erreichte. Aber selbst die Herzöge der durch Erbteilung 1656 vom Stammland für zwei bis drei

Gleichschritt, Ladestock und Schönheit

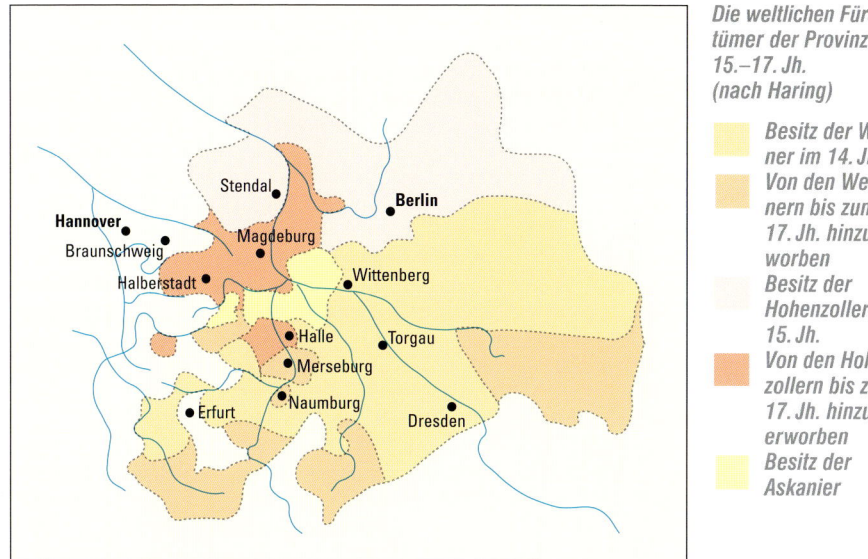

Die weltlichen Fürstentümer der Provinz vom 15.–17. Jh. (nach Haring)

- Besitz der Wettiner im 14. Jh.
- Von den Wettinern bis zum 17. Jh. hinzuerworben
- Besitz der Hohenzollern im 15. Jh.
- Von den Hohenzollern bis zum 17. Jh. hinzuerworben
- Besitz der Askanier

Generationen getrennten Herrschaften in Merseburg, Weißenfels und Zeitz benahmen sich oft genug wie kleine Sonnenkönige und stürzten, wie im Falle Weißenfels geschehen, die kleinen Ländchen in den finanziellen Ruin. Dass diese Höfe dabei oft ein erstaunliches Gespür für Kunst und Kultur besessen haben, hat den zeitgenössischen Durchschnittsbürger sicher wenig beeindruckt. Von einer wirklichen Selbstständigkeit oder Lebensfähigkeit dieser Ländchen konnte ohnehin nie die Rede sein.

Auch andere kleinere Territorien kamen zudem unter die Herrschaft der beiden ›Großmächte‹ des Mittelelberaums. Das betraf die ehemalige Grafschaft Mansfeld, Stolberg-Wernigerode, Blankenburg oder auch das Reichsstift Quedlinburg, das beispielsweise unter brandenburgische Verwaltung kam. Überhaupt sollte sich das hohenzollerische Brandenburg bald zur bestimmenden Kraft des Mittelelbe-Raumes entwickeln. Ab 1618 erhielt es Preußen zunächst als Lehen, 1648 das nunmehrige Herzogtum Halberstadt und für das an Schweden abgegebene Vorpommern die Anwartschaft auf das ehemalige Erzbistum Magdeburg, wo August von Sachsen noch bis 1680 regierte.

Da Brandenburg auch nach dem Westfälischen Frieden noch in zahlreiche Kriege verwickelt war, hemmte das den Wiederaufbau des gesamten Landes. Vornehmlich unter den Regierungen des ›Großen Kurfürsten‹, dem eigentlichen Gründer des brandenburgisch-preußischen Staates, des ›Soldatenkönigs‹ Friedrich Wilhelm I. und seines ältesten Sohnes Friedrich II., dem der Beiname ›der Große‹ zuteil wurde, stieg Preußen zu einer absolutistischen europäischen Groß-

Friedrich Nietzsche urteilte in ›Der Wille zur Macht‹ über das 17. und 18. Jahrhundert: »Das 17. Jahrhundert ist aristokratisch, ordnend, hochmütig gegen das Animalische, streng gegen das Herz, ›ungemütlich‹ … Das 18. Jahrhundert ist … berauscht, heiter, klar, human, falsch vor sich, … gesellschaftlich …«

Unerwartete Unterstützung des Aufstiegs Preußens boten die in Brandenburg-Preußen aufgenommenen Hugenotten, die nach der Aufhebung des Edikts von Nantes seit 1685 aus Frankreich geflohen waren. Sie belebten die Gewerbe besonders auf dem Gebiet der Tuchmacherei mit ihren speziellen Kenntnissen. Auch ließen sie sich williger als die Einheimischen für das ausgedehnte Ansiedlungs- und Meliorationsprogramm einspannen.

macht auf, die mit der Gründung des Forts Friedrichsburg, 1683 in Westafrika, bereits den Traum von einer Kolonialmacht in die Wirklichkeit umzusetzen suchte.

Natürlich hatten nach und nach auch die neu zu Preußen gekommenen deutschen Territorien ihren Part zu spielen. Magdeburg wurde zur stärksten preußischen Festung ausgebaut – und hatte mehrmals in Kriegszeiten als sicherster Hort für den Staatsschatz und die königliche Familie zu dienen. Mit der 1714 erfolgten Verlegung der Provinzialverwaltung stieg es wieder zur wichtigsten Stadt an mittlerer Elbe und unterer Saale auf. Halle, seiner Residenzfunktion beraubt, verblasste zwar zusehends neben der sächsischen Handelsmetropole Leipzig, errang jedoch mit seiner 1694 gestifteten ›Friedrichs-Universität‹ als Zentrum der deutschen Frühaufklärung große Anerkennung und Ausstrahlung. Das im gleichen Jahr von August Hermann Francke gegründete Waisenhaus beförderte diesen guten Ruf zusätzlich.

Neben der Beamtenschaft, die die straffe zentralistische Verwaltung des Landes trug, war das unter dem ›Großen Kurfürsten‹ erstmals eingerichtete stehende Heer die wichtigste Stütze des Staates. Es hatte sich in mehreren Kriegen zu bewähren. Das Gebiet Sachsen-Anhalts wurde am nachhaltigsten durch den Siebenjährigen Krieg berührt, während dessen Wittenberg mehrfach unter preußischer Belagerung zu leiden hatte.

Der Adel Anhalts, durch Erbteilungen politisch kaum noch handlungsfähig, lehnte sich mehr und mehr an Preußen an. Leopold I., der als ›Alter Dessauer‹ einige Berühmtheit erlangte, avancierte sogar zum Generalfeldmarschall und engsten Vertrauten des ›Soldatenkönigs‹. Er war es, der zunächst in seinem Regiment 1698/99 eiserne Ladestöcke und den Gleichschritt einführte und die Soldaten durch eisernen Drill zu vorbildlich funktionierenden Kriegsmaschinen ausbildete. Diesem Bild der Härte steht das des fürsorglichen und volksverbundenen Landesherrn gegenüber. Ohne jeden Standesdünkel heiratete er die Dessauer Apothekerstochter Anna Luise Föhse und führte mit ihr einen durchaus bürgerlichen, sparsamen Haushalt. Die ersparten Mittel steckte er in zahlreiche landeskulturelle Aktivitäten, wie etwa den Bau von Elbdeichen und die Gründung von Dörfern und Vorwerken. Auch das von ihm zeitweise verwaltete Magdeburg profitierte von seinem aufgeklärten Realitätssinn.

Diese kunstsinnige Tendenz war für die politisch unbedeutenden Länder Anhalts durchaus typisch. 1570 zu einem einheitlichen Fürstentum zusammengeschlossen, teilte sich das Land nur 33 Jahre später schon wieder in die Linien Bernburg, Köthen, Dessau und Zerbst. Natürlich stand der Schlossbau im Zentrum ihres Interesses, wie die Bauten in Ballenstedt, Bernburg, Köthen, Dornburg und Coswig beweisen. Zerbst leistete sich eine ›Landesuniversität‹ und Köthens Ludwig gründete die ›Fruchtbringende Gesellschaft‹. Von 1717–23 wirkte Johann Sebastian Bach als Kapellmeister am Köthener Hof. Die Krone unter den anhaltischen Ländern dieser Zeit gebührt aber ohne Zweifel Dessau. Dort entfaltete der Sohn und Nachfolger des ›Alten Dessauers‹, Leopold III. unter dem bezeichnenden Beinamen ›Vater Franz‹ ein kulturelles Leben, welches Anhalt-Dessau neben Sachsen-Weimar und Baden zu den großen Kulturzentren Deutschlands während der Zeit der Klassik machte. Für sein ›Musterländle‹ griff er lieber in den eigenen Silberschatz als in die Taschen seiner Untertanen. Neben Gartenkünstlern und Architekten, mit denen er gemeinsam in den Anlagen um Dessau und Wörlitz seinem Traum von einer komplexen, aufgeklärten Lebensführung Gestalt gab, versammelte er auch Experten aus anderen Fachgebieten wie den bekannten Pädagogen und Schulreformer Basedow um sich. Er ließ Schulen, Armen- und Krankenhäuser, Brücken und Straßen bauen und machte so Anhalt-Dessau zu einem wirklich hervorragenden Beispiel eines aufgeklärten Fürstentums.

Die preußische Provinz Sachsen

Nach dem Sieg der napoleonischen Armee bei Auerstedt und der Übergabe der Festung Magdeburg an die Franzosen war die glänzende Erinnerung an die Siege Friedrichs des Großen gegen die Franzosen zerschmolzen. Im Frieden von Tilsit 1807 wurde das gesamte preußische Gebiet westlich der Elbe mit braunschweigischen, hannoverschen und hessischen Gebieten zum neuen Königreich Westfalen unter Napoleons Bruder Jérôme verbunden. Dessen Versprechen, seine Untertanen glücklich zu machen, schien sich zunächst zu bewahrheiten, denn mit den Eroberern war auch deren freiheitliche Verfassung in die deutschen Länder gekommen. Mit der Aufhebung der Leibeigenschaft, Einführung der Gewerbefreiheit und einer neuen Verfassung wurden alte, feudale Strukturen aufgebrochen. Da Napoleon aufgrund seiner ehrgeizigen Ziele aber die Kassen und Menschen der eroberten Länder erheblich plünderte, breitete sich bald Bitterkeit und mit dieser als Gegenmittel die Geheimpolizei aus, die zusätzlich Geld und wohlwollende Bürokraten forderte. Dass in Westfalen der die Ausschweifung und den Prunk liebende Jérôme die Staatskassen für seine Privatvergnügen in Anspruch nahm, vergiftete die Atmosphäre im Land noch mehr.

Kein Wunder, dass sich auch an mittlerer Elbe und unterer Saale Widerstand regte, als von Preußen her die von der Bevölkerung gestützten Freicorps sich gegen die Fremdherrschaft erhoben. Viele Studenten aus Halle gingen über die Grenze, rüsteten sich selbst aus und traten als Freiwillige dem preußischen Heer bei. Nachdem sich dann auch Österreich der preußisch-russischen Allianz angeschlossen hatte, wendete sich das allgemeine Blatt. Der von der Armee Blüchers bei Wartenberg oberhalb von Wittenberg erzwungene Elbübergang wurde ein halbes Jahr danach durch die Niederlage der

»... Indem ich den Thron besteige, verpflichte ich mich, euch glücklich zu machen«, beteuerte Jérôme, Bruder Napoleons und König von Westfalen, am 15. Dezember 1807.

Land und Geschichte

Die Provinz Sachsen und Anhalt seit 1815 (nach Haring)

 Sachsen

 Anhalt

Gegen die ungeliebte französische Fremdherrschaft, vertreten durch den prunkliebenden Bruder Napoleons, Jérôme, erhoben sich die Freiwilligencorps. Aus einem Biwak bei Merseburg schrieb ein Angehöriger des Lützowschen Freicorps: »Unser ganzes Dasein hat eine Weihe erhalten, von der wir vordem keine Ahnung hatten.«

napoleonischen Truppen in der Völkerschlacht bei Leipzig gekrönt. Auf dem Wiener Kongress (September 1814 bis Juni 1815) teilten sich die Sieger die Beute. Preußen erhielt nicht nur all seine ehemaligen Besitzungen und die erst 1803 erworbenen mainzischen Territorien um Erfurt und auf dem Eichsfeld zurück, es bekam zusätzlich das halbe Königreich Sachsen, das wegen seiner profranzösischen Haltung zum Verlierer zählte. Das waren der Kurkreis Wittenberg, bedeutende Teile des Meißener und Leipziger Kreises und die Gebiete der ehemaligen Bistümer Merseburg und Naumburg-Zeitz. Zusammen mit der Altmark, die noch einige Zeit ein gewisses Sonderdasein führte, bildeten diese Gebiete die das zerstückelte Anhalt umschließende Provinz Sachsen.

Es war eine bittere Ironie der Geschichte, dass sich mit der Wiedergewinnung verlorenen Landes die Restauration absolutistischer Verhältnisse verband. Schon 1816 kam es in Preußen zu einer Einschränkung der Bauernbefreiung. Außerdem stand dem Wiedererstehen der Kleinstaaterei ein in den Befreiungskriegen gewachsenes Nationalgefühl entgegen. Unter den demokratische Rechte und den Nationalstaat einfordernden Bewegungen ragte die der Burschenschaften besonders hervor. Sie wurden von der studentischen Jugend getragen und vom Arm des Gesetzes unnachgiebig verfolgt. Arnold Ruge, Studentenführer in Halle, wurde »wegen Teilnahme an einer verbotenen, das Verbrechen des Hochverrats vorbereitenden, geheimen Verbindung und deren Verbreitung« zu 15 Jahren Gefängnis verurteilt. Ein ebenfalls aus Halle stammender Student Wagner wurde gar zum Tode verurteilt, dann aber zu 30-jähriger Festungshaft

›begnadigt‹. Selbst eine bekanntermaßen verdienstvolle Persönlichkeit wie der Turnvater Friedrich Ludwig Jahn geriet in die Mühlen der preußischen Justiz.

Setzten die europäischen Unruhen des Jahres 1830 zunächst vielleicht nur die Gedanken der in behaglicher Biedermeierlichkeit verschanzten Bürger in Gang, so hallte der Kanonendonner des Jahres 1848 bis in die hintersten Ecken der Provinz. Im allgemeinen blieb es jedoch dabei, dass der brave Bürger mit dem Lied »Ein freies Leben führen wir!« durch die Straßen zog, zur Beerdigung der Märzgefallenen nach Berlin reiste, Trauergottesdienste, Volksversammlungen unter den schwarzrotgoldenen Fahnen abhielt und Bürgerwehren gründete, die für Ordnung sorgen sollten. Dennoch war die Stimmung fiebrig und aggressiv selbst in kleinen Ortschaften.

War mit der 48er Revolution weder die deutsche Einheit erreicht noch ein einheitliches Staatswesen geschaffen, standen diese Ziele doch weiter auf der Tagesordnung. Zudem gab es in der durch den König erlassenen Verfassung einige Fortschritte. Der aus einem alten altmärkischen Geschlecht stammende Junker Otto von Bismarck stieg in die große Politik auf. Nach dem Sieg der preußischen Armee gegen die Österreicher bei Königgrätz 1866 erhoben sich die Wogen nationaler Begeisterung wiederum stürmisch. Der Maler Wilhelm von Kügelgen brachte brieflich Treffendes zum Ausdruck: »Bismarck ist jetzt der populärste Mann in Preußen. Alles jubelt ihm zu, selbst die Demokraten. Ich hoffe, er bringt uns nun ein einiges Deutschland zustande ...« Der siegreiche Krieg gegen Frankreich sollte den vereinten Nationalstaat tatsächlich bringen, wie er zugleich die Milliarden brachte als Startkapital für den zukünftigen Industriegiganten Deutschland. Die politischen Gewichtungen jedoch änderten sich: 1912 errangen Sozialdemokraten 11 der 19 Reichstagsmandate der Provinz Sachsen.

Der Aufstieg der Sozialdemokratie war eine unmittelbare Begleiterscheinung der Industrialisierung und Zusammenballung der Bevölkerung in den Städten. Von 1815 bis 1915 erhöhte sich die Einwohnerzahl von Halle und Magdeburg etwa auf das Zehnfache. Die wichtigsten Eisenbahnstrecken und industriellen Zentren entstanden im 20. Jh. Der seit 1830 verstärkt betriebene Zuckerrübenanbau in den fruchtbaren Ackergebieten überzog das Land mit Zuckerfabriken, die wiederum nach Braunkohle verlangten, deren Förderung sich von Halle aus nach Weißenfels und Zeitz, in das Bitterfelder Revier, nach Egeln und schließlich in das ergiebige Geiseltal ausdehnte. Die Steinsalz- und Kaliförderung bei Staßfurt brachte Deutschland bis zum Ersten Weltkrieg das Monopol auf dem Weltmarkt. In ihrem Gefolge entwickelte sich auch die chemische Industrie im Raum Halle, Bitterfeld und Zeitz. Magdeburg wurde zu einer Hochburg des Maschinenbaus. Die Kehrseite dieser Medaille war die rückhaltlose Ausbeutung der Arbeiterschaft.

Die wirtschaftliche Selbständigkeit Anhalts war unter diesen Umständen mehr denn je ein bloßes Phantom. Aus Anhalt zu sein,

»Es ist, als wenn jeder Zündkraut auf dem Kopf hätte und nur die Lunte erwarte«, schrieb der Maler Wilhelm von Kügelgen aus Ballenstedt über die explosive Stimmung der 40er-Jahre des 19. Jh. Und weiter: »Die Autoritäten haben einen Knacks erhalten, von dem sie sich schwer erholen werden.«

In seinen ›Denkwürdigkeiten und Erinnerungen eines Arbeiters‹ (1903/04) beschreibt Carl Fischer die bitteren Bedingungen der frühen Industrialisierung:
»Wir müssen uns hier den ganzen Tag quälen, und andere ... die wissen vor Hochmut und Wollust nicht, wie sie den Tag durchbringen sollen, und unsereins muss sich behandeln lassen wie ein Stück Vieh!«

Land und Geschichte

bedeutete vor allem, eine historische und kulturelle Identität zu besitzen, die es in dieser Weise in der großen Provinz Sachsen nicht gab. Nach dem Aussterben der einzelnen Linien konnte das Land 1863 unter Dessauer Hoheit wieder vereinigt werden und schloss sich der industriellen Entwicklung des preußischen Umlandes mehr und mehr an. Nach der Novemberrevolution wurde 1919 der Freistaat ausgerufen, der bis 1945 existierte, um dann in der Provinz bzw. dem Land Sachsen-Anhalt aufzugehen.

Die Goldenen Zwanziger

»Es lebe die proletarische Einheitsfront gegen die faschistische Hitler-Diktatur! Fort mit Hitler, Seldte, Papen, Hugenberg! Es lebe der Generalstreik! Es lebe der Kampf um die Freiheit der Arbeiterklasse! Es lebe der Kampf für eine Arbeiter- und Bauernrepublik.« Aus dem Aufruf der KPD zum Generalstreik, Halle, 31. Januar 1933

Durch ihre industrielle und landwirtschaftliche Potenz war die Provinz Sachsen auch während des Ersten Weltkriegs einer der wichtigsten Wirtschaftsräume Deutschlands und Großlieferant für Rüstungsgüter. Hier war vor allem Magdeburg mit den Krupp-Gruson-Werken und seinen Munitionsfabriken führend. Das Ende des Krieges und die mit dem Versailler Vertrag verbundenen Restriktionen in bezug auf die Herstellung von Kriegsmaterial mussten diese Firmen, besonders aber kleine und mittlere Unternehmen vernichtend treffen. Die eigentlichen Lasten aber hatte letzten Endes doch die Bevölkerung zu tragen. Eine vor dem Ende des Krieges einsetzende Streikwelle mündete letztlich im Ausbruch der Novemberrevolution, in deren Folge es zur Errichtung der ersten bürgerlichen Demokratie kam.

Aus den Wahlen zur Nationalversammlung in Weimar ging die Sozialdemokratie als Sieger hervor und stellte mit Friedrich Ebert den Reichspräsidenten. In der Provinz Sachsen besaßen die Linksparteien über den ganzen Zeitraum der Weimarer Republik mehr als 50 % des Stimmenanteils. Halle wurde als das »rote Herz Mitteldeutschlands« bezeichnet. Es stand oft im Zentrum der Auseinandersetzungen, die bald schon mit dem beginnenden wirtschaftlichen und sozialen Chaos der Weltwirtschaftskrise verbunden waren. Deutschlands junge Demokratie wurde zerrieben.

1919 entflammte im Halle-Zeitzer Braunkohlenrevier während eines Generalstreiks ein Aufstand, der erst durch den Einsatz von Militär niedergeschlagen werden konnte. Vom Mansfelder Revier ausgehend, breiteten sich 1921 die so genannten Märzkämpfe bis nach Quedlinburg, Erfurt, Suhl und Merseburg aus. Der bekannte, schon im Vogtland sehr aktiv gewesene Anarchist Max Hoelz war einer der maßgeblichen Führer der weder durch die KPD noch andere Linksparteien abgesegneten militärischen Aktionen.

Dass die Zwanziger Jahre trotz der hier skizzierten, für viele Bewohner des Landes bedrängenden Lebensumstände dennoch den Beinamen ›die Goldenen‹ erhielten, mag einerseits mit den gigantischen Industriekomplexen zusammenhängen, die in dieser Zeit entstanden. Die Überlandleitungen und Schornsteine kündeten von einer völlig neuen Produktionsweise, bei der Maschinen die meiste

Die Goldenen Zwanziger

Arbeit übernahmen und Ingenieure auf Armaturen nur noch dem »Kommen, Werden und Gehen der Gase« zusahen. Im Nordwesten der Provinz entstand durch den größten Trockenbagger des Kontinents der Mittellandkanal, eine der wichtigsten künstlichen Wasserstraßen in Europa.

Andererseits mag dieser Ruf der goldenen Jahre in der Originalität, Frische und Neuheit ihrer kulturellen und künstlerischen Impulse begründet sein. Diese Jahre stehen einzig da im 20. Jh. Für Furore sorgten Anfang der 20er-Jahre durch Bruno Taut angeregte Experimente mit farbigem Hausanstrich in Magdeburg. Ilja Ehrenburg schrieb von Häuserfassaden, die wie ›Blutsymphonien‹, Zeitungskiosken, die wie Kaktusse und Straßenbahnen, die wie prächtig gemusterte Drachen aussahen. In Halle baute Paul Thiersch in Burg Giebichenstein eine der eigenwilligsten Kunstschulen Deutschlands auf. 1925 siedelte das Staatliche Bauhaus unter der Leitung von Walter Gropius nach Dessau über und sollte von dort als erste Hochschule für Gestaltung eine Wirkung entfalten, die nicht nur über Deutschland, sondern auch über Europa hinausdrang.

Während das Bauhaus bereits 1932 dem faschistischen Druck weichen musste, und Gustav Krupp in einem Brief an Hindenburg den nationalsozialistischen Staat als »Grundlage für einen Wiederaufstieg der deutschen Wirtschaft« bezeichnete, zogen längst Trupps von SA und SS durch die Straßen und lieferten sich Schlachten mit den Formationen des Rotfrontkämpferbundes. Nachdem Hitler am 30. Januar 1933 Reichskanzler geworden war, wurden verfassungsmäßig garantierte Rechte zu hochverräterischen Umtrieben. Trotzdem wählten 17,3 Mio. Deutsche am 5. März die NSDAP, die damit stärkste Partei im Reichstag wurde und sich mit den bürgerlichen Parteien die absolute Mehrheit sicherte, um durch das Ermächtigungsgesetz jegliche parlamentarische Demokratie auszuschalten. Die Provinziallandtage wurden gar nicht erst neu gewählt, sondern entsprechend dem Berliner Sitzverhältnis unter Ausschaltung der KPD umgebildet.

Die Bücherverbrennung am 12. Mai auf dem Universitätsplatz in Halle war nur ein bezeichnender Anfang. Schon waren die ersten ›Schutzhaftlager‹ am Rande des Harzes und an anderen idyllisch gelegenen Orten installiert, um den Widerstand jeglicher Opposition zu brechen. Dass nun in Vorbereitung des längst angekündigten Krieges ein ungeheurer wirtschaftlicher Aufschwung stattfand, mag mit dazu beigetragen haben, dass die in ihrem Selbstbewusstsein durch den verlorenen Krieg und Jahre der Not gedemütigten Deutschen dem Massenmord an den Juden zugeschaut haben und sich schließlich bereit fanden, in einen selbstmörderischen Welteroberungskrieg zu ziehen.

Ein Beispiel für das wirtschaftliche Wohlergehen in den Goldenen Zwanzigern ist das Elektrowerk Golpa-Zschornewitz. Es produzierte 1600 Mio. Kilowattstunden und wurde damit nur von einigen wenigen Anlagen in den USA übertroffen. Wie seine bis nach Leipzig und Berlin reichenden Überlandleitungen zu Kennzeichen des Lebensnervs einer modernen Wirtschaft wurden, begannen auch die Vielzahl der Schornsteine des Leuna-Werks im Süden der Provinz die Landschaft zu prägen.

33

Land und Geschichte

Das ›sozialistische Experiment‹

Auf dem damals noch zur Provinz Sachsen gehörenden Boden, an der Elbe bei Torgau, trafen am 25. April 1945 amerikanische und russische Truppen zusammen. Die spontane Verbrüderungsfeier zwischen Amerikanern und Russen trog. Das Bild war ›falsch‹, sowohl für das zukünftige Verhältnis der Siegermächte als auch für die Zukunft der von ihnen besetzten deutschen Länder. Am 1. Juli 1945 räumten die Amerikaner die der Sowjetunion zugesprochenen Gebiete. Die Westgrenze der Provinz Sachsen wurde Zonengrenze und später die undurchlässigste Grenze Europas.

Während sich in Ostdeutschland ein aus der Sowjetunion importierter, totalitäre Züge tragender Sozialismus etablierte, hatten die Westdeutschen nach Überwindung der unmittelbaren Kriegsfolgen die Möglichkeit, an die bürgerliche Demokratie der Jahre vor 1933 anzuknüpfen. Das zunächst als Provinz bezeichnete Sachsen-Anhalt, mit Regierung in Halle, setzte sich aus den ehemaligen Regierungsbezirken Magdeburg, Merseburg und dem Land Anhalt zusammen. Der noch 1944 nach Thüringen gegangene Regierungsbezirk Erfurt verblieb dort. Auch kamen die Exklave Allstedt, der östliche Teil des Kreises Blankenburg und die Exklave Calvörde zu dem am 21. Juli 1947 als Land proklamierten Sachsen-Anhalt, das schon fünf Jahre später im Zeichen allgemeiner Zentralisierung unter Abgabe einzelner Gebiete in die Bezirke Magdeburg und Halle aufgeteilt wurde. Diese besaßen dann keinerlei gesetzgebende Gewalt mehr.

Die verstärkt im letzten Kriegsjahr einsetzenden Bombenangriffe hatten in Sachsen-Anhalt verheerend gewirkt. Das Zentrum Magdeburgs lag zu 90 % in Schutt und Asche. Unkenntlich geworden waren das ›anhaltische Rothenburg‹ Zerbst, Dessau und Halberstadt. Auch Industrieunternehmen, zumal die kriegswichtigen wie etwa die Leuna-Werke, waren zum Teil total zerstört. Zusätzlich wurden viele der noch intakten Anlagen, aber auch Schienenverbindungen als erste Reparationsleistungen demontiert und in die Sowjetunion gebracht. Die in Sachsen-Anhalt vorbildlich gewesene Landwirtschaft war nicht sofort wieder in der Lage, die Bevölkerung ausreichend zu versorgen, zumal sie durch Flüchtlinge aus den ehemals deutschen Ostgebieten und aus Böhmen um eine Million anwuchs.

Wie in den übrigen, 1949 zur DDR zusammengeschlossenen Ländern ging auch in Sachsen-Anhalt die politische Neuordnung nach sowjetischem Muster mit einem undifferenzierten Enteignungsprogramm einher, das weder nach ökonomischem Sinn noch nach der politischen Vergangenheit der Betroffenen fragte. So wurden beispielsweise alle landwirtschaftlichen Betriebe über einer Größe von 100 ha in der Bodenreform entschädigungslos enteignet. Ein besonders krasses Beispiel ist die Enteignung des letzten, 1918 abgedankten Herzogs von Anhalt, einem anerkannten Gegner des National-

Das ›sozialistische Experiment‹

1945 lag das Zentrum Magdeburgs zu 90 % in Schutt und Asche. Hier die am 16. Januar 1945 zerstörte Johanneskirche und der Alte Markt mit Altem Rathaus vor Beginn des Wiederaufbaus 1952.

sozialismus. Er wurde verhaftet und in das von der Besatzungsmacht weiterbetriebene KZ Buchenwald gebracht, wo er 1947 starb. Programm der neuen Staatsmacht war ebenso die Ausschaltung von Oppositionellen, die sich vielfach selbst aus der kommunistischen Bewegung rekrutierten. Nach der Revolte von 1953, die wie in Berlin auch in Halle und Magdeburg ausbrach, wurden nicht etwa Wege zur Demokratisierung gesucht, sondern lediglich nach einem besseren System der Selbst- und Machterhaltung, woran nicht einmal Stalins Tod 1953 etwas änderte. 1961 schloss sich mit der Berliner Mauer das letzte Schlupfloch in den Westen, auch die Grenzanlagen an der innerdeutschen Grenze, wie etwa durch den Harz, wurden verstärkt, später sogar mit mörderischen Selbstschussvorrichtungen gesichert.

Selbst Bert Brecht riet in einem kurzen Gedicht der Regierung, sie solle sich doch besser ein neues Volk wählen.

Trotz alledem konnte ein wirtschaftlicher Aufschwung verzeichnet werden, der zu einem gewissen Wohlstand führte. Die neuen, nun ›volkseigenen‹ Industriekomplexe entstanden an alten Schwerpunkten: Halle, Bitterfeld, Merseburg, Mansfelder Land, Dessau, Magdeburg. Auch die seit den 50er-Jahren kollektivierte Landwirtschaft in den altbekannten Ackerbaugebieten brachte vergleichsweise Spitzenerträge. Dass dieser Wohlstand auf Kosten der wirtschaftlichen Substanz und der Umwelt ging, war eine allgemeine Erscheinung und führte, etwa im Halle-Bitterfelder Raum, zu schwersten Problemen für Mensch und Natur.

Auch die nach dem Zweiten Weltkrieg geschaffene Wohn-, Geschäfts- und Industriearchitektur ergänzt auf signifikante Weise das Bild dieser ›sozialistischen Gesellschaft‹. Gewiss sind die Neubauten stalinistischer Zeit im Zentrum von Magdeburg oder Zerbst vom großen östlichen Vorbild geprägt. Anmerkenswert ist bei allem noch der spürbare Versuch, an territoriale Bautraditionen anzuknüpfen, was unter den Bedingungen des späteren Industriebaus

Land und Geschichte

Die ›Chemiearbeiterstadt Halle-Neustadt‹, Beispiel für eine ›sozialistische Stadt‹, Blick in die Neustädter Passage

nicht mehr geschah. Während historische Innenstädte und traditionsreiche bürgerliche und proletarische Wohnquartiere verkamen, wurden ›sozialistische Städte‹ wie die ›Chemiearbeiterstadt Halle-Neustadt‹ aus dem Boden gestampft. Fast jede Stadt erhielt auf der grünen Wiese ihr Neubaugebiet, das sich ohne Rücksicht in die Landschaft schob. Trotz verstärkter Denkmalpflege fielen bis zuletzt historisch wertvolle Gebäude der Abrissbirne zum Opfer.

In den 70er- und 80er-Jahren entdeckte die SED die Ausbürgerung als ein Mittel, sich der politischen Opposition zu entledigen. Parallel aber zu dem Wunsch vieler Menschen, das Land zu verlassen, wuchsen meist unter dem Dach der Kirche Gruppen heran, die bewusst im Land blieben, um hier etwas zu verändern. Je stärker dieser Wille wurde, um so weniger war der Staatssicherheitsdienst in der Lage, diese Leute aus der Öffentlichkeit auszuschließen. Dabei waren spektakuläre Einzelaktionen Ausnahmen, wie die Selbstverbrennung des Pfarrers Oskar Brüsewitz vor St. Michaelis in Zeitz 1976. Typischer waren die Formen geistiger Auseinandersetzung. Im evangelischen Forschungsheim Wittenberg zum Beispiel fanden sich Kreise von Naturwissenschaftlern und Theologen zusammen, um die staatlicherseits unterdrückte Umweltforschung zu fördern und mit der Herausgabe der ›Umweltbriefe‹ öffentlich zu machen.

Im Herbst 1989 waren es dann unter anderen diese Intellektuellen und ihre Sympathisanten, die zum Zeichen ihres friedlichen Aufbegehrens mit Kerzen in den Händen auf die Straße gingen. Anfangs waren es Lichter der Hoffnung gewesen, doch bald darauf schon die des Finales. Der Ruf »Wir sind das Volk!« oder »Demokratie – jetzt oder nie!« hallte aus tausenden Kehlen, selbst bei Demonstrationen in kleinen und kleinsten Städten, um den ohnehin schon aus dem Gleichgewicht geratenen Staatsapparat endgültig zu kippen.

Der Beitritt der ostdeutschen Länder zur Bundesrepublik Deutschland leitete einen Prozess von Umwälzungen ein, der bis heute nicht abgeschlossen ist. Der Gewinn der bürgerlichen Freiheiten und der Umbau des Staats- und Verwaltungsapparats nach demokratischen Maßgaben gehört wie die Verbesserung der allgemeinen Lebensbedingungen und die durch großzügige Finanzhilfen ermöglichten Wiederaufbau- und Sanierungsvorhaben zweifellos auf die Habenseite. Wertvolle Baudenkmale konnten gerettet werden während andere freilich, nutzlos geworden, noch immer ihrer ›Investoren‹ harren. In Magdeburg, Halberstadt oder Dessau sind quasi neue Stadtzentren entstanden, die das in den ersten Jahren auf die grüne Wiese und nicht in die Industriebrachen abgewanderte Gewerbe wieder zurück in die Städte zu ziehen versuchen. Dass im Osten Deutschlands noch heute die Arbeitslosigkeit im Durchschnitt doppelt so hoch ist wie in den alten Ländern, belegt die tiefgreifenden wirtschaftlichen Verwerfungen, die das Verschwinden der ostdeutschen Großindustrien hervorgerufen hat. Die damit einhergehenden deutlichen Umweltverbesserungen und die darin vielleicht verborgenen Möglichkeiten treten als Vorboten einer auf Wandel angewiesenen Welt noch kaum ins Bewusstsein. Doch deuten Projekte wie das am Bauhaus initiierte ›Industrielle Gartenreich‹ die Chance dazu an.

Für viele wurde ein Traum wahr, als nach den heftigen Turbulenzen und mit Zustimmung der vier Siegermächte die DDR ihren Beitritt zur Bundesrepublik Deutschland erklärte. Damit endeten 40 Jahre gewaltsamer Trennung. Im Osten bildeten sich erneut die alten, doch nun ›neuen Länder‹. Seit dem 14. Oktober 1990 ist auch Sachsen-Anhalt eines von ihnen.

Daten zur Geschichte

Vor- und Frühgeschichte	Das mitteldeutsche Lößgebiet gehört zu den dichtest besiedelten Gebieten Deutschlands.
451	Schlacht auf den Katalaunischen Feldern in Gallien. Rückzug der während der Völkerwanderungszeit aus Asien vordrängenden Hunnen. Es entsteht das Königreich der Thüringer.
531	Zerschlagung des Thüringer Königreiches durch die Franken.
nach 568	Eindringen slawischer Stämme in das Gebiet östlich der Elbe-Saale-Linie.
nach 775	Einführung der fränkischen Grafschaftsverfassung durch Karl den Großen. Missionierung.
um 800	Bistum in Halberstadt unter Bischof Hildegrim von Châlons.
843	Tod Karls des Großen. Ludwig der Deutsche erhält den östlichen Teil des dreigeteilten Reiches.
919	Herzog Heinrich von Sachsen wird zum König des entstehenden deutschen Reiches.

Land und Geschichte

933	Das von Heinrich I. geschaffene Reiterheer schlägt die Ungarn bei Riade an der Unstrut.
936	Otto I. (der Große) wird als Nachfolger seines Vaters Heinrich in Aachen zum König gekrönt. Mittelelbe und Harz sind Reichszentren. Magdeburg wird zur Residenz ausgebaut.
955	Schlacht auf dem Lechfeld bei Augsburg. Otto I. besiegt die Ungarn.
962	Otto I. wird in Rom zum Kaiser gekrönt.
968	Gründung des Erzbistums Magdeburg. Ihm unterstehen die Bistümer in Havelberg und Brandenburg (beide schon 948 gegründet), Merseburg, Zeitz und Meißen.
983	Slawenaufstand. Verlust der Bistumssitze Havelberg und Brandenburg.
1024	Mit Konrad II. geht die Herrschaft in Deutschland vom sächsischen Fürstenhaus an die Salier über.
1056–1122	Der sächsisch-thüringische Raum wird einer der Ausgangspunkte des Investiturstreites.
1115	Truppen des Königs Heinrich V. unterliegen in der Schlacht am Welfesholz denen des sächsischen Herzogs Lothar von Supplinburg. Machtverlust des Königtums im Mittelelberaum und Aufkommen kleinerer Territorialherrschaften.
1125	Lothar von Supplinburg wird gegen die Ansprüche der Staufer zum König, 1133 zum Kaiser gewählt.
1129	Norbert von Xanten installiert in Magdeburg das erste deutsche Kloster des Prämonstratenserordens. Die Klöster des Ordens in Leitzkau (1140) und Jerichow (1144) werden Ausgangspunkte für die Wiedererrichtung der Bistümer in Havelberg (1147) und Brandenburg (1165).
1134	Der Askanier Albrecht der Bär, späterer Gründer der Mark Brandenburg, wird Markgraf der Nordmark (Altmark).
1220–1235	Eike von Repgow verfasst den ›Sachsenspiegel‹ auf Latein und überträgt ihn ins Niederdeutsche.
13.–15. Jh.	Stärkung und Ausbau der geistlichen und Territorialmächte. Ausbau und Gründung von Städten.
1424	›Halberstädter Schicht‹: Halberstädter Plebejer stürzen den Rat und enthaupten vier Ratsherren.
1488	Die Städte der Altmark verweigern Kurfürst Johann Cicero die geforderte Biersteuer und werden mit militärischen Mitteln zur Räson gebracht. Danach erfolgt die Verlegung der hohenzollerischen Residenz von Tangermünde nach Cölln-Berlin.
1502	Gründung der ersten landesfürstlichen Universität Deutschlands in Wittenberg.

Wappen der Askanier, Farbdruck nach einer Zeichnung von Otto Hupp, aus: Münchener Kalender für 1895

Daten zur Geschichte

1517	Der Augustinermönch Martin Luther veröffentlicht in Wittenberg seine 95 Thesen gegen die Missstände in der katholischen Kirche. Beginn und rasche Ausbreitung der Reformation.
1525	Blutige Niederschlagung des auch in Thüringen und in den Gebieten um den Harz geführten Bauernkriegs bei Bad Frankenhausen.
1531	Gründung des protestantischen Schmalkaldischen Bundes.
1546	Schmalkaldischer Krieg. Niederlage der protestantischen Partei.
1555	Augsburger Religionsfrieden bestätigt die bestehenden konfessionellen Verhältnisse.
1570	Zeitweilige Vereinigung der anhaltischen Fürstentümer unter Fürst Joachim Ernst von Anhalt.
1618–48	Dreißigjähriger Krieg.
1625	Der Dreißigjährige Krieg ergreift den mitteldeutschen Raum. 1631 wird Magdeburg von Truppen Tillys erobert und von Angehörigen des Pappenheimerschen Regiments gebrandschatzt.
1648	Westfälischer Frieden. Brandenburg gewinnt die Vorherrschaft über den nördlichen Teil Sachsen-Anhalts samt der Stadt Halle und dem Saalkreis. Kursachsen behauptet seine Herrschaft im südlichen Teil des Landes.

»Unterscheid zwischen der waren Religion Christi und falschen Abgöttischen lehr des Antichrists in den fürnemsten stükken.«
Die Gegenüberstellung von lutherischer Glaubenslehre und katholischer Kirchenpraxis, Holzschnitt von Lucas Cranach d. J., 1546

Land und Geschichte

1694	Gründung der Friedrichs-Universität in Halle. Sie wird ein Zentrum der deutschen Frühaufklärung.
1698/99	Generalfeldmarschall Leopold I. von Anhalt-Dessau führt den eisernen Ladestock und den Gleichschritt in der preußischen Armee ein.
1701–47	Leopold I. von Anhalt-Dessau ist preußischer Festungsgouverneur in Magdeburg. Wiederaufbau und Ausbau zur stärksten Festung Preußens.
1758–1817	Unter Leopold III. Friedrich Franz von Anhalt-Dessau entsteht das Dessau-Wörlitzer Gartenreich.
1807	Nach dem Sieg der napoleonischen Armee wird alles preußische Gebiet westlich der Elbe dem neugeschaffenen Königreich Westfalen einverleibt.
1815	Nach der Niederlage Napoleons und dem Wiener Kongress Gründung der preußischen Provinz Sachsen, die, inklusive der anhaltischen Länder, in etwa die Ausdehnung des heutigen Sachsen-Anhalt hat.
1848/49	Die revolutionären Unruhen ergreifen auch die Territorien der preußischen Provinz Sachsen und die anhaltischen Länder.
ab ca. 1850	Industrialisierung des mitteldeutschen Raumes.
1862	Der aus der Altmark stammende Otto von Bismarck wird preußischer Ministerpräsident.
1871	Krönung König Wilhelms I. zum Kaiser des neu gegründeten Deutschen Reiches.
1912	Die Sozialdemokraten erringen 11 von 19 Reichstagsmandaten der Provinz Sachsen.
1914–18	Erster Weltkrieg.
1919	Nach der Novemberrevolution wird Anhalt Freistaat.
1919–33	Linksparteien dominieren in der Provinz Sachsen.
1925	Das Staatliche Bauhaus unter Walter Gropius siedelt nach Dessau über.
1933	Hitler wird Reichskanzler.
1939–45	Zweiter Weltkrieg. Magdeburg, Dessau, Halberstadt und Zerbst werden durch Bombardements der Alliierten zerstört.
1947	Unter sowjetischer Besatzung wird das Land Sachsen-Anhalt gegründet.
1949	Gründung der DDR.
1952	Aufteilung von Sachsen-Anhalt in die Bezirke Magdeburg und Halle.
1990	Neugründung des Landes Sachsen-Anhalt. Beitritt zur Bundesrepublik Deutschland.
90er-Jahre	Zusammenbruch der Großindustrien. Umfängliche Aufbauleistungen.
2000	Nach der Quedlinburger Altstadt (1995), den Luther-Stätten in Wittenberg und Eisleben sowie

	den Bauhausstätten in Dessau und Weimar (1996) steht auch das Dessau-Wörlitzer Gartenreich in der Welterbeliste der Unesco.
2002	Jahrhunderthochwasser an der Elbe und ihren Nebenflüssen.
2003	Einweihung der größten Schiffsbrücke Europas bei Magdeburg.
2005	Magdeburg feiert 1200-jähriges Stadtjubiläum.
2008	Neueröffnung des Halberstädter Domschatzes.

Galerie bedeutender Persönlichkeiten

Albrecht von Brandenburg (1490–1545)

Zweifellos war Albrecht nicht nur einer der mächtigsten, sondern auch einer der gebildetsten Renaissancefürsten Deutschlands. Halle, seit 1514 mit der Moritzburg seine Lieblingsresidenz, wurde unter ihm zu einem Zentrum der Frührenaissance. Er gehörte zu den Auftraggebern Albrecht Dürers und pflegte mit Vertretern des deutschen Humanismus geistigen Austausch. 1513, im Alter von 23 Jahren, wurde Albrecht, jüngster Sohn des brandenburgischen Kurfürsten, zum Erzbischof von Magdeburg gewählt, 1514 zum Erzbischof von Mainz. 1518 erhielt er in Augsburg den Kardinalshut und wurde damit zu einem der exponierten Vertreter des in dieser Zeit unter den Druck der reformatorischen Kräfte gelangenden Katholizismus. Als Erzbischof von Magdeburg war er geistlicher Oberhirte Martin Luthers, der ihn nicht zuletzt wegen des Ablasshandels angriff. Bis zur Niederschlagung des Bauernkriegs wahrte Albrecht gegen die Reformation eine vermittelnde Haltung. Als 1541 auch die Stadt Halle zum reformierten Glauben wechselte, zog sich der Erzbischof nach Mainz zurück, wo er 1545 starb.

Albrecht von Brandenburg, Gemälde von Lucas Cranach d. Ä., um 1520/25

Johann Sebastian Bach (1685–1750)

Das Werk Johann Sebastian Bachs gilt als Höhepunkt des musikalischen Barock. Der in eine Musikerfamilie in Eisenach geborene Bach kam nach seinen Studienjahren über Engagements am Hof von Sachsen-Weimar, Arnstadt und Mühlhausen 1708 abermals an den Weimarer Hof, wo er zunächst Organist und Kammermusiker, später Konzertmeister wurde. Dem Ruf an den Hof von Anhalt-Köthen konnte er erst im Dezember 1717 folgen. Als Kapellmeister des Fürsten Leopold von Anhalt-Köthen schuf Bach die meisten seiner Kammer- und Orchesterwerke. In Köthen entstanden die als »Krönung des barocken Instrumentalkonzerts« gerühmten ›Brandenbur-

Johann Sebastian Bach, Gemälde von Elias Gottlob Haußmann, 1746

gischen Konzerte‹, die ›Englischen‹ und die ›Französischen Suiten‹, der erste Teil des ›Wohltemperierten Klaviers‹ sowie die ›Chromatische Fantasie und Fuge‹. Von 1723 bis zu seinem Tod 1750 war er Thomaskantor in Leipzig.

Otto von Bismarck (1815–1898)

Otto von Bismarck, zeitgenössisches Gemälde von Franz von Lenbach

Otto Eduard Leopold von Bismarck-Schönhausen, seit 1865 Graf, seit 1871 Fürst, seit 1890 Herzog von Lauenburg, studierte Jura in Göttingen und Berlin. Der Referendarzeit (bis 1839) folgten Jahre als Gutsherr in Pommern. 1845 kehrte er nach Schönhausen zurück. Er wurde Abgeordneter im sächsischen Provinziallandtag, 1847/48 konservatives Mitglied des Vereinigten Landtags und nach 1848 Abgeordneter in der Zweiten Kammer und im Erfurter Parlament. Als preußischer Gesandter am Bundestag in Frankfurt/Main erstrebte er Gleichberechtigung für Preußen gegenüber Österreich. 1862, nach dem Durchlaufen verschiedener diplomatischer Ämter, wurde er vom preußischen König Wilhelm I. zum Ministerpräsidenten ernannt. Gegen die liberale Parlamentsmehrheit vertrat er die Rechte der Krone und kämpfte durch geschickte Verflechtung von Außen- und Innenpolitik für die deutsche Einigung unter preußischer Vorherrschaft. Seit 1871 stand er als Kanzler für 19 Jahre an der Spitze des neu gebildeten Deutschen Reiches. Unter seiner Ägide ging Deutschland den Weg aus der Freihandels- in eine Schutzzollpolitik. Bismarck konterkarierte sein eigenes sozialpolitisches Reformwerk durch den Erlass der die wachsende Opposition knebelnden Sozialistengesetze (1878). Glücklicher war er in der Außenpolitik, die Deutschland eine lange Periode des Friedens bescherte. 1890 wurde Bismarck aufgrund sachlicher und persönlicher Differenzen von Kaiser Wilhelm II. entlassen und ging nach Friedrichsruh, wo er 1898 starb.

Lucas Cranach d. Ä. (1472–1553)

Als Sohn eines Malers erhielt Cranach, der heute als Hauptmeister der deutschen Renaissancemalerei neben Dürer gilt, seine erste Ausbildung wohl in der Werkstatt seines Vaters. Der sich nach seiner Vaterstadt Kronach in Oberfranken nennende Künstler wurde 1505 vom sächsischen Kurfürsten Friedrich dem Weisen als Hofmaler nach Wittenberg berufen. Die von dem vielbeschäftigten Meister gegründete Werkstatt, in der auch seine beiden Söhne arbeiteten, entfaltete eine überaus rege Tätigkeit. Bei einer derartigen Fülle und Streuung der Produktion waren deutliche Qualitätsschwankungen eine natürliche Folge. Von 1519–45 war Cranach Mitglied des Wittenberger Rates, zeitweise sogar Bürgermeister und Kämmerer der Stadt. Er betrieb die noch heute im Cranachhaus existierende Apotheke, handelte mit Wein und war darüber hinaus als Buchhändler und Verleger tätig. Die Freundschaft mit Luther machte Cranach zu dem Künstler, der das Lutherbild prägte. Als Kurfürst Johann Friedrich Kurwürde und Ländereien an seinen Kontrahenten Moritz von Sachsen verlor, folgte ihm Cranach ins Exil nach Weimar, wo er 1553 starb.

Friedrich Wilhelm Freiherr von Erdmannsdorff (1736–1800)

Als Architekt ist Erdmannsdorff die singuläre Erscheinung des Frühklassizismus in Deutschland. Seine Raumschöpfungen (Schlaf- und Arbeitszimmer Friedrichs II. in Sanssouci, Königskammern des Berliner Schlosses) gehören zu den schönsten dieser Zeit. Als Sohn eines kursächsischen Hofbeamten in Dresden erhielt der junge Erdmannsdorff eine exzellente Ausbildung in Leipzig, Dresden und Wittenberg. Im Sommer 1756 traf Erdmannsdorff den vier Jahre jüngeren Leopold Friedrich Franz von Anhalt-Dessau – eine in vielen Beziehungen folgenreiche Begegnung. Der »Herr von Erdmannsdorff«, wird der Biograph des Fürsten später berichten, »war – ohne ein öffentliches Amt zu haben oder einen besonderen Titel zu führen – der einzige Vertraute, der Herzensfreund desselben, sein Ratgeber in den wichtigsten Angelegenheiten, der Vermittler in den schwierigsten Verhältnissen, auf dessen Wort und Rat der Fürst das größte Gewicht legte, dessen Lob und Tadel ihm mehr galt, als aller Beifall und alles Missfallen der Welt.« Tatsächlich kann man Erdmannsdorffs Anteil auch an der allgemeinen Gestaltung des Dessau-Wörlitzer Gartenreichs nicht hoch genug einschätzen. Angeregt vor allem durch Bildungsreisen nach Italien und England, Bekanntschaft mit Johann Joachim Winckelmann sowie den führenden Architekten des englischen Neopalladianismus entstanden nach seinen Entwürfen im Garten von Wörlitz sowohl das erste neopalladianische Villenschloss als auch der erste neogotische Großbau auf dem europäischen Kontinent sowie zahlreiche andere Gebäude des Gartenreichs. Erdmannsdorff wirkte außerdem als Kunsttheoretiker, Pädagoge und Sammler.

Friedrich Wilhelm von Erdmannsdorff, Gemälde von Johann Friedrich August Tischbein, 1796

August Hermann Francke (1663–1727)

Nach einem Theologie- und Philologiestudium hielt Francke seit 1689 pietistisch geprägte theologische Vorlesungen in Leipzig, später in Erfurt. Durch Vermittlung von Philipp Jakob Spener, dem Begründer des Pietismus, erhielt Francke 1691 eine Pfarrstelle in der halleschen Vorstadt Glaucha, die mit einer Professur für griechische und hebräische Sprache verbunden war. Vom Ideal der urchristlichen Gemeinde und dem lebendigen persönlichen Glauben ausgehend, stritt er in Aufsehen erregenden Predigten für eine Erneuerung des in Lehre und Kult verfestigten Protestantismus. Sein missionarischer Eifer blieb nicht Theorie. Nachdem er anfangs für eine Verbesserung der Armenpflege wirkte, gründete er 1695 eine Armenschule mit Waisenhaus. Angegliedert war unter anderem die Cansteinsche Bibelanstalt, die, Franckes Missionsgedanken folgend, äußerst preiswerte Bibeln in alle Welt vertrieb. Franckes Pädagogik fußte auf strenger, lustfeindlicher, dabei den Realien (Ansatz zur Realschule) zugewandter Unterweisung seiner Zöglinge.

Walter Gropius (1883–1969)

Walter Gropius, 1920

Obwohl Walter Gropius in Dessau auch andere Architekturen realisierte, verbindet sich sein Name vor allem mit dem Gebäude des 1925/26 errichteten Bauhauses, einer Ikone der klassischen modernen Architektur. Nach dem Architektur-Studium in München und Berlin arbeitete Gropius zwei Jahre lang im Atelier von Peter Behrens. 1910 gründete er mit Adolf Meyer ein Büro, aus dem die Entwürfe für das Faguswerk in Alfeld an der Leine und die Musterfabrik für die Werkbundausstellung in Köln 1914 hervorgingen. Nach Kriegsende zum Direktor der Hochschule für Bildende Kunst und der Kunstgewerbeschule in Weimar ernannt, schloss er beide Anstalten zum Staatlichen Bauhaus zusammen, das 1925/26 nach Dessau übersiedelte. Hier gelang Gropius die Etablierung des Bauhauses als einer auf die Bedürfnisse der modernen Industrie ausgerichteten Hochschule für Gestaltung. Neben den am Bauhaus erbrachten gestalterischen Leistungen war es vor allem die Bauhaus-Pädagogik, die diesem Institut Weltgeltung über die eigentliche Lebensdauer hinaus verschaffte. 1928 gab Walter Gropius die Leitung des Bauhauses an Hannes Meyer ab, siedelte nach Berlin, 1935 schließlich nach London über. 1937 folgte er einem Ruf an die Harvard University in Cambridge, Massachusetts. Nach dem Krieg erhielt er internationale Einzel- und städtebauliche Aufträge.

Otto von Guericke (1602–1686)

Otto von Guericke, Kupferstich von Matthäus Merian d. J., um 1650

Guericke, seit der Adelung 1666 von Guericke, stammte aus einer Magdeburger Patrizierfamilie. Seit 1623 studierte er Naturwissenschaften in Leiden. Zu seinen Fächern zählten Festungsbau, Mathematik sowie Astronomie; er beschäftigte sich mit den modernen Ideen Kopernikus', Keplers und Galileis. 1626 nach Magdeburg zurückgekehrt, unternahm er von dort Reisen nach England und Frankreich und war Ratsmitglied seiner Geburtsstadt. 1630 trat er als Baumeister in die Dienste der Stadt Magdeburg, 1631 als Ingenieur im Offiziersrang in schwedische, 1636 in kursächsische Dienste. Seit 1646 einer der vier Bürgermeister von Magdeburg, war er wesentlich an den Verhandlungen zur Beendigung des Dreißigjährigen Krieges beteiligt, zog sich später aber mehr und mehr aus der Politik zurück und verfasste eine Geschichte der Belagerung und Zerstörung Magdeburgs.

Als Naturwissenschaftler war Guericke neben Pascal und Torricelli bahnbrechend bei der Erforschung des Luftdrucks. Nachdem ihm der experimentelle Nachweis der Herstellung eines Vakuums geglückt war, beschäftigte er sich mit der Verbesserung der Luftpumpe und des Barometers, mit dessen Hilfe es ihm 1660 gelang, Unwetter vorherzusagen. Berühmt ist sein spektakuläres Experiment mit den Magdeburger Halbkugeln geworden, das er 1657 erstmals in Magdeburg durchführte und 1663 am Berliner Hof wiederholte.

Georg Friedrich Händel (1685–1759)

Nicht einmal einen Monat liegen die Geburtsdaten Johann Sebastian Bachs und Georg Friedrich Händels auseinander. Während Bach seiner mitteldeutschen Heimat verhaftet blieb, ging Händel schon als junger Künstler 1714 endgültig nach England, von wo aus er als erster deutscher Musiker Weltruf erlangte. Händel, Sohn eines Wundarztes, erhielt auf Drängen des Herzogs von Sachsen-Weißenfels eine musikalische Ausbildung. In Halle war der junge Händel Schüler von F. W. Zachow und erhielt dort 1702 seine erste Organistenstelle. 1703 wurde er Geiger, bald Cembalist am Hamburger Opernhaus; 1705 schrieb er seine erste Oper. 1707–10 in Italien, lernte er unter anderen Arcangelo Corelli und Alessandro Scarlatti kennen. Über eine Kapellmeisterstelle in Hannover führte sein Weg schließlich nach London, wo er ab 1713 eine jährliche Pension des Königshauses erhielt und eine beeindruckende Produktivität entfaltete. Neben Opern, Instrumentalkonzerten, Kammermusikwerken und Kantaten entstanden auch 22 Oratorien, von denen der ›Messias‹ (1742) das bedeutendste ist. Der Anfang der 50er-Jahre erblindete Händel starb 1759 in London und wurde in der Westminster Abbey beigesetzt.

Georg Friedrich Händel, Lithographie nach einem zeitgenössischen Gemälde von Alfred Lemoine, 1863

Heinrich I. (um 875–936)

Der Sohn Herzogs Otto I. von Sachsen wird in der Geschichtsschreibung des deutschen Mittelalters nicht unumstritten als erster der deutschen Könige genannt. In Sage und Literatur ist er romantisiert als Vogelfänger und heroisiert als Befreier des Vaterlandes eingegangen. Seit 912 Herzog von Sachsen, ist er wohl aufgrund seiner militärischen Durchsetzungskraft von Konrad I. zu seinem Nachfolger designiert worden. 919 wählten ihn der sächsische und Teile des fränkischen Adels in Fritzlar zum König. In langwierigen Auseinandersetzungen musste Heinrich seinen Anspruch gegen den ebenfalls

»Herr Heinrich sitzt am Vogelherd, recht froh und wohlgemut …«
J. N. Vogl

Land und Geschichte

919 zum Gegenkönig gewählten Herzog Arnulf den Bösen von Bayern und Herzog Burchard I. von Schwaben durchsetzen. Außenpolitisch hatte er vor allem mit den jährlichen Einfällen der Ungarn zu kämpfen. Den 926 ausgehandelten neunjährigen Waffenstillstand nutzte er zum Ausbau einer Burgenlinie im östlichen Sachsen und zur Aufstellung eines Reiterheeres. In dieser Zeit brachte er auch die Slawen östlich der Elbe sowie Böhmen unter seine Oberhoheit. Nach Kündigung des Vertrages schlug er unter Mithilfe aller Stämme das ungarische Reiterheer bei Riade. Ein Freundschaftsvertrag mit den Königen von Westfranken und Hochburgund sicherte ihm 935 Lothringen. Am Ende dieses Jahres erlitt er bei einem Aufenthalt in Bodfeld im Harz einen Schlaganfall. Nachdem er seinen ältesten Sohn Otto zu seinem Nachfolger bestimmt hatte, starb er in der Pfalz Memleben.

Hugo Junkers (1859–1935)

Hugo Junkers, um 1925

Ohne den Namen des Konstrukteurs, Hochschullehrers und Unternehmers Hugo Junkers ist die Geschichte des Flugzeugbaus im 20. Jh. nicht zu schreiben. Nach dem Abitur studierte der aus Rheydt bei Mönchengladbach stammende Junkers an den technischen Hochschulen in Berlin, Karlsruhe und Aachen. In Dessau trat er eine Stelle als Konstrukteur an und gründete nach der Entwicklung des Junkers-Kalorimeters, für das er ein Reichspatent erhielt, in der Stadt an der Mulde eine eigene Fabrik zur Herstellung von Gasbadeöfen. Seine Erfindungen brachten ihm nicht nur wirtschaftlichen Erfolg, sondern 1897 auch eine Berufung an die Technische Hochschule Aachen, wo er als Professor für Wärmetechnik bis 1912 lehrte. Auf Basis seiner Patente in Motorentechnik und Flugzeugbau gründete er 1913 die Junkers-Motorenbau GmbH und 1919 die Junkers-Flugzeugwerke AG, beide in Dessau. Schon während des Ersten Weltkriegs war 1915 das erste Ganzmetallflugzeug in seiner Firma entstanden, 1919 das erste Ganzmetall-Verkehrsflugzeug. Um 1930 wurden die berühmt gewordenen mehrmotorigen Verkehrsflugzeuge gefertigt, 1931 die legendäre ›Tante Ju‹. Die später in den Junkerswerken entwickelten Kampfflugzeuge wurden nicht mehr unter Junkers Regie gebaut. 1934 zwang der nationalsozialistische Staat den während der Weltwirtschaftskrise unter Druck geratenen Junkers, die Mehrheit seiner Aktien an den Staat zu verkaufen.

Friedrich Gottlieb Klopstock (1724–1803)

Klopstock, der große Wegbereiter der deutschen klassischen Literatur, ist ein Dichter, dessen Namen jeder kennt, von dem viele Kollegen gezehrt haben, über den viel gesprochen und noch mehr geschrieben wurde, der aber kaum gelesen wird. Schon zu Klopstocks Lebzeiten notierte Lessing seinen bekannten Vers, in dem er den jüngeren Dichtern wünschte, weniger erhoben, doch fleißiger gelesen zu werden als Klopstock. Klopstock erhielt im Elternhaus in Quedlinburg eine pietistische Erziehung, besuchte das Gymnasium seiner Heimatstadt und die berühmte Fürstenschule in Schulpforta. Es folgten Studien der Theologie in Jena und Leipzig, danach eine Hauslehrerstelle im thüringischen Langensalza. 1750 in Zürich traf er Johann Jakob Bodmer. Ab 1751 in Kopenhagen, wurde Klopstock zur Zentralfigur eines deutsch-dänischen Dichter- und Aufklärerkreises, dem unter anderen auch der spätere Begründer des Philanthropin in Dessau Johannes Bernhard Basedow angehörte. 1754 heiratete Klopstock Meta Moller (die ›Cidli‹ seiner Oden), die schon vier Jahre später im Kindbett starb. 1770 verließ Klopstock Kopenhagen und lebte in Hamburg. Der Sympathisant der Französischen Revolution wurde Ehrenbürger der französischen Nationalversammlung, wandte sich aber wegen des zunehmenden Terrors wieder ab. Als sein dichterisches Hauptwerk gilt ›Der Messias‹ (1748–73), die größte Nachwirkung auf theoretischem Gebiet hatte die Prosaschrift ›Die deutsche Gelehrtenrepublik …‹ (1774).

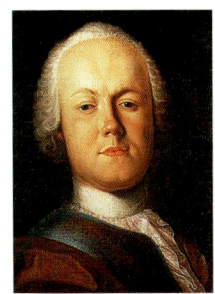

Friedrich Gottlieb Klopstock, Gemälde, 1750

Leopold III. Friedrich Franz von Anhalt-Dessau (1740–1817)

Im Gegensatz zu Leopold I. von Anhalt-Dessau, dem ›Alten Dessauer‹, der als preußischer Generalfeldmarschall Gleichschritt und eisernen Drill in der preußischen Armee einführte, taucht sein von den aufgeklärten Zeitgenossen als Lichtgestalt gefeierter Enkel Leopold III. in den großen Lexika der Gegenwart nicht auf. Immerhin entwickelte sich unter seiner Regierung (1758–1817) Anhalt-Dessau zu einem Musterstaat deutscher Aufklärung, es entstand die »erste geschlossene klassizistische Kultur des europäischen Kontinents«, die nicht nur Pionierdienste in Architektur und Gartenkunst, sondern auch auf sozialem und wirtschaftlichem Gebiet leistete. Franz von Anhalt-Dessau, der später den Beinamen ›Vater Franz‹ erhielt, verlor seine Eltern im Alter von elf Jahren und wuchs unter dem bürgerlichen Einfluss seiner gebildeten hugenottischen Hofmeister auf. Nachdem er 17-jährig die preußische Armee verlassen und vom Kaiser für volljährig erklärt worden war, trat er die Regierung seines Zwergfürstentums an. Auf mehreren Reisen vor allem nach Italien und England und durch Kontakte zu bedeutenden Vertretern der europäischen Geistesgeschichte seiner Zeit erhielten der Fürst und seine Begleiter, unter ihnen der Architekt Erdmannsdorff, Anregungen für die Umgestaltung des Landes, das nach und nach zu einem Mekka für die aufgeklärte Geisteswelt Deutschlands wurde. Die Französische Revolution ablehnend, näherte er sich während der napoleonischen Besatzung dem Rheinbund. Nach Erdmannsdorffs Tod ließ der Enthusiasmus des Fürsten für sein Reformwerk nach.

Land und Geschichte

Martin Luther (1483–1546)

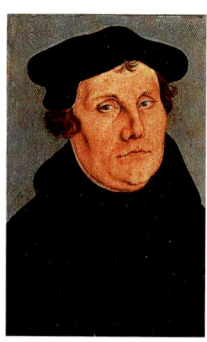

Martin Luther und Katharina von Bora, Doppelporträt von Lucas Cranach d. Ä., 1529

Kaum eine der historischen Persönlichkeiten des mitteldeutschen Raumes hat diese Region so sehr mit der Welt verbunden und so nachhaltige Wirkungen hervorgerufen wie die des Reformators Martin Luther. Als Sohn des Bergmanns Hans Luther und seiner Frau Margarethe in Eisleben geboren, erhielt Luther in Mansfeld seine erste Schulbildung, die er später in Magdeburg und Eisenach vervollkommnete.

Nach einem Studium an der Artistenfakultät der Universität Erfurt hatte er mit dem Studium der Jurisprudenz begonnen, als ein schweres Gewitter auf freiem Feld ihn ein Gelübde ablegen ließ: »Hilf du, heilige Anna, ich will ein Mönch werden!«, das er schon zwei Wochen später am 17. Juli 1505 mit seinem Eintritt in das Kloster der Augustinereremiten in Erfurt einlöste. 1507 empfing er die Priesterweihe und begann mit dem Studium der Theologie. In Wittenberg promovierte er 1512 und übernahm die Professur für Bibelauslegung. Die intensive Beschäftigung mit der Bibel, ein ausgeprägtes Sündenbewusstsein und die Überzeugung, dass der Mensch nicht aus eigener Kraft oder durch von der Kirche angebotene Mittel (Beichte, Ablaß) das Heil erlangen kann, führten ihn in Gegensatz zu den Auffassungen der von Rom regierten Kirche. In seinen 1517 veröffentlichten 95 Thesen wollte er, akademischem Brauch entsprechend, zu einer wissenschaftlichen Disputation auffordern. Die gewaltige Reaktion auf seine Thesen hatte Luther nicht erwartet. Sie markierten den Beginn der Reformation.

1519 bestritt Luther in einer Disputation die Unfehlbarkeit des Papsttums, da es keine göttliche, vielmehr eine von Menschen geschaffene Institution und somit fehlbar sei. Der Bruch mit der Kirche war unvermeidlich. Als Luther auf dem Reichstag zu Worms 1521 abermals einen Widerruf mit den berühmten Worten »Hier stehe ich, ich kann nicht anders. Gott helfe mir, Amen!« ablehnte, wurde über ihn die Reichsacht verhängt. Nachdem ihn sein Landesherr Friedrich der Weise durch eine fingierte Gefangennahme auf der Wartburg in Sicherheit gebracht hatte, kehrte Luther 1522 nach Wittenberg zurück, um dort radikalere Reformversuche unter Führung Karlstadts abzuschwächen. Ebenso distanzierte er sich in den Folgejahren von den weitergehenden Forderungen eines Thomas Müntzer (Bauernkrieg) oder eines Erasmus von Rotterdam. 1525 heiratete Luther die ehemalige Nonne Katharina von Bora, mit der er sechs Kinder hatte. Nach der Übersetzung des Neuen Testaments vollendete er 1534 die Übertragung des Alten Testaments ins Deutsche. Bis 1545 hielt Luther Vorlesungen in Wittenberg. Schon gesundheitlich angegriffen, reiste er im Januar 1546 über Halle nach Eisleben, um dort einen Streit zwischen den Grafen von Mansfeld zu schlichten. Er starb dort am 18. Februar und wurde vier Tage später in der Schlosskirche zu Wittenberg beigesetzt.

Mechthild von Magdeburg (um 1210–1283)

»Ich bitte dich, König der Ehren und Krone aller Fürsten, o Herr Jesus Christus, für die Fürsten dieses Landes und der ganzen Christenheit, du wollest sie nun gnädig durch deinen heiligen Geist vereinigen, so dass sie nimmer einen sündhaften Kriegszug deinem Willen zuwider und zum Schaden der Christenheit anordnen.« Diese Sätze stammen aus Mechthild von Magdeburgs Buch ›Das fließende Licht der Gottheit‹.

Die als bedeutendste deutsche Mystikerin des Mittelalters geltende, wohl aus einer Adelsfamilie stammende Mechthild lebte seit etwa 1235 in Magdeburg als Begine in einer der Dominikanerregel folgenden Frauengemeinschaft. Mechthild war eine in Magdeburg hochgeachtete Persönlichkeit und trat, wie das anfängliche Zitat zeigt, durchaus kritisch gegen geistliche und weltliche Missstände auf. Ihr ursprünglich in Niederdeutsch verfasstes Werk entstand zwischen 1250–70 in sechs Büchern. Im Alter von etwa 60 Jahren zog sich Mechthild in das Kloster Helfta zurück, wo mit Gertrud der Großen und Mechthild von Hackeborn zwei weitere bedeutende Mystikerinnen ihrer Zeit wirkten.

Novalis (1772–1801)

Novalis, der bedeutendste Lyriker und Prosadichter der deutschen Frühromantik, wurde als Georg Philipp Friedrich Freiherr von Hardenberg in Oberwiederstedt unweit von Hettstedt in einem pietistischen Elternhaus geboren. Er studierte von 1790–94 in Jena, Leipzig und Wittenberg Jura, Mathematik und Philosophie, unter anderem auch bei Friedrich Schiller, mit dem ihn wie mit den Brüdern Schlegel, Schelling und Tieck ein freundschaftliches Verhältnis verband. Nach dem Studium besuchte er die Bergakademie in Freiberg, wurde 1799 zum Salinenassessor und wenig später zum Amtshauptmann ernannt. Seit Sommer 1800 schwer lungenkrank, starb er im März 1801 in Weißenfels. Tod und Neigung zur Mystik hatten schon früh in seinem Leben eine wichtige Rolle gespielt. 1795 verlobte er sich mit der erst zwölf Jahre alten Sophie von Kühn. Die Erfahrung ihres frühen Todes (1797) setzte er in den sechs Gedichten der ›Hymnen an die Nacht‹ um. In diesen sich steigernden Gedichten erhebt Novalis den Eros in das Mystisch-Religiöse, feiert die Nacht als Reich der Poesie und setzt die subjektive Todesüberwindung mit der Auferstehung Christi in Parallele. Nächst diesen Gedichten ist der fragmentarische Bildungsroman ›Heinrich von Ofterdingen‹ (1802) das wichtigste Werk Novalis'. Seiner Überzeugung nach kann nur der Dichter stufenweise universelle Erkenntnis gewinnen und die ›blaue Blume‹ finden, für ihren Schöpfer Novalis das Symbol für die Einheit des Seienden mit dem Ewigen.

Novalis, Kupferstich von Eduard Eichens nach einem zeitgenössischen Bildnis, 19. Jh.

Land und Geschichte

Otto I. (912–973)

Otto, Sohn Heinrichs I. und dessen Frau Mathilde, wurde von seinem Vater zur Nachfolge auf dem Thron bestimmt, die er nach dessen Tod 936 antrat. Bereits 929 war Otto mit Editha, der Schwester des angelsächsischen Königs Ethelstan, verheiratet worden. Die ersten Jahre seiner Regierungszeit widmete Otto der Sicherung seines Königtums nach innen und außen. Ihm gelang es, die einzelnen Herzogtümer eng an das regierende Königshaus zu binden. Die Ostgrenze des Reiches versuchte er durch die Einrichtung von Marken und die Gründung neuer Bistümer zu sichern.

Obwohl Harz und Mittelelbe während Ottos Herrschaft das Zentrum des Reiches bildeten, sollten sich doch die Gewichte entscheidend nach Italien verlagern. Auf ein Hilfeersuchen der Witwe des italienischen Königs Lothar II. folgte 951/52 Ottos erster Italienfeldzug, in dessen Folge er nicht nur die Herrschaft über das *Regnum Italiae* erwarb, sondern mit der Königswitwe Adelheid auch eine neue Frau mit nach Hause brachte. Der zweite Italienfeldzug (961–65) auf Bitten des Papstes verschaffte Otto, der nach dem Sieg gegen die Ungarn auf dem Lechfeld (955) nun ›der Große‹ genannt wurde, die Kaiserkrone. Am 2. Februar 962 wurde Otto in Rom vom Papst zum Kaiser gekrönt und trat damit in die Nachfolge Karls des Großen. Der dritte Italienfeldzug (966–72) schließlich berührte mit der Einbeziehung der süditalienischen Herzogtümer ins Kaiserreich die Interessen des byzantinischen Kaisertums. Eine Vermittlung wurde durch die Heirat seines Sohnes und Mitregenten Otto II. mit Theophanu, einer Verwandten des byzantinischen Kaisers, erreicht.

Johann Joachim Winckelmann (1717–1768)

Johann Joachim Winckelmann, kolorierter Kupferstich von J. F. Bause, nach dem Gemälde von Anton Maron, 1776

Johann Joachim Winckelmann gilt als Begründer der neueren Archäologie und der vergleichenden Kunstwissenschaft. Der in einfachen Verhältnissen in Stendal geborene Winkelmann studierte von 1738–40 in Halle Theologie und nach kurzer Tätigkeit als Hauslehrer 1741/42 in Jena Mathematik und Medizin. Nach Anstellungen als Lehrer bot ihm seine Tätigkeit als Bibliothekar des sächsischen Ministers Graf von Bünau in Nöthnitz bei Dresden endlich die Möglichkeit, Pflicht und Neigung einander anzunähern. Während eines Aufenthaltes in Dresden 1754/55 entstand sein grundlegendes Werk von den ›Gedanken über die Nachahmung der griechischen Werke in der Malerei und Bildhauerkunst‹.

Im November erfüllte sich Winckelmann einen lange gehegten Wunsch und siedelte nach Rom über, wo er als Altertumsforscher und Kunsttheoretiker tätig war. Seit 1758 lebte er als Bibliothekar und Freund des Kardinals Albani, einem der bedeutendsten Kunstkenner und -sammler seiner Zeit, in dessen Haus. Reisen führten ihn nach Neapel, zu den Ausgrabungen von Pompeji und Herculaneum. 1763 wurde Winckelmann, er war schon 1754 zum Katholizismus übergetreten, Aufseher der Altertümer in und um Rom. Ein Jahr darauf erschien sein wohl wichtigstes Werk, ›Geschichte der Kunst des Altertums‹, welches das Griechenbild der klassischen deutschen Literatur und Philosophie von der »edlen Einfalt und stillen Größe« prägte – ohne dass Winckelmann je in Griechenland gewesen ist.

Christian Wolff (1679–1754)

Wolff, seit 1745 Freiherr von, wurde als Sohn eines Lohgerbers in Breslau geboren. Förderungen und Stipendien, die dem hochbegabten Schüler zuteil wurden, erlaubten ihm seit 1699 Studien in Jena und Leipzig, wo er sich vor allem mit Mathematik und Philosophie befasste. Nach seiner 1703 erlangten Habilitation unterrichtete er zunächst in Leipzig, folgte aber 1707 einem auf Empfehlung von Leibniz ergangenen Ruf an die Universität in Halle/Saale, wo er eine Professur für Mathematik und Naturlehre erhielt. In seinen ›Vernünfftigen Gedanken von Gott, der Welt und der Seele des Menschen …‹ (1720) behandelte er logisch und exakt beweisend die für ihn grundlegenden Wissenschaften der Logik, Metaphysik, Moral, Politik und Theologie. Wie für Leibniz bestand auch für Wolff zwischen Glaube und Vernunft kein Widerspruch. Aufgrund der Göttlichkeit der Welt war für ihn »die gegenwärtige Welt unter allen die beste«. Ob er in dieser Überzeugung schwankte, als ihn eine Kabinettsorder Wilhelms I. vom 15. November 1723 seines Lehrstuhls und bei Androhung des Stranges der Stadt und des Landes verwies, ist nicht überliefert. Er fand Aufnahme in Kassel und erhielt eine Professur in Marburg. Erst nach dem Regierungsantritt Friedrichs II. konnte Wolff ehrenvoll nach Halle zurückkehren. Er kam nicht nur als Professor für Natur- und Völkerrecht, sondern auch als Geheimrat und Vizekanzler der Universität. Die Bedeutung Wolffs und seiner Schule besteht unter anderem in der Popularisierung der Leibnizschen Gedanken. Seine Philosophie, die über Deutschland hinaus etwa auf die französischen Enzyklopädisten wirkte, hat einen wesentlichen Beitrag zur deutschen Aufklärung geleistet und war für die klassische deutsche Literatur wegbereitend.

Christian Wolff, Kupferstich von Johann Martin Bernigeroth, 1755

Reisen durch Sachsen-Anhalt

Das ›dritte Rom‹

»Magdeburg, Magdeburg, stolze, alte Feste, / Hüte Dich, hüte Dich, 's kommen wilde Gäste…«, sangen die Landsknechte im Dreißigjährigen Krieg. Und Gäste sind gekommen, ob wild oder nicht, zu allen Zeiten. Seit Magdeburg zur Hauptstadt des neuerstandenen Landes Sachsen-Anhalt gekürt wurde, sind es nicht gerade weniger geworden: Politiker, Geschäftsleute, Touristen. Für Magdeburg endet damit vielleicht mehr als für andere Städte das Kapitel der Nachkriegsgeschichte, in der die Stadt im mittleren Europa zur Provinzialität verdammt war. Dabei pries im 10. Jh. ein Hymnus Magdeburg als eine Stadt, die mit ihrem Glanz den Erdkreis erfülle. Wie prächtig die Stadt tatsächlich war, lässt sich schwer nachweisen. Tatsache ist jedoch, dass Magdeburg seit alters sowohl in der deutschen als auch in der europäischen Geschichte eine nicht unbedeutende Rolle spielte.

Magdeburg ☆☆
Besonders sehenswert
Dom
Kloster Unser Lieben Frauen

Eine Besiedlung des Elbufers ist seit der Steinzeit nachgewiesen. Hier war es möglich, den Fluss ohne größere Mühe zu überqueren. Am Schnittpunkt sich kreuzender Handelsstraßen entstand ein bereits 805 als ›Magedeburg‹ erwähnter karolingischer Handelsplatz. Am heutigen Domplatz schützten Spitzgräben den Markt, der vorrangig zum Warenaustausch mit den benachbarten Slawen bestimmt war. Die Elbe bildete lange Zeit die natürliche Grenze zwischen den Siedlungsgebieten germanischer und slawischer Stämme. Die Flussschifffahrt und die Fischerei spielten eine wichtige Rolle. Die Nähe der überaus fruchtbaren und dicht besiedelten Börde war eine weitere Voraussetzung zur Bildung einer Stadt von Rang. Otto I. erkannte dies und brachte die Stadt seiner ersten Frau Editha als Morgengabe dar. Vielleicht, dass die gebürtige Angelsächsin sich hier landschaftlich an die Heimat erinnert und deswegen heimisch fühlte. In Verbindung der politischen Bestrebungen mit denen der Missionierung hatte Otto schon 937 an der Stelle des späteren Doms seinem Lieblingsheiligen St. Mauritius ein Kloster gestiftet. Schließlich konnte Magdeburg auf der Synode von Ravenna 968 auch zum Sitz eines Erzbistums erhoben werden. Ihm waren die ebenfalls neugegründeten Grenzbistümer Merseburg, Meißen und Zeitz und auch die bereits bestehenden in Havelberg und Brandenburg unterstellt.

Als ›Metropole des Reiches‹ unter Otto I. wurde Magdeburg nach Rom und Konstantinopel das ›dritte Rom‹ genannt.

Dom

In Angriff genommen wurde nun eines der bedeutendsten Bauvorhaben seiner Zeit in Deutschland. Davon sind aber nur noch Grundmauern ergraben worden. Der heute an seiner Statt vorhandene gewaltige **Dom (1)** ist ein Ergebnis des 1209 begonnenen, ebenso ehrgeizigen Neubaus. Die südlich an ihn anschließenden Stiftsgebäude sind wie der Dom selbst verschiedenen Bauzeiten zuzuordnen.

◁ *Magdeburg, Dom, Blick über die Elbe von Südosten*

55

Magdeburg

Magdeburg
1 Dom mit Stiftsgebäuden und Kreuzgang   2 Kloster Unser Lieben Frauen   3 Palais am Fürstenwall
4 Palais am Domplatz   5 Hundertwasserhaus ›Grüne Zitadelle‹   6 Kulturhistorisches Museum
7 Stiftskirche St. Sebastian   8 Häuser Breiter Weg 178 und 179   9 Buttergasse   10 Rathaus
11 Magdeburger Reiter   12 Till-Eulenspiegel-Brunnen   13 Denkmal Doktor Eisenbart   14 Denkmal
Otto von Guericke   15 Johanneskirche (Aussichtsturm)   16 Maria-Magdalenen-Kapelle   17 St.
Peter   18 Wallonerkirche   19 Lukasturm   20 Kloster-Berge-Garten mit Gesellschaftshaus und
Gewächshäusern   21 Stadthalle   22 Aussichtsturm   23 Pferdetor

Die stark verschobene Anlage des Kreuzgangs ergab sich zwangsläufig aus der unterschiedlichen Achsenrichtung des ottonischen und des gotischen Doms, denn der südliche Flügel, nach der Mitte des 12. Jh. erbaut, blieb vom Brand des Jahres 1207, der den ottonischen Vorgänger weitgehend vernichtete, verschont und wurde in den Neubau einbezogen. Die Erdgeschossarkaden ruhen auf schweren Pfeilern mit Ecksäulchen, dazwischen je drei von Säulen getragene Rundbögen, deren hervorragende Kapitellornamentik in der Nachfolge von Königslutter steht.

Rechtwinklig gehen West- und Ostflügel vom Südtrakt aus, um im spitzen bzw. stumpfen Winkel auf den hauptsächlich mit dem Domneubau entstandenen Nordflügel zu stoßen. Die leider nur in Resten erhaltenen *Putzritzzeichnungen* zwischen den Fenstern des Osttraktes der Klausur zeigen die lange Reihe der ersten Magdeburger Erzbischöfe und, besonders schön erhalten, Otto I. auf der Thronbank mit seinen beiden Frauen Editha und Adelheid. Als dieser wertvolle Fries Mitte des 13. Jh. entstand, war diese Ostwand noch in weiten Arkaden zum dahinter liegenden *Remter* geöffnet. Die Schäfte der Freisäulen dieses zweischiffigen, lang gestreckten Saals bestehen aus Marmor und Granit, die zum Teil auf umgekehrten antiken Kapitellen ruhen, die eigentlich nur aus den ottonischen Vorgängerbauten stammen können. Vor der großen Domweihe von 1363 war auch der Remter fertig gestellt, wobei sich an seiner Ostseite noch Gebäude anschlossen, die nach der Mitte des 15. Jh. der jetzt noch vorhandenen spätgotischen, mit einem Netzgewölbe überspannten **Marienkapelle** weichen mussten. Den dort aufgestellten *Elisabethaltar* stiftete 1360 Magdeburgs Bürgerschaft als Sühne für den Mord an Erzbischof Burchard III.

Als ein Kleinod hochgotischer Baukunst gilt die im nördlichen Kreuzgang gegenüber dem Querhausportal in das Innere der Klausur springende **Brunnenkapelle,** auch Tonsur genannt, weil hier zugleich den Mönchen die Haare geschnitten wurden. Unter einer Flachdecke entfaltet sich die seltene Konstruktion freistehender Rippen, die ein Maßwerk tragen.

Mitte des 15. Jh. wurde der mit der Chorschranke verbundene Ambo abgerissen, um einem spätgotischen Nachfolger Platz zu machen. Die in die Wand der Marienkapelle eingelassenen neun Marmorreliefs, Figurenplatten aus der Zeit um 1160, dürften Teile dieses Ambo sein. Die hochromanischen Figuren heben sich durch ihre große Plastizität und ins Individuelle spielende Bewegtheit hervor.

Baugeschichte

Der Dom sollte das prächtigste Bauwerk der Regierungszeit von Otto I. werden. Schon 955 wurde mit dem Ausbau der Klosterkirche begonnen. Diese kaiserliche Basilika erregte bald die Bewunderung aller Zeitgenossen. Thietmar von Merseburg beschreibt, wie viele Leiber von Heiligen der Kaiser neben kostbarem Marmor, Gold und Edelsteinen aus Italien nach Magdeburg bringen ließ. Aber auch die Heiligen konnten den ottonischen Dom, die Begräbnisstätte von Otto und Editha, nicht schützen. Am Karfreitag des Jahres 1207 fiel er einem Stadtbrand zum Opfer.

Erzbischof Albrecht II., einer der gebildetsten Kirchenfürsten seiner Zeit, sah sich zwar der Forderung der Bürger nach Wiederher-

Magdeburg

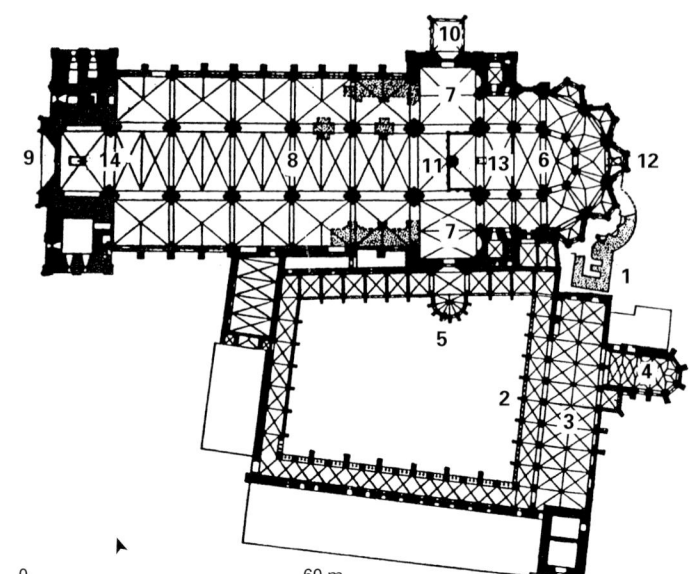

Magdeburg, Dom, Grundriss
1 Reste des ottonischen Doms
2 Kreuzgang
3 Remter
4 Marienkapelle
5 Brunnenkapelle
6 Chor
7 Querhäuser
8 Mittelschiff
9 Westquerbau
10 Paradiesvorhalle (kluge und törichte Jungfrauen)
11 Lettner
12 Tumba Königin Editha
13 Grabmal Otto I.
14 Grabmal Erzbischof Ernst von Sachsen

Bei Baubeginn im Jahr 1209 standen heimische Künstler natürlich ganz in der Tradition sächsischer Spätromanik. Aber gerade das Aufeinandertreffen von Modernität und landschaftlich gebundener Tradition macht diesen ersten nach gotischen Plänen errichteten deutschen Dom so faszinierend und einmalig.

stellung des alten Bauwerks gegenüber, entschied sich aber für einen Neubau im modernen Stil der französischen Kathedralen. Er sollte noch reicher und großartiger als der Vorgängerbau werden.

Die Baugeschichte des Doms lässt sich bis zu seiner Weihe in fünf Phasen gliedern:

1209–1218: Das Baugeschehen setzt mit dem **Chorpolygon** ein. Auf gotischem Grundriss erheben sich massive, weitgehend geschlossene Wände – anders als die hoch aufstrebenden Räume mit schlanken Pfeilern und die sich in diffizilen Fensterordnungen auflösenden Wände des französischen Vorbilds. An den Außenmauern wird sogar auf das später auch in Magdeburg unerlässliche Strebewerk verzichtet. Gedrungene Pfeiler trennen noch ganz wie in der Romanik den Gesamtraum in eine Reihe von Einzelräumen.

1220–1232: Rheinische, unter französischem Einfluss stehende Bauleute setzen die Arbeiten fort. Sie errichten die steilen Arkaden des Hochchors, wölben Chorumgang und Kapellen, beginnen den Bau des **Querhauses** und der in den Zwickeln zwischen Querhaus und Chor entstehenden **Türme**. Obwohl sie durch kleine Planänderungen eine Streckung und Höhung des Chors bewirken, sind sie noch von romanischen Vorstellungen geprägt. Gotische Bauglieder wie Dienste oder Rippen werden der romanischen Architektur nur vorgeblendet und übernehmen keine konstruktiven Aufgaben.

1232–1235: Ein vielleicht zuvor in Maulbronn tätiger zisterziensischer Baumeister aus Walkenried bringt frühgotische Formerfahrungen nach Magdeburg: das selbsttragende, aus Pfeilerbündeln heraustretende Gewölbe und das typische, schlanke Kelchkapitell. Sein Werk ist vor allem der **Bischofsgang,** die Empore über dem Chorumgang.

1240–1270: Die reife Gotik hält unter einem vierten Baumeister Einzug in Magdeburg. Schon die Giebel und riesigen Maßwerkfenster des **Querhauses** entsprechen dem gotischen Drang nach Höhe und Transparenz, dem Zurückdrängen der tragenden Glieder auf das Notwendigste. Eine erneute Planänderung im **Langhaus** erfordert, die schwächeren Zwischenpfeiler der Arkaden zugunsten stärkerer und höherer Pfeiler herauszubrechen. Ihre mächtigen Bögen waren nun in der Lage, die doppelte Spannweite zu überbrücken. Auch die bereits im Bau befindlichen Außenmauern der als Fortsetzung des Chorumgangs geplanten **Seitenschiffe** werden entsprechend den neuen Vorstellungen nach außen verschoben. Daneben beginnt der Meister auch den Bau der beiden Türme der Westfront.

1274–1363: Die noch fehlenden Langhauspfeiler werden aufgerichtet, Langhaus und Seitenschiffe eingewölbt sowie die in ihrem raschen Rhythmus der Hochgotik verpflichteten Fensterordnungen dieser Räume ausgeführt. Als 1310 die noch die Fertigstellung des **Westbaus** hindernde Nikolaikirche abgebrochen wird, ist es möglich, auch die Westfassade weiter aufzuführen. Bis zur prunkvollen Weihe des Doms im Jahr 1363 entstehen das zweite und dritte Turmgeschoss, die Portalzone und das zweite Geschoss des Mittelbaus. Erst seit dem letzten Viertel des 15. Jh. steigen Giebel und Dächer bis zu ihrer heutigen Höhe. Die Pyramidendächer der Türme werden sogar erst 1520 vollendet. Es bleibt daher erstaunlich und beeindru-

Ein Porträt des kühnen Architekten der vierten Bauphase ist uns womöglich in der Konsolfigur des westlichen Vierungspfeilers übermittelt, unter welcher der Name ›Bonensac‹ zu lesen ist. Im Bild dieses einfach gekleideten Handwerkers, der sich, auf einer Erdscholle kniend, mit aller Kraft gegen die Last des Dienstes zu stemmen scheint, spiegelt sich das Selbstverständnis seines ganzen Berufsstandes.

Magdeburg, Dom, Blick in den Ostchor

Magdeburg

ckend, welche kompositorische Geschlossenheit dieser über einen Zeitraum von 250 Jahren entstandene Westbau ausstrahlt. Hinzu tritt hier wie in anderen Teilen der Kathedrale neben die vorzügliche Durchgestaltung architektonischer und ornamentaler Details die bedeutende bildhauerische Leistung, besonders in den Figuren der Apostel und des Christus im Giebelbereich des Mittelhauses aus den ersten Jahrzehnten des 16. Jh. Sie stammen aus der Hand eines Bildhauers aus der Werkstatt Tilman Riemenschneiders.

Ausstattung

Der Magdeburger Dom ist außer durch seine bauliche Gestalt vor allem durch seine Bildhauerei berühmt geworden. Die in der Bildhauerwerkstatt des 13. Jh. entstandene Plastik zeugt von so hoher Kunstfertigkeit und Originalität, dass sie Vergleiche mit den bedeutendsten Werken dieser Epoche auf deutschem Boden nicht scheuen muss.

Allen voran steht der *Figurenzyklus der klugen und der törichten Jungfrauen* am etwa 100 Jahre später geschaffenen Portal in der Paradiesvorhalle des nördlichen Querhauses. Im Vergleich zu der unabwendbaren Drohung, die mit diesem Gleichnis dem mittelalterlichen Menschen vor Augen gestellt war, scheinen die Figuren des großen, sonst mit keinem anderen Werk nachweisbaren Meisters um Nachsicht und Verständnis zu werben.

Eine interessante Parallele zum Gleichnis der Jungfrauen vermitteln die ebenfalls in der Vorhalle aufgestellten Figuren der *Ecclesia* und der *Synagoge*. Es sind Sinnbilder der sieghaften christlichen Kir-

Magdeburg, Dom, Paradiesvorhalle, Figurenzyklus der klugen und der törichten Jungfrauen, um 1240–50. Fünf bezaubernde Mädchenfiguren zeigen in ganz irdischer Art ihre Freude über den nahen Bräutigam. Kein allzu hoffärtiger Stolz nimmt ihnen trotz sieghafter Haltung und Gestik die reizende Anmut. ...

... Wie anders erscheinen dagegen ihre törichten Schwestern. Ihre Gestalten sind gebeugt. Die eine verhüllt im Schmerz ihr Gesicht, die andere schlägt sich wie in plötzlicher Erkenntnis entsetzt gegen die Stirn.

che und des verblendeten und besiegten Judentums. Natürlich verrät schon das äußere Erscheinungsbild dieser Arbeiten, dass hier ein anderer Meister am Werke war.

Zu den bekanntesten Werken der frühgotischen Plastik im Magdeburger Dom gehört neben den Jungfrauen das *thronende Sitzpaar*. Ihr ursprünglicher Platz ist nicht bekannt. Aber spätestens seit dem 16. Jh. behaupten sie ihre Sonderstellung in der sechzeneckigen kleinen Heilig-Grab-Kapelle im nördlichen Langhaus.

Wenn auch nicht so signifikant und in dieser Dichte, haben natürlich auch andere Zeiten als die um die Mitte des 13. Jh. die bildhauerische Ausstattung des Doms geprägt, und zwar oft in ebenbürtiger künstlerischer Qualität. Der den ungehinderten Blick vom Mittelschiff in den Chor hemmende *Lettner* ersetzte 1445 die alten romanischen Chorschranken. Der reiche ornamentale und figürliche Schmuck besitzt in allen, sich oft schon gegenseitig erdrückenden Details die Formen der in sich selbst zurücksinkenden Linien der späten Gotik. Die um 1360 entstandenen wundervollen Schnitzereien des hinter dem Lettner aufgestellten *Chorgestühls* stehen dagegen noch ganz in der ungebrochenen Kraft der Hochgotik. Werden an den Gestühlswangen Geschichten der Menschwerdung und Leben und Passion Christi mystisch und mit einer bis ins Groteske reichenden Gestaltungskraft dargestellt, so lässt der Künstler in den Schnitzereien der Miserikordien seinem Witz ungehinderten Lauf.

Ein Meisterwerk ihrer Zeit ist auch die an einen Mittelschiffpfeiler gelehnte, von 1595–97 geschaffene *Kanzel* des Nordhäuser Bildhauers Christoph Kapup, in der lebendige italienische Einflüsse mit sicherem Stilempfinden in beeindruckender Ganzheit geordnet werden.

*Das thronende Sitzpaar, der Überlieferung nach Editha und Otto, ist wohl eine Darstellung der himmlischen Brautleute Ecclesia und Christus, die am Tag des Jüngsten Gerichts ihre mystische Hochzeit feiern – was die Identifizierung mit dem weltlichen Herrscherpaar im übrigen nicht ausschließt.
Die Ecclesia trägt ein aufgeschlagenes Buch, wohl die Heilige Schrift, der Weltenherrscher als Zeichen seiner Hoheit die Sphaira, eine nach islamischem Vorbild stilisierte Welt aus Planeten.*

Magdeburg

Magdeburg, Dom, Detail der Kanzel von Christoph Kapup, 1595–97

Außer diesen zur engeren liturgischen Ausstattung zählenden Werken, zu denen auch noch der 1311 gestiftete, vor dem Lettner aufgestellte *Katharinenaltar* oder der im westlichen Mittelschiff befindliche große *Taufstein* zu rechnen wären, gibt es in den Räumen der Türme, der Seiten- und Querschiffe oder des Chorumgangs noch zahlreiche Einzelfiguren, Figurengruppen oder Reliefs von oft beeindruckender Schönheit.

Ebenfalls in diesen Nebenräumen erhielten im Lauf der Jahrhunderte viele *Grabmäler* ihren Platz. Aus romanischer Zeit sind es die Grabplatten der Erzbischöfe *Friedrich von Wettin*, der 1152, und *Wichmann*, der 40 Jahre später starb, die besondere Aufmerksamkeit verdienen. Die im nördlichen bzw. südlichen Chorumgang befindlichen Platten gelten als beispielgebende Erzeugnisse der über Deutschland hinaus angesehenen Magdeburger Gießhütte, in der auch die weltberühmte ›Nowgoroder Bronzetür‹ gegossen worden ist. Zwischen beiden Arbeiten liegt der Stilwandel von der Hochromanik zur Spätromanik, von betonter Unnahbarkeit und Strenge zu lebensnäheren und gelösteren plastischen Formulierungen. Weitaus stärker drängt in der zweiten Hälfte des 14. Jh. ein sich ausprägendes bürgerliches Lebensgefühl zu einer Realistik, die das Individuelle und Einmalige betont. Hierzu zählen die Grabmäler der Erzbischöfe *Otto von Hessen* und *Albrecht von Querfurt*. Ebenfalls im Chorumgang, in dessen Scheitel, befindet sich die 1510 aufgestellte Tumba für die *Königin Editha*. Trüge ihre Figur keine Krone, so wäre sie von einer zeitgenössischen Bürgersfrau kaum zu unterscheiden. Indem ihr Grab aber auf einer Linie mit dem des Kaisers im Chor und den Hauptaltären liegt, ist ihr wenigstens in dieser Beziehung eine herausgehobene Stellung beschieden. Dass der 1513 verstor-

Magdeburg, Dom, Tumba des Erzbischofs Ernst von Sachsen. Ernst ließ seine Tumba schon 1495, 18 Jahre vor seinem Tod, von dem in ganz Deutschland tätigen Peter Vischer d. Ä. aus Nürnberg gießen. Das von der Spätgotik in die Renaissance führende Werk gilt allgemein als das Meisterwerk dieses großen Künstlers.

bene Erzbischof *Ernst von Sachsen* – unter dem der Dom vollendet wurde – sein Grab auf dieser Linie in der westlichen Turmhalle errichten ließ, ist sicher kein Zufall. Auch die Herstellung der Grabplatte oder Tumba wurde in aller Regel vorausgeplant.

Auch der Chor wurde schon früh skulptural geschmückt. Während der ersten Bauphase entstand die Kapitellplastik an den inneren Pfeilern des Chorhauptes. Hier haben zwei Meisterpersönlichkeiten gearbeitet, die ihren niederrheinischen Lehrer weit übertroffen haben und deren Arbeiten zum Eindruckvollsten zählen, was spätromanische Ornamentkunst hervorgebracht hat. Zwei Temperamente sprechen sich aus. Das eine expressiv, Mensch und Pflanze mit gleicher vehementer Intensität in gedrängte Kompositionen treibend. Bei dem anderen Meister finden sich surrealistisch anmutende Verbindungen von Pflanze, Tier und Mensch in weicheren, sinnenderen und zugleich kühleren Formen. Wie in der Architektur, so machte sich auch in der Plastik der 20er-Jahre des 13. Jh. französischer Einfluss bemerkbar, witzig, spielerisch, heiter: an der Ostpforte des Nordumgangs sind es die anmutigen Sirenenfigürchen, am nordöstlichen Chorpfeiler der ›turmbewehrte Kriegselefant‹.

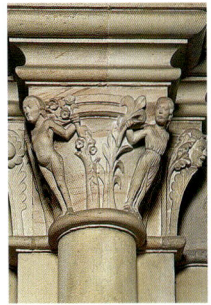

Magdeburg, Dom, Kapitell im Nordumgang. Das mit einer bekleideten und einer nackten Frau geschmückte Kapitell ist ein Werk des unbestritten bedeutendsten Bildhauers der Bauperiode der 20er Jahre des 13. Jh. Der als ›Meister des Magdalenentympanons‹ überlieferte Künstler schuf auch die Figurengruppe des Noli me tangere an der Westpforte des südlichen Chorumgangs.

Auch die eigentlich für ein Portal bestimmten, doch während der zweiten Bauphase im Hochchor aufgestellten Figuren der *Apostel Petrus, Paulus und Andreas* sind geprägt von französischen Einflüssen. Sie sind verwandt mit den berühmten Gewändefiguren des Nordportals der Kathedrale Notre-Dame in Chartres. Wie menschliche Säulen treten sie vor die Architektur und bleiben ihr doch verhaftet. Ganz wie diese das Gewölbe des Gotteshauses tragen, sind auch sie in ihrer Vergeistigung Diener eines Höheren.

Im Chor selbst sind noch zwei Figuren aus der Magdeburger Bildhauerwerkstatt der Mitte des 13. Jh. aufgestellt. Der Hauptpatron der Kirche, der *heilige Mauritius*, dieser »legendäre Streiter für das Christentum«, wurde hier als afrikanischer Krieger in zeitgenössischer Montur dargestellt. Einst trug die nur noch als Torso vorhandene Figur sicher auch Lanze und Schild. Er erscheint in seiner Lebensnähe und Einfachheit weniger als Held denn als nachdenklicher Mensch, der dem Betrachter mit erfahrungstiefen Augen entgegenblickt. Ihm gegenüber aufgestellt und etwa zur gleichen Zeit entstanden, ist die Figur der *heiligen Katharina*.

Im Gesicht des Engels der im nördlichen Chorumgang aufgestellten *Verkündigungsgruppe* leuchtet noch einmal das Lächeln der klugen Jungfrauen auf, ohne deren durchgeistigte Ausstrahlung und Harmonie zu erreichen. Diese liegt viel eher in der die Botschaft voller Skepsis hörenden Maria, die sich ehrfurchtsvoll in ihr schützendes Gewand zurückzuziehen sucht.

Die in den folgenden Jahrhunderten im Dom aufgestellten Grabmäler und Epitaphien erreichen diese Höhe künstlerischer Qualität nicht mehr, wenngleich sich unter ihnen bedeutende Werke finden.

Dass gerade im 20. Jh. die lange Reihe wertvoller Denkmäler durch den expressionistischen Bildhauer Ernst Barlach (1870–1938) wei-

Magdeburg

Magdeburg, Dom, Heldenmal von Ernst Barlach, 1929 geschaffen, um der Toten des Ersten Weltkriegs zu gedenken

tergeführt wurde, ist ein unschätzbarer Glücksfall. Als erschütternde Mahnung an die Toten des Ersten Weltkriegs 1929 geschaffen, hatte dieses *Heldenmal* seit seiner Aufstellung die größten Angriffe seitens militaristischer Kreise zu ertragen, so dass die Domgemeinde 1933 einen Antrag auf Entfernung stellte. Erst 1956 kehrte es in ein sich nur langsam von den verheerenden Wunden des Zweiten Weltkriegs erholendes Magdeburg zurück, wo es an seinem alten Platz im nördlichen Querhausarm des Doms nichts von seiner Eindringlichkeit und leider auch Aktualität verloren hat.

Kloster Unser Lieben Frauen

Schon vom Domplatz aus ist der schmale und hohe Westquerbau des **Klosters Unser Lieben Frauen (2)** ein immer wieder den Blick einfangender Anziehungspunkt. Die Klosteranlage beherbergt ein Kunstmuseum. Seit 1976 wurde hier eine ›Nationale Sammlung Kleinplastik der DDR‹ aufgebaut, die noch 1989, »aus Anlass des 40. Jahrestages der Gründung der DDR«, durch Einbeziehung angrenzender Freiflächen als Ausstellungsraum für Großplastik erweitert wurde. Neben der Pflege der wertvollen Bibliothek und der Sammlung mittelalterlicher Holzplastik, die zumeist aus zerstörten Magdeburger Kirchen stammt, widmet sich das Museum heute vor allem der Präsentation aktueller nationaler und internationaler Kunst.

Der Überlieferung nach gründete Erzbischof Gero das Kloster, als er nach einer schweren Niederlage in einem Feldzug gegen Polenherzog Boleslav I. doch noch heil die Heimat erreichte. Errichtet wurde 1017/18 wohl nur eine sehr bescheidene, sicherlich hölzerne Kirche. Zwischen 1063 und 1078 ließ Erzbischof Werner den steinernen Neubau einer kreuzförmigen, dreischiffigen Säulenbasilika mit einer dreischiffigen Hallenkrypta beginnen.

Nachdem die *Kirche* durch Augustinerchorherren besetzt war, ging sie ab 1129 in die Hände des vom Magdeburger Erzbischof Norbert von Xanten gegründeten Ordens der Prämonstratenser über und wurde zum Ausgangspunkt einer umfassenden Missionierungspolitik. In relativ kurzer Zeit kam es im großen Umkreis zu 16 Neugründungen, darunter eine so bedeutende wie Jerichow.

Seit 1976 wurde im Kloster Unser Lieben Frauen eine Kunstsammlung aufgebaut. Trotz unbestreitbarer dogmatischer Einengungen in der Sammlungspolitik ist doch auch an Künstlern wie Waldemar Grzimek, der 1961 in die Bundesrepublik übergesiedelt war, festgehalten worden. Für das Nordportal der als Konzerthalle genutzten Klosterkirche schuf er 1977 eine Bronzetür mit dem Titel ›Gefahren und Kreatur‹.

Das setzte auch bauliche Aktivitäten im Mutterkloster voraus. So entstand der wehrhaft anmutende und gegen das Schiff völlig überhöhte **Westbau,** der aus einem quadratischen Mittelturm und zwei Rundtürmen an seinen seitlichen Flanken besteht. Die einschneidendsten Veränderungen fanden aber im Inneren der Basilika statt. Nach dem Stadtbrand von 1188 war es offenbar notwendig geworden, den Säulen durch Pfeiler zu ersetzen. An Stelle der nordöstlichen Apsis wurde die so genannte **Hochsäulige Kapelle** angefügt und um 1220–40 nach dem Vorbild des Doms eine frühgotische Wölbung eingebracht, die dem Innenraum viel von seinem ursprünglichen Charakter nahm. Trotzdem bietet sie in ihrer äußeren Erscheinung immer

Kloster Unser Lieben Frauen

Magdeburg, Kloster Unser Lieben Frauen, Blick aus dem Kreuzgang zum Brunnenhaus

noch das klassische Bild einer hochromanischen Basilika sächsischer Prägung. Die bildkünstlerische Ausstattung ging unter zahlreichen Eingriffen und Zerstörungen fast völlig verloren. Von den wenigen erhaltenen Stücken sei hier nur die *Grabplatte* für den 1134 in der Kirche beigesetzten Erzbischof Norbert erwähnt. Nach seiner Heiligsprechung im Jahr 1582 errichtete man ihm in der Kirche eine riesige *Grabstätte*. Da die Gebeine des Heiligen aber schon 1626 nach Prag übertragen wurden, war die Anlage rasch sinnlos geworden.

Auch der Neubau der heute noch in einmaliger Geschlossenheit vorhandenen *Klostergebäude* wurde 1129 in Angriff genommen. Die Gesamtanlage ist trotz einiger Einbußen, die sie bis ins 20. Jh. hinein erleiden musste, ein überaus seltenes Beispiel an Vollkommenheit. Das hervorragend erhaltene **Brunnenhaus** gilt als das älteste in Deutschland, ihr kreuzgratgewölbter **Kreuzgang** in seiner Reinheit gar als der schönste im deutschsprachigen Raum.

Zwischen Hasselbachplatz und Lukasturm

Wie kaum eine andere Stadt in Sachsen-Anhalt hatte Magdeburg unter Kriegszerstörungen zu leiden. Der rasche Aufstieg im Mittelalter und die strategische Sonderstellung ließen zwar Handel und Wandel blühen, schnürten es aber gleichzeitig in ein Festungsbollwerk ein, so dass die vielgerühmte Freiheit, begründet auf dem beispielgebenden Magdeburger Recht, hinter den Mauern kaum zu Atem kam.

Die mittelalterliche Befestigung zog sich direkt östlich des Doms entlang. 1724 wurde dort der parkähnliche **Fürstenwall** angelegt. Das **Palais am Fürstenwall (3)** (1893) gehört neben der **Hauptpost**

Magdeburg

(um 1895) am Breiten Weg und dem **Hauptbahnhof** (1882) in den Formen der italienischen Hochrenaissance zu den aufwendigsten Bauten des ausgehenden 19. Jh. in Magdeburg. Es wurde in den vergangenen Jahren mit viel Aufwand restauriert. Der Prunkbau aus der Gründerzeit sollte als Staatskanzlei dem wieder erstandenen Nobelviertel um Hegelstraße und Hasselbachplatz ein Glanzlicht aufsetzen. Hier wie an anderen Stellen der Innenstadt verändern Sanierung und Neubau fast täglich das Gesicht der Stadt.

Die Barockbauten am **Domplatz (4)** nördlich des Doms entstanden unter dem Festungsgouverneur Leopold von Anhalt-Dessau als repräsentative Begrenzungen eines dort geplanten Exerzierplatzes. Interessant ist der zwischen der ehemaligen Dompropstei (Nr. 1) und dem preußisch-königlichen Palais (Nr. 2/3) eingezwängte Cour d'honneur, in dessen zur Elbe gerichteten Flügel Reste der ehemaligen Palastkapelle St. Gangolf eingegangen sind. Das wuchtige Haus Nr. 4 fällt besonders durch seine den ganzen Mittelrisalit einnehmende Portalarchitektur auf. Die nördliche Seite des Platzes wird durch drei unter einem Mansarddach zusammengefaßte Häuser beherrscht. Das mittlere, 1728 vollendete Haus, hebt sich durch seine lebendige Fassadengestaltung und die Überhöhung durch ein Zwerchhaus heraus. Als Ensemble erwecken sie den Eindruck einer schloßähnlichen Umgrenzung um den mitunter riesenhaft erscheinenden Platz, an dem der Landtag seinen Sitz hat. Zwischen neu erbauten Geschäftshäusern und dem Landtagsgebäude besitzt Magdeburg in der nordöstlichen Ecke des Domplatzes seit 2005 nun auch sein **Hundertwasserhaus (5)**, die ›Grüne Zitadelle‹.

Wessen Neugier nun geweckt ist, noch mehr über Magdeburgs bedeutsame und wechselvolle Geschichte zu erfahren, dem sei das **Kulturhistorische Museum (6)** in der Otto-von-Guericke-Straße empfohlen, das in seinen 1904–06 nach Entwürfen des Wiener Architekten Friedrich Ohmann erbauten Räumen neben Kunstsammlungen solche zur Geschichte, Kulturgeschichte, Natur und Technik beherbergt.

Die dem Museum nahe gelegene **Stiftskirche St. Sebastian (7)** war wie das Liebfrauenstift eine Gründung des Erzbischofs Gero um 1015/16. Im Kern der Romanik der Mitte des 12. Jh. zugehörig, ist sie im 14. und 15. Jh. zur gotischen Hallenkirche umgebaut worden und erhielt nach dem Dreißigjährigen Krieg sowohl eine einheitliche Kreuzrippenwölbung als auch die barocken, welschen Hauben auf den Türmen des romanischen Westbaus.

Die Zeit des Barock war es, die das Gesicht des neuen Magdeburg prägte, allerdings ohne Reichsfreiheit und bald unter der bestimmenden Kraft eines brandenburgischen Gouverneurs. 1680 ging das ehemalige Erzbistum Magdeburg und mit ihm auch die Stadt nach den Vereinbarungen des Westfälischen Friedens an Kurbrandenburg. Von Anfang an hatte dieser Staat ein elementares Interesse daran, seine westliche ›Hauptstadt‹ und damit sich selbst zu schützen, zumal 1714 auch die obersten Behörden aus der alten Residenz

Das Glanzstück des Kulturhistorischen Museums ist seit 2001 im restaurierten Kaiser-Otto-Saal zu bewundern: das Original des Magdeburger Reiters mit seinen beiden weiblichen Begleitfiguren. Es entstand Mitte des 13. Jh. unter den Händen eines Meisters der Bildhauerwerkstatt des Doms und ist das älteste erhaltene frei stehende Reiterstandbild Deutschlands. Einen hohen Bekanntheitsgrad haben auch die Magdeburger Halbkugeln, deren Nachbildungen sich im Museum befinden. Sie verhalfen dem Physiker Otto von Guericke (1602–1686) zu einer Zeit zu Weltruhm, da die einstige deutsche Metropole, das blühende Handelszentrum der Renaissance, durch den Dreißigjährigen Krieg in Trümmer gegangen war.

Halle nach Magdeburg zurückkehren sollten. Unter Leopold von Anhalt-Dessau, dem ›Alten Dessauer‹, wurde Magdeburg bis 1740 zur stärksten Festung Preußens ausgebaut, die trotz ihres komplizierten Systems bei Fertigstellung sogleich veraltet und bis ins 19. Jh. ein Hindernis für die natürliche Entwicklung der Stadt war. Die barocke Stadt hatte aber zunächst in den Grenzen der Festung Raum genug. Wie bereits am Domplatz gesehen, gab es eine rege Bautätigkeit, die sich unter einer landesherrlichen Baukommission entwickeln konnte. Dennoch entstanden nicht nur Regierungsgebäude. Das wieder wirkende Stapelrecht, der Getreidehandel und nicht zuletzt die seit 1685 auch nach Magdeburg eingewanderten Hugenotten, die sich hervorragend auf die Herstellung von Tuchen, Seidenstoffen, Handschuhen, Strümpfen und Bandwaren verstanden, trugen zum wirtschaftlichen Aufschwung bei. Die um 1728 entstandenen und in ihrer Fassade erhaltenen **Häuser Breiter Weg 178 und 179 (8)** sind die einzigen einer der einst wohl prachtvollsten Barockstraßen. Wie das mittelalterliche Magdeburg dem Dreißigjährigen Krieg, fiel das formen- und abwechslungsreiche barock geprägte Magdeburg dem Zweiten Weltkrieg zum Opfer. 90 % des Stadtzentrums stürzten unter den anglo-amerikanischen Bombardements des 16. Januar 1945 in Schutt und Asche. Die Versuche der Nachkriegszeit, eine neue menschenwürdige Wohnlandschaft aufzubauen, mündeten über stalinistisch geprägte, ökonomisch nicht zu verantwortende ›Wohnschlösser‹ (Ernst-Reuter-Allee) in die abweisend-nüchternen Blöcke des Industriefertigbaus (Breiter Weg zwischen Reuter-Allee und Universitätsplatz), dem sich erst in den letzten Jahren ein paar erfreulichere Lösungen hinzugesellten.

Magdeburg, Häuser Breiter Weg 178 und 179. Die barocken Häuser sind die einzig erhaltenen in einer der einst wohl prachtvollsten Barockstraßen.

Wie der Breite Weg ist auch der **Alte Markt** fast völlig zerstört gewesen. Durch seine relativ geringe Größe und Intimität wirkt er in dem sonst sehr weitläufigen Zentrum Magdeburgs wie eine Oase. Auf kleinem Raum herrscht hier zu Marktzeiten geschäftiges Treiben, wie es sonst in der Stadt kaum zu finden ist.

Die **Buttergasse (9)** am westlichen Eingang zum Markt, ein offenbar als Domizil der reichen Gerberinnung dienender romanischer Keller, ist erst während der Suche einer Gruppe von Heimatforschern nach alten Hauszeichen 1947 unter den Trümmern entdeckt worden. Fundstücke bewiesen, dass der Keller schon seit 1631 zugeschüttet gewesen sein muss. An die Umstände seiner Wiederentdeckung erinnern heute die an der Außenwand des neuen Gebäudes angebrachten, in mühseliger Arbeit aus den Trümmern geborgenen Hauszeichen. Solche alten Hauszeichen sind auch noch an anderen neuen Häusern am Markt zu entdecken.

Dominiert wird der Markt vom **Rathaus (10)** und dem vor ihm auf hoher Säule in seinem 1651 erneuerten Gehäuse postierten **Magdeburger Reiter (11),** der sich hier auf seinem angestammten Platz allerdings von einer bronzenen Kopie vertreten lässt, während das kostbare Original aus Sandstein im Kulturhistorischen Museum sicher untergebracht ist. Das Rathaus ruht zum Teil noch auf den

Magdeburg

Magdeburg, Blick auf die Johanneskirche von Osten her. Zum 1200-jährigen Stadtjubiläum wurde dem Gotteshaus wieder seine zweite Turmhaube aufgesetzt

mittelalterlichen Mauern des Ratskellers. Ein ›offenes Buch‹ zur Geschichte der Stadt erhielt das alte Gebäude 1970 mit der Bronzetür von Heinrich Apel. In 14 Reliefplatten stellt der Künstler berühmte, über die Jahrhunderte mit Magdeburg verbundene Persönlichkeiten dar. Neben Otto dem Großen findet sich Eike von Repgow, Verfasser des bedeutendsten Rechtsbuchs seiner Zeit, des Sachsenspiegels, oder **Till Eulenspiegel,** von dem es auf dem Markt auch einen **Brunnen (12)** gibt. Einer anderen Volksfigur, dem verspöttelten Wunderheiler **Doktor Eisenbart (13),** ist in der nahen Weitlingstraße ein Denkmal gewidmet. Das für den Bürgermeister und Physiker **Otto von Guericke (14)** steht beinahe in Reichweite bei der Hauptwache. Der nächste ›Große‹ in einem Tafelfeld der Tür ist der 1681 in Magdeburg geborene Komponist Georg Philipp Telemann, dem in Magdeburg die besondere Aufmerksamkeit der Musikforschung gilt und der in den alljährlich stattfindenden Telemann-Festtagen allgemeine Publizität erfährt. Etwas aus den Schlagzeilen heraus sind vielleicht heute der 1808 in Magdeburg geborene, den utopischen Sozialismus propagierende Wilhelm Weitling und der 1890 geborene, in der DDR gern als ›Arbeiterdichter‹ gefeierte Erich Weinert. Zwischen beiden ist dem Techniker, Abenteurer und Flugpionier Hans Grade eine Tafel gewidmet. Die letzte Tafel gehört den Magdeburger Trümmerfrauen, die 1945 mit wundgearbeiteten Händen das Überleben der Stadt sicherten.

Ihnen ist vom selben Künstler auch die Portalgestaltung der **Johanneskirche (15)** gewidmet. Die hinter dem Rathaus aufragenden Türme der Kirche geben dem Bild des Marktplatzes historische Tiefe. Als Aussichtsturm ist einer von ihnen hervorragend für einen Rundblick über das Stadtzentrum der Gegenwart geeignet. Grabungen legen die Vermutung nahe, dass die Kirche – eine dreischiffige spätgotische Halle – auf der Stelle der bereits 941 erwähnten ottonischen Johanneskirche steht; damit wäre sie die älteste Pfarrkirche Magdeburgs. Das Kirchenschiff, im Krieg zerstört, wurde wieder aufgebaut und dient heute als Konzert- und Festhalle.

Die übrigen Kirchen in unmittelbarer Nähe des Marktes lassen sich am einfachsten durch einen kleinen Spaziergang in Stromrichtung von der Johanneskirche aus entdecken. Die kleine, direkt über dem Parkplatz zur Dampferanlegestelle Petriförder gelegene Kapelle ist die **Maria-Magdalenen-Kapelle (16)**. Auf dem Gelände des gleichnamigen Stiftes entstand sie 1315 als Sühnekapelle und wird deshalb auch Fronleichnamskapelle genannt. Sie zählt zu den ganz wenigen, die den Krieg fast unbeschadet überstanden. Sie besteht nur aus einem quadratischen Joch und einem Polygon, dessen schmale Fenster ein streng geformtes Maßwerk tragen. 1966 erhielt sie ein steiles Satteldach mit einem Dachreiter.

Die sich hinter der Kapelle mit ihrem zum Langhaus quergestellten Giebeln imposant ausnehmende katholische Kirche **St. Peter (17)** lässt sich in ihrer Entstehung bis in das 12. Jh. zurückdatieren. Der noch erhaltene Westturm gehört dem in der näheren Umgebung weit verbreiteten Typus jener wehrhaften Dorfkirchenanlagen an, wie sie sich etwa auch in Ottersleben, Diesdorf oder Cracau finden lassen.

Die **Wallonerkirche (18)** ist 1366 als Klosterkirche eines Augustinerklosters geweiht worden. Erst 1694 wurde die Kirche des säkularisierten Klosters der reformierten Gemeinde der in die Stadt eingewanderten Walloner überlassen. Sie teilte im Zweiten Weltkrieg das Schicksal ihrer Nachbarin, und es dauerte bis 1977, ehe sie im wesentlichen wiederhergestellt war. Der wertvolle spätgotische *Flügelaltar* in der von der evangelischen und einer kleinen reformierten Gemeinde genutzten Kirche kam aus der zur Konzerthalle umgebauten Ulrichskirche aus Halle.

Magdeburg

St. Nikolai, ein langgestreckter, von sechs hohen Rundfenstern gegliederter Bau, besitzt neben einer einheitlich übergiebelten Westfassade zwei die Ostapsis flankierende quadratische Türme. Den von einer tonnengewölbten Kassettendecke überspannten schönen Saal begleiten auf beiden Längsseiten doppelte Emporen.

Der **Lukasturm (19)** markierte im Mittelalter den nordöstlichen Punkt der Altstadt und galt als starke Bastion. Gerade aber dort brachen die kaiserlichen Truppen unter Tilly 1631 in die Stadt ein. Um die Wende zum 20. Jh. gaben Künstler und Kunstfreunde ihm seine heutige Gestalt und nannten das Gebäude ›Lukasklause‹.

Nördlich der Altstadt schließt sich die Alte Neustadt mit dem **Nordpark** und die Neue Neustadt an. Dieser Stadtteil wurde ab 1812 planmäßig aufgebaut, nachdem die Alte Neustadt bei Auseinandersetzungen mit napoleonischen Truppen zerstört worden war. **St. Nikolai** ist in dieser Zeit zwischen 1821–24 nach einem Entwurf von Karl Friedrich Schinkel in reinen, klassizistischen Formen entstanden.

Außenbezirke und Grünanlagen

Der Kloster-Berge-Garten auf dem Gelände des ehemaligen Klosters Berge erlangte vor allem Berühmtheit, weil er der erste Park auf deutschem Boden war, der uneingeschränkt der Allgemeinheit zur Verfügung stand.

Vom Lukasturm zieht sich die **Elbuferpromenade** mit ihren parkartig gestalteten und von Plastiken durchsetzten Grünanlagen an der Elbe und dem historischen Panorama Magdeburgs bis an den Stadtteil Buckau im Süden hin. An die Promenade schließt dort fast der **Kloster-Berge-Garten (20)** an. Weitsichtige Stadtplaner erkannten schon Anfang des 19. Jh., dass zu einer sich zu einem wirtschaftlichen Ballungszentrum entwickelnden Stadt auch eine ›grüne Lunge‹ gehört. Man berief für diese Aufgabe keinen geringeren als Peter Joseph Lenné, den Gartenarchitekten von Sanssouci, um auf dem brachen Gelände des ehemaligen Klosters Berge einen Volkspark zu schaffen. Das dazugehörige, inzwischen durch verschiedene An- und Umbauten veränderte **Gesellschaftshaus** entwarf Friedrich Wilhelm Wolff 1825–29. Nachdem die Anlage in den folgenden Jahrzehnten durch den Eisenbahn- und Brückenbau gravierende Einschränkungen erlitten hatte, wurden hier 1896 die **Gruson-Gewächshäuser** erbaut, die Anfang des 20. Jh. auf zwölf Schauhäuser mit zum Teil sehr kostbaren exotischen Pflanzen erweitert wurden. Wiederaufgebaut nach dem Krieg, zählen sie noch heute zu den beliebtesten Ausflugszielen der Magdeburger und ihrer Gäste.

Auch der **Stadtpark Rotehorn,** dem Kloster-Berge-Garten gegenüber auf der Elbinsel, ist eine Gründung des 19. Jh. Zu Fuß ist er von Buckau aus mit der Personenfähre oder über die 2002 neu erbaute **Sternbrücke** zu erreichen, die ganz in der Nähe die Elbe überquert. In Vorbereitung der großen Theaterausstellung von 1927 wuchs hier unter der künstlerischen Leitung des in Darmstadt lebenden, aber schon früh mit Magdeburg verbundenen Architekten Albinmüller ein im Nachklang des Expressionismus stehendes, funktionalistische Prinzipien aufnehmendes Gebäudeensemble empor. Im Zentrum steht die bereits 1921 entworfene, durch Johannes Göderitz ausgeführte **Stadthalle (21),** die nach dem Krieg nur in ihrer äußeren Erscheinung wiederhergestellt wurde. Der pfeilergleiche, sparsam gegliederte **Aussichtsturm (22)** mit Lichtkastenaufsatz dominiert

Magdeburg, Stadtpark Rotehorn, Detail des Pferdetors nach Entwürfen von Albinmüller

Außenbezirke und Grünanlagen

Magdeburg, Stadtteil Brückfeld, Angersiedlung, bedeutendes Beispiel des Siedlungsbaus der 20er/30er-Jahre. Gegenüber, auf dem Cracauer Anger, liegt ein ehemaliger Kasernenkomplex, der in den Jahren vor dem Zweiten Weltkrieg erbaut wurde, ein Werk Heinrich Tessenows.

im kleinen Ensemble. Ihm wie auch dem aus rotem Klinker erbauten **Pferdetor (23)** mit seinen sechs im strengen Gleichmaß zum Sprung ansetzenden Pferden lagen Entwürfe von Albinmüller zugrunde.

An dieser Stelle sei darauf hingewiesen, dass trotz der prekären Finanzsituation in den 20er-Jahren in Magdeburg vergleichsweise viele Gebäude in den modernen, an Funktionalismus und Sachlichkeit orientierten Formen entstanden sind. Die Arbeit Bruno Tauts, der Anfang der 20er-Jahre in Magdeburg Stadtbaurat war und hier seine berühmt-berüchtigten Experimente mit dem farbigen Hausanstrich initiierte, hat sicher wesentliche Anstöße gegeben. Dabei ist Taut selbst als Architekt kaum in Erscheinung getreten, sieht man von seiner größten Arbeit, der mit Göderitz gebauten Halle ›Stadt und Land‹ im Stadtteil Stadtfeld, heute **Hermann-Gieseler-Halle,** ab. Die bedeutendste Arbeit in dieser Richtung war die von Konrad Rühl und G. Gauger 1924–29 an der Großen Diesdorfer Straße ebenfalls in Stadtfeld gebaute **Hermann-Beims-Siedlung,** deren Besichtigung Interessierten unbedingt empfohlen sei.

Gleichermaßen angeraten ist ein Ausflug zum **Herrenkrugpark.** Allerdings liegt er etwas weiter vom Zentrum entfernt auf dem rechtsseitigen Ufer der nördlichen Elbaue. Er ist der älteste Landschaftspark Magdeburgs nach englischem Muster und wurde 1829/30 nach Lennés Plänen erweitert.

Das ›alte‹ Magdeburg ist trotz aller Zerstörung eine lebendige, sich verändernde Stadt geblieben. Davon zeugen nicht zuletzt die Neubauten in der Innenstadt. Auf dem bis Anfang der 90er-Jahre durch die Sowjetarmee genutzten Gelände des Cracauer Angers entstand 1999 der etwa 100 ha große Elbauenpark mit dem schiefen Kegel des begehbaren ›Jahrtausendturms‹ als Attraktion.

Rechts der Elbe

Zwischen Magdeburg und Hohem Fläming

›Elbe‹, lateinisch Albis, tschechisch Labe, mundartlich Albe, bedeutet nichts anderes als ›Fluss‹. Wenn sie sich im flachen Land zu beschaulicher Weite ausdehnt, verleiht sie der Landschaft der Flusswiesen, Sandbänke, Auen und Auenwälder ein Ruhe verströmendes, friedliches Aussehen. Selbst wenn ein steileres Ufer schroff und windzerzaust an sie herantritt, so ist ein Blick von dort oben nur ein Beweis mehr für diesen ersten Eindruck. Dass dieses Bild so nicht stimmt, hat der Fluss lange durch seine unbändige Natur bewiesen. In regelmäßigen Abständen gab es schwere Überschwemmungen. Die Tatsache, dass dem Fluss durch vergiftete Abwässer, Müll und Verkehr besonders im 20. Jh. zugesetzt wurde, macht sich trotz mancher Verbesserung immer noch bemerkbar.

Von Natur aus die Landstriche zerteilend, hat die Elbe im frühen Mittelalter auch als Grenzfluss herhalten müssen zwischen germanischen und slawischen Herrschaftsbereichen. Immer wieder war besonders das rechtselbische Ufer blutig umkämpft, bis das Pendel endgültig zu Ungunsten der östlichen Völker ausschlug, und sie im Laufe der Jahrhunderte von den Deutschen assimiliert wurden. Wer heute mit geschärften Sinnen rechtselbisches Gebiet betritt, stößt allenthalben noch auf die Spuren jener frühen Bewohner, auf Zeugnisse ihrer Existenz wie der ihrer Eroberer, seien es alte Burgwälle, Burgen oder einfach die Namen der alten slawischen Ortschaften.

Rund um Burg und Gommern

Die kleine, heute knapp 30 000 Einwohner zählende Stadt **Burg** in unmittelbarer Nähe des Elbe-Havel-Kanals an der alten, von Magdeburg ins Brandenburgische und später nach Berlin führenden Straße ist ein solcher Ort, der sich aus dem Zentrum eines Burgwards unter Heinrich I. auf dem Boden einer älteren slawischen Wallburg bzw. Siedlung entwickelte. Von hier gingen auch alte Straßen nach Norddeutschland, in die Altmark oder über die Lausitz nach Schlesien.

949 erstmals erwähnt, ist von der alten Burganlage in der auf der nordöstlichen Höhe liegenden Oberstadt keine Spur geblieben. Nur die einst im Verlauf der Missionierung gegründeten geistlichen Orte haben sich in ihren Nachfolgern erhalten. Die **Oberkirche Unser Lieben Frauen** hat zwar das Privileg der älteren Gründung, doch überdauerte von der romanischen Kirche nur der querrechteckige Westbau mit seinen beiden Türmen. Der Chor und die Langhausarkaden sind vor 1359, das ganze Schiff erst zwischen 1412 und 1455 fertig gestellt worden, wobei die Südseite als die Schauseite aufwendiger gestaltet wurde und auch beide Portale erhielt. Während im Inneren das Kirchenschiff noch von der ursprünglichen, von Backsteinrippen getragenen Wölbung überspannt ist, erhielt der Chor

◁ *Schloss Leitzkau, das bedeutendste Schloss der Weserrenaissance in Sachsen-Anhalt vor der Renovierung. Die Loggien sind der anmutigste Schmuck des Schlosses. Sie wurden im Gesamtaufbau nach italienischen Vorbildern und in den Details nach holländischen Stichen gearbeitet, wodurch sich ihre für unsere Breiten ungewohnte Leichtigkeit erklärt.*

Rechts der Elbe

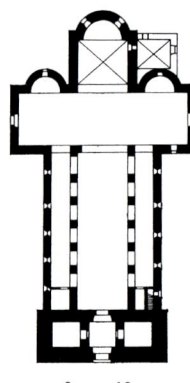

Burg, Grundriss der Unterkirche. 1186 wurde die Unterkirche als Tochtergründung der Oberkirche erwähnt. Der Granitbau der Spätromanik konnte sich bis auf geringfügige Veränderungen behaupten und zählt zu den bedeutendsten Denkmälern seiner Art.

Carl von Clausewitz (1780–1831), preußischer General und Militärtheoretiker, wurde in Burg geboren. Von ihm stammt der Satz, dass der Krieg »die Fortsetzung der Politik mit anderen Mitteln« ist.

bereits 1592 eine prächtige bemalte Felderdecke. Offenbar in einer Reihe von fetten Jahren schuf der Magdeburger Michael Spieß 1607 das *Retabel*, die größte Kostbarkeit der Kirche. Das architektonische Gerüst ist aus Sandstein; die Reliefs über das Leben Christi aus Alabaster. Sie werden von Freifiguren ergänzt und von einer Auferstehungsszene bekrönt. Auch die *Taufe* und die *Kanzel* werden Spieß oder zumindest seinem Umkreis zugeschrieben und gehören zu den Hauptwerken manieristischer Bildhauerkunst in der Gegend.

Ein vergleichender Blick auf die ebenfalls von Michael Spieß gestaltete Kanzel in der **Unterkirche St. Nikolai** ist verblüffend. Nähert sich der Altar der Oberkirche in religiöser Euphorie der Grenze der Kunstgewerblichkeit, schlägt die 1610 geschaffene *Kanzel* einen Tenor der Disziplin und Strenge an. Spieß übertrug hier das Figurenprogramm eines Epitaphs auf die Kanzel. In kniender Andacht gestaffelte Figuren ziehen den Blick zur Mitte des Kanzelkorbes, wo zwischen dem ebenfalls knienden Stifterpaar die Kreuzigung wiedergegeben ist.

Wie schon die Bezeichnung verrät, liegt die Unterkirche im niederen Teil der durch den kleinen Fluss Ihle von Südost nach Nordwest diagonal geteilten Stadt. Dem zweitürmigen Westquerbau mit spitzen, gestreckten Turmhelmen schließt sich nach Osten die dreischiffige Pfeilerbasilika mit durchgehendem, weitem Querhaus und einem mit einer halbkreisförmigen Apside geschlossenen quadratischen Chorjoch an. Auch die Seitenarme des Querhauses sind mit halbkreisförmigen Apsiden geschlossen. Außer den kleinen Rücksprüngen in der Turmfront besitzt die Kirche weder im Innern noch am Außenbau irgendwelche Gliederungs- oder Schmuckelemente und ersteht durch die simple Addierung ihrer Glieder wie aus einem Baukasten. Da alle Öffnungen rundbogig sind, unterstreicht selbst das später eingefügte hölzerne Tonnengewölbe die monumentale Raumwirkung des Inneren und spiegelt aufs Anschaulichste den Konservatismus der Sachsen und Ostfalen, die in der Architektur noch lange an den alten Formen in dieser besonderen Einfachheit festhielten.

Von der **Stadtbefestigung,** die im 13. Jh. Ober- und Unterstadt gemeinsam umschloss, sind nur noch wenige Reste, zwei Mauertürme und der 23 m hohe Torturm des Berliner Tors geblieben. Eines der wenigen Beispiele spätmittelalterlicher Fachwerkarchitektur ist das **Haus Berliner Straße 38.** Das Stadtbild ist geprägt vom 19. Jh. und seiner Industrialisierung und damit von mitunter beachtenswerten Fassaden vom Klassizismus bis zur Gründerzeit.

Grabow, Möckern und Gommern

Kleine erlesene Besonderheiten lassen sich im vorerst landschaftlich wenig attraktiven Umfeld finden. Die spätromanische **Dorfkirche** im kaum 5 km östlich von Burg gelegenen **Grabow** fällt dem Reisenden allein wegen ihrer für Dorfkirchen ungewöhnlichen Mächtigkeit auf.

Leider ist die einst beachtliche Ausstattung durch einen Brand zerstört wurden.

Die im Süden des Ortes liegende **Wasserburg** des 12. Jh. war zu dieser Zeit gewiss noch intakt. Heute finden sich auf der künstlichen, von Wasser umgebenen Erhöhung nur noch einige Mauerreste. Das die Jahreszahl 1621 über dem Portal tragende **Herrenhaus** erhielt Anfang des 18. Jh. seine eigentliche Prägung.

Wie Grabow ist auch der kleine Ort **Möckern** bereits 948 durch einen Burgward bezeugt. Die Durchfahrtsstraße berührt den kleinen, dreieckigen Markt, an welchem das 1894/95 in den Formen der Renaissance erbaute **Rathaus** mit zweiläufiger Treppe steht. Nur wenige Schritte sind es von hier zur in ihrem Ursprung romanischen, aber Ende des 16. Jh. grundlegend umgestalteten **Stadtkirche St. Laurentius** mit einigen beachtenswerten Ausstattungsstücken. Von der **Wasserburg,** sich nahe dem Markt an den ›Volkspark Möckern‹ anschließend, steht nur noch der Bergfried. Die mit ihm heute verbundenen Gebäude gingen 1840 aus dem Umbau der barocken Vorgänger hervor. Zu diesen gehörte auch das langgestreckte Wirtschaftsgebäude, das mit einem Eckpavillon an den Markt stößt und über seiner Durchfahrt das Wappen eines Chr. W. von Münchhausen trägt.

Auf der von Möckern nach Südwesten, Richtung Elbe folgenden Bundesstraße erreicht man in dem ebenfalls mit der Anlage einer Wasserburg verbundenen **Gommern** eines der beliebten und vielbesuchten Erholungsgebiete im Magdeburger Raum. 948 erstmals als deutscher Burgward-Hauptort einer slawischen Siedlung erwähnt, erlebte sie ein wechselndes Schicksal als sächsisches Jagdschloss und preußische Haftanstalt. Der mächtige Bergfried im Hof trägt eine welsche Haube.

Pretzien

Im kleinen Flecken Pretzien gibt es für den technik- und kunstinteressierten Touristen zwei unerwartete Kostbarkeiten zu bestaunen. Bei dem technischen Denkmal handelt es sich um das **Pretziener Wehr,** das 1871–75 für 4,4 Mio. Goldmark zusammen mit dem 18 km langen Elbe-Umflutkanal gebaut wurde. Auf der Pariser Weltausstellung 1889, deren größte Attraktion der Eiffelturm war, würdigte man auch die Konstruktion dieses Wehres mit einer Goldmedaille.

Vergleichsweise bescheiden nimmt sich auf den ersten Blick gegen dieses technische Wunderwerk die dem heiligen Thomas geweihte, um 1140 erbaute **Dorfkirche** aus. Erst 1973 wurden bei Restaurierungsarbeiten um 1220/30 gemalte *Fresken* entdeckt, die zum künstlerisch Wertvollsten gehören, was im sächsischen Raum an Wandmalerei des 13. Jh. überkommen ist. Die Apsismalerei ist die qualitätvollste. Sie zeigt den in einer Glorie thronenden Christus mit Maria und Johannes, die von Engeln umschwebt werden. Die Fresken der Chorwände erzählen biblische Geschichten, wie die von den klugen und törichten Jungfrauen, von Isaak und seinen Söhnen oder

Rechts der Elbe

Pretzien, Dorfkirche, Fresken um 1220/30. Sie zählen zum künstlerisch Wertvollsten, was im sächsischen Raum an Wandmalerei dieser Zeit erhalten ist. Die flachgedeckte Saalkirche mit eingezogenem Chor und halbrunder Apsis verfügt über eine ausgezeichnete Akustik und wird deswegen allsommerlich für Konzerte genutzt. Die Erbauer der Kirche waren Prämonstratensermönche aus Leitzkau.

vom reichen Mann und dem armen Lazarus. Der Triumphbogen wird überspannt von einer Darstellung des Baumes Jesse mit den Ahnen Jesu und Prophetenmedaillons. Die um 1300 entstandene, drastisch-naive Vorstellung von einer Seelenwägung im Himmel befindet sich im Turmbogen. Langnasige Teufel rangeln mit den göttlichen Mächten um die menschlichen Seelen.

Leitzkau

Leitzkau

Das als Ort nie über die Bedeutung eines Fleckens hinausgekommene Leitzkau verfügte seit 1114 über den ersten steinernen Sakralbau rechts der Elbe an der Stelle der heutigen **Dorfkirche** und hat in den Auseinandersetzungen mit den Slawen und als provisorischer Sitz des Bistums Brandenburg einst eine bedeutende Rolle in diesem Territorium innegehabt. Als die Tochtergründung der Magdeburger Prämonstratenser von Unser Lieben Frauen an die heutige Stelle auf den Hügel nordwestlich des Ortes verlegt wurde und 1155 die Weihe stattfand, waren neben dem Bischof Wigger von Brandenburg auch der Erzbischof Wichmann von Magdeburg und einer der Hauptstrategen deutscher Ostexpansion, Albrecht der Bär, zugegen. Von dieser alten Anlage gibt es nur noch die überdachte Ruine der **Stifts-**

kirche von immer noch beeindruckender Monumentalität und Schönheit. Ihr barocker Turmhelm und die Fassade des **Schlosses** sind es, die sich hier in der etwas hügeligeren Landschaft dem Reisenden zuerst beherrschend entgegenstellen.

Das mit der Reformation eingegangene Stift hat sein Überleben als Schloss einem in Söldnerdiensten reich gewordenen, aus Niedersachsen stammenden Oberst Hilmar von Münchhausen zu verdanken, der es 1564 für 70 000 Taler erwarb. Unter denen von Münchhausen erlebte das Stift bis 1600 einen Umbau, der es zum bedeutendsten Schloss in den Formen der Weserrenaissance in der späteren Provinz Sachsen machte. Der stattliche, dreigeschossige und die Stiftskirche berührende Bau ist entgegen seiner Benennung als ›Neuhaus‹ der ältere Teil des Schlosses. Der Hauptschmuck des völlig rekonstruierten Gebäudes sind seine hohen Zwerchgiebel, der Treppenturm an der Nordflanke und der elegante Erker der Hofseite. Es ist Sitz der Stiftung Dome und Schlösser in Sachsen-Anhalt. Eine Dauerausstellung informiert über die Geschichte des Hauses.

Die östliche Seite des Hofs wurde ursprünglich vom so genannten ›Althaus‹ begrenzt, dass 1945 zerstört und dann abgetragen worden ist. Ein Bauteil an der Basilika und der achteckige, eine ungewöhnliche zweiteilige Schweifhaube tragende Treppenturm sind die einzigen Reste. Über dem beachtenswerten manieristischen Portal dieses Turms ist eine große rechteckige Wappentafel mit den Wappen des Bauherrn Statius von Münchhausen und seiner Frau eingelassen. Sie waren zugleich die Verbindung zu dem übereck anschließenden Hobeck-Schloss, das in seiner Rückfront noch Fachwerkgeschosse besitzt und im 15. Jh. Wohnung des Propstes gewesen sein könnte.

Gottfried August Bürger, Kupferstich, 18. Jh., von Johann Heinrich Klinger. Gottfried August Bürger verhalf den Geschichten des Karl Friedrich Hieronymus Freiherr von Münchhausen (1720–1797), besser bekannt als ›Lügenbaron‹, durch die Rückübersetzung aus dem Englischen und die Erweiterung zu literarischen Ehren. Friedrich Hieronymus ist berühmtester Spross des 1149 erstmals erwähnten niedersächsischen Geschlechts der Münchhausen.

Dornburg und Loburg

Das Interesse an ›Schauseiten‹ lässt sich auch mit einem Abstecher in das weitgehend unbekannte, direkt in der Elbniederung liegende **Dornburg** befriedigen. In dem historisch zu Anhalt gehörenden Ort ließ Fürstin Johanna Elisabeth von Anhalt-Zerbst, Mutter der Zarin Katharina II., in den Jahren 1751–55 ein **Schloss** als Witwensitz nach Entwürfen von Friedrich Joachim Stengel errichten. Stengel, seit 1733 Hofarchitekt in Saarbrücken, gilt als einer der wichtigen Künstler des rheinisch-fränkischen Barock, sein Dornburger Bau als eines der herausragendsten Beispiele des mitteldeutschen Barock. Von der geplanten Dreiflügelanlage ist jedoch nur das Corps de logis ausgeführt worden. Der großzügig angelegte, von Risaliten gegliederte Bau strahlt in zurückhaltender Eleganz. Auch der Innenausbau blieb unvollendet.

Mit der Fahrt in Richtung **Loburg** geht es hinaus aus dem näheren Einflussbereich der Elbe in Richtung des Hohen Fläming. Das kleine, etwas eingestaubte Provinzialität verströmende Städtchen liegt bereits am Rande Sachsen-Anhalts vor den sich zum Hohen Fläming hinziehenden Waldgebieten. Dabei war Loburg im 12. Jh.

In der Stadtkirche von Loburg bestechen die Weite des Raums und der Zusammenklang der Tonne mit der umlaufenden Empore, dem Chorgestühl und dem barocken Orgelprospekt. Aufmerksamkeit verdient die Tür des Sakramentsschrankes mit der Darstellung des Schmerzensmannes an der Innenseite (um 1400).

ein Burgwardhauptort und entwickelte sich durch den Zusammenschluss von zwei Dörfern rasch zu einer befestigten Stadt. Mit der Ruine der der Zeit trotzenden **Liebfrauenkirche** hat eine der bereits seit der Gründungszeit der Stadt bestehenden Dorfkirchen überdauert. Als vergänglicher erwiesen sich die Stadtbefestigung und die Loburg, die nur noch mit je einem Turm aufwarten können.

Damit ist die **Stadtkirche St. Laurentius** unweit des Marktes das bau- und kulturgeschichtlich wesentliche Bauwerk des Ortes. Sie vereint Stile des 12. bis 16. Jh. Der querrechteckige Westturm ist im Kern spätromanisch, das Kirchenschiff gotisch und die abgetreppten Giebel mit kugelbesetzten Voluten gehören der Renaissance an. Im Inneren wird das Kirchenschiff von einer gewaltig wirkenden Holztonne mit aufgesetzten Rippen überwölbt und imitiert so ein spätgotisches Netzgewölbe, was eine durchaus übliche Praxis war und sich in zahlreichen Kirchen der Gegend findet.

Die Streusandbüchse des Heiligen Römischen Reiches

Von Magdeburg nach Jerichow

Der Weg von Magdeburg nach Jerichow führt, ob mit dem Auto oder der Bahn, wieder zwangsläufig über Burg. 12 km nordöstlich von Burg, bei Hohenseeden, trennen sich sowohl die Straße als auch die Schiene. Während der gerade Bundesstraßenweg über Genthin führt, nähert die sich nach links abbiegende Nebenstrecke immer mehr der Elbe und hält an den Steiluferpassagen bei Derben oder Ferchland herrlichste Ausblicke bereit.

Wer aber schon in **Hohenseeden** haltmacht, sollte nicht versäumen, einen Blick in die spätromanische **Chorturmkirche** zu werfen. Sie besitzt einen vollständig erhaltenen gotischen *Wandgemäldezyklus* mit Darstellungen aus dem Leben Christi. Interessant an dieser volkstümlichen, in romanisierender Manier gemalten Arbeit ist, dass sie in der Gestalt eines Wandteppichs gemalt wurde, versehen mit einer rahmenden Mäanderborte und Fransen.

Fast schnurgerade führt die Bundesstraße von Hohenseeden nach Genthin. Rechter Hand dehnen sich die riesigen Weideflächen des Fiener Bruchs. Das Land wurde Ende des 18. Jh. auf Veranlassung Friedrichs des Großen trockengelegt, maßgeblich von Kolonistenfamilien meist holländischer Herkunft, die Erfahrung in der Trockenlegung von Feuchtgebieten besaßen.

Die im Umkreis größte Stadt **Genthin** ist trotz verstärkter Industrialisierung im 19. und 20. Jh. und dem sie durchfließenden Elbe-Havel-Kanal ihrem Charakter nach ganz eine Landstadt geblieben. 1707–22 wurde auf Befehl von Friedrich I. die alte, spätromanische **Stadtkirche** durch eine neue ersetzt. Nach den Entwürfen Georg Preußers aus Magdeburg entstand eine dreischiffige Hallenkirche mit umlaufender Empore und einem Kreuzgratgewölbe. Vom Vorgängerbau sind offenbar keinerlei Ausstattungsstücke übernommen worden. So ist es ein Glück, dass sich in der 1904 erbauten **Dorfkirche** im Ortsteil **Altenplathow** der Grabstein eines Herrn von Ploto erhalten hat. Der Stein des 1170 Verstorbenen ist einer der ältesten der Gegend und repräsentiert in seiner im Hochrelief wiedergegebenen starren Gestalt den Typus ottonischer Prägung zur Zeit der Hochromanik. Er ist heute in eine kleine Museumsstube integriert, die Auskunft über die Geschichte derer von Plotho gibt. Auf dem Weg nach Altenplathow setzt auch der 1910 erbaute **Wasserturm,** der kurz vor der Überquerung des Kanals ins Blickfeld gerät, ein Achtungszeichen in dieser an Ereignissen nicht gerade reichen Landschaft.

Der 1910 erbaute Wasserturm in Altenplathow ist mittwochs und samstags von 14–17 Uhr geöffnet.

Jerichow

Die gewaltigen Türme der Klosterkirche Jerichow ragen weithin sichtbar aus der sandigen Ebene und ziehen gleichsam magnetisch Touristen und Kunstinteressierte an. Das ehemalige Prämonstratenserstift gilt als eines der frühesten und künstlerisch reifsten Beispiele deutscher Backsteinarchitektur nordöstlich der Elbe. Es übte einen ideellen wie kulturellen Einfluss auf das gesamte Elbe-Havel-Gebiet aus. Jerichow war nach 1144 der erste geistliche Konvent in der Diözese Havelberg. Wie auch Leitzkau war es eine Tochtergründung der Magdeburger Prämonstratenser, wirkte in derem Sinn und blieb auch in deren Abhängigkeit. 1148 wurde der Konvent aus der zum Dorf gehörenden Kirche an den heutigen, etwas außerhalb des Ortes gelegenen Platz verlegt, und es entstand bis 1220 in drei Bauetappen das **Kloster.** Um 1170 war eine noch recht einfache kreuzförmige,

Jerichow ☆☆
Besonders sehenswert
Klosterkirche Jerichow

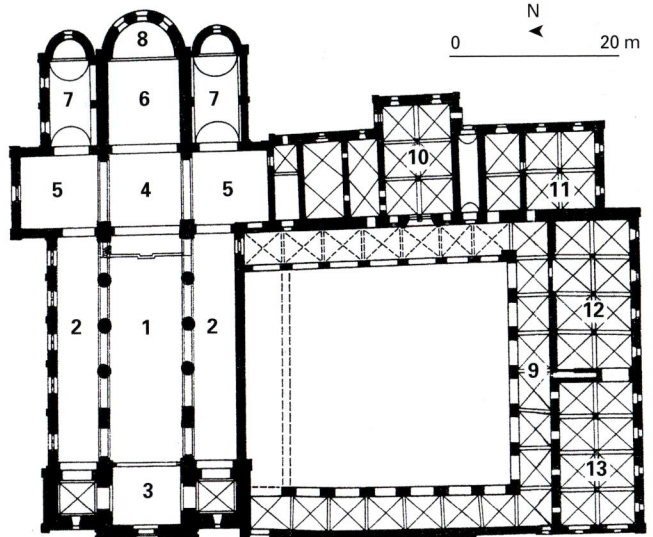

Kloster Jerichow, Grundriss
  1 Langhaus
  2 Seitenschiffe
  3 Westbau mit Türmen
  4 Vierung
  5 Querschiffe
  6 Chorquadrat
  7 Nebenchöre
  8 Hauptapsis
  9 Kreuzgang
  10 Kapitelsaal
  11 Küche
  12 Sommerrefektorium
  13 Winterrefektorium

Rechts der Elbe

Jerichow, Inneres der Stiftskirche nach Osten. Die durch Restaurierungen von 1856 und 1955–60 stilgerecht wiederhergestellten Räume zeigen den roten Backstein in wirkungsvollem Gegensatz zu den weißen Hausteinkämpfern, weiß geputzten Leibungen und Putzblenden. Byzantinische Marmornachbildungen blieben als Reste von Wandmalereien in den Leibungen der Vierungsbögen. Eine Marienkrönung, die nur noch in Umrissen erkennbar ist, stammt dagegen erst aus dem Anfang des 15. Jh.

vierjochige Basilika mit flacher Decke, mit einer größeren Apsis am Chorraum und je einer kleineren an den Querarmen vollendet, die unmittelbar nach ihrer Fertigstellung schon als zu eng und altmodisch empfunden worden sein muss. Den Mangel ausgleichend, erweiterte man zwischen 1180 und 1200 das Langhaus nach Westen, baute die Krypta ein und bereicherte die Chorgestalt durch zwei Nebenchöre. Bautechnische Details wie Lisenen, Friese oder Fensterrahmungen lassen in dieser Phase mögliche Einflüsse aus Oberitalien vermuten. Der Westbau blieb zunächst in den unteren Geschossen stecken, die beiden oberen Turmgeschosse, das Glockenhaus und die schlanken Turmhelme kamen gar erst in der zweiten Hälfte des 15. Jh. zur Ausführung.

Parallel zur Kirche entstanden auch die **Klausurgebäude.** Der leere quadratische Innenhof war ursprünglich gartenartig angelegt.

Der ihn umgebende Kreuzgang ist den älteren Gebäuden erst um 1220 vorgesetzt worden und trägt bereits gotische Züge. Hier muss darauf aufmerksam gemacht werden, dass die Überbauung westlich wie südlich zur Erweiterung der Gebäude im Spätmittelalter erfolgte. Der Ostflügel hingegen besitzt noch weitgehend seine originale Gestalt aus der Erbauungszeit um 1200. Das ehemalige Dormitorium, also der Schlafsaal im Obergeschoss des Ostflügels, war nach der Säkularisierung 1552 als Kornboden genutzt worden. Heute ist in ihm eine Ausstellung mit umfassenden Informationen über die Geschichte des Ordens und des Klosters eingerichtet. Die Refektorien, die den ganzen Südflügel einnehmen, zeigen dank der schrittweisen Rekonstruktion der Anlage wieder ihr ursprüngliches Aussehen. Das ältere Winterrefektorium entstand wie die Krypta um 1200, während das Sommerrefektorium der Jocheinteilung des jüngeren Kreuzgangs angepasst ist.

Gerade die vollendet gestalteten Kelchblockkapitelle kündigen den neuen Stil der Gotik an und lassen hier den Einfluss der Magdeburger Dombauhütte erkennen. Ähnlich kunstvoll wie diese Kapitelle erscheint auch das Stufenportal mit ornamentierten Säulenschäften, welches den Kreuzgang mit dem südlichen Querschiff der Kirche verbindet.

Das Innere der **Stiftskirche** besticht durch seine großzügig-klaren, harmonischen Raumverhältnisse. Von den wenigen mittelalterlichen Ausstattungsstücken sei der so genannte *Osterleuchter* vorangestellt, der als der älteste erhaltene nördlich der Alpen gilt. Sehenswert sind auch die beiden spätromanischen Sandsteintaufen.

In den breit ausladenden, gedrungenen, nicht aber etwa lastend erscheinenden Schiffen der **Krypta** sind an den Kapitellen der Mittelsäulen ganz eigenwillige, faszinierende plastische Dekors wie die sich bis in die letzte Wendung spannenden Muschelformen zu erkennen. Der östliche Säulenschaft aus seltsam grünlich schimmerndem Granit war ein Geschenk der Ordensbrüder aus Magdeburg, entstammte dem ausgebrannten ottonischen Dom und war angeblich von Otto I. aus einem italienischen Tempel nach Magdeburg gebracht worden. Neuere Nachforschungen ergaben, dass ein solcher Granit nur in Ägypten gebrochen wurde. So kann vermutet werden, dass die Säule bereits von den Römern als Beute aus einem ägyptischen Heiligtum nach Italien gebracht worden war.

Jerichow, Stiftskirche, Osterleuchter, um 1170. Der reich ornamentierte, achteckige Sockel zeigt sechs Halbfiguren in hochromanischer Strenge. Den Mittelpunkt bildet Christus mit einer Schriftrolle, daneben Petrus, Paulus und ein Ordensheiliger in bischöflichem Ornat, mit dem der Gründer des Prämonstratenserordens Norbert von Xanten gemeint sein könnte.

Stadtkirche und Umgebung

Die **Stadtkirche** von Jerichow steht gewissermaßen im Schatten ihrer großen Schwester. Wie ihr Vorbild besitzt auch sie eine schöne, klar gegliederte Raumordnung. Erbaut in der ersten Hälfte des 13. Jh., erfuhr sie nur geringfügige Änderungen während einer vorsichtigen Erneuerung im Barock. Im Inneren der von einem Fachwerkturm aus dem 17. Jh. bekrönten Kirche befindet sich unter anderem ein prächtiges Renaissance-Epitaph.

Rechts der Elbe

Gerade im ländlichen Umkreis des berühmten Jerichow findet sich beachtenswerte romanische Backsteinarchitektur, welche die Kunstfertigkeit der Bauleute im Umgang mit diesem ›modernen‹, seit der Spätromanik hergestellten Material sichtbar macht.

Direkt unter Jerichower Einfluss entstand die Dorfkirche in **Klietznick** in der ersten Hälfte des 13. Jh. Der stattliche Backsteinbau der Kirche in **Redekin** ist besonders reich gegliedert durch Lisenen, Dreiecks-, Rund- und Kreuzbogenfriese und wurde um 1200 ebenfalls unter Jerichower Einfluss gebaut. Ganz ähnlich sind die Kirchen in **Neuenklitsche** und **Melkow,** während die in **Sydow** sich etwas mehr bescheidet, dafür aber ein schönes Kirchhofportal um 1500 mit rundbogiger Durchfahrt und spitzbogiger Fußgängerpforte besitzt. Zuletzt seien noch die um 1200 sorgfältig aufgemauerte Kirche in **Groß-Mangelsdorf** und die Mitte des 13. Jh. erbaute Kirche in **Fischbeck** erwähnt. Bei allen Besonderheiten sind dies natürlich nur kleine Lichter, die letztlich überstrahlt werden von der Leuchtkraft Jerichows.

Im Norden: Wust, Schönhausen und Sandau

Wer im kleinen Fischbeck den eingeschlagenen Weg nach Havelberg verlässt, dem bietet sich von den Elbwiesen bei Fischbeck ein wunderbarer Blick auf das Panorama der alten Kaiserstadt Tangermünde.

Doch unser Weg führt in das ein paar Kilometer weiter östlich liegende **Wust.** An den spätromanischen Backsteinbau der **Dorfkirche** mit seinem barocken Westturm schließt sich die *Gruft der Familie von Katte* an. Hier ruht auch Hans Hermann von Katte, Jugendfreund Friedrichs des Großen und als Mitwisser der gescheiterten Flucht des Kronprinzen Friedrich durch ein Militärgericht zu lebenslanger Festungshaft verurteilt. König Friedrich Wilhelm I. ließ den 26-jährigen Katte jedoch 1730 vor den Augen seines Sohnes enthaupten.

1815 kam im nördlich von Fischbeck gelegenen **Schönhausen** am 1. April der spätere Reichskanzler Fürst Otto von Bismarck zur Welt. In der DDR war Bismarck in den 80er-Jahren zwar als bedeutende Persönlichkeit gewürdigt worden, doch aufgrund der vorausgegangenen Kritik an Werk und Person war auf Weisung Walter Ulbrichts das Herrenhaus bereits 1956 gesprengt worden. In dem verbliebenen Seitenflügel ist ein Museum eingerichtet.

Die nahe **Dorfkirche** hat die Bilderstürmereien politischer Umbrüche besser überstanden. Die 1212 geweihte, querschifflose Kirche gilt als der bedeutendste Nachfolgebau der Klosterkirche Jerichow. Das zeigt sich vor allem in der betont klaren Gliederung des Gesamtbaus und der Verwendung und qualitätvollen Ausführung der unterschiedlichen Formen der Friesgestaltungen.

Das Innere ist nach den Beschädigungen des Dreißigjährigen Krieges barock ausgestaltet worden. Der an einem modernen Kreuz angebrachte *Kruzifixus* kann ganz sicher in das Jahr der Kirchweihe datiert werden, steht also vor dem Halberstädter Triumphkreuz.

Ein Kuriosum in der Schönhauser Kirche, das auch in Osterburg auftaucht, ist die Vielzahl der eingeschabten Löcher und Rillen an der Außenwand des südlichen Seitenschiffes. Als Urheber dieses ›heidnischen Unfugs‹ werden stolze Elternpaare vermutet, die in diesen Symbolen einem neu geborenen Sohn oder einer Tochter in den heiligen Kirchenmauern ein bescheidenes und anonymes Mal für die Ewigkeit zu setzen suchten.

*Schönhausen, Dorfkirche, Kruzifixus, 1212.
Die tiefe Innigkeit und Demut ausstrahlende Plastik gehört zum Ergreifendsten, was Künstlerhände in der niedersächsischen Plastik dieser Zeit schufen.*

Ansonsten beherrschen vor allem Epitaphien derer von Bismarck, die Innenausstattung der Kirche.

Wie schnell das Ende einer für die Ewigkeit gedachten Anlage kommen kann, beweist der zur Hälfte eingestürzte Kirchturm in **Sandau**. Hier schlug am 13. April 1945 eine der ersten Granaten ein, die bei einem weiteren Beschuss vom westlichen Ufer der Elbe aus am 16. und 17. April dann auch 80 % der Häuser dieses kleinen, seit 1272 als Fährübergang ausgewiesenen Ortes zerstörten. Zur Mahnung an die Schreckenstage wurden 1949 in die oberen, erhaltenen Südfenster des Turmes Glocken gehängt. Ansonsten ist die **Kirche** von edel gegliederter Architektur der in Schönhausen sehr ähnlich, wobei diese querschifflose Basilika durch Brand und folgende Umbauten stärker als jene gelitten hat.

Sandau gehörte im obersten ostelbischen Winkel einst zu den abgelegensten Ecken der Provinz, denn Havelberg war schon brandenburgisch. Dem Volksglauben nach schleuderte Frau Harbke – eine fruchtbringende, besonders den Flachsanbau und das Hauswesen begünstigende Göttin – von Sandau aus einen riesigen Stein gegen das 4 km entfernte Havelberg, um dem dortigen Dombau, der Festung des Christentums, ein Ende zu setzen. Dies misslang und so steht der gewaltig anmutende Bau auf dem nördlichen Hochgelände über der Havel wahrscheinlich genau an der Stelle, wo einst schon Slawen und später eingewanderte Germanen ihre Gottheiten verehrten.

Havelberg

Havelberg ☆☆
Besonders sehenswert
Dom mit beeindruckendem Lettner

Havelberg wurde 948 erstmals genannt, da Kaiser Otto I. den Ort zum Mittelpunkt eines Bistums erhob, das zunächst dem Erzbistum Mainz, seit 968 aber der Neugründung Magdeburg unterstellt war. Mit dem großen Wendenaufstand von 983 jedoch gingen die slawischen Gebiete östlich der Elbe wieder für anderthalb Jahrhunderte verloren. Erst nach einem erneuten Vorstoß um die Mitte des 12. Jh. konnten diese Gebiete zurückerobert werden.

Der so genannte **Bischofsberg** ist von der Stadt aus gut zu Fuß zu erklimmen. Mit all seinen Gebäuden bildete er früher einen in sich abgeschlossenen Bezirk, der von einer Mauer umgeben war, die vier Tore besaß. Nach Wiedererlangung der alten Diözese verband man die Bischofskirche mit einem Prämonstratenserstift, das wie in Leitzkau oder Jerichow vom Magdeburger Kloster Unser Lieben Frauen aus besetzt wurde. Die **Stiftsgebäude** schließen sich südlich des Doms an, wobei der aus dem rechten Winkel tretende Südtrakt der Beschaffenheit des Geländes zuzuschreiben ist. Alle sind im Laufe der Jahrhunderte starken Eingriffen unterworfen gewesen, so dass sich heute kein einheitliches Bild mehr ergibt. In ihrem Ursprung gehören sie dem 12. und 13. Jh. an. Der Ostflügel war vielleicht schon zur Domweihe des Jahres 1170 fertig und gilt als der baugeschichtlich wertvollste Teil der Gebäude, die heute das **Prignitz-Museum** beherbergen. Das Heimatmuseum widmet sich dem Elbe-Havel-Winkel, dem südlichsten Ausläufer dieser flachen, sandigen, von Dosse, Stöpenitz und Löcknitz durchflossenen und erstmals von Albrecht dem Bären eroberten Landschaft, die sich, ursprünglich als Vormark bezeichnet, bis heute eine spürbar eigene Identität bewahrt hat.

Dom

1170 war der romanische Dom geweiht worden. Doch schon ab 1279 war wegen eines Brandes ein gotischer Umbau möglich geworden, der 1330 im Wesentlichen abgeschlossen war. Trotzdem blieb sowohl im Grundriss als auch im baulichen Kern die romanische Basilika erhalten. Ohne Querschiff, dafür mit den turmartigen Anbauten zu seiten des Chorjochs, in deren Geschossen jeweils Kapellen untergebracht waren, steht sie als ungewöhnliche Ausnahme in der Architektur des 12. Jh. Auch die Ausmaße des Westriegels von 30 m Breite bei nur 6 m Tiefe geben dieser Kirche ihr ganz eigenes Gesicht. Wenigstens beim Westbau lässt sich die bauliche Gestalt durch das hier offenbar sehr geschärfte Bedürfnis nach Schutz bzw. Wehrhaftigkeit erklären. Ursprünglich schloss dieser Turm über dem dritten Geschoss mit einer Plattform und einem Zinnenkranz aus Backstein, war nach außen also in seiner eigentlichen Funktion deutlicher gekennzeichnet als heute, da zudem noch das 1840 eingebrochene Westportal die abweisende Front auflockert.

Wie sehr der gotische Neubau dem romanischen Vorgängerbau verhaftet ist, zeigt sich besonders deutlich im Inneren, wo die ebenmäßige, hohe gotische Wölbung mit den schweren romanischen Rundbogenarkaden des Mittelschiffs eine Synthese eingehen muss und sich dennoch zu einer Mittelschiffhöhe von 22 m hinaufschwingt. Überwältigt vom Ebenmaß und den klaren Formen des Raumes, der im hochgotischen Chorpolygon seine schönste Ausprägung findet, wird dem Eintretenden die Nichtigkeit des menschlichen Daseins vor der zeitlosen Erhabenheit seines Schöpfers so recht bewusst.

Mit dem gotischen Umbau gelangte auch eine neue Ausstattung in den Dom. Die *Triumphkreuzgruppe* aus dem Ende des 13. Jh. entstand im Nachklang ihrer großen sächsischen Vorbilder, ohne deren Eindringlichkeit zu erreichen. Das wuchtig und einfach erscheinende *Chorgestühl* vom Ende des 13. Jh. ist eines der ältesten erhaltenen Gestühle der Zeit und korrespondiert in seiner Grundhaltung ganz mit den ursprünglich in einen Lettner eingebundenen, etwas naiv-dümmlich dargestellten *Leuchterfiguren* von hoher Origina-

Havelberg, Bischofsberg. Der Charakter einer Bischofsstadt hat sich bis heute in seiner Grundstruktur erhalten. In dem langgestreckten, klassizistischen Bau westlich des Doms befand sich ehemals die Domschule. Die Superintendentur nordöstlich des Doms birgt noch mittelalterliche Bausubstanz, während die 1748 im Osten erbaute ehemalige Dechanei ein völliger Neubau gewesen ist.

Rechts der Elbe

Havelberg, Dom, Kreuzanheftung, Detail des Lettners, um 1400. Die markantesten Bildfolgen finden sich auf der Schauseite des Lettners im Mittelteil, wo die Szenen drastisch ins Karikaturistische, ja Dämonische getrieben sind. Die Verhöhner, Folterer und Henker des Messias tragen bisweilen solch maskenhafte Züge, dass sie Totenschädeln gleichen.

lität. Die Figuren von Mönch und Novize, Koch und Kellermeister scheinen direkt dem klösterlichen Alltag des 13. Jh. entstiegen.

Der um 1400 unter Bischof Johann von Wöpelitz neugeschaffene *Lettner* knüpft insbesondere in den Reliefs der Schauseite und der inneren Lettnerwangen an diese Tradition an. Sein Ruhm geht zu Recht weit über Havelberg hinaus. Der Aufbau umfasst eine Schranke zwischen zwei Mittelschiffpfeilern und setzt sich nach Westen um ein Joch im Schiff fort, wobei zugleich der Laienaltar eingegrenzt wird. Im Osten mit dem Einzug in Jerusalem beginnend, wird auf 20 Sandsteinreliefs die Passion Christi dargestellt, die mit der Himmelfahrt endet. Deutlich erkennbar ist, dass mehrere Bildhauer an den Reliefs gearbeitet haben. Der Meister der stark überhöhten Szenen könnte an der Prager Dombauhütte geschult worden sein.

14 vollplastische *Figuren* von oft ebenso beeindruckender Qualität vervollständigen die vielgestaltige Komposition dieses Lettners, wie sich überhaupt am oder in unmittelbarer Nähe des Lettners noch zahlreiche wertvolle plastische Arbeiten befinden. Hervorgehoben seien die *Retabel* auf den seitlich des Lettners anschließenden Altären. Doch auch die rückseitige Schauwand des Lettners bietet in den Tympana der Portale liebenswerte Darstellungen, die sich der Mutter Gottes oder Christus als Kind angenommen haben.

Von den zahlreich im Dom vorhandenen *Grabmälern* sei nur auf das des bereits erwähnten *Bischofs von Wöpelitz* hingewiesen, dem kurz nach seinem Tod 1401 eine Sandsteintumba mit einer lebensgroßen Alabasterfigur gestiftet wurde, die ein sehr einfühlsames und naturnah wirkendes Porträt des Bischofs wiedergibt.

Neben der Plastik zählen zu den besonderen Kostbarkeiten des Doms die kunstvoll gestalteten Fenster, vornehmlich die des nördlichen Seitenschiffs aus dem frühen 15. Jh. Die *Glasmalereien* sind in einer Werkstatt hergestellt worden, die vorher in Halberstadt und danach am Stendaler Dom gearbeitet hat und in der sich norddeutsche mit mitteldeutschen Einflüssen mischen. Die Ornamentscheiben in den zwei westlichen Fenstern des nördlichen Seitenschiffs sind noch 100 Jahre älter. Sowohl die Ornament- als auch die Bildscheiben, die mit ihrer überirdisch anmutenden Farbigkeit den Kirchenraum verklären, gehören zu den schönsten im norddeutschen Raum.

Havelberg, Dom, Leuchterfigur. Die ursprünglich in einen Lettner eingebundenen Figuren, wie Mönch und Novize, Koch und Kellermeister, scheinen direkt dem klösterlichen Alltag des 13. Jh. entstiegen.

Stadt

Unterhalb des Bischofsbergs hat die Stadt sich auch aufgrund der natürlichen Gegebenheiten nicht sonderlich ausweiten können. In einer Schleife der Havel gelegen und vom Bischofsberg durch den künstlichen Stadtgraben abgetrennt, führte die bis ins 19. Jh. hinein vornehmlich aus Fachwerkhäusern bestehende Stadt in gewissem Sinne ein Inseldasein.

Hat sich das alte Straßenraster mit dem Ring und von diesem aus zum erhöhten Markt führenden Straßen erhalten, so vernichtete der große Stadtbrand von 1870 einen großen Teil der Wohnsubstanz. Neben ein paar wenigen Fachwerkhäusern mit Inschriften und ornamentierten Saumschwellen haben natürlich vor allem die ohnehin herausgehobenen Steinbauten den Brand überstanden.

Die **Stadtkirche St. Laurentius** ist Anfang des 15. Jh. erbaut worden, hat um die Mitte jenes Jahrhunderts ihren quadratischen Turm und die Vorhalle erhalten und ist im Inneren mehrfach umgebaut worden. Im Ganzen ist sie ein äußerst passabler Backsteinbau, der andernorts sicher mehr Aufmerksamkeit auf sich zöge. Recht hübsch wirkt auch die achteckige **Hospitalkapelle St. Anna,** die vor dem ehemaligen Steintor stand, während sich die heute profanierte **Hospitalkapelle St. Spiritus** an der gegenüber liegenden Seite der alten Stadt, am Sandauer Tor befand. Auffallend zahlreich sind im Bild der Stadt die spätklassizistischen Fassaden. Das **Rathaus** steht zwar noch über mittelalterlichen Kellern, doch verstärkt es mit seinen spätklassizistischen Altersgenossen das kühle Flair, das vom Norden herangeweht zu sein scheint.

Alljährlich Anfang September ist Havelberg ein Anziehungspunkt der besonderen Art: Auf dem seit 1750 nachweisbaren Havelberger Pferdemarkt besiegelt man den Pferdekauf tatsächlich noch per Handschlag. Begleitet von einem vielgestaltigen Volksfest zieht der Pferdemarkt jährlich über 100 000 Besucher an.

Die Alte Mark

»O ihr Altmärker, danket Gott!«

Dieser Meinung war der weitgereiste Alexander von der Schulenburg, ein Sproß der 1237 erstmals erwähnten brandenburgischen Adelsfamilie. Das überwiegend flache Land, das sich nur einmal in der Gegend von Gardelegen etwas bergiger zeigt und dort gleich die Bezeichnung ›Schweiz‹ erhielt, wird als westlicher Teil der Mark Brandenburg im Osten durch die Elbe abgeschlossen. Im Süden und Südwesten dehnen sich die Letzlinger Heide und der Drömling, im Norden sind es größere Waldgebiete. Nur nach Westen besitzt die Altmark eine ›künstliche‹ Grenze.

Unter Heinrich I. ist dieses Gebiet erstmals erobert und als Grenzmark zum Schutz gegen die Wenden ausgebaut worden, ehe sich seine Geschichte unter Albrecht dem Bären mit der Brandenburgs verband, wo es aber seit dem 14. Jh. eine Sonderstellung einnahm, die sich auch in der Provinz Sachsen und in gewisser Weise eigentlich bis heute erhalten hat. Als im wahrsten Sinne des Wortes beredtes Zeugnis mag hier die Ausbildung der gesonderten Mundart des altmärkischen Plattdeutsch stehen, dem Johann Friedrich Danneil 1850 ein eigenes Wörterbuch widmete. Und nicht zuletzt wird noch heute dem Altmärker ein gerüttelt Maß an Eigenwilligkeit nachgesagt.

»Es ist aber das Land – die Alte Mark – mit hohen Gnaden und Gaben Gottes geziert: einer gesunden Luft, ein reich Kornland, schöner Viehzucht, Butter, Käse, Wolle, Honig, Fleisch, Fische, schön Brot, Wildbret, Küchenspeis, Holz. Salz wird ihm von nahen zugeführt. Derhalben es D. Philippus (Melanchthon) Galilea nannte, das wär ein solch Land gewesen am Jordan. Die Städte darinnen brauen die herrlichsten Biere …«
Christoph Entzelt, ›Vorzüge der Altmark‹

Von Werben zum Arendsee

Außer einer Eisenbahnbrücke führt zwischen Tangermünde und Wittenberge keine weitere Brücke über die Elbe. Lediglich ein paar Fähren bieten die schwankende Basis für den Verkehr. Trotz gelegentlicher Wartezeit gibt es kein schöneres Verkehrsmittel, um in die Altmark zu gelangen. An einem Stahlseil hängend, im richtigen Winkel in die Strömung gestellt, wird die Fähre still und nur begleitet vom Glucksen des Wassers von einem grünen Ufer zum anderen gedrängt. Havelberg bleibt im Osten zurück. Eine schmale Straße führt dann durch die Uferwiesen und über Deichanlagen mitten hinein in die altmärkische Kleinstadt **Werben** in der Niederung der Wische, die seit dem 12. Jh. von Flamen und Niederländern kultiviert und zu einem der fruchtbarsten Flecken der Altmark wurde. Dennoch hatten ihre Bewohner bis ins 20. Jh. hinein oft unter schweren Elbhochwassern zu leiden. Erst 1958–60 wurde die Melioration der Wische zu einem landesweiten Initiativprojekt der Freien Deutschen Jugend (FDJ).

Werben selbst hatte bereits im 10. Jh. Bedeutung und muss ähnlich wie Arneburg und Tangermünde eine Reichsburg zum Schutz der Elbelinie besessen haben, die hier äußerst günstig zu überwinden war. Im 12. Jh. verlor die Burg mit der weiteren Grenzverschiebung

**Werben
Besonders sehenswert
Johanneskirche
mit mittelalterlicher
Ausstattung**

◁ Werben, Elbtor, 1460/70. Als Baumeister des prächtigen, aus Turm und Torhaus bestehenden, zinnenbekrönten Backsteinbaus gilt Steffen Boxthude, dem auch die Tore von Stendal und Tangermünde zugeschrieben werden.

Die Alte Mark

nach Osten ihre herausragende Bedeutung. Albrecht der Bär übergab sie dem Johanniterorden. Die 1225 erstmals erwähnte Stadt hat sich wahrscheinlich im Burgbezirk entwickelt und diesen nach und nach aufgezehrt. Das kreisförmige Straßennetz um die ehemalige Komturei mit der sich wuchtig heraushebenden Pfarrkirche St. Johannes gibt noch das ehemalige Burggelände zu erkennen. Obwohl die Stadt mehrmals, besonders im Dreißigjährigen Krieg, so stark umkämpft war, dass der einstige Wohlstand nie wieder erreicht werden konnte, wirkt ihr Gesamtbild noch geschlossen und kraftvoll. Das ist ein Eindruck, der sich auch am **Elbtor,** dem einzig erhaltenen Tor (1460/70) der alten Stadtbefestigung, manifestiert. Das **Heimatmuseum** im Turm gibt Auskunft über die bewegte Stadtgeschichte.

Die so genannte **Salzkirche** war ursprünglich die Kapelle des Heiliggeistspitals und ist im 18. Jh. zum Salzmagazin profaniert worden. Ähnlich zweckentfremdet wurde die **Kapelle der Johanniterkomturei.** Der simple rechteckige Backsteinbau trägt in seinen Giebeln das Johanniterkreuz und ist, abgesehen von der Johanneskirche, das einzige mittelalterliche Gebäude der Komturei, das erhalten geblieben ist.

Die **Johanneskirche** beherrscht mit ihrem riesigen Dach, unter welchem drei Schiffe zu einer Halle vereint werden, unangefochten die Weite der Elblandschaft um Werben. Vom Ursprungsbau des 12. Jh. besteht allerdings nur noch der stattliche Westturm, der während der grundlegenden Erneuerung des Schiffs im 15. Jh. auf seine heutige Höhe aufgestockt worden ist. Unangemessen prächtig im Vergleich zur bescheidenen Größe der Stadt, erstand an Stelle einer einschiffigen Basilika die gotische, dreiapsidial geschlossene Hallenkirche, die, gerade weil sie nicht zu den allgemein bekannten Kirchen zählt, den Besucher doppelt überrascht. Die um 1414 begonnenen Seitenschiffwände sind ähnlich wie an der Stephanskirche von Tangermünde mit reich gestalteten Profilen und Maßwerkfriesen aus glasiertem Backstein verziert. Um die Mitte des Jahrhunderts kam der äußerlich weniger geschmückte, aber in seiner architektonischen Komposition viel kühnere dreiapsidial geschlossene Chor hinzu. Seinen Anblick von Osten sollte man sich nicht entgehen lassen. Ein Ratschlag, der noch mehr für das Innere der Kirche und deren Ausstattung gilt. Über den profilierten Pfeilern ersteht ein Kreuzrippengewölbe, welches einen im Gleichmaß seiner Glieder ruhenden Raum von großer Erhabenheit erzeugt, der durch die aus altmärkischer Werkstatt stammenden spätgotischen Chorfenster einen zusätzlichen Glanz in den auffallend hellblauen, weißen und silbergelben Tönen erhält.

Von den meist spätmittelalterlichen Ausstattungsstücken ist der um 1430 geschaffene *Schnitzaltar* mit der Darstellung einer Marienkrönung auf dem Hochaltar besonders beachtenswert. Gleichermaßen originell ist in der Nordkapelle neben einem Altar mit Maria und Kind ein *Relief der Heiligen Sippe* aus dem ehemaligen Annenaltar. Auffällig neben der sehr realistischen Darstellung sind vor allem die

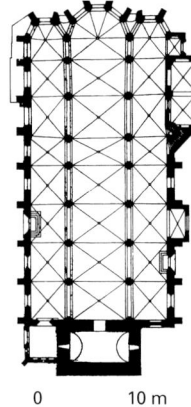

Werben, Johanneskirche, Grundriss

Von Werben zum Arendsee

Werben, Johanneskirche, Marienkrönung, Schnitzaltar, um 1430, Detail.
Im Mittelschrein wird die Szene der Marienkrönung von einem Wolkenkranz gerahmt, in welchem 27 Engel auf einem jeweils anderen Instrument ihren unhörbaren, dafür aber sehr anschaulichen musikalischen Beitrag zur Zeremonie leisten.

würdevoll dreinschauenden Kinder, die allesamt die Gesichter wohlhabender Werbener Bürgersleute tragen. Als Mäzene hatten sie gegenüber dem Künstler Helmecke Borstel, der den Altar 1513 schuf, darauf bestanden, für ihr Geld auch ihr eigenes Konterfei im Altar wieder zu finden. Da die Anzahl der Erwachsenen nicht ausreichte, machte sich der arme Meister den Spaß, selbst den Babys die Züge der eitlen Auftraggeber zu verpassen. Während derlei Kulturförderung ein Schmunzeln direkt herausfordert, ist die Bewunderung für den fünfarmigen *Standleuchter* (1488) und die wohl im folgenden Jahr in edler Kelchform vom Hamburger Glockengießer Hermen Bonstede gegossene *Taufe* uneingeschränkt. Daneben müssen noch die 1602 von Michael Spieß geschaffene *Kanzel*, der spätgotische *Nischenschrank* mit Ranken- und Maßwerkschnitzerei in der Sakristei, als Kuriosum die *Predigeruhr* von 1717 und die zahlreichen, zum Teil sehr qualitätvollen *Grabdenkmäler* Erwähnung finden, ohne damit die gesamte Ausstattung erfasst zu haben.

Die Alte Mark

Seehausen und Osterburg

Schon von weitem in diesem Niederungsland sichtbar, überragt die mit barocken Hauben abgeschlossene Doppelturmfront von St. Petri in Seehausen die vorwiegend aus schlichten Fachwerkhäusern des 17. bis 19. Jh. bestehende Kleinstadtszenerie.

Ein weiteres bezeichnendes Beispiel altmärkischer Backsteinarchitektur ist die **Pfarrkirche St. Petri** in **Seehausen**. Liegt Werben am östlichen Ende der Wische, so Seehausen an derem westlichen. Die Kirche geht auf eine kreuzförmige Feldsteinbasilika des ausgehenden 12. Jh. zurück. Diese erhielt im frühen 13. Jh. jenen doppeltürmigen Westbau aus Backsteinmauerwerk, der dann erst im 15. Jh. auf seine jetzige Höhe gebracht wurde und 1486 die vorgebaute Marienkapelle erhielt. Gerade ihre Existenz sorgte dafür, dass eines der schönsten spätromanischen Backsteinportale in diesem Raum erhalten blieb. Seinen besonderen Reiz bezieht es aus dem Wechsel von Sand- und Backstein und dem leider durch das spätgotische Gewölbe zum Teil abgedeckten, von Zahnschnittfriesen gerahmten Wimperg. Auch der Triumphbogen des romanischen Vorgängerbaus ist in die Konstruktion der im Nachgang zur Johanneskirche in Werben und dem Dom in Stendal erbauten Halle eingegangen und scheidet das großräumige Schiff vom engeren und kleinteiligeren Chor. Dort lädt ein durch ein neogotisches Gehäuse gefasster *Schnitzaltar* aus dem Anfang des 16. Jh. zum längeren und intensiveren Betrachten ein. Die zentrale Kreuzigung wird seitlich von je sechs kleineren Passionsreliefs begleitet. Aus den Niederlanden stammend, besticht die Arbeit vor allem durch ihre ungeheure Bewegtheit.

Die Reste der alten **Stadtbefestigung** haben sich zum Teil in ihrer originalen Höhe von 4 m erhalten. Das **Beuster Tor,** an dem sich eine Hospitalkapelle aus dem 15. Jh. befindet, ist das letzte der einst fünf Tore der vom Flüsschen Aland berührten Stadt. Dieses kleine Gewässer ist es, das die abfließenden Wasserströme des von Osten nach Westen abflachenden Wischelandes aufnimmt, um sie erst weiter nördlich bei Schnackenburg in die Elbe zu leiten.

Weiter südlich berührt dieser Wasserlauf unter dem Namen Biese das ebenfalls den westlichen Rand der Wische markierende **Osterburg,** wo sich im 19. Jh. eine bescheidene Industrialisierung vollzog.

Im **Kreisheimatmuseum,** einem beachtlichen, zweigeschossigen Fachwerkbau unter den sonst eher schlichten Fachwerkhäusern des 18. und 19. Jh., sind die Funde aus der Burgwallgrabung, aber auch andere Zeugnisse ur- und frühgeschichtlicher Besiedlung der Gegend zu besichtigen.

Die fragmentarisch erhaltene **Martinskapelle** im Nordosten, heute als Friedhofskapelle genutzt, stand ganz in der Nähe der slawischen Burg, von der noch Reste des Ringwalls erhalten sind. Die heutige Stadt, schon im Dreißigjährigen Krieg arg in Mitleidenschaft gezogen, ist 1761 durch einen Stadtbrand fast gänzlich zerstört worden. Lediglich die **Pfarrkirche St. Nikolai** in ihrem Zentrum ist ein architektonisches Zeugnis, das in die Gründungszeit des Ortes zurückreicht. Sie basiert auf einer Feldsteinbasilika aus dem Ende des 12. Jh., ist aber kaum hundert Jahre später unter Wiederverwendung

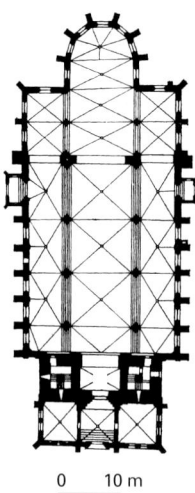

Seehausen, Pfarrkirche St. Petri, Grundriss

Von Werben zum Arendsee

von älteren Bauteilen zu einer dreischiffigen Halle umgebaut und um 1484 mit einem unregelmäßigen, dreischiffigen und dreiapsidial geschlossenen Chor vollendet worden. Die unteren Geschosse des aus Feldsteinquadern gefügten Westturms stammen noch aus romanischer Zeit. Auch der Raumeindruck des Inneren wird vom veränderten romanischen Vierungsquadrat bestimmt, das den Chor deutlich vom Kirchenschiff abschließt. Unter den Ausstattungsstücken verdienen die von Meister Volker aus Münster 1442 gegossene bronzene *Taufe* und der mit spürbar tiefer Empfindung gemeißelte *Grabstein* des Bürgermeisters Boldemann und seiner Frau besondere Aufmerksamkeit.

Der **Neptunbrunnen** an der Nordseite der Kirche scheint in seiner Lebensfreude und leichten Eleganz beinahe fehl am Platze. Einst vom Gutsbesitzer von Rönnebeck in den 80er-Jahren des 19. Jh. in Italien erworben, wurde er nach Abbruch des Rönnebecker Schlosses an diese Stelle Osterburgs versetzt. Bis heute ist weder die genaue Herkunft noch der ausführende Künstler bekannt, was den Genuss an dieser vorzüglichen Steinmetzarbeit jedoch nicht trüben kann.

Osterburg hat eine lange Geschichte: Nördlich der heutigen Altstadt hat schon eine slawische Burg gestanden, die als Grenzfeste sicher heiß umkämpft war, bevor ihr im 10. Jh. ein deutscher Burgward folgte. 1151 wird der Ort erstmals erwähnt, allerdings in der Gründungsurkunde Stendals.

Krumbke, Klein Rossau und Krevese

Der Weg nach Arendsee führt zunächst über die Dörfer am Südrand der Arendseer Hochfläche, wo Abstecher bzw. Aufenthalte durchaus lohnen. Beachtung verdient der bereits um 1600 existierende, im 18. Jh. im französischen Stil umgestaltete und heute als Landschafsgarten erhaltene Park in **Krumbke**, ebenso die **Dorfkirche in Klein Rossau**. In dem eher anspruchslosen, flachgedeckten Innenraum des spätgotischen Kirchleins ist bei Renovierungsarbeiten 1961 eine fast vollständige, den Raum umziehende *Ausmalung* aus der Entstehungszeit der Kirche, der zweiten Hälfte des 15. Jh., freigelegt worden. Den gemalten Sockel zieren über Bambusstangen gehängte Tücher, und erst darüber befinden sich die durch gemalte Rahmen mit Rankenwerk begrenzten Szenen, die dem in der Vorstellung eher düsteren Bild des Mittelalters gelassen heiter widersprechen. Die **Klosterkirche** in **Krevese** ist ein schlichter Bau, der im Wesentlichen gegen Ende des 12. Jh. errichtet wurde. Die Kreveser Benediktinernonnen standen damals in enger Beziehung zu ihren Glaubensschwestern in Arendsee.

Arendsee

Die Benediktiner-Niederlassung am Südufer des Arendsees geht auf eine Stiftung von Markgraf Otto I. zurück. Die **Klosterkirche** ist zwischen 1184 und 1240, also etwa zur gleichen Zeit wie die in Krevese entstanden, überragt diese aber sowohl in ihrer Größe als auch in der künstlerischen Qualität weit. Sie gilt als einer der größten gewölbten Ziegelbauten dieser Gegend und als bedeutender Nachfolgebau der

Arendsee
Besonders sehenswert
Klosterkirche

Die Alte Mark

> »O du schöner arendsee, / du auge meiner libe, / nimmer gern ich fon dir ge, / du wekst mir fromme triebe«, gestand Gustav Nagel 1926 seine Gefühle für den Arendsee. Nagel, der ›Kohlrabiapostel‹, lebte anfangs in einer Erdhöhle, ernährte sich ausschließlich vegetarisch, ging auch im Winter barfuß und bekleidete sich nur mit einer Leinenhose und einem kittelähnlichen Überwurf. Von zahlreichen Anhängern verehrt, verspottet von der Masse, erlitt er ein wechselvolles Schicksal. Er wurde allein wegen der Volksaufläufe, die sein Erscheinen verursachte, ins Gefängnis gesteckt und für verrückt erklärt. Rehabilitiert, setzte er sein unruhevolles, von missionarischem Eifer getriebenes Leben fort. Er starb 1952 in seiner angestammten Heimat Arendsee.

Klosterkirche von Jerichow, wenngleich hier die Westtürme fehlen. In der Verarbeitung des Backsteins, der Gestaltung der schmückenden Friese aber erweist sie sich ihrem Vorbild durchaus ebenbürtig. In der Wölbung der Innenräume geht sie, dem Zug der Zeit folgend, sogar einen Schritt weiter. Die Kreuzgrat- und Tonnengewölbe mit den allesamt halbrunden Vierungs-, Apsis-, Arkaden- und Fensterbögen in ihrer geometrischen Genauigkeit und weitgehenden Symmetrie sind von frappierender Wirkung. Ständig scheinen sie sich um ein Inneres runden zu wollen, um so zu Ruhe und Geschlossenheit zu kommen.

Entsprechend qualitätvoll präsentiert sich auf der spätromanischen Altarmensa ein vierflügeliger *Schnitzaltar* von 1370/80. Das Zentrum nimmt eine Marienkrönung ein. Als ein Hauptwerk altmärkischer Plastik wird der um 1240 gearbeitete *Kruzifixus* an der Nordwand des Chors angesehen. Der Körper des Gekreuzigten ist schon in frühgotischer Manier leicht gebogen und weist nicht mehr die über jeden Schmerz erhabene Strenge eines Welten- und Himmelskönigs seiner markanten sächsischen Vorgänger auf. Durch große Eichenblätter wird das Kreuz als eine Art Lebensbaum gekennzeichnet und zeigt in den Rosetten seiner vier Enden die Symbole der Evangelisten. Die auch in anderen Stücken gute Ausstattung erhält obendrein eine interessante Ergänzung durch eine Sammlung von Kirchengeräten und Ausstattungsstücken aus den Dorfkirchen der näheren Umgebung. Von den spätmittelalterlichen **Klostergebäuden** sind auf dem sich zum See hin neigenden Gelände ruinöse Reste erhalten, die im Zusammenklang mit der vom Arendsee bestimmten Landschaft ein überaus bestauliches Bild ergeben.

In den Verlauf der ehemaligen Klostermauer war ursprünglich auch der so genannte **Kluthturm,** ein backsteinerner Glockenturm aus der Spätgotik, südöstlich der Kirche, miteinbezogen. Außerhalb der ehemaligen Klausur liegt auch ein Gebäude, das für das frühere Klosterhospital gehalten wird, und in dem heute das **Heimatmuseum** über die Geschichte der aus drei Gemeinden zusammengewachsenen Stadt und über die Fauna und Flora des Arendsees unterrichtet.

Das ›Auge der Altmark‹, wie der Arendsee auch genannt wird, hat eine Wasserfläche von 554 ha, erreicht Tiefen bis zu 50 m und hat seine Entstehung durch Salzauslaugung verursachten unterirdischen Erdeinbrüchen zu verdanken. In den fränkischen Reichsannalen wird er 822 als der Ort eines Erdbebens erwähnt, wobei es sich wohl um einen solchen, sicher gewaltigen Erdfall gehandelt hat. Heute finden hier jährlich viele Erholungssuchende Entspannung und Ruhe, nicht zuletzt bei den Konzerten im Park an der Klosterruine.

Das Kurstädtchen mit seiner reizvollen, von einfachen ein- und zweigeschossigen Häusern begleiteten Hauptstraße erregte Anfang des 20. Jh. Aufmerksamkeit durch einen Mann, dessen Namen jeder gesundheitsbewusste oder vegetarisch lebende Mensch in Deutschland schon einmal gehört hat: Gustav Nagel. Im nahen

Werben 1874 geboren, als Kind nach hier verzogen, trat er später als Wanderprediger und Naturmensch auf. Den Nationalsozialisten war sein Individualismus derart suspekt, dass sie ihn in Schutzhaft steckten und später nach Dachau brachten. Er überlebte den Krieg und zog sich wieder in seine angestammte Heimat zurück, wo er ein Einsiedlerleben führte, bis er 1952 starb und auch hier begraben wurde. Überbleibsel seines ›Tempels‹ finden sich an der Strandpromenade, entlang der Straße, die von Seehausen kommend weiter in Richtung Salzwedel führt.

Salzwedel

Salzwedel hat, wie der Name verrät, etwas mit Salz zu tun, und zwar mit jenem, das auf der alten Salzstraße Magdeburg–Lüneburg hier die sumpfige Jeetzeniederung durchquerte. Vermutlich schon im 9. Jh. sicherte den wichtigen Handelsknotenpunkt eine Burg, die im 11. Jh. zum Sitz der Markgrafen der Nordmark erwählt wurde. Aus der im Schutz der Burg angelegten Kaufmannssiedlung erwuchs die alte Stadt. Ihr Straßennetz, das sich leicht unregelmäßig um die alte Anlage schließt, ist markiert von jener alten Salzstraße, die über Holzmarkt-, Burg- und Altperver Straße führte.

Salzwedel ☆☆
Besonders sehenswert
Altstadt
Marienkirche

Von der auf einem künstlichen Sumpfhorst postierten **Rundburg (1)** blieben kaum mehr als einige Backsteinreste der Burgkapelle St. Anna, Teilstücke der inneren Ringmauer sowie der um 1200 entstandene runde Bergfried, der sich mit seinem Durchmesser von über 14 m und einer Mauerstärke von 3,60 m sehen lassen kann. Eine äußere Ringmauer war ursprünglich von einem Wassergraben umspült, der künstlich von der Jeetze gespeist wurde, die außer diesen Verteidigungsaufgaben noch viele andere hatte. Darauf weist der ›Puparschbrunnen‹ am Eingang der Burg hin: »Allen wird bekannt gemacht, dass keiner in die Jeetze – kackt. Denn morgen wird gebraut.«

Diese Unmittelbarkeit begleitet den aufmerksamen Besucher auf Schritt und Tritt beim Rundgang durch die noch in großen Teilen erhaltene Altstadt. Es lohnt sich, die Jahreszahlen, Sprüche und Figuren auf den Balken und Türpfosten oder an den Steinen der Kirchen näher zu betrachten und zu entziffern.

Der **Bürgermeisterhof (2)** in der Burgstraße 18 ist einer der Höfe in der Stadt, in dem mittelalterliche Handels- und Wohnkultur direkt spürbar wird.

Unweit der Burgstraße, östlich der Burg, befinden sich die Gebäude des in der Mitte des 13. Jh. gegründeten Franziskanerklosters, deren bedeutendstes die **Mönchskirche (3)** ist. Mit ihrem hohen Satteldach und Blendnischengiebel ist die zweischiffige spätgotische Halle ein wichtiger Orientierungspunkt in der Stadtsilhou-

Die Alte Mark

Salzwedel
 1 Burg
 2 Bürgermeisterhof
 3 Mönchskirche
 4 Ehemaliges Kloster
 5 Rathausturm
 6 Altstädter Rathaus
 7 Haus Schmiedestraße 30
 8 Haus Schmiedestraße 27 (Adam-und-Eva-Tor)
 9 ›Ritterhaus‹, Radestraße 9
 10 Marienkirche
 11 Ehemalige Propstei (J.-F.-Danneil-Museum)
 12 Geburtshaus Jenny von Westphalen (Musikschule)
 13 Lorenzkirche
 14 Spitalkapelle St. Gertrud
 15 Kirche zum Hl. Geist (Perver)
 16 Ehemalige Münze
 17 Karlsturm
 18 Neuperver Torturm
 19 Haus Neuperver Straße 57
 20 Terrakottahaus
 21 Katharinenkirche
 22 Lateinschule
 23 Hansehof
 24 Steintor

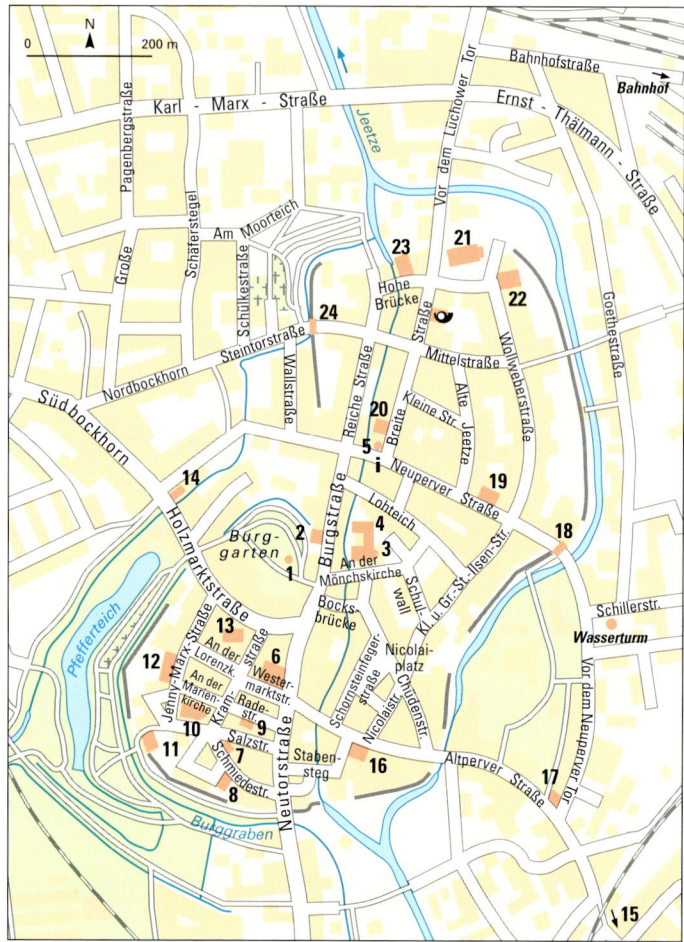

ette. Das weiträumig und wohlproportioniert gestaltete Innere, bestehend aus dem kreuzgratgewölbten Mittelschiff, der älteren Klausur an der Stelle des nördlichen Seitenschiffs und dem Chor, wird von den hochgestellten Fenstern gut erhellt. Der spätgotische *Lettner* trennt das einst den Laien vorbehaltene Schiff vom Chor der geweihten Geistlichkeit, wo das nach 1500 entstandene *Chorgestühl* deren Sonderstellung unterstreicht. Hochgestellt im Ansehen waren auch die 16 Gilden und privaten Stifter, dank deren Freigebigkeit 1579 die Kirche nicht nur neuerlich instandgesetzt werden konnte, sondern auch eine *Orgelempore* erhielt. Ihre Brüstung gleicht einem aufgeschlagenen Buch, das in 24 ›Seiten‹ Szenen aus dem Neuen Testament figurenreich und mit vortrefflichen architektonisch-landschaftlichen Hintergründen erzählt. Die Bilder werden von Texten sowie Namen und Wappen der Stifter ergänzt. Gemalt sind die überdurchschnittliche künstlerische Qualität verratenden Szenen in der zuerst von den Zisterziensern benutzten Grisaille, auch Grau-in-Grau-Malerei genannt, die sich ganz bewusst von farbiger Gestaltung abkehrt. Auch die Bilder der zwölf Stammväter der israelitischen Stämme auf den Rückwänden des Gestühls unter der Empore sind in dieser Manier gemalt. Einstiges Glanzstück der heute als Konzert- und auch Ausstellungshalle genutzten Kirche war der Cranach-Altar, der heute im Johann-Friedrich-Danneil-Museum zu bewundern ist.

Das sich nördlich der Kirche anschließende ehemalige **Kloster (4)** diente bis 1882 als Schule. Seit 1895 wurde es zum Rathaus umfunktioniert, so dass von der ursprünglichen Anlage nur noch Stückwerk blieb. Im Innenhof fügte man das **Renaissanceportal** des 1895 abgebrannten Neustädter Rathauses als Erinnerung an den repräsentativen Bau ein, von dem an der Ecke Neuperver/Breite Straße am Hotel ›Schwarzer Adler‹ der achteckige **Turm (5)** von 1585 noch erhalten ist. Dort residierte der gemeinsame Rat der erst 1713 vereinigten Neu- und Altstadt Salzwedels.

Bereits am südlichen Ende der Burgstraße taucht das Gebäude des ehemaligen **Altstädter Rathauses (6)** auf, seit Mitte des 19. Jh. Sitz der Justiz und auch heute wieder Amtsgericht. Der beeindruckende Backsteinbau der Spätgotik weist mit der vielfältigen Verwendung gedrehter Stäbe ein für das Salzwedel dieser Zeit ganz typisches Architekturelement auf. Besonders aufwendig ist der ältere Nordflügel gestaltet, der in drei Nischen des dritten Geschosses das Wappenrelief bzw. die Reliefs einer Strahlenmadonna und eines Christophorus besitzt. Der Blendenstaffelgiebel betont diese als Schauwand hergerichtete Seite zusätzlich. In diesem älteren Teil befindet sich auch der einzige, im ursprünglichen Zustand erhaltene Raum, der über zwei Geschosse reichende, von hohen Sterngewölben überschirmte Sitzungssaal.

Wenn auch die umstehenden Häuser dagegen klein wirken, warten sie dennoch mit oft stattlichem Zierat auf. Hier, im Kern der sich um die Marienkirche verdichtenden Altstadt, hat sich in den schmalen Gassen und Straßen ein charaktervolles Stück der alten Bürgerstadt für die Nachwelt erhalten. Aus dem 15. Jh. und damit ältestes der Wohnhäuser ist das Hochständerhaus in der **Schmiedestraße 30 (7)**. Die altertümliche Konstruktion der durchgehenden Ständer mit waagerechten Riegeln lässt sich gut von der Salzstraße aus sehen. Das Haus **Schmiedestraße 27 (8)** dagegen ist 1840 erneuert worden. Das korbbogige Tor des Vorgängerbaus von 1534 mit den naiven Darstellungen Adams und Evas als Hüter des Ein- und Ausgangs wurde glücklicherweise wieder verwendet. In der benachbarten **Radestraße 9 (9)** prallen die Figuren zweier geharnischter Ritter aus den Torzwickeln aufeinander. Sie haben dem Haus den Namen ›Ritterhaus‹ gegeben. Beides sind Beispiele bester volkstümlich-naiver altmärkischer Schnitzkunst, wie sie in der Stadt noch anzutreffen ist.

Die Mönchskirche in Salzwedel, im 15. Jh. unter Verwendung älterer Teile auf einem Feldsteinsockel errichtet, steht in ihrer sich mit hoher handwerklicher Kunst verbindenden Schlichtheit als ein ganz typisches Beispiel der wenigen Bettelordenskirchen Sachsen-Anhalts da.

Die Alte Mark

Marienkirche

Einige Mauerteile der Marienkirche und 3 m des imposanten Turmstumpfes gehören noch einer ersten Feldsteinbasilika aus der zweiten Hälfte des 12. Jh. an. Im 13. Jh. folgte dieser eine dreischiffige Backsteinbasilika mit der noch heute sichtbaren, oktogonalen Erhöhung des Turms. Um 1300 wurde mit dem Umbau zur fünfschiffigen Halle begonnen. Um 1400 ist sie aber letztlich doch als Basilika fertig gestellt worden, wobei die verlängerten Seitenschiffe nun den Turm einschlossen, der 1496 seine übersteile Haube erhielt. Hinzu kamen verschiedene Anbauten und Veränderungen, denen die Kirche nicht nur eine komplizierte Baugeschichte, sondern auch ihr malerisches Aussehen verdankt.

Ein Hort hoher Kunst ist die **Marienkirche (10)**, deren beängstigend aus der Vertikale geratener 85 m hoher Schieferhelm schon längst die Aufmerksamkeit auf sich gezogen hat.

Dass sie unter Kennern zu den hervorragendsten Kirchen der Altmark gezählt wird, verdankt sie vor allem ihrer reichen und zum großen Teil gut erhaltenen Ausstattung, die sich besonders im Chor konzentriert. Die hölzerne *Triumphkreuzgruppe* aus der Mitte des 15. Jh. im Chorbogen bekrönte wohl ursprünglich einen Lettner. Ebenso handwerklich vollkommen und künstlerisch eindrucksvoll sind die Figuren und Reliefs des über ein halbes Jahrhundert älteren *Chorgestühls*, das, an beiden Chorwänden aufgestellt, bis in den Altarraum reicht. An der nördlichen Wand folgt dort der so genannte *Markgrafenstuhl* aus dem Anfang des 16. Jh. und der durch seine hoch aufragenden Fialtürmchen imponierende *Levitensitz* aus der Mitte des 14. Jh. Vor den verblassenden Resten der *Wandmalerei* aus dem zweiten Viertel des 13. Jh. und den mit *Glasmalereien* des 14. bis 16. Jh. geschmückten, schlanken Fenstern des Chorpolygons kann der fast 8 m breite und 6 m hohe *Schnitzaltar* bis heute den Zauber seiner hohen Kunst entfalten. Neben den in originaler Fassung gut erhaltenen, kräftigen Farben verstärkt die schimmernde Blattvergoldung den überwältigenden Eindruck dieses Altars. In der Predella flankieren vollplastische Figuren der zwölf Apostel einen als Salvator dargestellten Christus. Den oberen Abschluss bildet ein Gesprenge, in dessen Mitte eine Strahlenkranzmadonna auf der Mondsichel als anmutige Siegerin triumphiert. Neben diesen großen Stücken der mittelalterlichen Ausstattung gibt es kleinere, ebenso einzigartige. Dazu gehören das eichene, mit archaisierenden Stilelementen versehene geschnitzte *Lesepult* aus der ersten Hälfte des 14. Jh. mit einer Marienkrönung im Zentrum und den vier Evangelistensymbolen in den Ecken und in der Sakristei eine spätgotische *Sitzbank*, das kostbare *Adlerpult* aus dem Anfang des 15. Jh. oder liturgische Geräte wie zwei große, silbervergoldete Kelche. Die *Steinfiguren* im Chor und auf den Sockeln vor den Vierungssäulen sowie die beiden *Stifterfiguren* im südlichen Kreuzarm entstanden um 1410 und sind von hohem Rang in der altmärkischen Steinbildhauerei. Vermutlich gehörten sie zu einem größeren Figurenzyklus.

Ein herausragendes Beispiel früher Renaissancekunst stellt die von einem kunstvollen Gitter umgebene *Bronzetaufe* dar, die seit 1934 im südlichen Seitenschiff aufgestellt ist. Die Taufe wurde 1520, das Gitter 1522 vom selben Meister Hans von Köln in Nürnberg gegossen. Nürnberg war zu dieser Zeit das Zentrum des europäischen Bronzegusses. Der von vier Löwen getragene Prunkpokal hat in seinem Fuß eine Heizöffnung, mit deren Hilfe das Wasser auf eine für den einzutauchenden Täufling annehmbare Temperatur gebracht werden konnte. Den Deckel ziert ein mächtiger Baldachin, bekrönt von einer Maria Immaculata als Symbol der unbefleckten Empfäng-

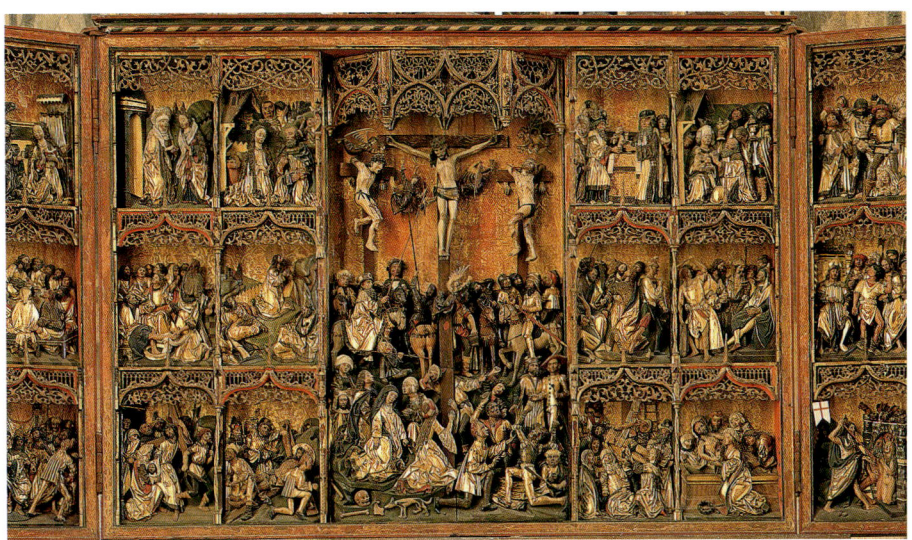

Salzwedel, Marienkirche, Mittelteil des Hauptaltars, 1510. Das Zentrum des Geschehens bildet die Kreuzigung Christi auf dem Kalvarienberg. Der namentlich nicht überlieferte niederdeutsche Meister ließ sich für die Reliefszenen von der Kupferstichpassion Martin Schongauers anregen. Jedes Relief wird nach oben von einem zarten geschnitzten Schleier aus Maß-, Gitter- und Rankenwerk abgeschlossen.

nis. Auch am Gittereingang findet sich noch einmal die kleine Figur einer Maria und – was besondere Beachtung finden sollte – auch die Figur des außergewöhnlich begabten Meisters.

Mit der *Sandsteinkanzel* von 1581 fällt ein bereits nachmittelalterliches Ausstattungsstück auf. 1604 ist sie restauriert und bemalt worden und hat im gleichen Jahrhundert den vergrößerten, mit reichem Figurenschmuck versehenen Schalldeckel erhalten. Die große, zwischen 1748 und 1752 eingebaute *Orgel* folgt mit den Ornamenten ihres schönen, klar gegliederten Prospektes ganz den Formen des Barock.

Rund um Lorenzkirche und Katharinenkirche

In unmittelbarer Nähe der Marienkirche befindet sich die ehemalige **Propstei**, ein stattlicher Fachwerkbau von 1578, dem 1754 ein runder Treppenturm vorgesetzt wurde, so dass er nun wie ein kleines Schlösschen anmutet. Heute ist in der Propstei das **Johann-Friedrich-Danneil-Museum (11)** untergebracht. Außer der Bibliothek und den wertvollen vorgeschichtlichen Sammlungen des Historikers beherbergt es Sammlungen zu Kunst und Handwerk. Stellvertretend sollen hier nur die frühgotische ›*Salzwedeler Madonna*‹ und das 1582 geschaffene *Altartriptychon* von Lucas Cranach d. J. genannt sein. Letzteres gilt als bezeichnendes Beispiel neuer protestantischer Ikonographie. Die Mitteltafel, eine Replik der 1567 für die Stadtkirche Wittenberg gemalten Tafel, trennt durch einen Weg im ›Weinberg des Herrn‹ die widerstreitenden Glaubensparteien in ganz direkten,

Die Alte Mark

Auch die Propstei in Salzwedel ist nach der Reformation säkularisiert worden. Sie ging in den Besitz der Grafen von der Schulenburg über, die im 19. Jh. auf dem dazugehörigen Land zur Stadtmauer hin einen Landschaftspark nach englischem Muster anlegen ließen. Sein alter und seltener Baumbestand, ein kleiner Tiergarten, der Pfefferteich und die einbezogene Stadtmauer mit dem ›Hungerturm‹ laden zur abwechslungsreichen Entspannung ein.

drastischen Gleichnissen. Um ganz sicher zu gehen, wird dem reformatorischen Anliegen in der Predella eine ausführliche Erklärung des Bildgeschehens in Versform gegeben.

In nördlicher Richtung stieß die Stadtmauer früher auf die Holzmarktstraße, eine der seit Jahrhunderten bestehenden Hauptstraßen Salzwedels. Parallel zur Stadtmauer verläuft die Jenny-Marx-Straße. Das Haus Nr. 20, ein Putzbau des Spätbarock, ist das **Geburtshaus Jenny von Westphalen (12)**, der späteren Frau des Philosophen Karl Marx. Das Haus beherbergt heute eine Musikschule. Nur ein paar Häuser von der Marienkirche entfernt, lässt sich mit der **Lorenz-kirche (13)** eine weitere architektonische Besonderheit der Stadt entdecken. Sie ist trotz ihres schönen Schaugiebels lange Zeit vernachlässigt und im 18. Jh. als ›Königliche Salzfaktorei‹ sogar recht schändlich profaniert worden. Nach einigen vergeblichen Versuchen erhielt sie durch eine Restaurierung 1961–64 wenigstens in den noch wiederherstellbaren Teilen ihr ursprüngliches Aussehen zurück. Sie besteht nun aus dem einst einen Turm tragenden Westbau, dem Mittelschiff, dem wieder aufgerichteten nördlichen Seitenschiff, dem Chor und der nördlich an ihn anschließenden Sakristei. Als querschifflose Backsteinbasilika wurde sie in der Mitte des 13. Jh. erbaut. Das Besondere an ihr sind ihre vielfältigen Formen, die aus dem Wechselspiel von rotem Backstein, weißen Blendnischen oder Kreisblenden und der Verwendung schwarz glasierter Formsteine für Schmuckelemente entstehen und am östlichen Schaugiebel ihren Höhepunkt erreichen.

Neben diesen außergewöhnlichen Sakralbauten besitzt Salzwedel auch einige kleinere Kapellen bzw. Reste einst größerer Gebäude. Das ist in der Nähe der Burg die um 1460 erbaute **Spitalkapelle St. Gertrud (14)** und die im Stadtteil Perver liegende **Kirche zum Heiligen Geist (15)**, von derem Mitte des 15. Jh. errichteten Zentralbau von 20 m Durchmesser nur noch der schlanke Chor und in ihm einige Ausstattungsstücke erhalten sind. Noch weiter stadtauswärts in Perver liegt die im Mittelalter erbaute **Spitalkapelle St. Georg** des 1241 dort eingerichteten Aussätzigenhospitals.

In der nach Perver hinausführenden Altperver Straße beeindruckt die restaurierte ehemalige **Münze (16)**, ein spätgotischer Backsteinbau. Salzwedel hatte seit 1314 das Münzrecht besessen, es aber infolge des ›Bierkriegs‹ 1488 wieder an den Landesherren verloren.

Der **Karlsturm (17)** an der Altperver Straße ist der einzige von den Toranlagen der Altstadt erhaltene. Der um 1500 erbaute wuchtige, runde Backsteinturm gehörte einst zu der weit umfangreicheren Anlage des Altperver Tors. Wie einen Siegelring trägt der Turm unter dem Gesims des oberen Geschosses Wappenreliefs. Bei dem in diese Reihe in eine größere Nische eingestellten Brustbild soll es sich um Kaiser Karl IV. handeln.

Gehörte der Karlsturm zur Anlage des Vortors, so war der **Neuperver Torturm (18)** in der Neustadt ursprünglich ein Teil des Haupttors. Dieser quadratische Backsteinturm erhält durch seine zur Stadt

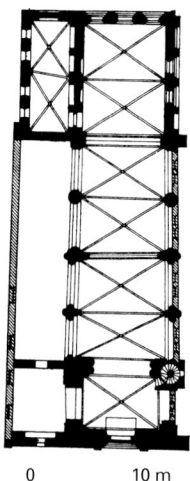

Salzwedel, Lorenzkirche, Grundriss

Salzwedel

weisenden, doppelten und schlanken Giebelblenden geradezu etwas Hoheitsvolles, das wohl dem Streben der stolzen Salzwedeler Kaufleute voll und ganz entsprach, ein Streben, das sich auch immer wieder im Wohnhausbau bemerkbar macht. Ein schönes Beispiel eines mit dem Giebel zur Straße weisenden Fachwerkhauses ist das in der **Neuperver Straße 57 (19)**, das 1584 erbaut worden sein soll und somit das älteste Haus der Neustadt wäre. In der Breiten Straße, nur wenige Schritte von der Stelle, an der früher das bereits erwähnte Rathaus der Neustadt stand, sind in das so genannte **Terrakottahaus (20)**, einem Fachwerkgebäude von 1722, 15 um 1570 in der Werkstatt des Lübecker Künstlers Statius von Düren entstandene Terrakotten eingelassen – Zeichen einstigen Wohlstandes, wie es sie natürlich auch in der Neustadt gab. Nicht zuletzt die dritte große Kirche Salzwedels, die Pfarrkirche der Neustadt, ist noch heute ein sichtbarer Beweis dafür.

Ein erster flüchtiger Blick auf die **Katharinenkirche (21)** ruft sofort wieder das Bild der Marienkirche vor Augen, in deren Konkurrenz sie wohl konzipiert sein dürfte. In einer komplizierten Baugeschichte entstand die 1280 erstmals erwähnte, dreischiffige querschifflose Backsteinbasilika in ihrer heutigen, wesentlich im 14. und 15. Jh. geprägten Form. Den markanten Charakter erhält ihr Äußeres durch die quer über die Seitenschiffe gestellten Staffelgiebel. Wie bei der Marienkirche ist auch der Turm der Katharinenkirche ins Innere gerückt, hier durch den 1467 im Westen erfolgten Anbau der **Fronleichnamskapelle**. In dieser erhalten zwei Neustädter Patrizierfamilien, die Chüden und die Annisius, durch zwei säulengeschmückte, barocke Familiengrüfte ein besonderes Andenken.

Das Innere der Kirche ist durch das zum Ursprungsbau gehörige Portal im südlichen Seitenschiff zu erreichen und lebt vom Widerspruch der lichten und vielgestaltigen Ostteile zu den eher wuchtigen Architekturgliedern des Vorgängerbaus im Kirchenschiff. Von der Innenausstattung der Kirche ging viel verloren. Doch das wenige, das erhalten blieb, besitzt zum Teil sehr hohen handwerklichen und künstlerischen Wert. Die Reste mittelalterlicher *Glasmalereien* in den drei mittleren Chorfenstern stehen in der Altmark einzig da und sind wohl in norddeutschen Werkstätten, vielleicht in Lüneburg oder Lübeck, hergestellt worden. Auch die *Bronzetaufe* von 1421 schuf kein einheimischer Künstler, sondern Ludwig Ghropengheter aus Braunschweig. Die Einfassung, ein 1567 geschaffenes Gitter, ist eine feine Renaissancearbeit aus Holz, Messing und Stein. Der spätgotische *Schnitzaltar* mit der beinahe lebensgroßen Strahlenkranz-madonna im Schrein ist erst 1947 in die Katharinenkirche gekommen und stammt ursprünglich aus Buckau. Dass dagegen Hans Zaruth 1592 die *Kanzel* eigens für Salzwedel und die Katharinenkirche schnitzte, zeigt das Relief der Auferstehung am Kanzelkorb. Sie geschieht vor dem Hintergrund der Salzwedeler Stadtsilhouette, in der die Marienkirche als unübersehbare Landmarke und Rivalin hervorsticht.

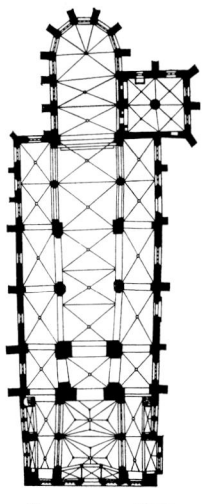

Salzwedel, Katharinenkirche, Grundriss

Der 1447 datierte Schnitzaltar im Chor der Katharinenkirche stammt aus der Klosterkirche Dambeck. Die Darstellung im Mittelschrein zeigt Maria mit dem Einhorn als einem Sinnbild für die Menschwerdung Christi im Schoß der Heiligen.

Die Alte Mark

Schon im 13. Jh. besaß Salzwedel eine florierende Tuchmacherei, die ihren Erfolg vor allem den weitreichenden Handelsverbindungen der Stadt verdankte, die nicht nur bis Hamburg und Lübeck, sondern darüber hinaus bis Gent, Brügge, London, Bergen in Norwegen und selbst bis Wisby auf Gotland reichten. Ein Denkmal dieses ökonomischen Kapitels der Geschichte ist die von der Lateinschule stadteinwärts nach Süden führende Wollweberstraße, deren Straßenzug fast völlig von der zweckmäßigen Fachwerkarchitektur des 18. Jh. geprägt ist.

Nicht immer triumphierte die Altstadt über die Neustadt. 1744 wurde die **Lateinschule (22)** der Neustadt zur einzigen der Stadt, während man die bei St. Marien abbrach. Vom Katharinenkirchplatz bietet sich ein reizvoller Blick auf das um 1550 erbaute und mit einem Turmanbau versehene Gebäude, in dem Johann Joachim Winckelmann und Friedrich Ludwig Jahn zur Schule gingen und Johann Friedrich Danneil als Rektor wirkte.

Ein paar Schritte von der Katharinenkirche entfernt, an der **Hohen Brücke,** befand sich einst der Salzwedeler Hafen, der diese Verbindung möglich machte. Heute ist hier nichts mehr zu spüren von der einstigen Großhandelsstadt. Hier lagen die schutenartigen Kähne, die so breit und flach gearbeitet waren, dass sie 120–180 Zentner Fracht aufnehmen konnten. Mit langen Stangen wurden sie vorwärtsgestoßen oder vom Ufer aus an einem Tau gezogen. Bei günstigem Wind wurde sogar ein Segel gesetzt. Nur der alte **Hansehof (23),** der mit seinem hofseitigen Treppenturm noch ins Mittelalter zurückreicht, und ein 1586 in der nahen Reichestraße erbautes Handelshaus können daran erinnern, dass Salzwedel von 1263 bis 1518 der Hanse angehörte.

Am Schluss des Rundgangs sollte nicht versäumt werden, das **Steintor (24)** und den angrenzenden **Steintorpark** an der Dummemündung zu besichtigen. Um 1520/30 erbaut, ist das Steintor das jüngste Tor der Neustadt und stand ursprünglich wie die anderen Tore auch mit einem Zwinger und einem Vortor in Verbindung. Der Steintorpark liegt auf dem einstigen Stadtwall und ist seit 1822 für einige Zeit auch als Friedhof genutzt worden.

Umgebung: Von Osterwohle bis Kalbe

Das kleine **Osterwohle** westlich von Salzwedel, friedlich inmitten ländlicher Feldflur liegend, gehört schon in den oben beschriebenen Winkel. Die **Dorfkirche,** ein im 17. Jh. umgestalteter Feldsteinbau des 13. Jh., sollte nicht übersehen werden. Sie beherbergt eine der vollständigsten und einheitlichsten *Innenausstattungen* im Stil des deutschen Manierismus. Obwohl der hölzerne Innenausbau nicht durch den Einsatz von Farbe gesteigert ist, bleibt der Eindruck von einer Orgie der Formen bestechend und verwirrend zugleich. Weitgehend ungeklärt ist, ob es sich hierbei um den Geniestreich eines unbekannten Dorftischlers oder das Jugendwerk eines später bekannten Baumeisters handelt.

Aus den Füllungen der stark plastischen Kassettendecke hängen Pinienzapfen lang herab, während die Kreuzungspunkte der Rahmung von Rosetten und Maskenköpfen geziert sind. Von einem gesonderten Feld über dem Altar hängt aus einer Wolke ein Engel herab. Der Altarraum selbst ist von der übrigen Kirche durch eine Schranke abgetrennt, auf welcher ein sich in mehreren Bögen steigerndes Gerüst in seiner hohen Mitte den bis zur Decke reichenden

Kruzifixus trägt. Ihm zur Seite auf jeweils niedrigeren Stufen stehen Petrus, Paulus und je ein Engel. An beiden Seiten des Mittelgangs schreitet eine von Knorpelornament überwucherte spitzbogige Rahmung mit Engeln als Scheitelfiguren fort und umschwingt die in der Mitte der Kirche stehende Taufe, die nochmals von einer Schranke umfasst ist, und deren hoher, überladener Deckel von einem Pelikan bekrönt wird.

Diesdorf

Ganz im Nordwesten der Altmark liegt Diesdorf, ein Ort mit weitläufiger Umgebung, für Liebhaber von Geruhsamkeit, Stille und Kultur. In der zweiten Hälfte des 12. Jh. gründete hier Graf Hermann von Warpke-Lüchow ein Augustinerchorfrauenstift als Hauskloster und Grablege für seine Familie. Das anfangs auch mit der Heidenmission betraute Stift war im späten Mittelalter das reichste der Altmark.

Die verfallenen Klostergebäude sind im 19. Jh. abgerissen worden. Geblieben ist die **Klosterkirche** aus dem frühen 13. Jh., die neben der in Arendsee einer der am besten erhaltenen spätromanischen Bauten der Altmark ist und die älteste gewölbte Kirche im reif ausgebildeten, gebundenen System. Auch was die handwerkliche Sorgfalt in der Formung der einzelnen Architektur- und Schmuckelemente betrifft, steht sie in vorderster Reihe. Das Innere ist ganz vom Rot des Backsteins und den hart abgesetzten weißen Fugen bestimmt. Das nur 5,70 m breite Mittelschiff wird durch doppelte Gurtbögen und die sie tragenden Säulen bzw. Pfeiler streng gegliedert und scheint sich in den deutlich sichtbaren Graten der weißen Gewölbe zu weiten. Im Osten werden Chor und Querhäuser durch halbrunde Apsiden abgeschlossen, wobei im nördlichen Querhausarm eine Nonnenempore eingebaut wurde. Ihr Erweiterungsbau nach Westen beherbergt eine schon 1332 genannte Heilig-Grab-Kapelle, in der sich ein *Heiliges Grab* befindet, ein aufklappbarer, hölzerner Schrein mit einer geschnitzten Figur des auferstandenen Christus. Neben dem *Triumphkreuz*, einer ländlich derben Arbeit aus dem 15. Jh., besitzt die Kirche noch kleinere Stücke, wie etwa ein hölzernes gotisches Armreliquiar. Ein *Grabstein* für einen 1273 gestorbenen Grafen von Lochow zeigt den betreffenden in einer Ritzzeichnung mit Schild und geschultertem Schwert.

Nicht ritterliche, sondern bäuerliche Kultur ist die Thematik des **Freilichtmuseums** in Diesdorf. Es ist am Rand des Landschaftsschutzgebietes Salzwedel-Diesdorf in einem hübschen Mischwäldchen etwas außerhalb des Dorfes zu finden. Von einem Landarzt bereits 1912 gegründet, wurde es in den letzten Jahren beträchtlich erweitert, um möglichst anschaulich und umfassend einen Eindruck von ländlicher Arbeits- und Wohnkultur der Altmark des 18. und 19. Jh. zu geben. Mit dem Einzug moderner Produktionsmittel begann Ende des 19. Jh. der Typus des niedersächsischen Hallen-

Diesdorf

Irgendwo zwischen Salzwedel und Diesdorf muss er liegen, der ›Hansjochenwinkel‹. So ungewiss wie seine Lage ist auch seine Ausdehnung. Überliefert ist seine Existenz durch eine Begebenheit, die sich bei einer Inspektion des Potsdamer Grenadierregiments durch Königin Luise zutrug. Die Königin befragte mehrere durch ihre stattliche Größe und Stärke auffallende ›Kerls‹ nach Name und Herkunft. Alle haben sie Hansjochen geheißen, und alle sollen sie in der nordwestlichen Altmark zu Hause gewesen sein. Worauf die Königin lachend feststellte, dass sie wohl allesamt im ›Hansjochenwinkel‹ beheimatet wären.

Die Alte Mark

hauses zu verschwinden. Die Wurzeln dieses über Jahrhunderte in der Altmark gebauten Haustyps reichen bis in die Bronzezeit. In späteren Zeiten, je nach Besitzgröße, gehörten zum Hof noch das Backhaus und Speicher wie Scheune, die in einem für die Altmark charakteristischen Torhaus untergebracht waren, das mitunter noch als Altenteil diente. Eine Bockwindmühle vervollständigt dieses bäuerliche Ensemble.

Über Klötze und Kunrau nach Kalbe

Wer sich heute an der von Menschenhand geformten Landschaft des Drömling erfreut, wird kaum noch ermessen können, welche Leistung die Bewohner vollbracht haben. Denn nur bei Frost und steinhart gefrorenem Boden, durch eiskaltes Wasser watend, war es möglich, dergestalt eingreifend in das Sumpfgebiet vorzudringen. Heute wird es als ›Land der 1000 Gräben‹ bezeichnet. Doch nicht allein der Landwirtschaft und der reichen Flora kommt dieses ausgeklügelte System der Wasserregulierung zugute. Mit dem Wasser ist es zugleich möglich, den Mittellandkanal zu speisen, der die Elbe mit Weser, Ems und Rhein verbindet. Der Naturpark Drömling ist Rückzugsgebiet des Fischotters. Die vielen brütenden und durchreisenden Störche machen den Naturpark zu einem der Gebiete mit der größten Storchenzahl in Deutschland, ja in ganz Nordeuropa.

Von Diesdorf geht es Richtung Südosten über Rohrberg mit seiner Dorfkirche aus dem 12. Jh. und Beetzendorf hinaus aus dem ›Hansjochenwinkel‹. Das erst im 19. Jh. zur Stadt erhobene **Klötze,** einst an einer inzwischen abgebrochenen Burg gelegen, besitzt aufgrund mehrerer Stadtbrände und seiner über lange Zeit geringen wirtschaftlichen Bedeutung wenig Sehenswertes. Den Freund zurückhaltender und doch charaktervoller Landschaften mögen die schön bewaldeten Endmoränenzüge um die Stadt entschädigen. 126 m zählt der höchste Berg. Wanderwege führen über die Zichtauer Berge hinüber bis nach **Zichtau,** das zwischen diesen und den südlichen Hellbergen gelegen, gewissermaßen das Zentrum dieser ›altmärkischen Schweiz‹ bildet. Vom 160 m hohen **Stakenberg** südlich von Zichtau bietet sich bei entsprechendem Wetter eine prächtige Aussicht über die Altmark, bis nach Stendal oder Salzwedel, oder über den **Drömling,** der sich südwestlich bis nach Oebisfelde als eine flache, von Kanälen durchzogene, der Landwirtschaft erschlossene Ebene hinzieht.

Wer Interesse an historischen Verfahren zur Trockenlegung großer Sumpfgebiete hat, sollte nach **Kunrau** fahren. Hier ließ sich im 19. Jh. auf dem Rittergut derer von Alvensleben der Braunschweiger Theodor Hermann Rimpau nieder, um das von Friedrich dem Großen vergeblich begonnene Projekt der Kultivierung des Drömling endlich zu einem Erfolg zu führen. Waren unter Friedrich bereits ein Bett für die im Morast versickernde Ohre gegraben worden und außerdem 38 Abzugskanäle, 17 Gräben, 32 Brücken, 16 Dämme und ebenso viele Schleusen entstanden, so zog man jetzt auf Anregung Rimpaus Gräben im Abstand von etwa 20 m, in denen sich das Wasser sammelte. Der ebenfalls freigelegte Ton und Kies wurde mit dem gewonnenen Torf gemischt und ergab einen äußerst fruchtbaren Ackerboden. Bevor das 10 km nordöstlich von Zichtau liegende **Kalbe** an der Milde erreicht ist, passiert man mit den spätromanischen Dorfkirchen von **Engersen** und **Wiepke** zwei Stationen der ›Straße der Romanik‹. Die Straße von Salzwedel nach Gardelegen überquerte in Kalbe einst auf künstlich angelegten Dämmen die sumpfige Flussniederung der Milde. Schon 983 soll hier ein Benediktinernonnenkloster zerstört worden sein. Die Entstehung des Ortes am Ende des 12. Jh. geht womöglich auf einen Burgherrn Calve zurück. Von der **Rundburg,** die zwischen zwei Armen der Milde

104

nordöstlich der Stadt auf einem Sumpfhorst errichtet wurde, existieren nur noch Ruinenreste einer Kapelle, eines Tor- und eines Wohnhauses. Die noch erkennbaren Ausmaße der von Wassergräben umgebenen Anlage lassen erahnen, dass sie zu den größten und stärksten der Altmark zählte. Während des Dreißigjährigen Krieges wurde die Feste aus diesem Grund geschleift.

Die **Stadtkirche** romanischen Ursprungs ist im Barock grundlegend umgestaltet worden. Beachtung verdient sie vor allem wegen ihrer großen Zahl in der Regel figürlicher *Grabmäler* des 16. bis 19. Jh. Von besonderem künstlerischen Wert ist das als Schauwand aufgebaute Epitaph für L. von Alvensleben und Frau mit den knienden Figuren der Verstorbenen, zahlreichen Reliefs und manieristischen Dekors im Florisstil.

Tipp
Langobardenwerkstatt in Zethlingen nördlich von Kalbe in rekonstruierter Siedlung (Dienstag–Sonntag 12–16 Uhr). Werkstattwochenenden mit Schauvorführungen

Gardelegen

Noch vor dem Dreißigjährigen Krieg, so weiß der Chronist zu berichten, gab es in Gardelegen 250 Brauereien, wobei die Stadt nur 478 Häuser zählte. Täglich fuhren etliche hundert Wagen hin und her, um das köstliche Nass in aller Herren Länder zu verbringen. Trotz des Niedergangs der Produktion nach diesem verheerenden Krieg lobte Zar Peter der Große 1698 bei einem Besuch dieser Gegend das Gebräu mit der Bemerkung, dass er nie zuvor ein wohlschmeckenderes Getränk genossen habe. Gerade heute wird wieder viel getan, um diesem alten Ruf zu neuem Glanz zu verhelfen.

Im südlichen Teil der Altmark, zwischen Hellbergen und der großen Letzlinger Heide, ist Gardelegen der Knotenpunkt der sich hier schon seit dem Mittelalter kreuzenden Straßen von Lüneburg über Salzwedel nach Magdeburg und von Stendal nach Oebisfelde und Braunschweig. An dieser Kreuzung ist die Stadt im 12. und 13. Jh. aus vermutlich drei Siedlungskernen zusammengewachsen. Die Siedlung an der ältesten, aber restlos verschwundenen Burg wird an der Marienkirche vermutet, während die Marktsiedlung und die Dorfsiedlung bei St. Nikolai als sicher gelten. Noch heute sind in der ellipsenförmig angelegten Stadt die alten Handelswege als Hauptstraßen zu erkennen.

Dem aus Richtung Salzwedel Ankommenden legt die 1290 mit dem Magdeburger Recht belehnte alte Stadt schon am **Salzwedeler Tor (1)** gleichsam eine Visitenkarte vor. Das Tor lässt annähernd ahnen, welche Stellung der heute knapp 14 000 Einwohner zählenden Stadt einst zukam.

Stadteinwärts geht es über die Salzwedeler Torstraße, wo sich linker Hand das ›**Ziesemeisterhaus**‹ findet, ein Fachwerkbau aus dem 17. Jh. Die **Sandstraße** birgt einige zwei- bis dreigeschossige Traufenhäuser mit oft vorkragenden Obergeschossen des 16. und 17. Jh.,

Gardelegen

Die Alte Mark

*Gardelegen, Salzwedeler Tor.
Die mächtigen Rundtürme von 10 bzw. 13 m Durchmesser sind noch Anfang des 17. Jh. entstanden und waren in eine ältere Stadtbefestigung einbezogen, von der nur noch Reste erhalten sind. Der Torgiebel ist Zutat einer historisierenden Restaurierung von 1907, wobei der Backsteinbau des Vortors mit spitzbogiger Durchfahrt schon um 1550 entstand und in seinem Inneren zwei schöne Sterngewölbe aufweist.*

deren Volutengiebel sich mitunter reizvoll übersteigen. **Nr. 35** mit einer Inschrift von 1579 ist Gardelegens ältester Fachwerkbau und die Ständer laufen noch heute durch das Zwischengeschoss hindurch.

Am Ende der Sandstraße, wo sich früher auch das Magdeburger Tor befand, heute aber eine verkehrsreiche Kreuzung die Überquerung der Straße erschwert, befindet sich das langgestreckte Gebäude des ehemaligen **Heiliggeistspitals (2),** welches um 1300 hier gegründet, nach einem Brand 1591 erweitert und 1728 nochmals erneuert worden ist.

Auf etwas erhöhtem Standort und ein wenig zurückgesetzt von der Straße erhebt sich fast gegenüber dem Spital die **Marienkirche (3).** Nach der Zerstörung von St. Nikolai im Zweiten Weltkrieg ist sie jetzt die Hauptkirche der Stadt. Der uneinheitliche Bau hat seinen Ursprung wohl in einer flachgedeckten Basilika um 1200, ist aber schon 50 Jahre später in eine fünfschiffige Backsteinhalle umgebaut worden. Ein völliger Neubau wurde Anfang des 14. Jh. begonnen. Als das einzig sichtbare Ergebnis davon ist nur der sehr schöne, in edlen Proportionen errichtete Chor geblieben. Was danach folgte, waren An- und Umbauten sowie notwendige Reparaturen. Nach dem Einsturz des Turms im Jahr 1658 mussten auch die Pfeiler und Gewölbe des Langhauses und natürlich der obere Teil des Turms selbst vollständig erneuert werden.

Unter den zahlreichen, teils auch von der Nikolaikirche übernommenen Ausstattungsstücken ist der Anfang des 15. Jh. gearbeitete vierflügelige *Schnitzaltar* am bemerkenswertesten. In seiner strengen, statischen Aufreihung der einzelnen Figuren und der Szenen der Marienkrönung und der Kreuzigung in aufwendig gestalteten Architekturnischen entspricht er ganz norddeutscher Tradition. In der Predella sehen aus acht rundbogigen, fensterähnlichen Architekturnischen sieben weibliche Büstenreliquiare und ein Christuskopf. Auch in der ersten Wandlung zeigt der Altar Propheten und Apostel gemalt in zwei Reihen. Erst der geschlossene Altar stellt ein herkömmliches Bild dar, und zwar die Verkündigung.

Ein ungewöhnliches und zugleich sehr originelles Werk ist die *Doppelfigur der Anna Selbdritt* aus dem ersten Viertel des 16. Jh. am Aufgang zur *Orgel*, deren Empore und Prospekt aus der Zeit des Barock stammen. Von den Schnitzarbeiten muss noch die vorzügliche Figur des ›Christus in der Rast‹ aus der Zeit um 1500 erwähnt werden, die sich als eine von fünf spätgotischen Schnitzfiguren in der Sakristei befindet. Von den Gemälden sei nur das des bekannten flämischen Malers Frans Floris genannt, das 1562 datiert ist und ›Jesus und die Kinder‹ zeigt. Auf seinen Bruder Cornelis geht der nach diesem benannte ›Floristil‹ zurück, der in der Spätrenaissance für ganz Nordeuropa beispielgebend wurde. Unter den *Epitaphien* vorwiegend des 16. Jh. soll nicht das prunkvollste, sondern das mit dem sehr lebensnahen Porträt des Toten versehene Holzepitaph für

Gardelegen, Marienkirche, Doppelfigur einer Anna Selbdritt aus dem ersten Viertel des 16. Jh.

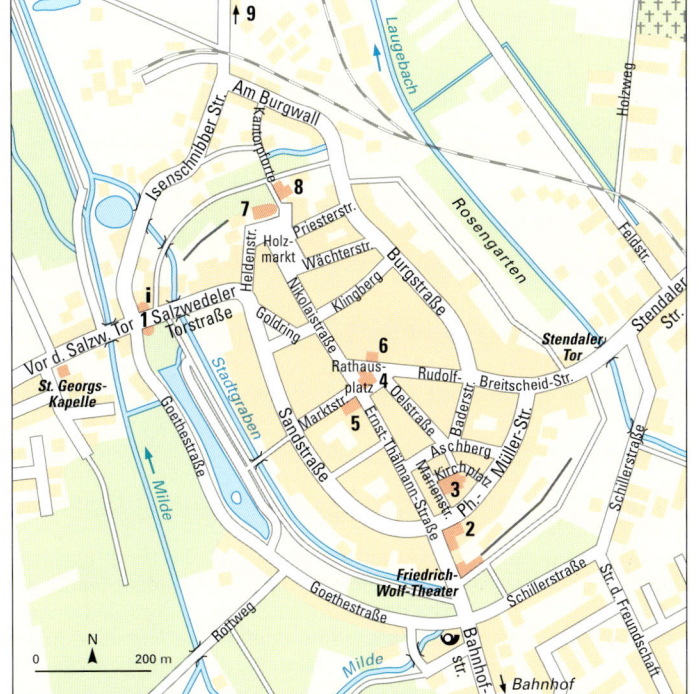

Gardelegen
1 **Salzwedeler Tor**
2 **Heiliggeistspital**
3 **Marienkirche**
4 **Rathaus**
5 **›Deutsches Haus‹**
6 **Löwenapotheke (Stadtmuseum)**
7 **Nikolaikirche**
8 **Ehemalige Lateinschule**
9 **Gedenkstätte Burg Isenschnibbe**

Die Alte Mark

den 1582 verstorbenen Bürgermeister Arnold Bierstedt hervorgehoben werden.

Es bietet den besten Vorwand, die ehemalige Wirkungsstätte des alten Herrn zu besichtigen, den **Marktplatz** mit dem **Rathaus (4)**. Wie die Verkaufsstraße auf dem Weg dorthin sind auch der Markt und das Rathaus schon vor Jahren entsprechend ihrer Bedeutung aufgeputzt worden. Das Rathaus hat sich in den 700 Jahren seines Bestehens mehrmals veränderten Bedürfnissen anpassen müssen. Doch gerade diese verschachtelte Vielfalt, in der es eine offene Laube mit rundbogigen Arkaden, Blendarkaden, Wappenblenden, Stern- und Netzgewölbe und einen von einer schönen Schweifhaube mit doppelt durchbrochener Laterne bekrönten Turm zu bewundern gibt, macht diese Baugruppe zu einer der malerischsten am Platze. Ergänzt wird dieses Ensemble durch das wuchtige ›**Deutsche Haus**‹ **(5)** von 1687, ein Fachwerkbau, und den zweigeschossigen Putzbau der **Löwenapotheke (6)**, der Sitz des Stadtmuseums ist.

Von den drei die städtische Silhouette Gardelegens bestimmenden Türmen fehlt nur noch der der **Nikolaikirche (7)**. Vom Markt aus über die gleichnamige Straße und den Holzmarkt ist die Ruine dieses backsteinernen Sakralbaus leicht zu erreichen. Trotz seiner Verstümmelungen durch eine Bombardierung im Zweiten Weltkrieg strahlt besonders der wuchtige, von Lisenen gegliederte Westquerturm noch etwas von alter standhafter Würde aus. Heute ist die auf einen romanischen Ursprungsbau zurückgehende und in der Gotik umgebaute Kirche samt Turm in ihrem noch vorhandenen Bestand gesichert. Gemeinsam mit dem nahebei gelegenen zweigeschossigen Gebäude der ehemaligen **Lateinschule (8)** mit seinen Vorhangbogenfenstern und einem Sitznischenportal von 1546 bildet sie im Geviert des rekonstruierten Holzmarktes ein reizvolles städtebauliches Ensemble.

Ausflüge in die nähere oder weitere Umgebung Gardelegens sind fast in jeder Richtung möglich. Auf dem etwa 1 km nördlich der Stadt liegenden Gelände der alten askanischen **Burg Isenschnibbe,** die gerade noch in ihrer Ausdehnung zu erahnen ist, wurde 1949 eine **Gedenkstätte (9)** für 1016 KZ-Häftlinge eingerichtet, die hier einen Tag vor der Befreiung durch die Alliierten von den Nationalsozialisten in einer Feldscheune zusammengetrieben und bei lebendigem Leib verbrannt worden sind.

Der nach der Wende gehegte Traum von einer zivilen Colbitz-Letzlinger Heide platzte, als 1994 die Bundeswehr das 23 000 ha große Gelände übernahm – als zentralen Übungsplatz für offene Feldschlachten.

Umgebung: Über Kloster Neuendorf nach Bismark

Südlich und westlich von Gardelegen dehnt sich das für mitteleuropäische Verhältnisse riesige Gebiet der **Colbitz-Letzlinger Heide**. In ihr befindet sich mit 185 ha der größte zusammenhängende Lindenwald Europas. Doch sechs Jahrzehnte militärische Nutzung durch die deutsche Wehrmacht und die sowjetische Armee haben erhebliche Schäden angerichtet.

Zu Fürstens und Kaisers Zeiten war die Heide ein beliebtes Jagdgebiet. Ob Kurfürst Joachim Friedrich oder Prinz Louis Ferdinand, Wilhelm I. oder Wilhelm II., Bismarck, Hindenburg, Franz-Ferdinand von Österreich oder später auch ›Reichsjägermeister‹ Göring – hier griffen sie alle zur Flinte. Seit 2001 informiert ein **Museum** im **Letzlinger Jagdschloss** über die Geschichte der Jagd in der Heide.

An der Richtung Osten von Gardelegen nach Stendal führenden Bundesstraße liegt wenige Kilometer hinter Gardelegen **Kloster Neuendorf.** Von dem um 1232 gegründeten Zisterziensernonnenkloster steht noch die langgestreckte, einschiffige **Klosterkirche.** In ihr sind die auf Strenge und Klarheit gerichteten Baugewohnheiten des Ordens verwirklicht. Besonders schön ist die durch eine Dreifenstergruppe gegliederte Ostwand, in welcher der Rhythmus der Fenster durch in den Giebel aufsteigende Stege und einen Spitzbogenfries aufgenommen wird. Auch die Glasmalerei in diesen Fenstern ist im Wesentlichen noch mittelalterlich.

Statt jetzt den direkten Weg auf der Bundesstraße nach Stendal einzuschlagen, könnte es den besonders Geschichtsinteressierten auf die Landstraße in das nördlich abgelegene **Bismark** ziehen. Obwohl direkte Verbindungen nicht nachweisbar sind, ist es wahrscheinlich, dass sich das Geschlecht derer von Bismarck nach diesem Ort benannt hat. Des Städtchens Wahrzeichen ist die ›**Goldene Laus**‹, die Turmruine einer spätromanischen Feldsteinkirche an der Straße von Kloster Neuendorf her. Der Sage nach soll in diesem Turm der Teufel als Laus an einer goldenen Kette angebunden gewesen sein. Als Tatsache aber gilt, dass diese Kirche ›Zum heiligen Kreuz‹ besonders zu Zeiten der großen Pestepidemien wegen eines wundertätigen Kreuzes Wallfahrtsort war.

Kurz vor Stendal, in **Steinfeld,** gibt es für den Freund der Vorgeschichte eines der größten **Großsteingräber** der mittleren Steinzeit in Deutschland zu entdecken. Das Hünenbett misst 10 m Länge, 3 m Breite und ist von einer etwa 9 m breiten und 47 m langen Steinumhegung umgeben.

Das Jagdschloss in Letzlingen, ein romantisierender Putzbau mit Türmen, Zinnen und Wassergraben, ist im Stil britischer Adelsburgen 1843 aus einem um 1560 errichteten Vorgängerbau entstanden. Auftraggeber für den umfassenden Umbau war König Friedrich Wilhelm IV. August Stüler setzte unter Mitwirkung von Ludwig Ferdinand Hesse die Wünsche des Königs gekonnt um, auch als es darum ging, eine Kirche im Stil der englischen Tudorgotik zu schaffen.

Stendal

»... Auch jetzt noch«, so schreibt Theodor Fontane in seinen ›Gedanken über die Altmark‹ im Jahr 1859, »verleugnen die altmärkischen Städte ihre frühere Bedeutung keineswegs, und neben schlichten, zum Teil baufälligen Fachwerkhäusern, die im günstigsten Falle das Interesse hohen Alters bieten, finden sich zahlreiche Bauten, die an Fürstenmacht und Bürgerreichtum, an die Glanztage des Klerus und der Hanse erinnern. ... man erkennt einfach nur, dass Rock und Mann zu gleicher Zeit heruntergekommen sind und dass beide einst stattlicher dreinsahen. Diese Empfindung hat man unter-

Stendal ☆☆
Besonders sehenswert
Marktplatz mit Rathaus
und Marienkirche
Uenglinger Torturm
Glasmalerei im Dom

Die Alte Mark

Stendal
1 Rathaus und Roland
2 Marienkirche
3 Denkmal J. J. Winckelmann
4 Jakobikirche
5 Uenglinger Tor
6 Winckelmann-Museum
7 Petrikirche
8 Mönchskirchhof
9 Ehemaliges Refektorium (Bibliothek)
10 St. Annen-Kirche
11 Dom St. Nikolaus
12 Altmärkisches Museum (ehemaliges Katharinenkloster)
13 Pulverturm
14 Tangermünder Torturm

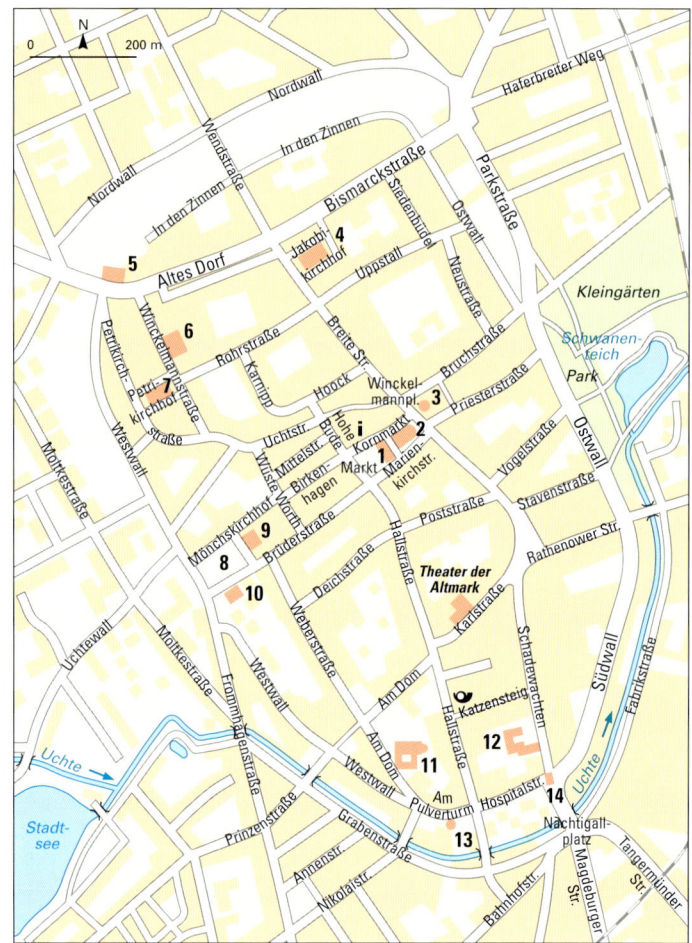

schiedslos, gleichviel ob man Salzwedel oder Gardelegen, Tangermünde oder Stendal passiert. Die letztere macht diesen Eindruck ganz besonders und zwar gerade um ihrer Vorzüge willen ... Alle diese Städte, selbst die kleinsten und ärmsten unter ihnen, sind nur klein und arm im Verhältnis zu dem, was sie selbst einst waren.«

›Steinedal‹, die niederdeutsche Bezeichnung für Steintal, erwuchs aus einem Straßendorf vielleicht gleichen Namens im Norden in der Gegend der Jakobikirche, aus einem askanischen Hof mit zugehöriger Burgleutesiedlung im Süden im Bereich des Doms und der 1160 zwischen den Armen der Uchte von Albrecht dem Bären gegründeten Marktsiedlung. Ende des 13. Jh. wurden die einzelnen Teile durch einen großen Mauerring zusammengeschlossen.

Durch die Verleihung von umfangreichen Markt- und Zollprivilegien, die Existenz einer markgräflichen Münzstätte und die Verleihung des Magdeburger Rechts, das später in modifizierter Form als ›Stendaler Recht‹ auch auf andere Städte übertragen werden konnte, blühte die Stadt rasch auf. Der Fernhandel florierte nachweislich bis nach Hamburg, Lübeck und Wismar, sogar nach Flandern und England. Im Süden treten Erfurt, Nürnberg oder Augsburg als Handelsplätze hervor, mit denen das von 1359 bis 1517 der Hanse zugehörige Stendal in Verbindung stand. Im 15. Jh. galt die Stadt als größte und reichste der gesamten Mark. Erst nach dem Aufstand der altmärkischen Städte gegen den Bierzins nahm der Niedergang seinen Lauf. Einschränkung der städtischen Freiheiten, Verlust des Münzrechts, der hohen und niederen Gerichtsbarkeit waren die Folgen. Bündnisse zwischen den Städten mussten gelöst und es durften keine neuen geschlossen werden. Schließlich zerbrach auch die Hanse. Was der Stadt an Widerstandskraft geblieben war, rafften Feuersbrünste, Pestepidemien, aber in erster Linie der Dreißigjährige Krieg hinweg, so dass Stendal, vor allem durch starke Bevölkerungsverluste geschwächt, fortan das Dasein einer unbedeutenden Ackerbürgerstadt fristete. Selbst die Industrialisierung des 19. Jh. setzte hier nur zögernd ein. Mit dem Bau zweier sich in Stendal kreuzender Eisenbahnstrecken gewann der Ort als Verkehrsknotenpunkt der Altmark ab 1868 allerdings erneut an Bedeutung. Heute ist Stendal eine Kreisstadt mit etwa 45 000 Einwohnern. Trotz vieler Verluste ist der Reiz ihrer vor allem spätmittelalterlichen Architektur und Kunst bis heute ungebrochen.

Der französische Schriftsteller Henri Beyle legte sich aus Entzücken über die Stadt und aus Verehrung für den dort geborenen Johann Joachim Winckelmann das Pseudonym Frederic de Stendhal zu. Unter diesem Namen kennt man ihn als Verfasser so berühmter Romane wie ›Rot und Schwarz‹ oder ›Die Kartause von Parma‹. Beyle verbrachte 1806 als Offizier des napoleonischen Heeres einige Zeit in der Gegend.

Der Marktplatz

Der Marktplatz im Zentrum der Stadt darf sich vor allem wegen des markanten Rathausgebäudes und der dahinter mächtig aufragenden Marienkirche immer noch rühmen, eines der schönsten städtebaulichen Ensembles im nordöstlichen Deutschland zu sein.

Das verwinkelte, verschiedenen Stilen angehörende **Rathaus (1)** wirkt hier besonders belebend. im Wesentlichen wird das Gebäude durch den weiß getünchten Putzbau mit den einheitlich in den Formen der Spätrenaissance gestalteten Schweifgiebeln und Zwerchhäusern bestimmt. Sie rühren von einem Umbau Ende des 16. Jh. und einer Erweiterung des 19. Jh. her. In seinem Grundbestand gehört der Gebäudekomplex aber den verschiedenen Bauphasen des 15. Jh. an. Diese Umbauten wirkten sich natürlich auch auf die Innenräume aus. Die große Ratsstube im südöstlich das Ensemble abschließenden ›Ratsflügel‹ hat sich weitgehend erhalten und in ihr Teile der als Raumvertäfelung angebrachten Schnitzwand von 1462. Der rechte kleinere Trakt, der so genannte ›Laubenflügel‹, ist aus dem Anfang des 15. Jh. und damit am ältesten. Er besaß in seinem Erdgeschoss ursprünglich eine offene Gerichtslaube. Vor ihr stand

Die Alte Mark

Stendal, originalgetreue Nachbildung des Roland von 1525 vor dem Rathaus. Er trägt, einer Schildwache gleich, gepanzert, mit gespreizten Beinen, in der Linken das Schild mit dem Brandenburger Wappen, in der Rechten das 4 m lange Schwert. Auf der schön ornamentierten rückseitigen Stützsäule von 1698 ist als Gegensatz zum heroischen Standbild die Figur eines Eulenspiegel und eines spiegelhaltenden Affen zu sehen.

wie auch heute noch der **Roland (1),** dessen verwittertes Original von 1525 von einem Orkan im Jahr 1972 so schwer beschädigt wurde, dass es durch eine originalgetreue Nachbildung ersetzt werden musste.

Marienkirche

Die **Marienkirche (2)** hat zwei Gesichter. Vom Markt aus zeigt sie das schlanke, im 14. und 15. Jh. erhöhte Turmpaar auf dem Westquerbau ihres Vorgängers aus dem 13. Jh. Der Blick von Osten, vom Winckelmannplatz, präsentiert die Anfang des 15. Jh. begonnene breite, fast behäbig wirkende Halle. Der ihren Chor bekrönende Zinnenkranz lässt gar die Parallele zu einer wehrhaften Burg aufkommen. Die im breiten Ebenmaß weit ausladenden Gewölbe dieser monumentalen, ja majestätisch wirkenden Halle werden von ebenso unumstößlich wirkenden Rundsäulen getragen. Die Form eines solchen Baukörpers ist sicher kein Zufall. Als bürgerliche Ratskirche war die Marienkirche immer eng verknüpft mit den Belangen und Interessen der Kaufmannschaft, die hier ihr Selbstbewusstsein zur Schau stellte. Zudem war sie nicht nur sakralen Handlungen vorbehalten: Sie diente auch als Versammlungssaal und Markthalle.

Das Eisengitter in der prächtigen *Chorschranke* war nicht allein Schmuck, sondern hatte die Aufgabe, wenigstens den geheiligten Altarbereich vor allzu weltlichen Übergriffen zu schützen. Dass der Schauwert dieser überaus qualitätvollen Schranke dabei nicht zu kurz kam, lag im Interesse der Bürger, die in solcher Prachtentfaltung ein Gütesiegel ihrer selbst sahen. Die in den Kielbogennischen über den Durchgängen aufgestellten Schnitzfiguren aus dem zweiten Viertel des 13. Jh. stammen von einer älteren Schranke. Sowohl bei diesen Figuren als auch bei dem untypisch tief eingefügten Triumphkreuz und seinen schlanken Begleitfiguren von 1380/90 handelt es sich um vorzügliche Arbeiten.

Ihnen steht der doppelflügelige *Schnitzaltar* von 1471 im Inneren des Chors in nichts nach. Die farbigen, großzügig vergoldeten Reliefs sprechen trotz historischer ›Verkleidung‹ eine oft verblüffend gegenwärtige Sprache. Der Schrein ist der Patronin der Kirche, ihrem Tod und ihrer Krönung vorbehalten. Im Gesprenge hebt sie sich zwischen den Nebenpatroninnen Katharina und Barbara im Strahlenkranz als Himmelskönigin hervor, während in der Predella sechs Szenen aus der Katharinenlegende erzählt werden. Die erste Wandlung vollendet sich mit dem Relief der Kreuzigung. Das Bild des Jüngsten Gerichts steigert in naiver Realistik die Dramatik mit der Darstellung eines schaurig aufgerissenen Höllenrachens, der ohne Ansehen der Person selbst Angehörige der hohen Geistlichkeit verschlingt, indes die Seligen durch die kleine Himmelspforte schreiten dürfen, die Petrus mit dem Schlüssel streng bewacht. Den Zyklus beschließen von niederländischer Schule beeinflusste Gemälde der

Nagelung, Abnahme, Grablegung und Auferstehung Christi, wobei die beiden letzteren dieses sonst so hervorragenden Altarwerks leider stark beschädigt sind. Sehr gut erhalten dagegen ist das *Chorgestühl* von 1508. Außer dem figürlichen und ornamentalen Schmuck und den Wappen der Stifter hat auch der Meister Hans Ostwalt sich selbst ein Denkmal gesetzt. Kniend vor der Anna Selbdritt ist er auf der nördlichen Wange des Gestühls zu finden.

Während er sich noch zu Lebzeiten verewigen konnte, sind es sonst vor allem die Grabmäler, die die Vorfahren in das Blickfeld der Nachwelt rücken. Fast überall in den Seitenkapellen der Kirche finden sich vielgestaltige, künstlerisch hochwertige *Epitaphien*. Mit unverstellter Direktheit wird des Fischs gedacht, der 1425 während einer verheerenden Überschwemmung in der Kirche gefangen worden sein soll. Sein blechernes Ebenbild hängt am nördlichen Pfeiler des Chorumgangs. Mit einem ganz anderen Selbstverständnis beauftragten die Stadtoberen 1571 den Maler der Kanzelbrüstung Andreas Blome, in die Weltkugel des Salvators Stendals Stadtsilhouette einzufügen, zum Zeichen der Bedeutung, die die Stadt sich damals selber zumaß. Dass es bescheidenere Zeiten und bescheidenere Leute gab, mag der wenig attraktive Grabstein des Esaias Wilhelm Tappert beweisen, der als Rektor des Gymnasiums und Förderer des jungen Winckelmann hohe Verdienste um die Entwicklung des Stendaler Schulwesens hat. Der Stein steht an der Westwand der Halle, in der Nähe des Eingangs der Mariazeitenkapelle, die heute als Taufkapelle genutzt wird. Die 1474 gegossene *Bronzetaufe* ist wiederum der Maria und anderen weiblichen Heiligen gewidmet. Sehr ungewöhnlich sind die vier Evangelisten am Fuß der Taufe dargestellt, in Mönchskleidern, aber mit den Köpfen ihrer Symboltiere.

Als nicht weniger ungewöhnlich und eine erlesene Rarität darf unter der Orgelempore die *astronomische Uhr* aus dem Ende des 16. Jh. angesehen werden. Sie ist eine der wenigen, voll funktionstüchtigen Uhren ihrer Art überhaupt in Deutschland. In Einzelteile zerlegt, wurde sie erst 1967 wieder entdeckt und in den folgenden Jahren in mühevoller Arbeit zusammengesetzt. Das 24-Stunden-Zifferblatt mit Tierkreiszeichen, Sonne, Mond und Planeten zeigt neben den Stunden auch die Monate mit den entsprechenden Tierkreiszeichen sowie den Mond und die Planeten in ihrem jahreszeitlich bedingten Stand an. Dem Jahr 1580 entstammt das Hauptwerk der *Orgel* auf der Empore über der Uhr. Es wird sogar vermutet, dass noch Teile einer älteren Orgel in diesem Werk aufgingen, das später immer wieder verändert wurde und erst während des Zweiten Weltkriegs die beiden hohen Pedaltürme erhalten hat.

Zu einem Sakralbau, der derartige Schätze birgt, gehört auch ein entsprechendes *Geläut*. Die Stendaler ließen 1490 eigens den berühmten Glockengießer Geert van Wou aus Kampen kommen, damit er ihnen zwei Glocken goss, einmal die ›Maria‹ mit 1,99 m Durchmesser im Mittelbau der Türme und die ›Anna‹ mit 1,58 m Durchmesser im Südturm.

In einer Kapelle des Chorumgangs der Marienkirche liefert das Grabmal für den 1728 verstorbenen Kaufmann Johann Friedrich Struwe mit seinem Text zugleich ein Zeugnis seiner Zeit, wenn es heißt: »Endlich ward nach gethanen vielen Reißen die zerbrechliche Marktbude seines Leibes zerbrochen, die Zahl-Woche seines Lebens lief zu Ende ...«

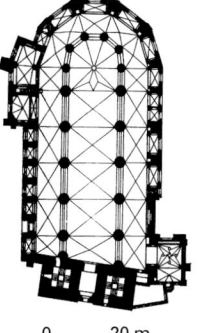

Stendal, Marienkirche, Grundriss

Die Alte Mark

»Er ist einer der gewaltigsten Schulmeister gewesen, die das deutsche Volk und die Welt gehabt hat, und einer der verschrobensten ...«, schrieb Egon Friedell in seiner Kulturgeschichte der Neuzeit über Winckelmann.

Der unmittelbar angrenzende **Winckelmannplatz** ist auch Standort eines **Denkmals (3)** für den »Erforscher und beredten Verkünder des Alterthums«, der am 9. Dezember 1717 in Stendal geboren wurde. Das Bronzestandbild ist eine Arbeit des Schadow-Schülers Ludwig Wichmann von 1859. Das 1929/30 von Fritz Ebhardt entworfene funktionalistische **Warenhaus** stellt dazu einen überaus interessanten Kontrast dar. Der im Hintergrund aufragende Turm der Jakobikirche richtet jedoch nicht nur den Blick, sondern auch die Aufmerksamkeit zurück in das Stendal des Mittelalters.

Unweit des Uenglinger Tors

Die **Jakobikirche (4)** war das Gotteshaus der alten Dorfsiedlung. Die Granitquadersteine des 1285 erstmals erwähnten Baus wurden beim Neubau ab 1311 im Sockel wieder verwendet. Die übrigen Teile der dreischiffigen Hallenkirche mit einheitlich gebusten Kreuzgratgewölben entstanden in der für das nördliche Deutschland typischen Backsteinarchitektur der Hochgotik. Umfangen von der feierlichen Stille des Innenraums, wird dem Eintretenden der direkte Blick auf die filigran gearbeitete *Chorschranke* mit den lichtdurchglühten hohen *Fenstern* des 1408 erweiterten Chors zu einem nicht alltäglichen Erlebnis. Die spätgotische Schranke von 1510/20 ist in ihrem Aufbau mit Gitter, Figurenfries und bekrönendem Kruzifix der von St. Marien angelehnt. Die Fenster sind allesamt Originale des 14. und 15. Jh. und teils von vorzüglicher Qualität, wie etwa die in Rankenmedaillons gefassten Szenen aus dem Leben Christi im zweiten Fenster der Südseite, die um 1370 entstanden. Das vierteilige *Gestühl* zu beiden Seiten des Chors und an der Ostwand des Schiffs zeugt von ebendemselben hohen künstlerischen Anspruch der ehemaligen Nutzer. Neben Heiligenfiguren auf den Pulten und reizvollen Genrefigürchen und Allegorien an den Miserikordien zeigen die Gestühlswangen unter anderem selten dargestellte Szenen des Alten Testaments. Das Zentrum des Chors wird von einem in der Art eines Flügelaltars gestalteten, großen *Retabel* aus Sandstein eingenommen. Die bewegten, kleinfigurigen Reliefs und das reiche Rollwerkdekor weisen es als ein Werk des Manierismus aus. 1612, etwa zehn Jahre nach dem Retabel, entstand die ebenso schmuckfreudige und detailreiche *Kanzel* unter den Händen des Werbener Holzbildhauers Hans Hacke, der damit seine besondere Begabung auch für die Steinbildhauerei bewies und nicht nur gutes Handwerk, sondern tief verstandene Szenen des Alten und Neuen Testaments lieferte. In der Trägerfigur Jakobus d. Ä. formte er eine Gestalt von praller Lebensnähe und seelischer Tiefe. Genauso erregend wie die Begegnung mit dieser Figur kann die mit dem nur ausnahmsweise aus dem Tresor hervorgeholten vergoldeten *Bronzeleuchter* sein, der zu den Glanzstücken der spätromanischen Goldschmiedekunst in der Altmark gezählt wird.

Stendal, Uenglinger Tor, 1450/60. Zur Zeit seiner Entstehung bereits diente es schon mehr der Repräsentation denn wirklicher Stadtverteidigung. Diesem Umstand und letztlich natürlich dem Geschick seines mutmaßlichen Baumeisters Steffen Boxthude dankt der türmchen- und zinnengeschmückte, mit Friesen und Blendnischen versehene Turm seinen guten Zustand und sein attraktives Aussehen.

Wer nun wissen möchte, wie die Stadtbefestigung eines solchen, von Reichtum geprägten Ortes im Mittelalter aussah, dem sei der Weg über die Straße Altes Dorf empfohlen, die wiederum zu dem anerkanntermaßen schönsten der märkischen Stadttore führt, zum **Uenglinger Tor (5).**

In der vom Uenglinger Tor wieder stadteinwärts weisenden Winckelmannstraße hat die Stadt ihrem größten Sohn ein **Museum (6)** eingerichtet, in welchem Leben und Werk des in Triest so tragisch durch einen Raubmord Umgekommenen vorgestellt werden.

Nur ein paar Häuser weiter zeigt ein hoher, von vier kleineren Spitzen umgebener Turm den Standort der **Petrikirche (7)** an, der 1285 erstmals erwähnten, ältesten erhaltenen Pfarrkirche Stendals. Von dem romanischen Feldsteinbau existieren aber nur noch einzelne Teile im Turm und ein halbrunder Türbogen im Inneren. Um

Die Alte Mark

1300 begann der Um- bzw. Neubau, der, mit Ausnahme des Turmhelms von 1583, in der ersten Hälfte des 15. Jh. mit der Erhöhung des Chors und der Einwölbung seinen Abschluss fand. Im Vergleich zu den vorangegangenen erscheint hier der aus Backstein aufgeführte *Lettner* zunächst spröde. Er ist ein Werk aus dem Anfang des 15. Jh. und trotz des ungefügen Materials kunstvoll gearbeitet. Über den Durchgängen findet sich wie in St. Marien und St. Nikolai die Reihe der Figurennischen mit dem segnenden Christus in der Mitte, zu seiten die Apostel und darüber der überlebensgroße Kruzifixus. All diese Figuren sind aus Holz und farbig gefasst. Die Nischenfiguren stammen aus dem zweiten Viertel des 14. Jh., der Gekreuzigte aus der Mitte des 15. Jh. Der *Hochaltar* wurde aus zwei Schnitzaltären zusammengesetzt. Auch die Figuren sind verschiedener Herkunft und Qualität, doch allesamt aus dem 14. und 15. Jh. Und wie die Marienkirche, so besitzt auch die Petrikirche eine Glocke des berühmten Geert van Wou.

Zwischen Dom und Tangermünder Torturm

Als letztes großes Ziel des Rundgangs bleibt der Dom. Vorerst ist es über den Stadtwall nur ein Katzensprung zum **Mönchskirchhof (8)**, einem von alten Bäumen umgebenen, parkähnlichen Platz, an dem einst sowohl ein Mönchs- als auch ein Nonnenkloster der Franziskaner lagen. Das vom Mönchskloster allein übriggebliebene **Refektorium (9)** tut heute seinen Dienst als Bibliothek, die eine spärliche Erinnerung daran ist, dass seit 1540 die recht verdienstvolle städtische Lateinschule im Kloster untergebracht war, an der später auch Winckelmann lernte, die aber 1784 abgerissen und 1898 durch die heutige Pestalozzischule ersetzt wurde. Vom Nonnenkloster blieb die bescheidene **St. Annen-Kirche (10)** an der Südseite des Mönchskirchhofs, eine kleine Backsteinkirche aus der zweiten Hälfte des 15. Jh.

Die allgemein als **Dom (11)** bezeichnete Stiftskirche überragt mit ihrem schlanken Turmpaar noch die Marienkirche, die, in Konkurrenz gebaut, immer wieder zum Vergleich herausfordert. Denn mit St. Nikolai war seit 1432 eine der schönsten und größten Backsteinkirchen der Altmark entstanden. Dabei entspricht die dreischiffige Halle in den Formen der hohen Gotik der eher konservativen Baugesinnung der hier ansässigen Augustinerchorherren. Selbst das große, die Anlage durchschneidende Querhaus wird nicht, wie allgemein üblich, reduziert oder völlig weggelassen. Am Außenbau wurde das Querhaus sogar noch dadurch aufgewertet, dass man seinen nördlichen Giebel als Schauseite gestaltete. Über einem hohen, die Schiffstraufe übersteigenden, fünfgeteilten Fenster erhebt sich ein mit Blendmaßwerk reich, aber doch maßvoll geschmückter, abgetreppter Giebel. Rechts und links des aus Sandstein gefertigten Eingangsportals wachen die Schutzheiligen St. Nikolaus und St. Bartho-

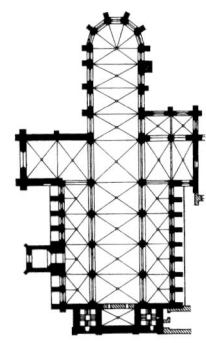

Stendal, Dom, Grundriss

lomäus – Figuren aus der Zeit um 1370/80, die vermutlich aus dem Vorgängerbau übernommen wurden, einer dreischiffigen Basilika nach dem Vorbild der Klosterkirche zu Jerichow.

Die beiden unteren Geschosse des Turmquerbaus stammen noch von diesem Gebäude. Das Stift, das direkt dem Papst unterstand, war nächst den Domstädten Havelberg und Brandenburg das wichtigste religiöse Zentrum der Mark und konnte dank seiner ökonomischen Stärke einen dementsprechend dominanten Einfluss auch in der Stadt selbst ausüben.

Streng wie das klerikale Regiment der Stiftsherren gibt sich auch die innere Erscheinung der Kirche. Wie in der hochgotischen Kathedrale ist das scheinbar direkt in den hohen Chor übergehende Mittelschiff der beherrschende Raum. Beim Blick vom Westeingang in den Chor ist es geradezu verblüffend, wie weder die Seitenschiffe noch das großräumige Querschiff den nach Osten ziehenden Raumsog beeinflussen können. Die machtvolle Würde der klaren Gliederung, verstärkt durch die schlichten, doch massiven Rundpfeiler, in einem gewissen Sinn überhöht durch die aufstrebenden Linien der Profilierungen bis in die Kreuzgratgewölbe, hat etwas Unerbittliches und Überwältigendes. Aufgehalten wird diese Bewegung durch den massiven, vergleichsweise schmucklosen *Lettner* aus Backstein. Seine Undurchlässigkeit und Ausbildung als Kanzellettner ist wiederum ein Verweis auf die konservative Haltung der Bauherren, die das Laienhaus streng getrennt wissen wollten vom Chor der Geweihten.

Stendal, Dom, Glasgemälde im Giebelfenster des nördlichen Querhauses

Die Alte Mark

Als eigentlicher Reichtum des Stendaler Doms gelten die zwischen 1425 und 1470 entstandenen Fenster norddeutscher Prägung. Sie finden Ebenbürtiges im mitteldeutschen Raum nur noch in denen des Erfurter Doms, wobei sich dort lediglich die Chorfenster erhielten. In Stendal blieb ein Großteil der um die Wende zum 20. Jh. restaurierten und auch ergänzten Fenster erhalten, da sie während des Zweiten Weltkriegs rechtzeitig ausgelagert worden waren. Die im Dom verbliebenen Fenster zerstörte ein Bombenvolltreffer vom 8. April 1945. Das erklärt, weswegen die Fenster heute nicht mehr in ihrer ursprünglichen Ordnung erscheinen.

Allein der Blick in die Höhe kann ungehindert in den von seiner Glasmalerei mystisch durchleuchteten Chorraum gleiten. Die nicht nur im Chor, sondern auch im Querhaus und südlichen Seitenschiff vorhandenen insgesamt 23 mit *Glasmalerei* gefüllten Fenster gelten als der eigentliche Reichtum des Doms. Sie vermögen das Erlebnis des ›farbigen‹ Kirchenraums noch heute ungebrochen und verklärend herbeizuzaubern.

Das zentrale Achsfenster ist Christus vorbehalten, wobei hier nur die Scheiben der Kreuzigung alte Originale um 1430 sind. Die Scheiben mit den übrigen Szenen entstammen dem 19. Jh. Dem Christusfenster folgen das Petrusfenster, das Marienfenster und das typologische Fenster, in dessen mittlerer Reihe die Passion Christi dargestellt wird. Das den Chor auf der Südseite abschließende Fenster zeigt Legenden über das Leben der Maria Magdalena. Die nördliche Seite des Chors beginnt mit Szenen um die heilige Barbara. Danach folgen das so genannte Glaubensfenster, das Fenster mit Legenden aus dem Leben des heiligen Erasmus, das Nothelferfenster mit den in Baldachinnischen stehenden Heiligen, das Katharinenfenster und das Stephanusfenster, das eines der ältesten und am wenigsten ergänzten Fenster im Dom ist.

Obwohl ein Besuch im Dom leicht nur damit ausgefüllt werden könnte, die faszinierenden Glasmalereien zu betrachten, sei zum Schluss wenigstens noch auf ein paar Stücke verwiesen, die nähere Betrachtung verdienen. An erster Stelle steht das *Chorgestühl* aus der Bauzeit der Kirche um etwa 1430. Während oben auf den Wangen die Schnitzfiguren der Propheten mit ernster Gebärde ihre Botschaft verkünden, treiben Drolerien mit frechen Anspielungen unter den Miserikordien. Der *Schnitzaltar* im Chor ist aus drei verschiedenen Altären des 14. und 15. Jh. nach dem Krieg zusammengesetzt worden und in seinen einzelnen Teilen von recht unterschiedlicher Qualität. Eine Meisterhand verrät die Anbetungsgruppe im Schrein mit der Maria im Typus der Schönen Madonnen. Die erst 1965 in die chorseitige Wand des Lettners eingelassenen, leider beschädigten Sandsteinreliefs gehörten wohl wie die in die Dienste des Chors eingefügten Reliefs von Einzelfiguren zum plastischen Schmuck eines um 1240 zu datierenden älteren Lettners.

Die Gebäude südlich des Doms sind die Reste der ehemaligen **Klausur**, das alte Kapitelhaus mit dem Kapitelsaal von 1463 und der südliche Trakt des Kreuzgangs. Am südlichen Kreuzarm des Doms befindet sich ein sehr schönes, in der Mitte des 15. Jh. aus einem Grabstein gearbeitetes *Relief* einer Kreuzigung aus rotem Sandstein.

Den Abschluss des Rundgangs durch die Metropole der Altmark soll der Besuch des **Altmärkischen Museums (12)** bilden. Freilich könnte hier ebenso der Ausgangspunkt sein. Denn in seinen 13 Räumen stellt das Museum kultur- und kunstgeschichtliche Exponate der Altmark wie auch der Stadt von der Frühgeschichte bis zur Gegenwart aus. Seit 1963 ist es in den Gebäuden des ehemaligen Katharinenklosters untergebracht, dessen Kirche aus der zweiten

Hälfte des 15. Jh. als Konzerthalle dient. Vom Dom aus ist es leicht über den Grünstreifen des Stadtwalls zu erreichen, vorbei am **Pulverturm (13)** und dem **Tangermünder Torturm (14)**.

Umgebung: Arneburg und Hämerten

Zwischen Stendal und Tangermünde bietet das kleine **Arneburg**, 14 km nordöstlich von Stendal auf einem Hochufer über der Elbe gelegen, mit viel frischer Luft, viel Landschaft und kleinstädtischer Idylle eine angenehme Abwechslung: schmale Straßen, niedrige Fischerhäuschen aus Fachwerk – es könnten hier der ›Fischer und sin Fru‹ zu Hause gewesen sein. Von der 925 erstmals genannten **Burg** sind vornehmlich der Berg mit einem Park und ein paar Mauerresten, vor allem aber die gute Aussicht über die weite Elblandschaft geblieben. Auch die **Pfarrkirche St. Georg** steht nahe an der Kante des Hochufers dieser kleinen, etwas verträumt anmutenden Stadt, deren Geschichte vom Fluss, von der Schifffahrt und der Fischerei geprägt ist.

Wer es noch kleiner, noch zeitentrückter möchte, dem sei das östlich von Stendal, ebenfalls an der Elbe liegende **Hämerten** empfohlen. Der Ort besitzt eine kleine, wohlerhaltene und in dieser Gegend sehr seltene **Chorturmkirche** vom Anfang des 13. Jh.

Tipp
Restaurant Schloss Storkau zwischen Arneburg und Hämerten

Tangermünde

Tangermünde, die stolze Schöne, behauptete ihre Stellung als Kronprinzessin unter den deutschen Städten nicht. Vielen Zeitgenossen wird ihr Name kaum mehr verraten als den vermuteten Standort auf einem Höhenzug an der Einmündung des Tanger in die Elbe, an der Stelle einer alten Furt. Dabei waren es diese günstige Lage und die dichte Besiedlung sowohl durch slawische als auch germanische Stämme, die hier einen Ausgangspunkt zuweilen bedeutender Geschichte entstehen ließen. Zwar wird durch Thietmar von Merseburg erst 1009 eine deutsche Grenzburg auf dem am weitesten zur Elbe vorstoßenden Teil des Plateaus genannt, doch dürfte sie bereits im 10. Jh. im Zuge der Sicherung der Elblinie angelegt und ausgebaut worden sein. Mitte des 12. Jh. entwickelte sich südwestlich von Burgbezirk und ›Hühnerdorf‹ die Marktsiedlung, die im frühen 13. Jh. das Stadtrecht erhielt. Dieser schloss sich, ebenfalls im Südwesten, im 15. Jh. die Neustadt an. Die von Stendal hereinführende Bundesstraße stößt geradezu an die Schnittstelle von Alt- und Neustadt. 1438 ist hier vor den Mauern der alten Stadt ein Dominikanerkloster gegründet worden, von dem aber nur noch geringe Reste aufzuspüren sind.

Tangermünde ☆
Besonders sehenswert
Burg, Stephanskirche und Rathaus

Die Alte Mark

Zwischen Neustädter Tor und Rathaus

Wie gut dagegen die **Stadtbefestigung** der Altstadt den Zeitläuften trotzte, wird gleich als erstes sichtbar. An der mit zwei Ecktürmen bewehrten Westpartie schließt sich beinahe im Rechteck die zum größten Teil erhaltene Stadtmauer aus dem 13. Jh. um die Stadt. Hier wie auch an anderen Stellen sind noch die etwa alle 50 m vorspringenden Rundungen der Weich- oder Wiekhäuser erkennbar; vor allem aber erfreut das **Neustädter Tor (1)** als das schönste von den drei noch teilweise erhaltenen Stadttoren das Auge. Ein Vergleich mit den Stendaler Tortürmen macht das Wirken Steffen Boxthudes um 1450 wahrscheinlich. Erhalten hat sich das Doppelturmtor mit Resten des Vortors, der Brücke und des Zwingers. Der zinnenbekrönte, in halber Höhe von einem Wehrgang umschlungene und mit vielerlei Putzblenden und Glasurziegeln geschmückte Rundturm hinterläßt gemeinsam mit der ebenso reich gegliederten und verschiedene brandenburgische Wappen tragenden Durchfahrt einen prächtigen Eindruck.

Wie Salzwedel ist auch Tangermünde als eine Stadt des Backsteins und des Fachwerks bekannt. Insbesondere längs der beiden parallel die Stadt durchziehenden Hauptstraßen, der Langen Straße und der Kirchstraße, reihen sich wie an einer Schnur meist zweistöckige, vorwiegend im 17. Jh. erbaute Häuser. Der Grund für das Fehlen älterer, in der Regel noch schmuckfreudigerer Fachwerkbauten ist hier der verheerende Stadtbrand von 1617, der fast die ganze Stadt einge-

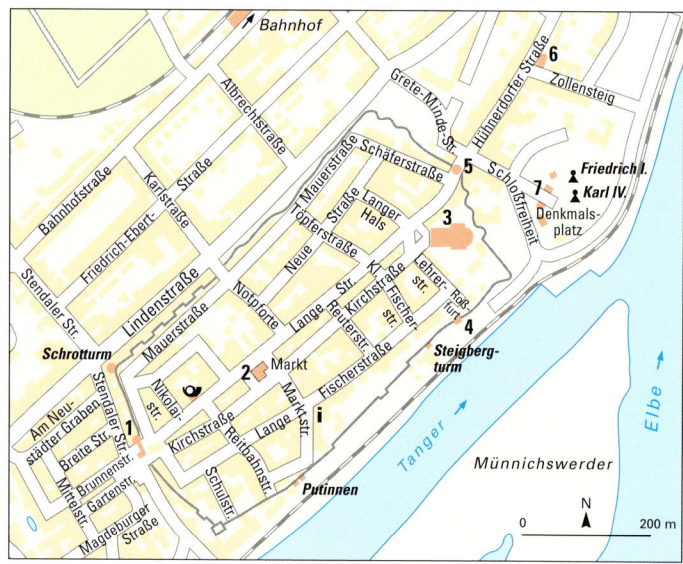

Tangermünde
1 *Neustädter Tor*
2 *Rathaus (Heimatmuseum)*
3 *St. Stephan*
4 *Elbtor*
5 *Hühnerdorfer Tor*
6 *Elisabethkapelle (Hühnerdorfer Vorstadt)*
7 *Burg*

Tangermünde

Tangermünde, Rathaus, 1430, eines der faszinierendsten Meisterwerke norddeutscher Backsteingotik. Bewunderer vergleichen den östlichen Schaugiebel in seinen diffizil abgestimmten Steigerungen und Wiederholungen einzelner Formglieder mit einer Bachschen Fuge. Einen geradezu symbolischen Akzent erhält es, wenn sich auf einem der Giebel das Charaktertier dieser Landschaft, der Weißstorch, niederlässt.

äschert hatte. Der Zorn der Bürgerschaft entlud sich auf eine enterbte und heruntergekommene Patriziertochter namens Grete Minde. Ihr die Greueltat anlastend, wurde sie schließlich selbst durch ›Schmöchen‹ (Verbrennen) zum Tode gebracht, wobei der vermutlich Unschuldigen vor der aufgebrachten Menge zuvor noch mit glühender Zange die Finger abgezwickt worden waren. Dass die Tangermünder rasch an den Wiederaufbau ihrer Stadt gingen, beweisen einige Jahreszahlen an den Häusern. In der **Kirchstraße** fallen besonders die Häuser Nr. 23, 31 und 59 auf. Ersteres wegen einer Tür und Tor umlaufenden Flachschnitzerei von 1619 aus miteinander verschlungenen Arabesken, Fabelwesen und Tieren, während das nächstgenannte bereits ein Putzbau ist, dessen beachtliche Wappenkartusche über dem Portal von zwei wilden Männern gehalten wird. Nr. 59, 1679 wiederum als Fachwerkhaus erbaut, besitzt ein von Weinlaubsäulen gerahmtes Schnitzportal, in dessen Zwickeln zwei pausbäckige Genien das umkränzte Monogramm des Hausherrn halten. In der **Langen Straße** heben sich vor allem die beiden klassizistischen Häuser Nr. 53 und 54 aus dem allgemeinen Straßenbild heraus.

Theodor Fontane setzte der vermutlich unschuldigen, wegen Stiftung des Stadtbrandes von 1617 hingerichteten Patriziertochter Grete Minde 1880 mit dem gleichnamigen Roman ein literarisches Denkmal.

Das eigentliche Juwel der Tangermünder Architektur ist das **Rathaus (2),** bei einem Gang durch die Stadt schon von weitem an dem sich filigran vor dem Himmel abhebenden Schaugiebel zu erkennen.

Als Baumeister des um 1430 errichteten, annähernd quadratischen Ostflügels wird der Stettiner Hinrich Brunsberg vermutet. Im Inneren gibt es nur zwei übereinander liegende Säle, deren oktogonale Mittelpfeiler ein stern- bzw. fächerförmiges, von Wandvorlagen

Die Alte Mark

aufgefangenes Gewölbe tragen. Der rechteckige, kleinere Flügel mit einer offenen Laube im Erdgeschoss entstand 1480, der quadratische Verbindungsbau zwischen ihnen um 1500 und die steinerne Außentreppe mit dem oktogonalen Türmchen gar erst 1846 während einer gleichzeitigen Restaurierung unter Friedrich August Stüler. Ursprünglich waren beide Flügel lediglich Anbauten an einen bereits existierenden Fachwerkbau aus dem 14. Jh., der dem großen Stadtbrand von 1617 zum Opfer gefallen war.

Stephanskirche

Markierte die letzte Ergänzung am Rathausbau um 1500 schon das Ende der großen Zeit Tangermündes, so fiel der Beginn des Neubaus der die Stadtsilhouette beherrschenden **Stephanskirche (3)** in deren Blüte. Am ältesten Standort einer Missionskirche in der Altmark war schon 1184–88 unter Heinrich von Gardelegen, einem Enkel Albrechts des Bären, mit dem Aufbau der Stephanskirche als Dom für ein geplantes Bistum begonnen worden. Tangermünde blieb aber unberücksichtigt und wurde bereits 1188 dem ›Domstift‹ in Stendal unterstellt. Erst 1376, während jener ›goldenen Jahre‹, da Kaiser Karl IV. die Mark Brandenburg gewonnen hatte und Tangermünde zur Metropole der nördlichen Länder seiner Hausmacht auserkor, begann der Neubau der dreischiffigen gotischen Halle. Ebenfalls auf Betreiben des kunstliebenden Kaisers wurde St. Stephan 1377 an das in der Tangermünder Burg gegründete Kollegiatsstift der Augustinerchorherren übergeben, deren Einfluss fortan die Gestaltung der Kirche bestimmte.

Tangermünde, Stephanskirche, Kanzel, gestiftet 1619. Sieben figürliche Reliefs an den Brüstungen von Aufgang und Korb sind voneinander durch Apostelfiguren geschieden. Ein ausdrucksvoll gestalteter Moses fungiert als Kanzelträger.

Um 1400 war sie bereits eingewölbt. Erst 70 Jahre später entstand der Hallenumgangschor, der dann von 1480 bis 1500 durch die südlichen und nördlichen Choranbauten vollendet wurde. Auch das Turmpaar mit seinem Zwischenbau, schon um 1430/40 begonnen, wurde recht spät um 1500 vollendet. Wie eine Wand steht dieser fast schmucklose Westriegel zwischen den ein- oder zweigeschossigen Häusern der Stadt. Nur im Portalbereich und im Glocken- und Läutegeschoss der Türme wird diese schmucklose Strenge durchbrochen. Den achteckigen Helm mit offener Laterne erhielt der Südturm 1712. In der äußerlichen Gestaltung ähnlich streng präsentieren sich Langhaus und Chor. Herausgehoben erscheinen hier nur die Querhäuser bzw. Choranbauten. Eine spätgotische Maßwerkrosette und die konsequent in strenger Rechteckform, aus durchbrochenen Vierpässen gebildete Rahmung bestimmen das wunderschöne *Doppelportal* des nördlichen Querhauses, dem 1844 das des südlichen nachgestaltet wurde.

Gegen den stumpfen roten Backstein des etwas spröde und nüchtern anmutenden Außenbaus erscheint die Halle in fast heiterer Weiträumigkeit. Wie im Stendaler Dom sind auch hier Dienste und die Rippen der Kreuzgewölbe backsteinfarben von den weiß getünchten Wänden und Wölbungen abgesetzt. Die völlig weiß gehaltenen achteckigen Bündelpfeiler teilen aber die Schiffe nicht, sondern lassen die Halle als einen Raum erscheinen. Zudem schließen die 1617–20 eingebauten *Emporen* das Kirchenschiff zusätzlich zusammen. Ihre Brüstungsfelder tragen Malereien mit alttestamentarischen Szenen.

Wie die Emporen, so ist auch der Großteil der übrigen Ausstattung nach dem Brand des Jahres 1617 neu in die Kirche gekommen. Die *Orgel* ist ein Werk Hans Scherers d. J. aus Hamburg von 1624. 1705 entstand der dreigeschossige, in barocken Formen schwelgende und durch besonders grelle Bemalung auffallende *Altaraufbau* im Chor. Tritt hier eine gewollt plakative, das Heilsgeschehen ins Drastische versimpelnde Oberflächlichkeit zutage, so ist die 1619 gestiftete *Kanzel* aus Sandstein und Alabaster ein Kunstprodukt voller Feinnervigkeit und manieristisch gesteigertem Selbstzweifel, was in der Trägerfigur des Moses seinen gültigsten Ausdruck findet. Wie nah in der religiösen Praxis tiefste Durchgeistigung und Theatralik liegen können, beweist die schön ummalte *Öffnung in der Decke* des Mittelschiffs. Sie diente am Tag von Christi Himmelfahrt zum Aufziehen eines Christusbildes oder einer Figur des Gottessohnes, um so den Vorgang sinnlich nacherlebbar zu machen; ein liturgischer Brauch, der sich vom Mittelalter bis in das 19. Jh. gehalten hat. Die runde, pokalförmige Bronzetaufe, 1508 von Heinrich Mente aus Braunschweig gegossen, ist eines der wenigen erhalten gebliebenen mittelalterlichen Ausstattungsstücke, sieht man von Resten spätgotischer Wandmalerei, der etwa gleichaltrigen Sakristeitür im Chorumgang oder von ein paar Schnitzfiguren aus der Zeit zwischen 1430 und 1500 ab. Mit der nachträglich zum *Leuchterweibchen* umgestalteten so genannten ›Jungfrau Lorenz‹ verbindet sich die Sage von einer vornehmen, reichen Bürgerstochter, die sich im unwegsamen Di- ckicht des Waldes, der die Stadt meilenweit umgab, hoffnungslos verirrt hatte. Bereits völlig entkräftet und dem Hungertod nah, war sie von einem Hirsch auf seinem Rücken zur Stadt zurückgetragen worden.

Tangermünde, Stephanskirche, Grundriss

Von der Stephanskirche zur Burg

Im Umkreis der Stephanskirche befinden sich außer der Burg auch noch zwei Stadttore. Das unten, am Tangerhafen liegende und etwa 1470 erbaute **Elbtor (4)**, ein quadratischer Turm über einer spitzbogigen Durchfahrt, ist direkt in die Stadtmauer eingebunden und bietet insbesondere vom Fluss aus mit der Stephanskirche im Hintergrund ein recht imposantes Panorama. Vom **Hühnerdorfer Tor (5),** nördlich der Kirche, ist der schlanke, die Straße teilende Hauptturm ein markanter Blickfang. Auf das um 1300 mit der Stadtmauer erbaute Untergeschoss wurde um 1460/70 der reicher gegliederte achteckige Aufsatz gesetzt.

Die Alte Mark

Tangermünde, Elbtor, eines der drei den Eindruck bestimmenden Stadttore (neben dem Neustädter und dem Hühnerdorfer Tor), das noch in die Stadtmauer eingebunden ist. Um 1470 entstanden, erhielt es seinen zweigeschossigen Anbau auf der Stadtseite um 1500; Restaurierungen erfuhr es 1897 und 1925.

Etwas stadtauswärts findet sich in dem zur Elbe neigenden Zollensteig die **Elisabethkapelle (6),** die Spitalkapelle der Hühnerdorfer Vorstadt. Die um 1460–70 erbaute Backsteinkirche besitzt ein sehr schönes, reich profiliertes Westportal.

Auf dem kurzen Weg hinunter zur Burg gehört die **Schlossfreiheit** zu den schönsten Straßenbildern Tangermündes. An zwei Häusern sind hier noch Bauteile vorhanden, die vor den großen Brand von 1617 zurückreichen und den durch ihn erlittenen Verlust erahnen lassen. Im Haus Nr. 4 ist es nur ein Sitznischenportal, bei Nr. 5 ist das ganze untere Geschoss von 1543 erhalten. Renaissancefenstergewände und ein gut ausgearbeitetes Sitznischenportal, aus dessen Rundmedaillons die Porträts der ehemaligen Besitzer herausschauen, machen das Wohnhaus zu einer Rarität in der Stadt.

Die **Burg (7)** empfängt den Besucher mit ihrem kompakten Tor, das noch aus den Zeiten Karls IV. stammt. Der Bezirk war schon unter den askanischen Fürsten zu einer der stärksten Festen in den brandenburgischen Marken ausgebaut worden. Als Kaiser Karl IV. diesen Standort 1373 neben Prag zu seiner zweiten Residenz machte und somit sein Stammland Böhmen über die Elbe mit dem hinzugewonnenen askanischen Besitz verband, wurde die Anlage nochmals erweitert. Das brachte Tangermünde und seinen Kaufleuten eine Schlüsselstellung im Fernhandel zwischen Prag und Hamburg, welche ihr auch nach Karls Tod unter der neuen Herrschaft der Hohenzollern erhalten blieb und ihren Stolz und ihr Selbstbewusstsein stärkte. Doch gerade dieses Selbstbewusstsein und Streben nach Unabhängigkeit der Bürger sollte später zum Verhängnis werden, als die Tangermünder wegen der unerträglich hochgeschraubten Steuern begannen, von der Stadtmauer herab das Hofgesinde zu beschießen. Als sie schließlich sogar beabsichtigten, ein Geschütz auf den hohen Stephansturm zu hieven, um von dort aus das ganze Schloss in Trümmer zu legen, unterwarf Albrecht Achilles die trotzige Stadt mit Gewalt. Diese wagte jedoch im Bündnis mit den anderen altmärkischen Städten 1488 abermals die Revolte, angestachelt von dem von Kurfürst Johann Cicero geforderten Zins auf das Bier, eine der Haupterwerbsquellen nicht nur Tangermündes. Der Kurfürst marschierte mit einem militärischen Aufgebot in die Altmark, warf den Aufstand nieder, ließ die Anführer hinrichten und entzog den Städten ihre vormals verbrieften Freiheiten. Obwohl damit die ganze Altmark in Abhängigkeit versank, veranlasste ein misstrauisches Unbehagen die Fürsten, die hohenzollerische Residenz von Tangermünde in das damals völlig unbedeutende Cölln-Berlin zu verlegen. Während sich nun Berlin auf sandigem Heideboden zur Hauptstadt einer zukünftigen Großmacht mausern konnte, hatte Tangermünde sich diesen Anspruch gründlich verscherzt.

Auch von der stolzen Burg hat sich trotz ihrer noch immer imposanten Erscheinung nicht viel gehalten. Im Dreißigjährigen Krieg zerstörten sie 1640 die Schweden. Außer dem *Tor* und dem im letzten Viertel des 15. Jh. angefügten *Rundturm*, Teilen der *Ringmauer* mit Zinnenresten, ist nur noch das Gebäude der so genannten **Kanzlei** und der über 50 m hohe **Bergfried** aus der Kaiserzeit am Ostrand der Vorburg erhalten. Das Dachgeschoss, früher wohl aus Fachwerk, erhielt er erst 1903. Ein Jahr zuvor sind auch der Zinnenkranz und das Kegeldach des Rundturms am Tor ergänzt worden. Die ehemals edelsteingeschmückte, nach dem Vorbild in Burg Karlstein und im Veitsdom zu Prag ausgestattete Kapelle ist restlos verschwunden. Von dem für Karl neu erbauten Palas existiert lediglich ein Rest im Keller des Barockbaus, der 1699–1701 für den preußischen König Friedrich I. erbaut worden war. Auf dem parkartig gestalteten Burgplatz erinnern Standbilder an beide Bauherren und damit zugleich an ›größere‹ Zeiten: in Herrscherpose präsentieren sich die **Standbilder von Karl IV. und Friedrich I.** – der 1412 als erster Hohenzoller in Stadt und Burg eintrat.

Tipp
Jedes Jahr am zweiten Wochenende im September feiert Tangermünde den Einzug des Kaisers mit einem Volksfest.

Die Börde bei Magdeburg

Schönebeck

Kreuz und quer durch die Börde

Dem heute allgemein als Börde oder Magdeburger Börde bezeichneten fruchtbaren Niederungsland im Süden und Westen der Landeshauptstadt werden als Grenzen im Osten die Elbe, im Süden die Saale und die Bode und im Norden die parallel zum Mittellandkanal verlaufende Ohre gezogen. Die früher im Westen angegebene Grenzlinie von Oschersleben über Erxleben bis Haldensleben ist vor allem nach dem Krieg sehr durchlässig geworden. Die nahe der ehemaligen innerdeutschen Grenze liegenden Orte, von ihren gewachsenen Beziehungen nach Westen abgetrennt, mussten sich notgedrungen nach Osten orientieren. Aber auch im Süden gibt es fließende Übergänge zwischen ›noch Börde‹ und ›schon Harzvorland‹. Ohnehin taucht der Name Börde erst im 14. Jh. auf und bezeichnete damals einen viel kleineren, von Magdeburg abhängigen Gerichts- bzw. Steuerbezirk. Bis ins 13. Jh. war für den heute als Börde bezeichneten Raum der Name Nordthüringgau lebendig, der sich aus einer ersten intensiven Besiedlung durch den aus Angeln, Hermunduren und Warnen gebildeten Stamm der Thüringer und dessen später gegründetem Königreich herleitet. Die in der Börde häufigen Ortsnamen mit der Endung -leben werden allgemein als Gründungen des 4. und 5. Jh. angesehen.

Das im Wesentlichen ebene, auf den ersten Blick etwas monoton wirkende Landschaftsbild hat die Börde der Eiszeit zu danken, die das Land mit dem schwer sich darüberhinschiebenden Eispanzer gewissermaßen glatthobelte. Der danach hier angewehte, bis zu 2 m starke Lößboden wandelte sich durch die folgende Steppenvegetation um in tiefgründige, fruchtbare Schwarzerde. Die Äcker der Börde, auf denen heute vorwiegend Zuckerrüben und Weizen angebaut werden, gehören zu den wertvollsten Böden Deutschlands.

Der wertvolle Boden der Magdeburger Börde, heute vorwiegend Anbaugebiet für Zuckerrüben und Weizen, bedingte seit der Mitte des 19. Jh. einen mächtigen Modernisierungs- und Industrialisierungsschub. Architektonische Zeugnisse davon finden sich auf Schritt und Tritt, die wenigsten freilich in gutem Zustand, viele ruiniert und vom Abriss bedroht: Gutshöfe, Zucker- und Malzfabriken, Brennereien, Ziegeleien, Mühlen und natürlich Bergbaubetriebe und Maschinenfabriken sowie die herrschaftlichen Gründerzeitvillen reicher Bauern und Unternehmer, die ›Zuckerpaläste‹.

Schönebeck

Das südlich von Magdeburg an der Elbe gelegene, leicht zu erreichende Schönebeck ist in seiner heutigen Gestalt erst 1932 durch die Vereinigung der Orte Frohse, Schönebeck und Salzelmen (bis 1926 Groß Salze) entstanden. Obwohl schon Friedrich der Große mit Kolonistenhäusern besetzte Straßen zur Verbindung hatte anlegen lassen, war es nicht zu einer verwaltungsmäßigen Einheit gekommen.

Älteste Funde belegen, dass in dieser Gegend bereits vor etwa 6000 Jahren Ackerbau und Viehzucht betrieben wurden. Von einem

Schönebeck-Salzelmen

◁ *Schönebeck-Salzelmen, Gradierwerk, 1756–65*

Die Börde bei Magdeburg

Schönebeck
1 Salzturm
2 Rathaus
  (Schönebeck)
3 Marktbrunnen
4 Stadtkirche
  St. Jakobi
5 Gradierwerk
6 Soleturm
7 Rathaus
  (Kreismuseum)
8 Stadtkirche
  St. Johannis
9 Gertraudenfriedhof

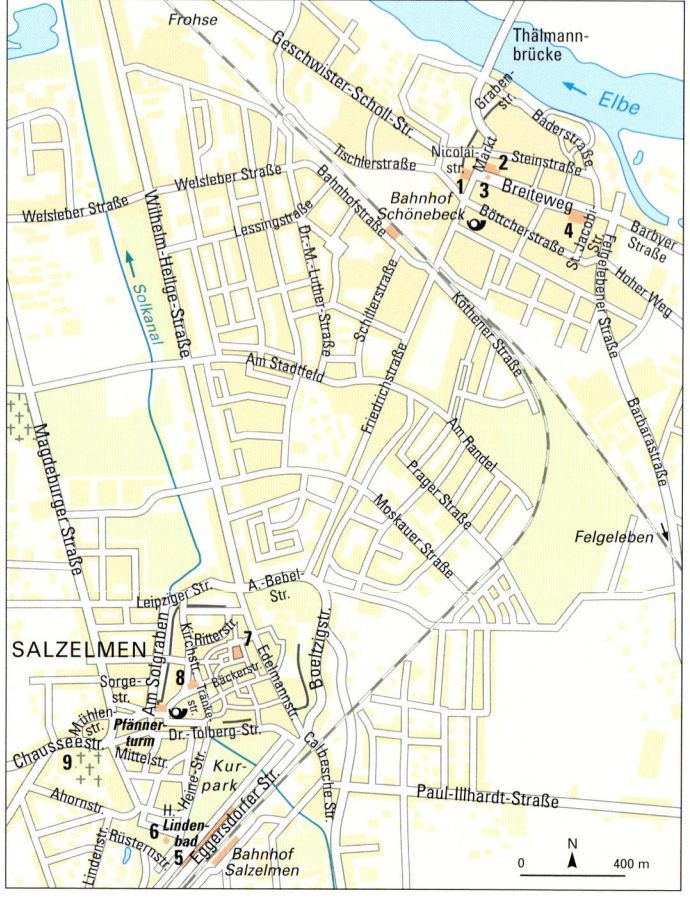

ersten kulturellen Höhepunkt zeugt ein Adelsgräberfeld, das in der Zeit zwischen 300 und 531, also in der Zeit des Königreichs der Thüringer, hier angelegt wurde. Besonders bezeichnend sind außer den Beigaben bestimmter Herrschaftsabzeichen die von Reitpferden und Hunden als den treuesten Begleitern des Bestatteten. Die Existenz eines Königs- oder Adelshofs in dieser Zeit kann aber nur vermutet werden.

Der Landeshauptstadt am nächsten liegt der kleine Stadtteil **Frohse**. Obwohl er bereits 936 genannt wurde und später Sitz eines Burgwards und Königshofs war, blieb er, im Besitz des Erzbistums, immer ein Spielball fremder Mächte und ist nie über die Bedeutung eines Fleckens hinausgelangt.

Das namengebende Schönebeck selbst ist mit seiner um 1200 erfolgten Gründung der jüngste Teil der Stadt, direkt am Elbübergang gelegen. Vornehmlich Schiffer- und Ackerbürgerstadt, versuchte es auch vom Salzhandel zu leben. Die im 18. Jh. in die zerfallene Burg gelegte, von Elmen mit Sole versorgte Saline entwickelte sich später zur größten Saline Deutschlands und bestimmte maßgeblich die Wirtschaftsstruktur der Stadt. Zwischen dem 1839 seines zugehörigen Tors beraubten mittelalterlichen **Salzturm (1)** und der Stadtkirche stehen die wenigen historischen Gebäude der Stadt, vor allem einige spätbarocke Wohnhäuser. Das in den Formen der Neorenaissance prangende **Rathaus (2)** entstand 1892/93. In den Figuren des Bergmanns, des Schiffers und des Industriearbeiters versuchte der Schkopauer Bildhauer Paul Juckoff 1907/08 am **Marktbrunnen (3)** die tragenden Kräfte der Schönebecker Wirtschaft zu symbolisieren. Die **Stadtkirche St. Jakobi (4)**, im Kern eine frühgotische Basilika, hat im 18. und 19. Jh. umfassende Veränderungen erfahren und wird heute in ihrem Inneren von der sehr stilvollen Gestaltung und Ausmalung des 19. Jh. geprägt, während der mächtige und gut erhaltene Westquerbau aus der zweiten Hälfte des 13. Jh. den entscheidenden Akzent in der Stadtlandschaft setzt.

Salzelmen oder Groß Salze entstand aus den Orten Elmen und Schadeleben. Schon im Jahr 1170 werden in Elmen Solquellen genannt. Solfunde bei Schadeleben machten es zum Ort des ›Großen Salzes‹, das fortan die Geschicke bestimmte. Das **Gradierwerk (5)** nahe beim Bahnhof wurde von 1756–65 vom preußischen Staat errichtet, um den schon immer als Nachteil bemerkten, recht niedrigen Salzgehalt der heimischen Sole zu erhöhen. Mit 1837 m Länge dürfte es das längste der Welt gewesen sein. Heute ist es auf 350 m verkürzt und dient nur noch zu Kurzwecken des bereits 1802 begründeten Solbades. Eine ›Windkunst‹, bestimmt zum Hochpumpen der Sole aus 85 m Tiefe, ist 1977 rekonstruiert worden und trägt damit ebenso zum historischen Bild bei wie der 32 m hohe **Soleturm (6)** von 1776, der im Kurpark hinter dem Gradierwerk steht. Die Gebäude des **Kurbades** im Park entstanden zum größten Teil in der zweiten Hälfte des 19. Jh.

Neben einigen doch noch ansehnlichen Fachwerkhäusern steht hier im ehemaligen Siedeviertel, in der Schneidewindstraße, das letzte **Kothaus**. Es ist ein unscheinbares, schmuckloses Fachwerkhäuschen, dem die einstige Funktion kaum anzusehen ist. In 34 solcher Häuschen wurden einst bis zu 6000 Tonnen Salz jährlich produziert. Die riesigen Rostpfannen hingen an vier langen Doppelhaken in den Dachbalken. Die ganze Stadt muss einer einzigen Arbeitsstätte geglichen haben. Auch das im Kern spätgotische und heute als Museum genutzte **Rathaus (7)** war einbezogen. Noch heute ertönt die Stundenglocke in dem barocken Fachwerktürmchen. Sie gab Anfang und Ende des Siedens an. »hore mi«, steht auf ihr in ehernen Lettern, »un richte di na der tid.«

Dieser Glocke an Klangkraft überlegen sind natürlich die der **Stadtkirche St. Johannis (8)**. Auf spätgotischem Untergeschoss ragen ihre Glockentürme mit den charaktervollen Renaissancepyra-

Die sich um das Rathaus gruppierende Altstadt Salzelmens gleicht heute in mancher Hinsicht einer verlassenen Goldgräbersiedlung. Ganze Straßenzüge sind in den letzten Jahren gezielter Vernachlässigung und planmäßigem Abriss zum Opfer gefallen.

Die Börde bei Magdeburg

Schönebeck, Stadtkirche St. Johannis. Das Innere der dreischiffigen Halle wird von Stern- und Netzgewölben Ludwig Binders (1535/36) überspannt. Da bei einem Brand 1631 fast das ganze Interieur ein Opfer der Flammen wurde, ist um 1680 die Ausstattung ergänzt und erneuert worden. Besonders im Altarraum mit der reich geschnitzten Schranke und dem prunkvollen Gestühl der Pfännerfamilien schwelgt sie in malerischen Formen, wie auch der Altar, die Kanzel, und etwas zurückhaltender, die Langhausemporen. Im übrigen verdienen einige Epitaphien des 17. und 18. Jh. Aufmerksamkeit.

midenhelmen bis in 41 m Höhe. An die Nordseite des von der Mitte des 15. bis Anfang des 16. Jh. erbauten Kirchenschiffs ist 1487 eine **Kapelle** mit einem kunstvollen Backsteingiebel angefügt worden. Unter dem filigranen, ornamentalen und figürlichen Schmuck ragt das aus Ton gebildete Kreuzigungsrelief über dem Eingang hervor.

Was die Zeugen irdischer Endlichkeit betrifft, hat der **Getraudenfriedhof (9)** einiges zu bieten. Bei einer Erweiterung im Jahr 1670 sind 60 alte Grabplatten und 23 Steinkreuze in die neu errichtete Begrenzungsmauer eingefügt worden. Die ältesten Platten zeigen Ritzzeichnungen. Später werden die Verstorbenen im Relief und in der Regel mit ihren Statussymbolen oder in Festtracht dargestellt, wie zum Beispiel der Salzgraf Burchard von Esebeck am Anfang der Südmauer. Neben diesen alten Steinen besitzt der Friedhof im *Grabmal der Familie Heise* wenige Meter hinter der Leichenhalle ein markantes Werk des 20. Jh. Die 1891 in Groß Salze geborene Bildhauerin Katharina Heise schuf die Figur des ›Schnitter Tod mit ausgebreitetem Mantel und Sense‹ 1963/64 so gar nicht in dem für diese Zeit üblichen Stil des ›sozialistischen Realismus‹.

Von Groß Mühlingen nach Gröningen

Wem dörfliche Stille mehr zusagt als die einer Begräbnisstätte, dem sei ein Abstecher in das nur wenige Kilometer südlich von Salzelmen über die Landstraße zu erreichende **Groß Mühlingen** empfohlen. Das für die Börde typische Haufendorf geht auf eine thüringische Gründung zurück. Nicht nur kulturgeschichtlich interessant, kann hier ein Vergleich zwischen den am Anger 1835 in der ›Zeile‹ entstandenen Häusern für die Deputatarbeiter und dem herrschaftlichen Wohnsitz des **Schlosses** gezogen werden. Die schon 1195 ausgewiesene Niederungsburg ist vom grundlegenden Ausbau des 16. und 17. Jh. geprägt. Die spielerisch anmutenden Volutengiebel und der zweigeschossige Erker des Ostflügels sowie das Frührenaissanceportal an der Hofseite des Westflügels sind die auffälligsten schmückenden Details des Schlosses. Porträtmedaillons im Aufsatz des reizvollen Portals zeigen die ehemaligen Herren dieses Schlosses, Graf Wolfgang von Barby und seine Frau Agnes.

Barby

Die historische Nähe der Herren des Mühlinger Schlosses zu Barby hat seine Entsprechung im Geographischen. Es ist wirklich nur ein Katzensprung bis an die Stelle, wo an einer waldlosen Biegung der Elbe der Ort ›barbogi‹ – ›am kahlen Bogen‹ – entstand. Hinter dieser fränkischen Siedlung war Urwald, und dort siedelten die Slawen. So erlangte Barby als Grenzfeste und Vorposten bald Bedeutung, und in der Nähe der Grenzburg wuchs ab 1200 die Siedlung zur Stadt heran. Von der mittelalterlichen Anlage, die den Grafen lange als Stammsitz diente, ist außer dem ›**Prinzesschen**‹, einem hübschen Turm mit Fachwerkaufsatz, nichts geblieben. Das adlige Fräulein hat aber in einem auf einem Mauerturm der Stadtmauer errichteten Teehäuschen seinen ›**Prinzen**‹. Auch das später neben den Fundamenten des Barbyschen Sitzes durch Herzog Heinrich von Sachsen-Weißenfels 1687–1715 errichtete **Schloss** ist, durch zahlreiche Brände in Mitleidenschaft gezogen, nur noch in seinem Äußeren eine recht imposante Erscheinung. Nach Aussterben der herzoglichen Nebenlinie erwarb 1749 die Herrnhuter Brüdergemeinde den Gebäudekomplex und war hier bis 1808 tätig. Danach wurde sie in das nahe Gnadau verlegt. Als *academia barbyensis* erlangte diese Ausbildungsstätte einigen Ruhm. Selbst Goethe ließ es sich nicht nehmen, seinen Herzog zu einem Besuch derselben zu begleiten. Heute wird das Schloss als Archiv genutzt.

Schon zuvor war Barby Wirkungsort einer nicht unbedeutenden geistlichen Stiftung gewesen. 1264 gründeten Franziskaner hier ein **Kloster.** Die **Johanniskirche** in der typischen, äußerst perfekten und spartanischen Bauweise ist relativ original erhalten. Sie war bis 1715 Begräbniskirche der Grafen von Barby. Auf dieser Tatsache begrün-

Die Börde bei Magdeburg

Barby, Johanniskirche, ehemalige Klosterkirche der Franziskaner. Die für den mitteldeutschen Raum einmalige Sammlung von Grabplatten reicht von der Grabplatte eines Grafen Burkart von Barby mit fast nicht mehr sichtbarer Ritzzeichnung von 1271 bis zu dem geschnitzten Epitaph für den letzten Grafen von Barby, der 1659 verstarb. Somit spannt sich ein Bogen von der Frühgotik bis zum Barock mit ihren verschiedenen Auffassungen von Grabplastik.

det sich ihre eigentliche Bedeutung, denn die Sammlung von *Grabplatten* gilt als einmalig im mitteldeutschen Raum. Von den übrigen plastischen Arbeiten sind die im Chor auf Konsolen stehenden, fast lebensgroßen *Sandsteinfiguren* aus dem letzten Viertel des 15. Jh. von besonderem Interesse. Dargestellt sind vermutlich das Stifterpaar Günther II. und seine Gemahlin, wobei die männliche Figur Einflüsse der Prager Bauhütte, die weibliche wienerische Einflüsse verrät. Der *Altar*, der zugleich Epitaph ist, bringt eine unerwartete Wiederbegegnung mit dem Ehepaar, das aus den Medaillons über dem Portal des Mühlinger Schlosses so lebendig herabsah und hier in den Familienreigen seiner toten Ahnen aufgenommen wurde.

Neben der ehemaligen Klosterkirche besitzt Barby auch eine **Stadtkirche**. Sie liegt in der Mitte des gitterförmig angelegten Stadtkerns und fällt besonders durch ihren massigen, 1505 begonnenen Westturm mit dem achteckigen Obergeschoss auf, das 1711 die barocke Schieferhaube erhielt. Die heute dreischiffige Kirche geht wohl auf eine frühgotische in Abhängigkeit zur Klosterkirche entstandene Anlage zurück.

Calbe und Brumby

Kurz hinter Barby ist schon die südöstlichste Ausdehnung der Börde erreicht: dort, wo die Elbe die Saale mit in ihr Bett aufnimmt. An deren Lauf liegt 11 km südwestlich von Barby **Calbe,** zur besseren Unterscheidung Calbe/Saale genannt. Hier wurden bereits in ottonischer Zeit Märkte abgehalten. Im 12. Jh. zu einer wehrhaften Stadt geworden, war Calbe mit seinem erst 1951 nach einem Brand abgetragenen Schloss sogar zeitweilige Residenz der Erzbischöfe von Magdeburg. Auch heute ist der **Markt** mit seinen ordentlich herausgeputzten, zum Teil aus dem 17. und 18. Jh. stammenden Häusern, dem Rathaus im Stil der Neorenaissance und dem Gasthof ›Zum Braunen Hirsch‹ mit seiner als Museum hergerichteten Heimatstube gewiss der Bürger ganzer Stolz. Der sympathische Roland vor dem Rathaus ist zwar erst 1974 nach zwei überlieferten Holzfiguren geschaffen worden, wirkt aber zusammen mit dem hinter dem Rathaus spitz hervorragenden ›**Hexenturm**‹ einem Teil der alten Stadtbefestigung, recht überzeugend.

Noch weiter als Markt, Roland und ›Hexenturm‹ reicht die Geschichte der **Stadtkirche St. Stephan** zurück. Ihre Vorgängerin hat zu den Kirchen gehört, die bereits 827 vom Bistum Halberstadt aus gegründet worden sind. Die heutige dreischiffige, spätgotische Halle besitzt nur noch in den Untergeschossen der mächtigen Doppelturmfront und in der östlichen, mit drei Fenstern gegliederten Chorwand Teile einer frühgotischen Basilika. Die spätgotische, sehr großzügig gestaltete Halle mit Kreuzgratgewölben entstand in der zweiten Hälfte des 15. Jh. Indes das Innere 1866 bei einer Restaurierung seine barocke Ausstattung verlor und heute nur wenige Stücke des 15. und 16. Jh. vorweisen kann, zieht das imposante Äußere der

Kirche die Aufmerksamkeit spontan auf sich. Das mag vor allem an den Wasserspeiern mit zum Teil sehr drastischen Figuren liegen, die an den abgetreppten, das Langhaus stützenden Strebepfeilern angebracht sind.

Die so genannte ›**Wrangelkapelle**‹ an der Südseite des östlichen Mittelschiffjochs gehört, wie die kleine Kapelle an der Stadtkirche in Schönebeck-Salzelmen, zu den südlichsten Ausläufern der norddeutschen Backsteingotik. Wie dort wird auch hier der Backstein nur für die gestalterisch anspruchsvolleren Elemente benutzt, ansonsten aber Bruchstein verwandt. Über dem Portal prangt das Wappen des Erzbischofs Ernst von Sachsen und die Jahreszahl 1494.

Richtung Westen geht es über Landstraßen durch meist unscheinbare Dörfer, die von weitem jedoch durch ihre Kirchtürme auf sich aufmerksam machen. In **Brumby**, einem kleinen fränkischen, früher vermutlich von einer Brombeerhecke – daher die Ableitung des Namens – umfriedeten Haufendorf steht die **Dorfkirche**, regelrecht ummauert von Häusern, auf der höchsten Stelle des Ortes. Neben den Resten der Niederungsburg kann sie auf die längste Baugeschichte verweisen. Im Kern romanisch, besitzt sie einen 1664–68 geschaffenen Innenausbau von beachtlicher Üppigkeit. Er findet seine Krönung in der *Kassettendecke*, auf der immerhin ein Bildprogramm von der Schöpfungsgeschichte bis zum Jüngsten Gericht abgehandelt wird.

Unter den teilweise sehr drastischen Figuren der Wasserspeier der Stadtkirche St. Stephan von Calbe erkennt man unter anderem einen betenden Mönch, einen nackten Dudelsackpfeifer, einen geflügelten Drachen mit weiblichen Brüsten, ein Untier, aus dessen Maul die Beine der Beute hängen oder auch einen Juden, der einem Ferkel den Hintern küsst, sinnbildlich der ›Judensau‹ entsprechend, dem Symbol mittelalterlicher Judenverfemung.

Egeln und Wanzleben

Egeln, an Größe herausgehoben, liegt in einer feuchten, weitläufigen Auenmulde der Bode. Die bereits 814 erstmalig genannte Burg und das 1259 durch Otto von Hadmersleben gegründete Zisterzienserinnenkloster Marienstuhl gaben die entscheidenden Impulse für die Entwicklung der Stadt. Das **Kloster**, wie es heute in seiner Anlage noch existiert, besteht aus Wirtschaftsgebäuden, Propstei, Klausur und Kirche. Die Gebäude sind um 1700 neu erbaut und mit einer Mauer umgeben worden. Sie werden mit Ausnahme der Kirche wirtschaftlich genutzt, wodurch sie nur sehr beschränkt zugänglich sind.

Dem architektonisch sehr schlichten, durch Pilaster gegliederten Saalbau der von 1732–34 erbauten **Klosterkirche** ist eine überaus prunkvolle Ausstattung eingefügt worden.

Als Stadt entwickelte sich Egeln im 12. Jh. aus der alten Burgmannensiedlung, so dass sich Markt, Stadtkirche und Burg in unmittelbarer Nähe befinden. Wie die Klosterkirche ist die **Stadtkirche St. Spiritus** ein einschiffiger Barockbau, besitzt aber noch einen gotischen Westturm, dessen spitze, verschieferte Zwillingshelme 1559 aufgesetzt wurden. Im Inneren hat sich der Zustand seit einer Renovierung des 19. Jh. erhalten, der in seinem Zusammenspiel von farbigem Fensterglas und Wandmalerei in feiner Abstimmung von Gold-, Ocker- und Brauntönungen ganz Eigenwilliges ausstrahlt. Die *Kanzel* von 1616 sowie die *Taufe* aus etwa der gleichen Zeit sind wohl

Die Börde bei Magdeburg

*Egeln, Klosterkirche, 1732–34.
Der bis in die Chorwölbung reichende, 1737 geschaffene Hauptaltar füllt mit den beidseitig vorgesetzten Nebenaltären auch die ganze Breite des Schiffs. In vier Nischen zu beiden Seiten des Altargemäldes mit Mariä Himmelfahrt stehen die lebensgroßen Figuren der Ordensgründer Benedikt und Bernhard, desgleichen die Heiligen Mauritius und Andreas. Über dem Altargemälde thront in einer Muschelnische die Madonna mit dem Kind. Angesichts dieser bewegten Überfülle scheint der hölzerne Kruzifixus aus dem 15. Jh. in einem Nebenraum der Kirche einer anderen Zeit, einem anderen Lebensgefühl zugehörig.*

aus dem Vorgängerbau in das Anfang des 18. Jh. erbaute Kirchenschiff gekommen. Das am Kirchhof stehende **Pfarrhaus** trägt noch ein Fachwerkgeschoss von 1581.

Wie die Klostergebäude, so wurden auch die Gebäude der ehemaligen **Burg** östlich von Kirche und Markt durch einen landwirtschaftlichen Betrieb und als Wohnungen genutzt. Die weitgehend restaurierte Oberburg mit ihrem stolzen frühgotischen Bergfried beherbergt das bekannte **Museum für Ur- und Frühgeschichte** sowie ein Kellertheater und ist ein beliebter Veranstaltungsort.

Anders als es der Name **Wanzleben** vielleicht suggerieren mag, erwartet den Besucher 15 km nördlich von Egeln eine vornehmlich in ihrem Zentrum hübsch herausgeputzte Kleinstadt an dem kleinen Flüsschen Sarre. Bei ihr dürfte es sich um eine jener Gründungen aus dem 5. Jh. handeln, die später den Franken als Stützpunkte dienten. Von der **Burg** des 12. Jh. ist wie vielerorts auch hier nur der Bergfried erhalten, ein quadratischer, fünfgeschossiger Wohnturm mit gekuppelten spätromanischen Fenstern. Ansonsten erinnert an die ehemalige Burg nur noch ein kleinerer Turm und das 1583 erbaute Torhaus, das über seinem inneren Bogen das brandenburgische Wappen trägt.

Auf der gegenüber liegenden Seite des Tals entfaltet sich um den dreieckigen Markt und das um 1550 weitgehend erneuerte **Rathaus** eine ländliche Stadt, in deren Straßen hier und dort noch ein altes Portal oder ein charaktervolles Fachwerkgeschoss zu entdecken sind. Über die liebevoll gestaltete Geschäftsstraße führt der Weg zu der von hohen Bäumen umstandenen **Stadtkirche St. Jakobi**, die im 19. Jh. umfassend restauriert und erneuert wurde.

Oschersleben und Hadmersleben

Oschersleben an der Bode, mit Stadtrecht seit dem Ende des 12. Jh., bietet im Vergleich mit Wanzleben weniger optische Reize. Das **Rathaus** ist ein schlichter Barockbau von 1691, der mehrmals verändert wurde. Die **Pfarrkirche St. Nikolai**, weitgehend ein Neubau von 1881, erscheint recht würdevoll mit ihren gut erhaltenen spätgotischen, von zwei barocken Hauben bekrönten Türmen. Von der einstigen **Burganlage**, unter deren Schutz sich der Ort entwickelte, sind nur noch einige Reste von Wällen und Gräben original erhalten. Die später mehrfach umgebauten Wohn- und Speichertrakte – hervorgehoben sei das viergeschossige, ebenfalls zum Speicher umgebaute Wohnhaus von 1545 – sind derzeit nicht zugänglich. Die Bestände des ehemaligen **Kreisheimatmuseums** zur Geschichte der Stadt werden heute von den Mitarbeitern der Stadtbibliothek in der Hornhäuser Straße betreut.

Wie Wanzleben lag auch **Hadmersleben** an der alten Heerstraße Halberstadt–Magdeburg. Die vier Siedlungsteile wurden erst im 20. Jh. zusammengeschlossen, so dass sie sich nach Funktion und Charakter noch immer unterscheiden. Die im Norden liegende ehemalige Stadt ist im 12. Jh. entstanden und 1664 bis auf vier Häuser niedergebrannt. Dadurch beschränkt sich die ältere historische Bausubstanz auf den **Torturm** des ehemaligen Magdeburger Tors, den so genannten ›**Wächterturm**‹ in der Nähe des Rathauses, den 1649–52 erbauten **Hanseschen Hof** in der Kirchstraße und auf den **Gasthof ›Zum Landhaus‹** aus der Mitte des 17. Jh. Die im Kern hochgotische **Stadtkirche Unser Lieben Frau** erhielt ihre gesamte Ausstattung, einschließlich des reich bemalten, gotisierenden Holzgewölbes, ebenso erst nach diesem verheerenden Stadtbrand.

Südlich der Stadt und früher durch einen Bodelauf von dieser abgetrennt, gruppieren sich im Halbrund die Gebäude des **Schlosses** derer von Hadmersleben. Die im Kern aus dem 16. Jh. stammende Anlage unterlag als Wirtschaftshof vielen Eingriffen, so dass sich nur noch an wenigen Gebäuden deren wirkliches Alter ablesen lässt.

Das trifft gleichermaßen für die Klostergebäude des 961 gegründeten **Benediktinernonnenklosters** westlich des Schlosses zu. Die spitzen Zwillingstürme der **Klosterkirche** bilden eine weithin sichtbare Landmarke. Zwischen Schloss und Kloster lag früher das Dorf Hadmersleben, eine warnische Siedlung aus dem 4. Jh. Nicht ganz so weit, aber doch in das Ende des 10. Jh. dürften einzelne Teile der dreischiffigen, kryptenähnlichen **Unterkirche** in der langgestreckten Klosterkirche zurückgehen. Sie sind späterhin mehr oder weniger in Umbauten des 11. und 12. Jh. eingegangen. Auch in den folgenden Jahrhunderten setzten sich die allmählichen Veränderungen fort. Geprägt wird der Kirchenraum heute durch eine umfassende Barockisierung um 1700. Die Ausstattung, die in ihrer prunkvollen Holzschnitzerei noch den ursprünglichen, dunklen, mit Gold gehöhten Holzton besitzt, nimmt mit dem *Hochaltar* die ganze Breite und

Hadmersleben, Klosterkirche, Türzieher, um 1160

Höhe des Kirchenschiffs ein. Dem Altar gegenüber befindet sich die aufwendig dekorierte *Nonnenempore*. Die kleine Kreuzigungsgruppe ist 1698 von der Paderborner Nonne Gertrud Gröninger geschnitzt und somit ein rares Zeichen früher Emanzipation. Zur weiteren Ausstattung der Kirche gehören unter anderem noch eine prächtige barocke *Sonnenmonstranz*, eine herb anmutende *Pietà* sowie der löwenköpfige, bronzene *Türzieher* um 1160 am Südportal der Kirche. Bei ihm muss allerdings darauf hingewiesen werden, dass er hier als Kopie das im Pfarrhaus aufbewahrte Original vertritt.

Kroppenstedt

Der Straße Richtung Halberstadt folgend, ist bald Kroppenstedt erreicht. Wenn auch der Sinn für große Prachtentfaltung nie Sache der Kroppenstedter war, hat sich in den winkligen Straßen mit ihren

Kroppenstedt, Reiterkreuz, 1651. Das 4,40 m hohe steinerne Exemplar ersetzte ein hölzernes Gerichtskreuz. Als judicum crucis wurde es bereits 1248 erstmals erwähnt. Ihre Freiheiten erhielten sich die Kroppenstedter, indem sie sich zu Reiterdiensten gegenüber der feudalen Obrigkeit verpflichten ließen und dazu ein eigenes Pferd stellten. Der Lohn dafür bestand in Pachtland, den so genannten ›Reiterhufen‹, und vor allem in einer eigenständigen Gerichtsbarkeit.

Kroppenstedt und Gröningen

teils 200 bis 300 Jahre alten Steinhäusern der Abglanz des bescheidenen Wohlstands einer kleinen Ackerbürgerstadt erhalten können. Im Zentrum des Städtchens mit unregelmäßigem Straßennetz liegt der Markt mit dem im Kern gotischen, aber 1719 barock erneuerten **Rathaus**. Als in Sachsen-Anhalt und wohl auch andernorts nicht weitverbreitete Erscheinung erhebt sich vor dem Rathaus ein **Reiterkreuz**, auch Freikreuz genannt, das hier statt eines Rolands steht.

Von der **Stadtbefestigung** sind außer Teilen der Stadtmauer fünf Türme erhalten, von denen der des Kirchtors mit seiner barocken Haube der stolzeste ist.

Auf die einstige nicht arme und unbedeutende Stadt macht auch die **Stadtkirche St. Martin** aufmerksam, die gemeinsam mit dem 1611 datierten **Pfarrhaus** noch ganz den landstädtischen Hauch vergangener Jahrhunderte atmet. Unter Wiederverwendung des romanischen Turms entstand Ende des 15. Jh. eine dreischiffige Halle, der Ende des 16. Jh. noch ein südliches Seitenschiff angefügt wurde, über dem sich drei volutengeschmückte Giebel erheben. Die nördliche Seitenschiffwand hat ihr spätgotisches Gepräge weitgehend bewahrt. Lediglich zwei frühbarocke Portale sind eingesetzt worden. Die 1678 besonders prunkvoll geschnitzte Tür des östlichen Portals wird als ›Hochzeitstür‹ bezeichnet. Das Innere besitzt neben einigen Resten der gotischen heute im Wesentlichen eine recht beachtliche barocke Ausstattung.

Gröningen

Mehr noch als Kroppenstedt, dessen Dienstherr lange der Bischof von Halberstadt gewesen ist, war Gröningen mit dem nur 13 km entfernten Bischofssitz verbunden. 934 bereits wurde ein heute nicht mehr lokalisierbarer Königshof genannt. Eine im 12. Jh. existierende Burg wurde dann ab 1368 Residenz der Bischöfe von Halberstadt und seit 1473 zu einer weithin berühmten Schlossanlage ausgebaut. Völlig verfallen, wurde sie 1817 abgerissen. Das sich langsam entwickelnde, aus mehreren Teilen zusammengewachsene Städtchen, das sich immer noch deutlich in das rechts der Bode liegende Gröningen und das links davon liegende Kloster Gröningen scheidet, besitzt heute außer ein paar recht schönen Fachwerkbauten vorwiegend aus dem 17. Jh. für reichlich 3000 Einwohner drei Kirchen. In Gröningen sind es die kleine, 1866 erbaute **Pfarrkirche St. Cyriakus** und die weit mächtigere, erst 1905 erbaute **Pfarrkirche St. Martin**. Einbezogen in ihren Neubau ist ein mit einem schlanken Spitzhelm versehener, quadratischer Westturm von 1616. Aus dem mit diesem verbundenen Vorgängerbau ist auch die Ausstattung übernommen, die tonnengewölbte Holzdecke ist kopiert worden.

Neben diesen eher unbedeutenden Beispielen der Architekturgeschichte überdauerte die **Klosterkirche St. Vitus** in **Kloster Gröningen** trotz ihrer geringen Ausmaße und nur fragmentarischen Erhaltung als ein erlesenes Baudenkmal. Ihr achteckiger Vierungs-

Kloster Gröningen

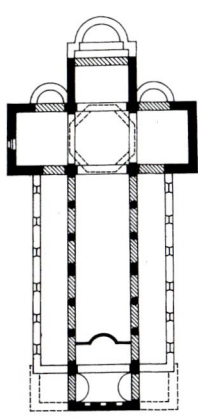

Kloster Gröningen, St. Vitus, Grundriss

Die Börde bei Magdeburg

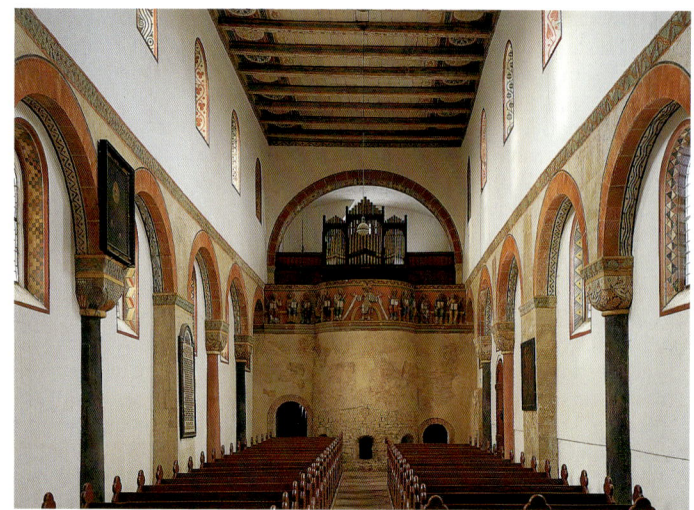

Kloster Gröningen, St. Vitus, um 1100. Auf Mittelschiff, Querschiff und Chor reduziert, kann der erhaltene Bau der ursprünglich dreischiffigen Basilika heute nur noch einen unvollständigen Raumeindruck vermitteln. Um 1170 wurde das Stuckrelief eingefügt, das seit 1900 durch Nachbildungen vertreten wird. Die beschädigten Originale befinden sich im Bode-Museum in Berlin.

turm, eines der frühesten erhaltenen Beispiele seiner Art, taucht nach dem Verlassen Gröningens verheißend aus dem satten Grün der Bodewiesen auf. 936 wurde an dieser Stelle eine Tochtergründung der Benediktiner aus Corvey ins Leben gerufen. Grabungen im Jahr des 1000-jährigen Bestehens von Gröningen haben Fundamente dieses ottonischen Gründungsbaus zutage gebracht. Der erhaltene Bau der ursprünglich dreischiffigen Basilika mit durchlaufenden, apsidial geschlossenen Seitenschiffen und einem ebenso geschlossenen Chor kann heute, auf Mittelschiff, Querschiff und Chor reduziert, nur noch einen unvollständigen Raumeindruck vermitteln. In seiner Bauzier, mit flach reliefierten Ornamenten aus Bändern, Pflanzen und Tieren, steht er in der oberitalienischen Tradition der Quedlinburger Stiftskirche, nur dass diese Tradition in Gröningen eine viel naivere und unbekümmertere Form gewinnt.

In die um 1100 erbaute Basilika ist gegen 1170 im Westen eine Kapelle eingefügt worden, in deren Mittelachse eine Grabstelle lag. Das um die gleiche Zeit entstandene *Stuckrelief* an ihrer Brüstung zeigt den auf einem Erdkreis thronenden Christus mit Leidensmalen und zu beiden Seiten je sechs Apostel mit aufgeschlagenen Büchern auf den Knien. Diese Arbeit, die als wichtigstes Beispiel aus der Spätzeit des strengen Stils der Romanik gilt, ist 1900 durch Abgüsse ersetzt worden, weil das bereits beschädigte Original vom Bode-Museum in Berlin erworben wurde. Die Brüstung wird oben von einem Rankenfries, unten von einem kräftigen Gesims abgeschlossen. Der originalgetreue Abguss entfaltet im Zusammenspiel mit dem Raum seine unverstellte Wirkung in einer der originärsten romanischen Architekturen im Gebiet zwischen Börde und Harzvorland.

Zwischen Großem Bruch und Mittellandkanal

Das aus einem Urstromtal hervorgegangene Feuchtgebiet des Großen Bruchs von Hornburg im Westen bis Oschersleben im Osten war schon immer eine natürliche Grenze, die den Einfluss des Harzraums nach Norden hinderte. Ihm schließt sich im Norden ein vielgliedriges Hügelland an, welches wiederum im Norden durch die Ohreniederung und den erst im 20. Jh. in sie hineingelegten Mittellandkanal eine erneute Unterbrechung findet. Heute kommt ihr aber auf halber Höhe die A 2 als künstliche Unterbrechung zuvor. Während es sich nach Osten in den völlig ebenen Teil der Börde bis zur Elbe-Saale-Grenze senkt, ist die Westgrenze Sachsen-Anhalts keine durch einen Naturraum markierte. Im Mittelalter, da dieses Gebiet viel stärker bewaldet war als heute, wurde es Holzland, die Bewohner ›holtländer‹ genannt. Im 16./17. Jh. unterschied man dann zwischen Börde und Holzbörde, und als verwaltungstechnischer Begriff tauchte für letztere ›Holzkreis‹ auf, eine Bezeichnung, die sich am Ende mit dem Verschwinden des Holzes verlor.

Hamersleben

Hamersleben ist die erste Station nördlich des Bruchs. Trotz ihrer Abgelegenheit ist die **Stiftskirche St. Pankratius** für Liebhaber romanischer Architektur ein Geheimtipp. Mit der Verlegung des ersten regulierten Augustinerchorherrenstifts auf ostdeutschem Boden von Osterwieck nach Hamersleben begann um 1110 nach einheitlichem Plan der Bau einer dreischiffigen, flachgedeckten Säulenbasilika mit Querschiff und dreischiffigem, jeweils durch eine halbrunde Apsis geschlossenem Presbyterium. Während auf Westtürme verzichtet wurde, errichtete man außer dem kleinen hölzernen Dachreiter über der Vierung je einen oktogonalen Steinturm über den östlichen Jochen der Seitenschiffe. Diese Hervorhebung und sehr differenzierte Gestaltung der Ostpartien hatten die Chorherren vom Reformorden der Benediktiner übernommen, deren auf urchristliche Ideale gerichtete Reformbemühungen sich wie bei den nachfolgenden Zisterziensern und Bettelorden auch in der architektonischen Gestaltung ihrer Kirchen ausdrückten. Hierbei übte das im Schwarzwald gelegene Hirsau einen nachhaltigen Einfluss auch im sächsisch-thüringischen Raum aus. Der Verzicht auf die in der sächsischen Bautradition unerlässlichen Westtürme gehörte ebenso dazu wie der Verzicht auf eine Krypta oder die Einwölbung der Kirche. Bauliche, auf Dekor weitgehend verzichtende Schlichtheit, aber äußerste Perfektion der Bauausführung und eine von Vernunft durchleuchtete Gliederung des Baus waren dafür unerlässlich.

Hamersleben ☆☆
Besonders sehenswert
Stiftskirche

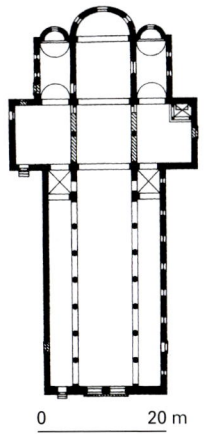

Hamersleben, St. Pankratius, Grundriss

Andere Eigenheiten, wie die Differenzierung der Ostglieder, erklären sich aus liturgischen Gewohnheiten. Dass die Hamersleber Chorherren es mit der asketischen Forderung nach weitgehendem Verzicht auf Bauzier nicht so genau genommen haben, ist von heute aus gesehen ein wirklicher Glücksfall. Von Pflanzenornamenten begleitet, wird eine vornehmlich von Kampf und Gewalt bestimmte Szenerie entworfen, in der Tiere gegen Tiere und Tiere gegen Menschen kämpfen und in welcher letztendlich der im Gewand eines Panthers oder Löwen erscheinende Gott die Macht hat, das Böse zu bannen und der gepeinigten Kreatur Schutz zu gewähren. Diese mit großer Eindringlichkeit und Realistik geschaffenen, von hoher künstlerischer Meisterschaft zeugenden Kapitelle sind unter direktem französischen Einfluss entstanden, der im mitteldeutschen Raum weder Vorbilder besaß noch eine direkte Nachfolge fand.

Die übrige plastische Bauzier bzw. Ausstattung entstammt späteren Jahrhunderten. Um vom Charakter des hochromanischen Raums möglichst wenig abzulenken, ist die vorrangig barocke Ausstattung bis auf die *Orgel* und den prunkvollen *Altaraufbau* von 1687 reduziert worden. An der Außenwand der nördlichen Chorschranke haben sich erfreulicherweise Teile von *Stuckreliefs* aus dem Anfang des 13. Jh. erhalten, die Christus, Petrus und Paulus zeigen und denen in der Halberstädter Liebfrauenkirche nahestehen. Wohl in ihrem Schatten entstanden, erreichen sie nicht deren überragende Qualität. Ebenfalls Anfang des 13. Jh. ist in den südlichen Querhausarm ein *Ziborium* eingefügt worden, das zu den wenigen Beispielen aus dieser Zeit auf deutschem Boden zählt. Spitzbogen

Hamersleben, Stiftskirche St. Pankratius, um 1110. Obwohl der Innenraum mit seinen mächtigen, glatten Säulenschäften, den hohen, nur durch einen Schachbrettfries gegliederten Wänden des Mittelschiffs und des in das Mittelschiff vorgezogenen chorus minor deutlich hirsauische Akzente setzt, wird das ›Muster‹ im überreichen Schmuck der Säulenkapitelle fulminant durchbrochen.

und mit Palmetten und Ranken belegte Kelchblockkapitelle kündigen bereits die Gotik an, in deren später Phase erst wieder umfangreichere Anschaffungen möglich waren, da zwischenzeitlich das Stift abwirtschaftete. Von dieser spätgotischen Ausstattung, zu der auch ein hölzernes Rippengewölbe gehörte, sind Reste der Apsismalerei (durch den Altar leider nicht sichtbar) und einige Schnitzfiguren übriggeblieben. Die *Mondsichelmadonna* am nördlichen Pfeiler des *chorus minor* zeugt von einfühlsamer Gestaltungskraft.

Spätgotische Stilelemente finden sich auch nördlich der Kirche in der anschließenden, Anfang des 16. Jh. erbauten und im 18. Jh. erneuerten **Klausur** mit dem gut erhaltenen Kreuzgang. Da das Stift 1804 aufgehoben und, wie allgemein üblich, zur Domäne wurde, unterlagen die Gebäude lange Zeit wirtschaftlicher Nutzung. Im Erd- und Obergeschoss des Ostflügels sowie im Nordflügel sind noch kreuzgratgewölbte Räume erhalten.

Hamersleben, Stiftskirche St. Pankratius. Die Kapitelle sind exquisite Beispiele hochromanischer Bauplastik.

Von Beckendorf-Neindorf nach Wolmirstedt

Wem von Hamersleben der gerade Weg über die Bundesstraße nach Norden zu eintönig erscheint, kann über schmale Landstraßen in nordöstlicher Richtung in das ›Inland‹ vorstoßen und **Beckendorf-Neindorf** entdecken. August von der Asseburg ließ in Neindorf 1582 eine **Schlosskapelle** erbauen, in der sich die Formen von Spätgotik und Renaissance mischen. Die Kirche ist vor allem aber eine Begräbniskirche der Stifterfamilie geworden, die sich im 17. und 18. Jh. hier bestatten ließ. Der Familie des Bauherrn ist sowohl ein in manieristischem Prunk schwelgendes *Wandgrabmal* aus Marmor und Sandstein wie ein als Epitaph gestalteter *Altaraufsatz* von 1679 gewidmet. Das heute als Krankenhaus genutzte **Schloss** im Norden der Kirche grenzt an einen ausgedehnten Park.

Wirklich wie hier ›gewachsen‹ erscheint dagegen das **Schloss** in **Ummendorf**. Passenderweise hat sich in der ehemaligen Wasserburg das **Bördemuseum** etabliert. In seinen Sammlungen versucht es, dem Typischen von Geschichte, Landschaft und Kultur dieser Region auf die Spur zu kommen. Der Bördemaler August Bratfisch, dem hier eine ständige Ausstellung gewidmet ist, hat besonders in seinen Zeichnungen die Eigenheiten dieser spröden Landschaft erfasst. Draußen im Garten wachsen annähernd 500 Heil- und Gewürzkräuter sowie Gift- und Färbepflanzen. Im angrenzenden Hof zeugen eiserne Ungetüme von den Anfängen einer technisierten Landwirtschaft.

Zwischen 1535 und 1581 entstanden die meisten der um den fast quadratischen Hof gelagerten Gebäude, die im 19. und 20. Jh. zum Teil grundlegende Veränderungen erfuhren. Allein der Bergfried besitzt in seinen gewölbten und mit Kaminen ausgestatteten Untergeschossen noch spätromanische Bausubstanz.

Das Schloss von Beckendorf-Neindorf soll 1824–27 von einem Schinkelschüler, dem späteren Braunschweiger Hofbaumeister Carl Theodor Ottmar, nach Entwürfen seines Lehrers erbaut worden sein. Das Schloss gilt als eines der bemerkenswertesten klassizistischen der Vorharzlandschaft und bringt einen eher untypischen Hauch von Strenge und Vornehmheit in das sonst bäuerlich derbe ›Holzland‹.

Die nahe, 1556–66 erbaute und eine spätromanische Vorgängerin ersetzende **Dorfkirche** birgt außer zahlreichen Grabsteinen einen um 1580 geschaffenen *Altaraufsatz* in ihrem Inneren. Er ist ein recht beachtliches und durchaus typisches Stück der Zeit, mit einem großen Auferstehungsgemälde in reich geschnitzter Rahmung.

Sommersdorf, Harbke und Marienborn

Westlich des Schlosses Sommerschenburg dehnt sich ein heute weitgehend verwilderter englischer Park. Dort, direkt an der Straße nach Sommersdorf hinunter, stiftete die preußische Armee dem 1831 in Posen gestorbenen Generalfeldmarschall von Gneisenau ein Mausoleum (1841). Christian Daniel Rauch schuf die Marmorstatue des standhaften Feldherrn.

Westlich von Ummendorf heben sich grüne Hügel aus der Landschaft. Sie bieten im Dreieck Sommersdorf–Harbke–Marienborn als angenehme Abwechslung ein repräsentatives Stück ›Magdeburger Schweiz‹, die mit ihren schönen Buchenwäldern lange ein beliebtes Ausflugsziel der Magdeburger war. Konnte das Gebiet seine landschaftlichen Reize auch weitgehend bewahren, so haben die Ortschaften an der innerdeutschen Grenze doch mehr als andere gelitten. Die **Sommerschenburg** ist dabei eher eine Ausnahme. Sie taucht mit den Zinnen ihres alten Bergfrieds und den Giebeln und Spitzen des 1897 im Stil des Historismus erbauten Schlosses schon bald aus den Baumwipfeln auf. Die alte, bereits im 11. Jh. erwähnte Anlage ist 1814 von König Friedrich Wilhelm III. als Geschenk an Generalfeldmarschall von Gneisenau für seine Verdienste in den Befreiungskriegen gegangen. Der ausgemachte Stratege, der sich seinen Ruhm in der Schlacht bei Waterloo erwarb, fand aber wohl nicht so recht Geschmack an der desolaten Burg und machte zu Lebzeiten nur wenig Gebrauch von ihr.

Wie Sommerschenburg besaß auch **Harbke** einst einen weitläufigen gepflegten Park. Schon in der Mitte des 18. Jh. eingerichtet, war er besonders wegen der Vielzahl der in ihm angepflanzten Baumarten berühmt geworden. Selbst Goethe betrieb im Jahr 1805 botanische Studien in ihm. Als Teil des kulturtouristischen Projektes ›Gartenträume – Historische Parks in Sachsen-Anhalt‹ erlebt er seit einigen Jahren zumindest eine teilweise Wiedergeburt. In alten Reiseführern als ›Perle von Niedersachsen‹ gepriesen, ist der kleine Ort im ehemaligen Sperrgebiet mit dem nahen Braunkohlentagebau und dem inzwischen stillgelegten Kraftwerk hart von der Nachkriegsgeschichte gezeichnet. Gezielte Unterlassungen zum Erhalt wertvoller Kulturdenkmäler verbanden sich hier drastisch mit rücksichtsloser industrieller Ausbeutung. Neben einigen Fachwerkhäusern wie dem **Gasthof ›Zum Goldenen Pudel‹**, einer Hofanlage aus dem 18. Jh., und dem ›**Grauen Hof**‹, der straßenseitig über weit vorgezogenen Balkenköpfen noch Füllbretter mit Pilasterarchitektur von 1606 trägt, protzt auch ein Protobeispiel stalinistischer Gründerzeitarchitektur im Ortszentrum. Das in den 50er-Jahren entstandene Ensemble besteht aus **Kulturhaus** (Sparkasse) und kombinierten Wohn- und Geschäftstrakten. Die eher feudal-klassizistisch als proletarisch anmutende Säulenfront des ›Kulturtempels‹ macht den realitätsfernen ideologischen Hintergrund deutlich. Die Idee, Proletarier wie Fürsten leben zu lassen, wurde von der Wirklichkeit rasch überholt.

Von der beachtlichen Rundburg des ehemaligen Harbker Schlosses, die von je zwei Wallanlagen mit Wassergräben umringt war und die von Baumeister Martin Peltier aus Braunschweig Mitte des 18. Jh. nach einem Brand erneuert wurde, stehen nur noch ruinöse Mauern. Lediglich die 1825 erbaute Orangerie im Park ist wieder hergestellt worden.

Der Name **Marienborn** verband sich während der deutschen Teilung vor allem mit dem gleichnamigen Grenzübergang. Teile dieser größten Grenzkontrollanlage Europas bilden heute die **Gedenkstätte Deutsche Teilung,** auf deren Gelände ein Dokumentationszentrum und eine Ausstellung über die Geschichte des Ortes informieren.

Es scheint so, als wurde selbst in diesen traditionsreichen Orten eine regelrechte Entsiedlungspolitik betrieben, die sich nicht nur gegen Menschen, sondern auch gegen die Zeugnisse der Geschichte als Träger der Identität richtete. Diese Missachtung gegenüber Gewachsenem prägt vielfach noch heute das Ortsbild. Rekonstruiert wurde inzwischen die Stätte, der Marienborn seinen Ursprung verdankt, jene von einer **Kapelle** überbaute Quelle, deren Bannkreis als ›Heiliger Hain‹ schon die Verehrung unserer heidnischen Vorfahren galt. Christen verbanden mit dieser Quelle eine Legende, nach der Maria einem Hirten erschienen war, um ihm zu bedeuten, dass sie die Quelle für sich auserkoren habe und dass ihr zu Ehren an dieser Stelle eine Kapelle zu errichten sei. Ende des 12. Jh. entstand nicht nur die Kapelle, sondern auch ein Hospital, aus dem sich Anfang des 13. Jh. ein Augustinerinnenstift entwickelte. Von den **Klostergebäuden** existieren außer einigen Resten nur noch zwei spätgotische Flügel der Klausur. Die **Stiftskirche St. Marien**, schon in gotischer Zeit von Umbauten betroffen, ist 1885 nach Plänen von Carl August Stüler in einer umfangreichen Restaurierung stark verändert und um wesentliche Teile reduziert worden. Original ist die spätromanische Priesterpforte in der Nordwand des Turms, wogegen das für die Maßverhältnisse der kleinen Kirche zu auffällig geratene, doch stilistisch recht gut angepasste Eingangsportal seine Existenz dem 19. Jh. verdankt. Im Inneren sind es vor allem zwei *Schnitzaltäre* von 1475 bzw. vom Anfang des 16. Jh., die aufmerken lassen.

Erxleben, Bartensleben, Altenhausen und Flechtingen

Nördlich von Marienborn durchschneidet die A 2 das Land und lässt wie ein Flusslauf nur eine begrenzte Anzahl von Übertrittsmöglichkeiten zu. Nördlich verbleibend, sind es immer noch Orte mit der Endung -leben, die gewissermaßen den Ton angeben: Alleringersleben, Eimersleben und **Erxleben**. Während dieses Gebiet landschaftlich noch nicht zur Altmark gehört, hat es doch schon früh mit ihr in politischem Verbund gestanden. Auch die an der alten Handelsstraße Braunschweig–Magdeburg liegende alte **Niederungsburg,** einst durch Fehden und in Kriegen hart mitgenommen, scheint nun, in Aussicht baldiger Restaurierung, wieder besseren Zeiten entgegenzusehen: Der mittelalterliche Bergfried ragt mit seiner barocken Haube als Orientierungspunkt aus der vielfach umgebauten, größtenteils nachmittelalterlichen Anlage. Neben ihm sind die wichtigsten Bauten das 1679–82 erneuerte dreigeschossige Vorderschloss mit Erker und üppigem, leider ramponiertem, von Sitzbänken und Pfeilern flankierten Barockportal an der östlichen Schauseite. An der Hofseite steigen zwei Treppentürme und ein Treppenhaus aus Fachwerk am Gebäude empor. Rechtwinklig schließt das 1563 erbaute so genannte Hinterschloss an. Westlich davon wurde das alte Brauhaus 1556–63 zu einem Wohnhaus mit quadratischem Treppenturm umgebaut. Weiter westlich steht abermals ein Wohnbau mit polygonalem Treppenturm.

Den letzten bestimmenden Akzent erhielt die 1185 als im Besitz derer von Erxleben ausgewiesene Burg 1782–84 durch den Halberstädter Landbaumeister J. C. Huth, der in der nordöstlichen Ecke der Gesamtanlage einen weiteren zweigeschossigen Schlossbau errichten ließ. Diese merkwürdige Bebauung war verursacht worden durch eine Erbteilung der Familie von Alvensleben im Jahr 1554. Das Geschlecht war bereits 1273 im Besitz der Burg und saß als ›schwarze‹ und ›weiße‹ Linie bis zum Ende des Zweiten Weltkriegs ununterbrochen auf Erxleben.

Die **Schlosskapelle**, 1564–80 durch beide Linien erbaut und 1674 erneuert, birgt heute neben ihrer überaus üppigen und qualitätvollen Ausstattung eine Familienchronik derer von Alvensleben über fünf Jahrhunderte in Form von *Grabsteinen* und *Epitaphien*. Ihrer Bedeutung bewusst, zog die Familie auch für diese Aufgaben namhafte Künstler heran.

Der Reichtum dieser bäuerlichen Landschaft an ehemals bedeutenden Burganlagen und deren oft über Jahrhunderte während ununterbrochene Besetzung durch eine einzige Adelsfamilie scheint ein auffälliges Phänomen dieser Gegend. So saßen die von Veltheim vom 15. Jh. bis 1945 in **Bartensleben** auf ihrem **Schloss**. Auf eine ehemalige Wasserburg zurückgehend, gehört seine heutige Gestalt der Mitte des 18. Jh. an. Nur ist es diesmal die **Dorfkirche**, in der einer ganzen Ahnenreihe mit zum Teil sehr bedeutenden *Grabsteinen* gedacht wird.

In der kaum 7 km nördlich von Erxleben entfernten fränkischen Gründung **Altenhausen** finden sich wiederum ganz ähnliche Verhältnisse. Hier war ein Zweig jener von der Schulenburg ansässig, eine ebenfalls über Jahrhunderte reichende und besonders in der Altmark begüterte und einflussreiche Familie, die in der **Dorfkirche** zahlreiche *Grabdenkmäler* hinterlassen hat. Seit 1485 im Pfandbesitz der **Niederungsburg** Altenhausen, hat das Geschlecht diese bis 1945 halten können. Das umfangreiche Grabensystem der im 11./12. Jh. auf älterer Grundlage erbauten Burg ist noch erkennbar. Die erhaltenen Gebäude allerdings sind erst im 15. und 16. Jh. entstanden. Ende des 19. Jh. fand dann ein weiterer Umbau statt, bei welchem das Herrenhaus und der dominierende Bergfried hinzugefügt wurden.

Auch die von knorrigen Eichen bestandene **Rittmeisterallee**, die die Straße nach Flechtingen hinauf erst rechts und dann links bis in den Wald hinein begleitet, weckt romantische Vorstellungen. Gebührende Aufmerksamkeit sollte an der Kreuzung mit der Landstraße Süpplingen–Ivenrode den **Lützoweichen** geschenkt werden.

Von Beckendorf-Neindorf nach Wolmirstedt

Von Eichen beschirmt wird auch die kurz danach von der Landstraße nach links abbiegende **Heerstraße**, die bis hinüber nach Hilgesdorf führt.

Auf der Straße ist nach wenigen Kilometern über den Flechtinger Höhenzug bald die weite Rodungsfläche von **Flechtingen** erreicht. Am Ortsrand erhebt sich in dem künstlich angestauten Schlosssee auf einem Porphyrfelsen die malerische **Burg**. Sie gehört zu den reizvollsten und am besten erhaltenen Anlagen ihrer Art in Sachsen-Anhalt. Von 1307 bis 1853 saß auf ihr das Geschlecht derer von Schenck, die zu den ältesten Familien der Region zählen und bedeutende Stellungen in den Diensten der Askanier, Luxemburger und Hohenzollern innehatten. Selbstverständlich, dass sich in der **Dorfkirche** zahlreiche *Grabdenkmäler* der Familie befinden.

Die aus Vor- und Kernburg bestehende Burg wurde 1860–97 im neogotischen Stil ausgebaut, besitzt aber noch reiche Substanz früherer Bauperioden. Nach Umbauten des 14. und 15. Jh. ließen die Burgherren nach einem Brand im Jahr 1483 formenreiche Fachwerkgeschosse auf die verbliebenen Steinmauern setzen, die der um den engen dreieckigen Innenhof gruppierten Anlage der Kernburg einen äußerst markanten Reiz geben. Weitere Umbauten fanden im 16. und 17. Jh. statt. Über eine Brücke ist vom Schloss aus ein weiträumiger Landschaftspark zu erreichen.

Flechtingen, Burg, um 1300. Die malerische Wasserburg am südlichen Ortsrand befand sich mehr als 600 Jahre lang im Besitz derer von Schenck.

Weferlingen, Walbeck und Oebisfelde

Noch ist nicht das Ende der ›Burgenfahrt‹ gekommen. Die im Allertal liegende **Burg** in **Weferlingen** profitierte nicht von der Gunst beständiger Verhältnisse. Die derzeit als Baustofflager dienende Ruine brannte Anfang des 20. Jh. aus und ist nicht mehr wiederhergestellt worden. Prinz Friedrich II. von Hessen-Homburg, das Vorbild des Prinzen von Homburg im Kleistschen Drama, lebte hier Ende des 17. Jh. für längere Zeit und hatte auch das Schloss wieder in Ordnung bringen lassen. Lediglich der ›Graue Hermann‹, ein noch etwa 30 m hoher Bergfried aus der Zeit um 1300, überlebte aufgrund seiner Stärke und perfekten Mauertechnik weitgehend unbeschadet. Ewigkeitsanspruch hatte gewiss auch der 1708 in Wefersleben geborene Markgraf Friedrich Christian von Brandenburg, als er sich 1766 vom Baumeister und Bildhauer Bartoli aus Halberstadt eine *Grabkapelle* an das südliche Schiff der **Dorfkirche** anbauen ließ, um nach dem Tod in seinen Geburtsort zurückkehren zu können. 1769 verstorben, ist er dennoch nicht hier beigesetzt worden. Die mit vorgestellten Säulen und Reliefs bewegt gestaltete Halle trägt über der Eingangsseite ein hochaufgebautes brandenburgisches Wappen mit einer Allegorie des Todes und erhält durch ihren Kunstwert die Erinnerung an den Stifter wach.

Bevor die Reise in den nördlichsten Zipfel bis nach Oebisfelde fortgesetzt wird, überrascht den Ruinenfreund nahe des kleinen Dorfes **Walbeck** eine Rarität. Südlich des Ortes erhebt sich auf dem 20 m zum Fluss steil abfallenden Burg- oder Domberg die Ruine der ehemaligen **Stiftskirche** der Benediktiner. Von dem im Zentrum der Kirche angelegten Grab des 964 gestorbenen Stifters ist eine beschädigte *Grabplatte* aus Stuck in der **Dorfkirche** geborgen worden. Sie dürfte ein mindestens ebenso seltenes Stück wie die Ruine selbst sein.

Auch in **Oebisfelde** existierte schon im 10. Jh. eine Burg, da sich hier einer der wenigen durch einen Knüppeldamm befestigten Übergänge durch den Drömling befand. Der Verlauf des Dammes entsprach ungefähr dem der heutigen Bundesstraße nach Gardelegen. Die 1267 erstmals urkundlich genannte **Burg**, direkt am Rand einer Sumpfniederung im Süden der Stadt an der Aller gelegen, wird bis in die Gegenwart durch einen Bruchsteinbau aus dem 13./14. Jh. repräsentiert. Ihren vergleichsweise guten Zustand hat sie ihrer Nutzung zu Wohnzwecken und als **Museum** zu verdanken. Wie in Weferlingen betont ein mächtiger Bergfried das trotzige und wehrhafte Aussehen der gesamten Anlage. Das Hauptgebäude der in Wirtschafts- und Wohntrakt zweigeteilten und später in die Stadtbefestigung einbezogenen Burg war der heute durch vielfache bauliche Ergänzungen gekennzeichnete ›Prinzenbau‹, der zur Stadt hin liegt.

In der Prinzenstraße befinden sich die ältesten Häuser des Ortes, Fachwerkhäuser des 15. bis 17. Jh. Das älteste ist 1471 datiert, somit 23 Jahre nach der Stadtwerdung Oebisfeldes erbaut. Das im Kern

Die Oebisfelder Burg, 1267 erstmals erwähnt, ist in außergewöhnlich gutem Zustand; selbst ihr Zinnenkranz ist vollständig erhalten. Wie allgemein üblich befindet sich auch hier der Einstieg erst in 10 m Höhe. Denn ein solcher war bei kriegerischen Auseinandersetzungen die letzte Zuflucht, wenn es im wahrsten Sinne des Wortes zu ›türmen‹ galt.

Von Beckendorf-Neindorf nach Wolmirstedt

Walbeck, Ruine der Stiftskirche der Benediktiner, Gründungsbau 964 vollendet, 1887 bis auf die bestehenden Reste abgebrochen. Graf Lothar II. von Walbeck hatte in seiner Burg das Stift als Sühne für die Beteiligung an einer Verschwörung gegen Otto I. einrichten lassen. Von diesem Gründungsbau sind wesentliche Teile noch in der heutigen Ruine erhalten, die damit zu den wenigen Zeugnissen ottonischer Architektur in Sachsen-Anhalt zählt.

spätgotische **Rathaus** auf dem kleinen rechteckigen Marktplatz in der Stadtmitte wurde 1892 durch eingreifende Restaurierungen leider entstellend erneuert. Es war die Zeit, da die Stadt durch ihren Anschluss an einige Bahnlinien etwas aus ihrer abseitigen Lage gelangte und das neu gewonnene Selbstbewusstsein wohl durch Neubauten sichtbar machen zu müssen glaubte. 1896 ist nicht nur im eingemeindeten **Kaltendorf** die **Nikolaikirche** neu erbaut, sondern auch das Schiff der 1381 geweihten **Katharinenkirche** erneuert worden. Als Inventar verblieb aber noch vielfach das aus Spätmittelalter und Renaissance, wie der große vierflügelige *Schnitzaltar* aus dem Ende des 15. Jh. oder einige *Epitaphien* der hier zeitweilig ansässigen Adelsfamilie von Bülow aus dem 16. Jh.

Calvörde, Haldensleben und Hundisburg

Von Oebisfelde in Richtung Haldensleben geht es durch das flache Land der Ohreniederung. Bei **Calvörde**, diesem zwischen dem Mittellandkanal und der Ohre eingeschlossenen, knapp 2000 Einwohner zählenden Ort, werden aber schon die Ausläufer des Waldgebiets der großen Letzlinger Heide sichtbar. Von Calvörde, das durch seine Pferdezucht bekannt geworden ist und dessen Umgebung auch heute noch zu Kutschfahrten und Reittouren einlädt, läuft die Landstraße nahe dem Kanal bis hinunter nach Haldensleben.

Im **Haldenslebener Forst** werden in der so genannten ›historischen Quadratmeile‹ 84 Großsteingräber der Jungsteinzeit gezählt. Das Entdecken dieser inmitten eines schönen Mischwaldes liegen-

Die Börde bei Magdeburg

den, vielfach eingebrochenen oder von Gras überwachsenen Grabstellen aus zum Teil sehr großen Findlingssteinen erfordert allerdings Spürsinn und Zeit. Das Königsgrab zum Beispiel besteht aus 60 Findlingen. Nirgendwo sonst in Mitteleuropa gibt es eine solche Anhäufung prähistorischer Begräbnisstätten. Das ist ein augenscheinlicher Beweis dafür, dass hier vor etwa 4500 Jahren ein Zentrum von sesshaften Ackerbauern und Viehzüchtern gewesen sein muss.

Die Stadt **Haldensleben** wurde erst 1938 aus den Orten Neu- und Althaldensleben zusammengeschlossen. Dabei ist das zwischen den Wasserarmen von Mittellandkanal und Ohre eingeschlossene Neuhaldensleben das Zentrum der Stadt. Sie wurde vermutlich von Heinrich dem Löwen als konkurrierende Kaufmannssiedlung zu Magdeburg angelegt, was Erzbischof Wichmann dazu veranlasste, die Stadt 1179 und 1181 zunächst ohne Erfolg zu belagern. Durch das Missgeschick klug geworden, ließ er die Ohre anstauen, um die Stadt unter Wasser zu setzen und zu zerstören. Ab 1223 – inzwischen in Besitz der Magdeburger Erzbischöfe – begann der Wiederaufbau auf der Basis eines regelmäßigen Straßennetzes. Ende des 13. Jh. erhielt sie auch eine Stadtmauer mit drei Toren, wovon noch die Tortürme des **Bülstringer Tors** im Nordwesten und des 1358 hinzugefügten **Stendaler Tors** im Norden erhalten blieben. An der Kreuzung der rechtwinklig aufeinanderstoßenden Hauptstraßen wurde der Marktplatz angelegt, der noch heute den Stadtmittelpunkt bildet. Ein **Roland** zu Pferde überwacht das Markttreiben. Das heute im Museum aufbewahrte Original ist 1927 durch eine Kopie aus Kalkstein ersetzt worden. Das **Rathaus** hinter dem Standbild ist im Kern ein Barockbau vom Anfang des 18. Jh., das sein heute prägendes klassizistisches Gewand 1815–23 erhielt.

Haldensleben, Roland zu Pferde, 1927 in Sandstein angefertigte Kopie des hölzernen Originals von 1528. Seine ungewöhnliche Gestaltung steht wohl unter Einfluss des Magdeburger Reiterdenkmals.

Zu annähernd gleicher Zeit wurde auch der 1808 eingestürzte Turmbau der **Stadtkirche** durch den quadratischen mit achteckigem Aufsatz und geschweifter Haube ersetzt. Überhaupt hat die dreischiffige, um 1414 vollendete Basilika vor allem im 17. und 19. Jh. zahlreiche Veränderungen bzw. Erneuerungen erfahren. Entsprechend erscheint das weiträumige, von Spitzbogenarkaden auf Rechteckpfeilern untergliederte Innere, das in Mittelschiff und Chor von einem 1872–74 eingezogenen, aufwendig ausgestalteten Holzgewölbe überspannt wird. *Altaraufsatz* und *Kanzel* sind Arbeiten aus dem Jahr 1666 und ziehen wegen ihrer barocken Schmuckfülle die Aufmerksamkeit zuerst auf sich. Doch wirklich von überdurchschnittlicher Qualität ist ein kleines *Kreuzigungsrelief* an der Westwand des südlichen Seitenschiffs. Um 1375 entstanden und ursprünglich in die äußere, durch Strebepfeiler, Figurenkonsolen, Fialen und Wasserspeier hervorgehobene Chorwand eingelassen, ist es leider durch Witterungseinflüsse stark beschädigt. Es kann als Synonym für die über Jahrhunderte durch Fehden, Kriege, Stadtbrände und Epidemien geprüfte Stadt stehen, die sich erst im 19. und 20. Jh. davon erholen konnte.

So sind es auch nur vereinzelte, wertvollere historische Gebäude, die das Stadtbild beleben. Das auffälligste ist das **Kühnsche Haus** an der Ecke Hagen- und Holzmarktstraße aus dem Jahr 1592. Es begeistert besonders durch seine gruselig-lustigen Maskenköpfe. Ein Anziehungspunkt für eher literarisch Interessierte kann das ganz in der Nähe befindliche **Museum** im Breiten Gang sein, denn dort wird unter anderem ein großer Teil des Nachlasses der Brüder Grimm aufbewahrt. 1900 Bücher, dazu Briefe, Handschriften, Urkunden, Bildnisse sowie zeitgenössische Möbel warten hier auf den Wissenschaftler wie auf den einfach nur Neugierigen.

Neugier und Forschergeist sind vielleicht ebenfalls vonnöten, um im 966 erstmals genannten **Althaldensleben** die Reste des einmal heiß umkämpften 1000-jährigen Burgwalls aufzuspüren. Als Wegweiser dient ein 1228 angelegtes Zisterziensernonnenkloster in dessen unmittelbarer Nähe, das 1810 von der westfälischen Regierung aufgehoben wurde.

Der Kaufmann und Industrielle Johann Gottlob Nathusius, der danach das Klostergut erwarb, um hier eine wenig glückliche Musterlandwirtschaft einzurichten, war zugleich Bauherr der noch existierenden **Doppelkirche**. Schließlich setzte er mit einer Tonwarenfabrik den Beginn für die später so erfolgreiche keramische Industrie in Haldensleben.

Weniger für den Geldbeutel als vielmehr fürs Auge ließ Nathusius zwischen Althaldensleben und der auch in seinen Besitz genommenen **Hundisburg** im Ort gleichen Namens einen englischen Garten anlegen. Durch dessen schattige Alleen und verschlungene Wege ist die Hundisburg noch heute zu Fuß zu erreichen. Die 1140 erstmals erwähnte, landschaftsbeherrschende Rundburg wurde im 12. Jh. vom Erzbistum Magdeburg zu einer der stärksten Festen gegen die Mark und Braunschweig ausgebaut und war dementsprechend umstritten. Trotz notgedrungener Veränderungen konnte die Anlage ihren Gesamtcharakter bewahren. Selbst die Ringmauer und der dem Dorf zugekehrte Zwinger sind vergleichsweise gut erhalten. Seit 1452 im Besitz derer von Alvensleben aus Kalbe an der Milde, wurde die Burg im 16. Jh umfangreich erneuert. Nach den Verwüstungen des Dreißigjährigen Kriegs entstand unter dem hannoverschen Staatsminister Johann Friedrich von Alvensleben zwischen 1694 und 1702 durch den Braunschweiger Baumeister Hermann Korb der »eindrucksvollste ländliche Barockbau in der nördlichen Provinz Sachsen«, wie der Historiker Berent Schwineköper schreibt. 1945 brannte dieser Bau aus. Seit 1991 arbeitet hier ein Verein überaus erfolgreich an der Sanierung des Schlosses und des Barockgartens.

Aus der zerstörten Schlosskapelle in die **Dorfkirche** umgesetzt wurde ein vorzügliches, von Jürgen Röttger geschaffenes *Grabdenkmal* aus Holz- und Alabasterreliefs mit zehn überlebensgroßen Figuren aus Alabaster für L. von Alvensleben und seine Familie. Trotz allen Prunks weist es auf andere Weise als die Ruinen auf dem Berg

In den zu großen Teilen rekonstruierten Schloss- und Park-anlagen der Hundisburg finden das ganze Jahr über Konzerte, Ausstellungen u. a. statt.

Die Börde bei Magdeburg

oder etwa der einsame Westquerturm im nahen, wüst gewordenen Dorf **Nordhusen** stumm und ohnmächtig auf die Vergänglichkeit unserer Existenz.

Groß Ammensleben und Wolmirstedt

Die Bundesstraße Richtung Magdeburg, die zunächst links und dann rechts des Mittellandkanals verläuft, kreuzt sich in **Groß Ammensleben** mit der Landstraße nach Wolmirstedt. Bemerkenswert ist der kleine Ort durch eine **Benediktinerklosterkirche,** die 1140 geweiht wurde. Vom hirsauisch beeinflussten Ursprungsbau ist im Wesentlichen das erst im 15. Jh. eingewölbte Langhaus erhalten, in dessen südlichem Seitenschiff um 1170 ein sehr feingliedriges, klassische

Wolmirstedt,
Burgkapelle, 1480

Strenge atmendes Stufenportal eingefügt wurde. Im Ganzen jedoch ist die Kirche wie die Innenausstattung wegen der zahlreichen Um- und Ausbauten nicht mehr einheitlich. Wenig auffällig erscheinen die Reste des alten Fußbodens in der Kreuzkapelle vor dem Altar. Es sind glasierte und unglasierte Tonfliesen, zum Teil rautenförmig, zum Teil mit Palmettenmuster. Meisterliche Arbeiten der Bildhauerei sind die beiden *Sandsteinfiguren* von Märtyrerinnen auf spätgotischen Wandkonsolen seitlich des Altars.

Mit **Wolmirstedt**, zwischen dem Südrand der Letzlinger Heide und der Landeshauptstadt Magdeburg, ist die letzte Station erreicht. Bis zur Mitte des 13. Jh. war hier die Stelle, an der die Ohre in die Elbe mündete und an der im Jahr 780 Karl der Große mit den Ostsachsen und Slawen verhandelte. Als wichtiger Übergang über beide Flüsse und Eingang zur Altmark hatte die 1009 hier genannte **Burg** besondere Bedeutung sowohl für die Markgrafen der Nordmark als auch für die Erzbischöfe von Magdeburg, die die lange andauernden Auseinandersetzungen Anfang des 14. Jh. schließlich zu ihren Gunsten entschieden. Sie ließen die Burg im 15. und 16. Jh. großzügig ausbauen. Die heute als kulturelles Zentrum der Stadt genutzte Schlossdomäne beherbergt unter anderem ein **Museum,** das mit vorwiegend auf der Hildagsburg gefundenen Schaustücken auf die Historie dieser Stadt verweist. Blickfang im Innenhof der heute noch erhaltenen Anlagen ist die 1480 aus Backstein erbaute **Kapelle.** Die filigrane Gliederung der Strebepfeiler und des Portals verweist auf die klassischen Vorbilder in Werben und Tangermünde, wobei trotz aller Perfektion hier die in der Übersteigerung eintretende Ermüdung des Stils schon deutlich spürbar wird.

»Harz, du Muttergebürg«

> »Harz, du Muttergebürg, welchem die andre Schar
> wie der Eiche das Laub entsproßt,
> Adler zeugst du dir hoch auf der Felsenhöh'
> und dem Dichter Begeisterung.«
>
> Novalis, ›Der Harz‹

Mehr als jedes andere deutsche Gebirge besitzt der Harz mit dem »deutschesten aller Berge«, dem »Vater Brocken«, und dem Ruf des »schönsten deutschen Mittelgebirges« einen Sonderplatz in unserem Bewusstsein. Neben der von großer Geschichte und Sage umwobenen Vergangenheit waren es vor allem die namhaften Dichter des 18. und 19. Jh., die ihm diesen Platz erschrieben haben. Klopstock, Gleim, Goethe, Novalis und Heine, ja selbst der nüchterne Fontane haben sich seinem Reiz nicht entziehen können. Seine Lage als »eine Art Insel am Rande des Tieflandmeeres«, überschaubar, vielgestaltig und rätselhaft zugleich, der kurze Weg von den milden Gebirgsrändern in das rauhe ›Hochgebirge‹ mit nur diesem einen, dominierenden Berg, der wohl schon in der Frühgeschichte eher als Gott-Person denn als Naturerscheinung wahrgenommen wurde, ließen den Harz selbst zu einem ›Individuum‹ werden, wie Novalis es als Synonym für Unbeugsamkeit, Freiheit und Einheit bedichtete.

Als ganz West- und Mitteleuropa von einem riesigen Meer bedeckt war, hob untermeerischer Vulkanismus die Scholle des Harzes aus dem Umland. Diabasische Magmen brachen hervor und erstarrten zu Granit, dem typischen Gestein des Gebirgsstocks um Brocken, Ramberg oder Bodetal. Der bis zu 500 m mächtige Kalkablagerungskomplex bei Rübeland und Elbingerode stieg auf dem ›Rücken‹ des Magmas empor, während an den Rändern des Gebirges die untermeerischen Schichten aus Sand und Kalk zerbrachen, verschoben oder überkippt wurden. Das geschah vor allem im stärker herausgehobenen Nordharz. Der Südharz wird von fließenden Übergängen geprägt. Verwitterung und Abtragung formten das Gebirge weiter. Niederschläge spülten die Verwitterungen aus, das Wasser grub tiefe Flusstäler oder schuf die so genannten ›Blockmeere‹ des Oberharzes. Den letzten Schliff bekam das Gebirge durch die den Ostharz überdeckenden Eismassen. Sie hinterließen die Talschutthalden in den Flusstälern der Ilse, Holtemme, Wormke oder der Kalten Bode.

Die milden und wettergeschützten Ränder und die von dort in das Gebirge sich hineinziehenden Flusstäler waren schon früh von Menschen besiedelt. Um die Zeitenwende trafen hier Cherusker und Hermunduren aufeinander, wie gut 500 Jahre später Thüringer und Sachsen, wobei letztere mit dem Schwinden der thüringischen Herrschaft unter dem fränkischen Druck ihren Einflussbereich bis zum Sachsengraben im Süden des Gebirges ausdehnen konnten. Die

◁ *Die Ilsefälle bei Ilsenburg im Harz.*
»Ja, die Sage ist wahr, die Ilse ist eine Prinzessin, die lachend und blühend den Berg hinabläuft. Wie blinkt im Sonnenschein ihr weißes Schaumgewand! Wie flattern im Winde ihre silbernen Busenbänder!«
Heinrich Heine, ›Die Harzreise‹

Der Harz

Liudolfinger schufen am Harz schließlich die »größte und geschlossenste Grundherrschaft im fränkischen wie im sächsisch-thüringischen Raum«, so dass es wenig verwundert, dass einer der ihren als erster deutscher König, als ›Harzkönig‹, auf den Thron gehoben und damit die Harzregion für zwei Jahrhunderte zu einem der Zentren des Deutschen Reiches wurde. Dies ist bis heute die einzige historische Phase geblieben, in der die Regierung des Harzes in einer Hand lag. Seit dem 12. Jh. wird er durch wechselnde Mächte beherrscht. Die Welfen, Askanier und Hohenzollern haben das Schicksal des Harzes ebenso mitbestimmt wie die Grafengeschlechter der Wernigeröder, Regensteiner, Stolberger oder Mansfelder. Selbst heute, da die mitten durch den Harz verlaufende innerdeutsche Grenze gefallen ist, stoßen hier noch die Grenzen von drei Bundesländern aufeinander: die Thüringens, Niedersachsens und natürlich Sachsen-Anhalts.

Rund um Osterwieck

Das Land zwischen Großem Bruch und Harzer Vorgebirgslandschaft ist vornehmlich Ackerland, über dem sich im Süden der lange, schmale Höhenzug des Huy zart abzeichnet. Das ehemalige **Schloss** in **Schlanstedt** sicherte als mittelalterliche Burg einen Übergang durch das Bruch. Bis 1344 war die Burg im Besitz der Regensteiner Grafen, die große Teile des nördlichen Harzvorlandes beherrschten. Das heutige geschlossene Geviert ist eine Anlage von 1616.

Ältere Substanz besitzt die **Westerburg** etwa auf halbem Weg zwischen Schlanstedt und Großem Fallstein. Die Regensteiner Grafen bauten die in ihrem Besitz befindliche Westerburg, eine rundliche Burg mit zwei Wassergräben, zu einer ihrer stärksten Festungen aus. Der weiträumige Innenhof, umschlossen von Steinbauten mit Fachwerkobergeschossen und mit dem großen Taubenhaus, schafft die Imagination einer friedlichen Welt.

Hessen, dessen Ortsbild beherrscht wird von den beiden Türmen des bislang leider nur teilweise sanierten **Schlosses,** hat einmal für die Herzöge von Braunschweig, der dritten großen Territorialmacht des Nordharzes, eine gewisse Rolle gespielt. Sie waren es, die Hessen Ende des 16. Jh. zu der heute nur noch in Resten vorhandenen stolzen Erscheinung ausbauten. Das Absinken zur Domäne, vor allem aber das Schicksal der vergangenen Jahrzehnte, als der Ort funktionslos im Sperrgürtel des Grenzgebietes lag, hat viel von der Bausubstanz vernichtet. Auch der vor dem Dreißigjährigen Krieg angelegte manieristische Lustgarten ist bis auf wenige Reste verschwunden.

In einer vergleichbaren Situation befindet sich – trotz des gepflegten Umfeldes – die ehemalige **Wasserburg** in **Zilly,** das etwa 10 km südöstlich von Hessen liegt. Die mächtige ruinöse Anlage, die im 13. Jh. zur Wohnburg ausgebaut wurde, birgt immerhin den größten Palas des Harzraums.

Der 33 m hohe Bergfried der Westerburg bildet zugleich die Südostecke einer im 13./14. Jh. angefügten und in der Renaissance nochmals umgebauten, kastellartigen Wohnburg, in welcher eine Kapelle mit Kanzelaltar Beachtung verdient. Die Burg beherbergt heute einen Hotel- und Gaststättenbetrieb.

Rund um Osterwieck

Osterwieck

Osterwieck ist die bedeutendste Kleinstadt der engeren Region. Die Stadt ist höchstwahrscheinlich identisch mit dem um 800 eingerichteten Missionsbistum Seligenstadt, das schon kurz nach 800 nach Halberstadt verlegt wurde. Osterwieck jedenfalls, an der alten Handelsstraße von Braunschweig nach Halberstadt gelegen, hat trotz des Verlustes seiner territorial übergreifenden kirchlichen Bedeutung das ganze Mittelalter als Markt eine wichtige Rolle gespielt, so dass sich Anfang des 13. Jh., neben der Marktsiedlung an der Stephanikirche, um die Nikolaikirche eine weitere Siedlung etablierte. Beide umschloss Ende des 15. Jh. eine später nochmals verstärkte Mauer, von der nur geringe Reste erhalten sind. Wie viele Städte erlitt auch Osterwieck im Dreißigjährigen Krieg einen so starken Rückfall, dass ihr fortan die Existenz einer Ackerbürgerstadt beschieden war.

Osterwieck ☆

In zwölf Straßen des unter Denkmalschutz stehenden historischen Stadtkerns befinden sich unter den insgesamt 328 Gebäuden allein 118 Einzeldenkmale von herausgehobenem Wert.

Osterwieck, am Markt, im Hintergrund die Stephanikirche

Im Nordharzgebiet ist sie neben Goslar und Quedlinburg trotz allem die Stadt, die das lebendigste Bild des spät- und nachmittelalterlichen niedersächsischen Fachwerkbaus geben kann. Die meisten der wirklich einmaligen Wohn- und Geschäftshäuser des unter Denkmalschutz stehenden Stadtkerns sind nach dem großen Stadtbrand von 1511 zwischen der Stephanikirche im Norden und der **Nikolaikirche** im Süden entstanden. Letztere wurde 1262 erstmals urkundlich erwähnt. Aus dieser Zeit stammt wohl im Wesentlichen der Turm. Das Kirchenschiff, das im Inneren von einer hölzernen, bemalten Balkendecke überspannt ist, die wiederum von einer hölzernen Mittelstütze getragen wird, entstand 1583. Als beachtlichstes Ausstattungsstück birgt sie einen *Flügelaltar* aus dem zweiten Viertel des 15. Jh. von einer Halberstädter Werkstatt, die unter dem Einfluss Konrad von Soests stand.

Der ›**Bunte Hof**‹, ganz in der Nähe von St. Nikolai in der Rössingstraße, ist 1579 für Ludolph von Rössing erbaut worden. Leider ist von der einst wunderbaren Anlage nur ein Flügel mit einem Treppentürmchen erhalten. Schon hier taucht das für Osterwieck so kennzeichnende Motiv der Blendarkaden an der Brüstung auf, welches wie das des Beschlagwerks vom Steinbau auf die Fachwerkarchitektur übertragen wurde. Diese Arkadenbrüstungen der Renaissance und die für den niedersächsischen Stil typische Fächerrosette sind die am häufigsten anzutreffenden Schmuckelemente. Wenn ihnen später die im Barock übliche Bauweise sich netzartig kreuzender Streben folgt, bedeutet dies schon das nahende Ende des Fachwerkbaus, der sich im Klassizismus zu völliger Schmucklosigkeit verdünnt.

In der **Nikolaistraße,** der **Neukirchenstraße,** der **Mittelstraße** oder der **Rosmarinstraße,** wo sich im ehemaligen **Gasthof** ›**Zur Tanne**‹ ein besonders prächtiges Beispiel von 1614 erhalten hat, lassen sich Häuser aus den verschiedenen Epochen des Fachwerkbaus entdecken. Das gilt insbesondere auch für die **Kapellenstraße,** wo die nur sparsam ornamentierte Nr. 4 noch in die Zeit vor 1500 zurückreicht, während das Doppelhaus Nr. 1 zu einer Hälfte den klassischen niedersächsischen Fachwerkstil, zur anderen Hälfte den der Renaissance zeigt. Weitere Häuser stehen am **Stobenplatz,** in der **Karl-Liebknecht-Straße,** im **Hagen,** am **Markt** und besonders in der **Schulzenstraße.** Im Häuserensemble Nr. 8–11 stehen Gotik und Renaissance beieinander.

Zentrum der ältesten Siedlung Osterwiecks ist der Marktplatz mit dem ehemaligen **Rathaus** von 1554. In dem vergleichsweise schmucklosen Gebäude hat das **Heimatmuseum** sein Domizil gefunden. Ausführlich wird dort über die Geschichte des so faszinierenden Fachwerkbaus in Osterwieck berichtet.

Mit der **Stephanikirche,** deren 53 m hohes Turmpaar die Silhouette der Stadt prägt, kann Osterwieck aber zugleich auf einen sowohl in seiner Gesamterscheinung als auch in vielen Details bemerkenswerten Sakralbau verweisen. Zurückhaltend, nur durch Lisenen und

Osterwieck, ›Eulenspiegelhaus‹, 1534. Es ist das einzige in Osterwieck und im nordöstlichen Harz mit so reicher figürlicher Schnitzerei und wurde wahrscheinlich von dem Braunschweiger Bildschnitzer Simon Stappen geschaffen.

Kloster Huysburg

wenige symmetrisch angeordnete Fenster gegliedert, steigt der um 1150 erbaute Westquerbau über dem Kirchplatz empor und strahlt bei aller Spröde doch die Klarheit der ihm innewohnenden Idee aus. Das in seiner Westwand tief eingesetzte Portal scheint mehr abzuwehren als zum Eintreten aufzufordern. Im Jahr 1511 war es schließlich auch nur dieser kompakte Westquerbau, der den Brand überlebte.

Ein neuer spätgotischer Chor konnte schon 1516 geweiht werden, die dreischiffige Halle erst 1562. In den Arkadenbögen dieser weit ausladenden, spätgotischen Halle künden die Friese aus Pflanzenmotiven und Wappen auf recht ungewöhnliche Weise das Herannahen des neuen Stils an, der dann in einigen Ausstattungsstücken, so etwa der *Kanzel* von 1570 oder dem *Chorgestühl* von 1620, einen vollkommenen Ausdruck fand. Aus dem abgebrannten Kirchenschiff erhielten der von vier halbnackten Männern getragene, bronzene *Taufkessel* vom Ende des 13. Jh. und der vierflügelige *Schnitzaltar* aus dem Ende des 15. Jh. einen neuen Platz in der Kirche. Der Mittelschrein des Altars zeigt die von Wolken und musizierenden Engeln umgebene Marienkrönung und seitlich davon Johannes den Täufer und Stephanus, den Patron der Kirche.

Unter anderem gehört die barocke Figur eines Stephanus zu den Resten der einst reichen Ausstattung der heute als Ruine gesicherten **Klosterkirche** in **Stötterlingen,** nur 2 km westlich von Osterwieck. Unter den verschiedenen Bauphasen, die das Gebäude prägten, wird die aus dem Anfang des 12. Jh., wo roter neben weißem Kalkstein im Wechsel verwendet wurde, besonders augenscheinlich.

Kloster Huysburg

Das Harzvorland ist nicht nur einfach das möglichst rasch zu durcheilende Land vor dem Harz, sondern besitzt durchaus seinen Eigenwert. Das betrifft den Reichtum an kultur- und kunsthistorisch bedeutenden Stätten ebenso wie seine Natur. In respektvoller Entfernung vom Gebirgsrand ziehen sich die Höhenrücken des **Fallstein, Huy** und **Hakel** entlang. Die einst durch den Druck des Gebirges emporgehobenen, trockenen Kalkrücken bringen eine besondere Vegetation und Tierwelt hervor, die zum Teil sehr alten und schönen Buchenwälder locken zu langen Spaziergängen, die immer wieder einen überraschenden Blick auf das Panorama der sich in Blauschattierungen staffelnden Harzberge gestatten.

Die beiden spitzen Türme der Klosterkirche von Kloster Huysburg ragen im Dunst über die Wipfel der Bäume. Noch immer lebt ein kleiner Konvent von Benediktinern dort oben. Die Geschichte des Klosters beginnt mit einer Quedlinburger Nonne namens Pia, die sich 1070 hier in der Nähe eines Bischofshofs und einer Marienkapelle als Incluse niederließ. Ihr geistlicher Betreuer war Domherr Eckhard aus Halberstadt, der 1080 Abt des neueingerichteten Klosters wurde. Als es im Jahr seines Todes 1084 zur förmlichen Bestäti-

Osterwieck, St. Stephani, Grundriss

Kloster Huysburg

gung der Stiftung gekommen war, muss bald darauf mit dem Bau der **Klosterkirche** begonnen worden sein. Die dreischiffige Basilika ist, bis auf ihre spätgotischen Türme, die Einwölbung der Seitenschiffe und andere geringfügige Änderungen, weitgehend original erhalten und gilt daher als ein sehr bedeutendes Denkmal niedersächsischer Architektur an der Wende von der Früh- zur Hochromanik. Wie in der Klosterkirche Drübeck werden die Arkaden des Schiffs von Pfeiler zu Pfeiler zusätzlich mit einer Blendarkade überfangen, die dem sonst eher spannungslos wirkenden einfachen Stützenwechsel eine gewisse Eleganz verleiht. Auch die vergleichsweise intelligent eingepasste barocke Ausstattung samt Deckenmalerei zerstört diesen Eindruck nicht. Im nördlichen Kreuzarm erinnert ein sehr schöner *Gedächtnisgrabstein* aus dem 15. Jh. an den ersten Abt des Klosters.

Die im Südosten der Kirche gelegene mittelalterliche **Klausur** wurde 1825 fast gänzlich abgebrochen. Es existieren noch acht Joche des Kreuzgangs und mit der sogenannten Bibliothek vielleicht das ehemalige Refektorium. Das zweigeschossige Konventsgebäude im Westen des heutigen Klosterhofs ist barock umgestaltet, das ebenfalls zweigeschossige Gebäude im Süden 1746 neu erbaut und später durch Wirtschaftsgebäude und Torhaus ergänzt worden. Im Osten, nur durch eine Mauer vom Hof abgetrennt, liegt auf tieferem Niveau auf dem Gelände des ehemaligen Klostergartens auch heute noch ein umhegter Garten.

Tipp
Frühjahrswanderung durch die lichten Buchenwälder des Huy bis zu den ›Gletschertöpfen‹ in einem alten Steinbruch

Halberstadt

Halberstadt ☆☆
Besonders sehenswert Dom und reicher Domschatz Chorschranke der Liebfrauenkirche

Südlich des Huywaldes erscheint im weiten, sanft gewellten Vorland des Harzes die alte Bischofsstadt Halberstadt, das ›Tor zum Harz‹. Als hätten sie der Zeit getrotzt, markieren noch heute die ungleichen Türme der Martinikirche, die stolzen ›Bischofsmützen‹ des Doms und die vier Türme der Liebfrauenkirche bereits von weitem die alte Bischofsstadt und machen zumindest aus dieser Entfernung vergessen, dass bei Bombardements am 8. April 1945 diese historische Stätte so gut wie eingeebnet worden war. Erst bei der Fahrt oder einem Gang durch das Stadtzentrum wird der Verlust schmerzlich nachprüfbar. Dass sich Halberstadt trotz allem als eine Stadt unvergleichlicher Kultur- und Kunstdenkmäler präsentieren kann, hat sie einmal den kurz nach dem Krieg einsetzenden Wiederaufbau- und Erhaltungsleistungen vor allem an ihren großen Kirchen zu danken. Mit dem Neubau des 1998 eingeweihten Geschäftsareals um Holz- und Fischmarkt, einem der anspruchsvollsten innerstädtischen Bauvorhaben im Land nach der ›Wende‹, besitzt die Stadt nun wieder ein sich verlebendigendes Zentrum. Von hier aus sind Gänge durch den Dombezirk und die wieder auferstehende Altstadt mit ihren zahlreichen Einzeldenkmalen Erlebnisse besonderer Art.

Das einstige ›Rothenburg des Nordens‹ besitzt noch immer und wieder sehenswerte Beispiele des Fachwerkbaus von der Gotik bis zum Klassizismus.

Halberstadt

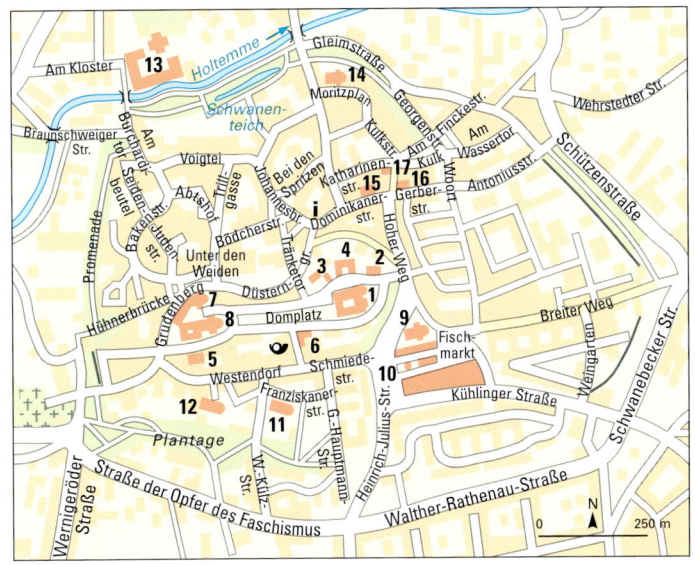

Halberstadt
1 Dom
2 Gleimhaus
3 Städt. Museum und Heineanum
4 Domdechanei
5 Redernsche Kurie
6 Dompropstei
7 Bischofspalast
8 Liebfrauenkirche
9 Martinikirche
10 Holzmarkt mit Rathaus und Roland
11 Andreaskirche (Franziskanerklosterkirche)
12 Johanniskirche
13 Burchardikloster
14 Moritzkirche
15 Katharinenkirche
16 Hotel ›St. Florian‹
17 Kulkmühle

Dom

Neben Goslar war Halberstadt seit dem Mittelalter die mächtigste und bedeutendste Stadt der nördlichen Harzregion und zudem Sitz eines Bistums der Erzdiözese Mainz. Diese gründete um 780 in jenem bereits erwähnten, mit Osterwieck identischen Seligenstadt ein Missionsbistum und verlegte es Anfang des 9. Jh. nach hier, an eine Furt durch die Holtemme. Das 827 bestätigte Bistum umfasste bis Mitte des 10. Jh. das große Gebiet zwischen Saale, Unstrut, Elbe, Ohre und Oker. In Halberstadt, das niederdeutsch Alfurtested hieß, ließ der erste Bischof Hildegrim von Châlons zunächst eine Burg erbauen, die gewiss auch eine oder mehrere Kapellen besaß. Ausgrabungen zeigten, dass es sich in etwa um die Stelle handelte, wo heute noch der **Dom (1)** steht. Möglich, dass auch hier, wie vielfach üblich, demonstrativ eine alte germanische Kultstätte besetzt und umgedeutet wurde. Bei dem so genannten **Lügenstein** im Südwesten des Doms könnte es sich um eine Art Kulttisch handeln, auf dem der heidnischen Gottheit Opfer dargebracht wurden. Diese unbekannte Gottheit wurde zur ›Lüge‹ erklärt und ersetzt durch den heiligen Stephan, der zum Patron aller Erstgründungen Hildegrims im östlichen Sachsen wurde. Unter dem vierten Halberstädter Bischof Hildegrim II. kam es 859 zur Weihe des ersten karolingischen Doms, der aber bereits 965 wieder einstürzte. Da seit etwa zehn Jahren Otto I. in Magdeburg die Kathedrale eines künftigen, den Halberstädtern die Wirksamkeit nach Osten abschneidenden Erzbistums erbauen

Wilhelm Pinder bezeichnete den Dom von Halberstadt als »das reinste deutsche Beispiel einer durch und durch verstandenen Gotik«.

Der Harz

Halberstadt, Dom, Grundriss
1 Westquerbau
2 Lettner und Triumphkreuzgruppe
3 Marienkapelle
4 Hoher Chor
5 Kapitelsaal (Domschatz)
6 Remter (Domschatz)
7 Stephanskapelle
8 Neustädter Kapelle
9 Kreuzgang

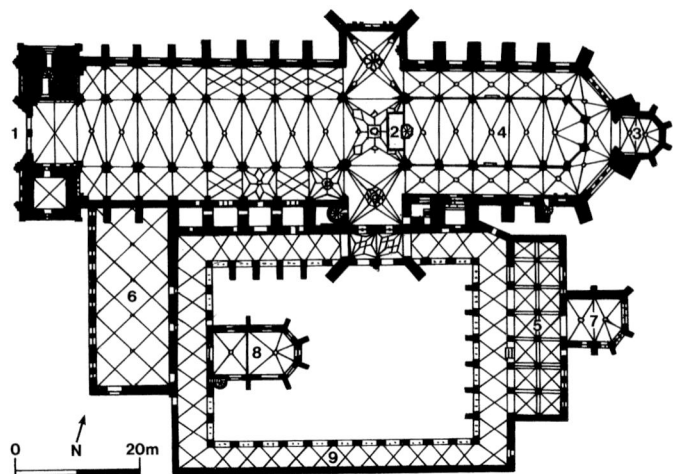

ließ, muss sie das besonders hart getroffen haben. Der Neubau des ottonischen, schon 992 geweihten Doms ist durchaus in Konkurrenz zu der nicht zu verhindernden kaiserlichen Stiftung in Magdeburg zu sehen. Als 1179 Heinrich der Löwe die Stadt erstürmen und einäschern ließ, geriet auch der Dom in Brand, was später Anlass bot, ihn restaurieren und einwölben zu lassen.

Noch vor 1239 aber, nur wenige Jahre nach der erneuten Weihe von 1220, setzte wiederum in Konkurrenz zum Magdeburger Neubau rege Bautätigkeit einer zisterziensischen Bauhütte aus Walkenried am Westbau des Doms ein. In beinahe 250-jähriger Bauzeit erwuchs nun das heute noch erhaltene, alle Phasen der Gotik überspannende Bauwerk.

Vier wichtige Bauabschnitte prägen das Werk und veranschaulichen zudem beispielhaft die langwierigen mittelalterlichen Bauabläufe. Bis zur Mitte des 13. Jh. entstand vor dem Westwerk des ottonischen Doms der neue **Westquerbau** mit den beiden quadratischen Türmen, deren Obergeschosse und Helme im 19. Jh. erneuert und zum Teil frei gestaltet wurden. Der von Lisenen und Ecksäulchen eingefasste und von einem kräftigen Rundbogenfries in seinem ohnehin schwachen Höhendrang gestoppte untere Baukörper zeigt aber die typischen Merkmale des ›burgundisch-zisterziensischen Übergangsstils‹: Runde, wulstige Zackenbögen, schlanke, zum Teil gewirtelte Säulen mit Kelchblockkapitellen, Kleeblattbögen und Diamantquader- und Nagelkopfrosettenzier zwischen den Voluten, an Säulen und kannelierten Mauerkanten bestimmen das Bild einer fülligen, konzentrierten Plastizität, die sich auf wenige, schmückende Details beschränkt.

Um die Mitte des 13. Jh. ist es dann zu einer Planänderung gekommen. Die drei westlichen Joche des Langhauses, die an Stelle des ottonischen Westwerks bis etwa 1317 entstanden, sind schon ganz ein Ergebnis der von Frankreich nach Deutschland hereindringenden hohen Gotik. Die hier festgelegte erhebliche Erhöhung der Mittel- und Seitenschiffwände unter Beibehaltung der ottonischen Schiffsbreiten führte zu der für Halberstadt so typischen ›Steilheit‹ der Innenräume. Ganz im Sinne der Gotik übernehmen die Schiffs- und Strebepfeiler die tragenden Funktionen dieser Architektur. Zwischen den Pfeilern entstehen mehr und mehr jene ›immateriellen‹, nur noch von Fensterordnungen und deren strengem Maßwerk gegliederten Wände. Nach Einwölbung dieser nun schon mit dem ottonischen Bau genutzten Teile entstand bis etwa 1340 eine Pause. Auch setzte man die Arbeit nicht im westlichen Langhaus, sondern im Osten außerhalb der alten Kirche zunächst mit einer Chorscheitelkapelle, der **Marienkapelle** fort. Sie steht in ihrer Schlichtheit noch ganz in den Formen der Hochgotik, während der kleine Dachreiter auf ihrem westlichen Giebel bereits die Brücke zum im Anschluss erbauten, spätgotischen **Chor** schlägt. Da die Maßverhältnisse der westlichen Joche für ihn bestimmend bleiben, sind die Veränderungen im Inneren kaum, am Außenbau zuerst am reicheren Dekor spürbar. Die an den Westjochen noch klar nachvollziehbare konstruktive Grundordnung beginnt sich unter dem Schmuck der vielgliedrig gebildeten, übereck gestellten, mit gleich zwei Figurennischen ausgestatteten Fialen zu ›verflüchtigen‹. Diese Tendenz setzt

Halberstadt, Dom von Südosten, zweites Viertel 13. Jh.

Der Harz

sich auch in der vierten Bauperiode zwischen 1401 und 1491 fort, wird aber durch das grundsätzlichere Bemühen nach Homogenität der Gesamterscheinung gebremst. Es entstehen die restlichen Joche des **Langhauses** und das **Querhaus,** dessen nördlicher, von einer Regensburger Bauhütte geschaffener Giebel noch einmal einen edlen und reichen Akkord spätgotischer Bauplastik anschlägt. Bis 1486 ist auch das letzte Joch des atemberaubend in die Vertikale drängenden Kirchenbaus mit einem Kreuzgratgewölbe geschlossen. Nur die Joche des Querhauses und die vier östlichen Joche beider Seitenschiffe erhalten ein aufwendigeres Stern- bzw. Netzgewölbe.

Beim Blick durch das hohe **Schiff** nach Osten wird besonders die Vierung durch ihr einzigartiges Sterngewölbe hervorgehoben. So wandert das Auge über den aus Rübeländer Marmor gefertigten romanischen *Taufstein* im westlichen Mittelschiff und den an Ketten schwebenden, aus mehreren konzentrisch übereinander angebrachten Ringen bestehenden gotischen *Kronleuchter* hin bis zu dem 1510 fertiggestellten, an die westliche Chorschranke gelehnten *Hallenlettner*. Dieser ist ein zeittypisches Werk der sich in entmaterialisierender, filigraner Ornamentik auflösenden Gotik.

Die monumentale *Triumphkreuzgruppe* auf einem Balken über dem Lettner entstand um 1220. Das Zentrum beherrscht der natür-

*Halberstadt, Dom, Triumphkreuzgruppe, um 1220.
Als Vorbild diente sicher die Kreuzigung auf einer byzantinischen Weihbrotschale im Domschatz, die der unbekannte Meister souverän ins Monumentale übertrug, ohne etwa nur eine vergrößerte Kopie zu liefern. Diese gedankliche Tiefe, verbunden mit der künstlerischen Meisterschaft des Schnitzers, macht die Halberstädter Triumphkreuzgruppe zu einem Werk europäischen Rangs. Erwin Panofsky nannte es den »Höhepunkt des sächsischen Byzantinismus«.*

lich geformte Körper Christi mit zur Seite gesunkenem Haupt mit ebenmäßigen, fast gleichmütigen Zügen. Dieses Erhabensein über den Schmerz weist ihn als Überwinder des Todes aus, wie der Drache unter seinen Füßen ihn als Sieger über das Böse zeigt. Ihm zur Seite stehen Johannes auf der gekrümmten Figur eines Königs als Überwinder des Heidentums und Maria auf der Schlange, die in der Typologie hier Evas Schicksal erfüllt. Die die anrührende Kreuzgruppe flankierenden Cherubime entrücken als Thronwächter Gottes das tragische Geschehen schon in eine Sphäre der Erlösung und des Triumphes. Die einst farbige Fassung, in der Gold neben Rot und Blau dominierte und die Ränder des Kreuzes mit Edelsteinimitationen bemalt waren, mag diesen Gedanken noch verstärkt haben.

Halberstadt, Domschatz, byzantinische Weihbrotschale, 12. Jh., die »bedeutendste erhaltene Silbertreibarbeit der gesamten mittelbyzantinischen Epoche«.

Auch die zahlreichen *Steinskulpturen,* die im Dom ihren Platz gefunden haben, sind von zum Teil hoher künstlerischer Qualität. Zu ihnen gehören die lebensgroßen Statuen der Dompatrone Stephanus und Sixtus sowie der zwölf Apostel an den Pfeilern des hohen Chors aus dem zweiten und dritten Viertel des 15. Jh. *Andreas* besticht durch den tiefgeistigen forschenden Gesichtsausdruck, dem sich sein ganzer Habitus, ja selbst der Faltenwurf seines Gewandes unterordnet. Die Figur des *Jacobus maior,* des Patrons der Pilger, mit Wandertasche, Pilgerstab, Hut und Buch, setzt sich nicht nur wegen ihrer angespannten, fiebrig-nervösen Bewegtheit von diesem Zyklus der Ruhenden ab. Auf Frontalansicht berechnet und von zur Fläche neigender, reliefartiger Gestaltung, war sie womöglich für einen anderen Standort gedacht.

Die Pfeilerfiguren, die über die Vierungspfeiler weiter bis ins Mittelschiff verteilt sind, sollten sicher einst den ganzen Raum umziehen. Unter ihnen zeichnen sich weitere hervorragende Stücke durch ganz unterschiedliche Auffassung aus. Das kantig-asketische Profil eines *Hieronymus mit dem Löwen* von etwa 1480 steht neben den von Riemenschneider beeinflussten, ergeben leidenden Figuren des *Sebastian* oder eines *Bischof Erasmus.*

Ursprünglich wurde dieser Figurenreigen am äußeren Mittelpfeiler des Westportals durch die überlebensgroße, um 1510/20 geschaffene Skulptur des Dompatrons *Stephanus* eröffnet, die heute an der Westwand des nördlichen Seitenschiffs steht. Einst Armenpfleger der Urgemeinde, trägt er die Steine, die seinem Leben ein Ende setzten, als wäre es das Normale oder Notwendige. Auch hier weist die realitätsnahe Gestaltung auf den Einfluss Riemenschneiders.

Feinste psychologische Beobachtungsgabe eines oft als genial bezeichneten, unbekannten Meisters verraten die drei Figuren eines *Engels,* einer *Maria* und einer *Maria Magdalena* im nördlichen Chorumgang, die wohl gegen 1360 für ein *Heiliges Grab* geschaffen wurden. Das Verkündigungspaar des Engels und der Maria beweist sogar, dass ein so sichtbar von heiliger Freude erfüllter Vorgang mit einem gewissen Charme, Witz, ja vielleicht sogar etwas hintergründiger, die Lauterkeit dieses Paares aber keineswegs angreifender Ironie gestaltet werden kann.

Bei Restaurierungsarbeiten am Halberstädter Triumphkreuz 1996 machte man eine sensationelle Entdeckung: ein in den Hinterkopf der Christusfigur eingelassenes und offenbar unberührt gebliebenes sogenanntes Reliquiengrab, das u. a. eine Kreuzreliquie enthielt.

In diesem Kreis Erhabenheit verströmender Heiliger steht an der Nordempore das herzerfrischend naiv gestaltete Paar *Adam und Eva* in Dümmlichkeit und Schuld als wahrhaft nackt und ausgeliefert. Was sich hier rührend ausspricht, wächst sich in dem *Epitaph* für den 1552 verstorbenen Magdeburger *Erzbischof Friedrich*, der gleichzeitig Bischof von Halberstadt war, zu einem makaber-grotesken Welttheater aus, dessen Szenerie sich um den als Prediger dargestellten Bischof gruppiert. Der Autor dieses Werks, der brandenburgische Hofbildhauer Hans Schenk, auch Scheußlich oder Scheiczlich genannt, gilt als merkwürdigste Erscheinung der norddeutschen Bildhauerei seiner Zeit. Zwischen Erlösersehnsucht und grausigster Verzweiflung ist dieses Werk des Manierismus ein durchaus überzeitlicher Ausdruck für ein Bewusstsein, das die menschliche Existenz vornehmlich als eine krisenhafte, mit sich selbst nicht im Einklang stehende begreift.

Von der Vielzahl kostbarster Ausstattungsstücke, die im Halberstädter Dom versammelt sind und von denen hier nur wenige signifikante Beispiele vorgestellt werden konnten, muss unbedingt noch auf die mittelalterliche *Glasmalerei* hingewiesen werden, die für die mystische Raumsphäre besonders der gotischen Kathedrale so bestimmend gewesen ist. Auch die **Marienkapelle** wird durch die um 1335 entstandenen Scheiben des Achsfensters mit den von der Wurzel Jesse gerahmten Darstellungen des Lebens Jesu sowie der Propheten und Könige des Alten Testament in glühende Dämmer getaucht. Hierbei handelt es sich um die ältesten und künstlerisch wertvollsten. Bei den Fenstern des Chorumgangs und des Hochchors, die aus unterschiedlichen Abschnitten der ersten Hälfte des 15. Jh. stammen, musste schon vieles ergänzt werden. Die beiden östlichen Fenster des Umgangs und das Scheitelfenster des Hochchors sind unter ihnen die besterhaltenen.

Die neu gestaltete Dauerausstellung des Domschatzes wird am 13. April 2008 eröffnet.

Einzigartig wie der gesamte Dom ist auch der *Domschatz*. Über Jahrhunderte zusammengetragen, zählt er heute neben der Sammlung in Köln zu den reichsten und wertvollsten Kollektionen kunstgewerblicher und künstlerischer Kostbarkeiten des Mittelalters. Als einmalig auf der Welt gilt die Sammlung *liturgischer Gewänder*, deren prächtig bestickte oder mit Edelsteinen besetzte Stücke bis in das 10. Jh. zurückreichen. Als »Werke von Weltrang« gelten die beiden 9 und 10 m langen gewirkten *Bildteppiche*, der Abrahams- oder Engelteppich (um 1120) und der Apostelteppich (um 1150). Daneben besitzt der Dom noch eine *Sammlung von Plastik und Malerei* des 12. bis 16. Jh. und eine *Sammlung mittelalterlicher Bildhandschriften*, deren älteste noch in karolingischer Zeit entstand. Die für den Besucher der Gegenwart wohl am merkwürdigsten erscheinende Kollektion dürfte die der *liturgischen Geräte und Reliquiare* sein. Ein Armreliquiar mit dem Finger des heiligen Nikolaus steht hier neben einer fein ziselierten und mit Edelsteinen geschmückten Reliquientafel der Spätromanik, in deren Fensterchen aus Bergkristall die säuberlich bezeichneten ›Hinterlassenschaften‹ verschiede-

Halberstadt, Domschatz, Detail des Abrahamsteppichs, um 1120. Der Domschatz zählt zu den reichsten und wertvollsten Sammlungen kunstgewerblicher und künstlerischer Kostbarkeiten des Mittelalters.

ner Heiliger schimmern. Als das kostbarste Stück des ganzen Domschatzes und »bedeutendste erhaltene Silbertreibarbeit der gesamten mittelbyzantinischen Epoche« gilt aber die als Anregung für die Gestaltung des Triumphkreuzes bereits erwähnte *Weihbrotschale* aus dem 12. Jh.

Nach der Besichtigung des Domschatzes befindet sich der Besucher ohnehin schon im Bereich der ehemaligen Klausur im Süden der Kirche. In ihrem Osttrakt erhielt sich ein Raum aus der Zeit um 1150. Eine neue Klausur entstand mit der ersten Etappe des Dombaus. Sie ist heute an vielen Stellen verändert bzw. reduziert. So wurde der **Kapitelsaal** 1514 erbaut, die **Stephanskapelle** 1417 geweiht, und die **Neustädter Kapelle** ist 1503 vollendet worden. Den Südtrakt und Teile des Osttrakts der Klausur brach man im 19. Jh. ab. Der dort nur noch zum Teil vorhandene **Kreuzgang** gibt durch seine spitzbogigen Öffnungen noch einmal den Blick auf den idyllischen Innenhof und den prachtvollen Südgiebel der Kathedrale frei.

Dombezirk

Von Anfang an war der Dom das bedeutendste Gebäude des ganzen Dombezirks auf dem Burgberg. Sein Umkreis war schon 1018 befestigt. Die Mauern, zum Teil erhalten, umschlossen das noch heute auf dem Stadtplan sichtbare nierenförmige Oval. An seine äußeren Mauern lehnten sich die nach und nach heranwachsenden Siedlungen, während sich im Inneren des Bezirks die geistliche Macht und Verwaltung des Bistums konzentrierten. Einige Kurien, die Bischofsburg, die ehemalige Propstei und die Liebfrauenkirche, als westliches Pendant des Doms, sind zum Teil auch heute noch erhalten.

Beinahe versteckt, an der nordöstlichen Ecke des Platzes, direkt im Angesicht der Marienkapelle, entfaltet sich zunächst aber keine geistliche, sondern eine geistige Welt, und zwar im **Gleimhaus (2)**. In dem schmucken Steinhaus mit Fachwerkaufsatz aus dem 17. Jh. nahm 1747 Johann Wilhelm Ludwig Gleim (1719–1803) als neuer Domsekretär seine Wohnung. Bekannt gemacht hat ihn aber nicht diese Stelle, sondern sein Wirken im Halberstädter Dichterkreis. Tat er sich selbst als Poet auch nie sonderlich hervor, befähigten ihn seine Klugheit und sein Einfühlungsvermögen, als väterlicher Freund und Förderer für die Dichter seiner Zeit zu wirken und sie aus allen Teilen Deutschlands unter seinem Dach zusammenzurufen. Unter ihnen waren neben vielen anderen Lessing, Herder, Voß, Klopstock, Seume, Wieland und Jean Paul; selbst Goethe ließ es sich nicht nehmen, Gleim in seinem ›Freundschaftsstempel‹ aufzusuchen.

Eine Bildungsstätte anderer Art präsentiert sich wenige Schritte weiter, direkt im Norden des Doms, in der ehemaligen Spiegelschen Kurie. Das spätbarocke, 1782 erbaute Gebäude beherbergt heute das **Städtische Museum (3)**, dessen kunst- und kulturgeschichtliche Ausstellungen hauptsächlich der Stadtgeschichte gewidmet sind. Auf demselben Gelände in einem Nebengebäude lädt das Museum für Vogelkunde **Heineanum (3)** mit seiner bedeutenden ornithologischen Sammlung von über 16 000 Bälgen zu einem Ausflug in die heimische, europäische und exotische Vogelwelt ein. Die der Spiegelschen benachbarte Kurie wurde 1754 als **Domdechanei (4)** erbaut, ist aber 1914/15 völlig neu in den alten Formen errichtet worden. Außer ihr existiert heute an dem langen, zu beiden Seiten von Lindenbäumen bestandenen Domplatz von den Kurien nur noch die **Redernsche Kurie (5)** von 1796 am Domplatz 3 auf der gegenüberliegenden südlichen Seite, wo das massige Gebäude der **Dompropstei (6)** sofort die Aufmerksamkeit auf sich zieht. Der letzte katholische Bischof Heinrich Julius von Braunschweig, der zugleich der erste evangelische Administrator des 1591 reformierten Domstifts war, ließ die Propstei zwischen 1592 und 1611 erbauen. Über dem steinernen Arkadengang des Untergeschosses erhebt sich das obere, leicht wirkende Fachwerkgeschoß in den zeittypischen Formen mit Saumschwellen, Füllhölzern und Taurollen zwischen den geschwun-

Der Dichter Johann Wilhelm Ludwig Gleim versammelte als väterlicher Freund und Förderer viele bedeutende Kollegen unter seinem Dach. Der auf diesen Kreis gemünzte Begriff des ›Freundschaftsstempels‹ übertrug sich später vor allem auf jene Bildnisgalerie von etwa 130 Porträts, die auch heute noch zahlreiche Besucher in das intim gestaltete Museum zieht, das 1995 einen modernen Anbau erhalten hat. Darüber hinaus repräsentiert Gleims Bibliothek und die etwa 10 000 Briefe umfassende Korrespondenz eine bemerkenswerte wissenschaftliche Quelle zur Geistesgeschichte des ausgehenden 18. Jh.

Halberstadt

genen Konsolen. Zwischen den Zwickeln der Arkaden wie in jedem zweiten Brüstungsfeld des platzseitigen Obergeschosses prangen Wappen ehemaliger Domherren.

Lebten die Domherren in ihren Kurien am offenen Platz, lag der **Bischofspalast (7)** seit dem 11. Jh. in der nordwestlichen Ecke des Domplatzes, versteckt neben der Liebfrauenkirche. An dem 1552/53 errichteten und inzwischen umfassend restaurierten Gebäudekomplex erinnern wegen eingreifender Umbauten nur noch ein polygonaler Treppenturm mit einem kräftigen Renaissanceportal und ein breiter Erker mit Blendmaßwerk an die alte Herrlichkeit.

Die **Liebfrauenkirche (8)** mit ihren bodenschweren, sich addierenden Baugliedern der Romanik und ihren vier Türmen ist eine Ausnahmeerscheinung unter den Basiliken Mitteldeutschlands.

Wahrscheinlich nach 1088 begann der umfassende Neubau an Stelle einer älteren Kirche des 1005 hier gegründeten Augustinerchorherrenstifts, von der nur die beiden Untergeschosse des westlichen Turmquerriegels übernommen worden sind. Es entstand eine dreischiffige, flachgedeckte und kreuzförmige Basilika mit einem dreischiffigen Chor fast ohne jeden Bauschmuck. Wie in Ilsenburg und Hamersleben zeigt sich in der anfänglich äußerst asketischen Baugestalt Hirsauer Einfluß. Von den Turmpaaren kamen die drei Obergeschosse der durch Bi- und Triforien reizvoll gegliederten Westtürme erst nach 1200 hinzu. Die anfänglich offenbar nicht geplanten oktogonalen Türme über den östlichen Jochen der Seitenschiffe wurden um 1150 hinzugefügt, die sogenannte Taufkapelle mit vorzüglichem Baudekor um 1170 und die kleine Barbarakapelle mit schönen Gewölbemalereien aus der Bauzeit um 1420.

Wie das Kircheninnere des Ursprungsbaus aussah, lässt sich nicht sagen. Die Basilika des 13. Jh. aber war ein über und über mit Fresken bedeckter Raum, der auch eine entsprechende Ausstattung besaß. Neben wenigen Stuck- und Freskoresten sind es vor allem die weltberühmten Stuckreliefs der *Chorschranken*, die davon ein lebhaftes Zeugnis ablegen. Noch vor den Fresken, gleich zu Anfang des 13. Jh., müssen sie von einem herausragenden, aber unbekannten Meister geschaffen worden sein. Von zierlichen Holzarkaden bekrönt, sind es jeweils sieben, in Blendarkaden sitzende Figuren: Jesus, Maria und die ihnen beigegebenen Apostel. Schon durch ihre differenzierte, lebendige Haltung und die frischen, wirklichkeitsnahen Gesichter scheinen sie den Betrachter in das von ihnen geführte Gespräch zu ziehen. Wie bei der Triumphkreuzgruppe des Doms könnten auch hier Werke der byzantinischen Kleinkunst als Vorlage gedient haben. Jedoch ist es so, wie H. L. Nickel schreibt, dass sie in der Wirklichkeitsnähe ihre östlichen Leitbilder, die im routinierten Werkstattklassizismus erstarrten, bei weitem übertreffen und wohl einzig in Europa dastehen.

Noch in romanischer Zeit wie auch in den folgenden Jahrhunderten sind weitere wertvolle Ausstattungsstücke in die Kirche gelangt. Unbedingt Erwähnung finden muss hier das heute an Ketten hän-

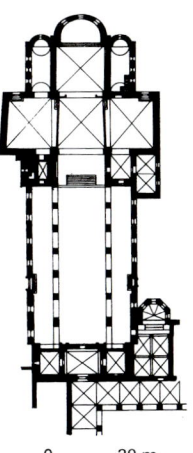

Halberstadt, Liebfrauenkirche, Grundriss

Halberstadt, Liebfrauenkirche, Maria, Detail der Chorschranke, Anfang 13. Jh. Die weltberühmten Stuckreliefs sind Zeugnis der Ausstattung der Basilika des 13. Jh.

gende, um 1230 entstandene *Triumphkreuz*, zweifellos eines der schönsten Beispiele aus der Reihe der sächsischen Monumentalkreuze. Ebenfalls aus spätromanischer Zeit stammen die beiden *Ambonen* mit exzellent gestalteten Kapitellen und Blattfriesen. Aus gotischer Zeit sind ein hölzernes *Vesperbild* (um 1420), das spätgotische *Gestühl*, der monumentale bronzene *Standleuchter* (1475) sowie der um 1420 entstandene *Flügelaltar* in der Barbarakapelle eine genauere Betrachtung wert. 1614 ist der *Taufkessel* in der Taufkapelle gegossen worden. Von der überaus zahlreichen und qualitätvollen *Grabkunst* in der Kirche sei nur auf die Mitte des 15. Jh. gegossene, fast vollplastische Bronze für Bischof Rudolf von Halberstadt hingewiesen.

Die Stadt und ihre Umgebung

Schon im 10. Jh. lag dem bischöflichen Burgberg im Südosten eine Marktsiedlung gegenüber, für die Bischof Hildeward bereits 989 von Otto III. Markt-, Münz- und Zollrechte erwarb. Die günstige Lage an den Handelsstraßen Goslar–Magdeburg und nach Braunschweig ließ sie rasch aufblühen und führte auch bald zum Anlegen neuer Siedlungskerne. So stand dem bischöflichen Stadtherrn schon früh eine starke und selbstbewusste städtische Opposition gegenüber, der es gelang, wichtige Rechte in die eigene Hand zu bekommen und den Bischof zeitweise sogar ganz aus der Stadt zu drängen. Innerstädtische Zwistigkeiten allerdings machten das militärische Eingreifen des Bischofs möglich und nötig. 1486 musste die Stadt die bischöfliche Herrschaft wieder voll anerkennen.

Zentrum der ersten Siedlung war der Markt und die 1186 erstmals genannte **Martinikirche (9)**. Offenbar von der Bautätigkeit auf dem Domberg angesteckt, plante die Stadt Ende des 13. Jh. den Neubau einer Basilika, der im Osten begonnen wurde und Anfang des 14. Jh. den beachtlichen Westbau erhielt. Beide Teile verband schließlich eine zeitgemäße, weit ausladende gotische Halle in edlen Proportionen, die sich zwangsläufig am noch basilikalen Querhaus bricht. 1961 war die weitgehend kriegszerstörte Kirche wieder aufgebaut; damit erhielt die Stadtsilhouette ihr Merkmal zurück.

In der Kirche behaupteten sich einige sehr schöne Ausstattungsstücke. Allen voran der bronzene *Taufkessel* mit originaler Ölbemalung aus dem Anfang des 14. Jh., der seinen Platz im nördlichen Querschiff hat. Fast aus dem Blickfeld gehoben ist das aus der Mitte des 15. Jh. stammende *Triumphkreuz* im westlichen Vierungsbogen. Beim Blick nach Osten zieht der dort intelligent den Lichteinfall der Chorfenster ausnutzende *Hochaltar* alle Aufmerksamkeit auf sich. Um das in den Mittelpunkt gerückte vollplastisch gegebene Kreuzgeschehen entfaltet der 1696 fertiggestellte Altar vor seinem durch Weinlaubsäulen gegliederten Aufbau in zahlreichen Freifiguren ein ikonographisches Programm, in dem selbst Martin Luther mit dem

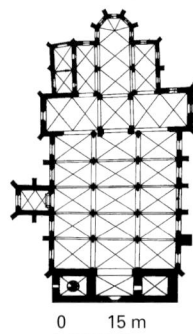

Halberstadt, Martinikirche, Grundriss

Schwan seinen Part zu spielen hat. Ebenso in barockem Lebensgefühl schwelgend wie dieser Altar erscheint die 1595 datierte und 1690 durch einige barocke Zutaten ergänzte *Kanzel*. Als Kanzelträger fungiert Simson, jener kraftstrotzende Geselle, der allein mit einem Eselskinnbacken im Zorn tausend Philister erschlagen haben soll.

Der von 1433 stammende, 1686 erneuerte **Roland** als Wächter der Marktgerechtigkeit, der nach dem Zweiten Weltkrieg an der Westfassade der Martinikirche aufgestellt wurde, ist an seinen alten Platz zurückgekehrt, die wieder aufgebaute Fassade des neuen **Rathauses (10)** am Holzmarkt.

Bis zum Zweiten Weltkrieg prägten Fachwerkarchitektur und die großen Steinbauten von Bürgertum und Geistlichkeit die Stadt. Als geistliches Zentrum der Diözese war sie ein beliebter Gründungsort geistlicher Stiftungen: Es gab 15 Kirchen in der Stadt.

Die südlich des Dombezirks gelegene **Andreaskirche (11)** brannte 1945 bis auf die Umfassungsmauern aus. Nach dem Krieg ist zunächst der Chor, in den 80er-Jahren dann das Kirchenschiff wieder errichtet worden. So gibt die ehemalige, Anfang des 14. Jh. erbaute Franziskanerklosterkirche wieder ein typisches Beispiel der Bettelordensarchitektur jener Zeit. Von den zum Teil aus anderen Kirchen übernommenen Ausstattungsstücken sei besonders auf den Anfang des 15. Jh. geschnitzten *Marienaltar* hingewiesen.

In unmittelbarer Nachbarschaft, in ›Klein Blankenburg‹, ist 1646 der Grundstein für das erste rein protestantische Gotteshaus, die **Johanniskirche (12),** gelegt worden. Seit 1640 hatte die immer wieder vertriebene protestantische Gemeinde in ganz Sachsen und bis nach Dänemark hinauf Spenden gesammelt. Neben Privatleuten und dem Domkapitel gehörten auch die schwedischen Marschälle Torstensen und Königsmark, ja selbst Königin Christine von Schweden zu den Spendern. Unter den Händen des Zimmermeisters Wolf Götze aus Quedlinburg entstand ganz im Sinne des reformierten Glaubens ein einfacher Fachwerkbau, der auch im Inneren eher einer ›reichen Bürgerstube‹ als einem sakralen Raum entspricht.

Außer den bis in jüngste Zeit wirtschaftlich genutzten Gebäuden des **Burchardiklosters (13)** sind es nördlich des Dombezirks noch zwei Kirchen, die die Wirren der Geschichte und ebenso die Anschläge des 20. Jh. überstanden haben. Die um 1214 begonnene **Klosterkirche St. Burchard** gehört mit ihrem rechteckigen Umgangschor zu den architektonischen Raritäten aus romanischer Zeit in Sachsen-Anhalt. Das lange von Verfall bedrohte Baudenkmal ist heute in seinem Bestand gesichert. Die **Moritzkirche (14)** ist 1237 von einem Augustinerchorherrenstift unter Wiederverwendung von Teilen einer Kirche des 11. Jh. als dreischiffige, flachgedeckte Basilika mit Querhaus und typischem Westquerriegel neu erbaut worden. Der Unterbau dieses Riegels und die wuchtigen, aber ungleichmäßigen Arkadenschritte der Mittelschiffpfeiler weisen auf den Ursprungsbau, während zahlreiche Details der jüngst restaurier-

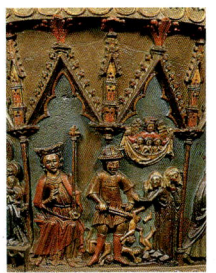

Halberstadt, Martinikirche, Taufkessel, Anfang des 14. Jh. Der bronzene Kessel mit originaler Ölbemalung wird von vier Männern, die Wasser aus Krügen schütten, getragen. Sie symbolisieren die vier Paradiesströme. Das Relief am Kessel selbst erzählt in szenisch aufgegliederten Bildern die neutestamentliche Geschichte von der Verkündigung Mariens bis zur Taufe Jesu im Jordan.

Seit dem 5. September 2000 ist die Burchardikirche Schau- und Hörplatz einer originären musikalischen Unternehmung, eines »so lange als möglich«, nämlich 639 Jahre, zu spielenden Musikstückes von John Cage.

Der Harz

In den Straßen der nördlich und westlich des Doms gelegenen Altstadt von Halberstadt finden sich immer noch Beispiele des Fachwerkbaus von der Gotik bis zum Klassizismus. Trotz der schweren Verluste durch den Bombenangriff von 1945 und die Vernachlässigung der Nachkriegszeit haben die Bemühungen der letzten Jahre manches vergessene Kleinod wieder zum Strahlen gebracht.

Neben den christlichen lebte in Halberstadt seit dem Mittelalter auch eine jüdische Gemeinde. Mitte des 18. Jh. zählte sie zu den größten Mitteleuropas. Das Judenviertel lag zwischen Bakenstraße, Judenstraße und Rosenwinkel. Dort hat seit 1995 in der ehemaligen Klaus-Synagoge die Moses Mendelsohn Akademie ihren Sitz.

ten Kirche von Veränderungen in der Zeit des 19. Jh. herrühren. Neben anderen, oft nur teilweise überkommenen Ausstattungsstücken besitzt sie einen vorzüglichen spätgotischen *Kronleuchter* von 1488.

Auch bei der **Katharinenkirche (15)** handelt es sich um eine klösterliche Gründung. Nach wechselhaftem Schicksal in klösterlichem und profanem Gebrauch ist das Kloster seit 1923 mit Karmeliterinnen besetzt. Die ehemalige, im zweiten und dritten Viertel des 14. Jh. erbaute, der Franziskanerkirche sehr ähnliche, einfache dreischiffige Halle dient heute als katholische Pfarrkirche und wird in ihrem von einer modernen Kassettendecke geschlossenen Inneren vor allem von dem prächtigen *Hochaltar* vom Anfang des 18. Jh. beherrscht.

Direkt an der Katharinenkirche stehen einige der am besten erhaltenen Fachwerkhäuser der Stadt. ›**St. Florian**‹ **(16)** von 1575 mit seinen Fächerrosetten präsentiert sich als ein typisches Beispiel des niedersächsischen Fachwerkbaus. Die nahe **Kulkmühle (17)** von 1594 bildet mit ihren Nachbarhäusern das wohl imposanteste Fachwerkensemble Halberstadts überhaupt.

Nach dem ausgiebigen Stadtrundgang sei ein Ausflug in die südlich der Stadt liegenden Klusberge und **Spiegelsberge** empfohlen. Der Domherr und Freund Gleims, Ernst Ludwig Christoph Spiegel zum Desenberg, kaufte 1761 diese kahlen ›Kattfußberge‹, ließ sie aufforsten und unter dem Zureden Gleims und der Dichterin Anna Luise Karsch (1722–1791) einen Park anlegen, der seit 1771 auch der Öffentlichkeit zugänglich war. Von den erhalten gebliebenen Gebäuden ist zuerst das **Jagdschloss** zu erwähnen. Wertvolle Teile des verfallenden Gröninger Schlosses sind hierher versetzt worden.

Es ist schwer zu glauben, dass unweit dieser Stätte menschlicher Lebensfreude in den **Zwiebergen** bei **Langenstein** während des Kriegs ein Außenlager des KZ Buchenwald bestanden hat, wo Häftlinge eine unterirdische Flugzeugfabrik bauten und Tausende unter dem Terror der SS zu Tode kamen. Eine **Gedenkstätte** erinnert dort an die Opfer. Das Langensteiner **Gutshaus**, mit schönem baumbestandenem Garten, war Ende des 18. Jh. Treffpunkt für den Dichterkreis um Gleim.

Quedlinburg

Quedlinburg ☆☆
Besonders sehenswert Fachwerkensemble des Stadtkerns Schloss, Stiftskirche und Stiftsschatz

Seit 1995 steht die Altstadt von Quedlinburg samt Schlossberg auf der Liste des schützenswerten Weltkultur- und Naturerbes der UNESCO. Sie will über holpriges Katzenkopfpflaster erwandert und erschaut werden. Allein der Stadtkern birgt 1600 Fachwerkhäuser aus einem Zeitraum von über 600 Jahren und gilt damit als offenes Bilderbuch der Geschichte des niedersächsischen Fachwerkbaus.

Burgberg, Stiftskirche und Schloss

Quedlinburg, dessen von weitem sichtbare Landmarke nicht die Türme der berühmten Stiftskirche, sondern die der Pfarrkirche der Neustadt sind, liegt in der fruchtbaren, von Höhenzügen umgebenen Talaue der Bode, die schon seit der Altsteinzeit ein offenbar ideales Siedlungsgebiet war. Der **Burgberg** über der Talmulde bot sich früh als natürlicher Zufluchtsort an. Er beherbergt das dominierende architektonische Ensemble. Seine einprägsame, geschlossene Silhouette, aus der die beiden Türme der Stiftskirche wie Merkzeichen emporragen, wird gemeinhin als Symbol für die Stadt gesehen.

Nach der Krönung des sächsischen Herzogs Heinrich zum ersten deutschen König erscheint 922 erstmals eine königliche Pfalz auf dem Burgberg. Ihr Rang ist dadurch belegt, dass der Leichnam Heinrichs 936 von Memleben nach Quedlinburg überführt und hier vor dem Hauptaltar der alten Pfalzkapelle beigesetzt worden ist. Königin Mathilde, der der gesamte Quedlinburger Besitz als Witwengut zufiel, gründete in der ehemaligen Pfalz ein Damenstift, dem sie bis zu ihrem Tode († 968) vorstand. Überaus reich mit Gütern ausgestattet, unterstand es direkt dem Kaiser und dem Papst und hat bis zu seiner Aufhebung 1803 eine nicht unerhebliche Macht besessen.

Im 10. und 11. Jh. ließ die auch nach dem Tod Heinrichs († 936) andauernde Vorliebe des sächsischen Königshauses ›Quitilingaburg‹ zu einer ›Metropole des Reiches‹ aufsteigen. Der häufige Aufenthalt der sächsischen Herrscher bescherte Stift und Pfalz glänzende kirchliche Feste und Hoftage. Auch Otto und Editha dürften in Quedlinburg geheiratet haben.

Stiftskirche

Die heute den Burgberg bekrönende **Stiftskirche (1)** ist im wesentlichen der 1129 in der Gegenwart Lothar von Supplinburgs festlich geweihte dritte Bau einer Stiftskirche an dieser Stelle. Das Gesamtbild der dreischiffigen flachgedeckten Basilika mit nur wenig über das Schiff heraustretendem Querhaus ist um 1320 durch den Neubau eines längeren gotischen Chors verändert worden, dessen Dach nun die Höhe des Querhauses übersteigt. Das ›romanische‹ Turmpaar im Westen entstand in seiner heutigen Form erst während einer umfassenden Restaurierung des 19. Jh. Den originalen Außenbau umzieht ein profilierter Sockel, den Ecklisenen und Pilaster gliedernd mit dem doppelten Rundbogenfries unter der Dachtraufe verbinden. Zusätzlich ist zwischen Dachtraufe und Rundbogenfries ein *Fries* von jenen für Quedlinburg so typischen kerbschnittartigen Reliefs eingefügt, die nach lombardischen Vorbildern, vielleicht selbst von oberitalienischen Steinmetzen gearbeitet wurden. Wie die Friese im Innenraum zeigt auch dieser streng geometrisierte Motive: friedliche und kämpfende Tiere, Pflanzen oder verschlungene Knotenformen.

Das *Hauptportal* des nördlichen Seitenschiffs gilt als das älteste Säulenportal auf deutschem Boden. Die in den Rücksprung eingestellten Säulen finden keine Fortsetzung in der Archivolte, die lediglich einen einfachen Rücksprung bildet. Dahinter entfaltet sich ein Raum, der zu den schönsten und edelsten hochromanischen Kir-

Der Harz

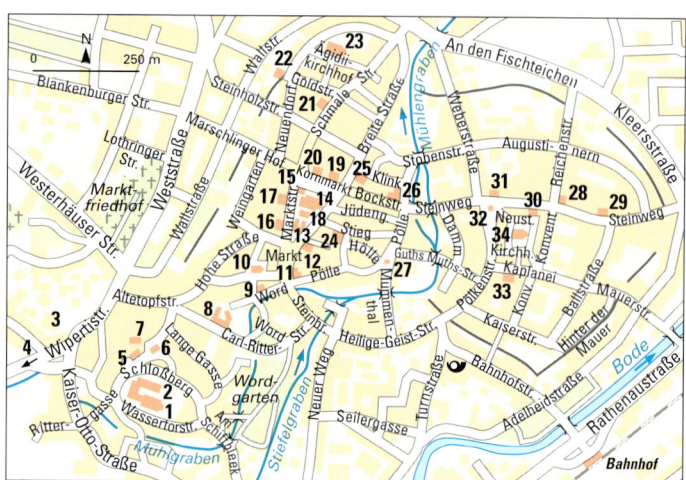

Quedlinburg 1 Stiftskirche 2 Schloss 3 Münzenberg 4 Wipertifriedhof und Wipertikirche 5 Klopstockhaus 6 Finkenherd 7 Lyonel-Feininger-Galerie 8 Ehemaliger Fleischhof 9 Hochständerbau (Fachwerkmuseum) 10 Pfarrkirche St. Blasii 11 Hotel ›Zum Bär‹ 12 Haus Grünhagen 13 Rathaus und Roland 14 Marktkirche St. Benedikti 15 Gruftkapelle 16 ›Kunsthoken‹ 17 ›Schneemelcherhaus‹ 18 ›Stadtpfeiferhaus‹ 19 Ehemalige Ratswaage 20 Ehemaliges Salfeldhaus 21 Haus Schmale Straße 13 22 Schreckensturm 23 Ägidiikirche 24 Alter Klopstock 25 Ehemaliges Gildehaus ›Zur Rose‹ 26 Hagensches Freihaus 27 Guts-Muths-Denkmal 28 ›Alte Börse‹ 29 Kochsches Haus 30 Schrödersches Haus 31 Gasthaus ›Zur Goldenen Sonne‹ 32 Mathildenbrunnen 33 Haus Kaplanei 10 34 Pfarrkirche St. Nikolai

chenräumen Deutschlands gehört. Unmerklich korrespondiert der sächsische Stützenwechsel mit der geometrischen Grundordnung der Kirche. Die Pfeiler markieren die Ecken der drei Mittelschiffquadrate, denen jeweils zwei Obergadenfenster zugeordnet sind. Pfeiler mit vorgestellten Pilastern, die unter der Decke in Scheinarkaden verschwimmen, teilen die Westwand, aus der sich die Äbtissinnenloge in vier Arkadenbögen gegen den großen Triumphbogen im Osten öffnet.

Im nördlichen Arm des Querhauses lädt die Zither zu einem Besuch des *Schatzes* der Kirche ein. Allerdings sind seine Kostbarkeiten 1945 geplündert und um die Hälfte dezimiert worden. 1990 tauchten plötzlich einige Stücke in den USA wieder auf, darunter das berühmte *Quedlinburger Evangeliar*. Zurückerworben, ist es nun wieder in Quedlinburg zu bewundern, was nicht heißen soll, dass es bisher nichts zu bewundern gab. Neben dem Servatiusreliquiar, dem Katharinenreliquiar und einer syrischen Amphore aus dem 6. Jh. war es vor allem der mit Goldblech beschlagene Äbtissinnen- oder Servatiusstab aus der Zeit um 1000, der die Aufmerksamkeit auf sich zog. Vermutlich ist es jener Stab, den Otto III. 999 durch Bischof Bezelin an die Quedlinburger Äbtissin Adelheid I. hatte übergeben lassen.

Der gotische Teil des *Chors* ist innen 1936–39 ›romanisierend‹ ausgebaut worden. Ab Ostern 1938 wurde die Kirche durch die SS zu einer ›Weihestätte‹ entweiht. Der Altar wurde zerstört und das Kirchengestühl verbrannt. Selbst vor den Königsgräbern schreckten diese Kulturbarbaren nicht zurück. Einer zweckdienlichen Propaganda wegen gaben sie die Gebeine einer Äbtissin für die König Heinrichs aus.

Nicht zuletzt dieses makabre Zwischenspiel erklärt die karge Ausstattung des ›Doms‹, den man sich üblicherweise reich mit Fresken geschmückt vorstellen muss. Die Reliefs der Kapitelle und Ornamentfriese treten dadurch um so deutlicher vor Augen, wie die Weidenflechtereien gleichenden Ornamentfriese im Querhaus oder die berühmten Quedlinburger *Adlerkapitelle* des Langhauses.

Ein naturnäheres, vielleicht etwas früheres Vorbild dieser Adlerkapitelle befindet sich an der Südwand der **Krypta,** die unter dem hohen Chor und der Vierung liegt. In ihrem zweijochigen, tonnengewölbten Westabschnitt und den seltenen Pilzkapitellen gehört sie noch der Stiftskirche des Jahres 1021 an. Die übrigen kreuzgratgewölbten Teile mit den in ihrer Qualität sehr unterschiedlichen Kapitellen entstammen der hochromanischen Bauphase. Die merkwürdigste Erscheinung der ganzen Krypta ist ein vor der Apsis in den Boden hufeisenförmig eingetiefter Raum, die sogenannte **Confessio.**

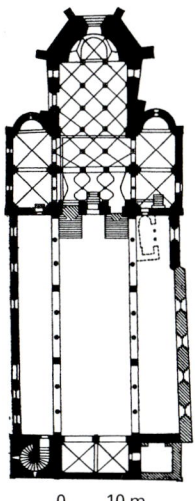

Quedlinburg, Stiftskirche, Grundriss

Quedlinburg, Stiftskirche, Krypta, 1070. Die in großen Teilen erhaltene romanische Ausmalung der Gewölbe fällt vermutlich in die Regierungszeit der Äbtissin Agnes um 1200. Neben Szenen aus dem Alten und Neuen Testament oder Einzelfiguren wie der Ottos I. beansprucht die Geschichte der Susanna den größten Raum.

Der Harz

*Quedlinburg, Stiftskirche, Krypta, Gedenkplatte für Äbtissin Beatrix, erstes Viertel 12. Jh.
An der südlichen Kryptenwand stehen neben der Gedenkplatte aus Stuck für Beatrix auch die der Äbtissinnen Adelheid I. und Adelheid II. Die Figuren sind in einem typisierenden, streng frontal ausgerichteten Hochrelief wiedergegeben.*

Ursprünglich war sie ein kleiner, kryptenähnlicher Raum unter dem Hauptaltar der ersten Stiftskirche. Da Königin Mathilde 961 die Gebeine des Kirchenpatrons St. Servatius von Maastricht nach Quedlinburg hatte bringen lassen, ist es sehr wahrscheinlich, dass dafür die Confessio angelegt worden ist. Vor der Confessio, also in unmittelbarer Nähe des Heiligsten, wurden Heinrich I. 936 und Königin Mathilde 968 bestattet. Während der Verbleib des Königssarges unklar ist, steht der schlichte, monumentale Steinsarg Mathildes immer noch an dieser Stelle. Der Sarg der Enkelin der Königin, der ersten Äbtissin des Stifts, liegt unter der Steinplatte westlich der Gräber, wie sich allenthalben zahlreiche Gräber früherer Äbtissinnen im Fußboden der Kirche fanden und später aufgehoben wurden. Jüngere Platten, wie etwa die für Sophia von Brehna (um 1224) an der Südwand des südlichen Nebenraums, verraten schon durch ihren viel lebendigeren Habitus den Geist einer anderen Zeit.

Zu Lebzeiten wohnten die gewiss nicht anspruchslosen, größtenteils dem Hochadel entstammenden Äbtissinnen und Stiftsdamen im **Schloss (2).** Bis auf die Kellerräume des 10. Jh. und das Schlosstor des 15. Jh. stammt die unregelmäßige, dreiflügelige Anlage im Wesentlichen aus dem 16. und 18. Jh. Heute ist darin zum größten Teil das **Schlossmuseum** untergebracht, dessen Ausstellungen vor allem der Geschichte der Stadt, des Stiftes und des Landkreises gewidmet sind. Eine Kuriosität ist der ›Raubgrafenkasten‹, ein transportables Gefängnis, in dem der Sage nach der Regensteiner Graf Albrecht II. den Quedlinburger Bürgern nach seiner Niederlage 1337 zur Schau gestellt worden sein soll. Daneben sind aber auch die Sammlung italienischer und holländischer Malerei des 16. und 17. Jh. und die Reihe der großzügig gestalteten Räume des Obergeschosses in zum Teil reicher Ausstattung des 18. Jh. zu erwähnen.

Die Stadt

Der Volksmund erzählt von dem Brauch der Münzenberger Väter, den neugeborenen Sohn aus dem Fenster ihres Häuschens zu halten und zu sagen: »Alles, was de siehst hört diene! Du darfst dir nur nie von de Polente packen lassen!«

Von der östlichen Seite des Schlossbergs und besonders vom Garten des ›Schlosskrugs‹ bietet sich ein schöner Blick auf die ineinandergeschachtelten Dächer und Giebel der tausendjährigen Stadt. Der westlich des Burgbergs sich erhebende **Münzenberg (3),** auf dem die Äbtissin Mathilde 986 ein Benediktinerinnenkloster gründete, ist von hier aus allerdings schlecht zu sehen. Die Reste der nach dem Bauernkrieg verfallenen Kirche sind sämtlich in die typischen kleinen Münzenberghäuser eingebaut, so ragt aus einem noch der urtümlich anmutende Schornstein der Klosterbäckerei. Die ersten Siedler des Münzenbergs am Ende des 16. Jh. waren Handwerker, aber auch Spiel- und Fahrensleute, deren Status als zweifelhaft galt.

An der unterhalb des Münzenbergs nach Thale führenden Straße liegt nur wenige hundert Meter stadtauswärts der **Wipertifriedhof (4),** dessen Besonderheit die in zwei Etagen in die anstehende Felswand eingehauenen Grüfte sind. Hier, im Osten der **Wipertikirche**

Quedlinburg

Quedlinburg, Blick vom Schloss auf die Stadt

(4), wird der Königshof Heinrichs I. vermutet. 936 ließ die Königin das auf dem Burgberg sitzende Kanonikerstift an diesen Ort verlegen. Die in den 50er-Jahren des 20. Jh. rekonstruierte Kirche enthält Bauteile des 10. bis 13. Jh. Bei der umfassenden Restaurierung fand hier ein spätromanisches *Säulenportal* von der Münzenberger Klosterkirche einen neuen Platz. Weitgehend original erhalten hat sich eine um 1020 in die Kirche eingefügte, ungeschlacht gearbeitete und deswegen sehr altertümlich wirkende **Krypta.** Von einem Architrav getragene Tonnengewölbe, die selten verwandten Pilzkapitelle und die als Stützen eingestellten alten Grabplatten verstärken diesen Eindruck.

Der Harz

Unweit des Wipertikirchhofs war schon im Mittelalter im **Brühl** ein Abteigarten angelegt worden, der 1757 aber zu einer weitläufigen Parkanlage mit einem sternförmigen Wegenetz umgestaltet wurde. 1865 ist dort ein **Denkmal** für den gebürtigen Quedlinburger **Carl Ritter** aufgestellt worden, der als Begründer der wissenschaftlichen Erdkunde gilt. Schon 1831 hatte hier ein Denkmal für den wohl berühmtesten Sohn der Stadt, **Friedrich Gottlieb Klopstock,** seinen Platz gefunden. Die Gesamtanlage entstand nach Entwürfen Schinkels, die Büste des Poeten schuf der Bildhauer Friedrich Tieck.

Wer mehr über diesen Urvater der klassischen deutschen Dichtung erfahren will, muss den Burgberg stadtwärts verlassen. Am Platz direkt am Fuß des Burgbergs steht das **Klopstockhaus (5),** in welchem der Dichter 1724 das Licht der Welt erblickte und wo schon 1899 von der Stadt ein Memorialmuseum eingerichtet wurde. Der von Säulen getragene Erker und die mit Fächerrosetten und anderen Schnitzornamenten geschmückte Fassade machen das 1560 errichtete Fachwerkhaus zum stattlichsten Bau am Platz. Weniger stattlich als vielmehr originell schiebt sich das zum Teil recht windschiefe Häuserensemble am **Finkenherd (6)** spitzwinklig in die Straße.

In einem etwas versteckten, von wildem Wein bewachsenen Museumszweckbau (um 1900) ist 1986 die **Lyonel-Feininger-Galerie (7)** eröffnet worden. In dieser Mitte der 90er-Jahre durch einen moder-

Quedlinburg, Im Finkenherd, im Hintergrund der Schlossberg.
Diese Stelle, wo der Sage nach der sächsische Herzog 919 die Nachricht von seiner Königswahl erhielt, ist sicher die meistfotografierte der Stadt.

nen Erweiterungsbau vergrößerten Galerie ist die bedeutendste grafische Sammlung des Künstlers außerhalb der USA beheimatet. Der Quedlinburger Hermann Klumpp, selbst Bauhausschüler und ein Freund Feiningers, rettete den wertvollen, auch Aquarelle und einige frühe Ölbilder umfassenden Bestand über die Zeit.

Dieser engere Burgbezirk, das Westendorf, war die erste Siedlung Quedlinburgs, die wie der Burgbezirk selbst außerhalb der mittelalterlichen **Stadtbefestigung** lag, von der noch wesentliche Teile der Mauer samt Türmen und Schalentürmen erhalten sind. Dem Schutz dienten zudem die rund um die Stadt auf der Feldflur verteilten **Feldwarten.** Sieben von ehemals zwölf haben sich zum Teil recht gut erhalten. Der am östlichen Ende des Mauerrestes an der Carl-Ritter-Straße neu errichtete quadratische Turm gehört zum ehemaligen **Fleischhof (8),** einer reizvoll mit einem Fachwerkgeschoss erhöhten Hofanlage mit zwei wappengeschmückten Renaissanceportalen.

In unmittelbarer Nähe, in der Wordgasse 3, verdient der **Hochständerbau (9),** das älteste Fachwerkhaus der niedersächsischen Region aus der ersten Hälfte des 14. Jh., besondere Beachtung. Es war bis 1965 bewohnt und ist heute ein **Museum** des niedersächsischen und speziell Quedlinburger Fachwerkbaus. Ein Besuch des von Mai bis September geöffneten Museums dort rüstet bestens aus für einen Rundgang durch die Stadt, wo dem Besucher vielfältigste Beispiele der Fachwerkbaukunst aller Epochen begegnen.

Vom Ständerbau aus ist durch die schmale Wordgasse mit wenigen Schritten die **Pfarrkirche St. Blasii (10),** die kleinste der Quedlinburger Pfarrkirchen, zu erreichen. Den 1720–23 ausgestatteten Raum überfängt ein stuckiertes und bemaltes Muldengewölbe mit Stichkappen. Wirkungsvoll wird das Ganze durch die zweigeschossige Hufeisenempore ergänzt, über die sich im Westen die Orgel förmlich zu erheben scheint. Dieses ausgewogene Ensemble ergänzt im Osten aufs harmonischste der architektonisch aufgebaute *Kanzelaltar* nach Entwürfen des anhaltinischen Hofbaumeisters Johann Heinrich Hoffmann. Auf dem **Brunnen** westlich der Kirche steht die Figur eines Jungen. Der Hund an seiner Seite ist jener treue Hund Quedel, der das Lieblingstier Heinrich I. gewesen sein soll, und dem der Sage nach die Stadt ihren Namen verdankt.

Tatsächlich gilt die Blasiikirche als Kirche des Dorfs Quitlingen, des ältesten Siedlungskerns der Stadt. Mit der Verleihung des Marktrechts 994 entstand eine sich rasch entwickelnde Marktsiedlung. Mitte des 12. Jh. wurde die Altstadt, 50 Jahre später die Neustadt gegründet. Das 14. Jh. brachte die Vereinigung. Der Konflikt zwischen der wirtschaftlich erstarkenden und Selbstbewusstsein gewinnenden Stadt und dem Stift, dem sie abgabepflichtig war, konnte nicht ausbleiben. Der ausufernde Streit endete mit der Züchtigung der Stadt und Beschneidung erworbener Freiheiten. 1477 ließ die Äbtissin durch ein sächsisches Heer die Stadt erobern und symbolisch den Roland stürzen, der 1432 aufgestellt worden war.

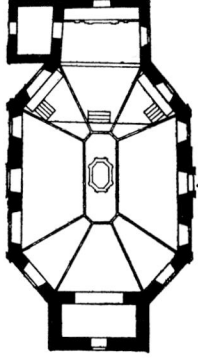

Quedlinburg, St. Blasii, Grundriss. An den romanischen zweihelmigen Westturm wurde 1714/15 ein barockes Langhaus in Form eines Oktogons an Stelle der älteren Basilika angefügt.

Im Zentrum der Altstadt

Heute bietet der **Marktplatz,** das Zentrum der Altstadt, ein Bild verklärender Erinnerung. Die ›**Münzenberger Musikanten**‹ jazzen in Form einer modernen Plastik des Quedlinburger Bildhauers Wolfgang Dreysse vor dem traditionsreichen **Hotel** ›**Zum Bär**‹ **(11), Haus Grünhagen (12)** von 1710 präsentiert sich als nobel zurückhaltender Barockbau, und auch ein paar Fachwerkbauten tragen das ihre zum schönen Bild bei. Selbst der Roland ist wieder auferstanden. Und vor ihm im Mosaikpflaster hat sich auch der Hund Quedel unterm Fallgatter des Wappenstadttors eingefunden.

Das ehrwürdige **Rathaus (13)** ist im Kern spätgotisch, was das hübsche Archivtürmchen an der Südwestecke herausstreicht. 1615 wurde das Gebäude erstmals eingreifend umgebaut. Es erhielt die heutigen Fenstergewände und das Sitznischenportal mit Wappenaufsatz und der Figur der ›Abundantia‹, der Göttin des Wohlstands, im gesprengten Giebel. Der Umbau 1898–1901 brachte die umfänglichen, rückseitigen Anbauten und einen neuen Innenausbau.

Optisch erfährt das Ensemble des Marktplatzes durch die malerische Turmkomposition der **Marktkirche St. Benedikti (14)** aus Walmdach, dem barocken Dachreiter und gotischem Spitzhelm eine reizvolle Steigerung. Schon um 1000 hat an dieser Stelle eine Kirche gestanden. Ältester sichtbarer Teil ist der Westquerbau einer Basilika aus dem zweiten Viertel des 13. Jh. Die Modernisierung des Repräsentationsbaus der Stadt, im dritten Viertel des 14. Jh. mit dem schönen gotischen Chor schwungvoll begonnen, schloss Ende des 15. Jh. mit einem Kirchenschiff, welches eher schlecht als recht die wohlgestalteten Ostteile mit dem Westbau verband. Von der einst reichen gotischen Ausstattung haben sich zwei spätgotische *Schnitzaltäre* und zwei ebenfalls spätgotische *Kruzifixe* erhalten. 1595 entstand die von einer Engelsfigur getragene hölzerne *Kanzel* mit reichem Relief-, Figuren- und Knorpelwerkschmuck, auf dem Schalldeckel bekrönt von einer Darstellung des himmlischen Jerusalem. Im 17. Jh. wurde die Kirche weitgehend barock umgestaltet. Das Hauptwerk dieser Erneuerung, der *Hochaltar* nach 1692 gefertigten Entwürfen des Architekturtheoretikers Leonhard Christoph Stumpf, ist von verschiedenen Künstlern ausgeführt worden und dominiert in intelligenter Korrespondenz zu den hochgotischen Fenstern den Chor.

Auf dem Marktkirchhof, der bis 1811 von Mauern umgeben war und neben Gräbern und Gruftgewölben auch zwei Mausoleen umschloss, ist nur die **Gruftkapelle (15)** der Familien Gebhardt und Goetze dem allgemeinen Abriss entkommen. Der 1727 erbaute und 50 Jahre später erneuerte kleine Barockbau aus Stein wirkt hier, in der weitgehend vom Fachwerk bestimmten Marktumbauung, wie ein unbescheidener Fremdling.

Unter den zum Teil sorgsam restaurierten, in unmittelbarer Nähe der Kirche stehenden Fachwerkhäusern sind der ›**Kunsthoken**‹ **(16)** von 1569 und das ›**Schneemelcherhaus**‹ **(17)** von 1562 in der

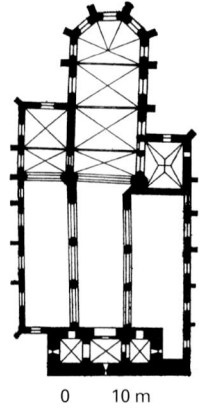

*Quedlinburg,
St. Benedikti, Grundriss*

Quedlinburg

Quedlinburg, Rathaus, im Kern spätgotisch, eingreifend umgebaut 1615 und 1898–1901

Marktstraße und direkt an der Südseite des Kirchhofs das ›**Stadtpfeiferhaus**‹ **(18)** hervorzuheben. 1688 im Auftrag des Magistrats errichtet, diente es als Wohnung für städtische Angestellte, so etwa des Stadtpfeifers – die Trompete auf der Saumschwelle des Erkers zeigt es an –, des Büttels und der Hebamme. Der Volksmund fand besonders für dieses Dreigespann einen derben Dreizeiler: »Piept in't Lock / Stiekt in't Lock / Griept in't Lock.« Auf der nördlichen Seite der Kirche am Kornmarkt ging es seit jeher etwas vornehmer zu. Hier steht neben der Adler-Apotheke das Gebäude der ehemaligen **Ratswaage (19),** nach seiner Restaurierung eines der schönsten spätbarocken Fachwerkhäuser des Stadtkerns, und nur zwei Häuser weiter »der stattlichste und vornehmste« der steinernen Wohnbauten Quedlinburgs, das ehemalige **Salfeldhaus (20)** oder Palais Salfeld aus dem Jahr 1737. Das sich weiter nach Norden ziehende Gebiet zwischen Schmaler Straße und Neuendorf war seit 1984 das erste innerstädtische Baugebiet, wo Rekonstruktion alter Bausubstanz und an die historische Substanz angepasster Neubau in industrieller Monolithbauweise parallel betrieben wurden, zu DDR-Zeiten ein Vorzeigeobjekt. Das **Haus Schmale Straße 13 (21)** von 1592 ist eines der bedeutendsten des niedersächsischen Stils.

Seit den aufwendigen Restaurierungsmaßnahmen durch die Deutsche Stiftung Denkmalschutz ist das Palais Salfeld heute Ort vielfältiger Veranstaltungen.

Der Harz

Auf dem Weg zur Ägidiikirche erscheint in der Flucht der Goldstraße der 40 m hohe **Schreckensturm (22)** aus dem 14. Jh. In dem als Gefängnis und Folterstätte genutzten Turm wurden bis Anfang des 20. Jh. die Folterwerkzeuge des im Volksmund verharmlosend ›Angstmann‹ genannten Henkers aufbewahrt.

Die schmale Krämergasse biegt nach Norden in den abgeschieden erscheinenden, an die alte Stadtmauer grenzenden Kirchhof der **Ägidiikirche (23)**. Die Kirche ist das Ergebnis großer, aber nie zu Ende geführter Baupläne des 13. bis 15. Jh. Im 17. Jh. ist sie dann zu einer kahl erscheinenden Halle mit verputzten, hölzernen Tonnengewölben umgestaltet worden. Dass sich heute ein Besuch dieser Kirche lohnt, verdankt sie vor allem der Marktgemeinde, die ihr im 17. Jh. den wegen Neuausstattung ›überflüssig‹ gewordenen gotischen *Schnitzaltar* von 1430 überließ, der zu den bedeutensten seiner Zeit zählt.

Neustadt

Die Altstadt und die Neustadt Quedlinburgs trennte im Mittelalter das Sumpfgebiet der beiden Bodearme, heute Mühlgraben, das erst durch Umleitung des Flusses oder Brücken nach und nach überwunden werden konnte. Der Straßenname Steinbrücke deutet darauf hin. Tatsächlich befinden sich unter den Platten der Straße auf etwa 100 m Länge noch 23 rundbogige Brückenbögen. Die Straßen in östlicher Richtung führen notwendig alle in die ehemalige Neustadt.

Von Markt oder Marktkirche sind die kürzesten Verbindungen die Pölle, der Stieg oder die als Einkaufsstraße gestaltete Bockstraße. Jede der Straßen hat dabei ihre ganz eigenen Reize. Im alten Teil der Pölle ist es das Gesicht des alten Quedlinburg der eher ›kleinen Leute‹, im engen Stieg die zum Teil vorzüglich restaurierten Häuser, wie das Eckhaus **Alter Klopstock (24)** von 1580 – eines der schönsten Fachwerkhäuser der Stadt –, und in der Bockstraße ist es vielleicht das Einkaufstreiben. Originales und Originelles gibt es allenthalben. In der Breiten Straße sticht das ehemalige **Gildehaus ›Zur Rose‹ (25)** durch seine vielfältig ornamentierten Brüstungsfelder hervor, an der Ecke Bockstraße/Klink das **Hagensche Freihaus (26)** von 1561, ein dreigeschossiger Renaissancebau mit Treppenturm, Volutengiebel und Turmerker sowie einem Prunkzimmer mit Schnitzereien und Intarsien im Inneren. Das **GutsMuths-Denkmal (27)** im nahen Mummenthal erinnert an Johann Christoph Friedrich GutsMuths, den »Erz- und Großvater der Turnerei«, den Begründer des Schulturnens, in dessen Begleitung der als Knabe dargestellte Carl Ritter willig der Geste des Meisters folgt, was wohl immer ein Traum der Pädagogen, Stadtväter und Denkmalstifter bleiben wird.

Der Steinweg, die längste Straße der Neustadt, war kurioserweise zentraler Holzhandelsplatz und wurde sicher deswegen als erste Straße Quedlinburgs gepflastert. Es muss zum Ende des Rundgangs nicht betont werden, dass auch sie und ihre Nebenstraßen vielfach vom Fachwerkbau geprägt sind. Die schönsten Häuser finden sich in den Straßen rund um das Geviert des Neustädter Kirchhofs: die ›**Alte Börse‹ (28)** von 1683, das **Kochsche Haus (29)** von 1716, das **Schrödersche Haus (30)** von 1675 oder das ehemalige **Gasthaus ›Zur Goldenen Sonne‹ (31)** von 1621, das direkt am wiederhergestellten **Mathildenbrunnen (32)** liegt. Im **Haus Kaplanei 10 (33),** ein schönes Beispiel für einen späten Übergang von der Renaissance zum Barock, lebte und arbeitete die erste promovierte Ärztin Deutschlands, eine Quedlinburgerin, Dorothea von Erxleben. Ihr Mann war Pfarrer in der Kirche der Neustadt.

Die **Pfarrkirche St. Nikolai (34)** ist mit ihren beiden über 72 m hohen Türmen weithin sichtbar. Von den Quedlinburger Kirchen macht sie sowohl in ihrer äußeren als auch der inneren Erscheinung den bei weitem einheitlichsten Eindruck. Von 1240 bis Anfang des 14. Jh. ist der Westriegel aufgeführt worden, dem sich dann der Neubau von Osten beginnend anschloss, wobei die heutige Halle erst in der Mitte des 15. Jh. fertig gewesen sein dürfte. In ihrer Ausstattung mit 15 Altären ehemals die reichste Pfarrkirche, ist ihr in dieser Beziehung fast nichts geblieben. Die einstige Pracht ist ablesbar an der beschädigten spätromanischen *Taufe* aus Stein. Die schönsten Stücke sind zwei kleine *Holzbildwerke* aus dem ersten Drittel des 13. Jh., die Figur des Gekreuzigten von einem Altarkreuz und die Sitzfigur des heiligen Bischofs Godehard, frontal dargestellt, den Blick in die Ferne gerichtet. Die Glasflüsse am Baldachin und am Ornat, unter denen sich Reliquienpartikel befanden, geben diesem Heiligen den fremden, puppenhaften Glanz eines ungebrochen und naiv empfundenen Glaubens.

Hexen, Teufel und Heilige

Hexen und Teufel: Je näher das Gebirge heranrückt, desto höher scheint die ›Bevölkerungsdichte‹ dieser Fabel- und Sagenwesen zu werden, besonders im nordöstlichen Teil des Harzes, zu dem von Quedlinburg aus der Lauf der Bode den Weg weist.

Thale und Bodetal

Das nur leicht hügelige Gelände in den milden und regenarmen Harzrandgebieten durchziehen die Wiesen der Flussniederungen, Äcker und Obstplantagen. Diese liebliche Landschaft, die nur von den steil aufragenden Felsformationen der **Teufelsmauer** zwischen Weddersleben und Neinstedt unterbrochen wird, stößt in **Thale** abrupt an die steilen Hänge des herausgehobenen Gebirgsmassivs. Die Entstehung des Ortes im Tal muss wohl mit dem schon um 820/30 in einem ehemaligen fränkischen Königshof gegründeten Kloster ›Wendhausen‹ in Zusammenhang gebracht werden. Das Kloster befand sich in der Unterstadt nahe dem seit alters Wasser spendenden ›Weiberborn‹. Erhalten blieb der sogenannte **Wendhusen-Turm,** der 1193/94 erbaute Westturm der romanischen Klosterkirche. Die bereits 1540 auf dem Gelände des Nonnenklosters eingerichtete **Pfarrkirche St. Andreas** wurde 1786–90 neu erbaut.

Bodetal bei Thale

Der Harz

Die bekannteste im Bodetal angesiedelte Sage ist die von der schönen Riesin Brünhilde, die, verfolgt vom wüsten Ritter Bodo, mit ihrem Pferd vom Hexentanzplatz zur Rosstrappe hinübergesprungen sein soll, während der trunkene Bodo abstürzte und seither als schwarzer Hund auf dem Grund der Bode die herabgefallene Krone der Prinzessin bewachen muss. Als Beweis wird jedem Ungläubigen der Abdruck des Hufes auf dem Rosstrappenfelsen gezeigt. Und im lauten Gurgeln der Bode vernimmt gewiss jeder willige Zuhörer das traurige Heulen Bodos.

Obwohl Thale seit 1686 auf eine Hammerschmiede und seit 1771 auf ein Eisenhüttenwerk verweisen kann und mit diesen ein gewisser industrieller Aufschwung begann, ist das ›Dorp to dem Dale‹ erst 1922 zur Stadt erhoben worden. Die Lage am Fuß des Gebirges und die bizarre Felsschlucht des **Bodekessels** mit dem am Talausgang hervortretenden Felsen der Rosstrappe und des Hexentanzplatzes und der sagenumwobene Hintergrund dieses imposanten Panoramas haben im Zuge jenes ersten ›Zurück-zur-Natur‹ des 19. Jh. diesen Ort zu einem Anziehungspunkt für romantische Gemüter oder einfach für Erholungssuchende gemacht. Notierte Goethe 1784 während seiner geologischen Studien im Bodetal noch über die Unbilden: ›Bis in den rauschenden Strom heruntergestürzte Felsen. / Glätte der Felsen, des Mooses / Niedergestürzte Bäume / Auf- und Niederklettern«, entstand bereits 1818 an gleicher Stelle ein bequemer Fußweg durch das Bodetal, der es auch weniger sportlichen Zeitgenossen erlaubt, diese faszinierende Gebirgskulisse zu durchwandern. **Hexentanzplatz** oder **Rosstrappe** können heute sogar mit einer Seilbahn bzw. einem Sessellift ›bezwungen‹ werden. Von beiden Felsen bietet sich von verschiedenen Standpunkten sowohl ein weiter Blick in das Harzvorland als auch in den tiefen Kessel der sich durch das Granitmassiv drängenden Bode. Zum Teil noch sichtbare Steinwälle oder Bodenfunde aus der Jungsteinzeit weisen diese Felsvorsprünge als frühe Wallburgen und Kultplätze aus. In der 1901 von Bernhard Sehring im ›altgermanischen Stil‹ erbauten ›**Walpurgishalle**‹ auf dem Hexentanzplatz hat der Maler Hermann Hendrich, angeregt von Goethes ›Faust‹, seiner Vision der Nacht vom 30. April zum 1. Mai farbige Gestalt gegeben.

Blankenburg und Umgebung

Blankenburg ✫

Hinter Timmenrode drängt sich die Straße nach **Blankenburg** an den Fuß des schönsten und längsten Stücks der **Teufelsmauer,** über deren Kamm auch ein reizvoller Fußweg führt, von dem zu beiden Seiten die unterschiedlichsten Aussichten auf das Umland zu gewinnen sind. Schon im Weichbild der Stadt ist der **Großvaterfelsen** nicht nur der herrlichste Ausguck, sondern nach all dem Teufels- und Hexenspuk der ›Große Vater‹ selbst. Um einen Status quo herzustellen, verabredeten Gott und Teufel, dass letzterer so viel Land erhalten solle, wie er bis zum ersten Hahnenschrei ummauern könne. Eine Bauersfrau, früh um drei Uhr, mit einem munteren, krähenden Hahn im Korb, versalzte dem Teufel die Suppe, der vor Wut die schon fertigen Teile der Mauer zerhieb, wovon die bizarren Klippen der Teufelsmauer geblieben sind.

Blankenburg besitzt die vielfältigste und reizvollste Umgebung. Sein bekannt mildes Klima hat das seit Ende des 19. Jh. als Kur- und Pensionärsstadt etablierte Blankenburg einer Bergkette zu danken, welche die kalten winterlichen Brockenwinde abhält.

Das **Kleine Schloss** liegt direkt am Parkplatz am Schnappelberg, von dem aus sich die Stadt gut erwandern lässt. Der wohlgegliederte Quaderbau von 1777 steht heute als **Heimatmuseum** allen Besuchern offen und bietet gleich zu Anfang eine anschauliche Einfüh-

Blankenburg, Kleines Schloss, 1777, heute Sitz des Heimatmuseums

rung in die Geschichte der Stadt und ihrer näheren Umgebung. Blankenburg verdankt seine Existenz einer planmäßigen Anlage im Schutz der über ihr thronenden Burg und hat diese Abhängigkeit nie verloren. Lothar von Supplinburg, der 1123/24 als Besitzer der Burg genannt wird, gab sie als Lehen an die späteren Grafen von Blankenburg. Nach deren Aussterben 1599 ging der Besitz an das Herzogtum Braunschweig-Wolfenbüttel zurück. Es wurde von 1707–31 ein selbständiges Fürstentum, das danach wieder an Braunschweig zurückfiel. 1945 wurde auf alliierten Beschluss die Abtrennung des Kreises Blankenburg vom Regierungsbezirk Braunschweig vollzogen, womit der Verlust des Status als Kreisstadt einherging. In Anbetracht dieses geschichtlichen Hintergrunds ist der Abguss des berühmten Braunschweiger Löwen im barocken **Lustgarten** des Kleinen Schlosses mehr als nur Relikt oder schmückende Beigabe für die kleine, vorzüglich gepflegte terrassierte Anlage mit Brunnen, Vasen und Putten, die ihresgleichen in Sachsen-Anhalt sucht. Widerpart und Ergänzung zu dieser ›Kunstnatur‹ ist der natürlich gestaltete **Schlosspark.**

Das äußerlich schlichte **Große Schloss** auf der Kuppe des ehemals wirklich blanken Kalkfelsens verdankt seine heutige Gestalt im Wesentlichen dem von 1705–18 durchgeführten Aus- und Umbau nach Plänen des braunschweigischen Landbaumeisters Hermann Korb. Bis 1990 als Fachschule genutzt, hat das Schloss die Nachkriegsjahre vergleichsweise gut überstanden. Ein Blick in den geschlossenen Innenhof zeigt besonders den beherrschenden Südtrakt in edlen Proportionen. Wie auf dem ebenfalls von Korb entworfenen Schloss Hundisburg bringen auch hier die ehemals offenen

Über 100 ha groß ist das Ensemble der Schlossgärten. Es umfasst den Lustgarten, den auf historischem Grund neugestalteten Fasanengarten und den Schlosspark sowie zwei weitere, in ihrer Grundstruktur weitgehend erhaltene Anlagen, den Tiergarten und den Berggarten des Dr. Reck, letzterer innerhalb der Stadtmauer.

Der Harz

Vernachlässigung und Vandalismus haben dem Blankenburger Schloss in den Jahren nach der Wende schwer zugesetzt. Seit 2005 bemüht sich ein Verein um die Rettung des gefährdeten Bauwerkes.

Galerien beinah südliches Flair in das alte Gemäuer. Als Schwiegervater Karls VI. und Großvater der Kaiserin Maria Theresia hatte Herzog Ludwig Rudolf das Innere des Schlosses standesgemäß ausstatten lassen. Eine Restaurierung des derzeit ungenutzten Gebäudes wäre mehr als wünschenswert.

In dieser Beziehung hat die **Bartholomäuskirche**, die am stadtseitigen Schlossberg tief unter dem Welfenschloss ihren gotischen Helm emporreckt, die Nase vorn. Die unter teilweiser Verwendung des spätromanischen Vorgängerbaus errichtete frühgotische Kirche mit einer vorzüglichen, an Naumburg und Schulpforta orientierten Chorgestaltung wurde im 14. Jh. zu einer Halle umgebaut. Die Vorbildlichkeit Naumburgs für den frühgotischen Chor ist auch in den um 1270 stuckierten *Stifterfiguren* spürbar, wenngleich sie über gute Handwerklichkeit nicht hinauskommen. Neben zahlreichen, zum Teil sehr schönen *Grabsteinen* für das Blankenburg-Regensteiner Grafenhaus, der *Triumphkreuzgruppe* vom Anfang des 16. Jh. und der *Kanzel* von 1582 ist von den Ausstattungsstücken vor allem die 1712 geschaffene *Altarwand* hervorzuheben. Obwohl sie wie die meisten barocken Altäre die Proportionen des alten Chorraums überfordert, ist sie doch eine in sich geschlossene Meisterarbeit.

Wie in einer vergegenständlichten Wertehierarchie folgt unter der Kirche der in das mittelalterliche Straßenmuster eingewebte kleine Marktplatz mit dem **Rathaus**. Der im Kern robuste mittelalterliche Rechteckbau gibt sich nach außen renaissancehaft, vornehmlich durch die Umbauten des 16. Jh. Über dem Portal des 1546 angefügten fünfseitigen Treppenturms prangt das Wappen Blankenburgs.

Kloster Michaelstein

In unmittelbarer Nähe Blankenburgs liegt **Kloster Michaelstein**, nur etwa 3 km nordwestlich vom Stadtzentrum. Erbaut wurde es zwischen 1152 und 1167. Obwohl es während des Bauernkriegs arg in Mitleidenschaft gezogen, 1544 säkularisiert und die Klosterkirche abgetragen wurde, blieben die Erdgeschossräume der Klausur vergleichsweise gut erhalten. Der frühgotische Kreuzgang überstand die Zeiten relativ unbeschadet und übt noch immer seinen in sich geschlossenen Zauber aus.

Das ganze Jahr über finden in Kloster Michaelstein die verschiedensten wissenschaftlichen oder musikpädagogischen Veranstaltungen und Konzerte statt. Das spätromanische Refektorium des 1152–67 erbauten Klosters wurde eigens zu diesem Zweck in einen intimen Konzertsaal verwandelt.

Die Gesamtanlage ist heute eine Stiftung, die sich vor allem der Pflege der Barockmusik widmet. Ein **Musikinstrumentenmuseum** und ein nach alten Vorbildern geschaffener **Klostergarten** runden das kulturelle Angebot ab.

Bevor die Zisterzienser fest ansässig geworden waren, hatten sie zuvor etwa 4 km talaufwärts auf einer Kalksteinformation – dem Michaelstein – am sogenannten Volkmarskeller gesiedelt. Eine Beschreibung über das Leben der ersten Incluse im nördlichen Deutschland besagt, dass vermutlich in einem Anbau der später als ›Volkmarskeller‹ bezeichneten Höhlenkirche eine gewisse Liutbirg von etwa 840–870 dort völlig eingeschlossen gelebt hat. In der Höhle selbst finden sich noch Spuren, die auf eine religiöse Nutzung schließen lassen. Die Höhle lag an dem einzigen Handelsweg, der zu damaliger Zeit auf Höhenzügen das Gebirge durchquerte. Von dem einstigen Kloster zeugen nur noch Grundmauern. Seinen Namen aber erhielt der Ort von einem Volkmar, der hier in der Nachfolge Liutbirgs eine Bruderschaft um sich versammelte.

Burg Regenstein

Schroff hebt sich das 75 m hohe Sandsteinmassiv der **Burg Regenstein** aus dem flachen Vorland. Die Bezeichnung als »älteste Steinburg Deutschlands« hat insofern eine Berechtigung, als sie an der Stelle einer älteren Fluchtburg und Kultstätte erbaut wurde und dabei die bereits vorhandenen, teils natürlichen, teils künstlich in den Stein gehauenen Höhlen nutzte. Das Grafengeschlecht der Regensteiner, eine Nebenlinie des Blankenburger Grafenhauses, entwickelte sich im 13. Jh. zu einem der mächtigsten im Harzvorland. Es konnte jedoch schon im folgenden Jahrhundert seinen Besitz vor allem gegen die Bischöfe von Halberstadt nicht behaupten. Der Machtverlust ließ das Grafengeschlecht verhältnismäßig rasch verkommen und brachte den einst Gefürchteten einen besonders schlechten Ruf ein. Bekannteste Figur war der historienumwitterte Albrecht II., der als ›Raubgraf‹ sogar eine Romanfigur bei Julius Wolff wurde.

Burg Regenstein – von der stolzen Feste sind nach Schleifung durch Friedrich II. 1758 außer einem mittelalterlichen Bergfried nur einige Mauern der äußeren Befestigung übriggeblieben. Die ausgehöhlten, kurios anmutenden Sandsteinfelsen geben dem Regenstein sein einmalig wildes Aussehen.

Der Harz

Tipp
Alljährlich Ritterspiele und Garnisonsfest

Nach dem Dreißigjährigen Krieg in brandenburgischem Besitz, wurde der Regenstein zu einer aufwendigen Festung ausgebaut, die jedoch im Siebenjährigen Krieg versagte, woraufhin Friedrich II. sie 1758 schleifen ließ. Die Reste sind immer noch imposant.

Umgebung

Außer diesen Ausflugszielen in unmittelbarer Nähe Blankenburgs bietet sich die Stadt auch als Ausgangspunkt für etwas weitere Fahrten oder Wanderungen in den Harz an. Die klassischen Urlauberorte **Altenbrak** und **Treseburg** liegen zwischen steilen Felshängen im Tal der Bode. Kaum 10 km von Blankenburg entfernt liegt die **Rappbode-Talsperre** bei **Wendefurth.** Mit einer Höhe von 90 m über der Talsohle und einer Kronenlänge von 415 m gehört sie zu den gewaltigsten unter ihresgleichen in Deutschland. Der sich weit in die ehemaligen Täler dehnende Stausee zieht sich über eine Reihe von Vorbecken bis nach Trautenstein oder Hasselfelde in den Oberharz.

Elbingerode, ebenfalls nur wenige Kilometer von Blankenburg entfernt, hat am **Büchenberg** vor einigen Jahren ein Schaubergwerk eingerichtet.

Unübertroffen in ihrer Anziehung sind jedoch die **Tropfsteinhöhlen** bei **Rübeland,** die nach ihren Entdeckern Baumanns- und Hermannshöhle benannt sind. In der Baumannshöhle beispielsweise schlängelt sich der Weg über 1 km durch die bizarre Welt aus Stalaktiten und Stalagmiten, vorbei an einem kristallklaren unterirdischen See oder den versteinerten Überresten eines eiszeitlichen Bären, der hier einmal zu Hause war.

Wernigerode

Wernigerode ☆
Besonders sehenswert
Rathaus
Schloss Wernigerode

Die 16 km von Blankenburg entfernte Stadt **Wernigerode** liegt am nördlichen Harzrand im ›Angesicht‹ des Brockens an den hier aus dem Gebirge tretenden Flusstälern der Holtemme und des Zillierbachs. Die reizvolle Lage der sich an die bewaldeten Berghänge und in die Flußtäler hineindehnenden Stadt, die von idyllischen Wanderwegen durchzogene Umgebung, der direkte Zugang zum Oberharz sowie ihre von Fachwerkhäusern des 16.–19. Jh. romantisch belebten Gassen und Straßen haben die ›bunte Stadt‹, wie Hermann Löns sie einmal bezeichnete, zu einer der beliebtesten Touristen- und Urlauberstädte des Harzes gemacht.

Schon im 9. Jh. wird eine Rodungssiedlung der Corveyschen Mission unter Abt Warin vermutet, die dann im 12. Jh. unter dem Einfluss der hier sesshaft gewordenen Grafen und der von alters her benutzten Fernstraßen rasch zur Marktsiedlung heranwuchs. Im 13. Jh. planmäßig erweitert, wurde sie 1267 Mitglied der Hanse.

Wernigerode

Wernigerode, Schloss, 1862–81 umgebaut. Viele Besucher steigen nur auf das Schloss hinauf, um die Aussicht von der mit Kanonen bestückten Terrasse über die Stadt und zum Brockenmassiv zu genießen. Ob bei klarem Wetter in scharfer Kontur oder düster in Wolken gehüllt, der Anblick des sagenumwobenen Berges ist von hier aus wohl immer ein eindrucksvolles Erlebnis.

Das 1862–81 von Karl Frühling unter Graf Otto von Stolberg-Wernigerode, dem Stellvertreter des Reichskanzlers Bismarck, zur ›Ritterburg‹ umgebaute **Schloss (1)** ist in seiner märchenhaften, von bizarren Türmen und Erkern belebten Konstruktion schon von weitem ein Blickfang und prangt festlich über der Stadt. Die bis 1429 von den Grafen von Wernigerode, dann von den Grafen von Stolberg bewohnte Burg ist von diesen Ende des 15. Jh. erstmals gründlich umgebaut worden. Doch selbst diese Mauern fielen dem sich wandelnden Zeitgeschmack zum Opfer. Das viel besuchte **Schlossmuseum** widmet sich in seinen Schauräumen vor allem der Darstellung der seit 1449 in brandenburgischer Lehnshoheit befindlichen Grafschaft, der Familiengeschichte der Schlossherren und der herrschaftlichen Wohnkultur von der Renaissance bis zur Gründerzeit.

Weitaus lieblicher erscheint das Gelände des ehemaligen Terrassengartens am nördlichen Fuß des Schlossbergs. Graf Christian Ernst plante hier den Bau einer großen barocken Schlossanlage, von der 1713–19 nur die **Orangerie (2)** im Gelände des Lustgartens Realität geworden ist, die als solche jedoch nur bis 1787 genutzt wurde. Ein anderer möglicher Abstieg vom Schloss in südliche Richtung geht in das Tal des Zillierbachs, in den Ortsteil **Nöschenrode.** Die im Ursprung wohl aus dem 13. Jh. herrührende, aber als Sühnestiftung

Der Harz

Wernigerode
1 Schloss
2 Orangerie
3 Nöschenröder Amtshaus
4 Erbgrafenpalais
5 Liebfrauenkirche
6 Johanniskirche
7 Krellsche Schmiede
8 Haus Preysser
9 Krummelsches Haus
10 Behrendsches Haus
11 Café Wien
12 Rathaus
13 Waaghaus
14 ›Gothisches Haus‹
15 Wohltäterbrunnen
16 Haus Gadenstedt
17 Harzmuseum und Harzbücherei
18 Oberpfarrkirche St. Silvestri
19 Westerntorturm
20 Ältestes Haus
21 Bahnhof Westerntor (Harzquerbahn)

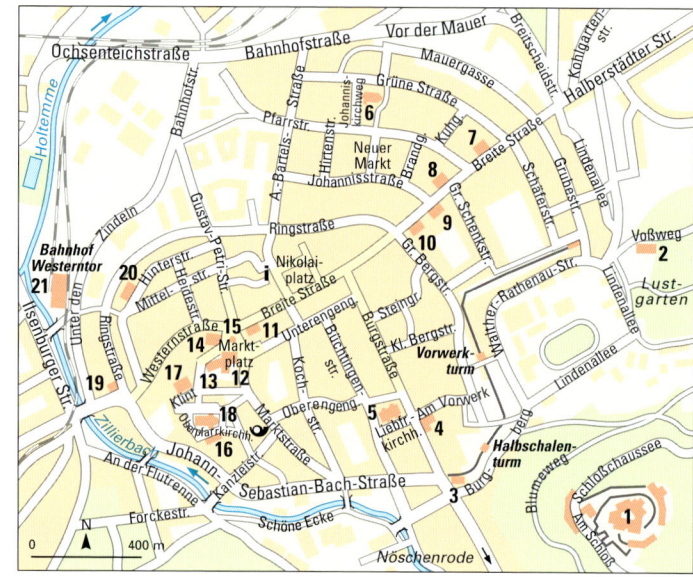

des Grafen Heinrich von 1407 überlieferte **Dorfkirche St. Theobald** besitzt eine überaus reizvolle, vornehmlich von naivem, ländlichem Barock geprägte Ausstattung, die vor allem durch die *Triumphkreuzgruppe* und die *Ausmalung* des hölzernen Tonnengewölbes den Eindruck lebensbejahender Heiterkeit verbreitet. Der *Schnitzaltar* (um 1420/30), der im Schrein die von Engeln umgebene Maria zeigt, hat in der Predella fünf Reliquienbüsten, unter denen sich auch die des heiligen Theobald befindet.

Am Weg ins Stadtzentrum liegt eingebettet in eine kleinen Gartenanlage am Burgberg ein Stück der **Stadtmauer** aus der Mitte des 13. Jh. Das **Nöschenröder Amtshaus (3)** von 1598 gilt mit seinem beachtlichen Fassadenschmuck als das schönste Ackerbürgerhaus der Stadt. Mit dem Passieren der Stadtmauer beginnt nun ohnehin jener Bereich der Stadt, in dem Haupt- und Nebenstraßen zum Schlendern und Schauen einladen. Trotz schwerer Stadtbrände noch 1751 und 1847 hat sich doch der historisch gewachsene Verlauf der Straßen und Gassen erhalten, denen zahlreiche Fachwerkhäuser vornehmlich des 17. und 18. Jh. ihre besonders anheimelnde Note verleihen. Dazwischen haben sich über die Jahre mitunter mächtige Steinhäuser geschoben, wie z. B. das frühere **Erbgrafenpalais (4)**, Burgstraße 37, von 1762.

Die gegenüber liegende, in ein zur Straße offenes Häuserkarree eingefügte **Liebfrauenkirche (5)** war seit 1265 Hauptpfarrkirche. Sie brannte 1751 nieder, so dass 1756–62 der heutige Rechteckbau mit den Anbauten entstand, die eine Kreuzform andeuten. Der neogotische Turm ist 1890 angefügt worden. Für den weiträumigen Saal schuf Hoftischler Wilhelm Moser die einheitliche Ausstattung.

Die Pfarrkirche der seit etwa 1270 nordöstlich der Altstadt entstehenden Neustadt war die **Johanniskirche (6)** am Neuen Markt, wo sich bis heute dieser neustädtisch-planmäßige Charakter des Stadtteils erhalten hat. Der niedrige, mit einem Spitzhelm versehene Westturm stammt wohl noch vom ersten, in der zweiten Hälfte des 13.Jh. bezeugten Kirchenbau. Alles übrige hat weitgehend der Umbau des Jahres 1497 geprägt. In dem in der Mitte von einer Holztonne überdeckten Kirchenraum ist ein neu gefasster vierflügeliger gotischer *Schnitzaltar*, ähnlich dem in der Theobaldikirche, neben einem *Kruzifix* um 1500 das bedeutsamste Ausstattungsstück.

Die **Breite Straße** und die sich ihr westlich des Marktes anschließende **Westernstraße** bilden die ›Einkaufsmeile‹ Wernigerodes. Hier lief schon im frühen Mittelalter der für Wernigerode so wichtige Handelsweg entlang, und hier entstanden auch einige der prächtigsten und reichsten Häuser der Stadt. Die 1678 erbaute **Krellsche Schmiede (7)** gibt sich schon durch das Zunftsymbol des Pferdekopfes zu erkennen. Das große Handwerkerhaus hat über 300 Jahre als Schmiede gedient und ist nun ein technisches Denkmal. Das **Haus Preysser (8)**, Breite Straße 71, entstand 1606 und hebt sich von den übrigen Fachwerkhäusern durch seine Schreckmasken an den Balkenköpfen und die plattnasigen, langen Schnurrbartgesichter zu beiden Seiten des Torgewändes hervor. Das **Krummelsche Haus (9)**, an dessen hölzerner Barockfassade fast jedes Eckchen mit dem Schnitzmesser in Berührung gekommen ist, wurde 1875 noch zusätzlich durch die Schnitzereien am Erdgeschoss bereichert. Das **Behrendsche Haus (10)**, Breite Straße 62, von 1580 zeigt die in Wernigerode darüber hinaus nur noch einmal anzutreffenden Brüstungsfelder, während das kleine Haus des **Café Wien (11)**, um 1583 als Kaufmannshaus erbaut, die für den niedersächsischen Stil typischen Fächerrosetten auf Ständerfüßen und Fußstreben mustergültig ausstellt.

Wernigerode, Krummelsches Haus, 1674, Detail. Benannt ist eines der bekanntesten Fachwerkhäuser Wernigerodes nach seinem Bauherrn, dem aus Berlin zugezogenen Kornhändler Heinrich Krummel.

Unter der Vielzahl gut erhaltener Bürgerhäuser ragt das **Rathaus (12)** am Markt hervor. Die doppelläufige Freitreppe, die aus der Schaufront hervorspringenden, von spitzen Schieferhelmen bekrönten Erker und die weniger niedersächsische als vielmehr fränkisch-hessische Prägung seines Fachwerks ließen es in dieser Sonderstellung zu einem weit über die Stadt hinaus bekannten architektonischen Synonym für Wernigerode werden.

Noch etwas älter als die Knaggenfiguren am Rathaus sind die am schräg anschließenden **Waaghaus (13)**. Dort werden nicht wie am Rathaus Heilige und Narren getrennt, sondern in eine Reihe gestellt mit weltlichen Figuren wie der Jungfrau und dem Jüngling, die im Tanz um die Kanne den Sieg des Frühlings über den Winter zum Ausdruck bringen. Die östliche Seite des Rathauses ist 1936–39 in die jetzige, das historische Ensemble ergänzende Form gebracht und mit Knaggenfiguren der in der Stadt ansässigen Berufe versehen wor-

Der Harz

Wernigerode, Rathaus, umgebaut 1494–98. Das Haus geht auf das 1277 erstmals genannte ›Gimnasio vel theatro‹ zurück, das bald danach auch als ›Spelhus‹ erscheint. Es war eine Stätte gräflichen Gerichts und eine der mittelalterlichen Vergnügungen. Sein heutiges Aussehen verdankt es im Wesentlichen dem Umbau durch Thomas Hilleborch. Seine Aufgabe als ›Spelhus‹ verlor das Gebäude, als 1528 das alte Rathaus einem Brand zum Opfer fiel und nun bis 1543 die Vergnügungs- zur Amtsstätte wurde. Auf der Warteliste des Wernigeroder Standesamtes, das sich im Rathaus befindet, stehen trauwillige Paare aus ganz Deutschland.

den. Das ›Bürgermeisterstübchen‹ von 1584, ehemals an der Südostecke, wurde in das Dach des östlichen Anbaus eingefügt, so dass eine ausgewogene, an die übrigen Häuser des Marktes anschließende Gebäudegruppe entstand. Die westliche Marktfront, mit dem ›**Gothischen Haus**‹ **(14)** als Höhepunkt, wurde bis auf die Fassade des letztgenannten abgerissen und als Hotelkomplex ausgebaut. Der neogotische **Wohltäterbrunnen (15)** aus Ilsenburger Kunstguss nimmt nach gründlicher Restaurierung wieder seinen angestammten Platz ein. Auf dem oberen Wappenkranz trägt er Namen von Adligen, auf dem unteren Namen von Bürgerlichen, die sich um das Wohl der Stadt verdient gemacht haben und hier zudem auf engstem Raum zusammenlebten.

Das Terrain rund um den **Oberpfarrkirchhof** war der Siedlungskern der ersten Stadt. Hier lagen der adlige Fronhof und die Ritterhöfe. Häuser des 16. bis 19. Jh. bestimmen heute das lebendige historische Bild rund um die Silvestrikirche. Ragt das **Haus Gadenstedt (16)** von 1582 durch den weit vorkragenden Erker mit den von Kerbschnittornamenten geschmückten Brüstungsfeldern und den als Harzer Schiebefenster gestalteten Butzenscheibenfenstern hervor, so treten das **Harzmuseum (17)** und die **Harzbücherei (17)** im Klint 10 mehr durch ihre reichhaltigen Sammlungen zur Stadtgeschichte und der gesamten Harzregion in Erscheinung.

Die **Oberpfarrkirche St. Silvestri (18)** ist 1265 in ein Chorherrenstift umgewandelt und als Grablege der Wernigeroder Grafen bestimmt worden. Vier Grabsteine zeugen noch davon. Die um 1500 umgebaute und in den 80er-Jahren des 19. Jh. durchgreifend restaurierte Kirche besitzt nur noch wenige Teile der frühgotischen Bausubstanz: die Mittelschiffpfeiler, die Obergaden und das Querhaus. 1880 hat der westliche Turm die alte Doppelturmfront ersetzt. Im weiten, schlichten Innenraum ist der wertvollste Schmuck ein *Schnitzaltar* aus dem untergegangenen Augustinereremitenkloster Himmelpforte. Es handelt sich um eine Arbeit des Brüsseler Meisters Arnold aus dem dritten Viertel des 15. Jh. Im Schrein ist die Geburt Christi dargestellt, darüber der Zug der Heiligen Drei Könige vor einer vielgestaltigen, plastischen Landschaft. Die seitlichen Reliefs zeigen Szenen aus dem Marienleben und der Jugend Jesu, der geschlossene Altar sechs vorzüglich gemalte weibliche Heilige. Hervorragend auch die Schnitzfiguren der Barbara und Maria um 1480 in der Predella, die nicht ursprünglich dorthin gehören. Ebenfalls aus ihrem eigentlichen Zusammenhang gelöst sind der *Kruzifixus* eines Triumphkreuzes um 1470/80 und die vier prächtigen überlebensgroßen *Evangelistenfiguren* vom ehemaligen, 1727 eingebauten Kanzelaltar.

Wernigerode, Rathaus, Fassadendetail. Die derb-naiven Knaggenfiguren von Heiligen, Spielleuten, Narren, Trinkern und Mauriskentänzern erinnern daran, dass hier einmal tolle Feste gefeiert wurden.

Von der Silvestrikirche führt der Weg durch eine schmale Gasse zur westlichsten Begrenzung der alten Stadt, dem Westerntor. Erhalten blieb der **Westerntorturm (19)** aus der Mitte des 13. Jh. und bildet mit seinem spitzbogigen Durchgang hier sozusagen das Nadelöhr zum denkmalgeschützten Stadtkern, zu dem auch Wernigerodes **Ältestes Haus (20)** in der Hinterstraße gehört.

Ganz in der Nähe, am Bahnhof Westerntor, ist es möglich, in die noch dampfbetriebene **Harzquerbahn (21)** zuzusteigen. Auf ihren schmalen Schienen durchschnauft diese ›Bimmelbahn‹ in etwa drei Stunden die grünen Täler und Höhen des Harzes bis nach Nordhausen. Ihre Strecke ist sowohl mit der **Brockenbahn** als auch mit der **Selketalbahn** verbunden. Als Verkehrsmittel ist sie weder die Jüngste noch die Schnellste, dafür lässt sich dank ihrer Gemächlichkeit ein beträchtliches Stück des schönen Gebirges auf romantisch-nostalgische Weise bequem ›erfahren‹.

Über Drübeck und Ilsenburg zum Brocken

Die altehrwürdige **Klosterkirche Drübeck** ist eines der wichtigsten romanischen Baudenkmäler nördlich des Harzes. Vermutlich geht das Kloster auf eine Missionsgründung des Klosters Corvey im 10. Jh. zurück. Zudem wird an diesem einstmals bedeutenden Handelsweg die Zelle der legendären Sisu vermutet, die hier dem Vorbild der Michaelsteiner Liutbirg folgend, ein Leben als Incluse führte. Darf man der Überlieferung trauen, ging ihr religiöser Eifer so weit, dass sie sich, aus Achtung vor Gottes Geschöpfen, vom Körper gefallene Läuse und Flöhe wieder ansetzte.

Klosterkirche Drübeck

Seit 1996 ist das ehemalige Fräuleinstift Evangelisches Zentrum der Kirchenprovinz Sachsen und hält ein vielfältiges Veranstaltungsangebot bereit.

Eine erste ›moderne‹ Kirche ist im Jahr 1004 in einer Urkunde Kaiser Heinrichs II. erwähnt. Von diesem Bau stammen die Vierungspfeiler, die südliche Wand und Apsis des südlichen Querhauses, die zwei an der Westwand der Krypta stehenden Säulen und die Stützen und antikisierenden Kapitelle des Langhauses. Nur die südwestliche Säule mit den streng ornamentierten, bärtigen Gesichtern gehört zu der Bauperiode um 1170. In dieser Zeit entstand nicht nur der neue Westquerbau mit den beiden Türmen und seiner Apsiskapelle, sondern auch eine Erweiterung des Chors, die Einwölbung der Kirche und eine Erhöhung des Fußbodens. Die beiden letztgenannten Eingriffe wurden aber schon im 16. Jh. bzw. während der Restaurierung in den 50er-Jahren des 20. Jh. wieder rückgängig gemacht. Die im Bauernkrieg entstandenen Schäden kosteten das nördliche Seitenschiff, das Querhaus und beide Chorseitenschiffe. Auch der Chor existiert nur noch in reduzierter Rechteckform. Die Krypta ist schon im 13. Jh. verkürzt worden. Nach 1170 sind auch die heute wieder sichtbaren alten Kapitelle des Langhauses mit Stuck überzogen und neue, überaus qualitätvolle Figurationen ausgeschnitten worden, die denen der Engelschorschranken in St. Michael in Hildesheim sehr ähnlich und in einigen Teilen noch erhalten sind.

Vom **Nonnenkloster,** das einst weithin als leuchtendes Vorbild galt, existieren nur noch der Fußboden des südlichen Kreuzgangs und ein paar Säulenstümpfe. Der Hof jedoch, mit dem 1735 errichteten **Fräuleinstift,** wird von dem grünen Schirm einer weit ausladenden Linde in sehr klösterliche, scheinbar weltabgelegene Stille getaucht.

*Klosterkirche Drübeck von Nordosten, ab 1004.
Der Westquerbau mit den beiden Türmen entstand um 1170.*

Ilsenburg

Nicht ganz so alt, doch das Kloster Drübeck in seiner Bedeutung noch überstrahlend, ist das der ehemaligen Benediktinermönche im nahegelegenen Ilsenburg. Ihre Bekanntheit verdankt die kleine, sich in das Gebirge drängende Stadt wohl zum einen dem von Heinrich Heine so eindringlich beschriebenen und besungenen Ilsetal und zum anderen dem Metallguss. Auskunft über das berühmteste Erzeugnis der Stadt gibt das Hüttenmuseum, in dessen Nähe die Pfarrstraße die Ilse überquert und auf ihrem rechten, sich immer mehr über den Fluss erhebenden Ufer hinaufführt zum Schloss. Auf den zum Teil zu Parkanlagen verwandelten alten Friedhöfen findet sich unter anderen Grabmälern das für den Hüttendirektor Schott. Ein Gefallenendenkmal steht gegenüber der im 19. Jh. weitgehend erneuerten **Marienkirche**. Von ihrer Ausstattung ist der Korpus eines um 1235 entstandenen niedersächsischen *Kruzifixes* von besonderer Güte. Äußerliche Ähnlichkeit und gestalterische Tiefe deuten auf den Meister oder doch wenigstens die Werkstatt des Halberstädter Triumphkreuzes.

Das vielleicht einmalige Beispiel einer *Kreuzigungsgruppe* aus Ilsenburger Kunstguss befindet sich auf dem gar nicht weit entfernten **Kreuzkirchhof**, wo auch die Gräber des bekannten Malerehepaars Elise und Heinrich Georg Crola zu suchen sind.

Das **Schloss** wie das von ihm abgeschirmte **Kloster** liegen malerisch über einem Steilabfall zur Ilse, im Norden umfasst von den soeben durchquerten Parkanlagen und Wiesen, im Süden vom ausgedehnten Schlosspark. 1003 bestätigte Heinrich II. die Überlassung der ›Elisenaburg‹ an den Bischof von Halberstadt zur Errichtung eines Benediktinerklosters nach Fuldaer Vorbild. Unter dem von Bischof Burchard II. aus dem Reformzentrum Gorze gerufenen Herrand wurde das Kloster reformiert und eine neue Kirche erbaut. Als Zentrum der antikaiserlichen Reformbewegungen gewann Ilsenburg bedeutenden Einfluss und entfaltete im 12. Jh. eine weithin gerühmte Schreib- und Kunsttätigkeit. Dabei war das Verhältnis des Klosters zu dem in seinem Schatten entstehenden Dorf durchaus wie das eines Lehnsherrn zu seinen Vasallen. Trotzdem profitierte auch das Dorf, wie durch die Einrichtung einer Fremdenherberge oder eines Siechenhauses. Und wenn die Pfarrkinder es wünschten, bekamen sie einen Wallfahrtspaß nach Santiago de Compostela ausgestellt.

Die Bedeutung der im Bauernkrieg stark zerstörten, 1078–87 erbauten **Kirche** besteht darin, dass sie reformerische Ideen bereits vor bzw. während des beispielgebenden Kirchenbaus in Hirsau realisiert. Das ist die betonte Askese, die etwa auch im Verzicht auf eine Krypta zum Ausdruck kommt, die Gliederung der Ostteile in miteinander in Verbindung stehende Haupt- und Nebenchöre und die Teilung des Chors in einen *chorus major* und einen *chorus minor,* was in Ilsenburg durch einfache Abstufung markiert wird. Von diesem Kirchenbau sind leider nur das Mittelschiff, das südliche Seitenschiff

---

Ilsenburg

Ilsenburger Kunstguss war so berühmt, dass selbst Zar Peter der Große 1696 die Werkstätten besichtigte. Heute gibt ein Hüttenmuseum über die lange Tradition dieses Industriezweigs Auskunft. Ebenso erinnern daran einige Gebäude und die Teiche, an denen einst die Zainthütten genannten Eisenhammerwerke lagen.

Der Harz

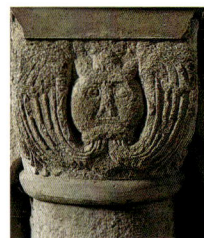

Ilsenburg, Klosterkirche, Kapitell im Ostflügel

und Querhaus und der Hauptchor erhalten. Der Geist des Gründungsbaus ist noch am ehesten an der Reihe der schlichten Säulen und Pfeiler spürbar, die im ausgewogenen Rhythmus ihrer Arkaden das Mittelschiff begrenzen. Die ursprüngliche Gestalt des heute vom Kirchenschiff abgetrennten Westbaus lässt sich nicht genau rekonstruieren. Vom interessanten Bildprogramm der *Ritzzeichnungen* auf dem Estrichfußboden um 1200 sind nur noch der Fisch mit einer Teufelsfratze und der von einem Hund angefallene, von einer Art Lebensbaum umgebene Hirsch zu erkennen.

Von den südlich der Kirche um den quadratischen Hof liegenden **Klausurgebäuden** sind der Westflügel und der Kreuzgang zerstört, Ost- und Südflügel dagegen relativ gut erhalten. Sie wurden unter der Regierung der Äbte Sigebodo (1138–61) und Thioter (1161–76) erbaut und bestehen durchweg aus dreischiffigen Räumen, wobei die des Südflügels höher sind, wo besonders das **Refektorium** durch reicheren Bauschmuck auffällt. Die palmettengeschmückten Kapitelle, die zum Teil gedrehten und gemusterten Säulenschäfte und die mit Eckzehen versehenen attischen Basen stehen in der Nachfolge von Königslutter. Sie sind ein Spiegel der einstigen Bedeutung des Ilsenburger Klosters, das im 12. Jh. Haupt einer ganzen Reihe niedersächsischer Klöster war, die sich dem *Ordo Ilsenburgensis* unterwarfen.

Nach der Reformation ging das Kloster in den Besitz der Grafen von Stolberg-Wernigerode über. Seit 1609 Wohnsitz, diente es im 18. und 19. Jh. als Witwensitz und Zweitresidenz. Seit 1862 ließ Graf Botho von Stolberg-Wernigerode zum Teil auf den Grundmauern der alten Wirtschaftsgebäude ein kleines neoromanisches **Schloss** erbauen, das im Norden und Westen noch heute den ehemaligen Klosterkomplex umschließt.

Der Ilse, der von Heinrich Heine in der ›Harzreise‹ in so märchenhaften Zauber getauchten, schnell dahineilenden »Prinzessin Ilse«, kann kaum ein Ilsenburgreisender seine Bewunderung entziehen.

Auf dem 150 m über dem Flüsschen steil aufragenden **Ilsestein,** wo die ›Prinzessin Ilse‹ der Sage nach gewohnt haben soll, finden sich noch erkennbare Reste der Burg der Schutzvögte des Klosters, die 1107 von Ludwig dem Springer so gründlich zerstört wurde, daß erst 1955 die an den Berg gelehnten Futtermauern entdeckt werden und die Burg aus der Sage in die Realgeschichte zurückgeholt werden konnte. Das auch aus dem Tal sichtbare gusseiserne Kreuz wurde 1814 zum Gedenken der in den Befreiungskriegen Gefallenen aufgestellt.

Brocken

Brocken

Seit dem 3. Dezember 1989 ist es wieder möglich, durch das Ilsetal zum 1142 m hohen, »alten Vater Brocken« hinaufzusteigen. 1736 entstand auf dem Gipfel das seitdem mehrfach erneuerte ›**Wolkenhäuschen**‹, dem 1743 bald ein erstes Gasthaus und nach 1800 ein Aussichtsturm folgten. Bald hatte man es nicht mehr nötig, sich zu Fuß hinaufzuqälen, sondern konnte im Ilsenburger Gasthof ›Zu den roten Forellen‹ ein Maultier mieten. Die 1899 auf den Gipfel gelegte **Brockenbahn** ließ die Besucherzahlen in die Höhe schnellen, und schließlich entstand neben Brockenhotel und Wetterwarte 1939 der erste Fernsehturm. Am 17. April 1945 zerstörte ein amerikanischer Fliegerangriff wesentliche Teile dieser Bebauung. Wenig Zeit verblieb dem Berg zu seiner Erholung, denn sofort nach dem Mauerbau 1961 wurde das Gebiet wegen seiner exponierten strategischen Lage zur Sperrzone erklärt und für jeglichen Besucherverkehr gesperrt. Was hier nach 1961 unkontrolliert von jeder Öffentlichkeit durch militante Unkultur aus Beton und Stahl entstand, was an Natur verschwand, plattgewalzt und einbetoniert wurde, ist heute schwer nachvollziehbar. Bau- und Renaturierungsmaßnahmen haben das Gesicht des höchsten Berges in Norddeutschland verändert. In dem knapp einen halben Hektar großen Areal des 1890 erstmals angelegten **Brockengartens** wachsen heute wieder fast 1500 Pflanzenarten aus allen Hochgebirgsregionen der Welt, indessen wachsende Besucherströme neue Probleme schaffen.

Unzerstörbar blieb immerhin der herrliche Ausblick vom Gipfel, der bei guter Sicht ca. 130 km weit reicht. Begrenzt wird der Blick durch den Thüringer Wald im Süden und das Wesergebirge im Westen. Durch ein Fernglas kann selbst noch die Wilhelmshöhe bei Kassel sichtbar sein, wie das Völkerschlachtdenkmal bei Leipzig, die Domtürme von Magdeburg oder die höchsten Erhebungen der Rhön. Solche Festtage der Fernsicht sind allerdings recht selten. In der Regel hält sich der Brocken bedeckt.

Der mit seinen oft ungewöhnlichen Wolkenbildungen auch als Wetteranzeiger dienende Brocken erscheint bereits im ›Münchener Nachtsegen‹ des 14. Jh. als Ort der Hexen und anderer Unholde, was die seit dem 16. Jh. nachweislichen Brockenbesteigungen nicht verhindern konnte. Und es steigen nicht nur Wissenschaftler, Studenten und Dichter auf diesen »deutschesten aller Berge«, es stiegen Fürsten und Zaren, und auch für Otto von Bismarck sind zwei Besteigungen notiert.

Rund um Stolberg

Der Oberharz selbst hat wohl schon wegen seines im Vergleich zu den Gebirgsrändern rauhen Klimas die Menschen kaum zu dichterer Besiedlung angeregt. Den königlichen Jagdhöfen zur Zeit der sächsischen Herrscher folgten in der Regel nur kleinere Burgen. Die dörflichen Siedlungen entstanden aufgrund von Bergbau und Holzfällerei und durch üblicherweise auf Viehhaltung beschränkte Landwirtschaft. Die Orte blieben relativ klein und sind erst durch den im 19. Jh. aufkommenden Fremdenverkehr ›entdeckt‹ worden. Trotzdem oder gerade deswegen lohnt sich ein Halt in diesen, zum Teil noch den Charme ihrer ›Unerschlossenheit‹ bewahrenden Orten. In **Elend** kann es die kleine hölzerne Kirche, in **Königshütte** die Ruine der Königsburg und im schon mittelharzischen **Stiege** vielleicht das sich im unteren Dorfteich spiegelnde Schloss sein, was den Reiz der Gegend spontan erfahrbar macht.

Stolberg

Umgeben von Laubwald, liegt in den tief in die Landschaft des Südharzes eingeschnittenen Tälern der Thyra, Lude und Wilde Stolberg. Hier ist von der Rauheit unwirtlicher Klippenformationen des Oberharzes nichts mehr zu spüren. Die von Bränden und Kriegen weitge-

Stolberg ☆
Besonders sehenswert
Rathaus, Schloss und
Josephskreuz

Der Harz

Stolberg, Blick von der Lutherbuche aus über die Stadt zum Schloss. Chronikalischen Nachrichten zufolge soll an dieser Stelle »freitags nach Ostern« 1525 Martin Luther gestanden und die Stadtanlage mit der Gestalt eines Vogels verglichen haben. Demnach wäre »das Schloss der Kopff, die zwey Gassen wären die Flügel, der Markt der Rumpff, die Niedergasse der Schwantz«.

hend verschonte und daher gut erhaltene mittelalterliche Stadt an der alten, quer durch den Harz führenden Handelsstraße von Braunschweig nach Erfurt gehört mit ihrem geschlossenen Bestand an Fachwerkhäusern des 15. bis 18. Jh. und ihrer unverändert erhaltenen Stadtstruktur zu den reizvollsten Kleinstädten Sachsen-Anhalts.

Die sich an den Talrändern um die Stadt ziehenden ›Bandwege‹ bieten die herrlichsten Überblicke. Der schönste ist vielleicht der, den der Reformator 1525 von der nach ihm benannten **Lutherbuche** aus genoss. An diesem Anblick hat sich seit des Reformators Zeiten, vor allem aufgrund der geographischen Situation, wenig geändert. Das **Schloss** allerdings war seinerzeit noch die kastellartige Burg des 13./14. Jh., in deren Schutz die Stadt heranwuchs. Erst 1539–47 und nach 1690 ließen die 1210 erstmals genannten Grafen von Stolberg die Burg zum Wohnschloss umbauen. Erhalten haben sich hinter der schlichten Barockfassade des die Stadt beherrschenden Gebäudeensembles Zeugnisse aller Bauphasen. im Wesentlichen der Bauzeit des 16. Jh. entstammen der Südwestflügel, das sogenannte ›Neue Haus‹, und der gegenüber liegende, an den Wohnturm des 13. Jh.

anschließende Flügel, die sogenannte ›Kemenate‹, sowie die beiden Treppentürme. Von den Innenräumen ist die originell in den ehemaligen Wohnturm und anschließenden Rundturm eingebaute **Schlosskapelle St. Juliana** mit Stern- und Netzgewölben erhalten geblieben. Mit dem Neubau des stadtseitigen Flügels nach 1690 ging auch eine umfassende Neugestaltung des Inneren der Gesamtanlage einher. Hervorzuheben sind die plastisch durchformten Stuckdecken des ›*Blauen Saals*‹ mit Gemälden des Leipzigers Samuel Blütner und des ›*Roten Saals*‹, für den Karl Friedrich Schinkel einen Entwurf für die Innendekoration vorlegte, der in Schwarz, Rot und Gold gehalten war.

Das in seinem Bestand gefährdete Schloss ist 2002 von der Deutschen Stiftung Denkmalschutz erworben worden und befindet sich seitdem in umfassender Restaurierung.

Unterhalb des Schlosses, doch höher als das Rathaus, liegt die **Stadtkirche St. Martini** am stadtseitigen Schlossberg. In den unteren Geschossen des Turms noch spätromanisch, gehören ihre Langhauspfeiler und Obergaden einer Basilika aus der zweiten Hälfte des 13. Jh., Außenwände, Chor, Krypta und Turmobergeschoss einem 1485 begonnenen, spätgotischen Umbau an. Während die Kirche selbst mit Holztonnen gedeckt wurde, entstand in der Sakristei ein schönes Sterngewölbe mit der Figur des heiligen Martin im Schlussstein. Reizvoll wirkt die Kirche auch durch die beiden querschiffartigen Anbauten, die als Reminiszenz an die Bürgerstadt Fachwerkgiebel besitzen. Die Kanzel, auf der Luther 1525 gestanden hat, existiert nicht mehr, dafür je ein lebensgroßes Bildnis von ihm und Melanchthon aus dem Jahr 1618. Wirklich künstlerisch bemerkenswert sind jedoch ein um 1500 geschnitztes *Beweinungsrelief* und der aus Marmor und Alabaster 1599 gefertigte, die Formelemente der Spätrenaissance sehr beherrscht präsentierende *Taufstein*. Keinesfalls geringere Beachtung verdienen die beiden *Bronzegrabplatten* für Pfarrer Ulrich Rispach und Elisabeth von Stolberg, die womöglich aus der Gießhütte Peter Vischers d. Ä. kommen.

Martin Luther hielt am 21. April 1525 ausgerechnet in Stolberg, der Geburtsstadt des maßgeblich am Bauernaufstand beteiligten Thomas Müntzer, in der Kirche eine flammende Predigt gegen die aufständischen Bauern.

Die kleine, auf einem hohen Steinsockel stehende, 1477 von Graf Heinrich von Stolberg gestiftete und fünf Jahre später geweihte **Marienkapelle** ist schon 1529 nicht mehr genutzt worden; der vernachlässigte Bau ist um 1960 mit einer Glocke aus der Martinikirche zu einer Gedenkstätte umgestaltet worden.

Fast so bekannt und beliebt wie das Wernigeröder ist das **Rathaus** von Stolberg. 1482 erbaut und um 1600 erneuert, kann man das Fachwerkobergeschoss, in dem die Stadtverwaltung residiert, nur über die seitliche Kirchentreppe betreten, denn innen, vom Untergeschoss des ›Ratskellers‹ gibt es keine Treppe nach oben. Dafür besaß das zweimal durch eine leichte Abknickung der Straße angepasste Haus einst so viele Fenster wie das Jahr Wochen und so viele Scheiben wie das Jahr Tage hat. Auf der Sonnenuhr von 1724 in der Mitte des steinernen Unterbaus wird das Stolberger Wappen von den Figuren der Justitia und der Minerva getragen. Der lateinische Spruch bedeutet: »Glückliche Eintracht bleibt, wenn wir zusammenhalten, wenn Phöbus die Zeiten anzeigt, Minerva die Sprache und Themis die Bürger die Rechte lehrt.« Erst 1989 wurde ein **Denkmal** für

Der Harz

Stolberg, Thomas-Müntzer-Denkmal vor dem Rathaus, 1989

Thomas Müntzer aufgestellt, der hier gefesselt steht zwischen den Pfosten seines Hauses.

In der das Thyratal hinunterlaufenden Niedergasse, deren Eingang durch den aus dem 13. Jh. stammenden und im 19. Jh. überbauten **Saigerturm** markiert ist, steht heute ein Fachwerkhaus an Stelle des 1851 abgebrannten Geburtshauses des ›Revolutionstheologen‹. Gemeinsam mit dem Saigerturm, benannt nach der einst neben ihm befindlichen Schmelzhütte, erinnert die nur wenige Schritte abwärts sich stolz in die Straße drängende ehemalige **Münze** an die Grundlagen des Reichtums der Stadt: Silber- und Kupfererzbergbau. Von diesem Reichtum zeugt das 1535 von Bürgermeister und Münzmeister Kilian Keßler erbaute prächtigste Haus Stolbergs im Stil der niedersächsischen Fachwerkrenaissance. Reich geschmückt mit Fächerrosetten, Schiffskehlen und anderen Schnitzereien erheben sich drei Fachwerkgeschosse über dem massiven Unterbau. Der fünfseitige, aus der Mitte des Hauses hervortretende Erker, der über die Dachtraufe hinaussteigt und in seinen beiden Obergeschossen Vorhangbogenfenster besitzt, verleiht der Gesamterscheinung eine besondere Dynamik. Das **Heimatmuseum,** welches sich heute in diesem Haus befindet, kann neben seinen Ausstellungen zur Stadt- und Bergbaugeschichte eine der wenigen erhaltenen Münzwerkstätten vorweisen. Das **Haus Niedergasse 39** ist eines der wenigen massiven Steinhäuser des historischen Stolberg und wurde 1552 von dem im gut erhaltenen Sitznischenportal verewigten Bürgerehepaar erbaut.

Ebenfalls museal genutzt wird das älteste, wohl um 1450 erbaute **Haus Rittergasse 14.** In dem mit seiner Spitzbogentür und der grob gefügten Balkenordnung liebenswerte Altertümlichkeit vermittelnden Handwerkerhaus geben originale Einrichtungsgegenstände ein Bild der Lebensverhältnisse einfacher Handwerkerfamilien wieder. Nach weiteren, zum Teil bemerkenswerten Gebäuden wird die Gasse mit dem **Rittertor** abgeschlossen, das 1640 aufgrund seines üblen Zustandes erneuert werden musste. Es ist eines der Tore, die die Stadt sicherten, denn eine Mauer benötigte Stolberg wegen seiner geographischen Lage nicht.

Nordöstlich vom Markt zieht sich die sogenannte Neustädter Seite sacht ansteigend in das Zechental hinauf. Das **Haus Am Markt 10** gilt nächst der Münze als das schönste der Stadt. Es ließen sich noch zahlreiche sehenswerte Häuser aufzählen, wie etwa das im **Reichen Winkel 3.** Aufmerksamkeit verdienen auch viele reizvolle Details, wie die Türen des 18. und 19. Jh. mit ihren Türklinken und Messingschildern. Deutlicher als in den Nordharzstädten macht sich in Stolberg der thüringische Einfluss auf den Fachwerkbau bemerkbar. Das besonders schöne **Haus Töpfergasse 1,** das in seinem Obergeschoss durchkreuzte Rauten und Andreaskreuze aus geschweiften Hölzern besitzt, ist dafür ein anschauliches Beispiel und rundet den vielgestaltigen, romantisch überhauchten Eindruck von dieser kleinen Kurstadt ab. Wie ein I-Punkt sitzt darauf die 1437 geweihte **Liebfrauenkapelle** auf dem Friedhof im Zechental.

Die Stolberger Liebfrauenkapelle diente Adrian Ludwig Richter als Vorbild für die gotische Kapelle in seinem berühmten Bild ›Brautzug im Frühling‹, das in der Gemäldegalerie ›Neue Meister‹ in Dresden zu bewundern ist.

Das Zechental weiter hinauf, wo zu beiden Seiten verfallene Stollen liegen, führt der Weg etwa 5 km durch schattige Laubwälder auf die 575 m hohe **Josephshöhe**, auf der sich die Stahlskelettkonstruktion des **Josephskreuzes** erhebt. Das 38 m hohe Riesenkreuz von 1896 ist Nachfolger eines 1832–34 nach Entwürfen Karl Friedrich Schinkels erbauten Holzkreuzes, welches 1880 einem Blitzschlag zum Opfer fiel. Das Krachen, so erzählt man in der Gegend, war bis in das südöstlich der Josephshöhe liegende **Schwenda** zu hören. Die achteckige **Dorfkirche** des letztgenannten Ortes soll 1736/37 von dem Stolberger Baumeister und Architekturtheoretiker Johann Friedrich Penther nach dem Vorbild der Dresdener Frauenkirche erbaut worden sein. Sie ist wie diese ein Zentralbau, jedoch auf oktogonalem Grundriss und geht auch in eine achteckige Kuppel über, die dann allerdings wie die Frauenkirche eine offene Laterne trägt. Den barock ausgestatteten Innenraum überspannt ein Klostergewölbe, das 1938 von Karl Völker ausgemalt wurde.

Josephskreuz, 1896

Im Kyffhäusergebirge

Auch wenn seit 1990 das Kyffhäusergebirge mit dem Kreis Artern zum Land Thüringen gehört, und nur Tilleda und Kelbra am Rand noch in Sachsen-Anhalt liegen, wird eine ›Grenzüberschreitung‹ in diesem Kapitel unumgänglich sein.

Kyffhäuser ☆

Wie ein kleines südliches Geschwister des raueren Harzes hebt sich das Gebirge aus seiner Umgebung heraus. Dieser nicht neue Vergleich bezieht sich sowohl auf beider geologische Entstehungsgeschichte und Form als auch auf ihren sagenumwobenen Ruf. Dabei hat die Verwertung der allbekannten Sage vom wieder erstehenden Kaiser Barbarossa zwischen sozialromantischer Erlösersehnsucht und preußisch-militaristischer Großmannssucht dem kleinen Gebirge nicht immer gute Schlagzeilen gebracht. In der zweiten Hälfte des 19. Jh. galt der Kyffhäuser als berühmtester Berg Deutschlands. 477 plus 78 m über dem Meeresspiegel in dem geradezu ahistorischen Café des **Fernmeldeturms Kulpenberg** nahe der B 85 sind vielleicht genug für einen sachlichen Überblick über die Höhen und Niederungen der Geschichte des Kyffhäusergebirges und seiner Umgebung.

Bis zu 300 m fällt das Gebirge an seinem Nordrand in die es vom Harz abtrennende **Goldene Aue**, die Thietmar, Bischof von Merseburg, in seinem ›Chronicon‹ den »blühenden Hof des Paradieses« nannte. Auch ohne symbolisch gehobenen Blick auf die Erträge der dort intensiv betriebenen Landwirtschaft scheint ihr hell-lehmiger Boden noch heute golden auf. Rotbuchen, Hainbuchen und Eichen sind es vor allem, die die steil heraufsteigenden Hänge kräftig begrünen. 19 km lang und nur 7 km breit, ließe sich das Gebirge

Kyffhäuserdenkmal, nach Entwürfen von Bruno Schmitz, 1891 bis 96, Blick in den Barbarossahof mit der Skulptur des Bildhauers Nikolaus Geiger

Für das ›Kaiser-Wilhelm-Nationaldenkmal‹ schuf man 1891–96 mitten in der ehemaligen Oberburg ohne Rücksicht auf die damals noch vorhandene historische Bausubstanz ein riesiges Plateau, auf dem in drei Stufen die monumentale, das Kaisertum verherrlichende, 81 m hohe Anlage entstand. Gekrönt wird ihr Turm von einer 6,60 m hohen Nachbildung der wilhelminischen Kaiserkrone. Die Figur Barbarossas, die dem ideologischen Konzept einen historisch-mythischen Hintergrund verleiht, sitzt am Fuß des Denkmalturms in ihrem von einer romanisierenden Bogenhalle umgebenen Felsareal.

bequem an einem Tag durchwandern. Sein südlicher Teil wirkt weniger schroff, und auf sand- und gipshaltigem, zum Teil verkarstetem Boden finden sich sogar subtropische Pflanzengesellschaften. Dazu kontrastiert die Riedflora in den Talsohlen des Gebirgsrandes. Noch im 12. Jh. von Auen- und Bruchwald bestanden, wurden diese Riedflächen auf Betreiben Friedrich Barbarossas von flämischen Kolonisten und Zisterziensermönchen urbar gemacht. Absickernde Oberflächenwasser laugten tief liegende Stein- und Kalisalzlager aus und sprudeln als Solquellen an die Oberfläche, was der Region bereits 1000 Jahre vor der Zeitenwende eine wirtschaftliche Grundlage gab. Die gleichen Oberflächenwasser führten und führen im Gips zu Verkarstungen, Erdfällen und Höhlenbildungen, von denen die bei Rottleben liegende **Barbarossahöhle** mit ihren vielgestaltigen ›Kunstformen‹ jährlich Tausende Touristen in ihre Hallen, Säle und Grotten zieht. Tisch und Stuhl des natürlich momentan gerade nicht anwesenden Kaisers sind dabei Requisiten für einen sich offenbar nie verbrauchenden Scherz.

Indessen kann der leere steinerne Stuhl nicht verwundern. Ein Besuch auf dem berühmten, nur 3 km Luftlinie vom Kulpenberg entfernten **Kyffhäuserberg** klärt alles. Nach Entwürfen von Bruno Schmitz (1858–1916) entstand dort 1891–96 das ›Kaiser-Wilhelm-Nationaldenkmal‹, heute kurz **Kyffhäuserdenkmal** genannt. Schmitz, der auch die Entwürfe für die Denkmäler an der Porta Westfalica, am Deutschen Eck in Koblenz und für das Völkerschlachtdenkmal in Leipzig lieferte, avancierte in wenigen Jahren zu »dem bedeutendsten Denkmalarchitekten wilhelminischer Zeit«.

Der der Grundidee des gesamten Denkmals folgende, von dem Bildhauer Nikolaus Geiger (1849–1897) stammende Barbarossa scheint aus dem zum Teil in Naturform belassenen Zyklopengestein herauszuwachsen und ist in seiner romanisierenden Nische ein rechter deutscher Märchenkaiser. Das sich über ihm erhebende, vor die Turmfront gesetzte, nach Entwürfen Emil Hundriesers (1846–1911) in mansfeldisches Kupfer getriebene Reiterstandbild Wilhelms I. hebt sich in seiner naturalistischen Durchbildung wohl absichtlich von der geschlossen und wuchtig wirkenden Gesamterscheinung des Denkmals ab, das stilistische Bezüge zur alten Stauferburg aufnimmt. Es übersteigert damit noch die Rolle des Reichsgründers als über die Dinge obsiegender Messias, Souverän und Vollender heute und jetzt. Ihm zu Füßen lagern zwei allegorische Figuren, die eines Kriegers und die einer die Geschichte verkörpernden Frau, die den Lorbeerkranz für ihn bereithält.

Das **Burgmuseum** direkt gegenüber dem Turmeingang dokumentiert vor allem die ältere geschichtliche Entwicklung des Kyffhäusergebietes und zeigt zahlreiche, während der Ausgrabungen auf der Burg gemachte Funde.

Von der alten, 1118 anlässlich ihrer Eroberung und Zerstörung durch sächsische Fürsten erstmals erwähnten Burg gibt es nur noch wenige Reste. Ihr Bau ist in die zweite Hälfte des 11. Jh. zu datieren, als Heinrich IV. die Macht der salischen Kaiser gegen das Andringen des sächsischen Adels zu sichern suchte. Ein Rekonstruktionsversuch der letzten großen, unter Friedrich I. ausgebauten Reichsburg zeigt sie in über 600 m Länge und bis zu 60 m Breite in ihren drei Teilen als eine der größten Burgen Deutschlands. Der prägnante Stumpf des ursprünglich dreigeschossigen, viereckigen Bergfrieds der Oberburg, die Ringmauer und auch die Kapelle der Unterburg stammen aus dieser Zeit.

Nachdem Kyffhausen im 13. Jh. der Reichsgewalt verloren und in den Besitz der Grafen von Beichlingen übergegangen war und bereits im 15. Jh. verfiel, wurde 1433 die Kapelle der Unterburg ein letztes Mal wiederhergestellt und als Wallfahrtskapelle ›Zum heiligen Kreuz‹ geweiht.

Schon im Mittelalter traten in Kyffhausen eine Reihe von Wiedergängern des Kaisers in Erscheinung. Tile Kolup, wohl der kühnste der Betrüger, soll sogar von den Landgrafen anerkannt, später aber doch geköpft worden sein. 1546 hauste in der Kapelle der Unterburg ein offenbar geisteskranker Schneider aus Langensalza. Auch er zog durch seine merkwürdigen Reden eine Menge Leute an, die ihn für den auferstandenen Barbarossa hielten.

Tilleda und Kelbra

Am Kyffhäuserdenkmal vorbei geht der Blick wieder in die oft von zartem, seidigem Dunst ein wenig ins Unwirkliche entrückte Aue. Fast in einer Linie liegen der Kulpenberg, das Denkmal und der kleine, am Fuß des Kyffhäuserbergs liegende Ort **Tilleda**. ›Dullide‹ wird er in einer Urkunde von 972 genannt. Das Dokument beschreibt die Mitgift Ottos II. für seine Gemahlin Theophanu und erwähnt unter anderem die auf dem Pfingstberg am Rande des heutigen Ortes gelegene **Pfalz**.

Das Gelände auf dem Pfingstberg wurde mit Unterbrechungen von 1935–79 ergraben, um nähere Aufschlüsse speziell über die Pfalz Tilleda zu erhalten. Die Ergebnisse der Grabungen, freigelegte und zum Teil ergänzte Grundmauern oder andere Bauglieder, sind heute in einem **Freilichtmuseum** zu besichtigen. Die vom 10. bis zum 12. Jh. vom ›wandernden‹ deutschen Königshof zugleich als Regierungssitz und Versorgungseinrichtungen benutzten und mit sogenannten Tafelgütern verbundenen Pfalzen lassen sich als ›Palastbauten‹ in einer ›burgähnlichen Befestigung‹ vorstellen. In Tilleda wurden neben einer Saalkirche, die auch die Wohnräume des Königs aufnahm, ein größeres Wohnhaus und ein saalartiges Gebäude nachgewiesen, welches sogar eine Fußbodenheizung besaß. In der Vorburg, die auch eine Handwerkersiedlung beherbergte, konnten über 200 kleinere Häuser ergraben werden, die verschiedenen Zwecken dienten. Neben Wohnhäusern gab es Wachhäuser, Vorratshäuser und Häuser für die einzelnen Gewerbe wie Eisenverarbeitung, Tuchmacherei oder Töpferei.

Der Ort Tilleda selbst ist über die Bedeutung eines kleinen Marktfleckens nie hinausgewachsen. Die **Dorfkirche St. Marien,** deren romanischen Turm Kuppelfenster aus rotem Sandstein schmücken, besitzt einige Ausstattungsstücke aus Spätrenaissance und Barock. Im Gasthof ›Zur Goldenen Gabel‹ kehrten am Abend des 30. Mai 1776 Goethe und Karl-August von Sachsen-Weimar ein, um am nächsten Morgen in aller Frühe den Kyffhäuser zu besteigen. Diese Begebenheit ist nur überliefert, weil ein unglücklicher Jägerbursche die fröhlich Lärmenden zur Rede stellte und sich damit einen aktenkundig gewordenen Rüffel seines Dienstherrn einfing.

Etwa 500 Jahre vorher sang und dichtete als früher Kollege Goethes der aus Kelbra gebürtige Kristan von Luppin auf der **Rothenburg** seine Verse. Ein Bildnis und sechs Lieder von ihm sind in der großen Manessischen Liederhandschrift überliefert.

Die Rothenburg liegt nur etwa 2 km nördlich des Kulpenbergs auf einem schwer zugänglichen Bergsporn. Die Ruinen des alten Burgtors, einer kleinen Doppelkapelle und des Bergfrieds stammen noch vom ursprünglichen Bau aus dem Anfang des 12. Jh. Die Mauern des frühgotischen, zweigeschossigen Palas lassen trotz der schlechten Verfassung noch etwas von der Eleganz dieses Profanbaus erahnen. In den 30er-Jahren des 20. Jh. wurden Sicherungsarbeiten vorgenommen, außerdem auch die Fenster des Palas erneuert und der Bergfried zu einem Aussichtsturm erhöht. Der geböschte Turm vor dem Eingang der Burg wurde 1906 erbaut und ist einer jener Bismarcktürme, die damals wie Pilze aus dem Boden schossen.

›Pforte zum Kyffhäuser‹ ist der große Name für das kleine Städtchen **Kelbra.** Die die Bundesstraße übers Gebirge kreuzende Lange Straße war ein Teil jener Königsstraße, die Nordhausen mit den Pfalzen Tilleda und Wallhausen verband und an der die thüringische Siedlung entstand. In den 1271 dann als Stadt erwähnten Ort hatten die sehr aktiven Grafen von Beichlingen bereits 20 Jahre vorher ein Zisterzienserinnenkloster gelegt. Der Turmsockel und Teile des Kirchenschiffs der Anfang des 17. Jh. abgebrannten **Stadtkirche St. Georg** gehörten der ehemaligen Klosterkirche an, welche direkt an die Stadtmauer schloss. 1607 neu aufgebaut und erweitert, finden

Bad Frankenhausen

*Tilleda, Pfalz, Freilichtmuseum.
Bis in das 12. Jh. hinein ist für die Pfalz Tilleda aufgrund der dort angefertigten Urkunden die zeitweilige Anwesenheit deutscher Kaiser nachgewiesen. Wie etwa die Barbarossas oder Heinrichs VI., der sich 1194 in Tilleda mit dem lange gegen die staufische Macht kämpfenden Heinrich dem Löwen versöhnte.*

sich in ihr einige Ausstattungsstücke wie etwa ein nach 1520 datierter, gemalter *Flügelaltar*, ein *Taufstein* aus der Mitte des 16. Jh. oder Kanzel und Emporen aus dem 17. Jh.

Älter als die vormalige Klosterkirche ist die im Kern vielleicht frühromanische **Kirche St. Martin** im bis 1895 selbständigen **Altendorf**. Über ihrem kreuzgratgewölbten Chor erhebt sich ein kleiner Turm. Im Inneren steht ein reich gestalteter *Kanzelaltar* aus dem 18. Jh.

Sonst fallen nur der stattliche Bau des **Rathauses** und einige Bürgerhäuser in der Stadt auf, an deren Nordostecke ein quadratischer Bergfried und die Ruine eines Palas noch den Standort der aus dem 12. Jh. herrührenden **Burg** anzeigen.

Bad Frankenhausen

Sein südliches Pendant findet Kelbra im heute thüringischen **Bad Frankenhausen**. In der Unterstadt der sich von Süden her an die steilen Hänge des Kyffhäusergebirges drängenden Stadt freilich steht keine Ruine, sondern das umfangreich restaurierte **Schloss** Frankenhausens. Das bereits vorher durch zahlreiche Umbauten veränderte

Gebäude beherbergt hinter seinem schlichten Barockgesicht das vorbildlich eingerichtete **Kreisheimatmuseum.** Seine Ausstellungen befassen sich vornehmlich mit Geologie und Geschichte des Kyffhäusergebietes, insbesondere aber mit der Geschichte des Bauernkriegs, der auf dem Schlachtberg über der Stadt ein blutiges Ende fand.

Südlich der Unterstadt und des Flutgrabens liegt das erst 1890 eingemeindete Alte Dorf mit der **Kirche St. Petrus.** Die ursprünglich wohl dreischiffige romanische Basilika aus der zweiten Hälfte des 12. Jh. besteht heute nur noch aus Chor und Apsis. Die im Sternenmuster stehende Figur des Patrons der Kirche auf dem Kämpfergesims des südlichen Chorpfeilers und die um 1300 entstandene Malerei in der Konche der Apsis vermitteln noch etwas von der alten Weihe.

Durch die Lange Straße und die Bahnhofstraße gelangt der Besucher wieder in die Unterstadt, und zwar auf den Kantor-Bischoff-Platz. Der massige, dem heiligen Georg geweihte Bau der ehemaligen **Kirche** eines 1215 eingerichteten Zisterzienserinnenklosters entstand nach dem Stadtbrand von 1689. An den noch verwertbaren Turm und Chor der bereits 1596–98 grundlegend erneuerten Kirche wurde ein dreischiffiges Langhaus angebaut, in welches ebenfalls

Bad Frankenhausen, Bauernkriegspanorama von Werner Tübke, 1983–87, Ausschnitt

zahlreiche ältere Teile eingefügt wurden. Im weiträumigen Inneren dominieren barocke Formen und Ausstattungsstücke. Schon 1382 allerdings kam, offenbar aufgrund des Umbaus der Oberkirche, das sogenannte *Waldenserkruzifix* in die Kirche. Bemerkenswert an diesem Kruzifix ist die ungewöhnliche Verwendung eines T-Kreuzes und die beseelte, naturnahe Gestaltung insbesondere des Gesichtes Jesu, welches eine gewisse Nähe zu Arbeiten des Naumburger Meisters hat.

Von der Kirche führt die fast schnurgerade Klosterstraße weiter in die Stadt hinauf. In den Straßen um den Markt gibt es einige sehenswerte Häuser. Als Beispiele seien hier nur das 1833 erbaute **Rathaus** mit dem Stadtwappen genannt, welches den goldenen Löwen der Grafen von Schwarzburg trägt, das schöne Fachwerk zweier Bürgerhäuser in der Kräme und am Plan das spätgotische Haus, in dem sich früher das Gasthaus ›Zum Schwan‹ befand und das heute die ›Schwanendrogerie‹ beherbergt. Es entstand in der Zeit nach dem Bauernkrieg, da sich die Stadt trotz der 10 105 Gulden Strafe, die sie an Fürsten, Adlige und auch einige Bürger zahlen musste, rasch erholte. Der Grund lag in der enorm steigenden Salzproduktion. In der Frauenstraße, zwischen Solbad und Kurpark, befand sich das Gelände der ehemaligen Saline: Dort standen die Siedehäuser, die der Stadt ihren Wohlstand sicherten. In diesem Bereich zieht sich aber auch die Erdfall- und Senkungszone am Südfuß des Kyffhäusers entlang. Verworfene Straßen und reißende Mauern sind sichtbare Zeugnisse unterirdischer Bewegung.

Relativ unbeeindruckt davon steht der **Hausmannsturm** am sonnenbeschienenen Nordrand der Stadt als Rest einer burgartigen Festung. Ab Ende des 16. Jh. diente er dem Hausmann, dem Wächter über Stadt und Saline, als Wohnung und Beobachtungsposten.

Noch weiter über der Stadt, auf dem Hausberg, steht jener moderne, etwas befremdlich wirkende Rundbau des **Panorama** – eines Prestigeobjekts aus dem letzten Jahrzehnt des Bestehens der DDR. An dieser Stelle, wo am 15. Mai 1525 das Bauernheer die den Aufstand im thüringisch-sächsischen Raum besiegelnde Niederlage erlitt, malte Werner Tübke nach Vorarbeiten innerhalb von vier Jahren (zwei Drittel mit eigener Hand) das 1722 m^2 große Rundbild ›Frühbürgerliche Revolution‹ und beendete es 1987. Ungefähr 3000 Figuren beleben das 15 m hohe und 120 m lange Bild, welches das größte mit klassischen Malmethoden gemalte Bild der Welt ist. Männer und Frauen der Reformation, des Bauernkriegs und des aufstrebenden Kapitals treten gleichsam als Akteure auf die historische Bühne dieses Panoramas und bilden – mit aus der Geschichte oder gegenwärtiger Erfahrung entlehnten Allegorien – ein nur schwer zu entwirrendes Geflecht von Beziehungen.

Von Anhalt nach Anhalt

Die Wiege Anhalts – der Harzkreis

In der Nähe von Harzgerode beginnend, führt die B 185 über Ballenstedt, Aschersleben, Bernburg und Köthen nach Dessau. Sie verbindet damit die beiden ehemaligen Hauptgebiete Anhalts: den Harzkreis mit seinen westlichsten Orten Breitenstein und Güntersberge mit dem von Saale, Mulde und Elbe durchflossenen, sich bis zum Fläming hinziehenden Tiefland der vormaligen Residenzen Bernburg, Köthen, Dessau und Zerbst. Das dazwischen liegende Aschersleben fiel schon 1315 aus dem anhaltischen Länderbund heraus. Dennoch wird es hier schon aus rein praktischen Erwägungen nicht ausgeschlossen, wie auch andere, nie zu Anhalt gehörende Orte.

Während der Harzkreis von einer vielgestaltigen Gebirgs- und Vorgebirgslandschaft geprägt ist, die sich ihren ureigenen Reiz größtenteils unverstellt bewahren konnte, waren das östliche Flachland und dessen Dörfer und Städte insbesondere während der letzten 150 Jahre durch intensive landwirtschaftliche und industrielle Ausbeutung eingreifenden Veränderungen ausgesetzt.

Auf der Reise von West nach Ost, die auch den zeitlichen und geopolitischen Vormarsch der Christianisierung ab dem 10. Jh. und die Verschiebung ökonomischer wie politischer Gewichtungen im Machtkampf nachfolgender Epochen erhellt, waren bis zu den Bombardierungen des Zweiten Weltkriegs an der Dichte historischer Bausubstanz viel deutlicher als heutzutage die verschiedenen Epochen abzulesen. Im Kreis Ballenstedt überwog die Romanik, in Bernburg und Köthen die Gotik, in Dessau die Renaissance und in Zerbst Barock und Rokoko. Heute ist es vielleicht eher die Spannung zwischen dem Dessauer Bauhaus von Walter Gropius und der ottonischen Stiftskirche zu Gernrode, die dem Reisenden augenfällig wird. Obwohl es auch dazwischen fast unzählige Baudenkmäler von bedeutendem Wert und großer künstlerischer und kultureller Ausstrahlung gibt.

Von Burg Anhalt nach Harzgerode

Die Ruinen der alten **Burg Anhalt** – Anhalt, was am sinnfälligsten mit dem Wort Stützpunkt zu übersetzen wäre – unterscheiden sich nicht wesentlich von den zahlreichen, oft kaum noch definierbaren Überresten anderer einst stolzer Burgen, die sich allenthalben am und im Harz finden. Ihr Überlebenselixier aber ist ihr Name, der sich später auf ein ganzes Fürstentum übertrug und noch heute, verbunden mit Sachsen, als Länderbezeichnung fortlebt. An der Stelle, wo sich das Selketal unterhalb von Mägdesprung immer mehr zu weiten beginnt, baute Graf Esico von Ballenstedt, der Stammvater des Fürstenhauses Anhalt, in der ersten Hälfte des 11. Jh. die erste Burg aus

◁ *Gernrode, Stiftskirche St. Cyriakus, um 960, »eines der bedeutendsten und im Gesamteindruck besterhaltenen Zeugnisse ottonischer Architektur«.*

Von Anhalt nach Anhalt

Albrecht der Bär war offensichtlich der erste, der sich nach der Burg Anhalt benannte – ob vor der Schleifung der Burg 1140 oder danach, ob aus Trotz oder Stolz, sei dahingestellt. Sie wurde zwar wieder aufgebaut, spielte aber keine größere Rolle mehr. 1376 erscheint eine letzte, belanglose Nachricht betreffs des Lohnes für Pfarrer Arnd von Anhalt, der sich auf eine Mark Silber belief. Andere Burgen oder Schlösser, wie Harzgerode oder das nicht anhaltinische Falkenstein, hatten mehr Glück.

Bruchstein auf dem fast 400 m hohen Hausberg oberhalb des Flusstals. Otto der Reiche (ca. 1075–1123), der sein Hauptquartier von Ballenstedt hierher verlegte, erweiterte die Burg. 1140 wurde sie während einer Fehde zwischen Albrecht dem Bären und Herzog Heinrich dem Stolzen von Bayern durch Erzbischof Konrad von Magdeburg und Markgraf Konrad von Meißen zerstört.

Der interessanteste Weg von der Burg Anhalt nach Harzgerode führt in Verfolgung des Selketals aufwärts über Mägdesprung und Alexisbad. Hier befand sich mit Harzgerode als Zentrum bis zum Ende des 19. Jh. ein Schwerpunkt des Unterharzer Bergbaus und insbesondere der Verhüttung. Ortsbezeichnungen wie ›Am Kupferhammer‹, ›Friedrichshammer‹ oder ›Siedlung Stahlhammer‹ erinnern daran. In **Mägdesprung** wurde seit 1646 Eisen verhüttet. Es stehen noch alte Anlagen aus dem 18. und 19. Jh. Der Kunstguss aus Mägdesprung war berühmt. Ein gusseiserner **Obelisk** von 1812 und mehrere **Tiergruppen** aus der zweiten Hälfte des 19. Jh. können davon noch einen Eindruck vermitteln.

Alexisbad deutet mit seinem Namen an, dass der Ort seine Anziehungskraft der 1755 gemachten Entdeckung des Mineralgehalts seines Quellwassers zu danken hat. Die um 1810 in Fachwerk errichteten **Kurhäuser** zogen bald zahlungskräftige Kurgäste an. Wenig einfühlsame Neubauten der letzten Jahre haben leider den romantischen Schmelz des idyllisch gelegenen Fleckchens nicht unbeschädigt gelassen. Phantasieanregende Besonderheiten finden sich vor allem an den sich aus dem Tal ziehenden Fußwegen, wie etwa der **Luisentempel** von 1823 oder die höchst zwiespältige Gefühle auslösende **Verlobungsurne** von 1845 auf einem schroffen Felsen über dem Tal.

Durch das Selketal indes keucht noch immer die von Gernrode startende, in den 80er Jahren des 19. Jh. eingerichtete **Selketalbahn** mit ihren rauchenden, kleinen Lokomotiven und Waggons auf schmaler Spur nach Harzgerode hinauf. In Alexisbad teilt sich ihre Spur, um sich über Straßberg, Güntersberge und Stiege an der Eisfelder Talmühle mit der Harzquerbahn zu verbinden.

Harzgerode

Die Stadt Harzgerode, nur gut 4 km Luftlinie südwestlich von den Ruinen der Burg Anhalt, erhielt schon 993 durch Otto III. Markt- und Münzrecht. Im Besitz der Abtei Nienburg, blieb der Ort aber unter der Lehnsherrschaft der askanischen Grafen und wurde dann seit dem 14. Jh. mehrfach verpfändet, ehe er seit 1535 endgültig bei den Fürsten von Anhalt blieb und zwischen 1635 und 1709 sogar Residenz eines selbständigen Fürstentums wurde.

Regelmäßig angelegt, wird die Stadt heute hauptsächlich durch Fachwerkhäuser des 17. und 18. Jh. geprägt. Das 1549–52 an Stelle eines älteren Baus an die ehemalige Stadtmauer gelehnte, bescheidene **Schloss** besteht aus einem dreigeschossigen Hauptgebäude, einem Rundturm und den den Hof schließenden Wehrgängen. Ein Südflügel wurde 1775 wegen Baufälligkeit abgerissen.

Neben dem Schloss besitzt Harzgerode nur noch wenige historisch bedeutsame Gebäude. Der ehemalige **Gasthof ›Zum Bär‹** war früher Sitz der Regierung. Das dem erst 1900 erbauten **Rathaus** gegenüber liegende, stattliche Gebäude war **Edelhof** derer von Röder. Ein Bildnis des Leberecht Wilhelm von Röder von 1699 befindet sich an der westlichen Empore der barocken **Stadtkirche,** die daneben eine reich gestaltete barocke Fürstenloge besitzt. Als ein Pendant im gleichen Haus, im untersten Geschoss des im Kern romanischen Turms, mahnt die Fürstengruft an die Zeitlichkeit auch herrschaftlicher Existenz.

Rund um Burg Falkenstein

Bei weitem besser als die Burg Anhalt hat die **Burg Falkenstein** die Zeitläufte überdauert. Nach Schleifung einer etwa 2 km selkeaufwärts gelegenen Burg begannen die Herren von Konradsburg um 1120, sie als ihren zukünftigen Stammsitz auszubauen. Ab 1155 als ›Grafen von Falkenstein‹ tituliert, spielten sie in den territorialen Machtkämpfen des 12. und 13. Jh. eine nicht unbedeutende Rolle, wodurch sie gezwungen waren, den weiteren Ausbau der Burg voranzutreiben. Etwa zwischen 1220 und 1250 vervollkommnete man die Burg zu einer Dreiflügelanlage mit einem differenzierten System von Zwingern, Gräben und Innenhöfen. Die endgültige Gestalt ihres Äußeren erhielt die Burg schließlich im 16. Jh. unter den Herren von der Asseburg, die den Falkenstein bereits 1437 erworben hatten. Insbesondere der von »Universitätsstudien geprägte Bauherr« August I. beförderte den Ausbau der Burg zu einem zeitgemäßen, repräsentativen Wohnschloss. Unter seiner Regentschaft entstanden auch die beiden Zwerchhäuser der Südseite, die Holzausstattung der frühgotischen **Burgkapelle** und die als Kleinod sehr früher mitteldeutscher Stukkatur geltenden Arbeiten im **Schiefen Saal,** an den Stirnwänden des **Rittersaals** und die prächtigsten in der sogenannten **Grünen Stube.** Er veranlasste 1592 die Erhöhung des **Bergfrieds** um etwa 10 m und den Aufbau der heute noch erhaltenen Haube auf dem ehemals platten, Geschütze tragenden Stumpf. Auch der 1601 neu erbaute Treppenturm mit Sitznischenportal in der Südwestecke des Hofs geht auf die Initiative August I. zurück. Nach zwei Jahrhunderten geringer baulicher Aktivitäten setzte in den Jahren 1831/32 die Ausgestaltung von **Wohngemächern** des Obergeschosses des Nordtraktes durch Friedrich August Stüler in romantischer Rückbesinnung einen letzten Glanzpunkt. Der aus dem historisch-verklärenden Stil ausscherende **Herrensaal** »ist mit seiner vollständigen, vermutlich nach Entwürfen Karl Friedrich Schinkels hergestellten Ausstattung als ein Juwel des Biedermeier anzusehen«. Ein Porträt Bernhardines von der Asseburg mit ihren zwei Söhnen, 1833 von

Burg Falkenstein ☆

Von Anhalt nach Anhalt

Burg Falkenstein, ab 1120, die wohl besterhaltene mittelalterliche Burganlage des Harzes. Kurz vor dem Austritt der Selke aus dem Gebirge erhebt sie sich 135 m über dem Flussspiegel auf einem nur vom Hochplateau leicht zu erreichenden Bergkegel.

»Viel klagen hör' ich oft erheben / Vom Hochmut, den der Große übt. / Der Großen Hochmut wird sich geben, / Wenn unsre Kriecherei sich gibt«, mahnte der in Molmerswende geborene Gottfried August Bürger, bekannt als Dichter und Übersetzer der ›Wunderbaren Reisen und Abenteuer des Freiherrn von Münchhausen‹.

Wilhelm von Kügelgen gemalt, komplettiert diesen schönen Raum, wie sich natürlich vieles hier nicht zu nennende aufs erfreulichste in den heute als **Jagdmuseum** genutzten Falkenstein einfügt.

Bei dieser Fülle von Sachzeugen darf auch daran erinnert werden, dass der im nahen **Molmerswende** geborene und mit einem **Museum** geehrte Gottfried August Bürger (1747–1797), der Dichter und Übersetzer der ›Wunderbaren Reisen und Abenteuer des Freiherrn von Münchhausen‹, auf der Burg zu Gast war, wie es fast selbstverständlich scheint, dass ein solch romantisches Schloss einen Maler wie Ludwig Richter anziehen musste. Am folgenreichsten jedoch dürfte der Aufenthalt des Schöffen Eike von Repgow auf dem Falkenstein gewesen sein. Er übersetzte im Auftrag des Grafen Hoyer den von ihm bereits auf Latein verfassten, auf volkstümlicher Rechtsprechung fußenden ›Sachsenspiegel‹ ins Niederdeutsche. Es war das bedeutendste deutsche Rechtsbuch des Mittelalters und wurde zum Vorbild zahlreicher Gesetzbücher auch anderer Völker. »›Spiegel der Sachsen‹ / soll dies Buch sein genannt, / denn Sachsenrecht ist hierin bekannt; / wie in einem Spiegel die Frauen / ihr Antlitz beschauen«, heißt es im gereimten Vorwort des wahrscheinlich zwischen 1220 und 1235 entstandenen Werks.

Meisdorf und Ermsleben

Selkeabwärts, und nun am endgültigen Austritt des Flüsschens aus den sich weitenden Fesseln des Gebirges, liegt der kleine, nur etwas über 1000 Einwohner zählende Ort **Meisdorf**. Achaz von der Asseburg, der die baufällig gewordenen Teile des Falkenstein abreißen ließ, erbaute sich hier 1787 ein neues **Schloss**. Achaz war nicht nur Diplomat von europäischem Rang, beispielsweise war er Minister der Zarin Katharina II., sondern auch ein enger Vertrauter Klopstocks. Der soll ganz in der Nähe, auf einem ›Klopstockklippe‹ genannten Felsvorsprung, Teile seines ›Messias‹ gedichtet haben.

Nur 3 km östlich von Meisdorf liegt auf einem Bergsporn die zu **Ermsleben** gehörende **Konradsburg** bzw. die Reste derselben und des Klosters, welches die Herren von Konradsburg in die alte Burg legten, als sie sich anschickten, Herren von Falkenstein zu werden.

Von der Anfang des 13. Jh. erbauten kreuzförmigen Pfeilerbasilika ist nur noch der östliche **Chor** mit der darunterliegenden **Krypta** sowie der Teil einer Querschiffwand erhalten. Aber allein schon dieses Fragment zeugt beeindruckend von dem einst bedeutenden Bau.

Die übrigen noch vorhandenen Gebäude stammen aus dem 17. bis 19. Jh. Nach dem Bauernkrieg war die Konradsburg Lehngut und ab 1712 zum Vorwerk der Domäne Ermsleben geworden. Ein Brunnenhaus aus dem 18. Jh. mit einem Tretrad, welches von einem Esel angetrieben wurde, vermittelt vielleicht den lebendigsten Eindruck aus dieser Zeit. Unter der Regie eines engagierten Förderkreises werden die Gutsgebäude nach und nach für kulturelle Zwecke ausgebaut.

An den in Ermsleben geborenen Dichter Johann Ludwig Gleim, der sein Halberstädter Domizil zum Treffpunkt des damaligen deutschen ›Poetenolymps‹ machen konnte, erinnert an seinem **Geburtshaus** in der Thomas-Müntzer-Straße eine Tafel und auf dem Friedhof ein symbolisches Grabmal für ihn und seine Frau, die beide in Halberstadt begraben wurden. In der Teile des 11. bis 18. Jh. umfassenden, uneinheitlichen **Stadtkirche St. Sixtus** ist es vor allem ein Epitaph von 1571, das wegen seiner bemerkenswerten Spätrenaissanceornamentik Aufmerksamkeit verdient.

Konradsburg

Ermsleben, Krypta, Anfang 13. Jh. Durchgeistigte Schlichtheit und Strenge des Grundbaus paart sich mit den reichen und üppigen Formbildungen der Kapitellornamentik in der Krypta, die »zum Prächtigsten und Reifsten der mitteldeutschen Spätromanik« gehört.

Ballenstedt

Nach diesem Ausflug ins Preußische, denn der Falkenstein, Meisdorf und Ermsleben gehörten ehemals zum Mansfelder Gebirgskreis, führt die B 185 zurück ins Anhaltische nach Ballenstedt. 1765–1863 befand sich hier die Residenz der Herzöge von Anhalt-Bernburg. Aber Ballenstedt wird auch die ›Kügelgen-Stadt‹ genannt. Der Porträtist, Grafiker und spätere Schriftsteller Wilhelm von Kügelgen (1802–1867) lebte ab 1833 als Hofmaler in Ballenstedt. Ein Zimmer in dem sehr gut gestalteten **Heimatmuseum** erinnert daran. Ansonsten

Ballenstedt ☆

Von Anhalt nach Anhalt

befasst sich das Museum mit der Geschichte des anhaltischen Harzkreises. Das spätbarocke Stadtpalais steht direkt am ehemaligen Schlossplatz. An der westlichen Stirnseite des Platzes befindet sich das kleine, 1788 errichtete klassizistische **Schlosstheater.** Es ist das älteste Theater Anhalts und eines der wenigen noch erhaltenen aus dieser Zeit. Seine Glanzzeit erlebte es, als Albert Lortzing seine ›Undine‹ in der Dekoration von Moritz von Schwind dirigierte, oder als Franz Liszt im Juni 1852 hier ein zweitägiges Musikfest leitete.

Ballenstedt, Schloss, im 16. Jh. auf vorhandenen Klosterbauten gegründet

Der barocke Garten von Schloss Ballenstedt wurde bis 1862 nach einem Entwurf von Peter Joseph Lenné umgestaltet. Unterhalb der Schlossterrasse – mit halbrundem Aussichtsaltan und Wassersammelbecken – verläuft eine über drei Terrassen geführte, von einem halbrunden Musikpavillon gekrönte Wasserachse mit Treppen und Wegen.

Die hohen Besucher mögen sich dort vor oder nach den Vorstellungen im bereits seit Anfang des 18. Jh. existierenden, mauerumgürteten barocken **Lustgarten** ergangen haben. Diesem Park war auf dem waldigen, hügeligen Gelände westlich des Schlosses ein Landschaftspark nach englischem Vorbild, mit Pavillons, Gedenksteinen und Ruhesitzen, hinzugefügt worden.

Hoch über dem Park thront das dreiflügelige, vorwiegend barock geprägte **Wohnschloss.** Es wurde im 16. Jh. zunächst auf vorhandenen Klosterbauten gegründet, die man zu Wohnzwecken hergerichtet hatte. Durch das Bemühen der Stadt sind in den letzten Jahren große Teile des Ensembles restauriert oder, wie die durch Einbauten entstellte **Schlosskirche,** zurückgewonnen worden. Im Obergeschoss des Südflügels existieren mehrere Räume mit Stukkaturen. Auf den Leinwandbespannungen des sogenannten **Römischen Zimmers** kann man in Anlehnung an Piranesi entstandene römische Ruinenmotive bewundern.

Von der in das letzte Drittel des 12. Jh. zu datierenden **Klosterkirche** sind nur noch Teile der **Krypta** und der ursprünglich mit zwei

Türmen bestückte stolze Westbau vorhanden. In ihm vermutet man die Gräber Albrechts des Bären und seiner Gemahlin.

Das Kloster lag außerhalb der Stadt, die reichlich 1 km östlich des Schlosses ihre Siedlung hatte. Als Verbindung zwischen beiden entstand 1712 aus einem alten Fahrweg eine Allee. An ihr und ihren Querstraßen ließen sich Beamte des Hofes oder Angehörige des gehobenen Bürgertums nieder, so dass sich hier einige bemerkenswerte, insbesondere spätbarocke oder klassizistische Wohnbauten entdecken lassen. Das ehemalige **Wohnhaus Kügelgens** befindet sich in der nach ihm benannten Straße Nr. 35 a.

Im Gegensatz zur Neustadt gibt es in der einst von einer Mauer, Türmen und Toren gedeckten Altstadt zahlreiche, allerdings eher schlichte Fachwerkbauten des 17. und 18. Jh. Mit dem neuen **Rathaus** aus den Jahren 1905/06 besitzt Ballenstedt eine Arbeit des Architekten Alfred Messel (1853–1909), der hier neben Elementen der Renaissance auch die älterer, territorialer Traditionen aufgreift. Der plastische Bauschmuck ist von Georg Wrba entworfen worden.

In den Badstuben, gleich neben dem Ratsgebäude, liegt der **Oberhof**, eine dreiflügelige, einfache Anlage aus der zweiten Hälfte des 16. Jh. Die die beiden Seitenflügel verbindenden Arkaden sind eine romantische Zutat des 19. Jh.

Der Oberhof wie zwei andere, nicht mehr vorhandene Höfe gehörten den hier sehr begüterten Herren von Stammer. Ein Epitaph für Gebhard von Stammer und seine Frau befindet sich in der nahen **Pfarrkirche St. Nikolai.** Der einschiffige, um 1500 von denen von Stammer und von Heyden für die 1498 bis auf den Turm abgebrannte Kirche veranlasste Neubau wurde mehrfach renoviert bzw. erweitert. Neben dem Stammerepitaph sind vor allem die 1587 geschnitzten Emporen bemerkenswert.

Südlich der Kirche markiert der bis ins 19. Jh. auch als Gefängnis dienende **Marktturm** den alten, dreieckigen Markt. Dort steht auch das alte **Rathaus** aus Fachwerk von 1682, über dessen Doppeltür das aus dem Obertor stammende Wappen der Fürsten von Anhalt-Bernburg eingesetzt ist, das lakonisch kundtut: »Von Gots Gnade Wolfgang Fürst von Anhalt, Graf v. Ascaie u. Her zu Bernburg 1551.«

Roseburg

Auf dem Weg von Ballenstedt nach Westen erscheint auf dem Hügel rechts der Straße ein für unsere Breiten ungewöhnlicher Turm. Der hauptsächlich durch Theaterbauten bekannt gewordene Architekt Bernhard Sehring (1855–1941) baute dort ab 1905 auf dem Gelände der ehemaligen Rudolfsburg seinen ganz persönlichen Traum ›Roseburg‹. Kaum ein Besucher kann sich der Rührung entziehen angesichts der Miniatur-Ritterburg mitsamt der dazugehörigen Schlosskapelle, versteckten Grotten, Wasserspielen oder den verschlungenen Wegen, wo es immer wieder etwas zu entdecken gibt, sei es eine Skulptur oder ein geheimnisumwittertes Kindergrab.

Geldschwierigkeiten hinderten den Architekten Bernhard Sehring an der Fertigstellung seiner Roseburg, doch noch in diesem Zustand darf die Burg als Kleinod architektonischer Kuriositäten gelten.

Von Anhalt nach Anhalt

Gernrode

Gernrode ☆☆

Nach dem Durchfahren von Rieder, einem schon 936 urkundlich erwähnten Dorf, taucht am Fuß des recht steil und bewaldet aufsteigenden Rambergmassivs das architektonische Glanzstück des Harzkreises, die über tausendjährige **Stiftskirche Gernrode** auf. Vielleicht schon 959, spätestens 961 ist dort mit dem Bau des zunächst als Familienkloster geplanten Stifts und der Basilika in die Burg des Markgrafen Gero hinein begonnen worden. Besagter Markgraf hatte sich besonders bei den Feldzügen gegen die Slawen hervorgetan. Ließ Gero doch bei einem festlichen Gelage, wozu er auch Slawenfürsten geladen hatte, diese im angetrunkenen Zustand hinterrücks ermorden. Er brach zwar den erbitterten Widerstand der slawischen Stämme, doch kosteten diese Kämpfe letztendlich auch das Leben seines Sohnes und Erben. Der Überlieferung nach von Gewissensnöten geplagt, stiftete Gero das Kloster zum Heil seiner Seele, praktisch doch wohl mehr seiner verwitweten Schwiegertochter Hathui zur angemessenen Bleibe. Sie wurde 959 von Bischof Bernhard von Halberstadt zur Äbtissin geweiht. Zwei Jahre danach stellte Gero das Stift unter königlichen und päpstlichen Schutz, reiste nach Rom und erhielt dort die Armreliquie des heiligen Cyriakus, der die anfangs gewählten Schutzheiligen Maria und Petrus bald verdrängte. Bereits 964 besaß das Stift 24 Ortschaften. Diese reiche ökonomische und autoritäre Ausstattung ließ Gernrode neben Quedlinburg, Essen und Gandersheim zu einem der vermögendsten und vornehmsten Stifte des Reiches werden.

Stärker als der offensichtlich von mehreren Bauperioden und Rekonstruktionen geprägte Außenbau vermittelt der hohe Innenraum des Mittelschiffs ein ganz eigenartiges, sehr lebendiges Raumerlebnis. Fühlbar wird der von außen nicht sichtbare unregelmäßige Grundriss, der mit seinen gewiss nicht beabsichtigten schiefen Winkeln dafür sorgt, dass die Kirche glatter Monumentalität entgeht. Das Mittelschiff könnte in seiner Abhängigkeit von byzantinischen Vorbildern von der zwischen 973–78 in Quedlinburg weilenden Kaiserin Theophanu angeregt worden sein.

Die beiden quadratischen **Mittelschiffwände**, die ottonischer Originalbestand sind, gliedern sich in drei Zonen. Die beiden Doppelbögen des Erdgeschosses werden von einem mittleren, den Raum zentrierenden Pfeiler, den beiden äußeren Pfeilervorlagen und einer jeweils dazwischen eingestellten Säule mit korinthisierendem Kapitell getragen. Die im Vergleich zu den Pfeilern höheren Säulen mit den nur in Gernrode vorhandenen dreieckigen Aussparungen vermitteln der Konstruktion etwas leicht Aufstrebendes. Über den Arkaden des Erdgeschosses öffnen sich jene berühmten, einzig sicheren ottonischen Langhausemporen in Europa. Die ebenfalls durch einen Mittelpfeiler getrennten zwölf Arkaden sind paarweise durch Blendbögen zusammengefasst. Wieder darüber befinden sich

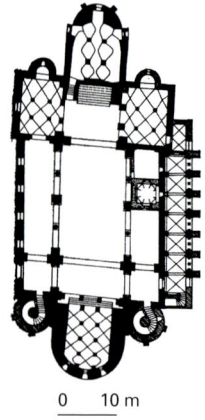

Gernrode, Stiftskirche, Grundriss

214

Gernrode

Gernrode, Stiftskirche St. Cyriakus, um 960, Blick auf eine der quadratischen Mittelschiffwände

sieben, sich nicht in die Ordnung der Arkaden fügende Obergadenfenster. Gleichfalls ottonisch und in die Zeit des Baubeginns zu datieren ist die Ostkrypta mit dem darüber liegenden Chor, in dessen Apsis der Hauptaltar des heiligen Cyriakus stand. Die Salvatormundi-Malerei in der Apsiskuppel stammt aus dem 13. oder 14. Jh. Die **Ostkrypta** als zweifellos ältester Teil der Kirche gehört zu den »Inkunabeln der Hallenkrypten nördlich der Alpen«. An den Ostchor schließt das Querhaus mit ausgeschiedener Vierung. Die Emporen in den Querhausarmen sind Einbauten von 1130, wie die vier Bogenöffnungen an der Nordseite, in welche zwei Säulen aus dem ebenfalls in dieser Zeit umgestalteten Westbau eingesetzt wurden. Der ursprüngliche Westbau war vermutlich dreitürmig mit einem großen Mittelturm, der sich ähnlich wie die Mittelschiffwände ins

Die noch im 10. Jh. fertig gestellte und in großen Teilen original überkommene Stiftskirche St. Cyriakus in Gernrode gilt als »eines der bedeutendsten und im Gesamteindruck besterhaltenen Zeugnisse ottonischer Architektur«.

Von Anhalt nach Anhalt

Gernrode, Krypta der Stiftskirche St. Cyriakus, um 960, der älteste Teil Kirche. Der kleine und niedrige, von vier Pfeilern getragene Raum besaß ursprünglich zwei Zugänge und erinnert in seiner Verjüngung zum östlichen, unsicheren Abschluss an das alte Motiv der Umgangskrypta.

Langhaus öffnete, was dem ganzen Raum eine gewiss größere als die heute ablesbare Logik gab.

Neben diesen Ein- und Umbauten gab es weitere. Um 1170 wurden **Kreuzgang** und **Stiftsgebäude** errichtet, die teilweise noch vorhanden sind. Eine umfassende Restaurierung fand 1858–72 durch Ferdinand von Quast statt, und die Westtürme wurden 1907–10 abgetragen und neu aufgebaut.

Außer dem *Taufstein*, um 1150 entstanden und 1865 aus Alsleben hierher versetzt, dem *Gerobild* um 1500 und der *Gerotumba* von 1519 zieht vor allem das in das südliche Seitenschiff eingebaute **Heilige Grab** die Aufmerksamkeit auf sich. Die um 1080 entstandene, doppelkammerige Anlage ist die älteste unter den erhaltenen Nachbildungen des Grabes Christi in Deutschland. Seinen liturgischen Sinn erhielt dieses Grab während der Osterfeiern, die am Karfreitag mit der *deposito*, der symbolischen Grablegung einer Hostie oder eines Kruzifixes, begannen, sich in der Osternacht in der *elevatio*, der symbolischen Auferstehung aus dem Grabe, fortsetzten und am Ostermorgen in der *visitatio* endeten. Drei die Frauen darstellende Kleriker gingen in das Heilige Grab. Wechselgesänge begleiteten das Geschehen. Zum Beweis für die Auferstehung wurden die leeren Tücher vorgezeigt, in die der Tote gehüllt gewesen war.

Es versteht sich von selbst, dass sich auch der plastische Schmuck des *Heiligen Grabes* auf das Ostergeschehen bezieht. Er hat sein Vorbild in den Motiven und der Stilistik der Kleinkunst spätantiker Tradition des 9. bis 11. Jh. Während die reich und lebendig gegliederten Friese der äußeren Westwand in beziehungsreicher, symbolischer Verknüpfung die »eigentlichen Heilstatsachen der christlichen Lehre« vermitteln, beziehen sich die großen Stuckfiguren direkt auf das Ostergeschehen. Die Westwand zeigt eine der Frauen, die am Ostermorgen zum Grab gekommen waren, die Nordwand Maria Magdalena mit dem Auferstandenen, ebenfalls am Ostermorgen. Darüber thront Christus. An der Vorraumnordwand ist der Gang der Apostel Petrus und Johannes zum Grab dargestellt. Die Figuren in der Grabkammer illustrieren gleichfalls das Geschehen am Ostermorgen mit den Grabesengeln, der Frauengruppe und dem Erzbischofrelief, in dem wohl der Auferstandene selbst zu sehen ist. Ursprünglich war die Grabkammer wahrscheinlich innen und außen bemalt.

Eher mit kriegerischer denn geistiger Tradition sind die Ruinen der **Lauenburg** und der **Stecklenburg** 3 km westlich oberhalb von **Stecklenberg** belastet. Die Lauenburg war neben der Harzburg die größte Burg des Harzes und wie diese wohl durch Heinrich IV. als Reichsburg errichtet, bevor sie in späterer Zeit sogar als Steinbruch benutzt worden ist.

Unmittelbar an Gernrode grenzt Bad Suderode, das einzige Calcium-Sole-Bad Deutschlands. Neben dem neu erbauten Kurzentrum ist der Ort immer noch von der Kur-Architektur des 19. Jh. geprägt.

Hoym und Frose

Zurück über Gernrode und Ballenstedt, zweigt von der Hauptstraße nach Nordosten der Weg in das Landstädtchen **Hoym** ab. Heute zwar unscheinbar, darf es sich aber ebenfalls rühmen, einmal Residenzstadt gewesen zu sein, und zwar von 1709 bis 1812 für die Fürsten von Anhalt-Bernburg-Hoym-Schaumburg. Wilhelm von Kügelgen, nach dem im Ort eine Apotheke benannt worden ist, war hier ab 1853 für zehn Jahre Kammerherr des »immer infantiler und schwachsinniger« werdenden Herzogs Alexander Carl. Kügelgen hatte sich dazu entschlossen, weil er von zunehmender Farbenblindheit betroffen war und schließlich ohne Hilfe seiner Frau nicht mehr malen konnte. Aus der Not eine Tugend machend, schrieb er in Hoym, in seinem »Brummstall«, wie er seine Kammer nannte, seine Lebenserinnerungen, die noch heute zum Lebendigsten der Memoirialliteratur des 19. Jh. zählen.

Das ehemalige, 1714 erbaute einfache **Schloss** besitzt ein sehr schönes, mit Figuren geschmücktes Hofportal. Die **Stadtkirche** reicht mit Chor und Apsis in die Zeit um 1200 zurück. 1911 neu ausgestattet, hängt im Kirchenschiff das Gemälde eines Cranach-Schülers, welches sich wie die Sandsteinplastik im Glockenturm als ein Epitaph für Hans von Thal erschließt, der 1583 ermordet worden war.

Mit der **Stiftskirche** im nahen **Frose** schließt sich der Reigen der bedeutenden romanischen Baudenkmäler des anhaltischen Harzkreises. Frose war die älteste geistliche Stiftung des Landes überhaupt und wurde noch vor 950 durch Markgraf Gero als Kloster gegründet, bevor es um 960 in ein Gernrode unterstelltes Kanonissenstift umgewandelt wurde.

Der heute noch vorhandene Kirchenbau stammt aus den Jahren um 1170. Sein breiter, gewaltig wirkender Westbau erhebt sich

»Ich plage mich jetzt seit einem Jahre mit der Aufzeichnung meiner Lebensgeschichte herum. Es ist so lange her mit den alten Geschichten, sie müssen alle von neuem erfunden werden ...«, klagte der Maler Wilhelm von Kügelgen 1856.

beherrschend nicht nur über die tiefer liegenden Häuser des Dorfes, sondern auch über das Kirchenschiff. Die Schallöffnungen künden mit ihren sich zuspitzenden Bögen bereits die Gotik an und beruhen auf Veränderungen des 13. Jh. Die ursprünglich kreuzförmige flachgedeckte Basilika mit ausgeschiedener Vierung verlor ihre Querschiffarme und die Apsiden bei Wiederherstellungsarbeiten des 18. Jh., denen auch die merkwürdigen, rechteckigen Obergadenfenster zuzuschreiben sind. Die zweischiffige Erdgeschosskapelle des Turmzwischenbaus öffnete sich ursprünglich mit einer Doppelarkade zum Schiff, welches jedoch mit seinen im sächsischen Stützenwechsel geordneten Säulen nicht an Spitzenleistungen wie etwa in der Konradsburg heranreicht. So sauber, ja geradezu perfekt Basen, Säulenschäfte, Kapitelle und Kämpfer gearbeitet sind, lassen sie doch das Gefühl für Proportionen weitgehend vermissen.

Aschersleben

Aschersleben

Wer sich durch die mitunter sehr engen und winkligen Durchfahrtsstraßen der 34 000-Einwohner-Stadt Aschersleben bewegt, kann nicht mehr ahnen, dass der Name des stolzen Geschlechts der Askanier hier seinen Ursprung hat: Er ging hervor aus dem der Stadt entlehnten Namen der Burg am Flüsschen Eine.

Schon um 750 erscheint der Ort in einem Schenkungsverzeichnis des Klosters Fulda. ›Ascegerslebe‹, Hinterlassenschaft eines Asceger (›Eschenspeer‹), wird er dort genannt. Zwischen dem 3. und 5. Jh. von den Warnen in einer schon seit Jahrtausenden besiedelten Gegend gegründet, konnte sich der Ort an der alten Straße von Halle nach Halberstadt schnell zum Mittelpunkt der Grafschaft Aschersleben entwickeln. Unter dem Regime Albrechts des Bären war sie Zentrum des Schwabengaus, der sich zu dieser Zeit zwischen Harz und Saale, Bode, Wipper und Schlenze ausbreitete. Kriegerische Auseinandersetzungen und Brandkatastrophen haben dafür gesorgt, dass insbesondere die Architektur dieser Zeit fast vollständig verloren ist. Selbst von der im Südwesten der Stadt zwischen Neustadt und Eine gelegenen Burg Askania konnten 1895 bei Ausschachtungsarbeiten im Gelände des ehemaligen Burggartens nur ein paar Mauerfragmente gefunden werden. So sind alte Namen von Straßen und Plätzen oft die einzigen Wegweiser in die Geschichte: ›Tie‹, ›Über den Steinen‹, ›Kiethof‹ oder ›Alte Burg‹.

Letztgenannter Name bezeichnet die Stelle einer vorgeschichtlichen Fluchtburg im heutigen Tierpark. Ihre Wälle sind noch zu erkennen. Der mächtige Stumpf eines Turms aus dem 10. oder 11. Jh. und der Turm der **Westdorfer Warte** aus dem 14. Jh. bestätigen die Höhe des Wolfsberges als strategisch günstigen Ort. Die Warte war eine der elf Feldwarten rund um die Stadt, welche auf vorgeschobe-

Aschersleben

Aschersleben, Johannisturm, vor 1450. Ehemals Teil einer Doppeltoranlage, setzt sich direkt am Johannisturm nur noch ein Stück Mauer fort. Mit seiner Schieferhaube und den vier Eckturmchen ragt der 42 m hohe Turm weitgehend schmucklos in den Stadthimmel.

nem Posten die einst mustergültige **Stadtbefestigung** Ascherslebens ergänzten. Diese zwischen dem 14. und 16. Jh. erbaute, ursprünglich etwas über 2 km lange Anlage ist noch in wesentlichen Teilen erhalten: lange Partien der mit Rundbogenarkaden abgeschlossenen Mauer, 18 Befestigungswerke, darunter allein 15 Türme bzw. Schalen. Neben dem **Lieberwahnschen Turm (1)** mit Steinkegeldach in der Breiten Straße, dem mächtigen, eigens für Kanonen erbauten **Rondell (2)** an den Badstuben, dem **Rabenturm (3)** und dem **Schmalen Heinrich (4)** ist der **Johannisturm (5)** der besterhaltene und markanteste unter ihnen.

Schon im Verlauf des 13. Jh. erhielten die beiden, jeweils vom Bistum Halberstadt und den Grafen von Anhalt verwalteten Teile Ascherslebens Stadtrecht. Als 1315 die Aschersleber Linie der

Von Anhalt nach Anhalt

Anhaltiner ausstarb und die Stadt nach längeren Querelen ganz an das Bistum ging, erwarb Aschersleben immer größere Freiheiten. 1377 erhielt die Stadt Marktgerechtigkeit, 1399 Burg und Vogtei zum Pfand, 1428 erwarb sie das Schultheißenamt, und 1443 besaß sie neben der vollständigen Gerichtshoheit auch Burg und Vogtei. Sie war Mitglied der Hanse und galt quasi als reichsfreie Stadt, wenn sie auch nie ausdrücklich als solche anerkannt worden ist.

Ein Zeichen dafür könnte außer der mit großem Eifer ausgebauten Stadtbefestigung der heute im **Rathaus (6)** eingebaute, zuvor vielleicht freistehende Glockenturm als Symbol städtischer Freiheit gewesen sein. 1511 jedenfalls waren im alten Rathaus am Stephanikirchplatz durch eine Pulverexplosion im Keller nicht nur Türen und Fenster, sondern auch die Ratsherren unsanft auf die Straße befördert worden. Der harte Aufprall mag den Entschluss zum Bau des neuen Rathauses beschleunigt haben. Von diesem, den Übergang von der Gotik zur Renaissance reizvoll markierenden Gebäude ist allerdings aufgrund mitunter martialischer Eingriffe über die Jahrhunderte wenig geblieben.

Südlich des Rathauses steht das **Krukmannsche Haus (7)**. Der runde Eckerker und das reich ausgestattete Portal, aus dessen Zwickeln in zwei Exemplaren der Hausherr herabblickt, künden vom finanzkräftigen Besitzer. Hermann Krukmann, so sagt die hauptsächlich lateinische Umschrift, hat das Haus 1572, zurück von einer offenbar sehr einträglichen Reise nach Moskau, mit großen Kosten errichten lassen.

Aschersleben
1 Lieberwahnscher Turm
2 Rondell
3 Rabenturm
4 Schmaler Heinrich
5 Johannisturm
6 Rathaus
7 Krukmannsches Haus
8 Heimatmuseum
9 Franziskaner-klosterkirche
10 Hennebrunnen
11 Grauer Hof
12 Margaretenkirche
13 Stephanikirche

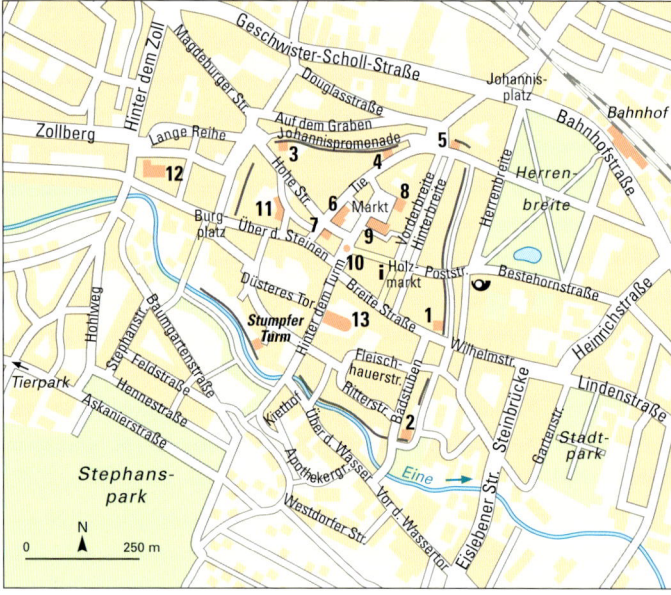

Auf der Ostseite des Markts befindet sich im Haus der ehemaligen Freimaurerloge ›Zu den drei Kleeblättern‹ (1788) das **Heimatmuseum (8)** der Stadt. Neben einer ur- und frühgeschichtlichen Sammlung, dem Hortfund von Sandersleben, Exponaten zur kulturellen, ökonomischen und künstlerischen Entwicklung der Stadt ist hier die umfangreiche geologische Studiensammlung von Professor Dr. Martin Schmidt erwähnenswert.

Nur durch den modernen Bau eines Kinos getrennt, hat sich nebenan die wegen ihrer äußeren Schlichtheit zu Unrecht wenig beachtete ehemalige **Franziskanerklosterkirche (9)** behauptet. Trotz einiger nachreformatorischer Eingriffe und zeitweiser profaner Nutzung erheben sich auch heute noch fünf Joche eines sorgsam und werkgerecht ausgeführten, frühgotischen Kreuzrippengewölbes über den fünf aneinandergereihten Quadraten des Grundrisses. Bis auf eines waren alle einfach gegliederten Segmente der Schiffswände von einer Dreifenstergruppe geöffnet, in welcher das mittlere Fenster von zwei kleineren flankiert wurde. Diese »keusche Einfachheit aller Formen« hat ihre Ursache in der auf die urchristlichen Ideale von Armut, Gehorsam und Keuschheit gerichteten religiösen Orientierung des von Franz von Assisi gegründeten Ordens. Dass Theorie und Praxis jedoch bei den Mönchen in Aschersleben nicht übereinstimmten, machte sie bald verhasst, und sie taten sicher gut daran, 1525 vor den in die Stadt drängenden Bauernhaufen zu fliehen.

Da hatte die Stadt noch knappe 100 leidliche Jahre, ehe auch sie in den Dreißigjährigen Krieg geriet. 1648 ging sie, heruntergekommen wie sie war, infolge des Westfälischen Friedens mit Halberstadt an Brandenburg und weniger aufregenden Zeiten als ländliche Ackerbürgerstadt entgegen. Erst die Industrialisierung des 19. Jh. brachte raschen Aufschwung. Kali- und Kohlebergbau schienen gewinnträchtige Quellen, zeigen aber in den Problemen mit der Rekultivierung und den Senkungen und Einbrüchen bedingt durch den Kaliabbau negative Wirkungen.

Gründerzeit und die Wende zum 20. Jh. haben ihre Spuren in den Wohn- und Geschäftshäusern der Breiten Straße und der Poststraße hinterlassen. Mit der genrehaften Plastik auf dem Holzmarkt und dem 1906 von dem seinerzeit hochgeschätzten Professor Georg Wrba geschaffenen **Hennebrunnen (10)** besitzt die Stadt zudem zwei typische Kunstwerke der Zeit.

In den alten Straßen westlich und südwestlich des Markts geht es wieder zurück in die Geschichte. Vor allem in der Hohen Straße und in Über den Steinen finden sich einige sehenswerte Häuser bzw. Fragmente. Hier schiebt sich auch der frühgotische **Graue Hof (11)** ins Straßenbild, ein in seiner urtümlichen Form beeindruckender ehemaliger Wirtschaftshof, der dem Kloster Michaelstein bei Blankenburg gehörte. Nach umfangreichen Restaurierungen wird er heute als multikulturelles Zentrum genutzt. Die **Margaretenkirche (12)** ist ein im Kern gotisches, später mehrfach umgebautes Gebäude auf unregelmäßigem Grundriss. Der niedrige, in die Kirche

Das Rathaus von Aschersleben lässt den vormaligen Reichtum der Stadt ahnen, etwa in der Gestaltung des Treppenturms des Südflügels, dessen Brüstungen mit spätgotischem Maßwerk geschmückt sind, und der des ähnlich gebildeten Erkers auf der Ostseite dieses Flügels. Auch die barocke Kunstuhr im Turm, in der zur vollen Stunde zwei Ziegenböcke aufeinander losstürmen und über der eine kleine, schwarzgoldene Kugel den Mondwechsel anzeigt, ist ein später Abglanz der einstigen Bedeutung Ascherslebens, die sich zudem in einigen Bürgerhäusern am Markt zeigt.

Von Anhalt nach Anhalt

Die Geschichte der Vorgängerbauten der Stephanikirche reicht bis vor das Jahr 827 zurück, als der erste Halberstädter Bischof Hildegrim von Châlons wohl unmittelbar nach der Bekehrung der ansässigen Bewohner zum Christentum die Kirche als eine der 35 ersten Archidiakonatskirchen des Bistums gründete.

gedrängte Turm, der Sakristeianbau mit steinerner, zur Empore führender Spindel und die nachträglich an die Wände gesetzten, plumpen Strebepfeiler verdeutlichen schon von außen die pragmatische Baugeschichte. Die segmentbogige Bretterdecke des Inneren überwölbt unter anderem einen Taufstein von 1587, eine barocke Kanzel, ein Kruzifix von 1671 und einige Bildnisse aus dem 17. Jh.

Das bau- und kunstgeschichtlich bedeutendste Gebäude Ascherslebens ist die **Stephanikirche (13).** Als weithin sichtbare Landmarke überragt ihr über 80 m hoher Turm sämtliche Türme der Stadt. 1406–1507 entstand die dreischiffige, räumlich großzügige, spätgotische Halle. Schroff und abweisend erscheint die fast ›blanke‹ Westfassade dem Betrachter, was nur durch die Fenster und Gurtgesimse und die über dem doppeltürigen Westportal aufgesetzte *Figurengruppe* gemildert wird. Sie stellt den jugendlichen Schutzheiligen in Diakonstracht mit zwei seiner Peiniger dar. Leider ist dem an plastischen Werken ohnehin recht armen Aschersleben durch die ›Erneuerungswut‹ der vergangenen Jahrhunderte auch ein großer Teil der ehemals sehr reichhaltigen plastischen Innenausstattung der Kirche verlorengegangen.

Neben dem 1464 datierten, von Tierköpfen getragenen gotischen *Taufkessel* aus Bronze, dessen reliefgeschmückte Kuppa wiederum drei Bauern tragen, sind noch die barocke, von einem schildhaltenden Löwen getragene *Kanzel* von 1656 und deren Schalldeckel, das *Betstübchen* zum Gedächtnis des 1602 verstorbenen Bürgermeisters Andreas Stockelbrand sowie die steinerne *Orgelempore* aus der Zeit der Renaissance zu nennen.

Höhepunkt der Ausstattung sind die zahlreichen Gemälde. Besonders hervorhebenswert ist ein *Flügelaltar* aus der Cranach-Schule, dessen Mitteltafel Maria mit Kind auf der Mondsichel, Johannes den Evangelisten und den heiligen Andreas zeigt. Während auf den Seitenflügeln weitere Heilige dargestellt sind, befindet sich auf der Rückwand die Darstellung einer Einhornjagd. Aus der Werkstatt Cranachs stammt ein originelles *Tafelbild*, welches die Heilsgeschichte vom Sündenfall bis zum Triumph Jesu Christi darstellt.

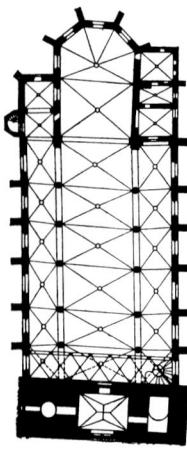

Aschersleben, Stephanikirche, Grundriss

Drei Wege nach Bernburg

Umwege sind oft die schönsten Wege, so auch in Anhalt. Der kürzeste Weg von Aschersleben nach Bernburg führt über die ›Eisenbahnerstadt‹ **Güsten.** Den tieferen Sinn dieses ungewöhnlichen Beinamens begreift jeder, der schon einmal in Güsten an der Schranke im Tross seiner Leidensgenossen gestanden hat, denn sie scheint in aller Regel geschlossen zu sein. Geben die Schranken die Fahrt wieder frei, wird über Ilberstedt nach nur 8 km Bernburg erreicht, wo sich nach dem Ortseingang, links oberhalb der Hauptstraße, vom **Keßlerturm** ein Rundblick über Stadt und Umgebung bietet.

Von Mehringen nach Plötzkau

Der zweite Weg und erste Umweg führt auf der B 6 in südöstlicher Richtung zunächst bis an das Saaletal. In die Südseite der 1584 erbauten **Dorfkirche** zu **Mehringen** wurden ein romanisches Tympanon und zwei Reliefsteine von der ehemaligen Klosterkirche eingesetzt. Das Tympanonrelief von 1130/40 stellt die Steinigung des heiligen Stephanus dar.

Alsleben, emporgewachsen an den hier mitunter recht steil zum Fluss abfallenden Saalehängen, bestand ursprünglich aus drei Siedlungen. Sie werden noch heute von der **Stadtkirche** mit spätromanischem Westturm, der im Kern ebenfalls romanischen **Dorfkirche St. Gertrud** und dem auf dem Gelände des ehemaligen Klosters im 17. und 18. Jh. erbauten, aus nur einem Gebäude bestehenden bescheidenen **Schloss** markiert.

Auf dem gegenüber liegenden Flussufer in **Beesenlaublingen** findet sich mit der **Dorfkirche** eine jener für Mitteldeutschland typischen romanischen Feldsteinkirchen aus dem 12. Jh. Sie gliedern sich in Westturm, Kirchenschiff und eingezogenen Chor mit oder ohne Apsis und weisen schon mit dieser, sich nach Osten verjüngenden Staffelung auf ihre Funktion als Zufluchtsort und als Volkskirche mit nur einem Geistlichen hin. Bis auf den Neubau des Chors 1740, den Anbau der Vorhalle und die Fenstererweiterungen des 19. Jh. blieb die Kirche weitgehend original erhalten. Das einstufige Säulenportal im Süden ist reich geschmückt und zeigt in seinem von Wellenranken gerahmten Tympanon den thronenden Christus mit Petrus und Paulus.

Um wieder auf das linke Ufer der Saale zu gelangen, gilt es abermals, die schmale, 1926 erbaute Brücke zu überqueren. Gleich die erste nach rechts biegende Straße führt durch das verwinkelte, enge

Plötzkau, Schloss, 1566–73 auf dem Grund einer älteren Burg erbaut. Der beispielhafte Komplex eines Wohnschlosses der Renaissance wird überragt von dem in seinen Untergeschossen romanischen Bergfried mit vier Giebeln in den Formen der Frührenaissance. Sie sind das eigentliche ›Markenzeichen‹ auch des Schlosses, welches insgesamt 21 dieser Giebel besitzt.

Von Anhalt nach Anhalt

Alsleben über Groß-Wirschleben nach **Plötzkau. Schloss Plötzkau** thront erhaben auf einem Felsrand über der Saaleaue und hofft auf alten Glanz. An die ehemalige Bestimmung – das Schloss war 1611–65 Residenz der Fürsten zu Anhalt-Plötzkau – erinnert noch der **Rittersaal,** in dem sich ein Kamin mit einem von Georg Schröter reich gestalteten Sandsteinaufsatz befindet.

Gänsefurth und Hecklingen

Zunächst nach Norden leitet der dritte Weg von Aschersleben nach Bernburg. Er führt über Hecklingen, das ehemals preußische Staßfurt und Nienburg und ist der kontrastreichste Umweg. Einfach schon wegen des lustigen Namens müsste **Gänsefurth,** heute ein Ortsteil Hecklingens, erwähnt werden. Das **Schloss,** direkt an der Bode, wurde 1461 als kleine, vierseitige Hofanlage begonnen und 110 Jahre danach grundlegend umgestaltet. 1757 kam ein stattlicher Barockbau hinzu.

Hecklingen

Hecklingen selbst darf sich rühmen, eine der besterhaltenen, in sächsisch-thüringischer Tradition stehenden romanischen Basiliken zu besitzen. Die im dritten, vielleicht auch erst im vierten Viertel des 12. Jh. als **Klosterkirche** des hier ansässigen Ordens der Benediktinerinnen erbaute Kirche stellt mit ihrem aus dem Quadrat entwickelten Grundriss, dem doppeltürmigen Westbau und den in Apsiden schließenden Chor und Querschiffen eine ausgesprochen typische Erscheinung für diese Landschaft dar. Schon das Äußere des Gebäudes atmet diese zur Ruhe gekommene Geometrie des gebundenen Systems, die sich zwischen dem Turmbau und den gewichtiger geformten und gegliederten östlichen Teilen, den Hauptorten der heiligen Handlungen und Altäre, auswiegt. Das auch die Portale umlaufende Sockelprofil schließt den ganzen, aus einzelnen Teilen addierten Kirchenkörper symbolisch zusammen.

Der kryptenlose, flachgedeckte und ursprünglich auf plastischen Schmuck weitgehend verzichtende Innenraum atmet den gleichen Geist, der erst durch den Einbau der unter dem Einfluss der Magdeburger Dombauhütte stehenden Emporen verwischt wurde. Zur selben Zeit, also um 1230/40 dürften auch die 14 Körper der *Engelfiguren* über den Arkadenzwickeln entstanden sein. Das gleiche trifft zu für die wohl erst später an ihren heutigen Platz über die nördlichen Arkadenbögen gesetzten drei männlichen und zwei weiblichen Köpfe. Die strengen, unpersönlichen Züge weisen sie in die Erbauungszeit der Kirche, wo sie vielleicht zu Denksteinen gehörten. Angeblich soll es sich um Mitglieder der Stifterfamilie der Grafen von Plötzkau und das sächsische Kaiserpaar Lothar und Richenza handeln.

Hecklingen, Klosterkirche, Arkadenengel, um 1230/40. Der bewegt-lineare, heiter wirkende Gewandstil zeigt Parallelen zur thüringisch-sächsischen Buchmalerei. Wen diese Engel ursprünglich darstellen sollten, lässt sich nicht sicher sagen.

Spätere Herren von Hecklingen haben sich sicherer verewigen lassen. F. von Trotha ließ um 1600 für sich und seine Familie ein fast bis zur Decke reichendes, mehrgeschossiges *Wandgrab* errichten. Das Relief in der Mitte zeigt die Auferstehung der Toten frei nach der

Prophezeiung Hesekiels: »Siehe, ich will eure Gräber auftun und hole euch, mein Volk, aus euren Gräbern herauf und bringe euch in das Land Israels.«

Staßfurt und Nienburg

Von diesem Grabmal ist es nicht weit bis zu dem noch vor der Stadt liegenden **Friedhof** von **Staßfurt**. Obschon dort die Gräber nur bis ins 19. Jh. zurückreichen, gibt das Nebeneinander von vielfach mit kunstreichen Metallgittern aus Gründerzeit und Jugendstil befestigten Grabstätten, von Efeu dick überwachsenen Grabhügeln und verwucherten Arealen auf seine Art ein Bild dieser Stadt.

Als offene karolingische Marktsiedlung an einer Furt durch die Bode wurde Staßfurt bereits 805/06 erstmals erwähnt. Trotzdem ist außer einigen Resten der Stadtbefestigung an historischer Bausubstanz kaum etwas zu entdecken. Der Grund ist das Salz, dessen Förderung hier wie nirgendwo sonst in Sachsen-Anhalt sichtbaren Tribut gefordert hat. Bereits 1195 wurde ein Solgut in der Nähe des Ortes erwähnt. Und im 16. Jh. berichten die Chroniken, dass die Ratsherren zu Staßfurt, die sämtlich vom Salz lebten, höhere Einkünfte hatten als die von Hamburg. Wirklich weltberühmt wurde die Stadt, als man 1856 mit der bergbaulichen Förderung von Stein- und Kalisalzen begann und sich nicht mehr mit der dürftigen Ausbeute des Solsalzes begnügen musste. Bis 1872 entstanden 33 Kalifabriken. Die wilden Baulandspekulationen dieser ›Chlorkaliumfieberjahre‹ brachten Staßfurt an Stelle eines historischen Stadtbilds prächtige Gründerzeitvillen. Demgegenüber stand allerdings seit 1879 durch die vom Salzabbau bedingten Erdbewegungen allein bis 1907 im Stadtkern der Abriss von über 150 Wohnhäusern. Kaum vorstellbar, dass das Straßenniveau stellenweise um bis zu 8 m absank. Noch 1963/64 musste das Rathaus, ein überaus stattlicher Renaissancebau, wegen Senkungsgefahr abgetragen werden. Nur langsam entstehen wieder Neubauten im Zentrum der Stadt. So mag der *Schnitzaltar* mit Passion und Kreuzigung in der Kapelle des ehemaligen **Hospitals St. Johannis,** eine bedeutende Arbeit niederländischer Herkunft, wie ein *memento mori* auch auf die ›untergegangene‹ Stadt weisen, die es dennoch nicht aufgegeben hat, weiterzuleben.

Von Staßfurt treibt der schmale Flusslauf der Bode in östlicher Richtung der Saale zu, um bei **Nienburg** in ihr aufzugehen. Dort wurde auf dem felsigen, linken Ufer der Bode 975 die in der Folgezeit sehr einflussreiche Benediktinerabtei eingerichtet, die von Thankmarsfelde bei Gernrode hierher verlegt worden war. So groß auch ihr Einfluss, so katastrophenreich war ihre Geschichte. Viermal vom 11. bis zum 13. Jh. wurde das Kloster von schweren Bränden betroffen, bevor es im Bauernkrieg fast völlig verwüstet wurde. Von den **Klostergebäuden,** die nach der Reformation als Domäne genutzt, um 1680/90 zum Schloss umgebaut und 1871 zu einer Fabrik umfunktioniert wurden, sind nur Reste erhalten. Ein ähnliches

Von Anhalt nach Anhalt

Die Klosterkirche Nienburg, 1282 erbaut, verfügt über den frühesten gotischen Hallenraum im östlichen Sachsen und zeigt neben der typischen Anlage westfälischer Hallenkirchen deutlich das Vorbild der Marburger Elisabethkirche. Wie die Halle der älteren Ostpartie gefühlvoll verbunden ist, so ist auch das spätgotische Westjoch zurückhaltend dem vorgefundenen Baubestand angeglichen.

Schicksal erlitt die südöstlich der Kirche liegende **Doppelkapelle**, die schon seit dem 17. Jh. Wohnzwecken diente.

Und natürlich ist auch die 1282 erbaute **Klosterkirche** von diesen Ereignissen nicht unberührt geblieben. Während das Äußere, von dem mächtigen Dach dominiert, eher einem architektonischen Ungetüm ähnelt, erscheint der einheitlich geformte helle Innenraum in seiner harmonischen Klarheit wie ein kleines Wunder.

Die Ausstattung übergreift die Jahrhunderte ihrer Existenz. Dem dritten Viertel des 13. Jh. entstammt der für diese Gegend ganz ungewöhnliche, wohl auf französischen Einfluss zurückgehende *Osterleuchter*. An dem sechseckigen Pfeiler sind in zwei Etagen jeweils die figürlichen Allegorien der Winter- und Sommermonate in derbnaiver Manier dargestellt. Neben zahlreichen qualitätvollen Figurengrabsteinen des 15. und 16. Jh., einem von Lucas Cranach d. J. signierten *Gemäldeepitaph* für die Fürstin Agnes von Barby, einer *Grabplatte* für Fürst Bernhard III. von Anhalt und seine Frau Anna um 1350 gibt es eine ebenfalls um 1350 gesetzte *Gedenkgrabplatte* für die Begründer des Klosters, Markgraf Thietmar und seinen Sohn. Thietmar trägt das Modell der Klosterkirche und steht auf einem einen Menschen schlagenden Löwen. Der Sohn, in Ritterrüstung, steht auf einem ›Wilden Mann‹, damit das Symbol heidnischer Dämonie bezwingend. Beide siegreich auf dem obligatorischen Ruhekissen, blicken sie dem Betrachter dennoch wenig fröhlich entgegen.

Bernburg

Bernburg ☆
Besonders sehenswert
Schloss

Das heutige Bernburg wuchs aus drei Städten zusammen. Ihre Geschichte geht in das 12. Jh. zurück, als sich im Schutz der askanischen Burg die Bergstadt als Vasallenstadt und auf dem anderen Ufer zunächst die Altstadt und dann die Neustadt entwickelten. 1561 schlossen sich die beiden letztgenannten zur Talstadt zusammen, und erst 1825 vereinigten sich Berg- und Talstadt.

Talstadt

An der nordwestlichen Grenze der Talstadt finden sich noch große Teile der alten **Stadtmauer.** Wo die Breite Straße die Stadtmauer durchbricht, stand einst das Neustädter Tor, davor die **Neustädter Brücke (1)** oder Flutbrücke, die hier im frühen Mittelalter einen Saalelauf, später den künstlich von der Wipper gespeisten Stadtgraben überspannte und die Talstadt mit dem eingemeindeten Waldau verband. 1644 zerstört, wurde sie 1787 wieder aufgebaut und gehört mit ihren sechs mächtigen Bögen zu den wenigen noch erhaltenen Natursteinbrücken in Sachsen-Anhalt.

Bernburg

Bernburg, Blick über die Saale auf das Schloss.
Wilhelm von Kügelgen erinnert sich in seinen Mitte des 19. Jh. geschriebenen Memoiren seiner Ankunft: »Bernburg, die Kapitale des Herzogtums, ist ein an beiden Seiten der Saale wohlgelegenes Städtchen ... Über der Stadt thront malerisch auf einem Felsen das uralte Schloss, die Krone Anhalts.«

Als ›Waladala‹ bereits 806 in den Annalen des Klosters Moissac bei Gelegenheit eines Feldzugs Karls des Großen gegen die Sorben genannt, ist **Waldau** der am frühesten urkundlich genannte Ort Anhalts. Links der Straße erhebt sich der Martinsberg, rechts der Stephans- oder Schlossberg, auf dem die **Stephanskirche (2)** steht. Sie ist, wie die Dorfkirche in Beesenlaublingen, eine ganz typische Vertreterin jener romanischen, flachgedeckten, aus Feldsteinen errichteten dörflichen Gotteshäuser und wurde in den Jahren um 1180 erbaut.

Die **Breite Straße** ist die ›Magistrale‹ der alten Stadt und führt zum alten, dreieckigen Markt. Trotz übermäßigen Gebrauchs der Abrissbirne in den letzten Jahren gibt es in ihrem näheren Umfeld noch mehrere, zum Teil wertvolle Wohn- und Geschäftshäuser des 16. bis 18. Jh. Die ehemalige Hauptkirche der Neustadt, **St. Nikolai (3)**, ist leicht durch ihren prägnanten, zurückgesetzten Spitzhelm zu erkennen. Die zu großen Teilen frühgotische Kirche hat sicher schon immer im Schatten ihrer Nachbarin, der Marienkirche der Altstadt, gestanden. Rechter Hand hinter der Breiten Straße liegt, versteckt in engen und winkligen Gassen, das um 1300 gegründete **Augustinereremitenkloster (4)**. Von der schlichten Kirche ist nur noch die Ruine, vom Kloster sind große Teile des Kreuzgangs erhalten.

Die **Marienkirche (5)**, fast am Ende der Breiten Straße, reicht mit dem Quadermauerwerk des Turmuntergeschosses ins 13. Jh. zurück. Die restlichen Geschosse des Turms gehören aber schon in die erste

Von Anhalt nach Anhalt

Bernburg
1 Neustädter Brücke (Flutbrücke)
2 St. Stephan
3 St. Nikolai
4 Augustinereremitenkloster
5 Marienkirche
6 Nienburger Torturm
7 Hasenturm
8 Ehemaliges Regierungsgebäude
9 Schlosstheater
10 Schlosskirche (St. Ägidien)
11 Schloss
12 Orangerie

Hälfte des folgenden. Zeitlich danach datiert die Erneuerung des Kirchenschiffs zur gotischen Halle, wovon allerdings nur die drei westlichen Joche erhalten sind. Es bleibt erstaunlich, wie sich aus diesem gemächlich, offenbar mit nur geringen Mitteln vorangetriebenen Bau in den Jahren um 1420/40 in seinen östlichen Teilen und insbesondere im Chor ein »Prachtbau des ausgehenden weichen Stils in den charakteristischen Formen der Halleschen Schule des Conrad von Einbeck« entwickelte. Von den weit nach innen gezogenen Fenstern und ihrem im Schatten verschwimmenden Maßwerk entfalten sich gleich einem Schleier frei hängende Maßwerkbögen mit Lilienendungen, wie sie im Umkreis der berühmten Architekten- und Steinmetzfamilie Parler entstanden. Feingliedrig wie diese Bögen wachsen Strebepfeiler organisch zwischen den Fenstern empor. Der Beschauer erspürt unter diesen ›immateriellen‹ Gliedern das architektonische Grundgerüst nicht nur als bloße Halterung dieser ›Schmuckelemente‹, sondern als deren fruchtbaren Grund. Der innere Chor, nicht übersteilt und sich nicht in architektonischer

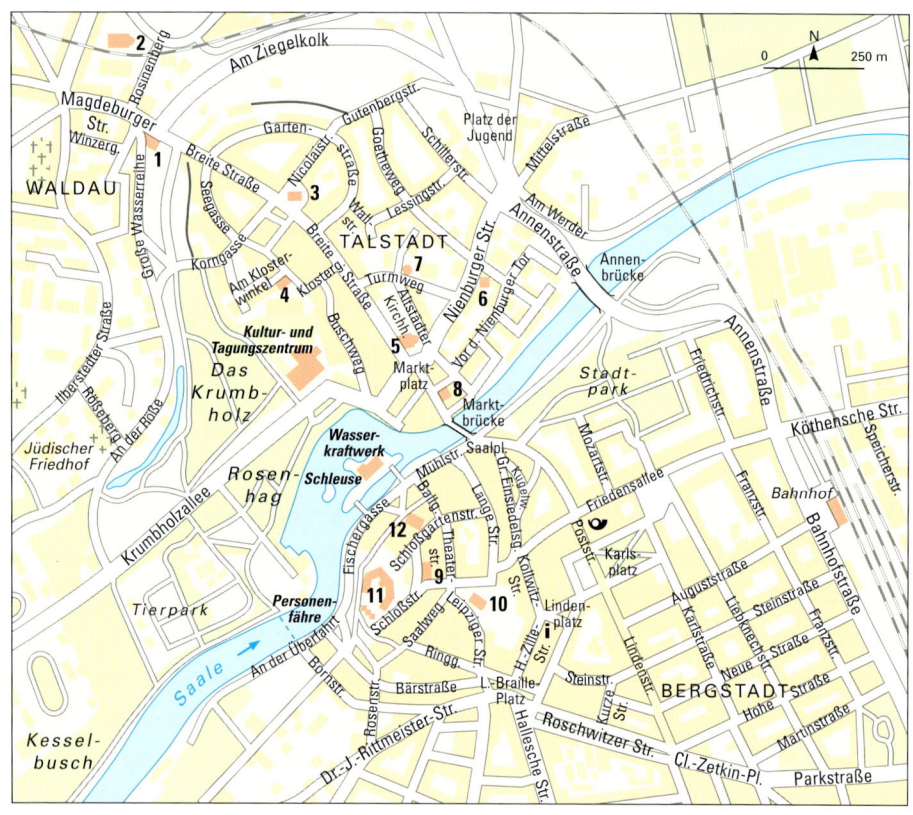

Artistik verlierend, weitet sich in maßvoller, schlichter Zurückhaltung über seine eigentlichen Begrenzungen hinaus und leitet so das innere, auch vom Baumeister bedachte liturgische Geschehen in eine sich vom Stein befreiende geistige Vision.

Wie ein Trichter fängt der **Alte Markt** vor der schmalen, modernen, die Saale überspannenden Marktbrücke die Breite Straße auf. Nach links gibt die zu überquerende Nienburger Straße den Blick frei auf den einsamen, renaissancebegiebelten **Nienburger Torturm (6)**, der neben dem runden **Hasenturm (7)** im Turmweg den Verlauf der alten Stadtmauer anzeigt. Am reizvollen Markt selbst dominiert das 1746 erbaute ehemalige **Regierungsgebäude (8)**. Über dem Giebel eines vierachsigen Mittelrisalits ›schwebt‹ die Allegorie der Herrschaft in Form einer kräftig gebauten jungen Dame, die gelangweilt die Fürstenkrone hält.

Bergstadt und Schloss

Nachdem die Marktbrücke überquert ist, führen viele Wege zum Schloss hinauf. Romantisch, wenn auch mitunter etwas verkommen, sind schmale Gassen und Wege wie die Schenktreppe, die in die Theaterstraße mündet, welche wiederum direkt auf die Schlossstraße stößt, zwischen dem 1826/27 im klassizistischen Stil von Johann Adolf Philipp Bunge erbauten **Schlosstheater (9)** und der **Schlosskirche (10)**, die vor ihrem Umbau 1752 lediglich Pfarrkirche der Bergstadt war. Chor und Vierung gehören noch dem Vorgängerbau aus dem dritten Viertel des 12. Jh. an. Das darunter liegende Gewölbe wurde seit 1625 als Gruftkapelle der Bernburger Askanier genutzt, die seit 1752 mit der noch heute erhaltenen, geschmackvollen schmiedeeisernen Tür mit Wappen verschlossen ist. Die angefügte Barockkirche, in ihrer Zurückhaltung sich fast selbst verleugnend, wurde von Kügelgen einmal mit »dem Redoutensaal eines mittleren Gasthofs« verglichen. Dabei war dies nur Ausdruck dogmatischer Strenge der hier herrschenden Reformierten Kirche, die ohne Altar, ja ohne jedes geistliche Symbol überhaupt auszukommen hatte. »Das einzige Bildwerk«, so Kügelgen, »das sie aufzuweisen hatte, war ein kolossales Wappen, das nächst der herrschaftlichen Loge die ganze Altarwand bedeckte, und von zwei hochaufgerichteten, riesenhaften Bären mit schwarzem Pelz und goldenen Kronen gehalten wurde, welche sich als die eigentlichen Gegenstände der Verehrung zu präsentieren schienen.«

Das gesamte Ensemble des **Schlosses (11)** wird deutlich von Bauwerken des 16. Jh. bestimmt. Schon im 10. Jh. stand hier eine Feudalburg, die 1138 durch Heinrich den Stolzen von Braunschweig zerstört wurde. Der Wiederaufbau und Umbau zog sich über das ganze Mittelalter hin. Nordwestlich vom Eingang erhebt sich mit dem Blauen Turm, dem Alten Haus, dem Krummen Haus und den Resten der romanischen Burgkapelle die älteste zusammenhängende

Nirgendwo, so scheint es, selbst nicht in Berlin, ist das Wappentier der Askanier, der Bär, so häufig anzutreffen wie in ›Bärnburg‹. Das 1718–21 neugestaltete Schlossportal bietet gleich vier von diesen Gesellen, deren lebendige Vorbilder sich auch noch heute im Bärenzwinger tummeln.

Von Anhalt nach Anhalt

Bernburg, Schloss, Erker, 1567–70, Detail. Der plastische Schmuck der von Nickel Hofmann errichteten Erker stammt von Peter von Echternach.

Gebäudegruppe des Schlosses. Steil steigt der **Blaue Turm** empor, um schließlich von einem Dachgeschoss der Spätrenaissance aufgefangen zu werden. Auch die beiden anschließenden Häuser waren über die Jahrhunderte vielen Umbauarbeiten ausgesetzt. Im **Alten Haus** befindet sich heute das vorbildlich eingerichtete **Museum,** welches Sammlungen zur Ur- und Frühgeschichte, Originale von Plastik und Architekturdetails des Schlosses, eine Galerie der Gegenwartskunst und anderes mehr beherbergt. Den östlichen Teil des großflächigen Schlosshofs bestimmt eine hohe, barocke Mauer, hinter welcher der Wirtschaftshof lag. Der vor diese Mauer gesetzte Balkon ist der sogenannte ›Trompeterstuhl‹. Die Mauer endet an dem mächtigen, runden Bergfried aus dem 12. Jh., von dem die Sage geht, dass Till Eulenspiegel einmal Turmwächter in ihm gewesen sein soll, weswegen der Turm auch **Eulenspiegel** heißt. Die nördliche, dem Eingangsportal gegenüber liegende Seite des Schlosshofs wird ganz vom **Langen Haus** eingenommen. Es wurde von 1567–70 unter Fürst Joachim Ernst durch Nickel Hofmann aus Halle errichtet. Über den nur von Türen und Fenstern gegliederten beiden unteren Geschossen baut sich, abgesetzt durch ein Horizontalgesims und lediglich durch Lisenen vertikal gegliedert, das zweite Obergeschoss auf. Als immer noch schlichte Krönung erheben sich darauf die stärker gegliederten, in Viertelkreisen darüberschwingenden Zwerchgiebel. Ohne die Schlichtheit dieser Fassade zu zerstören, gelang es Hofmann, die beiden prächtigen, über zwei Etagen reichenden Erker einzufügen. Der westliche Erker allerdings musste bereits ganz, der östliche zum Teil erneuert werden.

Angebaut worden war das Lange Haus an den ganz im Westen über der Saale stehenden **Wolfgang-Bau.** Andreas Günther aus Komotau hatte ihn 1538/39 erbaut. An seinen saalewärts nach außen gelegenen runden Eckerkern trägt er acht Bildnisreliefs von Fürsten der Zeit und Kaiser Karl V., deren Originale sich im Schlossmuseum befinden. Nach Osten hin schließt an das Lange Haus der 1686 angefügte **Victor-Amadeus-Bau.** Die westliche Flanke bildet der **Johann-Georgen-Bau,** der 1895 nach einem Brand in der Art des Langen Hauses neu errichtet wurde. Der mit einer Galerie aufgelockerte und die Lücke zum Wolfgang-Bau schließende **Zwischenbau** stammt aus dem Jahr 1680.

So gar nicht in diesen Hof passen die vier großen, in einer Reihe aufgestellten Sandsteinplastiken der Tapferkeit, der Gerechtigkeit, des Glaubens und der Weisheit. Tatsächlich stammen sie von der 1708 fertiggestellten, heute durch die moderne Fußgängerbrücke ersetzten Saalebrücke. Wenn sie auch keine Meisterwerke sind, so erscheinen doch manche Partien in ihrer derben, ländlichen Kühnheit beachtlich und anrührend.

Eine durchaus ähnliche bildhauerische Handschrift verrät die mit einem Seitenblick auf den Dresdener Zwinger 1732 entstandene **Orangerie (12)** im ehemals nördlich des Schlosses gelegenen, heute bebauten Schlossgarten. Auf dem 1551 angelegten **Gottesacker,** der im Stadtpark, der ›Alten Bibel‹, aufgegangen ist, sind neben der 1743 erbauten kleinen Kapelle noch einige Grabmäler, vor allem das der Familie Ummendorf aus dem 19. Jh., zu entdecken.

Gröbzig

Die kleine Landstadt Gröbzig liegt etwa 18 km südöstlich von Bernburg an der Fuhne. Dieses merkwürdige Flüsschen bringt es fertig, bei Bernburg in die Saale und bei Raguhn in die Mulde zu münden. Baalberge, Plomnitz, Cormigk oder Gerlebogk heißen die oft winzigen Dörfer fuhneaufwärts zwischen Bernburg und Gröbzig. Der Ort, der 1465 das Stadtrecht erhielt und 1678 durch Brand beinahe völlig verzehrt wurde, ist in den letzten Jahren vor allem durch sein **Museum** in der ehemaligen **Synagoge** bekannt geworden. Der 1796 errichtete und 1877 umgebaute, saalartige klassizistische Bau war samt dem dazugehörigen kleinen Gebäudekomplex und dem **jüdischen Friedhof** 1934 von der nur noch elf Mitglieder zählenden jüdischen Gemeinde dem Heimatverein bzw. dem Rat der Stadt zur »ausschließlichen Nutzung zu Museumszwecken« übertragen worden. Immerhin verpflichtete sich die Stadt zur baulichen Erhaltung der Synagoge und zur Erhaltung des Friedhofs »auf ewige Zeiten ... in würdigem Zustand«. So geschah es, dass im Deutschland des Jahres 1934 Stadtarbeiter von Gröbzig auf dem dortigen jüdischen Friedhof bereits 1923 zerstörte Grabsteine wieder aufstellten, was freilich eine erneute Schändung 1940 nicht verhinderte. Erfreulicherweise konnte dieser außerhalb des Ortes liegende Friedhof den-

Gröbzig, Synagoge, 1796, umgebaut 1877. Dass die kleine Synagoge als einzigartiges Denkmal jüdischer Geschichte in unserem Land bestehen blieb, ist nur dem mutigen Einspruch des damaligen Museumsleiters Otto Hohmann zu danken. Den Großteil der Sammlung kultischer Gegenstände brachte Hohmann über die Zeit der sich verschärfenden Judenverfolgung in Deutschland und rettete sie in Verstecken über den Krieg.

Von Anhalt nach Anhalt

noch als wichtiges Zeugnis für die Nachgeborenen erhalten werden – tatsächlich »in würdigem Zustand«.

Auch die Synagoge war im Verlauf der Pogrome vom 9. November 1938 von der Verwüstung durch SA und SS bedroht. Am 1. Oktober 1940 wurde Gröbzig ›judenfrei‹ gemeldet. Als Beistand und Hilfe gegenüber der Vergangenheit, die nicht zu bewältigen, sondern nur in gegenwärtigem tätigen Humanismus zu ertragen ist, dokumentiert das Museum nicht nur Geschichte, Verfolgung und Vernichtung der jüdischen Gemeinde, sondern auch deren dingliche Kultur, die ein wenig von dem erahnen lässt, was der deutschen Kultur durch den Massenmord an den Juden verlorengegangen ist.

Köthen

Köthen ☆

Die 1617 von Fürst Ludwig gegründete ›Fruchtbringende Gesellschaft‹ ließ durch ihr tatsächlich fruchtbringendes Wirken die kleine Residenzstadt als beachtetes kulturelles Zentrum erstrahlen. Weitere Impulse gaben die Tätigkeit Johann Sebastian Bachs als Hofkapellmeister, die Sammeltätigkeit des Ornithologen Johann Friedrich Naumann und die 1784 erfolgte Gründung eines Schullehrerseminars.

Ein anderes Bild von Deutschland begegnet dem Besucher im nahegelegenen Köthen. 1617 gründete Fürst Ludwig von Anhalt-Köthen (1579–1650), der den Beinamen ›der Nährende‹ trug, gemeinsam mit seinem Sohn, den drei Herzögen von Weimar, Christoph und Bernd von Krosigk und Kaspar von Teutleben in Weimar nach dem Vorbild der italienischen Accademia della Crusca die erste und bedeutendste deutsche Sprachgesellschaft. Unter Ludwigs Vorsitz bemühten sich die durch Amt und Würde oder dichterisches und wissenschaftliches Verdienst ausgezeichneten Mitglieder der ›Fruchtbringenden Gesellschaft‹, die »Muttersprache in ihrem gründlichen Wesen und rechten Verstande, ohne Einmischung fremder, ausländischer Flickwörter, in Reden, Schreiben, Gedichten aufs allerzier- und deutlichste zu erhalten und auszuüben«. Die bis 1680 existierende Gesellschaft zählte Männer wie Martin Opitz, Friedrich Logau und Andreas Gryphius zu ihren Mitgliedern.

Köthen wurde erstmals 1115 erwähnt. Der Kern der Siedlung war eine von einem Ringgraben umgebene Wasserburg. Daneben existierte ein Dorf Hohenköthen, dessen Einwohner aber im Verlauf des Mittelalters in die bereits südlich der Burg angelegte Marktsiedlung zogen. Das **Hallesche Tor (1)**, ein aus Bruchstein errichteter Torturm des 14. Jh., erinnert an die südliche Grenze der Stadt. Sein nördliches Pendant ist das im Wesentlichen 1562 erbaute **Magdeburger Tor (2)**.

In der Nähe des Halleschen Tors liegt an der Friedensallee der in der ersten Hälfte des 16. Jh. angelegte **Alte Friedhof (3)**. Auf dem zum Park umgestalteten Gelände finden sich vereinzelt barocke und klassizistische Grabmäler. Eine Gedenktafel macht darauf aufmerksam, dass Bachs erste Frau Maria Barbara hier begraben wurde.

Zwei Häuserkarrees nördlich des Alten Friedhofs schiebt sich der einst einheitliche, heute durch das Stadthaus getrennte Markt in das Stadtbild. Diesen Mittelpunkt beherrschen die beiden erst 1895–97

Köthen

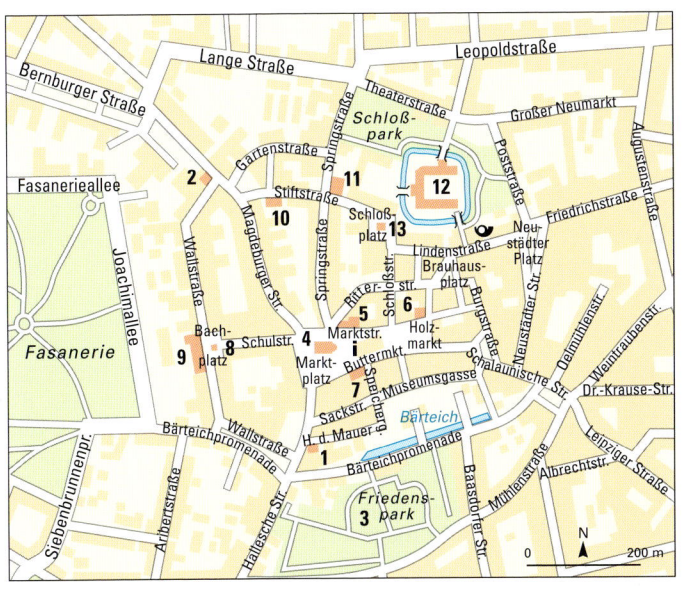

Köthen
1 Hallesches Tor
2 Magdeburger Tor
3 Alter Friedhof
4 Stadtkirche St. Jakob
5 Rathaus
6 Holzmarkt 10
7 Stadtbibliothek
8 Bachdenkmal
9 ›Palais auf dem Walle‹
10 Agnuskirche
11 Schlosskirche St. Marien
12 Schloss (Museum)
13 Denkmal Fürst Ludwig

von Bernhard Sehring angefügten Türme und das gewaltige Dach der gotischen **Stadtkirche St. Jakob (4)**. Vom Anfang des 15. Jh. bis 1518 entstand die weiträumige Hallenkirche, die trotz der langen Bauzeit von großer Einheitlichkeit ist. Im Mittelschiff von einem Netzgewölbe, in den Seitenschiffen von Kreuzgewölben überspannt, haftet allen ihren oft reichen Schmuckformen eine gewisse Schwere an. Insbesondere das 19. Jh. brachte umfassende Erneuerungen bzw. Ergänzungen, von denen natürlich auch die Ausstattung betroffen war. Um 1830 schuf Friedrich Franz Woltreck den im Chor aufgestellten *Taufengel* nach einem Modell von Bertel Thorvaldsen. Unschuldsvoll und weiß, wie Engel zu sein pflegen, gibt er einen interessanten Kontrast zu den 40 *Prunksärgen* Köthener Fürsten ab, die hier in einer 1866/67 angelegten *Gruft* ruhen. Die *Figurengrabsteine* des 15. bis 17. Jh., die hauptsächlich im westlichen Teil der Kirche aufgestellt sind, überzeugen durch ihre steinerne Abgeklärtheit.

Das 1898–1900 von zwei Architekten aus Berlin gebaute **Rathaus (5)** an der Nordseite des Markts ist stilistisch ein Produkt der wieder entdeckten deutschen Renaissance. Dagegen stammt der Fachwerkbau des Gasthauses am **Holzmarkt 10 (6)** mit seinem zierlichen, von runden Zahnschnitten geschmückten Portal tatsächlich aus der Zeit um 1600. Und das barocke, heute die **Stadtbibliothek (7)** beherbergende Gebäude wurde wirklich in der ersten Hälfte des 18. Jh. erbaut und lädt mit Freitreppe und säulenflankiertem Giebelportal zu einem Besuch ein.

Die 40 Prunksärge Köthener Fürsten in der Gruft der Stadtkirche St. Jakob sind Ruhestätte aller Häupter des Fürstenhauses bis zum Aussterben der Köthener Linie – angefangen bei dem von Bären getragenen Sarg Fürst Ludwigs, der von vergoldeten Löwenköpfen mit Griffringen im Maul umgeben und zu allem Überfluss mit Tafeln eines gereimten Lebenslaufs sowie von Dolch und Degen gekrönt ist, bis zu dem schlichten Rokokosarg für Wilhelm-Ernst, Erbprinz von Sachsen-Weimar.

Von Anhalt nach Anhalt

Köthen, Bach-Denkmal von Heinrich Pohlmann, 1885

Der direkte Weg zum nordöstlich der Jakobskirche liegenden Schloss führt über Lachsfang, Schloss- oder Ritterstraße, ein kleiner Umweg über die westlich den Markt verlassende Schulstraße. Letztere stößt auf den **Bachplatz,** wo sich das 1885 eingeweihte, von Heinrich Pohlmann geschaffene **Denkmal (8)** für den Künstler befindet. Hinter dem Denkmal erhebt sich die ehemalige, 1720 erbaute Goldwirkermanufaktur, die 1828 von Gottfried Bandhauer zum **Palais auf dem Walle (9)** umgestaltet wurde. Bandhauer, ein überregional bedeutender Architekt, arbeitete nicht nur für die fürstliche Familie, sondern war auch mit dem bürgerlichen Hausbau befasst.

Die den Bachplatz tangierende Wallstraße ist eine fast durchweg von stattlichen Bürgerhäusern des 18. und frühen 19. Jh. gesäumte Straße. In nördlicher Richtung mündet sie nach einem Knick am Magdeburger Tor auf die gleichnamige Straße. Die Stiftsstraße, die nach kurzem Weg stadteinwärts links von ihr abbiegt, führt zum Schloss, zuvor aber an der Agnuskirche und der Hof- oder Schlosskirche vorbei.

Bis auf das von Pilastern flankierte Rundbogenportal im Risalit der Mittelachse zeigt sich die **Agnuskirche (10)** zur nördlichen Straßenfront hin schmucklos. Schlichtheit zeichnet die 1694–98 barocke Saalkirche auch im Inneren aus. Sie ist nicht in Verwechslung eines Buchstabens im Namen ihrer Stifterin, der Fürstin Gisela Agnes, sondern dem Lamm Gottes, *agnus dei,* geweiht. Der Fürstin hingegen wurde ein *Epitaph* mit einem Gemälde von der Hand Antoine Pesnes (1683–1757) gestiftet, der als Hofmaler des Preußenkönigs Friedrich des Großen Berühmtheit erlangte. Daneben ist die Replik eines *Abendmahlgemäldes* von Lucas Cranach d. J. für die Schlosskirche zu Dessau beachtenswert, die nach 1565 in seiner Werkstatt entstand. Aus der Gegend um Merseburg stammt der um 1510 geschnitzte, doppelseitige *Flügelaltar,* welcher im Schrein den die Wunde vorzeigenden Christus mit Maria und Johannes vereinigt.

Obwohl der für St. Marien geplante Zentralturm nach einem Gerüsteinsturz 1830 nicht ausgeführt wurde, gilt die Kirche als »eine der hervorragendsten Zentralbaulösungen des Spätklassizismus süddeutscher Prägung«.

Direkt an der nächstliegenden Straßenkreuzung erscheint die imposante, aus Bruchsteinen und Formteilen gefügte **Schlosskirche St. Marien (11)** im Straßenbild. Auch sie ist ein Werk des Architekten Gottfried Bandhauer, das allerdings insofern unvollendet blieb, als ein geplanter Zentralturm nach einem Gerüsteinsturz im Jahr 1830 unausgeführt blieb. Über dem Grundriss eines in ein Quadrat eingefügten Kreuzes entfaltet sich »eine der glänzendsten klassizistischen Raumschöpfungen«. Eine mit Sechseckkassetten stuckierte Tonne überwölbt den Längsarm, der im Osten in einer leicht eingezogenen Apsis endet. Säulenpaare gliedern die Querschiffe und erwecken den Eindruck eines fünfschiffigen Zentralraums frühchristlich-byzantinischer Prägung.

Das Köthener **Schloss (12)** lag mindestens bis 1650, dem Todesjahr Fürst Ludwigs, inmitten eines im italienischen Stil angelegten umfänglichen ›Gartenreichs‹, von dem der heutige englische Park nördlich des Schlosskomplexes nur noch ein Schatten ist.

Die nordöstliche Ecke des Wirtschaftshofs nimmt der **Ferdinand-Bau** ein; 1823 von Bandhauer errichtet, zeigt dieses Gebäude zwei Gesichter: das Renaissancegesicht der sich dem Charakter der übrigen Gebäude anpassenden Hoffront und das klassizistische der Gartenfront. Seit 1835 beherbergt er die Sammlung des Begründers der wissenschaftlichen Vogelkunde, Johann Friedrich Naumann (1780–1857). Es ist das einzige **Museum,** das über eine originale vogelkundliche Ausstellung der Biedermeierzeit verfügt und darüber hinaus noch zahlreiche Zeichnungen Naumanns besitzt.

Begonnen wurde das ohne einen Gesamtplan entstandene Schloss in der diagonal gegenüber liegenden Ecke mit dem **Johann-Georg-Bau.** Entworfen wohl und gebaut 1597-99 von Franciscus Niuron, hat er über die Jahrhunderte zahlreiche Veränderungen, so etwa der Fensterordnung, erfahren.

Das trifft auch für die Parkseite des übereck anschließenden und den Hof beherrschenden **Ludwig-Bau** zu. Er ist heute Heimstatt des **Historischen Museums für Mittelanhalt** und der **Bach-Gedenkstätte.** Johann Sebastian Bach (1685–1750) lebte als Hofkapellmeister von 1717 bis 1723 in Köthen. Eine kleine Ausstellung des Historischen Museums macht mit dem Wirken des Arztes Samuel Hahnemann (1755–1843) in Köthen bekannt. Er gilt als Begründer der Homöopathie.

Der Ludwig-Bau ist 1600–08 unter der Leitung der Brüder Franciscus und Peter Niuron erbaut worden. Von zwei schlanken Treppentürmen symmetrisch gegliedert, strahlt er in seiner schlichten, scheinbar unaufwendigen Art eine klassische Noblesse und Heiterkeit aus. Die heute verglaste Galerie war ursprünglich ein offener, kostbar mit Steinmetzarbeiten verzierter Arkadengang, der nachweislich auf Fürst Ludwigs Anregung zurückging. Leider ist von der nach Überlieferungen die »allseitig entwickelte individuelle Geisteswelt des Bauherrn« bezeugenden Innenausstattung dieses Gebäudes nichts überkommen. Dafür gibt es sehr qualitätvolle Erzeugnisse von späteren Veränderungen, wie die sechs Stuckdecken der **Wohnräume** des Obergeschosses von dem Merseburger Baumeister Johann Michael Hoppenhaupt d. Ä., von dem auch das Portal der Kapelle herrührt.

Ein weiteres Meisterstück Bandhauers ist der sogenannte **Spiegelsaal** direkt über der zweigeschossigen Schlosskapelle. Wieder krönt eine sich kreuzende stuckierte Tonne den Raum spätklassizistischer Prägung mit seinen von Pilastern, Türen, Fenstern und Spiegelwänden streng gegliederten Seiten. Ehemals Thronsaal, hat hier auch die ›Fruchtbringende Gesellschaft‹ getagt. In die Stoffbespannung der Wände waren Wappen, Namen und die Denksprüche der Mitglieder gestickt. Ludwig war ›der Nährende‹ sicher im wahrsten Sinne des Wortes und nicht nur in einer Hinsicht, also ein gebildeter Fürst, der seine Mittel nicht gerade für das Unsinnigste einsetzte. Das 1907 von Hans Arnold geschaffene **Fürst-Ludwig-Denkmal (13)** steht heute etwas einsam und vergessen wirkend auf dem Schlossplatz.

Der Komplex des Köthener Schlosses teilt sich in das eigentliche, ehemals von einem Wassergraben umgebene innere Schloss und einen westlich vorgelagerten Wirtschaftshof mit dem Marstall, dem Remisengebäude und der Reitbahn, die, seit 1940 schon Ruine, ein Werk Gottfried Bandhauers von 1821 ist. Eine steinerne Brücke im Osten des Hofs führt durch das 1670 erbaute Torhaus.

Von Anhalt nach Anhalt

Aken

Wer weiß noch, dass der Stadtname Aken wahrscheinlich von dem Aachens herrührt? Die nördlich von Köthen an einer alten Elbfurt liegende Stadt ist gewissermaßen auf dem ›Reißbrett‹ Albrechts des Bären entstanden. Der gründete 1160 ganz in der Nähe der Wendenfeste Gloworp eine Kolonistensiedlung, die er mit Flamen und Westdeutschen besetzte, die den Namen mitgebracht haben könnten. Niedrige, oft nur eingeschossige Häuser sowie kleine, kugelig beschnittene Bäume stehen an der vom Köthener zum Dessauer Tor durch die Stadt führenden Ostwesthauptstraße. An der Stelle, wo sich diese mit der Nordsüdhauptstraße kreuzt, befindet sich der hübsche Marktplatz der Stadt. Das **Rathaus** wurde nach dem Stadtbrand 1490 neu errichtet und ist auch heute noch ein stattlicher, schön restaurierter Bau. Besonders hervorzuheben ist der Backsteinziergiebel aus der Erbauungszeit und das Ensemble von Freitreppe, Laube und Sitznischenportal von einer Erweiterung des Jahres 1609.

Wie ehrgeizig die Stadt nach der großen Brandkatastrophe von 1485 an den Wiederaufbau heranging, beweist zudem die **Stadtkirche St. Marien.** Sie entstand nach dem Vorbild der nur ein paar Straßenzüge entfernten Nikolaikirche der Augustinerchorherren. Nicht ganz so stolz, doch geschwisterlich ähnlich, wird sie durch den markanten Westquerbau geprägt, zwischen dessen zwei oktogonale Türme sich ein Glockenturm drängt. Sicher auf einen Ursprungsbau kurz nach der Siedlungsgründung zurückgehend, ist ihre Baugeschichte weitgehend unklar. Das schmucklose Innere birgt dennoch mit dem gotischen, um 1460 entstandenen *Triumphkruzifix* und dem Mittelschrein eines um 1500 geschnitzten *Flügelaltars* anschauenswerte Werke ihrer Zeit.

Im Gegensatz zur Marienkirche hat die um 1200 aus Bruchstein errichtete dreischiffige Pfeilerbasilika **St. Nikolai** wesentlich mehr an originaler Bausubstanz zu bieten. Davon zeugen vor allem die beiden Portale im Norden und im Süden. Das mehrfach abgetreppte, rechteckig gerahmte Portal in der Westfront ist ein Werk der Hochgotik.

In Aken endet die von Köthen kommende Eisenbahnlinie. Und eine Reise Richtung Norden, etwa nach Zerbst, ist nur per Autofähre möglich. Ganz auf die Kräfte des Wassers und die Tricks simpler Mechanik vertrauend, pendelt sie geruhsam an einem langen Stahlseil über die Elbe. Die sich sanft, feucht und grün dehnende, von Wäldern und Wiesenflächen geprägte Flussaue fängt bei Steutz eine fast schnurgerade Bundesstraße auf, die direkt nach Zerbst führt.

Zerbst

Zerbst

Wer heute Zerbst durchstreift, dem mag der alte Vergleich mit dem fränkischen Rothenburg ob der Tauber wie ein Hohn in den Ohren klingen, denn beinahe das gesamte Zentrum der 1007 erstmals urkundlich erwähnten Stadt besteht heute aus Neubauten. Wie das nahe Dessau, das dem einst in Anhalt dominierenden Zerbst schon längst den Rang abgelaufen hatte, wurde die Stadt kurz vor dem

Zerbst

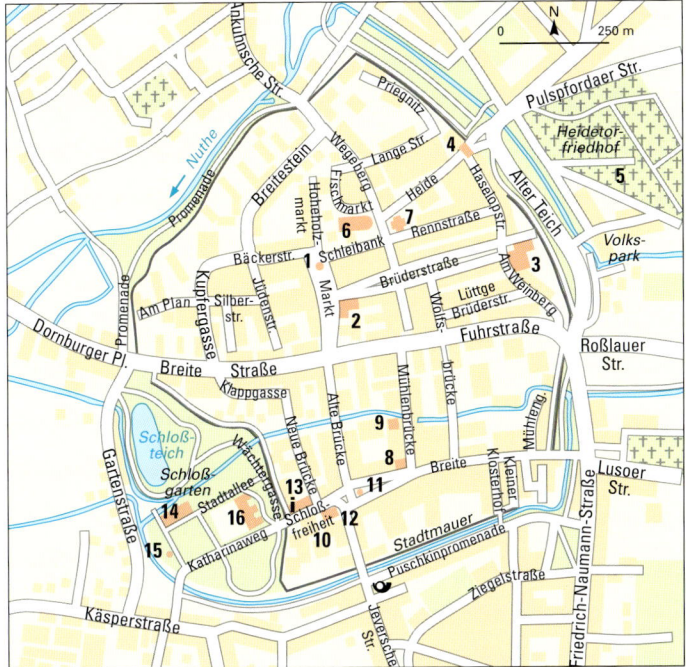

Zerbst
1 Roland und Butterjungfer
2 Hotel ›Anhalt‹
3 Ehemaliges Franziskanerkloster (Heimatmuseum)
4 Heidetor
5 Heidetorfriedhof
6 Stadtkirche St. Nikolai (Ruine)
7 Trinitatiskirche
8 Gildehaus
9 Haus Mühlenbrücke 60
10 Rosenwinkel
11 Mahnmal im Roten Garten
12 Hofkirche St. Bartolomäi
13 Kavaliershäuser
14 Stadthalle (ehemalige Reitbahn)
15 Teehäuschen
16 Schloss (Ruine)

Ende des Zweiten Weltkriegs durch Bombardements in Schutt und Asche gelegt. Noch längst sind nicht alle Folgen dieser Zerstörung bewältigt, da wurden mit manch unüberlegter Neubaulösung bereits neue Probleme geschaffen.

Auch am Marktplatz haben umfangreiche Rekonstruktions- und Neubaumaßnahmen das historische Bild verändert. Etwas fremd steht die prächtige Sandsteinfigur des stolzen **Roland (1)** in diesem gleichförmigen Umfeld. Er ist die Arbeit eines Meisters Curd von 1445/46. Die **Butterjungfer (1),** eine kleine Skulptur aus Messing auf hoher grüner Säule, das ihm Gesellschaft leistet, gilt als Sinnbild einer nicht mehr bekannten städtischen Freiheit und lässt sich seit 1403 nachweisen. Das heute vorhandene Figürchen allerdings stammt von 1647. Das einstmals erste Haus am Platz, das **Hotel ›Anhalt‹ (2),** ein stattlicher Barockbau von 1718, zählt zu den schönsten Zeugnissen der alten Marktbebauung. In der Brüderstraße begann nach 1945 der Neuaufbau der Stadt in Anlehnung an territorial tradierte Formen, ehe der industrielle Zweckbau derartige Bemühungen fast völlig verdrängte.

Die Brüderstraße führt, wie der Name vermuten lässt, gerade zu einem ehemaligen Kloster. 1235 bezogen, war das **Franziskanerkloster (3)** eines von dreien in der Stadt. Im Gegensatz zum Zisterzienserinnenkloster am Frauentor und dem Augustinereremiten-kloster, deren Reste völlig in Neubauten einbezogen wurden, ist die Anlage des von Sophie von Barby gestifteten Franziskanerklosters trotz vieler Veränderungen noch erkennbar. Es beherbergt heute eine Schule und das **Heimatmuseum,** zu dessen zahlreichen bibliophilen Schätzen auch eine dreibändige, von Lucas Cranach d. J. illustrierte Bibel zählt. Das gesamte Kloster – es besteht im Wesentlichen aus der frühgotischen Kirche, Klostergebäuden des 15. Jh. und zwei von Kreuzgängen umschlossenen Innenhöfen – war schon 1524 in den Besitz der Stadt übergegangen und von 1582–1798 zum Sitz für ein ›Gymnasium illustre‹, eine ›Universität‹ geworden.

Der Klosterbezirk grenzt direkt an die mittelalterliche **Stadtmauer,** wo hier eine kleine eiserne Pforte Durchgang gewährt. Für die Truppen des Grafen Ernst von Mansfeld, die ganz in der Nähe am 16. März 1626 über die bis zu 7 m hohe Zinne zu klettern hatten, dürfte es etwas schwieriger gewesen sein. Sie waren zudem im Gegensatz zu den fünf Jahre später als Sieger von der Bevölkerung begeistert empfangenen Schweden ungeliebte Besatzer. Ab 1430 entstand die heute noch weitgehend erhaltene, sich in 4 km Länge um den Stadtkern ziehende Mauer in nur vier Jahren Bauzeit. In den zu einem parkartigen Gelände umgestalteten äußeren Wallanlagen lässt sich die Stadt im Grünen umrunden. Das wenig nördlich des Klosters gelegene **Heidetor (4)** ist das beeindruckendste und besterhaltene der ehemals fünf Stadttore. An den noch vorhandenen Teilen des Außentors mit Zwinger, dem von einem Graben gefolgten Wall und dem eigentlichen Stadttor lässt sich der einstige Umfang der Sicherungsanlage erahnen, die weit mehr als eine bloße Tür ins Innere war.

Der **Heidetorfriedhof (5)** wurde 1582 von Peter Niuron angelegt, ein zweiter, Ende des Jahrhunderts angelegter Friedhof mit einem Sandsteinportal von 1595 befindet sich vor dem Frauentor.

Die Straße vom Heidetor stadteinwärts führt zurück zum Markt, vorbei an der Trinitatiskirche und dem beachtlichen Torso der Ruine der **Stadtkirche St. Nikolai (6).** Auch der mächtige Baukörper der **Trinitatiskirche (7)** wurde während der Bombardierungen des 16. April 1945 bis auf die Umfassungswände zerstört, aber bald wiederhergestellt. Der kreuzförmige, jedoch durch Einbauten zum Kubus gewandelte Zentralbau entstand 1683–96 nach Plänen des auch am Schlossbau maßgeblich beteiligten holländischen Architekten Cornelis Ryckwaert. Aus dem von einem Zeltdach abgedeckten, durch schlichte Pilaster gegliederten Baukörper treten nach allen vier Seiten besonders kräftige Risalite hervor, die in den Giebeln der drei Portalseiten plastisch-figurativen Schmuck tragen. Das flache Vierungsgewölbe des beim Wiederaufbau neu gestalteten Innenraums wird von vier Mittelpfeilern getragen. Die 1690 von Giovanni Simonetti geschaffene *Altarschauwand* ist gleichfalls wiederhergestellt worden, während die übrigen Ausstattungsstücke wie Nebenaltar, Kanzel und Orgel aus anderen Kirchen hierher nach Zerbst gebracht wurden.

Der natürliche Lauf des kleinen Flüsschens Nuthe, das noch heute die Stadt durchquert, brachte eine frühe Besiedlung beider Ufer mit sich. Über die Jahrhunderte wuchsen die beiden wesentlichen Siedlungskerne – die Marktsiedlung um die Nikolaikirche und die Burgsiedlung an der alten Wasserburg – zusammen. Die vom Markt zum Schloss hinüberführende Alte Brücke war schon damals die Hauptstraße der Stadt und ist als Ladenstraße noch heute die intensivste und lebendigste Verbindung zu Breite, Schlossfreiheit und Schloss, weiterführend zu einem der schönsten Parks der Stadt, ›Rephuns Garten‹, und zum Bahnhof.

Zerbst

Im Areal von Breite und Schlossfreiheit haben sich die meisten der einst an Zerbst so gerühmten Fachwerkhäuser erhalten, wie das ganz typische **Gildehaus (8),** die prächtige Schnitzarbeit des Portals **Haus Mühlenbrücke 60 (9)** oder der **Rosenwinkel (10)** südlich der Hofkirche. Abgeschlossen zur Schlossfreiheit hin wird die Breite durch den **Roten Garten,** in dem ein **Mahnmal (11)** an die Opfer des faschistischen Terrors erinnert. In der Gruft der Gedenkstätte sind die Urnen von 74 polnischen Zwangsarbeitern beigesetzt, die in einem Gefangenenlager nahe der Stadt den Tod fanden. Die aus Eisen gegossene Plastik ist eine sehr einfühlsame Arbeit des Bildhauers Gustav Weidanz.

Den Eröffnungsakkord für Schlossfreiheit und Schlossbezirk schlägt der freistehende **Glockenturm** der Stifts- und **Hofkirche St. Bartolomäi (12).** Ursprünglich Bergfried der Burgsiedlung, wurde ihm das Glockengeschoss erst um 1565 aufgesetzt. Wie alle Kirchen der Stadt erlitt auch die Hofkirche schwere Verluste. Trotzdem sind heute die maßgeblichen Teile des Gebäudes restauriert bzw. in ihrem Bestand als Ruine gesichert.

Von der 1215 geweihten, spätromanischen Basilika blieben nur das Querschiff und die Wände des Chorquadrats erhalten. Dieser später gotisch verlängerte Ostteil ist heute von der Anfang des 15. Jh. angefügten und 1945 bis auf die Umfassungsmauern ruinierten Halle abgetrennt und birgt das Überkommene der einst großartigen Ausstattung. So zum Beispiel ein *Gemälde* von Lucas Cranach dem Jüngeren, welches Fürst Wolfgang von Anhalt zusammen mit den Reformatoren vor der Silhouette Wittenbergs zeigt. Erhalten blieb auch die *Grabplatte* dieses 1566 verstorbenen Fürsten. Die Teile der 1910 entdeckten, um 1220/30 entstandenen *Wandgemälde* sind

Zerbst, Heidetor, 1430–1434, das beeindruckendste und besterhaltene der ehemals fünf Stadttore

Von Anhalt nach Anhalt

Zerbst, Ruine des Schlosses, nach Entwürfen von Cornelis Ryckwaert und Giovanni Simonetti, 1681–1749

Zerbst exportierte nicht nur das berühmte Bitterbier bis nach Dresden und Goslar, Zerbst ›belieferte‹ die Weltgeschichte auch mit einer der widersprüchlichsten, beneideten und gefürchteten Herrscherpersönlichkeiten. 1744 reiste die Zerbster Prinzessin Sophie Auguste Friederike mit ihrer Mutter nach Russland, heiratete am 1. September 1745 den russischen Thronfolger Peter III. und bestieg – nachdem sie Peter hatte stürzen lassen und seine folgende Ermordung immerhin billigte – 1762 als Zarin Katharina II. den Thron, den sie bis zu ihrem Tod 1796 behauptete.

1945 nur durch Rauch geschwärzt worden und konnten restauriert werden. Das vierstufige, rundbogige Säulenportal in der nördlichen Stirnseite des Querhauses nimmt noch einmal die Tradition der großartigen romanischen Bildhauerkunst von Königslutter auf, während die westliche Vorhalle der Kirche erst 1517 entstand.

Der Platz der **Schlossfreiheit,** der sich westlich der Hofkirche öffnet, wird bestimmt von den beiden barocken, 1705–07 und 1713 erbauten **Kavaliershäusern (13).** Weniger aufwendig gestaltet sind die Gebäude der gegenüber liegenden Seite des Platzes, wovon das direkt am Parkeingang plazierte seinerzeit als fürstliche Wache erbaut worden ist.

Zu bewachen gibt es heute nur noch wenig. Die zur **Stadthalle (14)** umgebaute fürstliche Reitbahn entstand 1724–27 nach Plänen von Johann Christoph Schütze und besitzt im Inneren eine von Wappen und Medaillons gezierte Stuckdecke. Außerdem ist da noch der kleine Pavillon des **Teehäuschens (15)** von 1724, im Inneren stuckiert von Abondio Minetti. Der gewichtige Fachwerkbau des ehemaligen **Marstalls** wird heute als Wohnhaus genutzt. Von der Dreiflügelanlage des bedeutenden Zerbster **Schlosses (16)** blieb nur mehr die Ruine des östlichen Flügels erhalten. Das Schloss entstand in den Jahren von 1681–1749 nach Entwürfen von Cornelis Ryckwaert und Giovanni Simonetti. Den östlichen Flügel errichtete Friedrich Friedel unter dem Einfluss, möglicherweise sogar nach Plänen von Georg Wenzeslaus Knobelsdorff. Mit diesem Schloss wurde die Geschichte des seit 1307 unter anhaltischer Herrschaft stehenden Zerbst gekrönt, das immerhin fast 200 Jahre, von 1603 bis 1793, Residenz eines eigenständigen Fürstentums war.

Der Dessau-Wörlitzer Kulturkreis

Dessau-Roßlau

Dessau wuchs im 12./13. Jh. auf einer in die Niederungen der Flussauen von Elbe und Mulde vorgeschobenen, hochwassersicheren Tallandzunge zu einem bevorzugten Brückenort, und zwar sowohl für die von Süd nach Nord als auch für die von West nach Ost führenden Handelsstraßen. Bezeichnenderweise war ein Kaufhaus der erste repräsentative Bau des Städtchens. 1341 begannen die Fürsten von Anhalt mit dem Bau eines Schlosses. Die 1474 in Dessau entstandene Nebenlinie des Fürstenhauses gewann bis 1570 alle übrigen anhaltischen Besitzungen, die allerdings nur 33 Jahre unter der einheitlichen Regierung von Fürst Joachim Ernst standen. Begünstigt auch durch die Reformation und den allgemeinen wirtschaftlichen Aufschwung setzte in Dessau eine rege Bautätigkeit ein. Die Stadt wuchs in der südlichen ›Vorstadt auf dem Sande‹ und der ›Muldenvorstadt‹ bereits über ihre Mauern hinaus. Doch der Dreißigjährige Krieg machte Dessau mit den Nachteilen einer strategisch günstigen Lage bekannt. Wie vielen mitteldeutschen Städten setzte er auch Dessau so hart zu, dass sich erst gegen Ende des 17. Jh. eine gewisse Erholung von den Kriegsfolgen auswirkte.

Unter Fürst Leopold I. (1676–1747) wurde die Residenz des seit 1603 selbständigen Fürstentums Anhalt-Dessau bedeutend erweitert. Die alte Stadtmauer fiel 1708–12. Eine neue umgriff nun auch die entstehende Neustadt, die Muldenvorstadt und die Sandvorstadt. Leopold I., der unter seinem Beinamen ›Alter Dessauer‹ viel bekannter ist, war unzweifelhaft ein fortschrittlicher und ideenreicher Bauherr, vor allem aber war er Generalfeldmarschall der preußischen Könige Friedrich Wilhelm I. und Friedrich II. Ihm verdankt die preußische Armee den Gleichschritt und den eisernen Ladestock. Die Sentenz »Das Schöne macht er nützlich, das Nützliche schön«, war darum nicht auf ihn, sondern auf seinen Enkel geprägt, der 1758 als Leopold III. Friedrich Franz (1740–1817) die Regierungsgeschäfte übernahm. Er machte das kleine Fürstentum zum ›Mekka des Fortschritts‹. Männer wie der Architekt und Förderer des Handwerks und der Künste Friedrich Wilhelm Erdmannsdorff (1736–1800), der Gartengestalter Johann Friedrich Eyserbeck (1734–1818), der Kabinettsrat und Kenner der Antike August Rode, der Kritiker fürstlicher Militärpolitik Georg Heinrich von Berenhorst, der Landwirtschaftsfachmann Georg Karl von Raumer und nicht zuletzt die Pädagogen Carl Gottfried Neuendorf und Johannes Bernhard Basedow waren wesentliche Helfer, Betreiber und Anreger fürstlicher Reformpläne. Auch Namen wie die der Dichter Friedrich von Mathisson oder Wilhelm Müller, dessen Gedichtzyklen ›Die schöne Müllerin‹ und ›Die Winterreise‹ in der Vertonung Franz Schuberts Unsterblichkeit

---

Dessau-Roßlau ☆☆
Besonders sehenswert
Die Gärten Wörlitz, Oranienbaum, Georgium, Luisium, Groß-Kühnau, Mosigkau
Bauhaus Dessau

Das Dessau-Wörlitzer Gartenreich sowie das Bauhaus Dessau und die zugehörigen Meisterhäuser gehören zum Unesco-Welterbe.

Von Anhalt nach Anhalt

Im 18. Jh. war es ›in‹ unter den gebildeten Kreisen ganz Europas, nach Anhalt-Dessau zu wallfahrten. Wieland galt dieser »fortschrittlichste Territorialstaat der Zeit« als »Zierde und der Inbegriff des 18. Jahrhunderts«. Goethe sprach vom »wohladministrierten und zugleich äußerlich geschmückten Land« Anhalt-Dessau. Den Ideen der Aufklärung verpflichtet, war die Landeskultur bis in untere Gesellschaftsschichten höchstes Anliegen des als ›Vater Franz‹ verehrten Landesfürsten. Er darf als einer jener wenigen Fürsten gelten, auf die der Titel des Landesvaters wirklich zugetroffen hat.

erlangten, verbinden sich mit dieser Zeit. Der in Dessau geborene jüdische Philosoph Moses Mendelssohn wurde zum Vorbild für die Figur des Nathan in Lessings Schauspiel ›Nathan der Weise‹. Sie alle mögen als markante Beispiele für die über den Territorialstaat und auch Deutschland hinausreichende Bedeutung des Dessau-Wörlitzer Kulturkreises stehen.

Die Mitte des 19. Jh. einsetzende, verstärkte Industrialisierung veränderte auch das Antlitz des seit 1863 zur Hauptstadt eines einheitlichen Herzogtums Anhalt avancierten Dessau. Als Krönung dieser Entwicklung darf das in den 20er-Jahren von Hugo Junkers entwickelte und im eigenen Werk gebaute erste Ganzmetallverkehrsflugzeug der Welt gelten. Was Junkers Leistung auf ingenieurtechnischem Gebiet, war die Leistung des 1919 in Weimar gegründeten und 1925 nach Dessau übergesiedelten Staatlichen Bauhauses auf dem Gebiet moderner Formgestaltung, Architektur und Kunst. Beide Unternehmungen traf die Machtübernahme des Nationalsozialismus. Die Junkerswerke wurden unter Ausschaltung von Junkers selbst zu einer der wichtigsten Waffenschmieden Deutschlands, das Bauhaus musste auf Druck national-chauvinistischer Kreise bereits 1932 das Feld räumen. Diese Geschehnisse waren Vorboten der Ereignisse, die in der totalen Verwüstung der Stadt am Ende des Zweiten Weltkriegs gipfelten.

Das Bild der Stadt prägen nicht immer glückliche Lösungen moderner Wohn- und Geschäftshausarchitektur des Sozialismus. Mit Rathauspassagen und Fürst-Leopold-Carré sind zeitgemäße Geschäftszentren entstanden. Seit 2007 bildet Dessau mit dem auf dem jenseitigen Elbeufer liegenden Roßlau die Doppelstadt Dessau-Roßlau.

Stadtrundgang

Ein kleiner Rundgang durch die innere Stadt kann am 1899–1901 nach Plänen der Berliner Architekten Süßenguth und Reinhardt erbauten **Rathaus (1)** beginnen. Nach Bombenangriffen brannte es 1945 bis auf den Turm aus. Mit den Neorenaissanceformen griff es die Tradition seines Vorgängerbaus aus der Mitte des 16. Jh. auf. Im Hof des Rathauses befinden sich noch zwei Sandsteinportale dieses alten Gebäudes von 1563 bzw. 1601. Die zwischen etwas protzigem Gründerzeitrathaus und Schlossstraße in den letzten Jahren aus der Ruine wieder gewonnene **Schlosskirche St. Marien (2)** ist das eindrucksvollste Gotteshaus der Stadt. Erbaut wurde sie aus Backstein nach Entwürfen des halleschen Ratsbaumeisters Ulrich von Schmiedeberg 1506–23. Die strebepfeilerbesetzten Umfassungsmauern, die achteckigen Schiffspfeiler und im Wesentlichen der Turm und zu dessen Seiten die halben Ziergiebel sind erhalten geblieben. Die im Krieg zerstörten Sterngewölbe wie der enthauptete Westturm waren ein Werk des Steinmetzen Ludwig Binder. Auf ihn geht vermutlich auch der noch einzig ›erhaltene‹, inzwischen ebenfalls weitgehend wiederhergestellte Flügel, der Westflügel des Dessauer **Stadt-**

Dessau

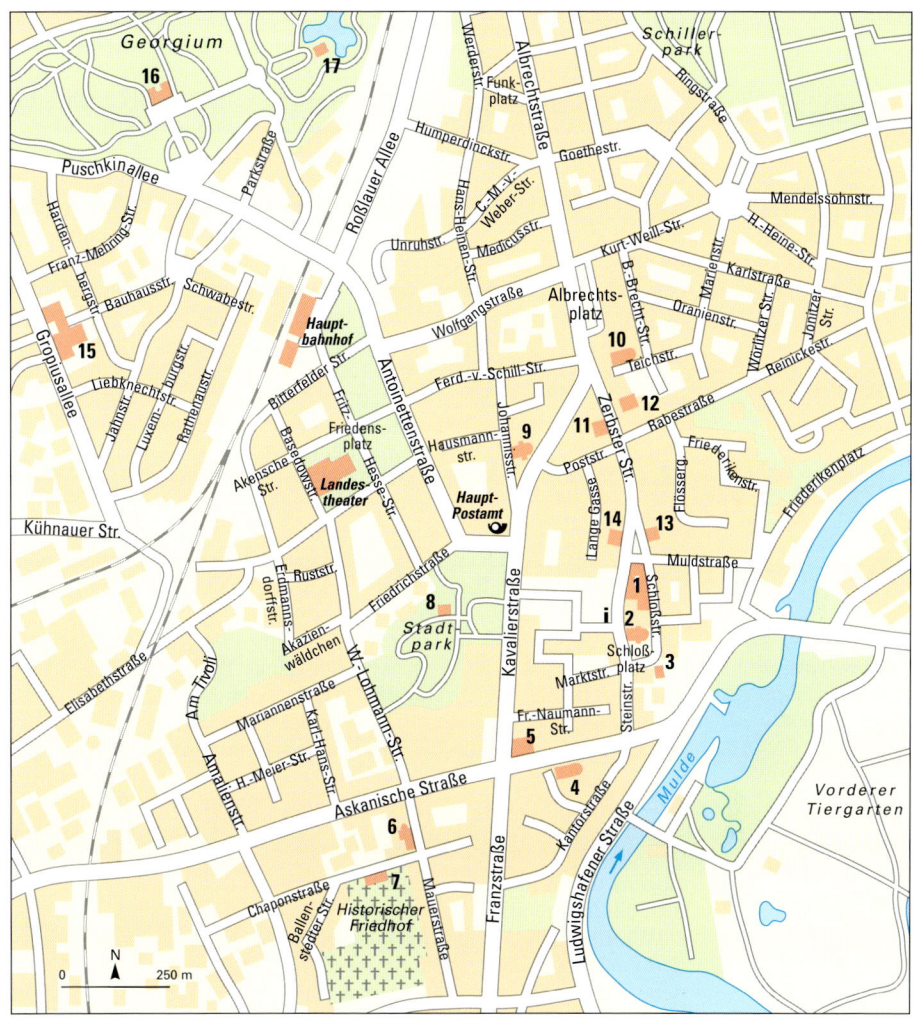

Dessau
1 Rathaus   2 Schlosskirche St. Marien   3 Stadtschloss   4 St. Georg
5 Museum für Naturkunde und Vorgeschichte   6 Ehemaliges Arbeitsamt
7 Historischer Friedhof   8 Teehäuschen   9 Johanniskirche   10 Katholische
Pfarrkirche   11 Ehemaliges Palais Fürst Dietrich (Anhaltische Landesbibliothek)   12 Ehemaliges Palais Branconi   13 Ehemaliges Palais
Waldersee (Stadtbibliothek)   14 Pfeiffersches Haus   15 Staatliches
Bauhaus Dessau   16 Schloss und Park Georgium   17 Mausoleum

Von Anhalt nach Anhalt

schlosses (3) zurück. Binder, zuvor wohl am Dombau in Halle beschäftigt, brachte die modernen Formen der italienischen Renaissance von dort nach Dessau.

In der Nähe dieser Anlage beginnen sowohl Fuß- als auch Straßenwege nach Waldersee und Mildensee. Stadteinwärts auf der B 185, dem Rückgrat Anhalts, befindet sich auf der linken Seite der Straße die 1712–17 erbaute und nach 1951 wiederhergestellte **Georgenkirche (4)**. An der folgenden großen Kreuzung macht auf der wiederum anderen Straßenseite das Gebäude des **Museums für Naturkunde und Vorgeschichte (5)** auf sich aufmerksam. Dieses Mitte des 18. Jh. von Fürst Leopold Maximilian gestiftete und ›Leopoldsstift‹ benannte Haus wurde 1847 völlig umgebaut, wobei es das obere Geschoss und den übereck gesetzten Turm nach dem Vorbild von San Spirito in Rom erhielt. Einen interessanten Gegensatz dazu bildet der flache, halbrunde Bau des ehemaligen **Arbeitsamtes (6)**, das 1928/29 nach Entwürfen von Walter Gropius entstand. Ganz von imitativem Traditions- und Repräsentationsbedürfnis frei, versuchte er, indem er die Formen des modernen Industriebaus übernahm, der Funktion des Gebäudes gerecht zu werden, die Fremdheit zwischen Amt und Arbeitssuchenden abzubauen. Wie wenig der spätere Bauherr FDGB (Freier Deutscher Gewerkschaftsbund) den Sinn dieses Hauses begriffen hatte, beweist der an den Flachbau wie eine Barriere angefügte Hochbau.

Friedrich Hölderlin bekannte anlässlich eines Dessau-Besuchs 1795: »In Dessau war mein erstes, dass ich den neuen Kirchhof besuchte. Es liegt wirklich recht viel Menschlichkeit und Schönheit in der Idee, die da ausgeführt ist.«

1787–89 entstand nach Erdmannsdorffs Plänen und nach dem Vorbild italienischer Camposanti der ›Neue Begräbnisplatz‹, heute kurz als **Historischer Friedhof (7)** bezeichnet und zu einem kleinen Erholungsgebiet inmitten der Stadt umgestaltet. Dieser Friedhof war der erste Deutschlands für alle Konfessionen außer der jüdischen, und es gab im Prinzip keine Grabsteine. Neben Erdmannsdorff selbst wurden hier viele bedeutende Dessauer Persönlichkeiten begraben. Das **Portal** ist das Programm. Die Figuren des Schlafes und des Todes in den Rundbogennischen werden in der Mitte des Bogens durch die Hoffnung bekrönt, die mit schwerem Anker vor dem endlosen Himmel steht.

Wer irdischeren Hoffnungen, vielleicht der nach einem erquickenden Getränk nachhängt, kann diese im Ende des 18. Jh. entstandenen, klassizistischen **Teehäuschen (8)** des gar nicht weit entfernten Stadtparks erfüllen. Durch diesen Park zieht sich zudem der einzige Rest der unter dem ›Alten Dessauer‹ errichteten **Stadtmauer**. Von den im Stadtpark aufgestellten Plastiken ragt die des **Kentauren** mit der noch etwas unentschlossen aufsitzenden Frau aus dem heute doch eher als spröde und sachlich empfundenen Klima der Stadt hervor. Die Skulptur ist eine Arbeit von Reinhold Begas aus dem Jahr 1881. Die Büsten von Wilhelm Müller und Moses Mendelssohn verweisen auf die geistigen Potenzen der ehemaligen Residenz.

Vom Stadtpark aus führt der kleine Rundgang vorbei an der **Johanniskirche (9)**. 1688–93 erbaut, war auch sie 1945 bis auf die Außenmauern zerstört. 1992 fanden in der Kirche drei restaurierte, ursprünglich aus der Schlosskirche stammende *Gemälde* eine neue Heimat. Dagegen blieb die neogotische **katholische Pfarrkirche (10)** am Albrechtsplatz unbeschadet. In der von hier stadteinwärts weisenden Zerbster Straße lassen sich noch einige bemerkenswerte Häuser finden. Die Nr. 35, das ehemalige **Palais Fürst Dietrich (11)**, heute Anhaltische Landesbibliothek, beherbergte 1775–93 die von Basedow begründete Bildungsanstalt Philantropin. Es war die erste staatliche, wesentlich auf die Naturwissenschaft und die Erfordernisse des praktischen Lebens orientierte Schule, die bald auch andernorts Nachfolge fand. Gegenüber ist die Fassade des 1795/96 nach Erdmannsdorffs Plänen erbauten ehemaligen **Palais Branconi (12)** erhalten. Auf Erdmannsdorff geht auch die Nummer 1 dieser Straße zurück. Das ehemalige **Palais Waldersee (13)**, in dem sich heute die Stadtbibliothek befindet, entstand 1792–95. Wiederum gegenüber erhebt sich das dreigeschossige **Pfeiffersche Haus (14)**. Das aus drei Speicherböden bestehende Dach wurde nach 1945 erneuert. Auch das mit gedrehten Säulen geschmückte Portal stammt nicht aus der ursprünglichen Erbauungszeit 1595, sondern von einer umfassenden Renovierung 1691.

Mit der Ankunft am Rathaus schließt sich bereits der Ring. Für alle weiteren Ziele in und um Dessau ist ein größeres Zeitbudget zu veranschlagen. Bei den weiter entfernten Sehenswürdigkeiten kann in der Regel nicht auf das eigene Fahrzeug oder ein öffentliches Verkehrsmittel verzichtet werden.

Das bedeutendste der drei heute in der Johanniskirche aufbewahrten, ursprünglich aus der Schlosskirche stammenden Gemälde ist das Abendmahl von Lucas Cranach d. J. von 1565. Es zeigt 21 Porträts von Reformatoren und Fürsten Anhalts sowie das des Künstlers. Zwei weitere Gemälde aus der Werkstatt Cranachs stellen Christus am Ölberg mit Johann Georg von Anhalt-Dessau und eine Kreuzigung mit Joachim Ernst von Anhalt dar.

Staatliches Bauhaus Dessau

Noch zu Fuß zu erreichen ist das nur wenige hundert Meter westlich vom Hauptbahnhof gelegene Gebäude des ehemaligen **Staatlichen Bauhaus Dessau (15)**. Auf halbem Weg zwischen Bahnhof und Bauhaus ist 1996 auf dem Seminarplatz eine **Skulptur** von Max Bill aufgestellt worden.

Das 1925/26 unter Walter Gropius (1883–1969) errichtete **Schulgebäude** ist heute Sitz der Stiftung Bauhaus Dessau und der Fachhochschule Anhalt. In dem flachgedeckten Mehrflügelbau paart sich Sachlichkeit mit Strenge in einer Ordnung sinnvoll und schön miteinander korrespondierender geometrischer Formen, die ihre Lebendigkeit in dem durch großzügige Fensterordnungen einfallenden Licht entfalten. Details wie Türen, Treppenläufe, aber auch die Größenverhältnisse, die Proportionen der Innenräume, künden hier von einem menschlichen Bauen, dem effektvoller Technikkult und architektonischer Größenwahn fremd waren.

Unweit des Bauhauskomplexes finden sich in der Richtung Aken führenden Ebertallee die gleichfalls von Walter Gropius entworfenen **Meisterhäuser.** Ein zugehöriges Direktorenhaus und die daran angrenzende Hälfte eines Meisterhauses sind im Krieg zerstört worden. Die andere Hälfte dieses Hauses ist 1994 restauriert worden und beherbergt heute das **Kurt-Weill-Zentrum.** Hier verdient insbeson-

Das Staatliche Bauhaus Dessau wurde als Hochschule für Gestaltung zum Synonym moderner Architektur und Formgestaltung im 20. Jh. Hier ist von 1925 bis 1932 Wesentliches geleistet worden. Gerade auf kunstpädagogischem Gebiet wurden neue Wege erkundet. Hier lehrten und arbeiteten Künstlerpersönlichkeiten wie Lyonel Feininger, Paul Klee, Oskar Schlemmer oder Wassily Kandinsky, deren Rang heute unbestritten ist.

Von Anhalt nach Anhalt

Dessau, Meisterhaus, entworfen von Walter Gropius, 1926, einst das Wohnhaus von Lyonel Feininger, heute Sitz des Kurt-Weill-Zentrums

Das Kurt-Weill-Zentrum ist die einzige europäische Dokumentationsstelle zu Leben und Werk des in Dessau geborenen Komponisten.

Im Wohnhaus von Kandinsky/Klee informieren Ausstellungen über das Schaffen ihrer einstigen Bewohner und die Geschichte der Meisterhäuser.

dere die durch Feininger beeinflusste und durch die Bauhaus-Werkstatt für Wandmalerei geschaffene Farbgestaltung neben der Architektur besondere Aufmerksamkeit. Auch die beiden anderen Meisterhäuser, der einstige Wohnsitz Paul Klees und Wassily Kandinskys, sind nach ihrer Restaurierung wieder zu besichtigen.

Neben dem bereits genannten Bau des Arbeitsamtes sind durch Architekten des Bauhauses noch einige andere Häuser in Dessau entstanden, die in diesem Zusammenhang der Erwähnung wert sind. Am Ende der Elballee findet sich im Ortsteil Ziebick das nach Plänen des Architekten Carl Fieger 1930 errichtete **Kornhaus.** Im Süden der Stadt, in Dessau-Törten, entstand 1926–28 unter Leitung von Walter Gropius, 1928–30 unter Leitung seines Nachfolgers Hannes Meyer die **Bauhaus-Siedlung,** in der die Idee der Industrialisierung des Bauens in 314 zweistöckigen Flachdachhäusern ihre Realisierung fand. Leider war sie im Laufe der Jahre vielen Veränderungen unterworfen. Als Zentrum der Siedlung entwarf Gropius 1928 das **Konsumgebäude,** eine elegante Kombination aus einem Flachbau und einem fünfstöckigen Wohnhaus. 1930 erstellte die Bauabteilung des Bauhaus unter Hannes Meyer die **Laubenganghäuser** an der Mittelbreite und der Peterholzstraße und griff damit einen seit dem Mittelalter tradierten Wohnhaustyp auf. Ganz dem Experiment verpflichtet, war in Törten Ecke Südstraße/Doppelreihe bereits 1926 das **Stahlhaus** von Georg Muche und Richard Paulick entstanden, in dessen Nähe Carl Fieger 1927 sein **Wohnhaus** baute.

Dessau

Ein ›Industrielles Gartenreich‹

Ende des 19., Anfang des 20. Jh. setzte auf der Basis der in der Region über Tage abbaubaren Braunkohle ein riesiger Industrialisierungsschub ein. Großkraftwerke entstanden, es entwickelte sich die Karbochemie, die elektrotechnische Industrie, der Maschinenbau. Und die Region wurde im Verlauf des Jahrhunderts zu einem ökologischen Krisengebiet von trauriger europäischer Berühmtheit. Bitterfeld, keine Autostunde von Wörlitz entfernt, darf nach dem janusköpfigen Verschwinden der Großindustrien durchatmen, und wird, wenn in den sanierten Tagebauen vor seinen Toren das Wasser steigt, irgendwann an einem ›Meer‹ liegen.

»Es gibt«, schreibt Reiner Weisbach, »nur wenige Regionen in Europa, in denen die Widersprüche zwischen hervorragenden naturräumlichen, kulturellen Potentialen und den Folgen einer Industrialisierung hautnaher und unmittelbarer zu erleben sind, als zwischen Dessau und Bitterfeld.« 34 000 ha groß ist das durch die Unesco ausgewiesene **Biosphärenreservat** an mittlerer Elbe und unterer Mulde. Unter den 570 geschützten Tierarten dieses Gebietes befinden sich Biber, Dachs, Fischotter, Schwarzstorch, Europäische Sumpfschildkröte und Admiral. In manchen Tagebaurestlöchern hat sich eine Vegetation entwickelt, wie sie sonst nur in botanischen Gärten anzutreffen ist. Auch entstanden im Zuge der Industrialisierung In-du-

Hinter dem Begriff ›Industrielles Gartenreich‹ steht eine am Bauhaus Dessau entwickelte Gesamtidee der ökologischen Umgestaltung des Industrieraums im Dreieck Dessau–Bitterfeld–Wittenberg. Sie bezieht sich ganz bewusst auf das reformerische Erbe des der Aufklärung verpflichteten, viel gerühmten Dessau-Wörlitzer Gartenreichs.

Dessau, Bauhaus, entworfen von Walter Gropius, 1925/26

strie- und Wohnanlagen von kulturhistorischem Wert. Das Dreieck Dessau–Bitterfeld–Wittenberg ist als »eines der reichsten Experimentierfelder der Wohnungsreform in Deutschland« bezeichnet worden. Da sind vor allem die **Gartenstädte** bzw. **Werksiedlungen** in Zschornewitz (1915) und **Wittenberg-Pristeritz** (1916–19), die nach ökologischen Maßgaben erbaute **Knarrbergsiedlung** (1928/29) in Dessau-Ziebigk und natürlich die ›**Fließbandsiedlung**‹ (1928) von Walter Gropius in Dessau-Törten.

Als Stätte internationaler und interdisziplinärer Begegnung, als Ort von Forschung und Lehre, versucht sich das Bauhaus in der Umgestaltung der Industrieregion in der Rolle eines Katalysators. Konzeptionsangebote, wissenschaftliche Kolloquien, Ausstellungen, Kulturarbeit, Entwurf, Planung und Begleitung einzelner Vorhaben – für das Bauhaus steht damit nicht zuletzt eine kritische Auseinandersetzung mit der eigenen Vergangenheit an, die »Abkehr von überzogener Industriegläubigkeit, Fordismusseligkeit, Geschichtslosigkeit, Ortsignoranz und ökologischem Desinteresse«. In verschiedenen, auf die Schwerpunkte Gartenreich, Industrieentwicklung, Siedlungslandschaft und Stadterneuerung konzentrierten Themenkreisen begann die Arbeit schon 1990 und kulminierte darin, dass das ›Industrielle Gartenreich‹ Korrespondenzstandort der Weltausstellung ›Expo 2000‹ wurde.

Neben der Sanierung der Piesteritzer Werksiedlung, der Wiederbelebung der Drehbergfeste bei Wörlitz, dem Kampf um Erhalt und Ausbau der Dessau-Wörlitzer Regionalbahn, der Ausstellung ›Sachsen-Anhalt – Land der Reformen‹ im ehemaligen Kohlekraftwerk Vockerode oder dem Dessauer Expo-Pfad dürften ›**Ferropolis – Die Stadt aus Eisen**‹ im ehemaligen Tagebau Golpa-Nord bei Gräfenhainichen und der **Landschaftspark Goitzsche nahe Bitterfeld** die spektakulärsten der in die Trägerschaft der Region entlassenen Projekte sein.

Im Tagebaurestloch von Golpa-Nord in der Nähe von Gräfenhainichen entstand aus drei ausgedienten Tagebaubaggern und zwei Absetzern die größte Stahlskulptur Europas und in deren ›Herzen‹ eine riesige Veranstaltungsarena. Der aus der Flutung des Tagebaus entstehende See wird einmal so groß wie der Arendsee sein. Der See im Landschaftspark Goitzsche, an dem es bei Bitterfeld auch schon einen Stadthafen gibt, ist vollständig geflutet und seit 2004 teilweise als Badegewässer zugelassen. Darüber hinaus entstand ein Landschaftskunstprojekt, dessen flächenmäßige Ausdehnung in etwa der des Landschaftsgartens bei Wörlitz entspricht.

Schloss und Park Georgium

Die Begriffe lassen keinen Zweifel: **Schloss und Park Georgium (16)** haben nichts mit sozialem Wohnungsbau zu tun. Trotzdem verkörpern sich in diesem Park, der noch im Bereich der inneren Stadt beginnt, Ideen von Aufklärung und Bildung des 18. Jh.

Erdmannsdorff schuf die Entwürfe zu den meisten Gebäuden, so auch zum Schloss Georgium. Der einstmalige Eindruck ist leider

Schloss und Park Georgium

Dessau, Schloss und Park Georgium, Monopteros, im Hintergrund das Schloss, ab 1780

durch den Anbau der beiden Seitenflügel 1893 und die dadurch eintretende starke Frontalität weitgehend verloren. Ursprünglich zeigte sich das Gebäude, von dem strahlenartig in alle Richtungen freigehauene Blickachsen ausgingen, von allen Seiten weitgehend gleich. Auch das Innere des Schlosses ist nur noch im Treppenhaus, in den Deckenstukkaturen und einem von Nischen und Spiegeln untergliederten Kuppelraum original erhalten. Es beherbergt heute die **Staatliche Galerie,** die neben einer bedeutenden graphischen Sammlung Gemälde altdeutscher und niederländischer Meister, flämische Landschaftsmalerei, Werke des flämischen und holländischen Barock, Bildnisse des 18. Jh., Malerei der Romantik und des Biedermeier in Anhalt und Werke von Meistern des 19. und 20. Jh. besitzt.

Wie das Schloss war auch der Garten schon sehr früh störenden Eingriffen ausgesetzt. Im Bereich des heutigen Lehrparks für Tier- und Pflanzenkunde etwa entstand 1894–98 der kapitale Kuppelbau eines **Mausoleums (17)** für die Herrscherfamilie in den Formen der italienischen Hochrenaissance. Erst 1963 wurde begonnen, alte Gartenordnungen wieder herzustellen, Blickachsen zu öffnen, um den ehemals auch inhaltlich begründeten Anspruch des Gartens wieder zur Geltung zu bringen. Eine Besonderheit ist nämlich, dass er hochstilisierte Antikeverehrung mit ›altdeutscher Wildnis‹ zu verbinden sucht.

Das Georgium ist ein Teil jenes landschaftsbildenden ›Gartenreichs‹, das in und um Dessau zu Ende des 18. Jh. entstand. Auf Betreiben des Prinzen Johann Georg begann zunächst Johann George Schoch mit der Anlage nach Plänen von Johann Friedrich Eyserbeck, der selbst die Arbeiten leitete.

Von Anhalt nach Anhalt

Nach Norden öffnet sich der Georgengarten in den in die Gestaltung einbezogenen **Beckerbruch,** der in einem hügeligen Höhenzug eiszeitlicher Endmoränen an der Elbe endet. Die Ruine der **Wallwitzburg,** erhöht auf dem Kamm gelegen, bildet Abschluss und blickverbindende Landmarke zugleich. Schon wenig später ist auch die Feldmark von Ziebigk in das Konzept einbezogen worden. Sie bildet eine optische Verbindung zum Park von Großkühnau, der über den Elbwall auch zu Fuß erreicht werden kann.

Großkühnau und Mosigkau

Großkühnau ist die zuletzt geschaffene Anlage des ›Gartenreichs‹. Der 1753–64 von Leopold Ludwig Schoch im Zusammenhang mit dem **Schloss** angelegte **Garten** wurde seit 1805 im Auftrag des Erbprinzen Friedrich erweitert. Die allein auf eine ästhetische Steigerung natürlicher Gegebenheiten bedachte Formung schmiegt sich eng an den Kühnauer See. Nur der in den Jahren von 1818–20 realisierte **Weinberg** mit **Gartenhäuschen** erfuhr eine stärkere Durchformung. Die wie das Schloss außerhalb des Parks plazierte **Kirche** stellt eines der frühesten Werke der Neoromanik dar und soll nach Entwürfen des Herzogs Leopold von Anhalt unter Mitarbeit Carlo Ignazio Pozzis (1766–1842) entstanden sein. Die zeitgenössische Ausstattung geht wesentlich auf den Hofbildhauer Friedemann Hunold zurück.

Nur 8 km südwestlich vor den Toren Dessaus liegt der kleine, eingemeindete Ort **Mosigkau.** 1742 kaufte der ›Alte Dessauer‹ Gut und Herrenhaus Mosigkau und schenkte es seiner damals 27-jährigen Lieblingstochter Anna Wilhelmine zur Sicherung ihrer ökonomi-

Mosigkau, Schloss, Gartensaal, 1754–56. Gold, grün und ein vornehm trennendes Weiß für Tür-, Fenster- und andere Rahmungen sind die Farben dieses Saals, dessen elegante, von Johann Carl Lindner nach Vorlagen von Johann Michael Hoppenhaupt (II) geschaffenen Stukkaturen die Decke und die nicht von Bildern bedeckten Teile der Wände umspielen.

schen Existenz. Zehn Jahre später ließ sich die immer noch nicht unter die Haube gekommene Prinzessin das **Schloss** unter Leitung des damaligen Dessauer Hofbaumeisters Christian Friedrich Damm erbauen, vermutlich nach Plänen Knobelsdorffs, zumindest aber unter dessen Einflussnahme. Es steht beispielhaft für das ausgehende Rokoko in Anhalt. Nach dem Tod der Prinzessin 1780 wurde im Lustschloss ein Stift eingerichtet, das bis 1945 bestand. Danach wurde das Schloss zum Depot der Dessauer Galerie, ab 1951 jedoch **Museum** für die Wohnkultur des Rokoko. Da über die Jahre große Teile der originalen Ausstattung verlorengegangen waren, wurde Fehlendes aus den Beständen der Staatlichen Galerie Georgium ersetzt. Der *Gobelin* ›Der Triumph der Kirche über den Götzendienst‹, um 1630 nach einem Entwurf von Peter Paul Rubens in einer Brüsseler Werkstatt gefertigt, war ursprünglich im Stadtschloss zu Hause gewesen.

Mosigkau, Detail im Park, 1752–55 angelegt von Christoph Friedrich Brose

Harmonisch fügt sich der zweigeschossige Schlossbau in die Landschaft. Der nördlichen Front ist ein quadratischer Ehrenhof vorgelagert, welcher beidseitig von je einem Kavaliers- und einem allerdings erst 1875 angefügten Dienerhaus flankiert wird. Diese Zweizahl setzt sich am Eingangsportal des Mittelrisalits fort. Ionische Halbsäulenpaare tragen über dem Gebälk eine Rokokokartusche und neben einem Putto eine weibliche Figur, die auf der Hofseite den Herbst, auf der Gartenseite den Sommer darstellt. Im Gegensatz zur einladenden Hofseite scheint sich die Gartenseite mit ihren bis zum Boden reichenden, rundbogigen Fenstern und dem weniger hervorgehobenen Mittelrisalit für ein Leben im Garten zu öffnen. Hinter diesen Fenstern liegt der lichtdurchflutete **Gartensaal,** der als schönster Rokokoraum des ehemaligen Landes Anhalt gilt und eine der wenigen noch erhaltenen barocken Schlossgalerien Deutschlands ist. Bei den der Sitte der Zeit gemäß sehr eng gehängten Gemälden handelt es sich vorwiegend um Arbeiten flämischer und holländischer Meister des 17. und 18. Jh. Rubens, Jordaens und van Dyck sind nur drei von vielen Namen.

Neben dem faszinierenden Gartensaal sind es vor allem das **Gelbe Kabinett** mit in den Wänden eingearbeiteten Gemälden von Antoine Pesne und das **Musikkabinett,** die das Schloss neben weiteren auszeichnen. Musik übrigens ertönt in zahlreichen Konzerten während der Sommermonate im Bildersaal, während in einem der Orangeriehäuser am Südende des Parks Kunstausstellungen stattfinden. Da nur noch ein Teil des im 18. Jh. von Christoph Friedrich Brose angelegten Irrgartens vorhanden ist, lässt es sich auch im Park gefahrlos und sehr angenehm wandeln.

Waldersee und Jonitz

»Und doch kann alles nicht verglichen werden mit dem Luisium.« Dieser 1925 von Wilhelm van Kempen geschriebene Satz macht die Unmöglichkeit deutlich, sich für einen der in und um Dessau grup-

Von Anhalt nach Anhalt

Waldersee, Schloss Luisium, erbaut von Friedrich Wilhelm von Erdmannsdorff, 1774–78.
»Das von Erdmannsdorff erbaute Schlößchen steht im Mittelpunkt der gesamten Anlage, durch drei Waldalleen verbindet es sich den Elbwaldungen. Selten wird wieder ein Motiv von gleicher Stille, gleicher Intimität zu finden sein. Wer das Luisium im Herbst aufsucht, wenn ringsum der Wald in goldener Pracht steht und abends Nebel gespenstisch aufsteigen; er wird die Sprache dieser Schöpfung der Aufklärung wohl verstehen.«
Wilhelm van Kempen.

Im Luisium herrscht das malerisch-freie Landschaftsbild einer verinnerlichten, vielleicht reiferen Aufklärung, die auch dem Unwägbaren und Dunklen ihr Recht einräumt – anders als im Wörlitzer Park, der den bildungshaft-literarischen Zug der Aufklärung stärker hervorkehrt.

pierten Gärten zu entscheiden. Jeder besitzt seine ganz eigene Ausstrahlung und ist im ›Gartenreich‹ ein Individuum unter anderen. So eben auch das **Luisium** im nur wenige Kilometer östlich vom Stadtzentrum entfernten Ortsteil **Waldersee**.

1774 wurde nach Plänen von Erdmannsdorff mit dem Bau des kleinen, im Mittelpunkt der Anlage stehenden **Schlösschens** in dem über die von Linden gesäumte Luisenallee zu Fuß zu erreichenden ›alten Vogelherd‹ begonnen. Auf einem sanften Hügel hebt sich der schlichte, pavillonartige Bau über einem Teich; im Untergeschoss ein von Stuckpilastern gegliederter Saal mit zartfarbigen Gemälden, im Obergeschoss ein Spiegelkabinett und ein Bibliothekszimmer.

Mit der Anlage des **Gartens** unter der Leitung von Eyserbeck ab 1780 entstand ein stiller, von einer Wallmauer umgebener Ort mit den Gebäuden der **Orangerie** (1771–81), dem neogotischen **Schlangenhäuschen** (1794/95) oder auch der **Ruine des römischen Triumphbogens**, der den Blick auf das **Denkmal der Vestalin** (1785) freigibt. Auch im nach der Gattin des Fürsten Franz benannten Garten gibt es das allenthalben zu beobachtende Nebeneinander von Schönheit und Nutzen, hier in Gestalt des ehemaligen **Gestüts** in direkter Nachbarschaft der eigentlichen Anlage. Auf dem Giebel des neogotischen Gebäudes prangt heute wieder die Figur eines vergoldeten, springenden Pferdes.

Der Natur ihr Recht eingeräumt wurde vor allem auf dem **Sieglitzer Berg** am befestigten Hochufer der Elbe. Nordöstlich von Park und Schloss Luisium gelegen, ist diese Gartenanlage nur zu Fuß oder mit dem Fahrrad durch die bewaldete Elbaue zu erreichen. Schon in der zeitgenössischen Literatur wurde sie als »einfach« und »ungekünstelt« beschrieben. Zentrum der Anlage, deren bedeutendster erhaltener Bau ein ›**Walltor**‹ ist, war die ›Solitude‹, ein dorischer Tempelbau Erdmannsdorffs, dessen einstiger Standort heute nur noch durch die Ruinen des zugehörigen Küchenbaus markiert wird.

Aber noch einmal zurück zum Schloss Luisium. Dass es von hier eine Blickachse zu der von einem hohen Obelisk bekrönten **Dorfkirche** von **Jonitz** (1935 mit Naundorf zu Waldersee vereinigt) gibt, ist gewiss kein Zufall. Dieser 1816/17 an die 1722–25 errichtete Dorfkirche angebaute Westturm birgt das **Mausoleum** für Fürst Leopold Friedrich Franz und seine Gemahlin Luise. Das Grabmal samt dem großen Relief aus weißem Marmor schuf der Hofbildhauer Friedemann Hunold im Jahr 1823.

Mildensee und Törten

Südlich von Waldersee und der B 185 liegt der aus den ehemals selbständigen Orten Scholitz, Dellnau und Pötnitz entstandene Ortsteil **Mildensee**. Pötnitz war schon früh der Pfarrort der sämtlich dem Kloster Nienburg unterstehenden Dörfer. Somit war die **Pötnitzer Kirche** möglicherweise die des 1233 nach Nienburg verlegten Konvents. Umfangreiche Restaurierungen und bauliche Veränderungen, die in den Jahren von 1804–06 unter dem Baumeister Georg Christoph Hesekiel (1732–1818) ausgeführt wurden, haben den ursprünglichen Bestand der um 1180 entstandenen turmlosen dreischiffigen Basilika weitgehend verwischt.

Neben dem neogotischen Vierungsturm der Pötnitzer Kirche ragt aus flachem Land der 1809–12 nach Entwürfen Carlo Ignazio Pozzis realisierte **Napoleonturm,** dessen architektonisches Vorbild der athenische ›Turm der Winde‹ war. Die kleine verglaste Laterne des achteckigen Backsteinputzbaus auf künstlichem Hügel bietet einen schönen Blick auf das Panorama des Scholitzer Sees.

Von den wichtigen Bauten im Stadgebiet muss hier unbedingt die **Haideburg** in Dessau-Törten Erwähnung finden. Sie war Jagdhaus, Försterei und Raststätte. Das 1782/83 entstandene Gebäude geht auf Einflüsse des Königsberger Schlosses zurück. Im ruinös aufgemauerten Giebel allerdings knüpft es an moderne englische Muster an.

Angesichts der Haideburg soll ein Zeitgenosse Fürst Franz den spöttischen Ratschlag gegeben haben, dass er das Gebäude nun auch anrußen lassen müsse, »damit man das Neue nicht so sehr sieht«.

Roßlau

Bereits vor dem Zusammenschluss beider Städte im Jahr 2007 ist Roßlau zeitweise in Dessau eingemeindet gewesen. An der strategisch wichtigen Elbbrücke wurde es zum Schauplatz eines blutigen Sieges der Hauptmacht der Truppen Wallensteins gegen die des Grafen von Mansfeld, der hier von seinen 12 000 Soldaten 7000 durch Tod und 2000 durch Gefangenschaft verlor.

Die im Schutz einer mittelalterlichen **Wasserburg** gewachsene Stadt wurde 1382 erstmals erwähnt. Die im 16. Jh. und abermals

Von Anhalt nach Anhalt

1836 im romantischen Sinne veränderten bzw. erweiterten Anlagen der Burg sind noch heute zu besichtigen. Wesentliche Spuren im klassizistischen Hausbau hat der für Köthen so segensreiche Gottfried Bandhauer hinterlassen, so etwa das Gebäude der ehemaligen Brauerei in der **Kleinen Marktstraße 6.** Das **Elbzollhaus** an der neuen Elbbrücke dagegen schlägt auch in seiner Architektur schon eine Brücke nach Dessau, entstand es doch 1788/89 nach Plänen von Erdmannsdorff.

Oranienbaum und Gräfenhainichen

Um in den bei weitem bekanntesten und berühmtesten Park des ›Gartenreichs‹ zu gelangen, gibt es den direkten Weg – und den Umweg. Natürlich ist auch in diesem Fall der Umweg der reizvollere, zumal er die Möglichkeit bietet, auf das eigene Fahrzeug zu verzichten und die Bahn zu benutzen. Die **Dessau-Wörlitzer-Museumsbahn** fährt vom gleichnamigen Bahnhof zunächst in nördliche Richtung um den Schillerpark, dann nach Südosten, durcheilt den Friedrichsgarten, überquert die Mulde und schnauft über Jonitz und die Scholitzer Brücke Oranienbaum entgegen. Nach einem Halt beendet sie nach einer Stunde die 18 km lange Fahrt in Wörlitz.

Oranienbaum hat seinen für diese Gegend ungewöhnlichen Namen erst 1673 von Henriette Katharina, Prinzessin von Oranien erhalten, die 1659 die Frau des Fürsten Johann Georg II. geworden war und den Ort Nischwitz zum Geschenk erhielt. Seine Wurzeln lassen sich bis in das 12. Jh. zurückverfolgen. Er war aber seit 1512 wüst, und erst 1644/45 ließ Fürstin Agnes von Anhalt hier wieder ein festes Haus erbauen. Mit der dann 1683 beginnenden planmäßigen Anlage von Schloss, Park und Stadt entstand einer der wenigen, im Kern weitgehend unzerstört gebliebenen barocken Komplexe dieser Art, die sich durch die engen gestalterischen Beziehungen der einzelnen Teile untereinander auszeichnen.

Nach Plänen des Architekten Cornelis Ryckwaert wurde im Zentrum der Gesamtanlage ein offenes, breit gelagertes, dreiflügeliges **Schloss** erbaut. Durch äußerste Schlichtheit und klare Gliederung entspricht es ganz dem Sinn jenes kühleren, zurückhaltenden nördlichen Barock. Lediglich das Giebeldreieck des Mittelrisalits erhielt plastischen Schmuck. Durch stufenweise Zurücksetzung der Seitengebäude öffnet sich der Ehrenhof und mit ihm das Schloss zur Stadt. Das Schloss wird heute als Archiv genutzt. Von den erhaltenen Innenräumen sind vor allem der Festsaal im Oberschoss und der mit Delfter Fliesen verkleidete Sommerspeisesaal sehenswert. Vom Schlossgeviert läuft eine Straße schnurgerade auf den quadratischen Marktplatz zu, wo das Wahrzeichen der Stadt steht: ein schmiede-eisernes **Orangenbäumchen** mit vergoldeten Früchten, welches einer barocken Sandsteinvase entwächst.

Oranienbaum ☆

Schloss Oranienbaum ist eines der frühesten Beispiele eines sich völlig vom Festungscharakter lösenden Schlossbaus. Diese Öffnung zur Stadt war – bei aller nötigen Relativierung – nicht allein ein formaler Akt, sondern spiegelte die Zugewandtheit der Bauherrin Fürstin Agnes von Anhalt zum praktischen Leben. 1699 ließ sie eine Glashütte, 1693 ein Brauhaus errichten. Doch auch die übrigen Gewerbe wie Leineweberei und Tabakanbau erfuhren Förderung durch den Hof.

Oranienbaum

Entgegen üblicher barocker Planung liegt die **Kirche** Oranienbaums nicht auf der vom Schloss ausgehenden Hauptachse, sondern in der nach Süden vom Markt im rechten Winkel abbiegenden Hauptstraße. Der auf elliptischem Grundriss schlicht und robust emporwachsende Bruchsteinbau nähert sich in der Rundform seines hohen Dachs wiederum der elliptischen Halbform, ehe ihn ein aufgesetzter Dachreiter mit seiner dynamisierenden Spitze edler Selbstgenügsamkeit entreißt. Die zwischen 1704 und 1712 erbaute Kirche besitzt noch die Ausstattung der Erbauungszeit und trägt in halber Höhe des ovalen Raums eine umlaufende Holzempore. Sie entspricht damit in ihrer architektonischen Konzeption ganz den liturgischen Gebräuchen des hier gepredigten reformiert-calvinistischen Glaubens. Für die Lutheraner, die anfangs allwöchentlich nach Sachsen pilgerten, gab es ab Mitte des 18. Jh. in der Nähe des Parks eine kleine achteckige Kirche. Sie dient seit 1920 profanen Zwecken.

Wie nach der einen Seite hin zur Straße, öffnet sich das Schloss auf der anderen Seite zum **Park.** Der in französischem Stil angelegte und in der heute leider verwischten Betonung der Querachsen auch holländische Einflüsse aufnehmende Garten lässt trotz teilweise später erfolgter Bebauung immer noch die beziehungsreiche Spannung zur Schlossarchitektur erkennen. An der Südkante streckt sich die Anfang des 19. Jh. durch Pozzi erbaute **Orangerie** in 175 m Länge. Fast unverändert blieb der 1793–97 durch Johann Christian Neumark angelegte, wohl erste **chinois-englische** Garten Deutschlands. Ein Spaziergang durch den Garten ist durchaus einem durch die menschliche Seele vergleichbar. Am Anfang, als Traumbild, Zeichen und Wächter, steht die **Pagode** auf ihrem mit immergrünen Eiben bewachsenen Hügel. Danach gibt es klar erkennbare, wenn auch schon zwiespältige Ordnungen, wie etwa das gleichsam über dem Wasser schwe-

Der wohl erste chinois-englische Garten Deutschlands entstand in Oranienbaum in der nördlichen Partie des Inselgartens und im angrenzenden Waldgebiet durch Erweiterung und Ausbuchtung der alten barocken Kanäle von Inseln, künstlichen Hügeln und Schlängelwegen, durch eiserne oder steinerne Brücken, die anmutig die Kanäle überwölben. Seinem Zeitalter der Empfindsamkeit zollt dieses Stück Kultur vollen Tribut.

Oranienbaum, chinesisches Teehäuschen, erbaut von Georg Christoph Hesekiel, 1793–97

bende **Teehaus,** das dem Besucher mit zwei magisch-blauen Quadrataugen entgegenschaut. Bald aber verschlingen sich die Wege und Kanäle mehr und mehr, kühne Brücken führen in immer dunklere Bezirke, ehe sich jeder Weg in ›pfadlose Wildnis‹ auflöst.

Prosaischer geht es in **Gräfenhainichen** zu, auch wenn es die Geburtsstadt Paul Gerhardts (1607–76) ist, der im Jahr des Westfälischen Friedens jenes allseits bekannte Lied schrieb, das mit »Nun ruhen alle Wälder …« anhebt. In der Tat, die Wälder sind hier zur ewigen Ruhe gegangen. Der Ort, einst in der sächsischen Provinz liegend, wurde hart vom Braunkohlentagebau bedrängt. Dabei ist in der Stadt selbst von dieser Bedrohung kaum etwas zu spüren. Ihre ›Kultur- und Einkaufsmeile‹ erstreckt sich zwischen der kleinen, aber recht reizvollen klassizistischen **Paul-Gerhardt-Kapelle** und einer schönen **Postsäule** von 1730. Renoviert und freundlich liegt mittendrin der Marktplatz und an diesem das **Rathaus** mit einem Fachwerkobergeschoss von 1696 sowie die im Kern gotische, aber wesentlich von einem Wiederaufbau Mitte des 17. Jh. und Erneuerungen des 19. Jh. geprägte **Stadtkirche.** Auch gibt es noch zwei durchaus beachtenswerte Türme der ehemaligen **Stadtbefestigung** der Unter- bzw. Oberstadt.

Der Landschaftsgarten von Wörlitz

Wörlitz
(Plan siehe hintere Umschlagklappe)

Doch endlich Wörlitz. »... Hier ist's«, schrieb Goethe am 14. Mai 1778 an Freifrau von Stein, »jetzt unendlich schön, mich hat's gestern abend, wie wir durch die Seen, Kanäle und Wäldchen schlichen, sehr gerührt, wie die Götter dem Fürsten erlaubt haben, einen Traum herum zu schaffen. Es ist, wenn man so durchzieht, wie ein Märchen, das einem vorgetragen wird, und hat ganz den Charakter der elysischen Felder; in der sachtesten Mannigfaltigkeit fließt eins in das andere; keine Höhe zieht das Auge und das Verlangen auf einen einzigen Punkt; man streicht herum, ohne zu fragen wo man ausgegangen ist und hinkommt. Das Buschwerk ist in seiner schönsten Jugend, und das Ganze hat die reinste Lieblichkeit.«

Trotz mancher Veränderung ist auch heute noch ein ähnliches Empfinden in diesem ersten großen **Landschaftsgarten** des kontinentalen Europa möglich. Sicher wird sich selbst der stark gestresste Zeitgenosse nur schwer der Verzauberung entziehen können, wenn er, angelockt durch das gellende Schreien von Pfauen, plötzlich dem filigranen Gotischen Haus mit dem rot-weiß geäderten Giebel gegenübersteht, in dessen gläsernen Türen sich der Vogel in der Pracht seines aufgeschlagenen Rades mystisch übersteigernd doppelt.

Nüchtern betrachtet wurde der Garten ab 1764 im Verlauf von etwa vier Jahrzehnten gestaltet und vervollkommnet. Wenn auch viele andere ihren Anteil daran haben, so dürfen doch Fürst Franz und Erdmannsdorff als die eigentlichen Väter der Anlage gelten. Sie kündet nicht allein vom Beginn einer neuen Gartenkultur, sie ist nicht nur die Keimzelle klassizistischer und neogotischer Architektur in Deutschland, sondern zugleich ein Zeugnis der alle Lebensbereiche überspannenden bürgerlichen Aufklärung, der sich ihre Schöpfer verpflichtet fühlten. Am lang gestreckten **Wörlitzer See**, einem Altwasser der Elbe, streckt sich die von der nördlichen Flussaue durch einen Deich geschiedene und im Süden von der Stadt Wörlitz begrenzte, über 100 ha große Anlage mit ihren Kanälen, Inseln, einzelnen Gärten, Gebäuden und Wirtschaftsflächen.

Die von Franz entworfene Inschrift auf dem Denkstein der kleinen **Rousseau-Insel**, einer Nachbildung der Grabstätte des Philosophen in Ermenonville bei Paris, könnte auch für die eigenen Intentionen des Fürsten und für das Programm des ganzen Gartens stehen: »Dem Andenken J. J. Rousseau / Buergers zu Gend / der die Witzlinge zum gesunden Verstand / die Wollüstigen zum wahren Genuß / die irrende Kunst zur Einfalt der Natur / die Zweifler zum Trost der Offenbahrung / mit maennlicher Beredsamkeit zurückwies / er starb d. II. Jul. MDCCLXXVIII.« Denn derartige pädagogische oder demokratisierende Bemühungen werden auch im Ganzen sichtbar. So trennt sich der Garten nicht wie der des Barock von der ihn umgebenden Landschaft ab, sondern wirkt in diese hinaus oder

Wörlitz ☆☆

Wer den Wörlitzer Garten besuchen möchte, sollte vor allem Zeit mitbringen, Zeit und bequemes Schuhwerk. Natürlich ist auch eine Gondelpartie oder Gartenführung möglich und sehr reizvoll. Alle Kähne tragen Namen bedeutender Persönlichkeiten, die in irgendeiner Beziehung zum Park standen. Einen ganzen Tag für Wörlitz einzuplanen, kann nicht zu viel sein, zumal hier die Fülle der Kostbarkeiten, Kuriositäten und Sensationen nur andeutungsweise skizziert bzw. einfach nur aufgezählt werden kann.

Von Anhalt nach Anhalt

Wörlitz, Floratempel, 1796 von Friedrich Wilhelm von Erdmannsdorff nach dem Vorbild des Tempels zwischen Foligno und Spoleto entworfen

bezieht wirtschaftliche Elemente wie Feldflächen, Obst- und andere Nutzgehölze, ja sogar die Viehwirtschaft ein. Vor dem Gotischen Haus etwa weideten Kühe, die im nahen Kuhstall, heute Gärtnerwohnung, untergebracht waren. Auch waren die Gärten wie das Schloss offen für jedermann, die Kunstschätze zu besichtigen.

In **Neumarks Garten,** einer künstlichen großen Insel, ist der Kern der Aufklärungsideologie programmatisch realisiert. In die verschlungenen Felsenwege des **Labyrinths,** die als Sinnbild des menschlichen Lebens gelten, ist eine kleine Lichtung mit den Büsten Gellerts und Lavaters als Vertretern der Aufklärung eingeschlossen. Von ihr führt ein dunkler Gang bald in die heitere Gartenidylle des **Elysiums.** Den Abschluss bilden zwei Pavillons auf dem aus Raseneisenstein errichteten **Eisenhart,** der den angrenzenden Wasserlauf nach draußen, auf die alltägliche Straße überbrückt. Im hinteren Pavillon war eine öffentliche Leihbibliothek untergebracht, während der vordere die **ethnographische Sammlung** aufnahm, die der Naturwissenschaftler Georg Forster in der Südsee zusammengebracht und 1775 Fürst Franz in London übergeben hatte. Sie ist heute wieder an dieser Stelle zu sehen.

Allein die Beschreibung der Brückenkonstruktionen bedürfte eines eigenen Kapitels. Die **Eiserne Brücke** zum Beispiel ist eine Miniaturnachbildung der 1779 vollendeten Iron Bridge über den Severn in Mittelengland.

Klippen, Tempel, Häuser, Altäre, Grotten oder Plastiken, sie alle stehen in Beziehungen zueinander. Blickachsen durchschneiden den Garten. Viele von ihnen sind heute auch nicht mehr bekannt, wurden von der Vegetation verschluckt, so dass es immer wieder zu Neu- bzw. Wiederentdeckungen und Wiederherstellungen kommt.

Anregungen und Vorbilder sammelten der Fürst und Erdmannsdorff auf vielen gemeinsamen Reisen, vorrangig in England, was besonders deutlich den neogotischen Architekturen anzusehen ist. Bei den übrigen Gebäuden, Tempeln oder Plastiken handelt es sich vielfach um Italienmotive, die der Antike entlehnten, großen kulturellen Vorbilder. **Floratempel** und **Venustempel** mit dem Abguss der berühmten Venus von Medici, **Nymphäum** und **Pantheon** gehen auf römische Vorbilder zurück. Auch der **Vestatempel,** ehemals Gotteshaus der jüdischen Gemeinde, hat ein römisches Vorbild. Einen etwas grotesken Zug erhält diese auch zu ihrer Zeit nicht unbestrittene Verfahrensweise schöpferischer Anverwandlung am so genannten **Stein,** den Franz später selbst als misslungen empfand. Die Idee des historisierenden Architekturgartens Kaiser Hadrians in Tivoli aufnehmend, sollten sich auf dieser Insel Nachbildungen der Landschaften Kampaniens und Siziliens mit antiker Architektur vereinigen. Auch der **Vesuv,** der zu besonderen Gelegenheiten künstlich betrieben wurde, durfte nicht fehlen. Als aufklärerisches Gegenmotiv zur unbändigen Natur entstand die an einer Ecke angefügte Nachbildung der **Villa Hamilton** des englischen Gesandten in Neapel, der Vulkanologe und Antikekenner war.

Aber von den Kuriositäten zurück zu den Kostbarkeiten, den drei wichtigsten Gebäuden des Gartens, dessen Gestaltung auch in die Stadt Wörlitz hineinwirkte. So ließ Franz auch zwei neue **Friedhöfe** anlegen. Der jüdische an der Straße nach Griesen wurde 1933 zerstört, besitzt aber noch ein Zeremonienhaus. Der christliche Friedhof am Ostende der Stadt, wo sich auch das Grab Friedrich von Mathissons befindet, besitzt noch ein Aufseherhäuschen und eine Leichenhalle. Sie wurden wohl wie die nahe **Domäne** (1783–87) und das **Rathaus** (1792–95) nach Plänen Erdmannsdorffs errichtet.

Die neogotische **Stadtkirche** von Wörlitz zieht mit ihrem in dieser Landschaft fremdartig wirkenden Turm schon von weitem die besondere Aufmerksamkeit jedes Reisenden auf sich und sichert die problemlose Orientierung. Sie entstand in den Jahren von 1805–09 unter Georg Christoph Hesekiel an Stelle einer 1200 geweihten romanischen Kirche, von der einige Reste in den Neubau eingingen. Mit dem **Marstall** (1789), dem **Grauen Haus** (1789) und der **Propstei** (1796) stellt sie nach Erhard Hirsch das »großartigste neugotische Ensemble in Deutschland« dar. Neben der originalen neogotischen Ausstattung besitzt die Kirche noch einige ältere Stücke, so eine

Von Anhalt nach Anhalt

Sakramentsnische aus der zweiten Hälfte des 15. Jh., einen *Schmerzensmann* mit der Signatur Lucas Cranachs d. Ä. um 1530 oder ein vom selben Meister 1547 signiertes *Lutherbildnis*. Der Grabstein eines 1553 verstorbenen N. v. Schlegel aus der Werkstatt Ludwig Binders stammt aus der Schlosskirche Dessau.

Neben dem Kirchenensemble setzt das **Schloss** auf dieser Seite des Wörlitzer Sees zweifelsfrei den architekturgeschichtlich wichtigsten Akzent. Für den »Gründungsbau des Klassizismus in Deutschland« wurde am 5. April 1769 der Grundstein gelegt. Vor die streng gegliederte Hauptfassade ist ein ebenso statisch wirkender Portikus gesetzt, dessen vier korinthische Säulen Wächtern gleich vor die Fläche des Hauses treten. Die zum See gewandte Seite des Schlosses erscheint noch sachlicher; lediglich der 1784 in die Dachzone eingefügte Palmensaal passt sich diesem Bild steifer Strenge nicht an. Spätere Arbeiten Erdmannsdorffs erscheinen nicht mehr so unnahbar und repräsentativ, wenngleich die architektonischen Motive und der Grundgestus seines Bauens die gleichen bleiben.

Neben dem architektonischen Grundprogramm, welches antike Schlichtheit und Tektonik gegen das Schwelgen des höfischen Barock setzte, werden schon am Eingang auch inhaltliche Themen angeschlagen. Ceres, die Göttin des Ackerbaus, erscheint mit Fortuna, der Göttin des Glücks und Gelingens, gleichsam als Basis des ›Gedanken-Gebäudes‹. Und in der Tat ist es ein großes Glück, dass außer dem Baukörper auch das Interieur weitgehend erhalten geblieben ist. Die empfindsamen Stuckierungen der Decken, die Grisaillemalereien an Decken und Wänden entstanden nach Entwürfen Erdmannsdorffs, der sich auch hier an römischen und pompejanischen Vorbildern orientierte. Desgleichen wurden viele der Möbel nach

Nach Entwürfen von Friedrich Wilhelm von Erdmannsdorff erwuchs von 1769–73 das Wörlitzer Schloss, ein zweigeschossiger Backsteinputzbau im Stil der englischen, durch den oberitalienischen Baumeister Andrea Palladio beeinflußten Landsitze. Konkretes Vorbild war Schloss Claremont von Henry Holland.

*»Nützlich zu sein und Gutes zu stiften sind in meinen Augen unsere Schuldigkeit und die angenehmste Beschäftigung unseres Lebens.«
Franz von Anhalt-Dessau, 1768*

Wörlitz, Schloss, Bibliothek

seinem Entwurf gefertigt. Die den neuen Gestaltungsprinzipien entsprechenden, klar begrenzten und übersichtlich gegliederten Räume sind dennoch sehr wertvoll ausgestattet, besonders im Hauptgeschoss. Jeder Raum hat trotz des formalen wie inhaltlichen Zusammenhangs mit dem Ganzen seinen eigenen Charakter. Neben der als Deckengemälde oder Stukkatur fest in die Räume gebundenen Kunst vervollständigen zahlreiche Büsten, vornehmlich römische Kopien nach griechischen Vorbildern, und Gemälde die wertvolle Ausstattung. Canaletto, Rubens, Pesne, Salomon Ruysdael oder der deutsche Landschaftsmaler Philipp Hackert sind nur einige der hier vertretenen Maler.

Die **Bibliothek,** als geistiges Zentrum des Schlosses, ist mit besonderer Aufmerksamkeit bedacht worden. Über den rundum an den Wänden stehenden Bücherschränken erscheinen Fresken berühmter Gelehrter und Dichter; an der Decke neben dem Tierkreis die Reliefs der Wissenschaften Philosophie, Musik, Geschichte und Jurisprudenz. Der Kopf der Aphrodite, die Büste der Tyche und der Torso einer verwundeten Amazone mögen die Benutzer der Bibliothek daran erinnert haben, dass es neben Liebe und Schönheit und dem glücklichen Schicksal noch das Unglück als dunkle Seite des Lebens

Wörlitz, Gotisches Haus, 1773–1813, Parkseite, nach Plänen Erdmannsdorffs, ausgeführt von Georg Christoph Hesekiel, Hauptbau des Schochschen Gartens. »Das Schloss stand da im Schmucke griechischer Baukunst«, schrieb August von Rode, der Mitstreiter des Fürsten. »Er baute das Gothische Haus und versammelte darin um sich alles, was dazu dienen konnte, seinen Geist in die Vorwelt zu versetzen.«

gibt.

Wenn nicht gerade diese dunkle Seite, so war es doch ein sichernder Blick in die eigene verästelte Geschichte, die den geistigen Hintergrund abgab für das vis-à-vis zum Schloss, auf der anderen Seite des Sees in **Schochs Garten** sich versteckende **Gotische Haus.**

Als Hauptgebäude erstand 1773/74 zunächst der Teil mit der dem Kanal zugewandten, helleren Seite. Er stand wohl noch unter dem Einfluss Erdmannsdorffs, während die weitere Ausführung des Komplexes bereits in den Händen des damaligen Baudirektors Hesekiel lag. Die Fassade wurde von der venezianischen Kirche Santa Maria dell' Orto angeregt. Weiß heben sich Strebepfeiler, Gesimse, Blendarkaturen und Bogenfriese von der dreigeteilten basilikalen Front ab und gliedern sie. Erst 1785/86 wurde der schräg zur Gartenseite gestellte, lang gestreckte und in einem Querriegel endende Teil vornehmlich in den Formen der verschiedenen Stufen der englischen Gotik erbaut. 1787/88 entstanden die beiden Pavillons am Wolfskanal, 1789 der Neue Turm und 1811–13 kam es zu letzten Erweiterungen, die aber den über Jahre gewachsenen asymmetrischen, an mittelalterliche Anlagen gemahnenden Grundriss nicht mehr veränderten. Das Gotische Haus nahm Kunstsammlungen auf, wie die noch heute zu besichtigende Sammlung von schweizerischer Glasmalerei des 16. und 17. Jh. Mit Einbauten der Decken und Wanddekorationen aus dem zwischen 1572 und 1580 von Rochus van Lynar und Peter Niuron errichteten Teil des Dessauer Schlosses war es auch der eigenen Geschichte verpflichtet. Instinktiv wohl wurde die englische Gotik dieser Geschichte als näher empfunden als die antike Klarheit. Auch reichte diese Verbindung viel tiefer und bis in den profanen Alltag hinein, der den Besucher außerhalb des Wörlitzer Gartens schnell wieder einfangen wird.

Coswig

Der letzte ›Anhalt‹ im ehemaligen Anhalt heißt **Coswig.** Um die nur 5 km von Wörlitz entfernte Stadt zu erreichen, ist die Elbaue zu durchstreifen und die hier stark mäandernde Elbe mit der Fähre zu überqueren. In Grenznähe, an der alten Heerstraße zwischen Magdeburg und Wittenberg, war die Stadt schon immer eng mit der Anhalt umgebenden preußischen Provinz Sachsen verbunden. 1187 erstmalig genannt, wurde sie 1547 eines der Opfer des Schmalkaldischen Krieges.

Am rechten Elbufer erhebt sich das 1667–77 an Stelle einer mittelalterlichen Burg erbaute **Schloss.** Der zur Elbe gewandte Giebel trägt wie sein Pendant auf der Stadtseite einigen plastischen Schmuck. Das Hauptportal des Ostflügels besteht aus Kolossalpilastern und wappengeschmücktem Dreiecksgiebel. Nachdem das Schloss zeitweise als Gefängnis herhalten musste, dient es heute als

Coswig, Schloss, 1667–77 an Stelle eines mittelalterlichen Baus unter Verwendung älterer Teile erbaut

Archiv. Auch ein um 1600 entstandenes **Kavaliershaus,** direkt in der Nähe des Schlosses, an der die Stadt von Ost nach West durchquerenden Hauptstraße, hat sich erhalten.

Das **Rathaus** in der Mitte der Stadt ist ein Bau in den schlichten Formen des Jahres 1669. Dort befindet sich zugleich das älteste Gebäude des Ortes, die **Kirche St. Nikolai.** Von dem spätromanischen Feldsteinbau erhielt sich der tonnengewölbte Turm des Westbaus, das flachgedeckte, rechteckige Schiff mit Triumphbogen und ein schönes dreistufiges Portal an der Nordseite des Kirchenschiffs. Als die Kassen sich von den Lasten des Dreißigjährigen Krieges wieder etwas erholt hatten, wurde die Kirche 1699–1708 grundlegend barock umgestaltet. Ein Großteil der vorhandenen Ausstattung entstand ebenfalls in dieser Zeit. Die steinerne *Taufe* von 1701 ist ein Werk Giovanni Simonettis. Daneben finden sich in der Kirche *Gemälde* von Lucas Cranach d. J. und seiner Schule, was schon vorausgreift in das nahe Wittenberg, wo die Cranachs ihre Werkstatt betrieben.

Reformationsland

Lutherstadt Wittenberg

Die Erinnerung an Anhalts ›Gartenreich‹ löst sich in der größtenteils flachen Weite der Elbaue und dem dicht mit Flussarmen und Kanälen durchzogenen Mündungsgebiet der Schwarzen Elster auf. Die wenig bekannte, touristisch nur punktuell erschlossene, vielfach vom Pragmatismus landwirtschaftlicher Nutzung geprägte Landschaft zwischen Wittenberg, Annaburg und Bad Schmiedeberg ist darum nicht reizlos. Ländliche Stille in winddurchwehter Weite bietet für manchen einen Fluchtpunkt vor dem Stress der Großstadt. Ein Martin Luther empfand das allerdings als zivilisatorische Begrenztheit: »… hätten sie sich noch etwas entfernter angesiedelt«, schrieb der Neuankömmling über die Wittenberger, »so wären sie mitten in die Barbarei geraten.« Nun, das ist heute gewiss nicht zu befürchten.

In der Tat galt Wittenberg zu Anfang des 16. Jh. nicht mehr als irgendein anderer Marktflecken. Zwar führte eine noch heute als Rückgrat der Altstadt sichtbare Handelsstraße von Magdeburg nach der Lausitz und weiter nach Böhmen durch den Ort – und die Elbfurt sicherte ebenfalls einige Bedeutung –, doch scheint die Stadt bis dahin keinen größeren Gewinn daraus gezogen zu haben. Schlamm und Unrat, wenige Steinhäuser an den langen, lückenhaften Straßenzügen, ärmliche und kleine, meist mit Stroh bedeckte Häuser, so dürfte sich Wittenberg noch Luther dargeboten haben, als er als Student hier einzog.

1180 erscheint Wittenberg erstmals als Burgward in den Annalen, wohl von Albrecht dem Bären angelegt. Als dessen Urenkel Albrecht II. bei einer Erbteilung das territorial unbedeutende Gebiet des späteren Herzogtums Sachsen-Wittenberg erhielt, wählte er Wittenberg zu seiner Residenz und verlieh dem im Schatten der Burg entstan-denenen Ort 1293 das Stadtrecht. Die permanente Geldknappheit der seit 1356 um die Kurwürde bereicherten Askanier nutzte die Stadt, indem sie bis zum Aussterben dieser Linie 1422 fast alle Rechte von diesen erwarb. Unter den nun herrschenden Wettinern sollte Wittenberg nach der 1485 vollzogenen Teilung des Kurfürstentums Sachsen in albertinische und ernestinische Lande als Residenz der Ernestiner die glanzvollste Periode seiner Geschichte erleben. Unter der Ägide Friedrichs des Weisen (1463–1525) wurde 1487–90 die Elbbrücke erbaut und 1489–1525 das verfallene Schloss der Askanier durch einen Neubau nach Plänen Konrad Pflügers ersetzt. In direkter Konkurrenz zu der Universität des ›Bruderlandes‹ in Leipzig gründete Friedrich 1502 ohne Einwilligung des Papstes die erste landesfürstliche Universität Deutschlands, die kaum zehn Jahre später zum Zentrum der lutherischen Reformation werden sollte. 1517 war der Boden in der geistigen Auseinandersetzung soweit gediehen, dass die Veröffentlichung der berühmten 95 Thesen wie ein mächtiger Glockenschlag das alte klerikale Denkgebäude in so

Wittenberg ☆☆
Besonders sehenswert
Lutherhaus
Stadtkirche St. Marien
Schlosskirche

Die Lutherstätten sind 1996 in die Liste des Welterbes der Unesco aufgenommen worden.

◁ *Wittenberg, Blick von der Schlosskirche zur Stadtkirche*

Reformationsland

»Willst du dich vergnügen, geh sonstwohin, willst du studieren, geh nach Wittenberg.«
Alte Studentenregel

starke Schwingungen versetzte, dass es einzustürzen drohte. Wittenberg und seine Universität wurden zum geistigen Zentrum Deutschlands, das neben hervorragenden Gelehrten wie Philipp Melanchthon auch Tausende von Studenten in die enge, kleine Festungsstadt zog. Wie Melanchthon schrieb, soll es vorgekommen sein, dass an seinem Tisch elf verschiedene Sprachen gesprochen wurden.

Alle wichtigen Baudenkmäler und historisch bedeutenden Orte Wittenbergs reihen sich wie Perlen an der Kette der alten Handelsstraße, der Collegienstraße, der zu ihr parallel laufenden Mittelstraße und der vom Markt zum Schloss führenden Schlossstraße. Auch hier ist es Luther, der die Eckpunkte setzt. Im Nordwesten, an der Schlosskirche, schlug er der Überlieferung nach seine Thesen an, und am südöstlichen Ende, vor dem ehemaligen Elstertor, verbrannte er am 10. Dezember 1520 die päpstliche Bannandrohungsbulle und mit ihr »die Bücher des Papstes zu Rom und etliche seiner Jüngeren«. An dieser Stelle pflanzte man später zur Erinnerung die **Luthereiche (1),** die während der Befreiungskriege wegen Holzmangels von der französischen Besatzung gefällt, nach 1830 jedoch durch Neuanpflanzung ersetzt worden ist.

Luther hatte es zu dieser von zahlreichen Studenten umjubelten ›Aktion‹ nicht weit, denn das Augustinereremitenkloster befand sich in unmittelbarer Nähe gleich am Eingang der Collegienstraße. Das **Collegium Augusteum (2),** welches mit seinem 17-achsigen Straßenflügel das Bild beherrscht und heute vom Evangelischen Predigerseminar genutzt wird, entstand allerdings in dieser Form erst nach Luther von 1564 an unter der Leitung von Hans Irmisch und hat inzwischen wiederum zahlreiche Veränderungen erfahren. Seine ursprüngliche Gestalt ist noch am ehesten an der Hoffront des Seitenflügels ablesbar. In diesem Hof, dessen dritte Flanke vom **Lutherhaus (2)** (Lutherhalle) geschlossen wird, scheint noch die alte, klösterliche Aura zu herrschen. Das Haus, welches seit 1524 auch das Wohnhaus Luthers war und 1564 von seinen Erben an die Universität verkauft wurde, war 1504 als Klostergebäude begonnen worden. Die zahlreichen Restaurierungen, die der historische Rang dieses Gebäudes forderte, haben jedoch wenig dazu beigetragen, die originale Substanz zu erhalten. So sind die Dachzone und der Ostgiebel von einer langwierigen und dennoch nicht vollendeten Regotisierung des 19. Jh. unter Friedrich August Stüler geprägt. Links und rechts des polygonalen Wendelsteins der Renaissancezeit wurde ein neogotischer Erker bzw. ein Maßwerkbaldachin mit einer reliefierten Lutherbüste angefügt. Das original spätgotische Katharinenportal hingegen, heute der Eingang zum **Museum,** war ein Geschenk zum 57. Geburtstag des Reformators von seiner Frau Katharina. Über den Nischen findet sich auf der einen Seite ein Bildnisrelief Luthers, auf der anderen die so genannte Lutherrose, das Wappen der Familie. Von den zu besichtigenden Räumen besitzt die ›Lutherstube‹, vermutlich 1535–38 eingebaut, noch die originärste Gestalt. Doch ist die Reichhaltigkeit der hier zur Reformationsge-

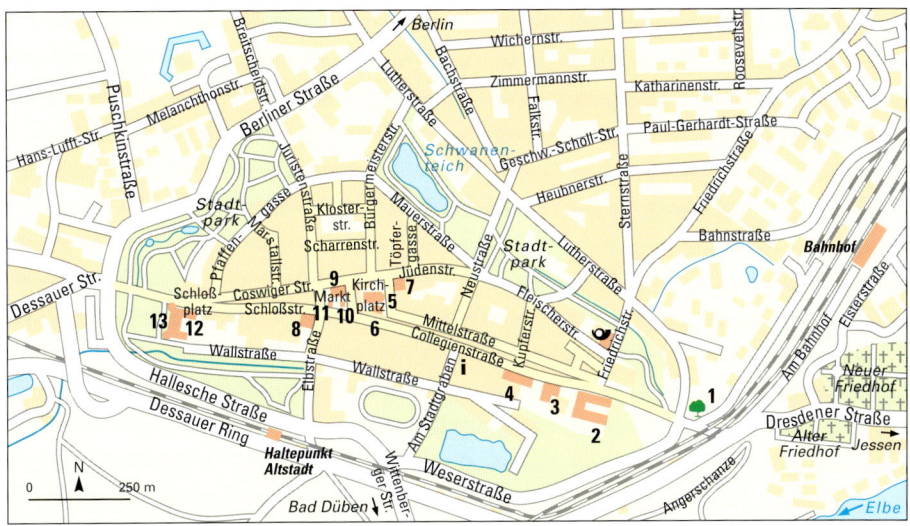

schichte zusammengetragenen Sammlungen der eigentliche Schatz, denn sie bestehen etwa aus einer lückenlosen Sammlung der Lutherschriften in Originaldrucken, einer umfangreichen Bibelsammlung, Gemälden und Drucken von Lucas Cranach d. Ä., Hans Baldung Grien oder Heinrich Aldegrever, Urkunden, Autographen, Münzen und Medaillen.

In bester nachbarlicher Beziehung, nur wenige Schritte stadteinwärts vom Lutherhaus, befindet sich das **Melanchthonhaus (3)**. Das dreigeschossige, von Staffelgiebeln bekrönte, komfortable Renaissancehaus entstand 1536 mit Unterstützung des Kurfürsten und der Universität für Luthers engsten Mitstreiter und bietet heute mit seinem zum Teil originalen Mobiliar einen interessanten Einblick in das Leben des Gelehrten und seiner Studenten. Es bestand nicht vorwiegend aus den überlieferten, mitunter heftigen Streitgesprächen, die er mit Luther am Steintisch im Garten führte, sondern vor allem aus Disziplin. Das »schmächtige Männlein«, das im jugendlichen Alter von gerade 21 Jahren das Katheder bestiegen hatte, pflegte von 3 bis 7 Uhr in der Frühe zu studieren. Danach folgte das Gebet mit der Familie, und von 8 Uhr an las er Kolleg.

Zwar kaum noch von seiner architektonischen Substanz, doch vom kulturgeschichtlichen Stellenwert bedeutend ist die Gebäudegruppe der ehemaligen **Fridericianums-Kaserne (4)** in der Collegienstraße 62, denn hier befanden sich einst mit dem Alten und dem Neuen Kollegium die Hauptgebäude der alten ›Leucorea‹, der Universität. Als Sitz der Stiftung Leucorea der Martin-Luther-Universität und anderer Institute ist heute hier wieder neues Leben eingekehrt. Hier dozierten die berühmten Gelehrten, und hier erhielten später ebenso berühmte Männer ihre Ausbildung. Die Gedenktafel

Lutherstadt Wittenberg
1 Luthereiche
2 Collegium Augusteum und Lutherhaus (Museum)
3 Melanchthonhaus (Museum)
4 Ehemalige Fridericianums-Kaserne
5 Stadtkirche St. Marien
6 Fronleichnamskapelle
7 Ehemaliges Wohnhaus Johannes Bugenhagen
8 Cranachhaus
9 Rathaus
10 Lutherdenkmal
11 Melanchthondenkmal
12 Schlosskirche
13 Schloss (Museum für Natur- und Völkerkunde ›Julius Riemer‹)

zählt einige davon auf, wie in Wittenberg überhaupt Gedenktafeln an den verschiedensten Häusern an die zahlreichen bedeutenden Persönlichkeiten erinnern, die zeitweise oder dauernd mit der Stadt verbunden gewesen sind und oft ungerechtfertigt im Schatten der ganz großen Namen stehen.

Stadtkirche St. Marien und Markt

Die **Stadtkirche St. Marien (5)** war die Predigtkirche Luthers. Nach und nach entstand sie an Stelle einer frühgotischen Basilika, deren Chor im Kern noch in dem heutigen Bauwerk enthalten sein könnte. Das Turmpaar war ab Anfang des 14. Jh. im Bau, und da man im Schmalkaldischen Krieg die Helme herunterriss, um Plateaus für Kanonen zu erhalten, wurden 1555–58 von Ludwig Binder nach dem Vorbild der Dessauer Schlosskirche die heutigen Turmaufsätze mit ihren Hauben erbaut.

Die spätgotische, dreischiffige Halle entstand in der ersten Hälfte des 15. Jh. durch einen grundlegenden Umbau des basilikalen Langhauses. Von dem einst sehr reichen Bauschmuck des Äußeren der Kirche ist jenes beschädigte Relief an der oberen Ecke der südlichen Chorwand zu nennen, das dem Betrachter mit der Darstellung einer so genannten ›**Judensau**‹ ein Zeugnis des mittelalterlichen Judenhasses vor Augen führt. Die 1988 geschaffene **Bodenskulptur** des Bildhauers Wieland Schmiedel mit einem Text von Jürgen Rennert ist eine unserer Zeit würdige Erwiderung.

Von den Portalen ist neben den beiden Seitenschiffportalen vor allem das Marienportal oder ›**Hochzeitsportal**‹ in der Westfassade bedeutsam, dessen Tympanon aus dem späten 14. Jh. stammt. Seine Dynamik wird von einer Maßwerkrose aufgefangen, über welche noch eine um 1370 entstandene Marienstatue auf einer Laubwerkkonsole unter einem Baldachin vor die verputzte Bruchsteinmauer tritt.

Obwohl diese Kirche während Luthers erzwungener Abwesenheit zum Ort der besonders von Karlstadt beförderten radikalen Richtung der Reformation wurde, die in Studentenunruhen und Bilderstürmerei ausartete, besitzt St. Marien eine vergleichsweise reiche Ausstattung, freilich zum größten Teil nach den Unruhen von 1521/22 geschaffen. Das bedeutendste Stück ist der so genannte *Reformationsaltar*. Die Mitteltafel ist wohl von Lucas Cranach d. Ä. (1472–1553) vor 1539, die beiden Flügel sind vielleicht 1547 von Lucas Cranach d. J. (1515–1586) gemalt worden. Ganz in der Art mittelalterlicher Meister wird das Heilsgeschehen als unmittelbare Gegenwart begriffen.

Neben einigen anderen, zum Teil sehr qualitätvollen Ausstattungsstücken, von denen die prachtvolle *Messingtaufe* von Hermann Vischer d. Ä. aus dem Jahr 1457 vielleicht das auffälligste Einzelstück ist und die gotisierende Ausgestaltung durch Carlo Ignazio Pozzi in den Jahren 1810/11 der Kirche ihren einheitlich wirkenden Grundgestus verleiht, sind es vor allem die hier in großer Zahl und hoher Qualität vorhandenen Grabmäler und Epitaphien.

Dieser Vorzug ist zu einem großen Teil der in Wittenberg tätigen Malschule der Cranachfamilie zu danken. Stellvertretend seien genannt das *Epitaphgemälde* von Lucas Cranach d. J. für Johannes Bugenhagen, der 1585 hier verstarb, oder das für Paul Eber, gestorben 1559, auf dem die biblische Allegorie ›Der Weinberg des Herrn‹ als Polemik im protestantischen Sinn interpretiert wird. Von den zum Teil nicht weniger vorzüglichen *steinernen Epitaphien* ist das 1606 von Sebastian Walther für den 1586 gestorbenen Lucas Cranach d. J. zu nennen. Das Relief der Grablegung Christi, das die großartige italienische Schule verrät, gilt als eines der besten seiner Zeit in Sachsen.

Neben der mächtigen Stadtkirche wirkt die kleine **Fronleichnamskapelle (6)** im Süden des Kirchhofs in ihren Formen aus der Zeit um 1370 wie ein anmutiges Kind. An der nördlichen Hälfte des Kirchhofs Ecke Kirchplatz/Jüdenstraße steht das 1731/32 grundlegend umgestaltete ehemalige **Wohnhaus** des Reformators Johannes **Bugenhagen (7)**, dem auf diesem Teil des Kirchplatzes auch ein Denkmal gewidmet ist.

Der sich westlich des Kirchplatzes anschließende, großräumige, von Bürgerhäusern umrahmte **Markt** bietet noch das imposante Bild eines maßgeblich von den Verhältnissen der Renaissance geprägten Platzes – trotz vielfacher Veränderungen, die alte Fassaden verschwinden ließen oder die Traufhöhe der Häuser änderte. Diese Charakteristik trifft gleichermaßen auf Partien der Collegienstraße, Mittelstraße und Schlossstraße zu, wo längst nicht alle sehenswerten Einzelhäuser genannt werden können.

Auffällig am Markt sind vielleicht zuerst die beiden stattlichen **Häuser** an der Westseite, die **Nummern 23** und **25**. Letzteres, übereck zur Schlossstraße, ist ein breitgelagertes Giebelhaus, Nr. 23 ein Traufenhaus in edlen Proportionen, dessen mit Halbsäulen und Voluten schon überladen wirkender Zwerchgiebel aus dem Anfang des 17. Jh. stammt. Ebenso beachtenswert sind einige, in der Regel mit Treppentürmen bestückte Höfe, wie etwa im so genannten ›Kurprinzlichen Palais‹, **Markt 4,** oder im so genannten ›Beyer-Hof‹, **Markt 6,** über dessen hofseitigen Sandsteinarkaden aus dem Anfang des 17. Jh. noch guterhaltene, hölzerne Laubengänge existieren.

Weniger von seiner heutigen architektonischen Gestalt als von seiner Geschichte her ist das **Cranachhaus (8)** an der Ecke Schlossstraße/Elbstraße bedeutsam. 1512 von Lucas Cranach d. Ä. erworben, soll es durch ihn neu erbaut worden sein. In den 84 beheizbaren Zimmern und 16 Küchen richtete er seine Malerakademie für annähernd 30 Maler ein. Die im Vorderhaus untergebrachte Druckerei, die vor allem von der Veröffentlichung der Lutherschriften lebte, trug wesentlich zum Ruhm des Wittenberger Buchdrucks bei. Der in Sanierung bzw. Rekonstruktion befindliche Hof ist vor dem drohen-

Auf der Mitteltafel des ›Reformationsaltars‹ in der Stadtkirche St. Marien, dem Abendmahl, tragen die streitbaren Jünger die Züge berühmter Persönlichkeiten der Reformation, herausgehoben Luther als Junker Jörg, dem der Sohn Cranachs als Mundschenk einen Becher reicht. Auf dem linken Flügel vollzieht Melanchthon die Taufe, obwohl er kein Priester war. Neben ihm steht Lucas Cranach d. Ä. mit langem weißen Bart. Auf der rechten Tafel wird ein wichtiges Thema der Reformation erörtert. Hier erteilt Luthers Mitstreiter Bugenhagen als Beichtvater einem offenbar wohlhabenden Bürger die Absolution ohne den üblichen Ablaßbetrag, während er dem Mann mit dem Schwert die Absolution verweigert. Die Predella zeigt einen Hauptpfeiler der Reformation, indem der predigende Luther auf den Gekreuzigten verweist, durch den allein Gottes Güte und Vergebung möglich wird. Unter der lauschenden Wittenberger Gemeinde ist wieder Lucas Cranach d. Ä. zu sehen und ganz im Vordergrund Luthers Frau Katharina von Bora mit Sohn Hans.

Reformationsland

den Abriss bewahrt worden. Das hier initiierte Projekt ›Malschule‹ ist einer der Wittenberger Beiträge zur Expo 2000.

Seinen markanten Festpunkt erhält das unter Denkmalschutz stehende Areal des Marktes durch das **Rathaus (9).** Die beiden **Denkmäler** von **Luther (10)** und **Melanchthon (11)** vervollständigen das beeindruckende Bild bürgerlichen Selbstverständnisses. Das Lutherdenkmal wurde 1821 von Johann Gottfried Schadow, das Melanchthons 1865 von Friedrich Drake geschaffen, während der Baldachin für das Lutherdenkmal nach Entwürfen Schinkels, der für das Melanchthondenkmal nach Entwürfen Johann Heinrich Stracks entstand.

Der rechteckige, zunächst ganz als Zweckbau begriffene Baukörper des Rathauses wurde in den Jahren 1523–35 errichtet und diente außer der städtischen Verwaltung auch als Kaufhaus, Tanz- und Theatersaal. Vom Innenausbau, der gegen 1540 abgeschlossen war, ist jedoch bis auf die Kellerräume nichts erhalten. Das Rathaus besitzt heute eine einheitliche Ausstattung von 1926–28. Sein erhaltenes äußeres Bild, das es unter die typischen sächsischen Rathausbauten einreiht, erhielt es seit 1570 zunächst durch den Aufbau seiner durch Gesimse und Pilaster gegliederten und durch Voluten belebten Zwerchgiebel. 1573 entstand das marktseitige Portal mit einem Altan vor der ehemaligen Richterstube. Ornamente und Figuren sowie die schon barock erscheinende Justitia obenauf schuf der Torgauer Bildhauer Georg Schröter. Von diesem Altan wurden dem staunenden und sensationslüsternen Volk die Urteile des hohen Gerichts ver-

Lutherstadt Wittenberg, Marktplatz mit den Denkmälern für Luther und Melanchthon, links das Rathaus, hinten die Stadtkirche St. Marien

kündet, während das Arme-Sünder-Glöcklein im Dachreiter läutete und der Delinquent seiner Bestrafung harrte. Im Pflaster vor dem Rathaus sind heute noch jene Steine für das Schafott erkennbar, auf dem die Hinrichtungen stattfanden und wo auch jene Giftmörderin in aller Öffentlichkeit gerädert wurde, deren abgeschlagene Hand im Melanchthonhaus vorgezeigt wird.

Schlosskirche und Schloss

Der prägnante, 88 m hohe Turm der **Schlosskirche (12),** dessen reichverzierte, neogotische Haube einer monumentalisierten Kaiserkrone gleicht, ist beim Gang durch die Stadt ein sicherer und leicht zu erkennender Orientierungspunkt.

An die Tür des **Nordportals** dieses seit 1507 als Universitätskirche fungierenden Gotteshauses soll Martin Luther am 31. Oktober 1517 seine weltberühmten 95 Thesen gegen den Ablasshandel und andere dogmatische Übel der päpstlichen Kirche geschlagen haben. Diese Tür wie die ganze, um 1500 unter Konrad Pflüger neu erbaute Kirche und das Schloss fielen der Belagerung und Beschießung durch Reichstruppen während des Siebenjährigen Krieges 1760 zum Opfer. Nach dem Krieg war Wittenberg zu einem Drittel zerstört. Seit dem 1814 erfolgten Übergang an Preußen führte sie nur noch das Dasein einer recht unbedeutenden Provinzstadt. Das änderte sich erst nach der Schleifung der preußischen Festungswerke und dem Beginn der Industrialisierung am Ende des 19. Jh. Als an Geschichte und Tradition interessiertes Jahrhundert brachte es zudem den Neuausbau der Schlosskirche zu einer »Ruhmes- und Gedächnishalle der Reformation«. Die Portalgestaltung mit der bronzenen Thesentür, deren dauerhafte Gutenbergsche Minuskeln ursprünglich vergoldet waren, ist das einzige Projekt, das von den klassizistischen, nach den Befreiungskriegen entworfenen Restaurierungsplänen verwirklicht wurde.

1883–92 erfolgte dann der Neuausbau durch Friedrich Adler. Er betraf außer dem Turm vor allem das **Innere der Kirche,** in dem heute neben einigen älteren Ausstattungsstücken die neogotische Architektur und Ausstattung dominiert. Als historische Ahnherren haben in dem als **Grabkapelle** gestalteten Raum unter der Westempore 1883 die aus der Franziskanerkirche überführten Gebeine der Askanier eine letzte Ruhestätte gefunden. Die Gedächtnistumba darüber ist eine Stiftung Kaiser Wilhelms. Auch die beiden originalen Grabplatten und der Sandsteinfries der neun heiligen Frauen des 14. Jh. stammen aus der genannten, 1885 abgerissenen Klosterkirche. Nach dieser historischen Reminiszenz widmet sich der von Emporen umzogene und von einem Netzrippengewölbe überspannte Raum ganz seinem Thema, der Reformation. Auf Kandelabersäulen rechts und links des Schiffs vor den Emporenpfeilern stehen in lebensgroßen Figuren die Wittenberger und andere Reformatoren. In den Arkadenzwickeln zeigen 22 Medaillons die Bildnisse großer Vor-

Reformationsland

Lutherstadt Wittenberg, Schlosskirche, 1767–70 unter Friedrich Wilhelm Exner zur barocken Hofkirche umgebaut nach der Zerstörung der Vorgängerin aus der Zeit um 1500 durch einen Brand 1760

läufer, Künstler und Gelehrter. In den Emporenbrüstungen erscheinen die Wappen reformatorischer Fürsten und Edelleute und in den Scheiben der Fenster die Wappen frühreformierter Städte. Die drei Chorfenster enthalten fünf Darstellungen nach Dürers Großer und Kleiner Passion. Die Fenster mit den Porträts europäischer Reformer sind erst 1983 eingefügt worden.

Im **Chor** mit dem neogotischen Altar versammeln sich die großen Namen, aber auch die bedeutendsten Kunstwerke der Kirche. Das bronzene *Epitaph* für *Friedrich den Weisen* von 1527, ein Meisterwerk Peter Vischers d. J., steht hier unübertroffen. In einer Renaissancenische zeigt es den Fürsten im Ornat des Reichserzmarschalls mit dem erhobenen Kurschwert vor einem überaus fein in das Metall ziselierten Gobelin in bestimmter, doch defensiver Haltung, die er auch im Leben eingenommen hat. Diesem *Epitaph* nachgestaltet wurde das gegenüber stehende für seinen Bruder und Nachfolger

Johann den Beständigen von Hans Vischer im Jahr 1532. 1521 schuf derselbe Künstler das wundervolle *Bronzeepitaph* für *Henning Goden* mit der Marienkrönung nach Albrecht Dürer. Beiden fürstlichen Epitaphien gehört je eine Grabplatte vor dem Altar ebenfalls aus der Vischer-Werkstatt an. Die zu Seiten des Altars aufgestellten knienden *Ganzfiguren* der beiden Fürsten dürften nach 1532 entstanden sein. Sie waren ursprünglich auf hohen Postamenten am Eingang des Chors aufgestellt, womit ihre Rolle als Förderer und Beschützer der Reformation noch deutlicher herausgestrichen wurde. Auch künstlerisch bedeuten sie für den sächsischen Raum ihrer Zeit eine Neuerung, da bis dahin die kniende Figur lediglich in der Malerei und der Reliefkunst üblich gewesen war.

Gegen die reiche kurfürstliche Begräbniskultur muß die für die beiden großen Wittenberger Reformer entsprechend bescheiden ausfallen. Beider *Gräber* werden markiert durch je einen steinernen Sockel mit einer darauf befestigten Gedächtnistafel. Für *Melanchthon* sind nahe seinem Grab noch zwei Inschriftenplatten angebracht, die *Luther* zugeeigneten wurden 1760 zerstört. Dafür ist in der Wand 1872 der Nachguss einer eigentlich für Wittenberg bestimmten Grabplatte aus der Stadtkirche von Jena mit der Ganzfigur des Reformators eingefügt worden. Die lateinische Inschrift auf der Gedenkplatte seines Grabes gibt in aller Schlichtheit Auskunft: »Hier ist begraben der Leib des Doktors der heiligen Theologie Martin Luther, der im Jahre Christi 1546 am 18. Februar in seiner Heimatstadt Eisleben starb, nachdem er 63 Jahre, 2 Monate, 10 Tage gelebt hatte.«

Die Schlosskirche war der Nordflügel des von 1489–1525 neu erbauten **Schlosses (13),** das nach der Zerstörung von 1760 beim Umbau zu einer preußischen Zitadelle 1818 vollkommen verdorben wurde. Von dem nach Plänen Konrad Pflügers erbauten Schloss sind nur noch die durch Arkaden sich öffnenden beiden Treppenhäuser in den Ecken des Innenhofs und der Wappenfries am südlichen Aufgang bemerkenswert, der eine wertvolle Arbeit des Steinmetzen Claus Heffner von 1493 ist. Einen Ausgleich für die zerstörte Pracht bietet dem vielleicht inzwischen pflastermüden Wittenbergbesucher das im Schloss untergebrachte **Museum für Natur- und Völkerkunde ›Julius Riemer‹.** Die Sammlungen des Autodidakten Riemer entführen den Besucher mit Exponaten zu Kunst, Kultur und Geschichte bis nach Afrika, aber auch nach Amerika oder Indo-nesien.

Lutherstadt Wittenberg, Schlosskirche, ›Thesentür‹, 1858. Die beiden Türflügel wurden nach Zeichnungen Ferdinand von Quasts und Modellen Friedrich Drakes gegossen. August von Kloebe schuf das Tympanongemälde (1851); es zeigt den Gekreuzigten, rechts und links knien Luther und Melanchthon. Über dem Portal Statuen Friedrichs des Weisen und Johannes des Beständigen, der sächsisch-wittenbergischen ›Schutzherren‹ der Reformation; entstanden 1845 durch Friedrich Wilhelm Holbein nach Entwürfen Friedrich Drakes.

Zwischen Annaburg und Kemberg

Am Übergang einer wenig bedeutenden Straße von Wittenberg nach Dresden über die Schwarze Elster liegt die kleine Stadt **Jessen.** Wer durch ihre zum Teil noch mit Kopfstein gepflasterten Gassen und Straßen rings um den Markt streift, gewinnt angesichts der kleinen,

Reformationsland

säuberlich hergerichteten Häuser und der kugelig zugeschnittenen Bäume ein anheimelndes Gefühl. Die im Barock erneuerte, stattliche **Pfarrkirche St. Nikolai** mit ihrem frischen Anstrich und der wohlgeordnete Marktplatz tragen das ihrige dazu bei. Romantisch und ländlich bietet sich auch der Umkreis des ehemaligen **Wasserschlosses,** das im 19. Jh. so verändert wurde, dass sich heute Jessens Behörden darin wohlfühlen.

Annaburg

Obwohl das Ensemble der Annaburg von 1762–1920 Militärschule war und bis heute zu Wohnzwecken genutzt wird, somit von der ehemaligen Ausstattung nichts geblieben ist, präsentiert es sich in seinem wieder instand gesetzten Außenkleid als ein nicht nur in seinen Ausmaßen, sondern auch in der Einheitlichkeit der Renaissanceformen überaus beachtlicher Bau.

Einen ähnlich vertrauenerweckenden Eindruck macht das südöstlich von Jessen gelegene Annaburg. Hier ließ Kurfürst August von Sachsen 1572/73 auf der Stelle der ehemaligen, als Jagdschloss genutzten Burg Lochau für seine Gemahlin Anna vorsorglich ein **Wasserschloss** als Witwensitz errichten. Unter dem Architekten Christoph Tendler entstand ein vierflügeliges Hauptschloss und ein dreiflügeliges Vorderschloss. Diagonal gestellte Eckrisalite fassen die dreigeschossigen Flügel des Hauptschlosses zusammen, über deren durch meist paarig angeordnete Fenster nur sparsam gegliederten Wänden zahlreiche, elegante Schweifgiebel mit strenger Geschosseinteilung die Silhouette des Schlosses beleben.

Der kleine, häusliche Innenhof besitzt zwei Treppentürme, wobei sich in dem stärkeren, erst 1585 eingefügten Turm eine vollständig erhaltene Reitertreppe befindet, also eine sich ohne Stufen nach oben windende, gepflasterte Spindel. Kurfürstin Anna besaß einen Kräutergarten und ein ›Probierhaus‹, in welchem sie einen so ausgezeichneten Aquavit braute, dass der zum Markenzeichen ihrer Haushaltung und zum Neujahr als Präsent an andere Fürstenhöfe verschickt wurde.

Traulich und großzügig zugleich ist der mit zahlreichen schlichten Fachwerkhäusern umstandene hufeisenförmige Schlossplatz mit seiner auf das Schloss zuführenden Lindenallee anzusehen. Hinter den Häusern der westlichen Flanke ragt der Turm der um 1500 erbauten und später barock erneuerten **Pfarrkirche** hervor. Unter den Ausstattungsstücken sind ein *Flügelaltar* von 1602 und ein auffallend schöner *Orgelprospekt*. In der Nordostecke des Platzes erscheint das 1580 errichtete **Amtshaus** besonders gewichtig. Trotz eines tiefgreifenden Umbaus im späten 17. Jh. ist dem neunachsigen Bau von seiner alten Würde nichts genommen. Besonders die reizvolle Eingangssituation mit den auf toskanischen Säulen ruhenden drei Arkaden zieht nach wie vor die Aufmerksamkeit auf sich.

Prettin

Prettin

Ungeachtet der genannten Vorzüge zog die anspruchsvolle Kurfürstin 1580 um nach Prettin an der Elbe. Hier war unter ihrem Einfluss und wiederum nach Entwürfen des Architekten Christoph Tendler in den Jahren von 1574–80 die **Lichtenburg** entstanden. Anna lebte

*Prettin, Lichtenburg, 1574–80.
Obwohl in ihren Ausmaßen kleiner und bescheidener, erinnert die Lichtenburg mit ihrem hochragenden quadratischen Torturm, den an allen vier Seiten Schweifgiebel und im Portal der Hofseite das schöne Relief des Poseidon und der Proserpina zieren, in manchen Stücken an das einstige königliche Residenzschloss in Dresden.*

allerdings nur fünf Jahre in Prettin. Ihr folgten als Schlossherrinnen 1611–41 Kurfürstin Hedwig und 1685–1717 zwei fürstliche Schwestern, allesamt Prinzessinnen des dänischen Hofes.

Mönche des Ordens der Antoniter hatten bereits zuvor an dieser Stelle gelebt. Auf dem Grund des abgetragenen Klosters erhob sich bald eine zwar unregelmäßige, doch ebenso beeindruckende Anlage wie in Annaburg. Sie war von einem von der Elbe gespeisten Wassergraben umgeben. Um einen trapezförmigen Haupthof gruppieren sich von einem Westflügel ausgehend das leicht geknickte Hauptgebäude, dem nördlich zwei kürzere Flügel und im Osten, wohl anstatt des Klostergebäudes, ein weiterer schmaler Flügel angefügt wurde. An diesem ›Klosterflügel‹ ist 1581/82 die **Schlosskirche** errichtet worden, die als ein »Werk höchsten Ranges« der Nachgotik gilt. In drei Jochen mit dreiseitigem Chorschluss entfaltet sich über den schlanken Pfeilern und den von großen, breiten und spitzbogigen Fenstern durchbrochenen Wänden ein unvermittelt aus diesen Trägerelementen herauswachsendes Kreuzrippengewölbe und lässt einen Raum von edler Größe und Weite entstehen. Während an der südlichen Außenwand die Kopie eines prachtvollen Spätrenaissanceportals (Original im Museum) von 1615 den nachgotischen Baukör-

Reformationsland

Im Hof des Schlosses von Prettin steht der auf toskanischen Säulen ruhende Neptunbrunnen. Er hat einen Abglanz von jener Heiterkeit bewahrt, als hier, wie aus alten Berichten hervorgeht, »weiße und scheckigte Pfauen« stolzierten, oder auf den Schlossteichen »türkischrote Entvögel und Löffelgänse« schwammen und in einem dazugehörigen Garten seltene Obstgehölze wie Pomeranzen-, Mandel- oder Granatapfelbäume gediehen.

per aufs schönste mit der nachfolgenden Stilperiode verbindet, ist es im Inneren der Kirche vor allem der von Kurfürstin Hedwig 1611 gestiftete frühbarocke *Altar*, der aus der übrigen, 1811 dezimierten Ausstattung herausragt. Nach einem Entwurf von Giovanni Maria Nosseni entstand das Werk aus Sandstein, Marmor und Alabaster. Unter den figürlichen Teilen von Sebastian Walther sind die den Altar flankierenden Monumentalfiguren des Petrus, des Paulus und die bekrönende Figur des Auferstandenen in ihrer frühbarocken Bewegtheit von Giovanni da Bologna inspiriert.

Diese lebendige Pracht hat indes einer düsteren Erstarrung Platz gemacht. Das bewirken vor allem die Anbauten, die 1811 das Schloss zu einem Zuchthaus umgestalteten. Noch vorhandene Stacheldrahteinzäunungen gemahnen indes an noch schwärzere Jahre. Denn von 1933–45 diente dem faschistischen Staat die Lichtenburg als Konzentrationslager und seit 1939 zugleich als Kaserne. Aus diesem Grund beherbergt das Schloss heute eine **Mahn- und Gedenkstätte.**

In der kleinen Stadt ist neben dem stattlichen Barockgebäude des **Gasthofes ›Zu den drei Rosen‹** und dem 1761 erbauten Fachwerkgebäude der **Spitalkapelle** in der Lindenstraße vor allem die **Pfarrkirche St. Marien** erwähnenswert, die sich durch ihren monumentalen Westturm kenntlich macht. Die seit etwa 1300 errichtete pseudobasilikale Hallenkirche aus Backstein besitzt an den nachträglich an die Südseite des Chores angefügten Strebepfeilern das Konterfei Kurfürstin Hedwigs und ihres Gatten Christian II., der mit dem Kurhut dargestellt ist. Hedwig hat die Kirche durch maßgebliche Stiftungen gefördert. Das Spätrenaissanceportal im südlichen Kreuzarm dürfte ihre erste Stiftung gewesen sein. 1614 folgte der *Altaraufsatz*, der aus zwei spätgotischen Schnitzaltären zusammengesetzt ist. Der große untere Flügelaltar, eine norddeutsche oder niederländische Arbeit um 1490, zeigt in seinem Mittelteil die Kreuzigung, der obere, um 1500 entstandene Schrein die Schnitzfiguren von sieben Heiligen. Das Sprengwerk, der untere und obere Architrav sowie drei weitere Figürchen sind 1614 hinzugefügt worden. Für die steinerne, 1582 datierte *Kanzel* stiftete Hedwig 1617 einen aufwendigen hölzernen Schalldeckel, so dass eine Scheibe mit ihrem Prunkwappen und ein Bildnis der sorgenden Landesmutter von 1628 sich nicht ganz grundlos in der Kirche finden.

Pretzsch

Nordwestlich von Prettin, schon auf dem anderen Ufer der Elbe, liegt Pretzsch von Deichen umgeben an einer alten Fährstelle. Über der spiegelnden Wasserfläche hebt sich besonders in den Abendstunden, wenn es zu einer Überfahrt meist schon zu spät ist, vor einem in rot-gelben bis grün-blauen Tönen changierenden Himmel die Silhouette des 1571 unter Hans Löser erbauten **Wasserschlosses** ab. In die dreigeschossige, kastellförmige und schon 1697 in ihren Besitz gekommene Anlage zog sich 1721 die von der Untreue ihres Gatten

August des Starken enttäuschte Kurfürstin Christiane Eberhardine zurück und ließ sie von Matthäus Daniel Pöppelmann und Balthasar Permoser umgestalten. Auch der barocke **Park,** heute Kurpark, mit **Orangerie** entstand zu dieser Zeit unter denselben Künstlern. Von Permoser stammen die noch erhaltenen Zugangsportale, einige Blumen- und Fruchtkörbe sowie eine Zwergenskulptur im Garten ebenso wie Raumgestaltungen im Inneren der heute als Heimschule genutzten Anlage.

Pöppelmann wurde auch herangezogen, um der zur Hofkirche gemachten **Stadtkirche St. Nikolaus** eine entsprechende Ausstattung zu geben, die aber nicht vollendet wurde. Bedeutendstes Zeugnis dieser Neugestaltung der im Kern spätgotischen Kirche ist die prächtige *Eberhardinenloge* nach dem Entwurf des Meisters. Dort saß Christiane Eberhardine, die leidenschaftliche Anhängerin des Protestantismus, die ›Betsäule von Sachsen‹, und lauschte der Predigt. Die Kurfürstin, die das Leben der Stadt nicht unerheblich gefördert hatte, ließ sich hier 1727 auch begraben. Im südöstlichen Langhaus befinden sich sowohl ihre Gruft als auch das künstlerisch wertlose Grabmal mit einer Laudatio und dem Bild der Verstorbenen, die wie die Fürstinnen auf der Lichtenburg ihr Leben fern des Dresdener Hofes hier in der weltabgeschieden wirkenden Weite der Elbaue beschlossen hatte.

Bad Schmiedeberg

Bei Bad Schmiedeberg, am Rand der hügeligen und bewaldeten Dübener Heide, ändert sich das Landschafts- und auch das Stadtbild. Architektonisches Zentrum des Kurbetriebs ist noch immer das

Bad Schmiedeberg, Kurhaus, um 1900. In der kleinen, 1323 erstmals genannten Stadt, die im Mittelalter durch Brauerei und Tuchmacherei zu einigem Wohlstand gekommen war und in jüngster Zeit vor allem wegen ihres Eisenmoorbades bekannt ist, verbindet sich sächsische Gemütlichkeit aufs angenehmste mit der Selbstgenügsamkeit protestantischer Weltanschauung, die von Wittenberg herüberwehte.

um 1900 erbaute beeindruckende **Kurhaus** in den Formen eines mit Renaissanceelementen angereicherten Jugendstils.

Das hübsche zweigeschossige **Rathaus** auf dem Markt spiegelt das unkomplizierte Selbstverständnis der Schmiedeberger Bürger wider. Das im Kern um 1570 erbaute Gebäude hat seine heutige Gestalt einem Umbau von 1648 zu danken, der notwendig wurde, weil die Schweden 1637 den Ort weitgehend eingeäschert hatten.

Darunter hatte wohl auch die 1453/54 neu als Backsteinhalle aufgeführte **Stadtkirche** zu leiden, denn 1640 stürzten ihre Gewölbe ein und wurden 1666 durch eine Flachdecke ersetzt. Bis auf die 1904 aufgedeckten, dann aber stark übermalten *Wandmalereien* aus der zweiten Hälfte des 15. Jh. in der südlichen Vorhalle und ein spätgotisches, teilweise erneuertes *Kruzifix* in der Turmhalle stammen sämtliche Ausstattungsstücke aus der Zeit nach dem Dreißigjährigen Krieg. Besonderes Augenmerk verdient die reichgeschnitzte *Altarwand* mit seitlichen Durchgängen und Pfarrgestühl von 1680 aus einer Leipziger Werkstatt. Ein Meister aus Torgau lieferte die Gemälde vom Abendmahl, der Kreuzigung und Christi Himmelfahrt. Eine gefällige *Kanzel* von 1676, ein *Taufstein* von 1673 und einige andere Stücke komplettieren die barocke Ausstattung.

Wie am Rathaus mit seinen beiden von Diamantquaderrahmung umzogenen Portalen und der von Sitznischen flankierten Durchfahrt gibt es auch an anderen Häusern der Stadt bauliche Zeugnisse aus der Zeit des Barock oder der Renaissance. In der zum Au-Tor führenden Wittenberger Straße finden sich wohl die schönsten Beispiele. Das **Au-Tor** selbst ist der einzige Rest der ehemaligen Stadtbefestigung. Frisch restauriert, macht es mit seinem rechteckigen Torturm aus Backstein, dem Blendgiebel und dem barocken Torhaus aus Fachwerk eher einen einladenden, denn einen wehrhaftabschreckenden Eindruck. Und das ist vielleicht die beste Aufforderung für einen Rundgang durch die hübsche Stadt.

Reinharz

Ein kleiner Abstecher auf dem Weg zur letzten Station im Wittenberger Kreis führt nach Reinharz mitten in das Waldgebiet des Naturparks Dübener Heide. 1696–1700 entstand das gleichnamige **Schloss** wohl für den das Dorf besitzenden sächsischen Staatsminister Hans von Löser. Wahrscheinlich erst nach Lösers Tod ist das Schloss von August dem Starken als Jagdschloss genutzt worden. Der wenig gegliederte, hufeisenförmige und von Wassergräben umgebene kompakte Putzbau, aus dem ein oktogonaler, von einer Laterne bekrönter Turm herausragt, imponiert vor allem durch seine Gesamterscheinung. Doch auch im Inneren besitzt er noch zahlreiche Räume in originaler Gestaltung. Eine Brücke verbindet ihn mit dem nach Norden sich anschließenden Park. Zu gleicher Zeit wie das Schloss entstand auch die **Dorfkirche,** in der sich ein steinernes *Epitaph* für H. Löser befindet, vermutlich der Schlossherr.

Kemberg

Wieder am Rand der Heide und nur 13 km südlich von Wittenberg liegt Kemberg. In der Nähe eines ehemaligen slawischen Burgwalls aus der jungen Bronzezeit entstand hier zwischen 1150 und 1200 eine von flämischen Kolonisten besiedelte Ortschaft, die 1346 eine Stadt genannt wurde. Um 1500 florierten der Handel und die Bierbrauerei so gut, dass sie eine der beachtetsten Mittelstädte der Gegend war.

Die heute im Vergleich zum Umfang des Städtchens etwas zu große erscheinende **Stadtkirche Unser Lieben Frauen** entstand schon zu Beginn der Stadtwerdung, zwischen 1325 und 1346 aus rohem und glasiertem Backstein sowie Formteilen aus Sandstein. Der imposante quadratische und nur durch einen schmalen Zwischenbau mit dem Kirchenschiff verbundene Westturm wurde nach einem Entwurf von Friedrich August Stüler als Ersatz für einen 1854 eingestürzten Vorgänger errichtet. Das Innere wartet mit einem schönen, auf Achteckpfeilern ruhendem Sterngewölbe und Resten von *Wandmalereien* aus der zweiten Hälfte des 15. Jh. auf. Eine kleine Kostbarkeit ist das *Sakramentshaus* aus der gleichen Zeit. Wohl fränkisch beeinflusst und von einem Meister seines Fachs gearbeitet, steigt der von zarten Fialen geschmückte Aufbau bis unters Gewölbe. Darin ›eingesponnen‹ die Madonna mit Kind, umgeben von Christus als Schmerzensmann und anderen Heiligen. Gleichfalls bedeutsam das um 1500 entstandene *Triumphkruzifix,* dessen Körper bereits die ›schönen‹ Formen der Renaissance zeigt. Ein *Renaissancegestühl,* zahlreiche *Pastorenbildnisse* und viele *Grabmäler* und *Epitaphien* vervollkommnen die Ausstattung.

Auch das den Markt beherrschende **Rathaus,** ein stattlicher Putzbau von 1609, ist ein Zeugnis für die einst hier an der Heerstraße nach Leipzig florierenden Geschäfte. Seine Seitengiebel tragen noch spätgotisches Maßwerk. Die Marktfront hingegen ist mit drei pilastergegliederten Renaissancegiebeln, mit stabwerkumrahmten Rechteckfenstern und gleich drei Portalen geschmückt, deren mittleres mit Freitreppe 1783 durch eine Laube ergänzt wurde. Obwohl die Stadt im Dreißigjährigen Krieg von den Schweden zerstört wurde, prägen immer noch viele Bürgerhäuser aus Renaissance und Barock den Stadtkern.

Am südwestlichen Stadtrand ist ein klassizistisches **Gutshaus** zu finden, und im Südosten, auf dem einstigen Burgwall, dem ›Berg‹, liegt der schon 1560 angelegte **Friedhof.** Begrenzt ist er durch einen Kranz von Erdbegräbnissen und besitzt zudem zahlreiche Grabmäler von der Renaissance bis zum Klassizismus. Im Mittelpunkt erhebt sich eine kleine Kapelle von 1767 und verleiht dem Ort einen Hauch romantisch verklärter Vergänglichkeit.

An Saale, Unstrut und Weißer Elster

Halle

»Halle is the most delightful town.« Der diesen begeisterten Satz über das ›viel geschmähte‹ Halle am 29. Mai 1929 an seine Frau Julia nach Dessau schrieb, war der deutsch-amerikanische Maler und Grafiker Lyonel Feininger (1871–1956). Curt Götz hingegen bescheinigte im Jahr 1960 dem Halle von 1906 einen »charakteristischen Dreigestank von Kohle, Käse und essigsaurer Tonerde« und sah damit ironisch, was der Stadtverordnete Arnold Ruge in den 60er-Jahren des 19. Jh. angeprangert hatte, als er Halle als »winklige, schmutzige, übelriechende Stadt« beschrieb. Joseph von Eichendorff verklärte indes in seinem Gedicht ›Bei Halle‹ Saale und Giebichenstein. Karl V. fühlte sich gar bei einem Besuch im Juli 1547 an Florenz erinnert.

Auf die Frage, wem hier zuzustimmen sei, kann nur geantwortet werden: allen. Und zwar nicht nur zu ihrer Zeit und unter ihrem ganz eigenen Blickwinkel, sondern wohl über die Zeiten hinweg bis in die heutigen Tage.

Nach dem Zweiten Weltkrieg galt Halle als eine der besterhaltenen deutschen Großstädte, nach der ›Wende‹ jedoch als eine der in ihrer Bausubstanz desolatesten. Der große Wurf, welcher der Natur mit dem Saaletal gelungen war, blieb selbst in den Zeiten, als der Fluss durch die – jetzt abgebauten – Industrien stark belastet war, immer spürbar. Ebenso die Qualität einzelner Werke der Architektur. Und trotzdem Halle sich an vielen Stellen erneuert und Atem schöpft, ist auch jenes schwer zu beschreibende Flair geblieben und manchmal dieses Gefühl, als wolle diese Stadt vor allem ihre Unverwüstlichkeit unter Beweis stellen.

Auf ein Alter von über tausend Jahren hat es Halle immerhin schon gebracht. Das wegen seiner günstigen klimatischen und geographischen Verhältnisse und nicht zuletzt wegen der hier vorhandenen Solequellen schon in vor- und frühgeschichtlicher Zeit besiedelte Gebiet am Ufer der Saale tritt 806 erstmals ins Licht urkundlicher Erwähnung. 961 übereignet Otto I. den gesamten östlich der Saale gelegenen Gau Neletice dem Moritzkloster zu Magdeburg und bringt damit auch die spätere Stadt Halle in eine kaum unterbrochene Abhängigkeit zum 968 gegründeten Erzbistum Magdeburg, mit welchem es 1680 an das erstarkende Kurfürstentum Brandenburg geht.

In der Zwischenzeit wächst Halle neben der ›Schwesterstadt Magdeburg‹, mit der es 1324 ein ›ewiges Bündnis‹ eingeht, zur zweitbedeutendsten Stadt des Erzbistums. Es waren vor allem die Produktion und der Handel mit dem Salz, die gerade im 11. und 12. Jh. mächtige Entwicklungsschübe bewirkten und die Stadt immer mehr aus erzbischöflicher Vormundschaft herausführten. Diese Entwicklung fand 1478/79 ein Ende, als der Erzbischof auf einen Hilferuf der

Halle ☆☆
Besonders sehenswert
Stadtgottesacker
Marienkirche
Moritzburg
Franckesche Stiftungen

◁ *Burg Giebichenstein, 961 erstmals erwähnt, im Vordergrund die Giebichenstein-Brücke über die Saale, 1926–28, eine flache Bogenspannbetonkonstruktion; die Skulpturen von Hengst und Kuh über den Eisbrechern sind direkt aus dem Beton geschlagene Werke von Gerhard Marcks.*

An Saale, Unstrut und Weißer Elster

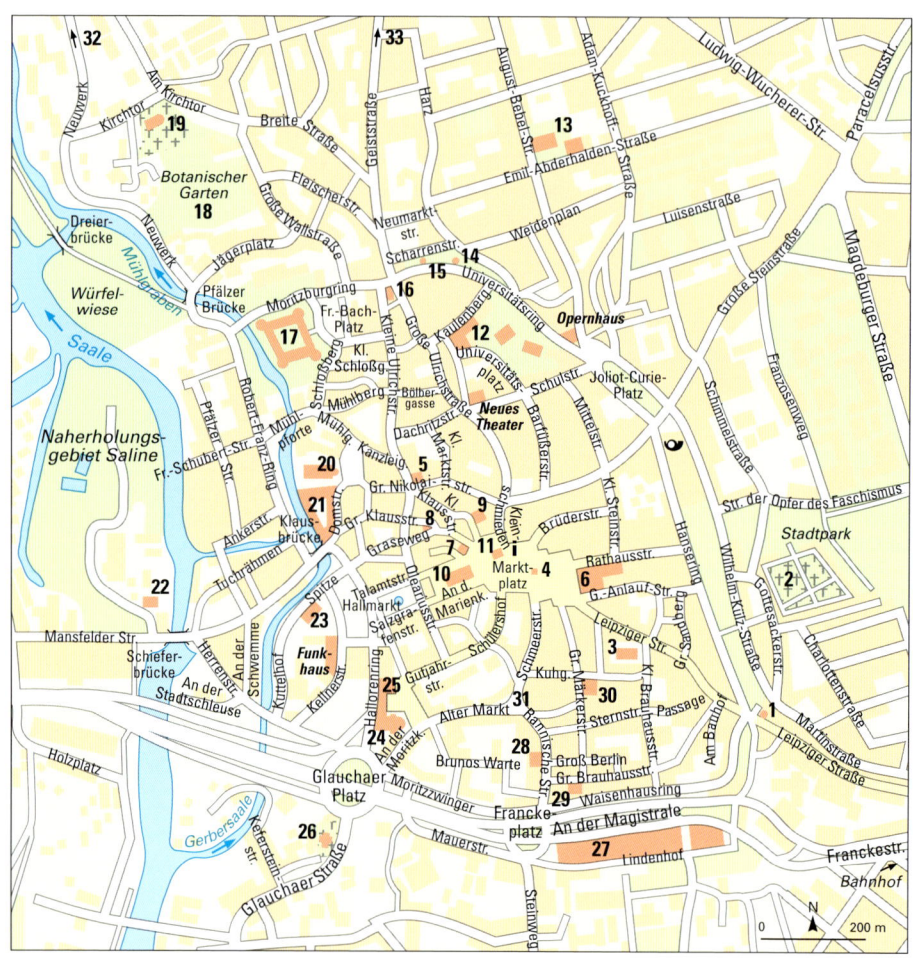

Halle
1 Leipziger Turm   2 Stadtgottesacker   3 Ulrichskirche (Konzerthalle)
4 Händeldenkmal   5 Händels Geburtshaus (Händelhaus)   6 Rathaus
7 Marktschlößchen   8 Fachwerkhaus Graseweg 18   9 Häuserensemble Kühler Brunnen   10 Marktkirche   11 Roter Turm und Roland   12 Universität   13 Landesbibliothek   14 Betsäule   15 Denkmal Robert Franz
16 Jugendstilhaus   17 Moritzburg   18 Botanischer Garten   19 St. Laurentius   20 Dom   21 Neue Residenz (Geiseltalmuseum)   22 Saline und Hallorenmuseum   23 Georg-Friedrich-Händel-Halle   24 Moritzkirche
25 Ehemaliges Johannishospital   26 St. Georg   27 Franckesche Stiftungen
28 Haus Rannische Straße 17   29 Riesenhaus   30 Märkerstraße 10
(Stadtmuseum, Christian-Wolff-Haus)   31 Alter Markt/Brunnen   32 Burg Giebichenstein   33 Landesmuseum für Vorgeschichte

sich untereinander befehdenden Bürgerschaft die Stadt kurzerhand besetzen ließ. Der fünf Jahre später begonnene Bau der Residenz und Zwingfeste St. Moritz in der Nordostecke der Stadt gab dem erzbischöflichen Willen einen nur zu deutlichen Ausdruck. Der schon unter Erzbischof Ernst entfaltete fürstliche Prunk in der Hofhaltung erhielt unter seinem Nachfolger Albrecht von Brandenburg (1490–1545) europäischen Rang und strahlte auch auf die Stadt aus.

Wie die meisten Städte Mitteldeutschlands wurde auch Halle vom Dreißigjährigen Krieg überaus arg in Mitleidenschaft gezogen. Erst der im Friedensvertrag von Münster und Osnabrück festgelegte Anschluss des Erzbistums Magdeburg an das Kurfürstentum Brandenburg brachte eine allmähliche Besserung der Verhältnisse. Ein Ereignis von besonderer Bedeutung war die Gründung einer Universität, die 1694 offiziell und in der Gegenwart des Kurfürsten Friedrich III. eingeweiht wurde. Lehrer wie Christian Thomasius (1655–1728) als Zentralfigur der deutschen Frühaufklärung, der pietistische Theologe und Pädagoge August Hermann Francke (1663–1727) und der Aufklärungsphilosoph und Mathematiker Christian Wolff (1679–1754), dem die Welt eine ›Maschine Gottes‹ war, verliehen der Universität gerade in ihrer Gründungsepoche große Anziehungskraft.

Dann kam die Industrie, deren Basis in den reichen Braunkohlenvorkommen und einer ertragsintensiven Landwirtschaft lag. Von 1840 bis 1900 stieg die Bevölkerungszahl der Stadt um über 300 % auf etwa 130 000 Einwohner. Eine Vielzahl städtebaulicher, sozialer und politischer Probleme war die Folge. Der Industrieraum Halle-Merseburg mit seinen großen Werken, insbesondere der neuen chemischen Industrie, wurde zu einem Zentrum der proletarischen Bewegung, zum ›roten Herzen Mitteldeutschlands‹. Wie sehr diese Bewegung unter den negativen Vorzeichen eines Stalinismusimports und des sich später immer selbstherrlicher entfaltenden Staatssozialismus verkam, dokumentieren bzw. dokumentierten gerade im Stadtgebiet von Halle Monumente ganz eigener Art. So etwa die steinernen Fäuste am früheren Thälmannplatz, dem neu gestalteten Riebeckplatz, die 2003 abgebrochen wurden.

Zwischen Bahnhof und Markt

Nach der Unterquerung dieses verkehrsreichen Platzes führt die Leipziger Straße, eine der Hauptgeschäftsstraßen Halles, gerade hinunter zum Markt. Die vornehmlich von Häusern der Gründerzeit geprägte Straße wurde Mitte der 70er-Jahre rekonstruiert und vom Fahrzeugverkehr befreit. Der **Leipziger Turm (1)** auf halbem Weg zum Markt ist der Rest des 1819 abgebrochenen Galgtores (auf dem Gelände des Riebeckplatzes befand sich die Richtstätte). Hier verlief auch die ursprüngliche, akkurat ausgebaute Stadtbefestigung, die sich am heutigen innerstädtischen Straßenring um die Stadt schloss.

An Saale, Unstrut und Weißer Elster

Der Stadtgottesacker von Halle wurde als Begräbnisstätte vieler in der Stadt wirkender kulturgeschichtlich bedeutender Persönlichkeiten im Laufe der Jahrhunderte auch in dieser Hinsicht zu einem sehr interessanten Denkmal. Um so weniger ist die jahrzehntelange Ignoranz gegenüber dieser bedeutenden Stätte zu verstehen.

Von diesem aus der zweiten Hälfte des 15. Jh. stammenden Wartturm ist es nur ein Katzensprung zu dem rechter Hand auf dem Martinsberg gelegenen **Stadtgottesacker (2)**. Es ist eine in dieser Geschlossenheit für Mitteleuropa einmalige Grabanlage nach dem Vorbild italienischer Camposanti. Nickel Hofmann, der hallesche Ratsbaumeister, begann 1557 mit der Errichtung der von 94 Arkadenbögen umzogenen Anlage. 1590 war der Torturm, vier Jahre später die Arkaden vollendet. An der Innenseite des Torturms findet sich die Kopie eines von Rollwerk gerahmten Porträts des Steinmetzen, deren Original im Moritzburg-Museum aufbewahrt wird.

Auf klösterlichen Ursprung geht die heute als Konzerthalle genutzte **Ulrichskirche (3)** zwischen Leipziger Turm und Markt zurück. Die im 14. Jh. erbaute turmlose Kirche war das Gotteshaus eines Klosters der Marienknechte, einem 1233 in Florenz von Kaufleuten gegründeten Bettelorden, dessen Mitglieder nach der Regel der Augustiner lebten. Die Kirche besitzt nur zwei Schiffe, das Mittelschiff und das nördliche Seitenschiff. Im Süden schlossen sich die Klostergebäude an, von denen nur einige Reste in den Pfarrgebäuden erhalten geblieben sind. Da auch der Großteil des Inventars aufgrund der neuen Nutzung an andere Orte gelangt ist, erinnert neben dem im Inneren von Kreuz- und Parallelrippen überspannten Bau nur noch eines der beiden nördlichen Portale an die ersten Benutzer. Das Relief im Tympanon zeigt den Marientod mit dem Salvator, davor auf einem Pfeiler die sitzende Muttergottes. Die moderne Brunnenplastik einer nackten Schönen vor der Kirche ist ein Werk Gerhard Lichtenfelds.

Am Markt

Noch in den letzten Tagen des Zweiten Weltkriegs verlor der Markt mit dem alten Rathaus und dem ehemaligen Hauptgebäude der Universität, der ›Waage‹, zwei seiner ältesten Gebäude. Trotzdem macht der durch Kardinal Albrecht um 1530 initiierte und vormals bebaute Platz einen relativ geschlossenen Eindruck. In seiner Mitte setzte die Stadt ihrem berühmtesten Sohn **Georg Friedrich Händel** im Jahr seines hundertsten Todestages 1859 ein stolzes **Denkmal (4)** und bannte damit den ›Flüchtigen‹ für immer an den Ort seiner Geburt. Schon 18-jährig hatte der junge Komponist seine Heimatstadt verlassen, um später in London seine größten Triumphe zu feiern. Dieser Umstand kann Halle jedoch nicht davon abhalten, alljährlich seine Händel-Festspiele auszurichten, die bei günstigem Wetter unter freiem Himmel in der im Stadtteil Trotha liegenden Galgenschlucht ihren stimmungsvollen, von einem Feuerwerk gekrönten Abschluss finden. Auch ein Museum hat ihm seine Vaterstadt eingerichtet, ganz in der Nähe des Marktes, in der Großen Nikolaistraße, in **Händels Geburtshaus (5)**.

Halle

Halle, Blick auf die Marktkirche mit den beiden sogenannten Blauen Türmen von Westen her

Außer den signifikanten und für ganz Halle stehenden fünf Türmen von Rotem Turm und Marienkirche gibt es noch einige sehenswerte Gebäude am Markt, die vornehmlich aus dem 15./16. und 19./20. Jh. stammen. In Händels Rücken erhebt sich der bemerkenswerteste modernere Bau des Marktplatzes, das **Rathaus (6)**. Es ist ein Stahlbetonskelettbau mit Natursteinfassade aus den Jahren 1928–30 und eines der Beispiele funktioneller Architektur im Halle dieser Jahre, wie sie auch am Markt nochmals in zwei Kaufhausbauten hervortritt. Die Figuren an der Außenkante des wuchtigen stumpfen Turmes sind Nachbildungen von Arbeiten Gustav Weidanz' (1888–1970), der an der Kunstschule Burg Giebichenstein unterrichtete.

Dem Rathaus diagonal gegenüber ist das so genannte **Marktschlösschen (7)** eines der wenigen Beispiele der ursprünglichen Marktbebauung. Turm und schmückende Zwerchgiebel sind in der Spätrenaissance entstanden. Seitdem ist es mehrmals überarbeitet worden. Es beherbergt heute eine kleine Galerie und ein Instrumentenmuseum. Gleich um die Ecke hebt sich mit seinem vorbildlich restaurierten Giebelgesicht das einzige über das Maß des nur Zweckmäßigen hinausreichende, noch aus dem 16. Jh. herrührende **Fachwerkhaus (8)** der Innenstadt über die Straßengabelung. An der Stelle des Häuserensembles **Kühler Brunnen (9)** zwischen Markt 16 und Großer Nikolaistraße ließ Hans von Schönitz, Patriziersohn in erzbischöflichen Diensten, 1522 eine Kapelle niederreißen, um sich dort von Andreas Günther bis 1532 seinen Wohnpalast bauen zu lassen. Auch dies war eine der Begleiterscheinungen eines groß angelegten Umbaus dieses Platzes, dem neben zahlreichen Gewerbebuden auch die alten Kirchhöfe von St. Gertrud und St. Marien weichen mussten.

Die **Markt-, Marien- oder Frauenkirche (10)** ist nicht nur selbst ein sehr vielgestaltiges Kunstwerk, sie hat darüber hinaus auch als Vorbild zahlreicher Kunstwerke Modell gestanden, darunter so bedeutenden Malern wie Lyonel Feininger, Ernst Ludwig Kirchner und Caspar David Friedrich. Letzterer versetzte ihre veränderte, viertürmige Kulisse in eine abendliche Hafenlandschaft.

Ursprünglich gehörten die beiden **Turmpaare** zwei verschiedenen Kirchen an. Das westliche, die so genannten Blauen Türme, St. Gertrud, der Kirche der Salzsiedlung, und das jetzt östliche, die so genannten Hausmannstürme, St. Marien, der Hauptpfarrkirche der Stadt. 1529 wurden die Schiffe beider Kirchen niedergerissen und zwischen den verbliebenen Turmpaaren 1530–54 die neue, zehn Joche lange, dreischiffige **Halle** errichtet. Baumeister war bis zu seinem Tode 1540 der Ratsbaumeister Caspar Kraft, auf den auch die Planung zurückgeht. Von den Ausstattungsstücken passt sich die 1541 geschaffene *Kanzel* in schlichter Eleganz in den spätgotischen Raum ein, während der wuchtige, 55 Jahre später entstandene und von manieristischem Figurenwerk überladene Schalldeckel wie ein Fremdkörper wirkt. Andere Ausstattungsstücke wie die *Bronzetaufe*

Halle, Marktkirche, 1530–54 nach Plänen von Caspar Kraft umgebaut, ab 1540 vollendet durch Nickel Hofmann und Thomas Rinckeler. Ihr Werk sind vor allem die mit großem Einfühlungsvermögen hinter die Säulen des Mittelschiffs tretenden Emporen, die den ganzen Raum umziehen und bereits die neuen Formen der Renaissance aufgenommen haben. Aus den das breite Mittelschiff säumenden Reihen von achteckigen, schlanken Säulen treten unvermittelt und sich überstabend die Rippen der dem hohen Tonnengewölbe unterlegten Sternnetzfigurationen hervor und lassen einen der eindrucksvollsten Räume deutscher Spätgotik entstehen.

von 1430, das *Renaissancegestühl* (1561–75) von Antonius Pauvaert aus Ypern oder das *Brautgestühl* fügen sich zurückhaltender in den Raum ein. Hinter der kleinen *Orgel* auf der östlichen Empore – sie besitzt noch ihr altes Orgelwerk – füllt das 1593 von Heinrich Lichtenfelser geschaffene *Ölgemälde* fast das gesamte Bogenfeld über der Empore aus. Etwas bescheidener in den Ausmaßen gibt sich der unter der Empore aufgestellte *Altar* von einem Lucas Cranach d. Ä. nahestehenden Meister von 1529. Die Mitteltafel zeigt Maria mit dem Kind auf der Mondsichel und vor ihr kniend den Stifter Kardinal Albrecht von Brandenburg, der sich damit dauernde Gegenwart auch in der protestantischen Kirche sicherte. Dem Esel, der auf Rosen geht, dem halleschen Stadtsymbol, blieb dagegen nur ein Steinrelief an der äußeren Ostseite.

Der **Rote Turm (11),** freistehend auf dem Marktplatz, wird als eigentliches Symbol erstarkenden städtischen Bewusstseins gesehen. »Zum Lobe des allmächtigen Gottes, der ganz unbefleckten Jungfrau Maria und aller Himmelsbewohner, sowie zur Zierde der hochbe-

An Saale, Unstrut und Weißer Elster

rühmten Stadt Halle und ihrer ganzen ›Gemeinheit‹ und sogar der Region« war schon 1418 mit dem Bau begonnen worden, wie es in der Turmurkunde von 1506 steht, dem Jahr der Fertigstellung. 84 m hoch ragt er in den Stadthimmel, obenauf der 1975 rekonstruierte und wieder aufgesetzte Turmhelm, der wie die neogotische Umbauung noch 1945 durch den Treffer einer Granate Flammen zum Opfer gefallen war. Überlebt hat diesen Anschlag der 1719 nach einem spätromanischen hölzernen Vorbild geschaffene **Roland (11),** der heute wie eh und je das Markttreiben zu seinen Füßen mit angestammter Gelassenheit passieren lässt.

Von der Universität zur Moritzburg

Die **Universität (12)** spielte seit ihrer Gründung 1693 eine bedeutende Rolle. Von der Stadt ist der Tempel der Wissenschaft und Bildung gebührlich über eine zum Universitätsplatz hinaufsteigende Treppe zu erreichen. Vor dem so genannten **Löwengebäude,** dem klassizistischen Hauptgebäude der Alma mater, dösen zwei guss-

Halle, Universität, Treppenhaus im Hauptgebäude, nach Entwurf von Friedrich Zwirner, 1832–34, Gemäldefries von Gustav Adolph Spangenberg, 1883–88

eiserne Vertreter der namengebenden Gattung, die 1868 vom Marktbrunnen hierher versetzt wurden. Drinnen herrscht dagegen eine kühle und beflissene Stille. Im Oberen Geschoss wird das weiträumige **Treppenhaus** von einem *Gemäldefries* von Gustav Adolph Spangenberg umzogen, der die vier Fakultäten symbolisiert. Die *Bronzebüsten* Martin Luthers und Philipp Melanchthons vor der Aula schuf 1930 Gerhard Marcks (1889–1981) eigens für die Universität.

1817 schon wurde die halliesche Universität mit der von Wittenberg unter dem Namen ›Vereinigte Friedrichs-Universität Halle-Wittenberg‹ zusammengelegt. Den Namen des Reformators, den sie heute noch trägt, erhielt sie erst 1934. Auch die übrigen Gebäude kamen erst in dem nach der Reichsgründung anrollenden Bauboom hinzu: das **Robertinum** 1891, das **Melanchthonianum** 1902, das **Thomasianum** 1911. In ersterem befindet sich das vom Altertumswissenschaftler Carl Robert gegründete **Archäologische Museum,** in welchem Gipsabgüsse antiker Kunstwerke, aber auch Originale gesammelt sind. Natürlich besitzt die Universität noch zahlreiche andere, über die Stadt verteilte Gebäude, Institute und wissenschaftliche Sammlungen, so die Universitätsbibliothek, die zugleich **Landesbibliothek (13)** von Sachsen-Anhalt ist.

Die Ringstraße um das Stadtzentrum ist in ihren einzelnen Teilen jeweils nach daran oder in der Nähe liegenden Gebäuden benannt. So führt hinter dem Universitätsforum der Universitätsring in nordwestliche Richtung hinunter zum Moritzburgring. In der schmalen Grünfläche am Universitätsring steht außer einer vom Riebeckplatz hierher versetzten **Betsäule (14)** von 1455 ein **Denkmal** für **Robert Franz (15),** den bedeutendsten deutschen Liederkomponisten in der Zeit nach Schubert, dessen Geburts- und Sterbestadt Halle war und der hier unter anderem als Universitätsmusikdirektor wirkte. An der Ecke Moritzburgring/Große Ulrichstraße erstrahlt das einzige wirkliche **Jugendstilhaus (16)** Halles wieder in altem Glanz. 1897/98 gebaut, bewahrt es trotz teilweiser Veränderungen noch den Schwung und das Gewicht der großen Linie dieser Kunstrichtung.

Wer vor dem Besuch der **Moritzburg (17)** seinen Augen und vielleicht auch seinen Füßen etwas Erholung gönnen möchte, dem sei zu entsprechender Jahreszeit ein Besuch im nahen **Botanischen Garten (18)** empfohlen. Zur selben Zeit wie die Universität gegründet, deren Arzneigarten er war, beherbergt er heute über 10 000 Pflanzenarten. An den Garten grenzt der Kirchhof mit der Kirche **St. Laurentius (19),** deren Turm noch romanisch ist. Sie brannte 1984 völlig aus und wurde im Oktober 1991 wieder ihrer Bestimmung übergeben.

1484–1503 wurde die Moritzburg unter dem Erzbischof Ernst von Sachsen als Zwingfeste gegen die Stadt gebaut. Ernsts auf dem Sterbebett vorgetragene Bitte um ein längeres Leben zur Sühnung der gegen die Stadt begangenen Ungerechtigkeiten kam zu spät. Erst

Die hallesche Universität durchlief Phasen der relativen Bedeutungslosigkeit und Zeiten hoher Blüte. Für das Selbstbewusstsein Halles als Universitäts- und Schulstadt war sie wohl immer von größter Wichtigkeit. 1832 schuf die Stadt ihr im nur wenige Minuten nordöstlich vom Markt entfernten Universitätsforum einen neuen, großzügig angelegten Wirkungsort.

1533 konnte der Hofastronom des Kurfürsten von Brandenburg nach einem Besuch in der Moritzburg zu Halle noch über die Prachtentfaltung des Erzbischofs Albrecht, die er zuvor ausführlich in Einzelheiten beschrieben hatte, urteilen: »Es war mit der Krönung des Kaisers und seiner Gemahlin ein Kinderspiel gegen dieses«. Davon ist leider nichts in Halle geblieben, und wie das Hallische Heiltum dürfte wohl vieles untergegangen sein.

An Saale, Unstrut und Weißer Elster

Halle, Moritzburg, Brautzimmer der Halloren

unter Albrecht wurde die östliche, zur Stadt gelegene Front mit Wehrgang und mächtigen runden Bastionen aufgebrochen, die Brücke geschlagen und der **Torturm** erbaut. Er trägt in einer Nische über der Einfahrt eine Sandsteinskulptur der heiligen Katharina. Noch heute sichtbar, befand sich der frühere Eingang an der schwerer zugänglichen Nordflanke der Anlage. In ihren Bauformen steht die Moritzburg unter dem Einfluss der Bauhütte der Albrechtsburg Meißen. Nachdem sie während des Dreißigjährigen Krieges einen vielfachen Wechsel der Besatzung erleiden musste, brach am 7. Januar 1637 ein Feuer aus, das sämtliche Gebäude zerstörte. Trotz einiger Wiederaufbauversuche kam die Burg 1852 weitgehend ruiniert an den preußischen Staat, der sie nach und nach städtischer Nutzung überließ. So wurden im Nordflügel Turn- und Fechtsäle der Universität eingebaut und 1894 das Mittelschiffgewölbe der spätgotischen Magdalenenkapelle eingezogen. Die Kirche diente fortan als Universitätskirche.

Am folgenreichsten für die Moritzburg war der Entschluss der Stadt, hier für die beengten ethnographischen und kunstgewerblichen Sammlungen Halles ein Museum einzurichten. Zu diesem Zweck erbaute man 1902–04 auf den Grundmauern des ehemaligen Wirtschaftsgebäudes eine freie Nachbildung des auf 1464 zurückgehenden Talamtes, des Beratungshauses der Halloren. Aus dem 1882 abgebrochenen Gebäude wurden das so genannte **Brautzimmer** und das Gerichtszimmer original in den Neubau eingepasst.

In die vorderste Reihe deutscher Museen rückte die Moritzburg – heute **Stiftung Moritzburg** und **Kunstmuseum des Landes Sachsen-Anhalt** – aber erst durch ihre Sammlung moderner Kunst. 1937 wurde sie während der Aktion ›Entartete Kunst‹ um ihre wesentlichen Bestände gebracht. Trotzdem ist gerade dieser Teil der Sammlungen – bis heute unter schwierigsten Bedingungen wieder aufgebaut – neben den Sammlungen des Kunsthandwerks, der Münzsammlung oder der Nachkriegskunst unbedingt einen Besuch wert. Es finden sich dort Werke so bedeutender Meister wie Max Beckmann, El Lissitzky, Paul Klee oder Lyonel Feininger.

Die Stiftung Moritzburg möchte sich als ›Sammlungszentrum der Klassischen Moderne‹ etablieren. Ab 2008 präsentiert sie ihre Bestände gemeinsam mit den Werken der Sammlung Gerlinger (Brücke-Künstler) in einem durch das spanische Architektenpaar Fuentsanta Nieto und Enrique Sobejano neu ausgebauten Teil der Moritzburg.

Zwischen Dom und Franckeschen Stiftungen

1931 bescheinigte der damalige Museumsdirektor Alois J. Schardt Feininger, »den hallischen **Dom (20)** als architektonisches Kunstwerk wieder entdeckt« zu haben. Beim Blick vom erst in jüngster Zeit rekonstruierten, zum Teil auch neu bebauten Domplatz konkurriert das Bild der Renaissance-Kathedrale mit dem der schlichten hochgotischen Bettelordenskirche. Zu rücksichtslos wurde dem spartanischen Dominikanerbau durch den Aufbau einer Attika mit aufgesetzten Rundgiebeln gleichsam eine Krone übergestülpt.

Der Umbau von 1520–25 stand unter der Leitung von Bastian Binder. Das 1525 datierte **Portal** im zweiten Joch der **Südseite** (Kopie, Original in der Moritzburg) und jenes von 1523 zur **Sakristei** zählen zu den ersten und auch schönsten Beispielen der Frührenaissance in Mitteldeutschland.

Zu den Zeugnissen des Umbaus und der Neuausstattung gehören noch zwei Weihetafeln von 1532, die Wendeltreppen zu den ehemaligen Emporen, vor allem aber die Kanzel und der Zyklus der 17 Pfeilerfiguren, aber auch die Reste des um 1525 entstandenen Chorgestühls. Weder vom Chorgestühl noch von der prächtigen, reich gestalteten Kanzel ist der Name des Meisters überliefert. Die 1525 fertig gestellte *Kanzel* erscheint in ihrem reich bewegten Figuren- und Ornamentwerk »fast als eine Vorwegnahme barocker Stileigentümlichkeiten« und sucht ihresgleichen in der deutschen Frührenaissance. Auch die aus rheinischem Tuff geschlagenen *Pfeilerfiguren* zeigen diese bemerkenswerten Eigenarten einer barock

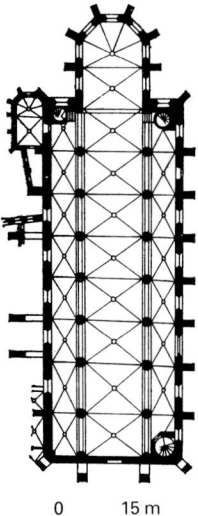

Halle, Dom, Grundriss

An Saale, Unstrut und Weißer Elster

Halle, Dom, 1280–1330, umgebaut 1520–25.
»Als ein Trutz-Wittenberg, als katholische Universität« wollte Kardinal Albrecht die 1520 zur Stiftskirche erhobene Kirche gegen die Reform Luthers setzen. Dies sollte auch in der reichen und qualitätvollen Ausstattung der damit verbundenen Architekturen zum Ausdruck kommen.

Ursprünglich wollte Kardinal Albrecht mit dem Gebäudekomplex der Neuen Residenz seine Pläne von einer großen »katholischen Universität« zu einem krönenden Abschluß bringen. Die Unausführbarkeit dieses selbst über seine Macht gehenden Projekts ließ ihn die Anlage in ein Wohnschloss umwandeln. Die Neue Residenz schließt direkt an das Domgelände an und war mit einem noch teilweise erhaltenen Arkadengang mit dem Dom verbunden.

bewegten Gotik, dazu aber auch eine durch das leicht zu bearbeitende, weiche Material erleichterte, schärfere Ausarbeitung und tiefere Psychologisierung. Die Figuren, die zweifellos die künstlerisch wertvollsten und noch heute überaus lebendig wirkenden Ausstattungsstücke der Albrechtzeit sind, stammen von Peter Schroh, einem Steinmetz aus der Schule des Hans Backoffen und wurden eigens aus Mainz nach Halle gebracht und hier 1525 aufgestellt. Darüber hinaus befinden sich im Dom noch einige bemerkenswerte *Grabmäler* und Teile der 1644 durch eine barocke Neuausstattung in die Kirche gekommenen Stücke wie der *Altar* und der *Fürstenstuhl*. Von dem an die Kirche anschließenden Kloster aus dem 14. Jh. existieren nur noch Reste des Kreuzgangs.

Mit der **Neuen Residenz (21)** ist ein weiteres durch Kardinal Albrecht initiiertes Gebäude erhalten, wenn auch in sehr ver-stümmelter Form. 1531–37 wurde der Komplex unter Baumeister Andreas Günther erbaut, wobei nicht nur Steine und anderes einfaches Baumaterial vom 1531 abgerissenen Kloster Neuwerk Verwen--dung fanden, sondern auch romanische Säulen und ein Portal, welches die Wirren zahlreicher Umbauten überstanden hat und noch heute im Nordflügel zu besichtigen ist. Überdies ist in der Neuen Residenz die inzwischen einige hunderttausend Exponate umfassende Fossiliensammlung des **Geiseltalmuseums** untergebracht. Man benannte das Museum nach dem Fundort der Fossilien in der Braunkohle der Tagebaue des Geiseltales.

Berühmt war auch die Saline von Halle. Die Neue Residenz befindet sich etwa auf halber Strecke zwischen den beiden Orten, die in Halle für die Salzförderung Bedeutung hatten: dem Hallmarkt und der **Salinehalbinsel.** Zur Aufbesserung der Staatsfinanzen gründete man auf der Halbinsel zwischen den Saalearmen 1722 eine königliche Saline. Sie wurde 1868 an die hallesche Pfännerschaft übergeben, die dadurch in der Lage war, ihre alten, längst untragbar gewordenen Produktionsstätten inmitten der Stadt auf dem Hallmarkt aufzugeben und hierher zu verlagern, wo bis 1964 Salz aus Sole gewonnen wurde. Einen Einblick in die Entwicklung der halleschen Salzproduktion, deren technische Realisation und die noch heute lebendige Kultur der halleschen Salzarbeiter, der Halloren, gibt ein 1967 eröffnetes **Hallorenmuseum (22).**

In diesen Jahren setzte die Gestaltung nicht nur der Halbinsel, sondern auch großer Teile der Auenlandschaft, speziell der stromabwärts liegenden Peißnitzinsel zu einem so genannten ›Kulturpark‹ ein, in welchem die Möglichkeiten der reizvollen Auenlandschaft mit denen von sportlicher Betätigung oder kulturellen Angeboten mehr oder weniger glücklich verbunden wurden. Dieses ›innerstädtische‹ Gebiet spielt eine große Rolle, entstand doch auf dem der älteren Stadt gegenüber liegenden Ufer der Saale 1963–80 die ›Chemiearbeiterstadt‹ **Halle-Neustadt,** in der etwa 100 000 Menschen vorwiegend von der nun in die Krise geratenen chemischen Industrie des Territoriums leben bzw. lebten.

Es ist kaum vorstellbar, dass sich auf dem heute mit einem Brunnen des Hallenser Bildhauers Bernd Göbel aufgewerteten **Hallmarkt** noch im 19. Jh. die Salzgewinnungsstätten der pfännerschaftlichen Saline mit Siedehäusern, Pferdegöpel und Pumpenhaus befanden. Geblieben sind die steilen ›Blaue Türme‹ der Marktkirche, die den Platz noch heute beherrschen.

Der zwischen Marktkirche und Hallmarkt vermittelnde Bau einer **Transformatorenstation** mit Wohnhäusern und Treppenanlage entstand im Jahr 1924. Sofort nach Abzug der Saline ging es an den Ausbau, dem später der Abriss bzw. Neubau angrenzender Wohnquartiere folgte. Dem Untergang geweiht war auch der viel betrauerte ›Trödel‹, ein alter Stadtteil, der sich vom Markt zur Moritzkirche hinunterzog.

Die **Moritzkirche (24)** war die Pfarrkirche der Salzwirkerbrüderschaft, zeitweise zugleich Kirche eines Augustinerchorherrenstifts und der aus ihrer ursprünglichen Kirche verwiesenen Dominikaner. Aus der Entfernung durch ihr mächtiges, Halle, Turm und Chor abdeckendes Schieferdach eher etwas ungetüm wirkend, offenbart sie in der Nähe und in ihrem Inneren zahlreiche Schönheiten. Die an die Kirche anschließenden Gebäude gehen auf das ehemalige **Johannishospital (25)** zurück und machen den Moritzkirchhof trotz angrenzender Neubauten auch heute noch zu einer sehr reizvollen Anlage.

Die dreischiffige spätgotische Hallenkirche wurde 1388 unter dem Baumeister Konrad von Einbeck begonnen, der aus der Prager Parlerhütte kam. Diese Herkunft wird besonders am Außenbau des **Chors** deutlich, der die Schmuckformen des so genannten Weichen

Halle-Neustadt ist erst 1990 unter dem Druck der Diskussion über eine zukünftige Landeshauptstadt Sachsen-Anhalts verwaltungsmäßig an die alte Metropole angeschlossen worden.

An Saale, Unstrut und Weißer Elster

Halle, Moritzkirche, Schmerzensmann, 1416, und undatierte Porträtbüste Konrad von Einbecks. Weniger in abgeklärter Schönheit als von »tiefer Gemütsbewegung« erfüllt, treten die Skulpturen Konrad von Einbecks aus dem Stein. Er hat sich mit ihnen als einer der »eigenwilligsten Bildhauer seiner Zeit« in die Geschichte der Kunst eingeschrieben. Seine Büste ist eines der frühesten Selbstbildnisse in der deutschen Kunst.

Stils trägt und wohl zum Initialbau für die Chöre von St. Marien in Bernburg und St. Nikolai in Zerbst wurde. Der Haupt- und Nebenchöre zusammenfassende und auch noch über das nördliche Seitenschiff laufende Bauschmuck strebt in seiner horizontal gerichteten Vielgliedrigkeit in die diese Bewegung aufnehmende und sammelnde Dachpartie. Wie die beiden anderen Kirchen besaßen auch die Chorfenster von St. Moritz ursprünglich filigranes, vor den Polygonfenstern frei nach innen gerichtetes Maßwerk im Bereich des Bogens. Das nördliche **Hauptportal** der Kirche, das in seinen Bogenläufen Figuren des Petrus und Paulus, einen Musikengel und das Antlitz Jesu trägt, ist eine Nachgestaltung des Originals, welches sich in der Moritzburg befindet. Die Fertigstellung zog sich bis ins 16. Jh. hinein, Westbau und vier westliche Joche der Halle wurden erst 1504 begonnen.

Die verschiedenen Bauzeiten zeichnen sich auch im Inneren, in der Gestaltung der Pfeiler, Gewölbe und den das Schiff teilenden Scheidbogen ab, wobei das Hauptschiff samt Chor erst ab 1511 eingewölbt wurde. Im Inneren weitet sich die Kirche trotz ihrer ›Zweiteiligkeit‹ in wohlabgewogenen Proportionen. Unter den Ausstattungsstücken hervorzuheben sind die fünf Figuren von Konrad von Einbeck, darunter ein überlebensgroßer Schmerzensmann, die ›Klagende Maria‹ und ein als Konsolbüste gearbeitetes Selbstbildnis des Meisters. In seiner entwaffnenden Nüchternheit und Direktheit dürfte es nicht nur eines der frühesten Selbstbildnisse in der deutschen Kunst sein, sondern auch eines der eindringlichsten. Neben den Skulpturen Einbecks ist auch die 1592 von Zacharias Bogenkranz gearbeitete *Kanzel* ein Meisterwerk und verrät den Hintergrund der zu dieser Zeit in ihrem Höhepunkt zustrebenden Magdeburger Bildhauerschule. In der Nähe der Moritzkirche durchschneidet die über die Saale nach Halle-Neustadt führende, ab 1968 erbaute Hochstraße die Stadt. Die Ringstraße heißt hier Moritzzwinger.

St. Georg (26), die ehemalige Pfarrkirche der Vorstadt Glaucha, erhebt sich gegenüber auf ihrem dem griechischen Kreuz verpflichteten Grundriss mit nur einem Turm. Nach vierjähriger Bauzeit wurde die Kirche 1744, der Turm erst elf Jahre später vollendet.

Nach links weiter hinauf liegt unter der Hochstraße der hauptsächlich als Verkehrsdrehscheibe fungierende Franckeplatz, benannt nach dem Pietisten August Hermann Francke, der Universitätsprofessor und Gründer der nach ihm benannten **Franckeschen Stiftungen (27)** am Platze war. Die nüchterne Stein- und Fachwerkarchitektur atmet den Geist ihres Gründers, dem vor der Backsteinfassade des Direktorenhauses ein **Denkmal** gesetzt wurde, das Francke mit zwei Kindern zur Seite so recht wie einen Gottvater zeigt. Christian Daniel Rauch schuf die Bronzegruppe 1829, der Entwurf für den Sockel stammt von Karl Friedrich Schinkel.

1991 erhielt Franckes 1698 begründete Schulstadt wieder den Status einer Stiftung öffentlichen Rechts, und man begann mit der umfassenden Sanierung des Ensembles. 1996 ist das restaurierte

Halle

Halle, Franckesche Stiftungen, ab 1698, Detail des Hauptgebäudes.
1698 begann der Bau der als Waisenhaus, Armenschule, Missions- und Bibelanstalt ins Leben gerufenen und später zur Schulstadt erweiterten Stiftungen. Besonders alte Ansichten verraten noch den Kasernencharakter der um den Lindenhof gruppierten, bis 1745 erbauten historischen Gesamtanlage.

Hauptgebäude als Kulturzentrum neu eröffnet worden. Eine ständige **Ausstellung** macht dort mit der Geschichte der Stiftungen vertraut, zu deren wertvollsten Erbschaften auch ihre historischen Sammlungen gehören.

Eines der ältesten Museen Deutschlands ist die **Kunst- und Naturalienkammer.** Seit dem Ende des 17. Jh. zu Unterrichtszwecken angelegt, umfaßt sie heute etwa 3000 Exponate, darunter Merkwürdigkeiten wie Totenmasken an der Anstalt tätiger pietistischer Priester oder eine nichtbrennbare Barockperücke aus Asbestfäden. Das **Cansteinsche Bibelkabinett** macht darauf aufmerksam, daß in der Druckerei der Stiftungen bis zu Beginn des 20. Jh. etwa 10 Millionen Bibeln in den verschiedensten Sprachen gedruckt wurden. Das **Bibliotheksgebäude** bewahrt wie die Kunst- und Naturalienkammer in originaler barocker Einrichtung wertvolle Bücherbestände des 16. und 17. Jh. sowie eine 13 000 Blatt umfassende Sammlung grafischer Porträts.

Vom Franckeplatz führt die Rannische Straße über den Alten Markt und die Schmeerstraße zurück zum Marktplatz. In diesen und den angrenzenden Straßen haben sich einige sehenswerte Beispiele hallescher Bürgerhäuser erhalten. Das zur Straße mit Rocaillestuck geschmückte **Haus Rannische Straße 17 (28)** birgt in seinem Hof noch eine der für Halle typischen Holzgalerien. In der Großen Brauhausstraße 10, am **Riesenhaus (29),** tragen Atlas und Herkules das Gebälk des Portals. Und **Märkerstraße 10 (30),** heute **Stadtmuseum,** wurde wahrscheinlich im Jahr 1558 durch Nickel Hofmann erbaut. Eine Erinnerung an die ›sozialistische Moderne‹ taucht wie eine Fata Morgana in der **Großen Klausstraße** auf. Das allegorisch verschlüsselte **Fassadenbild** von Joachim Triebsch hat das Mauersyndrom der alten DDR zum Gegenstand.

Am **Alten Markt (31)**, einst Zentrum der alten Stadt und später an ihren Rand gedrückt, trifft sich, wie so oft in dieser Stadt, noch einmal Altes und Neues. Dazwischen, auf einem von Heinrich Heiling 1905 geschaffenen **Brunnen,** das Wahrzeichen der Stadt, ›der Esel, der auf Rosen geht‹. Der Legende nach war der Rosenschmuck auf der Straße einst für den Einzug des Erzbischofs gestreut, der aber aus irgendeinem Grund aus einer anderen Richtung kam. Statt dessen kam unbekümmert ein junger Bursche mit einem Esel.

Giebichenstein

Giebichenstein ist sicher nicht nur der sagenumwobenste, sondern auch der bekannteste der im Lauf des 19. Jh. eingemeindeten Vororte Halles. Giebichenstein liegt nördlich der Altstadt auf dem dort zuweilen hoch und steinig über den Fluß aufsteigenden Saaleufer. Die Gegend ist von der Innenstadt recht bequem mit der Straßenbahn zu erreichen.

Halle besucht zu haben, ohne in Giebichenstein gewesen zu sein, wäre eine fast unverzeihliche Sünde. An der Burgstraße, die, der Name sagt es, direkt zur berühmten Burg Giebichenstein führt, gibt es schon vom Heinrich-Heine-Felsen einen schönen Blick über die Saaleaue. Der **Volkspark** auf der gegenüber liegenden Seite der Burgstraße wurde Anfang des 20. Jh. aus Mitteln der halleschen Arbeiterschaft erbaut und war ein traditionelles Lokal der Bewegung. Hier traten Ernst Thälmann und Clara Zetkin auf.

Burg Giebichenstein (32) taucht 961 erstmals in den Annalen auf, als sie wie der gesamte Gau Neletici von Otto I. dem Moritzkloster in Magdeburg übereignet wurde und damit sieben Jahre später in den Besitz des Erzbistums Magdeburg kam. Dies dürfte die so genannte, heute völlig verschwundene Alte Burg gewesen sein, auf deren Gelände 1718 ein Amtsgarten angelegt wurde, der heute Park ist. Die **Unterburg,** dieser mit wuchtigen Mauern und Gräben umgebene, kastellartige Komplex, wurde erst Mitte des 15. Jh. als erzbischöfliche Residenz neu erbaut und beherbergt heute die Hochschule für Kunst und Design. Die Schule war in den 20er- und 30er-Jahren unter der Kurzbezeichnung ›Burg‹ eine der interessantesten Schulen dieser Art in Deutschland. Direkt greifbare Zeugnisse der Schule dieser Zeit gibt es nur wenige in der Stadt.

Berühmtestes Exponat des 2008 mit neu gestalteten Ausstellungen wieder eröffneten Landesmuseums ist die ›Himmelsscheibe von Nebra‹.

Nach Entwürfen von Paul Thiersch entstand im 1911/12 erbauten **Landesmuseum für Vorgeschichte (33)** in der Richard-Wagner-Straße ein expressionistischen Formen verpflichteter Gemäldefries.

Auch der **Giebichensteinbrücke** über die Saale liegt ein Entwurf Thierschs zugrunde. Gerhard Marcks, der ebenfalls Lehrer und zeitweise Direktor an der Schule war, steuerte die beiden monumentalen Figuren des Pferdes und der Kuh bei.

Von der ins 12. Jh. zurückreichenden **Oberburg** gibt es nicht nur den herrlichsten Blick ins Saaletal, sondern auch auf diese Brücke. Außer dem 1907 wiederhergestellten Bergfried stehen von der 1636 durch Brand zerstörten Burg nur noch die Grundmauern einiger Gebäude. Dennoch werden sie alle es nicht versäumt haben, hier heraufzusteigen, die Tiecks, Brentanos, Arnims, Richters und Goethes, die drüben in der Seebenerstraße, in der ›Herberge der Romantik‹, bei Johann Friedrich Reichardt (1752–1814) zu Gast waren. Kapellmeister Reichardt, der wegen seiner Sympathien für die Französische Revolution vom preußischen König in Ungnade entlassen worden war, entfaltete auf seinem Landsitz ein viel gerühmtes Klima kultureller Freiheit und menschlicher Geselligkeit. Der wegen der uneingelösten Ideale verbitterte Eichendorff schrieb darauf später seine oft nur mit den ersten zwei Strophen zitierten Verse:

»Da steht eine Burg überm Tale
Und schaut in den Strom hinein,
Das ist die fröhliche Saale
Das ist der Giebichenstein

Da hab ich so oft gestanden;
Es blühten Täler und Höhn,
Und seitdem in allen Landen
Sah ich nimmer die Welt so schön!«

Die vorletzte Strophe aber lautet:
»Auf dem verfallenen Schlosse,
Wie ein Burggeist, halb im Traum,
Steh ich jetzt ohne Genossen
Und kenne die Gegend kaum.«

Stationen zwischen Wettin und Landsberg

Auf dem Weg von Halle ins nordwestlich der Großstadt gelegene Wettin führt die sich unvermutet steil ins Saaletal senkende Straße zunächst nach **Mücheln**. Eine 1989 gestartete Bürgerinitiative zur Rettung der **Templerkirche St. Marien** rückte den Ort aus seiner Abgelegenheit plötzlich ins öffentliche Interesse. Diese von einem Wirtschaftshof umgebene, einschiffige und trotz ihrer doch relativ geringen Größe imposant erscheinende Kapelle gilt als ein »Werk allererste Ranges der Frühgotik«. Obwohl zweckentfremdet genutzt, blieb sie im Wesentlichen erhalten. Die Geschichte des 1118 zunächst zum Schutz wallfahrtender Pilger in Jerusalem gegründeten Ritterordens verleiht dieser Kirche eine zusätzliche Bedeutung. Fanden sich die Templer zur Zeit des Kirchenbaus um 1280 auf dem Höhepunkt ihrer weitverzweigten Macht, mussten sie nur wenige Jahre später die sich zuweilen brutal vollziehende Aufhebung ihres Ordens wegen Ketzerei über sich ergehen lassen. Ihnen wurde die Verehrung Baphomets nachgesagt, einer wahrscheinlich mannweiblichen Figur mit zwei Köpfen oder Gesichtern. Neben anderen Attributen waren ihr die von Mond, Sonne und Schlangen beigegeben, und da sie von meist arabischen Schriftzeichen umgeben gewesen sein soll, wurde hier auf eine Neigung zum Islam geschlossen. Trotzdem ging die im Erzbistum Magdeburg 1308 verfügte Verhaftung der

An Saale, Unstrut und Weißer Elster

Das Grafengeschlecht der Wettiner leitete seinen Namen seit dem 11. Jh. von der Burg ab. 1288 übergab Otto III. »castrum et civitatem« an den Erzbischof von Magdeburg. Als Markgrafen von Meißen, Kurfürsten, Herzöge und Könige von Sachsen machten die Wettiner andernorts Geschichte. Sie gehörten den Königshäusern von Belgien und Portugal an, während der alte Stammsitz schwand.

Ritter am Ende mit dem Einzug der Ordensgüter vergleichsweise glimpflich ab. Ein Grund mag die Verquickung des Ordens mit den herrschenden Adelsgeschlechtern gewesen sein. Auch der Müchelner Hof war ja eine Schenkung von Graf Dietrich I. von Brehna-Wettin an seinen Sohn und Tempelritter Dietrich II.

Das kleine, nur etwa 3000 Einwohner zählende Städtchen **Wettin** an der Saale wird wenigstens vom Anblick her noch heute von der hoch über dem Ort auf einem schmalen Porphyrrücken erbauten **Burg** beherrscht. Spätestens seit 1288 aber, als Otto III. von Brehna-Wettin die Grafschaft samt Burgbezirk Salzmünde an das Erzbistum Magdeburg gab, hat kein Wettiner mehr in Wettin residiert.

Zahlreiche Abbrüche, Um- und Neubauten ließen wenig übrig von der mittelalterlichen Substanz. Vom Gebäudebestand der Ober- und Unterburg, denen noch jeweils eine Vorburg zugeordnet war, ist der über der vordersten Spitze des Bergsporns aufragende, 1606 auf alten Grundmauern errichtete **Winkelsche Turm** der stolzeste. Da die Gebäude sämtlich wirtschaftlich genutzt werden, ist ein Zugang nicht möglich. Ein Aufstieg durch die verwinkelte Stadt lohnt dennoch. Über die Dächer gleitet der Blick ins Saaletal und auf die unten vor der Stadt über den Fluss pendelnde Fähre.

Einen ersten wirtschaftlichen Aufschwung brachte die Ansiedlung von niederländischen Kolonisten um 1150. Anfang des 15. Jh. wurde der Flecken zur Stadt erhoben. Mit der im 17. Jh. großzügig begonnenen Ausbeutung der hier schon 1466 entdeckten Steinkohlevorkommen wurde Wettin sogar ›Bergstadt‹. Die Bewohner lebten außerdem von Schiffahrt, Fischerei, Korbmacherei und Bierbrauerei. Die **Nikolaikirche,** deren Turm auf einem romanischen Vorgängerbau basiert,

Wettin, Burg, älteste Bausubstanz um 800, eingreifende Umbauten im 19. und 20. Jh.

wird nach umfangreichen Sicherungs- und Restaurierungsarbeiten heute wieder als Gemeindezentrum und für kulturelle Veranstaltungen genutzt. Der ganz einer ›Bergstadt‹ würdige, sehr abschüssige und kleine Markt wird an seinem schmalsten und höch-sten Ende vom 1660–62 erbauten **Rathaus** abgeschlossen.

Wie Wettin ist das nur wenige Kilometer südlich liegende und im Mittelalter zeitweilig mit Wettin verbundene **Salzmünde** heute ein weitgehend vergessener und am Rande liegender Ort. Im 19. Jh. gingen von dort durch den von Johann Gottfried Boltze aufgebauten landwirtschaftlich-industriellen Betrieb wichtige Impulse für die moderne Landwirtschaft aus. Die nach wissenschaftlichen Methoden erzeugten Produkte wurden in eigenen Betrieben veredelt und abgesetzt. Neben den landwirtschaftlichen Gütern gab es »Mühlen, Steinbrüche, Braunkohle- und Tongruben, Kaolinschlemmereien, Zuckerfabriken und Brennereien, Ziegeleien und sonstige Hilfsbetriebe einschließlich einer eigenen Saalflotte«. Die soziale Komponente dieses Betriebes wird in der um 1925 erbauten und noch heute äußerlich fast unversehrt erhaltenen **Siedlung** sichtbar in der Ausgewogenheit von Wohnviertel, Rathaus und Verwaltungsgebäude. Entstanden ist die Siedlung unter dem Nachfolger Boltzes, Carl Wentzel-Teutschenthal, der am 20. Dezember 1944 von der nationalsozialistischen Justiz hingerichtet worden ist.

Petersberg und Löbejün

Östlich von Wettin erhebt sich als beherrschende Landmarke der **Petersberg**. Aus größerer Entfernung ist er heute vor allem durch die Türme von Sendeanlagen gekennzeichnet. Bei der Anfahrt von Westen aber erhebt sich bald die aus dem Porphyr des Berges gebaute mächtige Westwand der **Stiftskirche St. Petrus** über dem Abhang. Der ›mons serenus‹ oder Lauterberg, wie er bis ins 14. Jh. hieß, war schon früh auch heidnischer Wohn- und Kultplatz, so dass wahrscheinlich um 1100 in üblicher missionarischer Gewohnheit dort eine erste Rundkapelle entstand. Mauerreste dieser nach dem Vorbild böhmischer Rundkirchen erbauten ›vetus capella‹ existieren noch im nördlich der Kirche angrenzenden Gemeindefriedhof. Als Ersatz für das einzige, immer mehr unter die Übergriffe der Bischöfe von Mainz geratende Eigenkloster in Gerbstedt plante Dedo von Wettin 1124 die Gründung eines Klosters auf dem Petersberg, das zugleich als Grablege für die Stifterfamilie dienen sollte. Ab 1130 kam es zum Bau einer dreischiffigen romanischen Basilika in T-Form, die dann 1174–84 um die für den mitteldeutschen Raum in ihrer Gestaltung einmaligen Ostteile und das durchgehende Querhaus erweitert wurde.

Chor, Querhaus und Westquerturm sind es auch, die einen Großteil ihres originalen Baubestandes der 1565 ausgebrannten und dann nach und nach ruinierten Kirche erhalten konnten. Innen wie außen zeichnet sich der Chorbereich durch seine Vielgliedrigkeit aus. Über den weitgehend geschlossenen Nebenräumen des Chors öffnen sich

Petersberg

Populäre Quellen sprechen davon, dass die Stiftung Dedos von Wettin 1124, wie die im gleichen Jahr absolvierte Pilgerfahrt nach Jerusalem, als Sühne für das Verstoßen seiner Gemahlin gedacht war. Da Dedo aber auf dem Rückweg von Jerusalem starb, fiel die Realisierung seinem Bruder Konrad, Markgraf von Meißen, zu. Dieser stattete auch das vier Jahre später vom Papst bestätigte regulierte Augustinerchorherrenstift mit umfangreichem Besitz aus.

An Saale, Unstrut und Weißer Elster

Petersberg, Stiftskirche St. Petrus von Westen, nach 1124

die Emporen durch hohe, rundbogige Arkaden in Chor und Seitenschiff. Draußen gliedern zahlreiche Fenster, Lisenen und Bogenfriese die Flächen. Sowohl der ungewöhnlich breite Giebel als auch die im Inneren wie im Äußeren feststellbare gestalterische Sonderung der Seitenräume des Chors legen die Vermutung nahe, dass über den Emporen ursprünglich Türme geplant waren. Im Gegensatz zu diesen originären Bildungen sind das Langhaus mit den ungewöhnlichen Achteckpfeilern und die in den Turm eingebaute steinerne Westempore nicht nur im Bestand, sondern auch in der Form ein Ergebnis des Wiederaufbaus von 1853–57. Dieser Wiederaufbau führte zum Abriss der 1567 in die abgebrannte Kirche eingebauten wettinischen Grabkapelle. Das mächtige *Prunkgrab* der wettinischen Fürsten des 12. und 13. Jh. steht heute an der Wand der Turmhalle. Aufgereiht von Markgraf Konrad bis Heinrich III. liegt die ganze Familie gleichsam in einem einige Meter breiten Bett.

Zur Ausstattung der Grabkapelle gehörte auch der heute im nördlichen Querhaus befindliche *Kruzifixus*, der Hans Walther zugeschrieben wird. Er schuf mit seinem Bruder Christoph Walther II. auch das Prunkgrab. Die elf weiteren, an den Wänden der Turmhalle aufgestellten, zum Teil ebenfalls figürlichen Platten gehörten zu einer neoromanischen Grabanlage, die sich bis 1966 im Mittelschiff befand.

Der Petersberg ist eines der beliebtesten Ausflugsziele der Hallenser. Galt er in früheren Zeiten als ›Wetterprophet‹, so ist es heute wohl vor allem die weite Aussicht, die ihm seine Anziehungskraft verleiht. Bei klarem Wetter geht der Blick bis zum Harz, bis nach Leipzig oder Magdeburg und natürlich auch über die vielen kleineren Orte der näheren Umgebung.

Löbejün ist einer von ihnen und liegt am Nordabfall des Saalkreiser Porphyrplateaus in das Tal der Fuhne. Es ist nicht zuletzt diese bergige Lage, die der Stadt einen ganz besonderen Reiz verleiht, gilt es doch, steilste Gassen zu ›bezwingen‹.

Als slawischer und später deutscher Burgort erlebte die Stadt im 15. und 16. Jh. eine erste Blüte, die auch einen neuen Kirchenbau ermöglichte. Da ein Brand die um 1520 fertig gestellte **Kirche** schon 60 Jahre später in arge Mitleidenschaft zog, mischen sich im Gebäude Formen der Spätgotik und der Renaissance. Letztgenannter Epoche verdankt die Kirche ihre schöne *Balkendecke* sowie den größten Teil der Ausstattungsstücke. Darüber hinaus haben sich im Stadtbild, das aus in der Regel zweigeschossigen Steinhäusern besteht, eine im Kern um 1200 erbaute **Hospitalkapelle** und das **Hallesche Tor** aus der zweiten Hälfte des 17. Jh. erhalten. Das ›**Alte Brauheüs Löbejün**‹ diente seit 1614 vornehmlich der Befriedigung leiblicher Bedürfnisse, und es war wegen des steilen Schulbergs gewiss leichter, von der Kirche in dieses Gasthaus zu kommen als umgekehrt. Ob die angetrunkenen Gäste der Grund für die Überlieferung des Namens ›Schweinemarkt‹ für den alten, dreieckigen Marktplatz gegeben haben, dünkt allerdings ungewiss.

Nobler erscheint der neue trapezförmige Marktplatz am Südhang des Tals allemal. Dort hält die goldene Sphinx über dem Portal des klassizistischen **Rathauses** Zwiegespräch mit dem wohl berühmtesten Sohne der Stadt, dem 1796 in Löbejün geborenen Balladenkomponisten **Carl Loewe**. Ihm hat die Stadt hier ein granitenes **Denkmal** gestiftet.

Ostrau und Zörbig

Auf halbem Weg zwischen Löbejün und Zörbig liegt das kleine, weitgehend unbekannte Dorf **Ostrau.** Schon zu slawischer Zeit dürfte es dort auf dem Gelände des noch heute allseits von Gräben umgebenen Schlosses eine Wallburg gegeben haben. Es folgten eine mittelalterliche Wasserburg, eine kastellartige Renaissanceanlage und 1713 der Neubau des noch heute erhaltenen **Barockschlosses** durch den französischen Architekten Louis Remy de La Fosse für die von Veltheim, deren Geschlecht von 1585 bis 1945 hier gesessen hat. Der Nordostflügel des Schlosses ist während einer generellen Wiederherstellung unter Hans Hasso von Veltheim 1929–33 ausgebaut worden. Im Schloss und dem sich durch seltene Pflanzen auszeichnenden

Für Markgraf Konrad, der ebenfalls im mächtigen Prunkgrab der Wettiner in der Stiftskirche St. Petrus beigesetzt ist, fand der Volksmund einen Vers, der Bezug darauf nimmt, dass Konrad kurz vor seinem Tod noch die Mönchskutte übergestreift haben soll: »So wechselts in der Welt, der lange Zeit gekrieget, Wird nun ein Mönch; der Löw' als wie ein Lamm still lieget.«

An Saale, Unstrut und Weißer Elster

Park versammelte Veltheim Geistesschaffende aus aller Welt, um ihnen hier die Möglichkeit zu wissenschaftlicher oder auch künstlerischer Arbeit zu geben. Er wollte hier ein Klein-Wörlitz des 20. Jh. schaffen, was der Zweite Weltkrieg und dessen Folgen leider verhinderten. Auch von der originalen Ausstattung des Schlosses, das Erich Neuß »zu den besten Bauten der Barockzeit in Sachsen-Anhalt« zählt, ist kaum etwas erhalten. Die ebenfalls unter Otto Ludwig von Veltheim barock umgestaltete **Dorfkirche,** deren ganze 1698–1702 von Hermann Maier angefertigte Ausstattung aus Holz besteht, hat die Fährnisse der Zeit dagegen recht gut überstanden.

Ähnlich wie Ostrau, liegt auch das größere Städtchen **Zörbig** im flachen ›Rübenland‹. Seit dem 19. Jh. ist es vornehmlich durch Sirup- und Saftproduktion bekannt geworden. Im Ursprung wohl sorbisch, besitzt der Ort ein vielfach verändertes **Schloss,** in dem sich unter anderem ein **Heimatmuseum** befindet. Von dem im 15. Jh. angelegten umfangreichen Befestigungssystem ist nur noch der **Hallesche Turm** geblieben, dessen vier Renaissancegiebel den größten Teil der Häuser des Ortes überragen. Mit einer schönen sächsischen **Postmeilensäule** auf dem Markt, dem neogotischen **Rathaus** und der spätgotischen, 1537–41 umgebauten **Stadtkirche** ist die wertvollere historische Bausubstanz des Städtchens schon fast aufgezählt. Unter den Ausstattungsstücken der Kirche befinden sich ein in seiner Ikonographie sehr merkwürdiger barocker *Altaraufsatz* und ein um 1230 entstandenes, wahrscheinlich aus der Stiftskirche Petersberg stammendes *Monumentalkruzifix.* In seiner Qualität steht es in der Reihe der sächsisch-thüringischen Monumentalkreuze von Halberstadt, Freiberg, Merseburg und Wechselburg.

Zörbig, Postmeilensäule auf dem Markt

Landsberg

Landsberg

Eine hervorragende kunsthistorische Stellung nimmt die **Doppelkapelle** in Landsberg ein. Landsberg ist ein kleines Städtchen ca. 15 km östlich von Halle. Um 1170 entstand hier in der Folge älterer Siedlungen und Befestigungen aus slawischer Zeit eine Burg in den ungefähren Ausmaßen der Wartburg bei Eisenach. Als Erbauer der Doppelkapelle, die einst in die Burg integriert war, gilt allgemein der Wettiner Dietrich III. Er nahm 1176/77 am Italienfeldzug Barbarossas teil. Bei den Friedensverhandlungen zwischen Barbarossa und Papst Alexander III. soll er vom Papst einen Splitter vom Kreuz Jesu erhalten haben, welcher der Kapelle dann den Namen St. Crucis gegeben hat. Aus Italien dürfte Dietrich auch den marmornen, antiken Säulenschaft mitgebracht haben, der als Spolie in den Bau eingefügt wurde. Sieht man vom in spätgotischer Zeit aufgesetzten dritten Geschoss und vom Walmdach von 1662 ab, bietet die Kirche einen fast originalen Eindruck. Rundbogenfries, Ecklisenen und ein umlaufender Sockel schließen die beiden Geschosse zu einer gestalterischen Einheit zusammen. Nach außen besonders hervorgehoben

Wie die Doppelkapelle sich auf der kleinen Porphyrkuppe des Kapellenbergs erhebt, erscheint die ganze Anlage wie ein kleineres Geschwister des Petersbergs.

Landsberg, Doppelkapelle St. Crucis, um 1170

sind nur die drei, vorwiegend in Backstein ausgeführten und durch Lisenen gegliederten Apsiden des Obergeschosses als zentraler geistlicher Ort des Gebäudes und das Hauptportal mit heute leider weitgehend unkenntlichen Reliefs. Schräg über dem Haupteingang zeigt das noch vorhandene Gewände die Tür, die durch eine Brücke mit dem Palas verbunden war, so dass die Herrschaften nicht den Gang über den Hof auf sich nehmen mussten.

Doppelkapellen wurden nur während des 12./13. Jh. und nur im staufischen Herrschaftsbereich gebaut. Vorläufer dieser Herrschaftskapellen dürften Pfalzkapellen und ottonische Westwerkanlagen gewesen sein. Die Landsberger Kapelle steht in engem Verhältnis zu der heute nicht mehr vorhandenen Marienkapelle im Kloster Ilsenburg, die allerdings nur eine Westempore besaß, was auch für Landsberg der anfängliche Plan gewesen sein dürfte. Desgleichen weist die vielfältig reiche und qualitätvolle Kapitellornamentik auf Einflüsse aus Ilsenburg und Königslutter. In einfachem Stützenwechsel bewegen sich die drei Schiffe nach Osten und erhalten erst durch die Deckenöffnung die Wirkung eines Zentralbaus.

Unter Heinrich dem Erlauchten, der auch unter seinem Dichternamen Heinrich von Meißen in die Geschichte eingegangen ist, erlebte die Burg Landsberg eine kurze Blüte. Später war sie ein billiger Steinbruch. Erhalten blieb nur das geweihte Gebäude.

Merseburg

Merseburg ☆☆
Besonders sehenswert
Schloss und Dom mit dem Grabmal Rudolfs von Schwaben

Ob die Verse der über tausend Jahre alten Merseburger Zaubersprüche tatsächlich Heilwunder bewirkt haben, lässt sich nicht mehr nachprüfen. Zumindest müssen sie zeitweise so unentbehrlich gewesen sein, dass sie aufgezeichnet wurden und dadurch zum ältesten originalen deutschen Schriftgut zählen.

Das Merseburger Land ist uraltes Siedlungsgebiet. Auch auf dem Gebiet des heutigen Merseburg, auf dem am dichtesten mit Architekturdenkmalen bestückten Bergrücken von Altenburg, Oberaltenburg und Domburg über der Saale wird schon eine befestigte Siedlung der Jungsteinzeit vermutet. Als Folge kontinuierlicher Besiedelung wurde im 8. Jh. eine karolingische Burg gegründet, die den wichtigen Saaleübergang im Grenzgebiet von Sachsen, Thüringen und den slawischen Territorien zu sichern hatte.

Per Heirat ging Anfang des 10. Jh. die Altenburg in Besitz des 919 zum ersten deutschen König gekürten Heinrich. Das Eheglück war kurz, da sich Hatheburg vor der Heirat leichtsinnigerweise der Kirche versprochen hatte, und deswegen die Verbindung von der Kirche wieder gelöst wurde. Die Tür zum Aufstieg Merseburgs war aber aufgestoßen. Dem Königsgut, das zu den leistungsfähigsten der sächsischen Höfe zählte, schloss sich eine Pfalz an, die vor allem unter Heinrich II. besondere Bedeutung erlangte. 69 Königsaufenthalte und wenigstens 26 Hoftage sind bis zum Ende der Stauferzeit bezeugt. 968 wurde ein bereits vorhandenes Kollegiatsstift zum Bistum erhoben und bestand mit Ausnahme der Jahre 981–1004 bis zum Tod des letzten Bischofs Michael Sidonius Helding 1561. Der berühmteste seiner Vorgänger war Thietmar von Walbeck, der mit seinem ›Chronicon‹ eines der bedeutendsten Geschichtswerke des deutschen Mittelalters hinterlassen hat.

Die Entwicklung der schon früh an Königshof bzw. Domberg gebundenen Stadt hat immer im Schatten des dort verbreiteten großen Glanzes gelegen. 1289 werden erstmals Rat und Bürgergemeinde erwähnt, die aber das ganze Mittelalter hindurch vom Bischof abhängig bleiben. Der anfangs betriebene Handel, der sich später nach Leipzig und Naumburg verlagerte, war kein Gegengewicht.

»Knochen zu Knochen, Blut zum Blute, Glied zum Gliede, alles passe zueinander!« lautet einer der über tausend Jahre alten Merseburger Zaubersprüche.

Nach den großen Schäden, die der Dreißigjährige Krieg auch in Merseburg angerichtet hatte, setzte mit der Gründung eines selbständigen Herzogtums Sachsen-Merseburg im Jahre 1656 ein mit großer Intensität betriebener Neu- und Wiederaufbau ein, der einige schöne Zeugnisse aus dem Bereich der Architektur und Bildhauerei hinterlassen hat. Es waren vor allem die Bildhauer- und Architektenfamilien Trothe und Hoppenhaupt, die hier in Erscheinung traten und über die Grenzen Merseburgs hinaus wichtige Aufträge ausführten. Schon 1738 allerdings war der Traum der Selbständig-

Merseburg

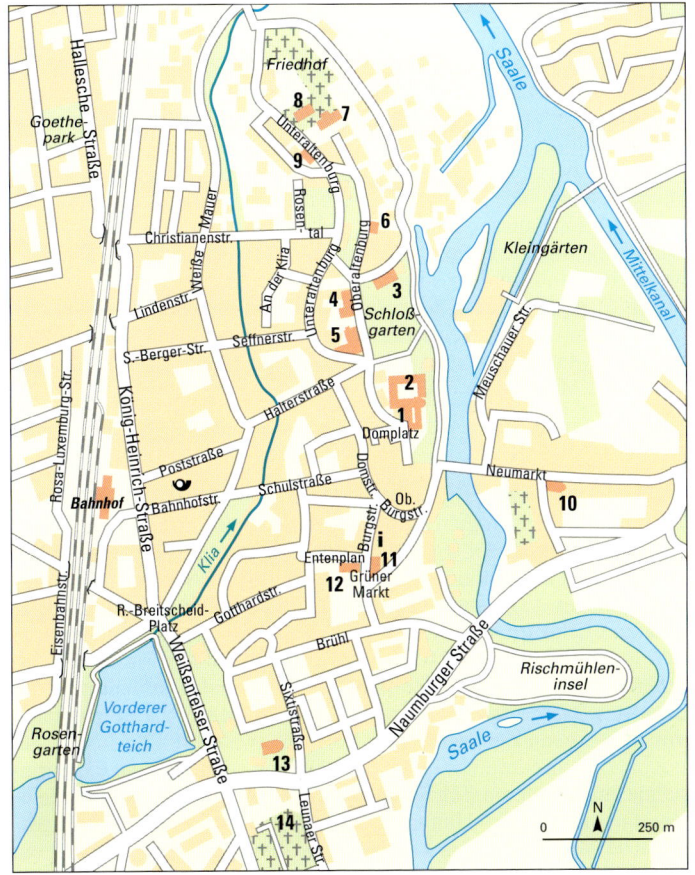

Merseburg
1 Dom
2 Schloss
3 Schlossgartensalon
4 Zechsches Palais
5 Ständehaus
6 Wasserkunst
7 Peterskloster (Ruine)
8 Kirche St. Viti
9 ›Versunkenes Schlößchen‹
10 Neumarktkirche St. Thomae
11 Rathaus
12 Stadtkirche St. Maximi
13 Sixtikirche (Ruine)
14 Stadtfriedhof

keit ausgeträumt, und Merseburg fiel zurück an das Kurfürstentum Sachsen.

Keine 100 Jahre später wurde es preußisch und Regierungssitz des Regierungsbezirks Merseburg, zunächst Beamten-, bald aber auch Industriestadt. Das führte, ähnlich wie im nahen Halle, zu verschärften sozialen Auseinandersetzungen, die Merseburg im Jahre 1921 zu einem Zentrum der bewaffneten Märzkämpfe machten. Zur Zerstörung durch die Industrie trat die durch Luftangriffe 1944 hinzu, so dass Merseburg heute zu großen Teilen eine Neubaustadt geworden ist, die nochmals historische Bausubstanz in den kulturträchtigen Boden stampfte. Als beredter Ausdruck dieser ideologisch hinterfütterten Baupolitik mag das Ensemble um den Gotthardsteich stehen, an dem bis zum Herbst 1991 auf hohem Sockel ein monumentaler Lenin vergeblich die Richtung zu weisen versuchte.

Domburg

Bei solcher Konkurrenz hat es die vieltürmige Domburg auf ihrem erhöhten Standpunkt über der Stadt relativ leicht, als Siegerin eines architektonischen Wettbewerbs hervorzugehen. So schwer wie diese Symbiose zwischen Schloss und Dom zu überschauen ist, so verwickelt und mit vielen Um- und Ausbauten verbunden war auch die Baugeschichte dieser reizvollen Anlage. Während der südlich des Doms angefügte Kreuzgang und die dazugehörigen Stiftsgebäude das geistliche Zentrum dieses Ensembles bilden, ist das nördlich in ähnlicher Form an den Dom angefügte Schlossquadrum gleichsam dessen mächtigerer, weltlicher Widerpart, wenngleich der nördlich des Doms liegende Palast schon 1188 von Kaiser Barbarossa den Bischöfen Merseburgs überlassen wurde.

Dom

Der **Dom** (1) besitzt seine auffälligsten Bauteile in den sich über dem 1510–17 neu errichteten Langhaus erhebenden Staffelgiebeln aus verputztem Backstein. Beide Turmpaare gehen in romanische Zeit zurück. Das schlank aufsteigende östliche Paar wurde in der Zeit von 1036 bis 1042 als Stütze für den gleichzeitig über der Krypta erbauten Chor errichtet und im 13. Jh. nochmals um ein Geschoss erhöht. Die Stümpfe der Westtürme dürften dem Ursprungsbau zwischen 1015 und 1021 angehören. Ihr oktogonaler Aufbau geht auf die zweite Hälfte des 12. Jh. zurück, wurde aber im Zusammenhang mit dem Anbau der westlichen Vorhalle zwischen 1225 und 1240 nochmals verändert. Und selbstverständlich gehören auch die Turmhelme einer späteren Zeit an. Genau 500 Jahre nach der Grundsteinlegung – nach dem Hoftag zu Ostern 1015 – entstand das spätgotische **Westportal** des Doms. In seinem Kielbogen führt es ein Brustbild Heinrichs II. mit den Insignien der Macht und einem Modell des Doms und erinnert daran, wie gern Heinrich II. in »seinem geliebten Merseburg« weilte. Rechts und links des Kaisers stehen die Patrone Johannes der Täufer und Laurentius. Die überlebensgroßen Figuren sind Kopien aus dem 19. Jh. Im Dom selbst gibt es noch einige andere Stifterbildnisse Heinrichs II., der als Nebenpatron besondere Verehrung genoss. So kann es nicht verwundern, dass dieses Portal in die **Vorhalle** führt, deren quadratisches, von einem Schlingrippengewölbe überwölbtes Mittelschiff auch Heinrichskapelle heißt. 1535–37 ließ Bischof Sigismund von Lindau dieses Mittelschiff zur Grabkapelle umbauen. Die ehemals diese Kapelle abgrenzenden Schrankenreliefs sind heute in veränderter Anordnung an den Wänden des Turmzwischenjochs aufgestellt. Unter ihnen wieder Heinrich II. als Stifter der Kirche.

Von den zahlreichen Ausstattungsstücken oder Grabmälern, die sich heute in der Vorhalle befinden, können hier nur wenige hervorgehoben werden. Nicht ursprünglich aus dem Dom, sondern aus der Laurentiuskirche stammt die monumentale, um 1180 geschaffene *Taufe* im südlichen Seitenschiff der Vorhalle. Auf vier Löwen und vier die Paradiesflüsse verkörpernden Männern lastet die mächtige Tonne, in deren Rundbogenarkaden Propheten die Apostel auf ihren Schultern tragen. An der östlichen Stirnseite dieses Seitenschiffs steht das von Caspar Creutz 1517/18 geschaffene Retabel des *Kunigundenaltars*. Kunigunde, außerhalb der Kreuzigungsszene auf einer Konsole stehend dargestellt, war die Gattin Heinrichs II. und wurde mit diesem 1200 von Papst Innozenz III. heiliggesprochen. Sie galt als sehr wache, tatkräftige und kluge Frau, die dem Kaiser auch in politischen Fragen zur Seite gestanden haben soll.

Während im schmiedeeisernen *Kronleuchter* des Mittelschiffs Heinrich und Kunigunde, Laurentius und Johannes als kleine Holzfiguren erscheinen, um damit den zahlreichen in der Kirche vorhandenen Darstellungen der Majestäten weitere hinzuzufügen, gilt der *Rittergrabstein* im nördlichen Seitenschiff einem Unbekannten. Die aus Kalkstein in der Mitte des 13. Jh. gefertigte Arbeit weist auf eine große Nähe zu dem bis heute ebenfalls unbekannten Naumburger Meister. Genauere Kenntnis hingegen gibt es über den Baumeister der Tonnengewölbe, die das großzügige **Langhaus** überspannen. Sie sind ein Werk Johann Moestels, eines späteren Bürgermeisters von

Merseburg, Dom und Schloss von Süden

An Saale, Unstrut und Weißer Elster

*Merseburg, Dom, Orgel, 1697, stilgerecht erneuert von Friedrich Ladegast 1853–55.
In ihrer monumentalen, die gesamte westliche Stirnseite des Langhauses füllenden Wucht gleicht sie einem einzigen, den Raum durchströmenden, riesenhaften Akkord.*

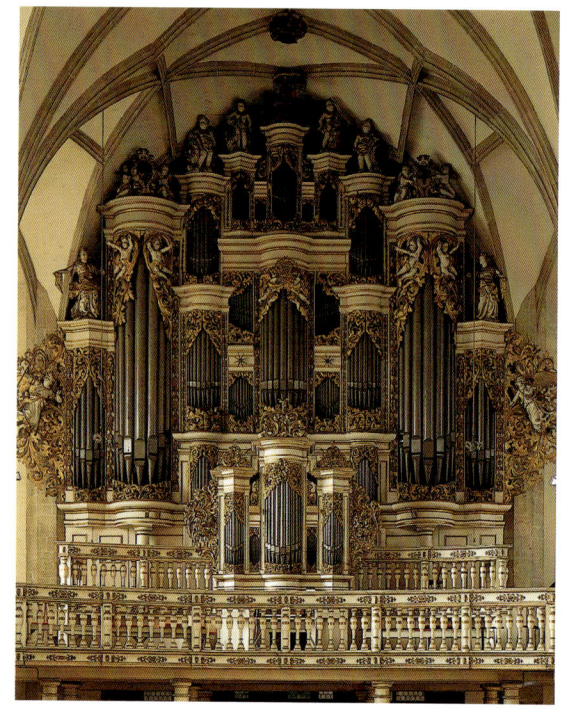

Merseburg, Dom, Grabdenkmal für Bischof Thilo von Trotha, um 1490

Merseburg. Beachtenswert an den dem Tonnengewölbe aus Backstein unterlegten Kreuzrippen ist, dass sie die wirklichen Raumverhältnisse eher verschleiern als klären, was durchaus im Zug der Spätgotik lag, der sie angehören. Einige *Schlusssteine* dieses Gewölbes tragen wiederum die Figuren des Kaisers oder der Kaiserin, die auch als Reliefs auf den Seitenwangen des 1519 datierten *Chorgestühls* zu finden sind. Überhaupt ist die Reichhaltigkeit wertvoller Ausstattungsstücke und Grabmäler kaum zu überschauen. So darf die um 1520 geschnitzte *Kanzel* am südöstlichen Mittelschiffpfeiler ganz zu Recht als »ein großartiges Werk virtuoser Holzschnitzkunst« bezeichnet werden.

Nicht weniger virtuos, doch in klassischer Strenge geformt, ist das *Grabdenkmal für Bischof Thilo von Trotha* im nördlichen Querhausarm. Die Arbeit wird Peter Vischer d. Ä. um 1490 zugeschrieben. Vorsorglich und nichts dem Zufall überlassend, hatte Thilo von Trotha schon zu Lebzeiten um die Wende des 15. und 16. Jh. diesen Querhausflügel zu seiner Grabkapelle umbauen lassen. Dem Glanzstück der Grabmäler des Merseburger Doms konnte auch er freilich bei allem Aufwand nicht mehr den Rang ablaufen. Die in der Vierung des Doms liegende *Grabplatte Rudolfs von Schwaben* ist das älteste datierbare Bildnisgrabmal in Deutschland. Mit großer Wahrscheinlichkeit kann angenommen werden, dass sie recht kurz nach Rudolfs Tod im Jahr 1080 geschaffen wurde. In frühromanischer, lapidarer Strenge liegt die Figur des Toten mit Königsinsignien und den Zügen eines enttäuschten, trotzigen Kindes. Trotz siegreicher Schlacht gegen seinen Rivalen Heinrich IV. am 15. Oktober 1080 bei Hohenmölsen glitt ihm das Glück im wahrsten Sinne des Wortes aus der Hand, denn diese wurde ihm in der Schlacht abgehauen, worauf er noch am selben Tag verstarb. Die **Hallenkrypta** unter ihm gilt als eine der ältesten in dieser baulichen Reinheit erhaltenen Hallenkrypten Mitteldeutschlands. Das spätromanische *Kruzifix* über ihm gehört zu den bedeutendsten Stücken der thüringisch-sächsischen Triumphkreuzgruppen der Romanik. Als jüngeres, deswegen aber nicht minder wertvolles Kunstwerk muss zum Ausgang noch unbedingt die von 1697 stammende *Orgel* erwähnt werden, die 1853–55 von Friedrich Ladegast stilgerecht erneuert wurde.

»O, dass doch alle meine Feinde so herrlich begraben lägen!« soll Heinrich IV. sieben Jahre nach dem Tod Rudolfs von Schwaben beim Anblick der Grabplatte ausgerufen haben.

Schloss

Im Vorhof des angrenzenden **Schlosses (2)** begegnet dem Besucher zunächst eine sicher unerwartete Merkwürdigkeit: ein in einem Käfig gehaltener, pechschwarzer Rabe. Er ist nicht etwa hier gefangen, um ein Kontrastprogramm zur Orgel zu bieten, sondern vertritt seit der Zeit Thilo von Trothas dessen Wappentier.

Unter Bischof Thilo von Trotha erfolgten der Abriss des älteren und kleineren Schlosses sowie der Neubau der größeren Dreiflügelanlage nördlich des Doms. Etwa 1470–1500 dürfte das Schloss erbaut worden sein, dessen Abglanz heute nur noch in den Giebeln des Jahre später erneuerten Domschiffs zu finden ist, die in ihren Formen denen des Schlosses folgten. Schon 1604/05 kam es durch Melchior Brenner aus Dresden abermals zu einer umfassenden Erneuerung der Anlage. Der Ostflügel wurde bis an den Dom verlängert, die Treppentürme des Ost- und Nordflügels wurden aufgeführt und erhielten neue Zwerchgiebel, die jedoch erst 60 Jahre später ihre heutige Form bekamen. Erwähnens- und sehenswert ist das ausgesprochen originelle und vielgestaltige Beschlagwerk an den Untersichten der Wendeltreppen des so genannten Kammer- und des Konditorturms.

Im 19. Jh. ist das Schloss schließlich für die Zwecke der preußischen Bezirksverwaltung hergerichtet und Ende des Jahrhunderts grundlegend restauriert worden. Der im Zweiten Weltkrieg zerstörte Ostflügel wurde bis 1972 weitgehend originalgetreu hergestellt und der Hof damit wieder geschlossen. Gerade diese hohe Abgeschlossenheit ist es, die das Merseburger Schloss trotz unterschiedlicher stilistischer Einflüsse zu einem beeindruckenden, einheitlichen Gebilde macht. Neben dem Hof, in welchem auch künstlerische Glanzpunkte wie der Neptunbrunnen oder der Erker des Nordflügels aufleuchten, zeigt das Schloss seine schönste Seite im Zusammenklang mit dem Dom vom gegenüber liegenden Saaleufer.

Das Wappen der Trothas trägt der Überlieferung nach – die den historischen Tatsachen widerspricht – seit Thilo den Raben mit Ring. Er habe aus Reue den Raben in sein Wappen aufgenommen, da er seinen treuen Diener Johann unter dem Verdacht, ihm einen Ring gestohlen zu haben, hatte hinrichten lassen. Später jedoch fand sich der Ring bei Dachdeckerarbeiten neben einem toten Raben liegend wieder. Tatsächlich aber stand der Rabe mit dem Ring schon vor Thilo im Wappen der Trothas.

Andererseits bietet sich vom nördlich des Schlosses 1661 auf dem Gelände des alten Königshofs angelegten **Garten** ein reizvoller Blick auf das Schloss. Im Park stand noch bis in die 60er-Jahre ein Reiterstandbild König Friedrich Wilhelms III. von Louis Tuaillon. Bei der Umgestaltung des Gartens im Jahre 1968 wurde es in die Ruine der Sixtikirche verbannt.

An seiner nördlichen Schmalseite schließt der Park mit der toskanischen Säulenhalle eines zweigeschossigen **Schlossgartensalons (3)**. Der einst beidseitig von Orangeriehäuschen flankierte Bau ist ein Werk Johann Michael Hoppenhaupts d. Ä. und wurde in den 30er-Jahren des 18. Jh. vollendet.

Vom Ständehaus nach St. Viti

Während dieser Salon mehr den vergnüglichen Seiten des Lebens zugedacht war, floss westlich des Parks Beamten- und Abgeordnetenschweiß. Zuerst war das ältere **Zechsche Palais (4)** von 1782 und später das 1892–95 erbaute, etwas protzige **Ständehaus (5)** Sitz des Parlaments der preußischen Provinz Sachsen.

Die Oberaltenburg weiter nach Norden verfolgend, findet sich nach den Denkmalen von Gartenkunst und Regierungskunst eines der Wasserkunst. Der nicht sehr große Bau der **oberen Wasserkunst (6)**, rechts der Straße, ist von Bäumen fast verdeckt und daher leicht zu übersehen. Der Bau, wie die auf dessen Zweck anspielende Dekoration, stammt vom Architekten des Schlossgartensalons. Der oberen Wasserkunst stand eine untere gegenüber. Die befand sich noch bis nach dem Krieg neben dem Mühlgraben der ehemaligen Königsmühle am Fuße des Hügels. Während in der Königsmühle schon 1856 eine Papierfabrik eingerichtet wurde, fiel die untere Kunst kenntnisloser Abrisspolitik zum Opfer.

Auch die Kirche des **Petersklosters (7)** auf der Altenburg wurde nach der Auflösung des Klosters 1562 als Steinbruch genutzt und im Verlauf von 400 Jahren abgetragen. Nach alten Nachrichten soll sie dem Dom an »Pracht und Größe in nichts« nachgestanden haben. Eine letzte Restaurierung versuchte 1912, die mittelalterlichen Reste der Klausur zu retten.

Der Rest der nördlichen Spitze des Bergrückens wird vom Altenburger Friedhof eingenommen, auf dem sich die Altenburger **Kirche St. Viti (8)** behauptet. Mit ihrem Westquerturm geht die einfache, von einem barocken Umbau 1692 geprägte Saalkirche an den Anfang des 12. Jh. zurück.

Unterhalb der Kirche, in der Unteraltenburg, wohnte übrigens der bereits mehrfach erwähnte Johann Michael Hoppenhaupt d. Ä. in seinem ›**Versunkenen Schlösschen**‹ **(9)**, das er sich 1744 selbst erbaute.

Von St. Thomae zum Stadtfriedhof

Auf der östlichen Seite des Dombergs, auf der anderen Seite der Saale, ist in den letzten Jahren die **Neumarktkirche St. Thomae (10)** grundlegend restauriert worden. Mit dem Bau der ursprünglich kreuzförmigen, flachgedeckten romanischen Basilika ist nach 1173 begonnen worden. Um 1230 dürfte sie vollendet gewesen sein. Wohl wegen des schlechten Baugrunds hat sie schon früh einzelne Bauglieder wie das südliche Seitenschiff oder den Südturm verloren. Am Außenbau sind vor allem die ebenfalls in ihrer ursprünglichen Lage veränderten spätromanischen Säulenportale an der Nordseite bemerkenswert.

Auf der Stadtseite des Doms lag die **Domfreiheit**, die sich in eine innere und eine äußere teilte. In diesem Gebiet um Domplatz und Domstraße lebten die von den städtischen Pflichten befreiten Domherren und Vikare. Einige beachtenswerte Wohnhäuser aus dem 17. und 18. Jh. weisen darauf hin. Eines der schönsten Renaissanceportale besitzt die ›Kurie Simonis et Judae‹ in einem barock umgebauten Haus in der **Domstraße 8.**

Am Markt treten neben einigen Wohnhäusern im näheren Umkreis vor allem das Alte Rathaus und die Stadtkirche St. Maximi hervor. Sie haben auf ihrem Terrain noch etwas vom Flair der alten Stadt bewahren können.

Das **Rathaus (11)** folgte einem 1444 abgebrannten Vorgänger. Sein heutiges Erscheinungsbild wird aber weitgehend vom Umbau unter der Leitung des halleschen Ratsbaumeisters Nickel Hofmann bestimmt. Das Meisterzeichen findet sich an dem 1561 vorzüglich gearbeiteten Erker. Als bei der Restaurierung von 1913/14 das Rathaus an diesem Ende um mehrere Meter verkürzt wurde, ist er an seine heutige Stelle versetzt worden. Ein weniger künstlerisches als politisches Dokument stellen die Wappen über dem älteren Kielbogenportal dar. Einem Stempel gleich ließen hier die regierenden Bischöfe seit Thilo von Trotha ihre Wappen anbringen.

Die spätgotische Halle der **Stadtkirche (12)** ist trotz ihres wohlausgewogenen Innenraums ein getreuliches Exempel dieser bischöflich verordneten Bescheidung. Den stolzen neogotischen Turm erhielt sie erst 1867–72 nach Entwürfen von Friedrich August Stüler. Mit dem Turmneubau erhielt die Kirche auch eine neue Ausstattung, so dass nur wenige Teile älterer Ausstattung erhalten geblieben sind. Die vier überlebensgroßen *Holzfiguren* des *Barockaltars* von Michael Hoppenhaupt gehören gewiss zu den beeindruckendsten. Der 1511 datierte *Schnitzaltar* aus einer mitteldeutschen Werkstatt wurde aus der Friedhofskapelle hierher versetzt, stammte aber wahrscheinlich ursprünglich aus der Kirche St. Sixti.

Die **Sixtikirche (13)** war ein Gotteshaus für die wohlhabenderen Schichten Merseburgs und stand auf einer Anhöhe im gleichnamigen Viertel. Die schon um 1580 aufgegebene Kirche hat als Ruine

---

Prunkstücke der Ausstattung der Neumarktkirche St. Thomae sind die Michael Hoppenhaupt zugeschriebenen Figuren eines um 1695 entstandenen Altars aus Holz. Christus auf einem erwachenden Adam wird von Petrus und dem Evangelisten Johannes begleitet. Mit diesen überaus bewegten Freifiguren korrespondieren in der Apsiskalotte die Halbfiguren von Gottvater, Petrus sowie eines Propheten.

Patron der Stadtkirche ist der heilige Maximus, ein Märtyrer aus der Zeit der Christenverfolgungen. Seine sterblichen Überreste sollen 975 als Geschenk von Kaiser Otto II. nach Merseburg gekommen und im Dom beigesetzt worden sein.

überlebt und ist heute von Neubauten umgeben. Nachdem ihr Turmhelm im 19. Jh. durch Blitzschlag zerstört worden war, erhielt sie 1888 nach dem Vorbild eines mittelalterlichen Torturms in Frankfurt am Main einen als städtischen Wasserturm genutzten Aufbau. Diesem gegenüber steht im Ostchor der Ruine das **Reiterstandbild** Friedrich Wilhelms III. von Louis Tuaillon. Vom alten Schmuck der Kirche ist wenig geblieben.

Ein spätromanisches, sehr lebendig gestaltetes Rankentympanon kam hinüber an die Ostseite der Friedhofskapelle des **Stadtfriedhofs (14)**. Dieser lohnt insbesondere wegen der Grabmale aus den Werkstätten der Trothes und Hoppenhaupts einen Besuch, wenngleich Umweltverschmutzung und Vandalismus empfindliche Lücken gerissen haben. So stehen Zerstörung und aufwendigste Denkmalpflege oft unverwandt, aber als Ausdruck einer Zeit nebeneinander.

Rund um Merseburg

Im kleinen, alten **Schkopau** vor den Toren Merseburgs, wo in der Euphorie sozialistischen Gründerzeitgeistes 1952/53 an der Hauptstraße nach Merseburg ein Kulturhaus mit Theater- und Konzertsaal entstand, beherbergt die 1876 letztmalig durchgreifend erneuerte Schkopauer **Burg** ein 2001 eröffnetes Schlosshotel. Die 1732–34 von Christian und Johann Christian Trothe erbaute **Dorfkirche** besitzt im Inneren neben älteren Stücken eine ebenfalls hauptsächlich von der berühmten Merseburger Bildhauer- und Architektenwerkstatt Trothe geschaffene Ausstattung.

Seit 1906 wird im südwestlich von Merseburg liegenden **Geiseltal** Braunkohle gegraben. Die dort gemachten Fossilienfunde füllen in Halle ein ganzes Museum. Auf der Straße, die von Merseburg nach Müchen führt, ist an bestimmten Stellen ein Blick in diesen sich seit 2003 zunehmend mit Wasser füllenden Urgrund möglich. Er wird eine Fläche von ca. 19 km² einnehmen.

Aus Kohlengruben wird eine ›Seenplatte‹, denn neben dem Geiseltalsee entstehen der Großkaynaer und der Runstedter See.

Wie an einer Schnur reihen sich in Richtung Müchen die kleinen Dörfer mit ihren architektonischen Besonderheiten aneinander. Im Merseburger Ortsteil **Kötzschen** ist es eine wahrscheinlich von Johann Michael Hoppenhaupt gebaute **Dorfkirche** mit der kompletten Barockausstattung aus ihrer Bauzeit; in **Beuna** vom selben Architekten »eine der charaktervollsten ländlichen Barockkirchen des Kreises«; in **Frankleben** wiederum eine **Dorfkirche**, aber diesmal von Christian und Johann Christian Trothe von 1735–37, dazu die Dreiflügelanlage des **Unterhofs** aus der Spätrenaissance; in **Braunsbedra** drei im Kern spätgotische **Kirchen** und endlich in **Krumpa** eine in ihrer Vielgliedrigkeit ungewöhnliche **Dorfkirche** von 1751. Das alles findet sich in einer Gegend, deren eigentliches Gepräge nur noch bruchstückhaft erscheint, da doch viele Dörfer dem Tagebau weichen mussten.

Mücheln

Mücheln, am westlichen Ende des Braunkohlegebietes gelegen, ist sicher einer der ältesten Orte der Gegend. Schon um 890 wurde er im Hersfelder Zehntverzeichnis genannt, hatte später lange Zeit sehr enge Beziehungen zum Bistum Bamberg und ging 1320 an die Wettiner, von denen er 1350 das Stadtrecht erhielt. Die stattliche, inmitten des Friedhofs auf einer Anhöhe über dem Ort sich erhebende **Michaelskirche** in **St. Micheln** erinnert an die Lieblingsstiftung Ottos in Bamberg, die demselben Heiligen geweiht war. Der heutige, helle, sich stolz behauptende Bruchsteinbau dürfte um 1200 entstanden sein. **St. Ulrich** soll seinen Namen entweder dem Gedenken an den Priester Udalrich von St. Egidien, einem Freund Ottos, verdanken oder dem heiligen Bischof Ulrich von Augsburg. Reste dieser alten Gründung könnte es in dem 1921–25 unter Verwendung älterer und wohl auch mittelalterlicher Substanz umgebauten **Wasserschloss** geben, das nahe der 1789–94 erbauten **Dorfkirche** steht.

Schließlich und endlich wird auch in der St. Jakob geweihten **Pfarrkirche** eine Beziehung zu der frühromanischen Säulenbasilika gleichen Namens in Bamberg gesehen. Der große einschiffige Bau steht auf dem Hanggelände der Stadt südöstlich über dem Markt. Die über Jahrhunderte reichende Baugeschichte ist weitgehend ungeklärt. Dagegen erscheint das 1571 erbaute **Rathaus** auch heute noch wie aus einem Guss. Trotz des nachteiligen Standorts an der unteren Längsseite des steil in Stufen ansteigenden Marktplatzes ist es das architektonische Zentrum dieses kleinen, reizvollen Areals. Mit seinen drei Geschossen, dem vorgestellten Treppenturm und dem Eckerker ist es ein typisches Beispiel für die Renaissancerathäuser Mitteldeutschlands. Sowohl der künstlerische Aufwand als auch die Größe des Gebäudes lassen auf wohlhabende Bauherren schließen. Die Vorstellung, dass es sich bei den unter den Giebeln der Fenster und Portale herausdrängenden Halbfiguren um diese reichen Herrschaften handeln könnte, ist zwar wenig wahrscheinlich, aber doch ganz amüsant.

Das Bistum Bamberg besaß nachweislich bis ins ausgehende 15. Jh. Güter in Mücheln. Es wird außerdem angenommen, dass die heutigen Ortsteile St. Ulrich und St. Micheln Gründungen des Bischofs Otto von Bamberg sind.

Bad Lauchstädt

Amüsant dürfte auch ein mit den nötigen finanziellen Mitteln versehener Aufenthalt im Bad Lauchstädt des 18. und 19. Jh. gewesen sein. Die kleine Stadt mit dem ehemals vom kursächsischen Adel bevorzugten Modebad liegt westlich von Merseburg und ganze 14 km nördlich von Mücheln. Ihr Ruf als Kur- und Theaterstadt hat ihre ältere Geschichte fast vergessen lassen.

Der schon im Hersfelder Zehntverzeichnis des 9. Jh. genannte Ort gehörte zum Bistum Halberstadt, ehe er über einige Verwicklungen zum Bistum Merseburg gelangte und schließlich unter den Herzögen von Sachsen-Merseburg den Rang einer bescheidenen Residenz erhielt. Die zufällige Entdeckung der die Stadt aus dem Schatten-

Bad Lauchstädt ☆
Besonders sehenswert
Historische Kuranlagen

An Saale, Unstrut und Weißer Elster

Bad Lauchstädt, Blick über den Kurparkteich der seit 1710 eingerichteten Kurparkanlagen

dasein führenden Heilquelle ist dem halleschen Medizinprofessor Friedrich Hoffmann zu verdanken. Er bescheinigte dem Quellwasser, an dem zuvor einige Fische seines Freundes Edeling eingegangen waren, »einen martialischen und vitriolischen Geschmack« und schloss nach weiterer Prüfung, dass das Wasser »ein gesund Wasser sei«. Nach zögerndem Beginnen ließ 1710 die Herzoginwitwe Erdmuthe Dorothea die Quelle fassen und ein Lusthäuschen über den Graben setzen. 1731–38 kam es zu einem weiteren Ausbau der **Kuranlagen.** Aus dieser Zeit ist nur der heute etwas abseits gesetzte Herzogspavillon erhalten, der vielleicht nach einem Entwurf von Johann Michael Hoppenhaupt d. Ä. gebaut wurde.

1776, ein Jahr nachdem sogar der kurfürstliche Hof aus Dresden in Lauchstädt Residenz genommen hatte, wurden die gesamten Kuranlagen nach Plänen des Merseburger Stiftsbaumeisters Johann Wilhelm Chryselius unter Oberaufsicht des Grafen Marcolini neu gestaltet. Es entstand auf einem vergleichsweise kleinen Terrain nicht nur eine der intimsten, sondern auch in ihrem architektonischen und gartenkünstlerischen Zusammenklang bezauberndsten Anlagen dieser Art in Deutschland. In gekonnter Asymmetrie wird das Auge mit dem Gang der Kolonnaden auf das Zentrum gelenkt. Rechts und links der Balustrade stehen zwei Pavillons, dahinter der in der Tradition des Dresdener Spätbarock geformte, 1780 vollendete **Kursaal.** Der diente nicht nur als Speise-, sondern auch als Tanzsaal. Die zum Teil original erhaltene klassizistische Ausmalung besorgte Giuseppe Anselmo Pellicia nach Entwürfen von Karl Friedrich Schinkel. Hier mag manch rauschendes Fest gefeiert worden sein, und es stellte sich nicht nur der Adel ein. Lauchstädt wurde auch bald ein Begriff für die schönen Künste, für bürgerliche Literaten und das Theater. Mit Namen wie Gellert, Gottsched und Gleim hob es an. Goethe, aber insbesondere Friedrich Schiller gehörten zu den umschwärmten Größen der ›gebildeten Damenwelt‹. Die studentische Jugend zog seit 1791 von Halle heran, um die Gastspiele des Weimarer Theaterensembles in Lauchstädt zu erleben.

Am 26. Juni 1802 eröffnete das nach Plänen von Heinrich Gentz und unter der Mitwirkung von Goethe erbaute neue, eigentlich erste feste **Theater** in Lauchstädt, in dem auch heute noch auswärtige Ensembles gastieren. Der schlichte klassizistische Bau befindet sich jenseits der den Park von dem älteren Siedlungskern trennenden Straße. Die eher an eine Kirche als an ein Theater erinnernden Stützpfeiler wurden erst 1830 angefügt. Ansonsten befindet sich das Haus aber weitgehend im Originalzustand. Selbst die Bühnentechnik ist erhalten geblieben.

Mit dem Tode Schillers und dem letzten Aufenthalt Goethes in der Stadt welkte der Ruf des Badeortes. Einige Villen des Spätbarock und des Klassizismus erinnern noch an diese Zeit, die scheinbar ausgelassenste Heiterkeit so trefflich mit großer Kunst zu verbinden wusste.

Ein Badegast gab Bericht über einen Tag, an dem ›Kabale und Liebe‹ gegeben wurde: »Habe ich je eine lebhafte Straße gesehen, so war es diese. Eine Kette von Reitern, Fußgängern und Wagen dehnte sich auf dem ganzen Wege aus, das eine Ende davon war Lauchstädt, das andere Halle.«

Bad Dürrenberg und Lützen

Was Bad Lauchstädt einst an kultureller Größe besaß, hatte **Bad Dürrenberg** an ökonomischer Potenz. Der 1845 beginnende und bis heute fortdauernde Badebetrieb des Solbades war nur ein Nebenprodukt, wenn auch ein sehr angenehmes. Bad Dürrenberg ist ganz jung und entstand eigentlich erst 1930 durch den Zusammenschluss von

Bad Dürrenberg, Borlachturm, 1764 über dem 223 m tiefen Schacht errichtet. Nach der Jahresproduktion lag Bad Dürrenberg vor dem Zweiten Weltkrieg auf dem dritten Platz unter den deutschen Salinen. 1964 wurde sie stillgelegt. Ihre Gradierwerke maßen einst 1821 m und waren zeitweise die längsten der Welt, bis sie von den 16 m längeren in Salzelmen übertroffen wurden.

sieben Dörfern. 1744 fing der durch Kurfürst Friedrich August II. beauftragte Bergrat Johann Gottfried Borlach auf dem Gelände des ›Rittergutes auf dem dürren Berge‹ mit dem Abteufen eines Solschachtes an. 19 Jahre später wurde er fündig und konnte mit der Förderung einer hochergiebigen, neunprozentigen Sole beginnen. Der nach dem Entwurf von Borlach 1764 über dem Schacht errichtete Förderturm heißt heute **Borlachturm** und ist ein **Museum.** Vor dem Eingang befindet sich ein Denkmalbrunnen mit einem Porträtmedaillon Borlachs. Es ist eine Arbeit von Paul Juckoff aus dem Jahr des 200-jährigen Jubiläums des Fündigwerdens. Der **Kunstturm** über dem ehemaligen Witzlebenschacht nördlich des Borlachturms wurde 1811–16 errichtet. Auch das ehemalige **Gutshaus** aus dem 16. Jh. ist noch vorhanden und beherbergt heute unter anderem das Stadtarchiv.

Lützen

Das kleine, wohnliche **Lützen** ist eine planmäßig angelegte Stadt an der seit dem Mittelalter wichtigen Straßenverbindung der Messestädte Leipzig und Frankfurt am Main. Bis 1281 Reichs-, dann Merseburgisches Stiftslehen, ging der Ort durch viele Hände. Kirche und Schloss sind die ältesten Gebäude des Ortes und nur wenige Schritte voneinander entfernt. Die spätgotische **Stadtkirche St. Viti** bietet eine seit der Mitte des 16. Jh. immer wieder erneuerte oder ergänzte Ausstattung. Spätestens nach der Bekanntschaft mit dem alten **Gasthaus ›Roter Löwe‹**, dessen ›Schwedenzimmer‹ und dem **Standbild** des legendären Schwedenkönigs **Gustav Adolf II.** an der straßenseitigen Ecke des Rathauses ist das reizvolle, gar nicht kriegerisch erscheinende Lützen nur noch ausgerichtet auf den Schauplatz der in so verschiedenen Versionen beschriebenen Schlacht zwischen Schweden und Kaiserlichen am 6. November 1632. Zwar trugen die Schweden damals den Sieg davon, aber sie verloren in der blutigsten Schlacht des Dreißigjährigen Krieges ihren König.

In dem heute als **Museum** genutzten **Schloss** ist ein Diorama der Schlacht mit 40 000 Zinnfiguren zu sehen. 9000 Soldaten sind in der Schlacht gefallen. Sie war übrigens nicht die einzige, die in der näheren Umgebung stattfand. Auch die Eröffnungsschlacht des Befreiungskriegs 1813, als ›Schlacht bei Großgörschen‹, aber auch als ›Schlacht bei Lützen‹ bekannt, ereignete sich hier. Es fielen 22 000 Soldaten. Einen Einblick in die Physiologie der Kriege damaliger Zeit vermittelt zudem das Leben des Schriftstellers Johann Gottfried Seume, über den das Museum eine kleine Sammlung besitzt.

Der Leichnam des während der blutigsten Schlacht des Dreißigjährigen Krieges in Lützen gefallenen schwedischen Königs Gustav Adolf wurde vom Schlachtfeld zunächst nach Meuchen und dann nach Weißenfels gebracht, wo er für die Überführung nach Schweden einbalsamiert wurde.

Am Ort der Schlacht selbst, im Norden der Stadt, an der nach Leipzig führenden Straße, befindet sich die 1907 zur Erinnerung erbaute **Gustav-Adolf-Gedächtniskapelle,** ein Blockhaus mit einem kleinen Museum. Der vor der Kapelle über dem ›Schwedenstein‹ 1837 aufgestellte Baldachin, entworfen von Karl Friedrich Schinkel, wurde in Lauchhammer gegossen. Nach der Überlieferung, die das Wunschbild des treuen Knechts bedient, soll der Stein auf Initiative des Reitknechts Gustav Adolfs von Meuchener Bauern an die Stelle gewälzt worden sein, wo der König den Tod gefunden hatte.

Weißenfels

Die Burg Weißenfels muss schon Anfang des 17. Jh. durch die häufig wechselnden Besatzungen in einem sehr schlechten Zustand gewesen sein. Die Sprengung auf Befehl des schwedischen Kapitäns Daniel Erdmann brachte 1644 den endgültigen Einsturz und die Stadt erhielt ausreichend Material zum Wiederaufbau im Krieg zerstörter Häuser. Da 1631 durch die Pappenheimsche Besatzung die ältesten Amtsakten der Stadt achtlos vernichtet wurden – weitere wichtige Materialien fielen den schweren Stadtbränden von 1374, 1668 und 1718 zum Opfer –, ist gerade über die ältere Geschichte der heute um die 40 000 Einwohner zählenden Stadt wenig bekannt.

Weißenfels ☆
Besonders sehenswert
Schlosskirche

Die Stadt

1301 wurde das 1285 außerhalb der Stadt gegründete **Nonnenkloster St. Clara (1)** an die innere, westliche Ummauerung gelegt. Der netzgewölbte Chor der Klosterkirche steht nach Abtragung und Wiederaufbau bis 1886 heute auf dem Neuen Friedhof, während Kirchenschiff und Dreiflügelanlage des Klosters in der Straße Am Kloster stark dezimiert und verändert profane Weiterverwendung fanden. Außer den Spuren der alten Architektur hat sich an der Nordseite ein ansehnliches Barockportal erhalten, und der Innenhof birgt neben zwei spätgotischen Portalen und zwei Figurengrabsteinen des 16. Jh. auch noch einen achteckigen barocken Brunnen.

Zwei Jahre nach Hereinnahme des Klosters in die Mauern der Stadt weihte der Bischof von Zeitz den Neubau der 1157 gegründeten **Marienkirche (2)**. Angesichts der sonst schlechten Aktenlage ist es schon kurios, dass gerade der Speisezettel dieser Weihefeier als ältester Speisezettel Deutschlands erhalten geblieben ist. An der Kirche selbst erinnert nur noch eine Inschrift am Westturm an diese Weihefeier. Die damals fertiggestellte Basilika wurde ein Opfer der Flammen. An ihrem Platz entstand eine dreischiffige, spätgotische Halle, die mit ihrem Ostchor neben dem Rathaus die Westflanke des Marktplatzes beherrscht. Der Chor ist zugleich der in den Formen des Weichen Stils am aufwendigsten gestaltete und älteste Teil der heutigen Kirche, der Turm der jüngste. Ein neues Obergeschoß mit Schweifhaube korrespondiert auffällig mit dem benachbarten Rathausturm und entstand auch tatsächlich in der Bauzeit des Nachbargebäudes.

Das Innere der Kirche wird geprägt von deren Ausstattung zur Hofkirche in den Jahren 1670–84. Emporen entstanden in den um 1520 mit Netzgewölben versehenen Seitenschiffen und an der Westwand. Für den eher schlichten, ebenfalls von einem Rippennetz überwölbten Chorraum schuf der Hofbildhauer Andreas Griebenstein im letz-

Weißenfels entstand als städtische Siedlung mit einem weitgehend regelmäßigen Grundriss um 1185 zwischen den drei sorbischen Siedlungen Tauchlitz, Horklitz und Klengowe auf Saaleschwemmland, zu Füßen des ›weißen‹ Felsens. Auf diesem Sandsteinfelsen stand schon damals eine Burg der Wettiner. Dietrich der Bedrängte, Markgraf von Meißen, nannte sich eine Zeitlang auch Graf von Weißenfels. Um 1300 existierten Rat, Rathaus und Stadtkirche.

An Saale, Unstrut und Weißer Elster

ten Jahr der Neugestaltung eine von Säulen und Freifiguren flankierte, große hölzerne *Altarschauwand*. Auch die Dorfkirche im nahen Großkorbetha besitzt eine Altarwand dieses Künstlers.

Der Epoche des Barock allerdings hat Weißenfels die wertvollste historische Bausubstanz zu verdanken. Aus der Renaissance hingegen hat nur weniges bzw. Fragmentarisches überlebt. Zum Beispiel befindet sich in der verkehrsberuhigten Nikolaistraße die **Heinrich-Schütz-Gedenkstätte (3).** Das Haus, 1530 erbaut, war der Alterssitz des Komponisten. Der auffälligste Renaissancebau dürfte das sogenannte **Geleitshaus (4)** von 1552 in der Großen Burgstraße sein. In ihm ist eine Gustav-Adolf-Gedenkstätte untergebracht. An der Straßenfront wird es neben dem Sitznischenportal besonders durch den über zwei Geschosse reichenden Eckerker geziert, während sich im Hof über massiven Arkaden ein erneuerter Holzlaubengang erhebt. Zwei sehr schöne **Renaissanceportale** finden sich in unmittelbarer Nähe der Stadtkirche in der Kirchgasse. Das 1553 datierte Sitz-

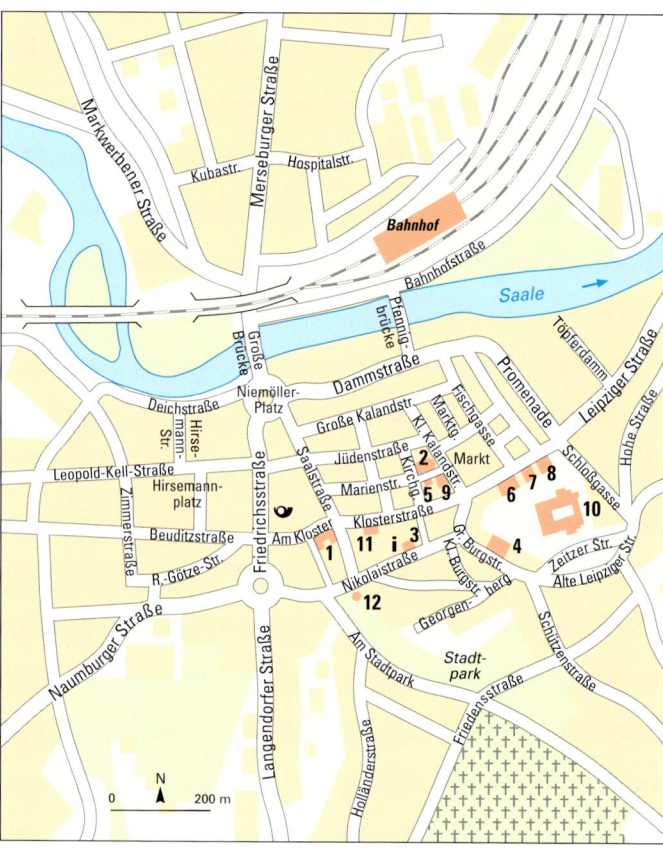

Weißenfels
1 Nonnenkloster St. Clara
2 Marienkirche
3 Heinrich-Schütz-Gedenkstätte
4 Geleitshaus
5 Kavaliershaus Marienstraße 2
6 Fürstenhaus
7 Altherzogliches Haus
8 Herzogliches Ballhaus
9 Rathaus
10 Schloss Neu-Augustusburg und Schlosskirche
11 Novalishaus
12 Novalisgrab

nischenportal der ehemaligen ersten Stadtschule schuf vermutlich der Freyburger Bildhauer Arntz Semler, das Gewändeportal in der Kirchgasse 3 entstand in der ersten Hälfte des 16. Jh.

Hier, an Markt und Stadtkirche, etablierte sich auch höfischer und bürgerlicher Barock. So besitzt die Marienstraße vier so genannte **Kavaliershäuser** aus der ersten Hälfte des 18. Jh. Unter ihnen hebt sich das **Haus Marienstraße 2 (5)** in seiner starken Durchformung und dem besonderen Schmuckreichtum hervor. An der Leipziger Straße, unterhalb des Schlosses, entstand schon 1680/90 das sogenannte **Fürstenhaus (6)**, ein Handelshaus mit Mittelerker und einer von Mars und Merkur als Schildhalter besetzten seitlichen Toreinfahrt. In unmittelbarer Nachbarschaft macht das etwa zu gleicher Zeit erbaute **Altherzogliche Haus (7)** durch seine Freitreppe und den über drei Geschosse reichenden Erker auf sich aufmerksam. Das ehemalige **Herzogliche Ballhaus (8)** aus dem ersten Viertel des 18. Jh. vervollkommnet diese Gruppe prächtiger Barockhäuser. Dem drohenden Verfall entrissen wurde bisher lediglich das Altherzogliche Haus.

Natürlich muss hier auch das **Rathaus (9)** genannt werden, dessen Neubau gleich nach dem Brand von 1718 durch Johann Christoph Schütze begonnen wurde und fünf Jahre dauerte. Neben den schwebenden Formen des Chors der Stadtkirche wirkt dieser wuchtige Bau noch bestimmter, als er es ohnehin ist. Nur der mit Reliefs, Freifiguren und Pilastern stärker durchgliederte, ja quasi in das Haus hineingesetzte Turm bricht dieses Bild nach oben in zunehmender Bewegtheit auf.

Schloss Neu-Augustusburg

Über allem aber thront, hockt, brütet das **Schloss Neu-Augustusburg (10)** in der breiten, wohlgefälligen Behäbigkeit einer anmaßenden Glucke, die hofft, goldene Eier zu legen. Dabei ist dieser unverrückbar anmutenden Erscheinung aus der Entfernung nicht anzusehen, dass Verwahrlosung und umfangreiche Schäden sie fast in ihrer Existenz bedrohen.

Die Grundsteinlegung für die die finanziellen Möglichkeiten des kleinen Herzogtums überfordernde Anlage fand am 24. Juli 1660 statt. Johann Moritz Richter d. Ä. lieferte den Plan zu dem zeitgemäßen Schloss, das ursprünglich drei Türme besaß und neben Weimar und Gotha zu den bedeutendsten Schlossbauten des sächsisch-thüringischen Raums zählt. Über 30 Jahre währte der Bau.

War es bei Johann Adolf I. noch vornehmlich die immense Bautätigkeit, die den Schuldenberg ansteigen ließ, so sorgte sein 1698 die Regierungsgeschäfte übernehmender Sohn Johann Georg dafür, dass dieser Betrag stetig durch extravagante Hofhaltung in schwindelnde Höhen kletterte. Unter dem vierten Weißenfelser Herzog Christian musste endlich eine kaiserlich-kurfürstliche Schuldentilgungskom-

1656 schlug die Geburtsstunde eines weitgehend selbständigen Herzogtums Sachsen-Weißenfels. Es währte ganze 90 Jahre und entriss die Ackerbürgerstadt in jenen sich in ganz Europa eruptiv entladenden Barock, der bis heute die letzte einheitliche Stilform geblieben ist, die fähig war, »alle künstlerischen, geistesgeschichtlichen und gesellschaftlichen Bedürfnisse der Zeitgenossen abzudecken«. Ausschweifende Feste weltlicher und geistlicher Herrschaft, die Verehrung der Künste und der Mode, die ›Inbrunst zum Jenseitigen‹ und egozentrische, machtgierige Selbstgefälligkeit in einer ungeheure Finanzmittel verschlingenden Architektur-, ja Weltinszenierung, waren die Kennzeichen dieses Zeitalters. Wenn auch die eigentlichen Zentren in den katholischen Ländern Süddeutschlands lagen – der Dresdener Hof trat 1697 zum Katholizismus über –, bietet Weißenfels ein typisches Beispiel, wie selbst der kleinste Fürst nicht davor zurückschreckte, sein Land zu ruinieren, um es dem Hof des Sonnenkönigs Ludwig XIV. nachzutun.

An Saale, Unstrut und Weißer Elster

Weißenfels, Markt mit Schloss Neu-Augustusburg im Hintergrund

mission die jährlichen Ausgaben auf 60 000 Gulden beschränken. Allein der Etat der Hofkapelle hatte 45 000 Gulden betragen. Die bis zu seinem Tod von Johann Philipp Krieger geleitete Kapelle war eine der besten Deutschlands. Der Kapelle gehörte Johann Beer als Konzertmeister an, der nicht nur Musiker, sondern auch Verfasser von über zwanzig Romanen war. Im Gegensatz zu anderen Höfen wurde hier schon zu dieser Zeit die deutsche Oper gepflegt. Friederike Caroline Neuber trat 1717 erstmals auf der Bühne des Schlosses auf. Johann Sebastian Bach, der 1721 nach Weißenfels geheiratet hatte, beriet die Herzöge in Musikfragen und schrieb wohl auch einige Stücke für den Hof. Eine 1725 aufgeführte Kantate trug den aktuellen Titel ›Entfliehet, verschwindet, entweicht ihr Sorgen‹.

Nach der Nutzung als Kaserne, Offiziersschule, wieder Kaserne, Flüchtlingssammellager und Fachschule ist das Innere des Schlosses heute völlig verändert. Erhalten haben sich eigentlich nur die Schlosskapelle und zwei stuckierte Räume im Nordflügel, wo auch das **Schuhmuseum** untergebracht ist, das sich neben dieser Spezialisierung natürlich mit der Kulturgeschichte von Stadt und Umgebung befasst.

Weiß, rosa und apfelgrün sind die Farben der frühbarocken **Schlosskirche (10)** auf Neu-Augustusburg, die 1984/85 letztmalig renoviert wurde. Der rechteckige, fünfjochige, von Süden nach Norden orientierte Saal wird von einem Tonnengewölbe überspannt. Zweigeschossige, durch Arkaden geöffnete Emporen umziehen den Raum, ohne aber seine relative Abgeschlossenheit zu stören. Dies geschieht nur im nördlichen Altarraum, wo die untere Empore auswölbt und das Licht von drei Seiten in den Raum dringen kann, um dessen feste Konturen in Bewegung zu versetzen. Begünstigt wird diese Bewegtheit durch den 1678 von dem Schneeberger Bildhauer Johann Heinrich Böhme begonnenen und von Balthasar Stockhammer nach Böhmes Modell fertig gestellten *Altar*. Die ursprüngliche, 1744 veränderte Ausführung als Kanzelaltar dürfte dieser angestrebten Wirkung entgegengekommen sein. Die übrige, vital pulsierende Stuckdekoration des Saals verfolgt zwar die gleiche Richtung, bleibt letztendlich aber noch im strengen architektonischen Gerüst eingebunden. Sie wurde seit 1677 von Giovanni Caroveri und Bartolomeo Quadri geschaffen. Die in Grüntönen gehaltenen Fesken der Emporenbrüstungen und Arkadenzwickel stammen von dem Dresdener Maler Johann Oswald Harms. Auf der dem Gekreuzigten gegenüber liegenden Südempore hat seit dem Bau der Kirche eine kleine, wohlklingende Orgel ihren Platz. Das Spiel des noch nicht einmal sieben Jahre alten Georg Friedrich Händel auf dieser Orgel soll dem Herzog so imponiert haben, dass dieser Händels Vater, seines Zeichens Leibchirurgus am Weißenfelser Hof, dringendst geraten haben soll, seinen Sohn musikalisch ausbilden zu lassen.

Der letzte Herzog von Sachsen-Weißenfels war ein sparsamer und soldatischer Mann. Er tilgte die Schulden durch Entlassung aller entbehrlichen Hofbeamten, entließ die Musiker und diente seinem König in zwei Kriegen, um schließlich kinderlos zu sterben. 1746 fiel das Herzogtum zurück an Sachsen. Die Stadt sank zunächst in ihren Schlummer zurück. Auch die Kunst nahm nur noch gelegentlich Wohnung in Weißenfels. So lebte der romantische Dichter Friedrich von Hardenberg (1772–1801), bekannt unter seinem Künstlernamen Novalis, seit 1799 im noch erhaltenen **Novalishaus (11)** in der Klosterstraße. Er starb im Frühjahr 1801 und wurde auf dem Alten Friedhof, dem heutigen Stadtpark, begraben. 1872 schuf Fritz Schaper für das **Grab (12)** des Dichters eine Büste. Sie musste jedoch bald durch eine Kopie ersetzt werden.

Ein seit 1794 bestehendes Lehrerseminar entwickelte sich zum preußischen ›Schulmeisterhauptquartier‹, und Friedrich Ladegast gründete 1846 seine bald zu einiger Berühmtheit aufsteigende Orgelbauanstalt. Die seit langem im Handwerk dominierende Schuhmacherei wuchs zu der für Weißenfels typischen Industrie und siedelte sich vornehmlich in der linkssaalischen Neustadt an.

Goseck

Auf dieser Uferseite, allerdings schon zwischen Weißenfels und Naumburg, blickt das alte **Schloss Goseck** hinunter in das Saaletal und hinüber zur Domstadt. Im Hersfelder Zehntverzeichnis des 9. Jh. als eine der Grenzfesten an der Saale genannt, war Goseck Stammsitz der Pfalzgrafen von Sachsen. Friedrich I. erbaute hier neben der Burg eine Kapelle als Grablege für seine Familie. Um die Mitte des 11. Jh. aber wurde von einem seiner Söhne ein Benedikti-

Die Schlosskirche auf Neu-Augustusburg steht in ihrer noblen, barocken Schönheit einzigartig da in Sachsen-Anhalt und macht fast den desolaten Zustand nicht allein des Schlosses, sondern der gesamten Stadt vergessen. In den Jahren 1664–67 wurde sie von Johann Moritz Richter d. Ä. erbaut und folgt der Tradition der Schlosskirchen der sächsischen Renaissance, wie sie zum Beispiel in Schmalkalden oder Augustusburg Gestalt gewonnen hatten.

Auf Schloss Goseck hat sich neben dem ›Europäisches Musik- und Kulturzentrum‹ mit Konzertbetrieb ein Informationszentrum für das unweit ergrabene und rekonstruierte Sonnenobservatorium etabliert. Die durch Pfosten gebildete runde Anlage ist 7000 Jahre alt und gilt als älteste ihrer Art in Europa.

nerkloster in die Burg gelegt, dessen innere Verhältnisse beständig schlecht gewesen sein sollen. Von der ersten Klosterkirche sind nur die stark veränderten Ostteile erhalten geblieben. Der Stumpf eines um 1220/40 errichteten Südwestturms der Klosterkirche und sicher auch Teile des Klosters sind in die zweiflügelige, im 16./17. Jh. errichtete Schlossanlage eingegangen.

Zeitz

Zeitz
Besonders sehenswert
Schloss Moritzburg

Was für Weißenfels die Schuhproduktion, war für Zeitz die Herstellung von Kinderwagen, die schon im 19. Jh. von hier aus in alle Welt gingen. Sicher ist, dass schon um die Wende zum 20. Jh. die idyllische Landschaft geschädigt war, denn die alte Bischofsstadt erfuhr seit der Mitte des 19. Jh. eine zunehmende Industrialisierung. Als Seismograph dieser Entwicklung kann die Fauna der Weißen Elster dienen. In den Jahren von 1719 bis 1804 fischten die Zeitzer Perlenfischer 11 284 Perlen aus der Elster, 1884 waren es 128. Die zunehmende Verschmutzung des Flusses durch die mit dem Braunkohleabbau aufkommende Industrie hatte bewirkt, dass in der Weißen Elster schon 1928 keine Perlmuscheln mehr existieren konnten.

967 erschien Zeitz als sorbisches ›Citice‹ in den Papieren der Synode von Ravenna. Sie beschloss neben der Errichtung des Erzbistums Magdeburg auch die Einrichtung der Suffraganbistümer in Meißen, Merseburg und Zeitz, wo bereits eine Königsburg existierte. Sie lag wohl wie die heutige Moritzburg auf dem niedrigen Bergsporn, der in die Elsteraue vorspringt. 976 ging sie in den Besitz des Bistums über, dessen Sitz schon 1028 nach Naumburg verlegt wurde. In Zeitz blieb ein Kollegiatsstift zurück, welches später die Rechte eines zweiten Domkapitels für sich beanspruchte. Seit 1286 war Zeitz zudem wieder Residenz der Bischöfe von Naumburg und blieb es bis zum Tod des letzten katholischen Bischofs Julius von Pflug, der ein Mann des konfessionellen Ausgleichs und in seiner humanistischen Gesinnung ein Förderer der Wissenschaften war. Er hinterließ dem Stift eine unverdientermaßen wenig bekannte, wertvolle Bibliothek von 900 Bänden, die heute auf 20 000 Bände angewachsen ist und über seltene Handschriften und Inkunabeln, Luther- und Melanchthondrucke verfügt.

Ein Autor der Wende zum 20. Jh. konnte die Gegend von Zeitz mit »üppigen Saatfeldern und grünenden Wiesen«, »großen zusammenhängenden Wäldern« im Südwesten und einem »silberhellen Band der Weißen Elster« bestücken, der »zahlreiche Bäche, oft in tief eingeschnittenen Erosionstälern« zueilen. Darin lag dann, von fast allen Seiten sichtbar, »die Beherrscherin des Ganzen, die Stadt Zeitz, die Stadt auf dem Berge«.

Die Stadt

Die Stadt selbst dürfte seit dem 10. Jh. Handelsplatz gewesen sein. Hier kreuzte sich die von Nürnberg nach Halle und Leipzig führende Salzstraße mit der von Weißenfels und Naumburg nach Altenburg, Zwickau und schließlich Böhmen führenden Fernstraße. Diese güns-

Zeitz

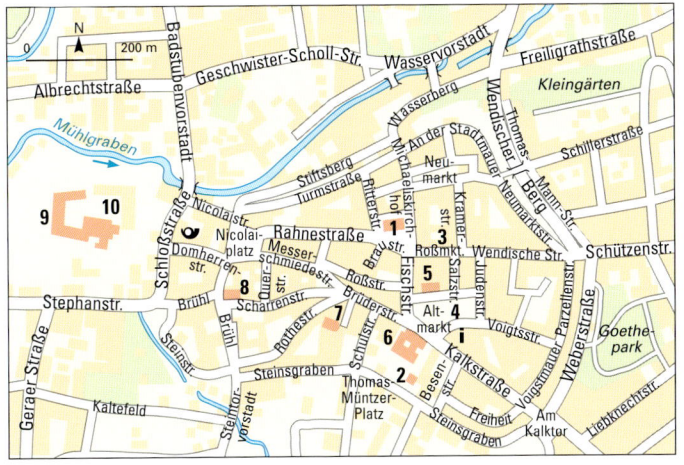

Zeitz
1 Michaeliskirche
2 Wehranlagen
3 Rossmarkt
4 Altmarkt
5 Bürgerschule
6 Rathaus
7 Kirche
   St. Franziskus,
   Antonius und Clara
8 Seckendorfsches
   Haus
9 Schloss Moritzburg
10 Dom

tige Lage sicherte Zeitz über das ganze Mittelalter hinweg seine Bedeutung als Fernhandelsplatz. Der ältere Markt lag im Bereich von Unterstadt, am Brühl und um die abgebrochene Nikolaikirche.

Mit der um die Mitte des 12. Jh. anzusetzenden, planmäßigen Anlage der Oberstadt und ihrem riesigen, erst später durch Einbauten verkleinerten Markt zog es auch die Kaufmannschaft dorthin. Der alte Markt sank zum ›Markt der kleinen Leute‹ herab, während Waren aus Ypern, Köln, Maastricht oder Stendal auf dem oberen Markt ihre Besitzer wechselten.

Die Nachfolgerin der **Michaeliskirche (1)**, die mit diesem Markt entstanden war, befindet sich noch heute an ihrer ursprünglichen Stelle im Nordwesten außerhalb des Platzes. Die ungewöhnliche Erscheinung der schlichten Kirche wird hervorgerufen durch die westliche, von einem Mittelbau überragte Doppelturmfront mit den sehr kleinen barocken Dachhauben und den quer zum Langhaus gestellten Dächern über den Seitenschiffjochen mit deren gotisierenden Giebeln von 1844. Die Figuren des Michael und der Maria zu beiden Seiten des Hauptportals der südlichen Vorhalle sind Kopien des 19. Jh. Das Portal selbst ist in das zweite Viertel des 15. Jh. zu setzen. In dieser Zeit wurde die frühgotische Basilika zur Halle umgebaut. Gedrungene Pfeiler und ein sehr tief sitzendes Gewölbe bestimmen den Raum, den eine fast ovale, spätklassizistische Empore zusammenzufassen sucht. Neben zum Teil noch mittelalterlichen Ausstattungsstücken ist vielleicht ein aus Holz geschnitzter und noch original bemalter *Kalvarienberg* aus dem Jahr 1685 eine nicht alltägliche Besonderheit. Wieder erschlossen und in einem ersten Abschnitt bereits zu besichtigen, ist die ›**Zeitzer Unterwelt**‹, ein seit dem 13. Jh. angelegtes Netz von Gängen, Höhlen und Gewölben unter dem alten Stadtkern, das wohl vor allem wirtschaftlichen Zwecken, wie der Lagerung von Bier diente.

Heute existieren noch etwa 200 von mindestens 300 Häusern, die im Mittelalter an die ›Zeitzer Unterwelt‹ angeschlossen waren. Bis zu 10 m tief unter der Erde liegen die Gewölbe. Die Gesamtlänge der Gänge beträgt etwa 9 km, wovon knapp 1 km besichtigt werden kann.

Ihre noch heute im Wesentlichen bestehende Gestalt erhielten Stadtkern und Markt seit der Mitte des 15. Jh. Angeregt wurde die Neuordnung, insbesondere des Marktes, sicher nicht zuletzt durch den 1429 erfolgten Hussiteneinfall. In dessen Folge kam es zur Verstärkung und zum Ausbau der **Wehranlagen (2)**, von denen noch Teile im Stadtgebiet erkennbar sind und am Steinsgraben hinter dem Rathaus rekonstruiert wurden. Der **Markt** wurde durch Bebauung in den unteren **Rossmarkt (3)** und den **Altmarkt (4)** geteilt. Nördlich dieser beiden Märkte entstand als dritter der Neumarkt.

In diesen Marktbereichen, der Freiheit und dem Brühl ballt sich dann auch die ältere historische Bausubstanz der Stadt. Abbruch und unverantwortliche Vernachlässigung haben Lücken gerissen, und auch viele der noch stehenden Häuser sind in einem erschreckenden Zustand. Ursprünglich vom 16. bis Anfang des 19. Jh. erbaut, sind sie heute vielfach durch Veränderungen entstellt. Von den einst typischen Laubengängen in den Zeitzer Innenhöfen sind nur noch wenige erhalten, und so weisen mitunter nur Portalgestaltungen oder andere Details auf das Alter der Häuser hin. Herausgeputzt dagegen ist der Alte Markt. Hier streckt sich das breit gelagerte, einen Uhrturm tragende, klassizistische Gebäude der ehemaligen **Bürgerschule (5)**. Beachtenswert sind die beiden Eckgebäude zur Fisch- bzw. zur Brüderstraße und das **Gasthaus ›Drei Schwäne‹** mit der 1581 datierten Haustafel.

Beherrschend durch seinen erhöhten Standort wirkt das **Rathaus (6)**. 1505–09 erbaute es der Altenburger Baumeister Sebald Woltstein. Mit seinen dem Markt zugewandten, fünf rechteckigen Zwerchgiebeln und den hohen fialenbekrönten Ziergiebeln der Schmalseiten folgt es den Formen der Spätgotik. Im Inneren haben sich aus dieser Zeit nur vier Joche eines Kreuzrippengewölbes im Ratskeller erhalten. In einer der beiden frühbarocken Stuckdecken im ersten Obergeschoss findet sich in der Darstellung der vier Erdteile in ovalen Medaillons ein edler Abglanz der Tafelstube der Moritzburg. 400 Jahre nach seiner Erbauung gestalteten die Architekten Georg Weidenbach und Richard Tschammer das altehrwürdige Gebäude um. Sie versahen es mit einem Anbau, und auch der das Gesamtensemble nun hoch überragende Turm entstand nach ihren Entwürfen.

Die Brüderstraße, die sich von der Südostecke des Marktes hinunter zum Schloss senkt, führt vorbei an der nach links biegenden kurzen Stiftsstraße, die vor der Kirche des um 1238 in Zeitz gegründeten Franziskanerkonvents endet. Die **Kirche St. Franziskus, Antonius und Clara (7)** ist ein Beispiel der nicht häufig anzutreffenden gewölbten Saalkirchen in der Bettelordensarchitektur und besitzt in Baugestalt und Schmuck deren typische Kennzeichen von Einfachheit und klassischer Strenge. Ein wirklicher Genuss dieser Schönheit ist jedoch durch den baulichen Zustand und die derzeit stattfindenden Restaurierungsarbeiten nur eingeschränkt möglich. Die alten *Klostergebäude,* die im Süden an die Kirche anschließen, sind starken Veränderungen unterworfen gewesen und beherbergen heute eine Schule. Der Kreuzgang und mit ihm das in den Hof vorspringende alte Brunnenhaus sind noch am besten erhalten.

Auf dem Weg hinunter zum Schloss lohnt sich die Besichtigung des mächtigen **Seckendorfschen Hauses (8)**, Brühl 11, mit großer seitlicher Toreinfahrt und Eckerkern aus dem Anfang des 17. Jh. Freiherr Veit Ludwig von Seckendorf kaufte das Haus, als er mit dem Amt des Kanzlers am neuen herzoglichen Hof betraut wurde. Der folgende Aufschwung der kleinen Residenz war vornehmlich ihm zu verdanken.

Schloss Moritzburg und Dom

1656 stieg das durch den Dreißigjährigen Krieg arg gebeutelte Zeitz wiederum in den Rang einer Residenzstadt, diesmal des vom Mutterland gelösten Herzogtums Sachsen-Zeitz, welches ganze 61 Jahre bestand, um danach wieder an Sachsen zurückzufallen. An Stelle

Zeitz, Schloss Moritzburg, nach Plänen von Johann Moritz Richter, 1657–78

der 1644 zerstörten, ehemaligen Residenz der Bischöfe, von der nur der Dom und die unter dem Bischof Johannes von Schleinitz erneuerten Befestigungswerke geblieben waren, ließ Herzog Moritz nach Plänen des zuvor in Gotha und später auch in Weißenfels tätigen Johann Moritz Richter d. Ä. den festungsähnlichen, frühbarocken Schlossbau 1657–78 errichten, der nach dem Bauherrn **Schloss Moritzburg (9)** genannt wird.

Auf trapezförmigem Grundriss wachsen drei mächtige, von gleichmäßiger Fensterordnung gefestigte, in teilnahmslosem Weiß getünchte, schwer erscheinende Flügel in nur drei Geschossen empor. Selbst der Turm, der sich in der Mitte des westlichen Flügels über dem Schloss erhebt, scheint diesen Anspruch von Beständigkeit, Ruhe, ja Unverrückbarkeit nur bestätigen zu wollen. Unter dem Turm öffnet sich der Ehrenhof durch ein mächtiges Pilasterportal sowohl nach außen als auch durch Arkaden nach innen. Auf beiden Seiten der dunklen Durchfahrt befinden sich die Anstiege des großzügigen, durch alle Geschosse steigenden Treppenhauses.

Im Osten ist der Hof zu einer Hälfte, ähnlich wie in Gotha oder Weißenfels, lediglich von einer Mauer abgeschlossen, die hier von einem Pilasterportal durchbrochen wird. Die andere Hälfte besteht aus einem nur gangbreiten, der Westseite des Doms vorgeblendeten Trakt. Sowohl die Westtürme des Domes als auch der westliche Teil des Kreuzgangs mussten dem Neubau des Schlosses weichen, welcher heute unter anderem ein **Museum** und das Stadtarchiv von Zeitz beherbergt.

Die schönen Malereien der Tafelstube von Schloss Moritzburg zeigen die Darstellungen der vier Weltteile, der vier Jahreszeiten, der Tierkreiszeichen und fliegenden Putten. Sie wurden 1663 von Christian und Wilhelm Richter ausgeführt. Der Flügel in diesem Saal, eine Gesellenarbeit des später durch seine eigene Werkstatt in ganz Europa berühmt gewordenen Julius Ferdinand Blüthner, mag daran erinnern, dass es gerade die Musik war, die an dieser herzoglichen Residenz besondere Pflege genossen hat. An diese schöngeistige Tradition anzuschließen und die Moritzburg zum kulturellen Zentrum der Stadt zu machen, ist heute mehr als je zuvor ein Ziel.

Eine Führung durch die von der Spätgotik bis ins Biedermeier reichende schöne Möbelsammlung geht auch durch die **Tafelstube**. Über einem dem gesamten Habitus des Schlosses in höchstem Maße entsprechenden tiefen Saal breiten sich die schweren Formen einer frühbarocken Kassettendecke mit ausgesprochen schönen Malereien. Beachtlich sind auch die **Befestigungswerke** des Schlosses, jene unregelmäßige, vieleckige Ummauerung mit Türmen, Rondellen und breitem Graben. Auch das mit dem Schlossneubau errichtete monumentale **Torgebäude** verfehlt durch seine rustikale Wehrhaftigkeit schon von der psychologischen Seite her seine Wirkung kaum. Hand in Hand gehen die Präsentation und die Abschreckung besonders in der Portalzone, wo sich über einem säulenflankierten, nach der Form antiker Triumphbogen gestalteten Eingang und einer Reihe von Schießscharten das mächtige Wappen des Hausherrn ausstellt.

Während das Tor gefahrlos durchschritten werden kann, war der **Dom (10)** lange Zeit nicht zu betreten. Anfang der 90er-Jahre stürzte sogar ein Vierungspfeiler ein, der inzwischen wiederhergestellt ist. Dieser Dom St. Peter und Paul, dessen Baugeschichte bislang nur in groben Zügen erforscht war, entstand mit der Etablierung des Bistums. Sein ältester Teil ist die in die erste Hälfte des 11. Jh. zurückreichende **Krypta**. Das darüber liegende Chorpolygon gehört in die Hochgotik, und die spätgotische Halle nahm den Platz des ehemals romanischen Langhauses nach dessen Zerstörung durch die Hussiten im Jahr 1430 ein.

Dass sich zahlreiche Bischöfe hier und nicht in Naumburg begraben ließen, mag belegen, wie wichtig vielen Bischöfen ihre Residenz Zeitz und die damit verbundene Stiftskirche war. Ein auch künstlerisch besonders wertvolles Zeugnis dieser Verbundenheit ist die *Grabplatte* des letzten Bischofs *Julius von Pflug* mit einer eindrucksvollen, lebensgroßen Darstellung des Geistlichen.

Während des frühbarocken Schlossbaus ließ Herzog Moritz auch die Stiftskirche, die nun Hofkirche wurde, barock modernisieren. Die geschickt in den hochgotischen Chor eingepasste *Altarschauwand* von Johann Caspar Sandtmann, die *Kanzel*, der geteilte *Orgelprospekt* und die westliche *Herrscherempore* wären hier vor allem zu nennen. Trotz dieser nicht gerade armen oder unauffälligen Ausstattung, zu der auch noch einige Stücke aus gotischer Zeit und eine künstlerisch hochkarätige, spätromanische *Sandsteintaufe* kommen, dürfte keines dieser Objekte die Berühmtheit jener gerade 30 cm großen Figur am westlichen Wandpfeiler der Südseite erreichen. »Ich heiße *Käselieb*« steht auf dem Spruchband der kleinen, Peitsche und Deichsel tragenden Fuhrmannsfigur. Die Sage berichtet von einem tragischen Hintergrund: Als Sühne für seine heidnische Götter anbetende Tochter fuhr der wendische Bauer Käselieb ohne Bitte um Lohn Steine für den Bau eines Gotteshauses und wurde dabei arm. Der zur Weihe der Kirche erschienene Kaiser bemerkte den armen Mann, erfuhr dessen Geschichte, belohnte ihn und ließ seine Figur zum ewigen Andenken in Stein meißeln. Das Glück blieb dem Mann dennoch versagt. Wendische Bauern brachten seine tote Tochter in sein neues Haus. Sie war von dem herabstürzenden Kopf des Götzen erschlagen worden, den der Kaiser auf dem Weg zur Kirchweihe erzürnt mit seinem Speer heruntergestoßen hatte.

Umgebung

Diese tragische Szene soll sich in der Nähe des südwestlich von Zeitz an der Elsteraue liegenden **Haynsburg** abgespielt haben. Dort bestand seit dem 12. Jh. eine **Burg** der Bischöfe von Naumburg. Von dem originalen Bau stammt wohl nur noch der mächtige untere Teil des Bergfrieds. Die übrigen, inzwischen deutlich veränderten Gebäude entstanden bis ins 16. Jh. hinein, vor allem aber unter dem Bischof Peter von Schleinitz, dessen Wappen sowohl über dem Haupteingang als auch am Südflügel prangt.

Vor dem endgültigen Verlassen des Zeitzer Kreises wäre auch ein kurzer Abstecher nach **Droyßig** sehr reizvoll. Kurz nach Zeitz biegt von der Hauptstraße nach Naumburg eine schmale Seitenstraße nach links dorthin ab. Die Geschichte des Ortes ist vornehmlich mit den Namen derer von Bünau und der Herren von Hoym verbunden. In der **Dorfkirche**, einst Kirche des hier ansässigen Ordenshauses zum Heiligen Grab, befinden sich zahlreiche *Grabmäler* beider Familien. Im Chor, der der Westchorwerkstatt des Naumburger Doms zugeschrieben wird, sind die großen Wandgräber derer von Hoym aus der Wende vom Rokoko zum Frühklassizismus bedeutsam. Auch in der Predella des spätgotischen *Schnitzaltars* sind neben einer Beweinungsszene die Wappen der Familie von Bünau und des Johanniterordens zu sehen. Der Orden trat hier die Nachfolge der zuvor ansässigen Templer an. Ansonsten ist die Kirche wesentlich von barocken Umbauten bestimmt. Der signifikant auf dem verschieferten Turmhelm sich emporreckende Obeliskaufsatz kam Ende des 18. Jh. auf die Kirche.

Außer der Dorfkirche und der 1909 erbauten katholischen Kirche existiert im Ort noch ein dritter Sakralbau, die **Schlosskapelle**. 1622 begonnen, ließ man die Arbeiten wohl unter dem Eindruck des Dreißigjährigen Krieges ruhen, was sicher ein Grund ist, weswegen der Baumeister »dieses für die deutsche Architektur des Manierismus gewichtigen Werkes« unbekannt geblieben ist. Das in edlen Proportionen dreigeschossig gegliederte Gebäude verbindet in seinen Details Formen der Nachgotik und der Spätrenaissance.

Das **Schloss** selbst ging aus einer ursprünglich mit doppeltem Mauerring und sechs Halbtürmen umgebenen Niederungsburg hervor. Markant überragt vom schlanken Flankierungsturm, gehört es größtenteils der durchgreifenden Neugestaltung des 17. Jh. an. Dazu kommen klassizistische und historistische Zutaten, wie etwa der Verbindungsgang zu dem angrenzenden Gebäude mit gotisierendem Durchfahrtsportal.

Naumburg

Naumburg ☆☆
Besonders sehenswert
Dom mit Lettner und
Stifterfiguren

Das historisch geprägte Panorama der fast tausendjährigen Domstadt Naumburg hat sich im Gegensatz zu vielen anderen Städten weitgehend homogen über die letzten Jahrhunderte erhalten können. Zu diesem natürlich auch die Pflicht der Erhaltung einschließenden Vorzug gesellt sich der einer ausgesprochen glücklichen topografischen Lage. Auf einer in die breit ausgreifende Saaleaue geschobenen Terrasse liegt die Stadt auf dem rechten Ufer des Flusses, in den hier auf der gegenüber liegenden Seite die Unstrut mündet. Der fruchtbare Boden und das milde Klima der Aue, die »sanft geschwungenen Terrassen« des rechten Saaleufers, die schrofferen, oft mit Wein bepflanzten linkssaalischen Hänge »des ausgenagten Buntsandsteins«, der Eingang in das burgenreiche Unstrut-Tal und das nicht weniger burgenreiche und romantische, vielbesungene Saaletal machten Naumburg zu einer Perle unter den Städten des sächsisch-thüringischen Raums, einer Perle, deren Fassung heute vielleicht etwas korrodiert, deren Strahlkraft aber ungebrochen ist.

Naumburg

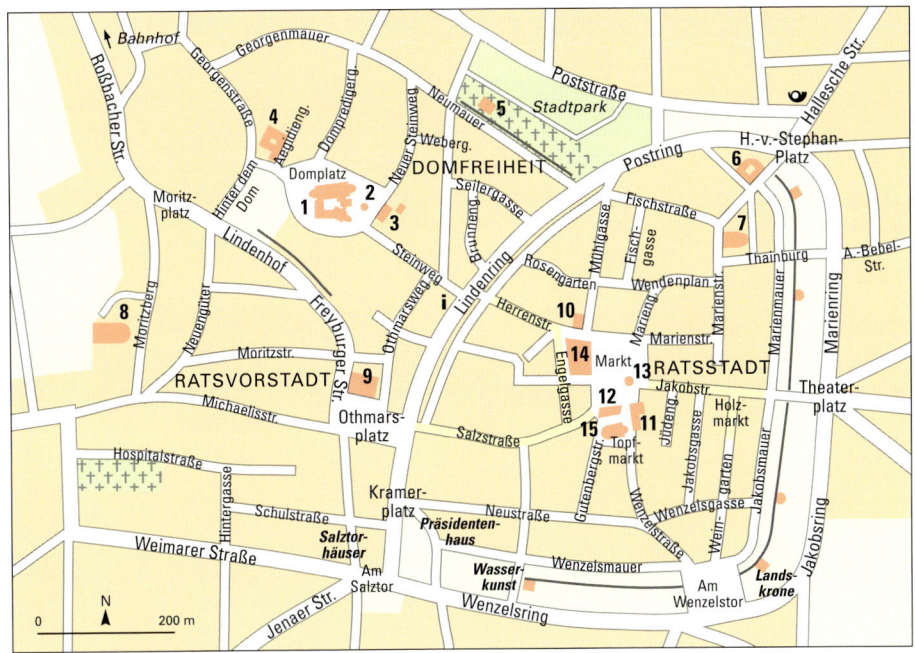

Erste städtische Kontur erhielt Naumburg, als auf Betreiben des Zeitzer Bischofs Hildeward, des Magdeburger Erzbischofs Hunold, des Kaisers Konrad II. und natürlich des Geschlechtes der Ekkehardinger der äußerst ungewöhnliche Akt der Verlegung eines Bistums 1028 durch Papst Johannes XIX. genehmigt wurde. So siedelte der Zeitzer Bischof in die erst jüngst dorthin verlegte neue Stammburg der Ekkehardinger um, die 1046, nach Aussterben des Geschlechtes, zur Burg der Bischöfe wurde. Die Burg befand sich westlich des Doms auf dem Gelände des 1914–17 von Fritz Hoßfeld im Stile des Neobarock erbauten **Oberlandesgerichts**. Bereits 1029 hatte man mit dem Bau des ersten Doms begonnen. 1033 erließ Bischof Kadaloh ein vom Kaiser besiegeltes Privileg, das den vom alten Stammsitz der Ekkehardinger bei Kleinjena übersiedelnden Kaufleuten Handelsfreiheit und erblichen, zinsfreien Besitz zusicherte. Nach diesen Anfängen entstand in der ersten Hälfte des 12. Jh. die planmäßige Kaufmanns- und Handwerkersiedlung um den rechteckigen Markt.

Mit Etablierung der zwei noch heute leicht erkennbaren Zentren der Stadt, der Domfreiheit und der Marktsiedlung, waren die Weichen für die künftige Entwicklung gestellt. Obwohl beide unter der Hoheit des Bischofs standen, mauerten sie sich gegenseitig ab und waren bis 1835 rechtlich getrennt. Während die Entwicklung der Domfreiheit seit der Fertigstellung des Doms stagnierte, entwickelte sich die Marktsiedlung zu einer nicht nur für die engere Region

Naumburg
1 Dom
2 Domplatz mit Brunnen
3 Bischofskurie mit romanischem Wohnturm
4 Ägidienkurie
5 Johanneskapelle/ Domfriedhof
6 Marientor
7 Maria-Magdalenen-Kapelle
8 Moritzkirche
9 Othmarskirche
10 Hohe Lilie
11 Residenz
12 Schlösschen
13 Brunnen (hl. Wenzel)
14 Rathaus
15 Stadtkirche St. Wenzel

An Saale, Unstrut und Weißer Elster

Naumburg, Blick über die Altstadt mit Dom. Der reizvollste Weg, sich einen Überblick zu verschaffen, führt in die Höhe auf die kleine Aussichtsplattform des Turms der Wenzelskirche. Hat der Aufstieg über die sehr enge Wendeltreppe auch seine Tücken, ein überwältigender Rundblick über die fast 1000-jährige Stadt mit ihrer hügeligen Umgebung entschädigt für alle Mühe.

bedeutenden Messestadt. Ein Ruf, der ihr erst Anfang des 16. Jh. von Leipzig streitig gemacht wurde. Im Export von Waid, einer Farbpflanze, aus deren Blättern man Indigo gewann, besaß Naumburg gar so etwas wie ein Monopol. Diese ökonomische Stärke und das daraus resultierende Selbstbewusstsein der Bürger mussten zu Auseinandersetzungen mit dem Stadtherrn führen. Nur nach und nach gelang es der Stadt, sich von bischöflicher Macht zu befreien. Als diese letztlich durch die Reformation zu wanken begann, rissen die sächsischen Kurfürsten die Macht über das Stiftsgebiet an sich. Somit erlebte die Stadt den Dreißigjährigen Krieg unter der wankelmütigen sächsischen Politik, die ihr wechselnde Plünderungen und wechselnde Herrschaften bescherte, ehe sie durch die dem Krieg folgenden Seuchen gebeutelt noch einmal für sieben kurze Jahre Behelfsresidenz des kurzlebigen Herzogtums Sachsen-Zeitz wurde. 1815 an Preußen gefallen, verlor sie weiter an Bedeutung, wurde Beamten- und Pensionärsstadt, Sitz des preußischen Oberlandesgerichts und einer Garnison, sie wurde eine Pensionärsstadt, das ›Thüringer Pensionopolis‹. Aus heutiger Sicht ist das eine glückliche Fügung zu nennen, die Naumburg fast unbeschadet über den Zweiten Weltkrieg rettete. Trotz nicht zu übersehender Schäden an der

Bausubstanz ist der Stadt als ihr größter Schatz das unverwechselbare historische Gesicht geblieben.

Dennoch verschwindet die Altstadt Naumburgs in den Touristenprospekten oft hinter dem Bauwerk, das die Mehrzahl der Besucher in die Stadt zieht: dem Dom St. Peter und Paul. Auch vom Ausguck der Wenzelskirche ist er unübersehbar. Markant heben sich seine vier Türme vom dunstigen Blau des Talhintergrunds ab. Durch **Herrenstraße** und **Steinweg** ist er auf fast geradem Weg vom Markt zu Fuß zu erreichen. An einigen Häusern der Herrenstraße erregen insbesondere Erker die Aufmerksamkeit. Der schlichte, auf einer Löwenkonsole ruhende Halbrunderker am Haus Nr. 1 wird an den Anfang des 16. Jh. datiert und als ältester Erker der Stadt angesehen.

Dom St. Peter und Paul

Wenn sich der Steinweg zum **Domplatz** öffnet, treten der **Dom (1)** und die mit ihm verbundenen Bauten plötzlich und unabweisbar vor das Auge des Beschauers. Vom links in der Ecke auftauchenden spätgotischen **Chor der ehemaligen Marienkirche**, über den ungewöhnlich steilen Giebel der um 1416 erbauten **Dreikönigskapelle** und dem mit Treppenfries und quadratischem Fenster verzierten Südgiebel des spätromanischen Querhauses steigert sich das Ensemble in den ebenfalls spätromanischen **Osttürmen**, deren drittes Fenstergeschoss von einem spätgotischen Aufsatz und schließlich durch kreuztragende barocke Turmhelme bekrönt wird. Aus den durch Lisenen, Rundbogenfriese und Fensterordnungen in geometrischem Beharren gefügten Teilen des um 1210 begonnenen Domneubaus scheint der um 1330 in den Formen der Hochgotik errichtete Ostchor geradezu herauszudrängen. Ein durchaus vergleichbares Bild bietet die **Westpartie** des insgesamt etwa 100 m langen Bauwerks, wenn dort auch der frühgotische, um 1250/60 entstandene **Chor** und die später auf den spätromanischen Stümpfen aufgeführten **Türme** das Verhältnis des Gesamtbildes umkehren. Das erste Obergeschoss des Nordwestturms vermittelt von früher zu hoher Gotik. Die nachfolgenden Geschosse wurden im 14. und 15. Jh., das begiebelte Halbgeschoss und der Helm wie die oberen drei Geschosse des Südwestturms gar erst im 19. Jh. aufgesetzt. Ursprünglich besaß der Dom nicht nur zwei Chöre, sondern auch zwei Kreuzgänge. Die Ansätze des nördlichen sind an der Wand dieses Seitenschiffs und am Querhaus noch sichtbar. Erklärt werden kann diese Einmaligkeit mit der Tatsache, dass mit dem Abriss der alten Ekkehardingischen Stiftskirche und der Übernahme ihrer liturgischen Funktionen in den Dom auch zwei geistliche Meditations- und Lebensbereiche notwendig wurden, einer für das Domkapitel und ein anderer für die Geistlichen der Stiftskirche. Die südlich sich an den Kirchenbau anschließende **Klausur** ist über das in die östliche Front 1940 eingefügte **Torhaus** zu erreichen, und ein Gang darin vermag noch immer etwas von diesem Sinnbild des von der Welt abgeschlossenen geistlichen Lebens zu vermitteln. Durch die **Vorhalle** und das mehrfach abgetreppte, den Blick auf das Tympanon zentrierende **Hauptportal** führt der Weg in das Innere des Doms, das sich zwischen Ost- und Westchor und deren beiden Lettnern ausgewogen erstreckt. Das kurz und gedrungen wirkende, von Bündelpfeilern gesäumte Schiff scheint gleichsam leergesogen zu werden von der Kraft der reich gestalteten Chöre.

Der *Lettner des Ostchors*, der seine bestimmende Vertikale vor die Vierung schiebt, entstand gleichzeitig mit dem Kirchenbau und ist der »älteste vollausgebildet erhaltene Hallenlettner auf deutschem Boden«. Nur die oberen Teile der Blendarkaden und der Altar zwischen den beiden Aufgängen zum Chor sind Ergänzungen des 19. Jh., in dem auch die Fresken erneuert wurden. Heute ist der **Ostchor** über seitliche, moderne Treppen zu erreichen, deren religiöse Themen humorvoll rekapitulierende, plastische Geländergestaltung 1972 von Heinrich Apel geschaffen wurde. Auch die lampentragenden Büsten eines Engels und eines Propheten in der Krypta kommen aus seiner Werkstatt. Im Inneren des Ostchors leben sich, wie an seinem Äußeren, die Spannungen zwischen Spätromanik und Hochgotik aus, wobei die *Altarwand* von 1567 ungeachtet ihres Eigenwertes eine wenig glückliche Bereicherung ist. Die zwei *Fenster* beiderseits des Chorscheitels sind im 14. Jh., das nördliche und südliche im 15. Jh. gefertigt worden. Die lebensgroße Figur eines ergeben-unschuldsvoll dreinblickenden *Diakons* vor dem Altar und die ebenso wirklichkeitsnah erscheinende *Grabfigur Bischof Dietrichs II.*, des Bauherrn des Westchors, schließen sich der dort geübten künstlerischen Sprache an. Sie verraten, wie etwa auch das

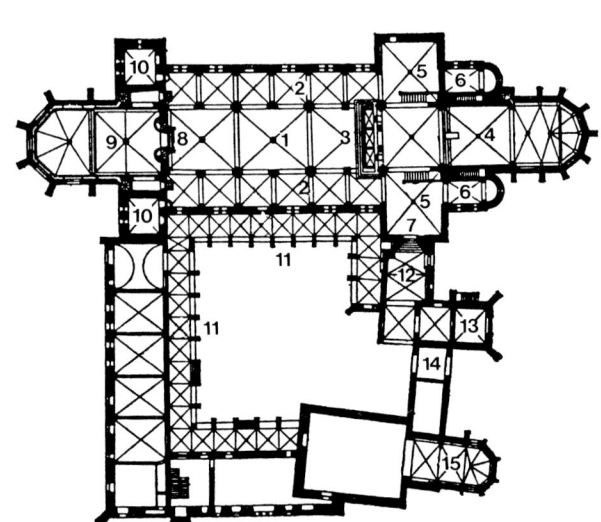

Naumburg, Dom, Grundriss
1 *Langhaus*
2 *Seitenschiffe*
3 *Ostlettner*
4 *Ostchor über Krypta*
5 *Querhäuser*
6 *Osttürme*
7 *Hauptportal*
8 *Westlettner*
9 *Westchor*
10 *Westtürme*
11 *Kreuzgang*
12 *Vorhalle*
13 *Dreikönigskapelle*
14 *Torhaus*
15 *Chor der ehemaligen Marienkirche*

Naumburg

Naumburg, Dom, Blick aus dem Kreuzgang nach Nordosten

meisterlich gestaltete *Tympanon* der Tür zum Nordostturm, die Anwesenheit bedeutender Künstler in den einzelnen Bauzeiten. Das trifft nicht nur für die Arbeiten in Stein, sondern auch für die Holzschnitzerei zu, die hier im *Chorgestühl* und den *Sitzen* mit bemerkenswerten Beispielen vertreten ist.

Unter dem Chor entfaltet die **Krypta** in drei Teilen ihre durch Gurtbögen geschiedenen Kreuzgratgewölbe. Während der Vorraum und der östliche Teil aus der spätromanischen Bauphase des Doms stammen, geht der mittlere, schmalere Teil auf dessen Vorgängerbau zurück, in welchen um 1170 nachträglich eine Krypta eingefügt worden war. Direkt nachvollziehbar ist hier insbesondere am Schmuck der Kapitelle der Stilwandel von der streng abstrahierenden Ornamentik der hohen Romanik zur die Pflanze verlebendigenden der Spätzeit dieser Epoche.

Die nächste Stilstufe, die der Frühgotik, findet sich im berühmten **Westchor** verkörpert, und dort auf ganz einmalige Weise durch das

An Saale, Unstrut und Weisser Elster

plastische Dekor und die figurativen Werke. Man ist heute trotz vieler Ungewissheiten geneigt, den gesamten Entwurf und wichtige Teile der Ausführung des um 1250/60 als Ersatz für die Stiftskirche der Ekkehardinger errichteten Westchors einem einzigen Künstler zuzuschreiben, dem so genannten Naumburger Meister. Weder über seinen Namen noch seine Biographie gibt es Nachrichten. Die unsichere Spur der ihm zugeschriebenen Werke führt von Frankreich über Mainz nach Naumburg und von hier vielleicht noch nach Meißen, wo er die sieben überlebensgroßen Standbilder im dortigen Dom zumindest entworfen haben könnte.

Thema des wie eine verkürzte Kirchenfassade anmutenden *Westlettners* ist die Passion Christi. Oben links zeigt das erste Relief fünf Jünger und Jesus beim Abendmahl. Dargestellt ist der Augenblick, in dem Jesus Judas das Brot reicht. Die ganze Szene konzentriert sich auf diese Bewegung. In der am rechten Tischrand sitzenden Figur des sich einen Fisch aus der Schüssel greifenden Jacobus vermutet man ein Selbstbildnis des Meisters. Das erhält insofern eine zusätzliche Bedeutung, als ja der Fisch, wie auch Brot und Wein, als Symbole für das Leben Jesu stehen, auf dessen vorbestimmte und offenbar als unausweichlich begriffene Hinrichtung alles Weitere

Naumburg, Dom, Westlettner, um 1250/60, Abendmahl. Nicht nur seine handwerkliche Meisterschaft, die Kühnheit seiner Figurenkompositionen, sondern auch sein realistischer und mitleidender Blick auf die gequälte Kreatur, die psychologische Durchdringung seiner figürlichen Geschichten und porträthaften Figuren machen den Lettner zu einer Ausnahme in der Kunst seiner Zeit. Einige Autoren bringen diese so ungewöhnliche Haltung mit der im Frankreich des 12. Jh. aufkommenden Bewegung der später von der Kirche der Häresie beschuldigten Waldenser in Verbindung.

hinzielt: der doppelte Verrat Judas', die Verleugnung durch Petrus, der Prozess vor Pilatus, die Geißelung, Kreuztragung (diese beiden letzten sind eine hölzerne Ergänzung von 1737) und schließlich Kreuzigung. Diese wird hier nicht in einer Triumphkreuzgruppe der menschlichen Welt enthoben, sondern zu einer lebensnahen Szene im Portal des Lettners gemacht. Christus leidend, blutüberströmt, ganz hilflose Kreatur, der schwere Körper herabsackend. Jeder, der den Chor betreten will, muss unter den ausgebreiteten Armen dieses Körpers hindurch. Die Auferstehung wird hier nicht einmal andeutungsweise vorausgenommen. Nur mehr abstrakt, aber gerade deswegen ewig und unverrückbar werden im Richterbild des Lettnergiebels eine letztlich unbeeinflussbare Gerechtigkeit ebenso wie der Triumph Christi über die Niederungen menschlichen Seins antizipiert.

Der wie die ganze Kirche kreuzgratgewölbte Innenraum des Westchors mündet in ein *Fensterpolygon*. Die Scheiben des nördlichen, nordwestlichen und südlichen Fensters stammen zum großen Teil noch aus der Erbauungszeit des Chors und gehören damit zu den ältesten erhaltenen deutschen Glasfensterzyklen der Frühgotik. Die übrigen Scheiben wurden im 19. Jh. eingesetzt.

Die Verbindung der Heiligendarstellungen in den Fenstern mit den zwölf lebensgroßen *Stifterfiguren*, die in 4 m Höhe vor den Diensten des Chors stehen, erfüllte das Naumburger Totenoffizium mit der Hoffnung, dass Gott die Seelen der Stifter in der Gegenwart der Heiligen beglücken würde. Architektur, Figurenprogramm und Liturgie entspringen einem Gedanken. An der Grenze zwischen Chorquadrat und -haupt stehen sich die beiden Hauptstifterpaare gegenüber, Paare wie sie sich gegensätzlicher kaum denken lassen.

Im Norden der sich scheinbar selbst genügende und seiner Macht bewusste Ekkehard II. mit der edel wirkenden, in kindhafter Unschuld befangenen Ehefrau Uta von Ballenstedt. In unbewusster Geste schlägt sie den Mantelkragen gegen den Gemahl und scheint sinnend in eine unklare Zukunft zu blicken. Im Süden gegenüber steht die unbekümmert über das ganze Gesicht lachende Regilindis mit ihrem zagend zurückweichenden Hermann.

Ihnen folgen im Polygon der sich furchtsam hinter seinem Schild bergende Graf »Dietmar, der erschlagen wurde«, der zornig sich gebärdende Sizzo, der melancholische Wilhelm sowie der gramzerfressene Thimo, der sich unwillig gegen Markgraf Ekkehard zu wenden scheint, denn der hatte seinen Vater ermorden lassen.

Die übrigen Stifterfiguren im Chorquadrat sind, einander gegenüber, Gräfin Gerburg und ihr Gemahl Dietrich. Die Figur zwischen Dietrich und Uta könnte Gräfin Gepa, die Frau Graf Wilhelms sein, die männliche Figur an der Südwand vielleicht ein Neffe der beiden Markgrafenbrüder, Graf Konrad.

Ältere Autoren sahen in der Gruppe der ja unzweifelhaft aufeinander bezogenen Naumburger Stifter die Szene des Gottesgerichts gegen Dietmar. In ihm erblickte man den Bruder des Billunger

Die Skulpturen der Stifter im Chor werden – wie bereits die Lettnerfiguren – nicht, wie bis dahin üblich, idealisierend und zeitenthoben präsentiert. »Dargestellt mit unerhörter Freiheit psychologischer Charakterisierung« treten sie hier, scheinbar lebendig, in Kleidern des 13. Jh. vor die Dienste, mit denen sie, bis auf zwei, aus einem Block gehauen wurden. Die einst vorhandene Bemalung mag diesen Eindruck noch verstärkt haben. Keiner weiß heute, ob dem Künstler über die damals schon vor über 100 Jahren Verstorbenen mehr Informationen als uns vorgelegen haben. Die Tiefe nicht nur der psychologischen, sondern auch der physiognomischen, porträthaften Gestaltung legt diese Vermutung in Zeiten mündlicher Überlieferung aber nahe.

Herzogs Bernhard II. von Sachsen, der, angeklagt wegen Verrats an Kaiser Heinrich III., im Zweikampf mit seinem Ankläger umkam. In diesem Falle bestünde zwischen der ›historischen‹ Passion des Lettners und der von Blutschuld und Verrat gezeichneten ›Alltagsgeschichte‹ des Mittelalters auch ein inhaltlicher Zusammenhang, ein beinahe zu kühner Gedankenbogen, den die neuere Forschung gewiss nicht grundlos anzweifelt.

Den östlichen, besonders in den Vormittagsstunden wunderbar besonnten **Domplatz (2)** ziert ein mittelalterlicher **Brunnen** mit einer Sandsteinfigur des Ekkehard. Es ist eine Arbeit von 1858, eine romantische Reminiszenz, die es mit den eben im Dom gesehenen, hier nur in den wichtigsten Stücken erwähnten Skulpturen nicht aufnehmen kann und will.

Unter den an den Platz angrenzenden Kurien, die zumeist dem Barock angehören, gibt es auch zwei ältere Anlagen. Eine davon ist die nur zweigeschossige, zwischen zwei hübschen Renaissancegiebeln ruhende sogenannte **Bischofskurie (3)**. In ihrem Hof steht ein romanischer Wohnturm, der in seinem Kern in die Mitte des 11. Jh. zurückgeht. Das Haus, während des großen Brandes von 1532 niedergebrannt, wurde durch Bischof Julius Pflug und nach dessen Tod durch den Domherrn Johann von Krakau bis 1581 wieder aufgebaut. Die **Ägidienkurie (4)** an der Nordseite des Domplatzes, die Anfang des 13. Jh. erbaut wurde und 1532 und 1890 erneuert werden musste, ist an ihrer dem Platz zugekehrten Kapelle leicht zu erkennen. Das Fragment eines Säulenportals an der Südseite, aber vor allem der Schmuck der gut erhaltenen Innenräume zeigen trotz größerer Naivität eine enge Verwandtschaft zu vergleichbaren Elementen der spätromanischen Teile des östlichen Doms.

Bis 1860 gab es südlich der ehemaligen Marienkirche eine weitere Kapelle, die **Johanneskapelle (5)**, die vielleicht die Taufkapelle der Gemeinde der Domfreiheit gewesen ist. Der kleine, im dritten Viertel des 13. Jh. erstellte Bau wurde auf den **Domfriedhof (5)** übertragen, wo sich auch noch ein paar ältere Grabmäler von Naumburger Bürgern befinden. Der Friedhof liegt im Zwickel der ehemals dort zusammenstoßenden Befestigungen von Domfreiheit und Stadt. Die Straßen Neumauer und Postring markieren deren früheren Verlauf, wie überhaupt die Anhängsel -mauer oder -ring in Naumburg den Verlauf der alten Befestigung verraten.

Die Stadt

Das **Marientor (6)**, von der Wenzelskirche aus im Nordosten gelegen, ist als einziges Tor der einstigen, seit der Mitte des 15. Jh. massiv erbauten Stadtbefestigungsanlagen erhalten geblieben. Reste dieser Anlage existieren in ihren östlichen und südlichen Abschnitten in Mauerteilen, der teilweise erhaltenen Südostbastion Landskrone und einem von einstmals 19 die innere Mauer deckenden Türmchen, der sogenannten Wasserkunst an der Wenzelsmauer. An Stelle des ehemaligen Salztors im Süden der alten Stadt entstanden nach dessen Abtragung im Jahr 1835 zwei klassizistische Torhäuschen.

Vom Marientor ist durch die auf halber Strecke scharf nach rechts biegende Marienstraße in wenigen Minuten der Marktplatz erreicht. Die im schlichten Barock erbaute **Maria-Magdalenen-Kapelle (7)** geht in ihrer Gründung auf ein von Bischof Udo I. gestiftetes Hospital zurück und wurde 1712–30 als Friedhofskapelle errichtet. Für die große Innenfläche der Spiegeldecke des Kirchenschiffs schuf der Nürnberger Maler Wilhelm Rössel ein *Deckengemälde* mit dem Thema der Auferstehung.

In der **Marienstraße**, die mit ihren zwei Zügen den halben Umfang des ehemaligen alten Wendendorfs umschließt, stehen dem historischen Bestand angepasste Neubauten neben ihren Vorfahren. Das **Peter-Paul-Portal** von 1547 ist eines der schönsten der Stadt und sei hier nur als ein Detail unter vielen in dieser alten Straße erwähnt.

Geht der Blick vom Turm der Wenzelskirche in westliche Richtung, so taucht südlich des Doms zunächst die barocke Haube der Othmarskirche und entfernter, schon am Rande der Stadt, das nadelspitze Turmpaar der Moritzkirche aus dem ungeordneten Gefüge der Dächerquader.

Die **Moritzkirche (8)** ist die einstige Klosterkirche eines Benediktinerinnenklosters, das 1119 in ein Augustinerchorherrenstift umgewandelt wurde. Vom romanischen Kirchenbau sind aber im jetzt vorhandenen spätgotischen Neubau nur noch Reste vorhanden. In den in sich zusammensinkenden Kielbogenportalen und den Fischblasenmaßwerkfenstern verabschiedet sich in aller Schlichtheit ein Epochenstil. Fragmente eines bedeutenden spätromanischen Triumphkreuzes verkaufte man an das Berliner Kaiser-Friedrich-Museum, so dass von der einst reichen Ausstattung nur weniges geblieben ist, darunter als ältestes Stück ein *Gedächtnisgrabstein* für Bischof Richwin aus dem Jahr des Kirchenbrandes 1260.

Auch das wertvollste Ausstattungsstück der **Othmarskirche (9)**, ein Schnitzaltar von 1516, ging in den 20er-Jahren ins Erfurter Angermuseum. Der 1691–99 zum Teil aus den Steinen der nahen, aber seit 1532 ruinierten Marienkirche ausgeführte schlichte Bau auf dem Salzberg beherbergt heute die Bibliothek des Katechetischen Oberseminars Naumburg und einen Vortragsraum.

Ein letzter und ausgiebiger Blick von der Stadtkirche sollte dem zu Füßen des Turms sich ausbreitenden **Markt** gelten. Was sich in der Marien-, Herren-, Salz- oder Jakobsstraße an vereinzelten und fragmentarischen Zeugnissen bürgerlichen Hausbaus der vergangenen Jahrhunderte findet, versammelt sich hier in großer Geschlossenheit noch einmal zu einem der beeindruckendsten Marktensembles im östlichen Deutschland. Neben noch maßwerkgeschmückten Giebeln der Spätgotik und den mit Stabwerk verzierten der Renaissance

Das Naumburger Marientor, 1455/56 erbaut, gilt als sehr gut erhaltenes Beispiel eines mittelalterlichen Fangtors, das auch zur Kontrolle von Reisenden benutzt werden konnte. Zwischen dem in der Achse abgedrehten feldseitigen und dem stadtseitigen Tor befindet sich die nach Westen ausgewölbte, mit Backsteinkielbögen ornamentierte, schön gestaltete ›Mausefalle‹, während das Äußere des Tors vergleichsweise schmucklos und abweisend erscheint.

An Saale, Unstrut und Weißer Elster

Naumburg, Blick über den Marktplatz

sind es vor allem die nur zwei- bis dreigeschossigen, aber dann in bis zu vier Dachgeschossen in den Stadthimmel strebenden Häuser, auf deren Böden lange Zeit der begehrte Waid getrocknet wurde, die Interesse und Staunen erwecken. Etwas versteckt in der äußersten nordwestlichen Ecke steht eingezwängt eines der charaktervollsten Häuser des Marktes, die **Hohe Lilie (10)**, aus dem zweiten Viertel des 16. Jh. Das Haus daneben besitzt einen reizvollen Rokokoerker, das übernächste Haus ein merkwürdiges, weil zumindest im Schriftband spiegelverkehrt gearbeitetes Relief, das die Taufe Christi im Jordan darstellt.

An der gegenüber liegenden Seite des Marktplatzes befand sich für zehn Jahre die **Residenz (11)** des Herzogtums Sachsen-Zeitz. Das scheinbar aus zwei Giebelhäusern bestehende Gebäude wurde unter teilweiser Wiederverwendung alter Substanz an der Stelle von vier alten Häusern erbaut. Eineinhalb Jahre später als der Herzog siedelte auch die Regierungskanzlei nach Naumburg über. Sie kam im **Schlösschen (12)** unter, dem etwas weniger großen und aufwendigen Gebäude in direkter Nachbarschaft. Der **Brunnen (13)** vor der Residenz wird erstmals 1579 mit der Anzeige erwähnt, dass dort ›der steinerne Mann‹ aufgestellt worden sei. Die inzwischen erneuerte Spätrenaissanceskulptur stellt den Stadtpatron, den heiligen Wenzel, dar. Er besaß früher in der Figurennische an der Nordostecke des Rathauses einen Kompagnon, der sich heute wie viele andere wertvolle Ausstattungsstücke des Rathauses im Heimatmuseum befindet.

Das umfängliche **Rathaus (14)** wurde unter Benutzung eines abgebrannten Vorgängers 1517–28 von Hans Witzlebe erbaut. Die Dreiflügelanlage war ursprünglich nicht miteinander verbunden und diente in erster Linie auch nicht der Verwaltung, sondern war vor allem Kaufhaus. An der durch Fenster und runde Maßwerkgiebel mit aufgesetzten Kugeln ruhigen Marktfassade sticht das prächtige farbige Renaissanceportal von 1612 besonders hervor.

Zum Markt gehört nicht zuletzt die **Stadtkirche St. Wenzel (15)**, deren hochaufragender Turm beherrschend nicht nur über dem Geviert des Platzes steht, sondern auch im Gesamtbild der Stadt mit den vier Türmen des Doms durchaus konkurrieren kann. St. Wenzel ist sowohl in ihrem Äußeren als auch in ihrem Inneren eine ganz eigenartige Schöpfung einer spätgotischen Bürgerkirche. Ein wohl aus Platzgründen extrem verkürztes, polygonal abgeschlossenes, mit Sakristei und Turmbau ›bewehrtes‹ Langhaus scheint den in Mittelschiffbreite gehaltenen, ebenfalls polygonal geschlossenen Ostchor gleichsam ›verschlingen‹ bzw. ›gebären‹ zu wollen. Aus diesem ›Knäuel‹ entwindet sich der steile, in Höhe der Dachtraufe ins Oktogon wechselnde und von einer eleganten barocken Haube bekrönte Turm. Das Dramatische dieser Erscheinung war mit großer Sicherheit kein Produkt des Zufalls, sondern Plan. 1426–73 entstanden im Weichen Stil die reich dekorierten Ostteile und wenigstens die Nordwand des Schiffs. Ein starker Brandschaden warf den Bau zurück, und das Schiff wurde in weit schlichteren Formen fertig gestellt, ehe es 1517 nochmals zu einem Brand kam. Fünf zum Teil sehr aufwendig gestaltete Portale bereichern zusätzlich den Außenbau, das **Hauptportal** im Westen mit dem Standbild der Schutzheiligen Maria und Wenzel.

Naumburg, Rathausportal, 1612

Das hohe Innere der Kirche in der Wirkung eines lichten Zentralbaus wurde 1724 umfassend barockisiert. 1680 kam der recht intelligent in den Chor eingepasste *Altar* des Zeitzer Hofbildhauers Heinrich Schau zur Aufstellung, für den Johann Oswald Harms das Gemälde und die farbliche Fassung schuf. Die *Orgel* der Kirche birgt im von Johann Göricke 1695–97 geschaffenen Gehäuse ein Werk von Zacharias Hildebrand, das nach Fertigstellung 1746 von Johann Sebastian Bach und Gottfried Silbermann abgenommen wurde und in jüngerer Zeit seine ursprüngliche Disposition wieder erhalten hat. Von der reichhaltigen Ausstattung der Kirche soll hier nur noch auf die *Gemälde* hingewiesen werden, unter denen sich zwei Arbeiten von Lucas Cranach d. Ä. befinden. Von der *Grabkunst* des 16. bis 18. Jh. sei zum Schluss der Stein von Augustus von Leubelfing hervorgehoben. Leubelfing war der Page des Schwedenkönigs Gustav Adolf.

Augustus von Leubelfing erlag, verletzt durch zwei Schüsse und drei Stiche in der Schlacht bei Lützen, wie es auf dem Grabstein heißt, am 15. November 1632 in Naumburg seinen Verwundungen. Conrad Ferdinand Meyer hat ›Gustav Adolfs Pagen‹ mit der gleichnamigen Novelle auch ein literarisches Denkmal gesetzt.

Über Schulpforta nach Eckartsberga

Kaum 4 km östlich vor Naumburg liegt auf einem steilen, wenn auch nicht sehr hohen Sandsteinrücken am rechten Ufer der Saale die **Schönburg**. Wie die Haynsburg war sie im Besitz der Bischöfe von Naumburg. An strategisch unbedeutendem Ort verfiel sie nach der

An Saale, Unstrut und Weißer Elster

Sequestration des Bistums mehr und mehr, so dass sie heute zwar in ihrer ganzen Anlage beispielhaft erhalten, von den einzelnen Gebäuden aber nur wenig geblieben ist. Von der um 1200 erbauten, trapezförmig dem Gelände angepassten Burg sind verhältnismäßig gut nur der Bergfried, das sogenannte Gerichtshaus und Teile des Zwingers mit dem Torhaus erhalten.

Schulpforta

Schulpforta ☆
Besonders sehenswert
Klosterkirche

Schulpforta, auf halbem Weg zwischen Naumburg und Bad Kösen, dessen Stadtteil es heute ist, hat sich, umschlossen von einer kilometerlangen Mauer, bis heute eine gewisse klösterliche Abgeschiedenheit bewahren können. Wegen »rohen Volkes«, »Verfolgung böser Leute«, »Schwierigkeit des Ortes« und »Mangel an Bekehrungslustigen« verlegte Bischof Udo I. von Naumburg das in Schmölln gegründete Zisterzienserkloster um 1137 in die unwegsame und sumpfige Flussniederung bei ›Porta‹. Der Bischof machte seinen Schnitt, indem er geringere gegen bessere Güter tauschte, und für die Zisterziensermönche schien gerade diese unwirtliche und weitgehend menschenleere Gegend beste Voraussetzung für eine gedeihliche, wenn auch vornehmlich ökonomische Entwicklung zu sein. Insbesondere die Kultivierung der Saaleaue und der Anbau der bis heute bedeutenden Spezialkulturen Obst und Wein begannen hier. Clevere Grunderwerbs- und Geldpolitik ergänzten die anspruchslose Tüchtigkeit, so dass das Kloster bei seiner Aufhebung eines der reichsten Mitteldeutschlands war. Dies war sicher ein Grund, dass Moritz von Sachsen dort eine Fürsten- und Gelehrtenschule einrichtete, die zu einer der berühmtesten Gründungen ihrer Art in Deutschland wurde.

Die Schule von Schulpforta, sicher nicht nur von dem Predigersohn Karl Friedrich Bardt als ›Hölle‹ erlebt, war eine Musteranstalt, und es galt etwas im gebildeten Adel und Bürgertum, Portenser gewesen zu sein. Schülernamen wie Klopstock, Fichte, Ranke oder Nietzsche werden noch heute genannt, um den einstigen Ruhm dieser Anstalt zu veranschaulichen.

Dem Umstand der fast ununterbrochenen schulischen Nutzung ist es auch zu danken, dass sich viele Gebäude der Klosterzeit erhalten haben und sich wie in keinem anderen Kloster Sachsen-Anhalts die ursprüngliche Anlage erkennen lässt. So befand sich westlich noch vor dem gotisierenden Neubau des **Torhauses** eine **Schenke**, deren Gebäude 1624 neu errichtet wurde. Nahebei findet sich eine stark verwitterte Betsäule, die der vorletzte Abt des Klosters stiftete. In die Klosterzeit gehen auch die an das Torhaus anschließenden Gebäude zurück. Das sogenannte **Marterhaus**, der rechtwinklig anstoßende **Schafstall** und auch weiter im Inneren liegende Gebäude der **Mühle** gehen auf romanische Anlagen zurück. An der Stelle der Wassermühle, die einen in Ost-West-Richtung verlaufenden hochromanischen Gurtbogen enthält, wird sogar eine – vielleicht nicht fertig gestellte – Basilika vermutet, deren pfortenähnlich freistehender Bogen dem Ort womöglich gar den Namen gegeben haben könnte.

1136/37 begannen die aus Walkenried kommenden Zisterziensermönche mit dem Bau der **Klosterkirche,** einer dreischiffigen, kreuzförmigen, stark gestreckten und flachgedeckten Basilika, die sehr niedrig und, wie im Orden üblich, turmlos und schlicht war. Wesentliche Teile dieser Kirche sind noch im heutigen Neubau des 13. Jh. vorhanden. Die 40er-Jahre des 13. Jh. markieren den Beginn umfangreicher Umbauten, so die Erhöhung und Einwölbung von Querhaus und verlängertem Kirchenschiff, Veränderungen der Pfeiler- und Fensterordnungen und Neubau des südlichen Seitenschiffs, des Ostchors und der für zisterziensische Ordensbaukunst ursprünglich nicht typischen schmuckreichen Fassade des westlichen Mittelschiffs. Der figürliche Schmuck, im 19. Jh. teilweise erneuert, erreicht diese Qualität nicht, wenn er auch, wie in der oberen Figurengruppe, gestalterische Parallelen zum Naumburger Westlettner aufweist.

Schulpforta, Klosterkirche, gotischer Neubau des 13. Jh. unter Erhalt wesentlicher Teile des Ursprungsbaus von 1136/37. Die Westfassade präsentiert sich in einer den Zisterziensern eigentlich fremden Schmuckfreudigkeit, ist allerdings im 19. Jh. stark überarbeitet worden. Mit Freifiguren und Fialen verzierte Strebepfeiler rahmen eine geradezu grandios sich steigernde Komposition von Portal, Maßwerkfenster und Mittelschiffgiebel.

Solche Einflüsse, aber auch französische und die des Mutterklosters Walkenried lassen sich auch in der aufwendigen Gestaltung des **Ostchors** beobachten, wo es vor allem die das Erdgeschoss belebenden und qualitätvoll bekrönten bzw. gerahmten Wandnischen unterschiedlichster Zweckbestimmung sind, die besonders auffallen. Die dort eingestellten *Freifiguren* der Stifter stammen nicht aus der Bauzeit, sondern aus der Mitte des 15. Jh. In die Bauzeit des Chors gehört dagegen der steinerne, an drei Seiten mit Blendarkaden versehene, mächtige *Hochaltar* als eines der schönsten der vielen noch vorhandenen Ausstattungsstücke, von denen hier nur einige wenige genannt werden können. Das große, gemalte *Triumphkreuz* aus Eiche gehörte wahrscheinlich wie der *Dreisitz* im Chor zur Ausstattung der neuerlichen Weihe von 1268. Vielleicht eine einzigartige Rarität stellt ein in der Kirche aufbewahrter, ursprünglich farbig gefasster romanischer *Holzkelch* dar, in welchem die ältere Fachliteratur die absolute Steigerung zisterziensischen Puritanismus' sieht. Von den Grabmälern des 13. bis 17. Jh. sei hier nur die stark beschädigte, aus Alabaster gearbeitete *Tumba* für *Markgraf Georg von Meißen* genannt, der sich, wie alle übrigen auch, seine Grabstätte in der Kirche durch entsprechende Schenkungen an das Kloster sicherte. Alle anderen Toten, die in Beziehung zum Kloster standen, wurden auf dem südöstlich von der Kirche liegenden **Friedhof** beerdigt, auf dem noch heute eine 1268 errichtete **Totenleuchte** steht, die das älteste Werk dieser Art in Deutschland sein dürfte.

Die eigentlichen **Klosterbauten** um den **Kreuzgang** sind immer wieder und 1725 durchgreifend umgestaltet worden, so dass hauptsächlich die Arkadenpfeiler des Kreuzgangs und einige andere Architekturdetails an die alte Klausur aus der Mitte des 12. Jh. erinnern. Ähnlich verhält es sich bei dem nordöstlich von der Klausur liegenden **Fürstenhaus**, das 1568–75 auf dem Erdgeschoss der romanischen Infirmitur und späteren Abtei errichtet worden ist. Daran schließt im Osten die ehemalige Siechen- bzw. **Abtskapelle** an, die nächst der Klosterkirche ganz besondere Beachtung verdient. Der um 1230 erbaute zweijochige und polygonal geschlossene Raum steht mit seinen aufwulstenden und sich langsam aus der Stilisierung befreienden Schmuckformen an der Schwelle zur Gotik, die dann im Ostchor der Klosterkirche deutlicher ausformuliert ist.

An Saale, Unstrut und Weißer Elster

Bad Kösen und Umgebung

Bad Kösen

Ist jetzt Schulpforta ein Stadtteil von **Bad Kösen**, so war es lange Zeit gerade umgekehrt, denn im Mittelalter war ›Cusne‹ nicht viel mehr als ein Vorwerk des Pfortaer Klosters. Das **Romanische Haus**, in dem sich heute das Heimatmuseum befindet, dürfte ein Rest dieses ehemaligen Klosterguts sein. Das am Romanischen Haus von der Radinsel zum Borlachschacht heraufführende **Doppelkunstgestänge** dagegen ist ein Teil der ehemaligen **Saline**, die Kösen vom Holzflößerort zum Salzgewinnungs- und schließlich vielbesuchten Kurort machte. Wieder war es der 1768 in Bad Kösen verstorbene und für das mitteldeutsche Salinewesen so wichtige Johann Gottfried Borlach, der 1730 mit der planmäßigen Erschließung der Solequellen in Kösen begann. Deren wirtschaftliche Effizienz erledigte sich 1859 mit der Entdeckung der Staßfurter Salzlager, so dass fürderhin Heil- und Solquellen allein für das Kurwesen genutzt wurden.

So auch das 320 m lange Gradierwerk, an dem der Wanderweg zur Rudelsburg und zur Burg Saaleck vorbeiführt. Die Erkundung zu Fuß ist hier allemal jeder anderen Art der Fortbewegung vorzuziehen. Verbunden mit der vom Fuß der Burg Saaleck möglichen Rückfahrt per Motorschiff, vermittelt sie die Bekanntschaft mit einem der imposantesten Teile des Saaletals. Der Fluss hat sich hier über Jahrtausende ein Bett in den Kalkstein gegraben, dessen weiße Wände schroff und unbezwingbar aus dem Tal steigen. Hoch auf ihnen wachsen die Ruinen der beiden im 12. Jh. erstmals urkundlich genannten Burgen über der ›Kösener Pforte‹.

Die **Burg Saaleck** ist auf schmalem Grat noch in zwei sich gegenüberstehenden Türmen und Resten der einstigen Umfassungsmauer der Oberburg erhalten, die den engen Wohnhof umschloss. 1140 fand sie erstmals Erwähnung und hatte wie die benachbarte Rudelsburg zahlreiche kriegerische Auseinandersetzungen zu erdulden, ehe sie, ihren eigentlichen Zweck verlierend, nach dem Dreißigjährigen Krieg zur – später restaurierten – Ruine wurde. In die Schlagzeilen geriet sie noch einmal 1922, als sich die Mörder Walther Rathenaus auf ihr versteckten und sich dort der Festnahme durch Selbstmord entzogen. Während der Nazizeit genossen ihre Gräber auf dem Saalecker Friedhof besondere Verehrung.

Zweifellos war die **Rudelsburg** nicht nur die größere, sondern auch bedeutendere der beiden Sperrburgen. Bergfried, Palas, Reste anderer Wohngebäude, nachromanische Zwingerbauten und Teile des Torhauses haben sich von der Hauptburg erhalten. In ihrem Innenhof wurde schon seit Anfang des 19. Jh. eine kleine Gastwirtschaft betrieben, die immer mehr ›Burgenschwärmer‹ hier herauf zog und die Burg gar zum Tagungsort des Kösener-Senioren-Konvents-Verbandes machte. 1826 schrieb der erst 18-jährige Franz Kugler in einer als lau überlieferten Sommernacht sein »An der Saale hellem Strande…« ins Gästebuch. Während sich diese Zeilen als Volkslied verselbständigten, hat sich von der später in acht Bänden

Bad Kösen

Rudelsburg von Osten, im Hintergrund Burg Saaleck. Beide Sperrburgen dienten der Sicherung des hier schmalen Saaletals. Die Rudelsburg wurde erstmals 1171 erwähnt, 1348 wurde sie durch die Stadt Naumburg zerstört und teilweise geschleift, im Dreißigjährigen Krieg ist sie ausgebrannt und verwüstet. Burg Saaleck wurde erstmals 1140 erwähnt, erhalten sind nur die beiden Türme und Reste der Ringmauer.

veröffentlichten ›Literatur‹ des bekannten Kunsthistorikers keine einzige Zeile in die Nachwelt retten können.

Im Mittelalter über die *via regia* mit den beiden Saaleburgen verbunden war das nur 13 km westlich von Bad Kösen liegende **Eckartsberga**. Es gehörte im Mittelalter zu den wichtigsten Orten des nördlichen Thüringer Beckens und war eines der wirtschaftlichen Zentren der Region. Ein Grund dafür lag wohl in der 998 durch Markgraf Ekkehard erbauten neuen **Burg** auf dem Sachsenberg. Die heute immer noch als imposante Ruine erhaltene Burg entstand im Westteil der ursprünglichen Anlage unter Ludwig dem Springer, der diese als Besiegelung eines mit Kaiser Heinrich V. geschlossenen Bündnisses erhalten hatte.

Weinselig und burgenreich – im Tal der Unstrut

An den sonnigen Hängen der Täler im Gebiet des Zusammenflusses von Saale und Unstrut wird seit dem 10. Jh. Wein angebaut. Von manchen verspottet, von anderen verehrt und besungen, ist er aus dieser eigentlich jenseits der klimatischen Anbaugrenze liegenden Landschaft schwerlich wegzudenken. Mit den ersten Klöstern entstanden, erreichte der Weinbau Mitte des 16. Jh. seine Blüte. Um die

Wende zum 20. Jh. hatten ihm aber südliche Konkurrenz, ›moderne‹ Getränke wie Tee, Kaffee oder Kakao sowie eingeschleppte Krankheiten und Schädlinge so zugesetzt, dass er einzugehen drohte. Heute beträgt die Anbaufläche wieder etwa 450 ha, so dass die alljährliche Weinlese und die Feste an der von Nebra bis Kösen führenden Weinstraße viele Tausende Besucher anlocken.

Eine der schönsten ›Ecken‹ direkt am Zusammenfluss von Saale und Unstrut dürfte der zwischen Naumburg und Freyburg vor **Großjena** endende **Blütengrund** mit seinen terrassierten Weinbergen und Obstgärten sein. Im **Steinauerschen Weinberg** begegnen sich Kunst und Weinbau auf ungewöhnliche Weise. Ein unbekannter Bildhauer schlug 1722 monumentale Reliefs in den hier anstehenden Sandstein. In ungestümer Fabulierkunst zeigt der Künstler Darstellungen meist biblischen Inhalts: das Quellwunder, eine Fuchsjagd, Herzog Christian von Sachsen-Weißenfels zu Pferd, den Sänger David, die Hochzeit zu Kana, Lot und seine Töchter, die Verkündigung an die Hirten, Christus in der Kelter, die Arbeiter im Weinberg, Noah, Josua und Kaleb mit der Riesentraube und Moses, Aaron und die Eherne Schlange.

Das etwas näher zum Dorf hin in den Weinbergen aufleuchtende **Klingerhaus** war seit 1903 Fluchtpunkt und Ruheort für den Leipziger Grafiker, Maler und Bildhauer Max Klinger. Hier starb er auch kurz nach seiner endgültigen Übersiedlung am 8. Juli 1920. Über seinem Grab erinnert die von ihm selbst geschaffene, überlebensgroße Statue ›Athlet‹ an den großen Künstler.

Freyburg

Freyburg ☆

Wenn auch nur 5000 Einwohner zählend, ist Freyburg dennoch die größte Stadt im unteren Unstrut-Tal und die eigentliche Weinstadt des Unstrut-Saale-Gebiets. Wein- und Sektherstellung sind hier konzentriert, und die steilen Muschelkalkhänge der **Schweigenberge** im Westen der Stadt sind mit ihren Trockenmauern und bis in den Spätbarock zurückreichenden Weinberghäuschen gewiss die reizvollsten der Gegend.

Die Neuenburg

Der Bergsporn, der sich im Südosten schützend vor die Kulisse der Stadt schiebt, trägt die erstmals unter Ludwig dem Springer nach 1062 errichtete Neuenburg. Während die Gebäude des Schlosses sich scheinbar harmlos und flach über die Höhe schieben und erst aus kürzester Distanz ihre wahre Größe offenbaren, ist der mit einer barocken Haube geschmückte, auf höchster Stelle errichtete **Bergfried** ›dicker Wilhelm‹ von den verschiedensten Seiten schon von weitem sichtbar und so eine zuverlässige Orientierungsmarke. Lange Zeit war dieser Turm auf dem Gelände der äußersten Vorburg das einzige frei zugängliche Gebäude. Nach Jahre währenden Restaurierungsarbeiten ist die Neuenburg seit 1992 wieder für Besucher zugänglich.

Architektonisch bekundet sich die Glanzzeit der Burg bis 1227 in der um 1220 auf dem inneren Burghof erbauten **Doppelkapelle**. Sie stand ursprünglich völlig frei im Hof und war im Obergeschoss lediglich durch eine Brücke mit dem ältesten Wohnbau verbunden. Hier zeigen sich deutliche Parallelen zur Doppelkapelle in Landsberg. Der quadratische Westbau, Strebepfeiler und gotische Fenster sind natürlich spätere Zutaten. Berühmt ist die Freyburger Doppelkapelle vornehmlich durch die ungewöhnliche Einwölbung ihres oberen, herrschaftlichen Geschosses. Ausgehend von vier Freisäulen um einen rhombischen Kern entfaltet sich das Kreuzgewölbe über dem Raum zu einem Kleinod mittelalterlicher Baukunst. Die hervorragend gearbeitete Ornamentik der Kelchblockkapitelle sowie die einem gewölbten Rundbogenfries gleichenden, an maurisches Formengut gemahnenden Gurtbögen lassen auf eine Arbeit niederrheinischer Künstler oder wenigstens doch deren Einfluß schließen.

Zum älteren Baubestand gehört auch der um 1200 am inneren Burgtor errichtete **Wohnturm**, dessen drei Geschosse sich auf einem Quadrat von 9 m Seitenlänge erheben. Von vielleicht einzigartigem Wert ist die an seiner Ostseite nachträglich eingefügte, primitiv anmutende Figur des auf den Erauberen gefundenen ›Haingott‹. Die ›Narbe‹ des leicht beschädigten Gesichtes könnte von einem im frühen Christentum allenthalben üblichen ›Keltenhieb‹ herrühren, was noch wahrscheinlicher macht, dass es sich bei der Figur um ein heidnisches Götterbild, möglicherweise um den Germanengott Ziu handelt.

1247 kamen Freyburg und auch die Neuenburg unter wettinische Herrschaft, wo sie dann trotz einiger Wechsel auch im Wesentlichen blieben. Ab 1485 im Besitz der albertinischen Linie des sächsischen Fürstenhauses, wurde die Neuenburg seit 1541 zum fürstlichen Wohnschloss umgebaut. Weitere, nunmehr barocke Veränderungen erfuhr das Schloss dann in der Zeit der Herzöge von Sachsen-Weißenfels.

Schloss Neuenburg war einst die stärkste Burg der Thüringer Landgrafen und sollte deren Besitz im Osten sichern. Sie war das Pendant zu der den Westen des Landes markierenden, viel kleineren Wartburg, deren Stern aufging, als der der Neuenburg bereits im Sinken war. Ihre Glanzzeit hatte sie bis 1227 als Residenz der Landgrafen Hermann und Ludwig III., dem Gemahl der später heiliggesprochenen Elisabeth. Die Burg trat aber nicht nur als viel umkämpfte Festung, sondern auch als kulturelles Zentrum in Erscheinung. Heinrich von Veldeke, führende Kraft in der frühhöfischen Epik, soll in den 80er Jahren des 12. Jh. sein Epos ›Eneit‹ auf der Neuenburg vollendet haben.

Die Stadt

Ein barockes Reiterdenkmal des Herzogs Christian von Sachsen-Weißenfels, das der selbstgefällige Fürst auf dem **Marktplatz** der Stadt hatte aufstellen lassen, wurde nach 1945 mutwillig zerstört. Die zahlreichen Stadtbrände in der um 1200 planmäßig angelegten Stadt hatten ohnehin nur wenig wertvolle Bausubstanz überleben lassen. Von der **Stadtbefestigung** sind noch Teile der Mauer, Schalentürme und der im Westen der Altstadt liegende **Eckstädter Turm** von 1385 erhalten. Das **Rathaus** am Marktplatz, urkundlich 1425 erstmals erwähnt, konnte nach einem Brand von 1682 nur sehr schlicht wieder aufgebaut werden. Das zweigeschossige **Eckhaus**

Markt 14 von 1554 besitzt ein sehr elegantes und feines Renaissanceportal, wahrscheinlich eine Arbeit des Bildhauers Arntz Semler, dem wohl auch das Prachtportal im Fürstensaal der Neuenburg zugeschrieben werden kann. Ebenso verraten das Portal des ehemaligen **Dominikanernonnenklosters** in der Marienstraße oder das Epitaph für Christoph von Taubenheim in der Marienkirche seinen Einfluss.

Die **Stadtkirche St. Marien,** nur wenige Schritte vom kleinen Markt entfernt, ist dank ihrer drei sofort die Erinnerung an den Naumburger Dom wachrufenden Türme leicht auszumachen im Dächergewirr der alten Weinstadt, die ja, gemeinsam mit der Neuenburg, durchaus als landesherrliche Gegengründung zum bischöflichen Naumburg gedacht war. Es mussten also auch entsprechende Mittel für einen repräsentativen Kirchenbau aufgewandt werden, wobei eine formale Anlehnung an den Widerpart durchaus beabsichtigt war. So vermitteln heute vielleicht die Freyburger Westtürme dank ihrer ungestörten Dachordnung einen anschaulicheren Eindruck vom ursprünglichen Bestand der Naumburger Osttürme als diese selbst. Wahrscheinlich begann die Arbeit in Freyburg nur wenige Jahre später als die am spätromanischen Neubau des Naumburger Doms, also etwa im zweiten oder dritten Jahrzehnt des 13. Jh.

Der Ursprungsbau war eine dreischiffige flachgedeckte Basilika im gebundenen, das heißt auf den Maßverhältnissen des Chorquadrats fußenden System. Der **Chorturm,** die beiden **Westtürme** und auch

Freyburg, Blick über die Stadt auf die Neuenburg, links der Bergfried ›dicker Wilhelm‹

die reizvolle eingeschossige **Paradiesvorhalle,** die vor das interessante Westportal gesetzt ist, sowie einzelne, wieder verwendete Bauteile gehören diesem originalen, schon teilweise ins Gotische spielenden Bestand an. Wie in Naumburg ist auch im südlichen Freyburger Querhausgiebel ein auf die Spitze gestelltes rechteckiges Fenster mit dem Lebensbaum als Christussymbol eingefügt. In einer ebensolchen Fensteröffnung des Vierungsturms steht eine männliche Figur als Wächter gegen das Unheil. Sie schaut mit seltsam großen Augen und hält sich mit schweren Händen in den Profilen des Fensters fest.

Wiederum unter Naumburger Einfluss entstand auch die Erweiterung des **Chors** im ersten Viertel des 15. Jh., wobei für die in den modernen Formen des Weichen Stils reich und wirkungsvoll gestaltete Bauzier aber der Chor der Wenzelskirche bzw. der der Michaelskirche in Jena vorbildlich gewesen sein dürfte. Für eine dauerhaftere Beziehung zu Jena sprechen auch die Gewölbeformen in der Ende des 15. Jh. umgestalteten **Halle.** Die Stern- und Netzgewölbe gleichen sich in keinem der vier Joche, sind aber mit Ausnahme des östlichen Joches auch keine in sich ruhenden, selbständigen Gebilde, sondern verdichten sich in asymmetrischer Ordnung ineinander übergreifend von West nach Ost. Diese Gestaltung könnte vielleicht mit der ebenso ungewöhnlichen Anordnung einer beinahe vollplastischen *Kreuzigungsgruppe* im Gewölbe des westlichen Mittelschiffs zusammenhängen. Mit diesen Modernisierungsarbeiten fiel die Fertigung und Weihe eines neuen *Altars* zusammen, dessen hohes und reich gegliedertes Astwerkgesprenge züngelnd bis ins Polygongewölbe greift. Die Marienkrönung im Schrein wird begleitet von den Flügelreliefs der Verkündigung, Heimsuchung, Geburt und des Marientodes. Die Figuren des Gesprenges, Anna Selbdritt und der Schmerzensmann, Laurentius und Petrus sowie Stephan und Johannes der Täufer, erweitern die Bezüge zur Heilsgeschichte und geben dem ansonsten eher eng wirkenden Kirchenraum einen festlichen Abschluss.

Von den Aufenthalten bedeutender Persönlichkeiten der neueren Geschichte in Freyburg dürfte der Napoleons der kürzeste und der des Turnvaters Friedrich Ludwig Jahn (1778–1852) der längste gewesen sein. Nur fliehend überschritt der Franzosenkaiser hier am 21. Oktober 1813 die Unstrut, und der Burschenschaftler und Veteran der Freiheitskriege Jahn kam nach einem Prozess wegen demagogischer Umtriebe 1825 nach Freyburg, denn es war ihm verboten worden, sich in einer Universitätsstadt niederzulassen. Er blieb hier mit kurzer Unterbrechung bis zu seinem Tode 1852. 1840 nachträglich mit dem Eisernen Kreuz geehrt und acht Jahre später in die Nationalversammlung gewählt, »wo er sich zur äußersten Rechten hielt«, hat ihm auch der sozialistische Staat nie ein ehrendes Andenken versagt. In der Schlossstraße, wo sich sein erstes Wohnhaus, sein Grab und eine Gedenkstätte befinden, beherbergt das Wohnhaus noch heute das **Jahn-Museum.**

An Saale, Unstrut und Weißer Elster

Von Laucha nach Tröbsdorf

Das **untere Unstrut-Tal** lässt sich mit dem Auto, dem Zug, dem Fahrrad, aber auch zu Fuß – und dies in zwei bis drei Tagen – bequem durchqueren. Alle Wege führen in weiterer oder näherer Entfernung an der ›Onestrudis‹ entlang. So hieß die Unstrut um 575 und bezeichnete damit das sehr sumpfige, dicht von Schilf und Dickicht bewachsene Gelände, in dem sich wegen des geringen Gefälles ein vielfach ausufernder, zu Hochwasser neigender Fluss träge durch die Niederung bewegte. Der heute durch die Abwässer von Zuckerfabriken und die Kalireviere des Südharzes schwer belastete und durch Wiesenbewässerung übernutzte Fluss war 1791–95 schiffbar gemacht worden. Bis ins 20. Jh. hinein wurden die Kähne über ein System von Schleusen stromauf durch Treideln per Pferdekraft befördert. Stromab ließen sich die Schiffe, unterstützt durch Staken, treiben. Seit Mitte des Jahrhunderts ist die wirtschaftliche Bedeutung der Unstrut als Wasserstraße aber gleich null, so dass sich die Tore der vorhandenen Schleusen heute nur noch für Wasserwanderer öffnen. Der Fluss, der 1784 in Laucha 22 Häuser wegriss, ist in den 50er- und 60er-Jahren vor allem durch den Bau von Rückhaltebecken und Flutkanälen endgültig gebändigt worden.

Laucha, ein kleines Städtchen von gut 3000 Einwohnern, ist heute vor allem durch sein **Glockenmuseum** bekannt. Der aus Hersfeld stammende Johann Gottfried Ulrich goss am 17. Juni 1732 ein neues Geläut für die Lauchaer Kirche, heiratete eine Lauchaer Bürgerstochter, kaufte sich ein Haus und blieb in der Stadt, wo später seine Söhne die Werkstatt übernahmen. Auf dem Turm der spätgotischen **Stadtkirche** hängt noch jeweils eine Glocke des ersten und eine des letzten der Ulrichs, die ihren ›familiären‹ Klang durch das Unstrut-Tal erschallen lassen.

Außer der Kirche ist in Laucha nicht sehr viel historische Bausubstanz erhalten geblieben. 1731 brannte der Ort bis auf 20 Häuser ab. Dieses Feuer kostete auch die Renaissancebedachung des **Rathauses** von 1563 mit seiner reizvollen, doppelläufigen Freitreppe. So sind es vornehmlich einige Portale, welche die Zeitläufte überstanden haben und hier und dort dem Besucher begegnen. Ebenso haben ein beträchtlicher Teil der heute in den Park einbezogenen **Stadtmauer** und das in der Nähe des Ortsausgangs stehende **Obertor** überdauert. Über dem spätgotischen Bogen des Außentors grüßt wie ehedem das Wappen der Stadt mit St. Wenzel als Schutzheiligem.

Burgscheidungen

Bevor die Unstrut sich in engem Bogen an Laucha vorbeidrängt, hat sie Burg- und Kirchscheidungen in weiterem S-förmigen Bogen umflossen. In der von dem sächsischen Geschichtsschreiber Widukind von Corvey übermittelten Iringsage ist **Burgscheidungen,** die Königsburg ›Scithingi‹ als Residenz des Thüringerkönigs Hermenefred Schauplatz der Schlacht der mit den Franken verbündeten Sachsen gegen die Thüringer im Jahr 531. Das zweifelhafte Verdienst

Laucha, Glockenmuseum im alten Gebäude der Glockengießerei Ulrich, 1932 zum technischen Denkmal erklärt. Bis 1911 wurden hier über 5000 Glocken gegossen.

der Sachsen, hier maßgeblich am Untergang des Thüringer Königreiches beteiligt gewesen zu sein, lässt sich historisch nicht belegen und entstammt wohl mehr dem Wunsch Widukinds als den Realitäten. Es lässt sich auch keine Burg zu dieser Zeit und an diesem Ort nachweisen. Die Schlacht dürfte trotzdem in der Nähe stattgefunden haben. Gregor von Tours berichtet von einer offenen Schlacht an der Unstrut, in der »so viele Thüringer niedergemacht« wurden, »dass das Bett des Flusses von der Masse der Leichname zugedämmt wurde, und die Franken über sie, wie über eine Brücke, auf das jenseitige Ufer zogen.«

Sich einen solchen Vorgang in dieser Landschaft vorzustellen, fällt schwer. Zu schön erhebt sich aus dem satten Grün der Aue der etwa 40 m hohe Burgberg mit dem Scheidunger **Schloss** auf dem linken Ufer der Unstrut. Das Schloss folgt einer im Hersfelder Zehntverzeichnis der zweiten Hälfte des 9. Jh. genannten Burg, die, zunächst in Reichsbesitz, 1066 an die Bischöfe von Bamberg ging und seit dem 14. Jh. Adelsburg war, wobei die Lehnsabhängigkeit zu Bamberg formal bis 1803 bestand. Nach den Herren von Wiehe und den Grafen von Hoym kaufte der sardinische General-Feldzeugmeister Graf Levin Friedrich von der Schulenburg 1722 das Schloss für 72 000 Taler und liess es seit 1724 durch den Leipziger Baumeister David Schatz umbauen. Schatz entwarf auch die zum Teil stark verwischte, reizvolle, italienischen Vorbildern verpflichtete **Gartenanlage.** Der Haupteingang in die kastellartige Anlage befindet sich im barock erneuerten Ostflügel zwischen toskanischen Säulenpaaren. Mehr als

An Saale, Unstrut und Weißer Elster

Von besonderem Reiz am Schloss von Scheidungen ist der steile, terrassierte Hang mit Zickzackwegen und Skulpturen des Altenburger Bildhauers Joseph Blühme, der mit den Formen der nördlichen Schaufront des Schlosses korrespondiert. Gekrönt wird dieses Bild von dem mächtigen, das Dach durchschneidenden Dreiecksgiebel, aus dem eine Komposition aus Kriegsgerät, Fahnen und dem von zwei ›Wilden Männern‹ gehaltenen Wappen fast freiplastisch hervordrängt.

der Außenbau birgt der Innenhof die Schönheit der beiden älteren, Anfang des 17. Jh. erneuerten Flügel. Der polygonale Treppenturm mit Spätrenaissanceportal und der direkt daran angefügte dreigeschossige Erker können hier ein anschauliches Bild des Vorgängerbaus vermitteln.

Außer dem Schloss wurde in den 20er-Jahren des 18. Jh. die ebenfalls als Schlosskirche genutzte **Dorfkirche** durch den Baumeister aus Leipzig teilweise erneuert. Die bedeutendsten Kunstwerke der Kirche entstanden aber über hundert Jahre früher. Es handelt sich dabei um vier *Epitaphien* für Familienangehörige derer von Wiehe. Auf einem der Grabmäler hat sich der Freyburger Bildhauer Christoph Weber mit Spitzbart, Wagenradkragen und Zirkel gleich mitverewigt.

Vom Schloss geht es wieder auf die andere Seite der Unstrut, vorbei an den Gebäuden des ehemaligen Rittergutes nach **Tröbsdorf** hinüber, wo es am Fluss noch eine alte Schleuse samt Schleusenwärterhäuschen aus dem 19. Jh. und ein kleines Stück des alten Treidelpfades gibt.

In Wetzendorf besteht die Möglichkeit, den Weg direkt nach Nebra einzuschlagen oder abermals über die Unstrut nach dem von einem Zementwerk vereinnahmten Karsdorf zu wechseln, um den nördlich des Flusses verlaufenden Weg zu benutzen, oder aber über Steigra einen Ausflug in das historisch sehr bedeutsame Querfurt zu machen.

Über Steigra nach Querfurt

Nach **Steigra** hinauf heißt es steigen, denn hier wird auf kurzer Distanz der Höhenunterschied zwischen Unstrut-Tal und der intensiv landwirtschaftlich genutzten Querfurter Platte überwunden. Der Blick zurück über die zerklüfteten Täler südlich des kleinen, schon 880 erstmals erwähnten Ortes ist aber sehr reizvoll. Auch sollte eine Besichtigung der **Trojaburg** hier auf keinen Fall versäumt werden. Sie befindet sich nördlich des Ortes direkt an der Hauptverkehrsstraße neben einem wahrscheinlich jungsteinzeitlichen Grabhügel und ist alles andere als das, was herkömmlich unter dem Wort Burg verstanden wird. Es ist eine alte Kultstätte. Die vor allem aus Nordeuropa bekannten Trojaburgen – die bekannteste befindet sich in Wisby auf Gotland – werden von verschiedenen Forschern in die Bronzezeit oder gar früher zurückdatiert. Die auf fußbreiten Pfaden sich in ein Labyrinth drehenden zwölf Kreise werden in Steigra von stehengelassenen Rasensteigen gebildet, die alljährlich neu ausgestochen werden müssen. Sie sind wohl in Verbindung mit einem Frühlings- und/oder Herbstspiel zu sehen, in dem die Sonne in dieses Labyrinth eingesperrt oder aus ihm befreit wurde.

Burg Querfurt ☆

Im Gegensatz zur nur symbolischen Trojaburg gilt **Burg Querfurt** als eine der ältesten und größten Feudalburgen Deutschlands. Fast siebenmal wäre die Wartburg auf dem Gelände der über dem Quernetal und der Stadt Querfurt stehenden Talrandburg unterzubringen. Von Süden sind am Horizont des flachen Ackerlandes zuerst ihre drei Türme auszumachen. Im Westteil der Anlage gleicht der 27,50 m hohe und 14,50 m starke **Dicke Heinrich** einem abgebrochenen Riesen. Unter seinen um 1070 errichteten Mauern sind die Umfassungsmauern eines karolingischen **Burgus** freigelegt worden. Er dürfte der bisher älteste erhaltene profane Steinbau im ostdeutschen Raum sein.

Im Süden der Anlage ragt der um 1200 entstandene, als **Marterturm** bezeichnete rechteckige Wohnturm mit seinem einfachen Walmdach auf. Das etwa in halber Höhe ansetzende, besser erhaltene Mauerwerk markiert die Aufstockung Anfang des 14. Jh. Unter der doppelten welschen Haube des **Pariser Turms** steht ein ebenfalls um 1200 errichteter quadratischer Bergfried.

Die eigentlichen, die Burg umziehenden **Festungsbauten** werden erst aus größerer Nähe sichtbar. Sie kommen an der südlichen, dem flachen Land zugewandten Flanke am deutlichsten zur Geltung. Hinter einem 6 m tief in den Muschelkalk getriebenen Trockengraben erhebt sich der in vollem Umfang erhaltene, um 1380 erbaute urtümliche Bering mit dazwischenliegendem Zwinger. Von den 1461–69 erbauten, in den Graben hineinragenden, doppelgeschossigen Rondellen ist das südliche das gewaltigste. Von dort aus führt ein Gang unter den Mauern und dem Zwinger hindurch in den Burghof, wo zudem noch einzelne Reste der alten romanischen Ringmauer erhalten blieben. Der ursprüngliche Eingang in die Burg befand sich natürlich nicht auf der Hauptangriffsseite im Süden, sondern im Westen, wo noch heute die imposante, außerhalb des Mauergürtels angelegte **Westbastion** die Schwierigkeiten erahnen lässt, die einem gewaltsamen Eindringen in die Burg entgegenstanden.

Burg Querfurt, Burgkirche von Osten, frühes 12. Jh., rechts der ›dicke Heinrich‹ (um 1070), links der Marterturm (um 1200) der bereits um 890 als ›Curnfurdeburg‹ genannten Talrandburg

An Saale, Unstrut und Weißer Elster

Von den Gebäuden des Innenhofs sind drei besonders hervorhebenswert. Das an den Pariser Turm anschließende, unter Kardinal Albrecht von Brandenburg 1535 erbaute **Korn- und Rüsthaus** – als **Museum** genutzt – entstand vermutlich unter Verwendung von Teilen des ältesten, um 1000 zu datierenden Palas. Das mit der Burgkirche durch eine Brücke verbundene **Fürstenhaus** birgt in seinem Untergeschoss die Gewölbe eines zweiten, aus dem 12. Jh. stammenden Palas und wurde im 16. und 17. Jh. verändert.

Zentrum des Burgkomplexes und wie eine Perle von den übrigen Baulichkeiten umfasst, ist die Anfang des 12. Jh. erbaute **Burgkirche.** Sie folgte an dieser Stelle der Kirche des 1004 in der Burg gegründeten Chorherrenstifts. Die insgesamt sehr schlichte, aber doch edel wirkende Erscheinung erhält durch das mit Rundbogenfries, Ecklisenen, Fenster- und Kantensäulchen geschmückte, aber

Burg Querfurt, Grabkapelle der Burgkirche für Gebhard XIV. von Querfurt (†1383). Auf der Deckplatte der Tumba liegt die Figur des Verstorbenen in voller Rüstung, die Längsseiten der Tumba zeigen Trauerzüge, die Stirnseiten je zwei Bischöfe bei der Abhaltung der Exequien.

erst im dritten Viertel des 12. Jh. aufgesetzte Turmfreigeschoss eine schöne Steigerung. In der nördlichen, in gotischer Zeit angefügten Grabkapelle steht die steinerne *Tumba* für *Gebhard XIV. von Querfurt.* Sie ist ein exzellentes Beispiel für den Einfluss des auf diesseitige, lebensnahe Darstellung gerichteten Parlerstils im sächsisch-thüringischen Gebiet und das einzige erhaltene Ausstattungsstück der später zur barocken Residenzkapelle umgestalteten Kirche, für die Francesco Domenico Minetti 1716–19 Stukkaturen und Ausmalung schuf.

Die **Stadt**, die unter der Burg liegt, ist in enger Anlehnung an diese und, was selten genug ist, unter einem »friedlich-förderlichen Verhältnis des Stadtherrn zur Bürgerschaft« gewachsen. Schon 890 wurden Burg und Dorf gemeinsam im Hersfelder Zehntverzeichnis genannt. Von ihren Herren, die als kaiserliche Ratgeber, hohe geistliche Würdenträger und Burggrafen von Magdeburg eines der einflussreichsten deutschen Adelsgeschlechter waren, erhielt die Stadt 1198 das Stadtrecht und wuchs nach einer ersten Ummauerung bald in Vorstädten über diese hinaus, so dass eine Erweiterung der **Stadtbefestigung** nötig wurde. Von beiden Mauern sind einzelne Züge, vom jüngeren Ring auch Türme erhalten.

Wie ehemals stehen Kirche und Rathaus in der Nähe oder direkt auf dem in seiner alten Dreiecksform bewahrten **Markt,** der im 12. Jh. Keimzelle des städtischen Lebens war und über Jahrhunderte lebendiges Zentrum der ausufernden Stadt geblieben ist. Das **Rathaus** aus dem Anfang des 16. Jh. wurde seit 1698 umgebaut und um einen marktseitigen Turm ergänzt. Die gotische, 1475–1523 an Stelle einer romanischen Vorgängerin erbaute **Stadtkirche** brannte im Verlauf des 17. Jh. zweimal aus und wurde danach von Ratsbaumeister Christoph Herlitz erneuert und verändert. In den drei Untergeschossen des aus der Achse weichenden Turms ist sie noch romanisch. Den Innenraum mit Ausstattungen des 16. bis 18. Jh. versuchte das 19. Jh. zu vereinheitlichen. Die *Sandsteinkanzel* aus dem Ende des 16. Jh. und der um 1720 gefertigte *Altar* mögen als Beispiele guter handwerklicher Tradition stehen, wie sie in der Region über Jahrhunderte gepflegt worden ist.

Von Reinsdorf über Memleben zum Wendelstein

Von Querfurt zurück ins Unstrut-Tal ist es günstig, die direkt nach Nebra führende Straße zu benutzen. Sie wird über den Großteil der Strecke von einer Eisenbahnlinie und dem westlich von Reinsdorf in die Unstrut mündenden Schmoner Bach begleitet. Im westlichen Teil des Dorfes **Reinsdorf** wurde im ehemaligen Klosterbezirk die auf die Ostteile reduzierte romanische **Klosterkirche** im 17. Jh. zur evangelischen Kirche ausgebaut und im darauffolgenden Jahrhundert mit einer prächtigen Barockausstattung versehen. Das große romanische Tympanon aus der Zeit um 1200 könnte das des Hauptportals der

Klosterkirche der Benediktiner gewesen sein. Ihre Stiftung wurde wegen Wassermangels zwischen 1121 und 1124 aus dem nahen **Vitzenburg** hierher verlegt, wo sie Brun von Querfurt (974–1009) im Jahr 991 zunächst als Nonnenkloster gegründet hatte. In Vitzenburg ist es heute vor allem das auf dem schroff ins Unstrut-Tal abfallenden Ronneberg erscheinende **Schloss,** das bei einer Fahrt durchs Tal die Aufmerksamkeit auf sich zieht. Eine schon im 8. Jh. bezeugte Burg war lange Zeit im Besitz der Querfurter und der Schenken von Vargula. 1803 kam sie in den Besitz der Grafen von Schulenburg-Heßler, die sie 1840 und 1880 umfassend restaurieren ließen. Trotz einiger Details aus dem 16. bis 18. Jh. ist das Schloss maßgeblich von diesen Erneuerungen geprägt.

Bis zur nächsten scharfen Wendung des Unstrutlaufs nach Süden wird der Reisende noch von den ›Vitzenburger Steilhängen‹ begleitet. Buntsandstein und Gipsschichten lassen hier eine seltene, so ähnlich nur an den südlichen Zechsteingipshängen des Kyffhäusers vorkommende Trockenrasenvegetation von ganz eigenem Reiz entstehen.

Bei **Nebra,** auf dem Gelände der heute als Erholungszentrum genutzten **Altenburg,** fanden Archäologen im Areal eines jungsteinzeitlichen Jägerzeltlagers neben anderen Zeugnissen sage und schreibe rund 1700 Geräte aus Knochen, Geweih oder Elfenbein. Krönung dieser Grabung waren zwei aus Geweih bzw. Elfenbein geschnitzte, nur 7 cm große Venusstatuetten, die etwa 11 000 Jahre vor unserer Zeit geschaffen wurden. Funde aus der Bronzezeit und spätrömischen Kaiserzeit vervollständigten die Reihe der Zeugnisse ununterbrochener Besiedlung dieses Raums. Die heute noch sichtbaren, nicht unbedeutenden Ruinen der **Burg** gehören zu der Anlage der bis 1247 hier sitzenden thüringischen Landgrafen, die danach in den Besitz der Grafen von Querfurt kam. Als 1341 die Stadt von Friedrich dem Ernsthaften – wegen Bruchs des erst drei Jahre zuvor aufgerichteten thüringischen Landfriedens durch die der Raubritterei beschuldigten Schenken von Nebra – belagert und anschließend in Asche gelegt wurde, blieb auch die Burg nicht verschont. So sind nur der Wohnturm und die Kapelle geblieben.

Die 1341 niedergemachte und schon 867 als ›Neueri‹ belegte Stadt soll aber nicht am heutigen Ort, sondern talwärts zwischen der Altenburg und einer Slawensiedlung gelegen haben. Möglicherweise wurde die heutige Siedlung an der alten, von Querfurt zur Finne führenden Wein-Kupfer-Straße erst nach der totalen Zerstörung durch den Thüringer Landgrafen planmäßig hier angelegt. Der Bau des ältesten erhaltenen Gebäudes des kleinen Nebra ist jedenfalls erst mit dem Turm der **Stadtkirche St. Georg** 1416 begonnen worden. Der ursprüngliche Plan muss sowohl einen höheren Turm als auch ein viel mächtigeres und aufwendiger geschmücktes Kirchenschiff vorgesehen haben. Anders lässt sich der aus heimischem Sandstein vorbildlich errichtete Turm nicht denken. Der als Figurenportal geplante, jedoch nicht vollendete Westeingang mit dem lebendig

Durch die 3600 Jahre alte ›Himmelsscheibe von Nebra‹ ist der kleine Ort berühmt geworden. Die Bronzescheibe mit Goldauflagen, die im Landesmuseum für Vorgeschichte in Halle/Saale aufbewahrt wird, gilt als älteste Darstellung des Kosmos weltweit. Auf dem Mittelberg bei Nebra (Wangen), wo die Scheibe 1999 von Raubgräbern gefunden wurde, eröffnete 2007 das Besucherzentrum ›Arche Nebra‹. Dort wird in einer aufwendigen Inszenierung die Geschichte der Himmelsscheibe erzählt.

Nebra, Ruine der Burg, älteste Teile wohl aus der zweiten Hälfte des 13. Jh.

gestalteten Tympanon und die Figur des männlichen Heiligen deuten auf einen Meister der Bauhütte der Hallenser Moritzkirche. Womöglich hat er sich in der die Heiligenfigur tragenden Kopfkonsole selbst ein kleines Denkmal gesetzt.

Ursache für den reduzierten Kirchenbau könnten die erneuten Belagerungen von 1446 und 1450 und ein Brand von 1472 gewesen sein, von denen sich die Stadt gewiss nur langsam erholen konnte. Da 1641 eine französisch-weimarische Armee die Stadt erneut in Asche legte, und sie 1655 und 1684 ein Opfer der Flammen wurde, gleicht es einem Wunder, dass es dennoch einige sehenswerte alte Hausportale gibt.

Wie eine Begütigung für erlittene Unbill kann es da erscheinen, dass Hedwig Courths-Mahler 1867 in Nebra geboren wurde. Angesichts der heute über uns hereinbrechenden Sturzflut trivialer Geistesprodukte gewinnt die Verfasserin von über 200 ›schöngeistigen‹ Romanen ja geradezu Klassizität.

An Saale, Unstrut und Weißer Elster

Auf halbem Weg zwischen Nebra und Memleben verengt sich das Tal der Unstrut bei **Wangen** zur sogenannten **Steinklöbe.** Um sich vom Strick loszukaufen, soll es ein zum Tode verurteilter Mönch allerdings nur mit Hilfe des Teufels geschafft haben, die der Unstrut entgegenstehenden Felsmassen zu durchbrechen, berichtet die Sage. Tatsächlich wird in diesem Teil des Flusstals wenigstens seit Mitte des 12. Jh. Stein gebrochen. Die versteilten Hänge zu beiden Seiten geben Zeugnis davon. Und sicher dürfte sein, dass auch die sich im Tal ansiedelnden Mönche das begehrte Baumaterial brachen, womit der reale Hintergrund der Sage am ehesten deutlich wird.

Memleben

Memleben

In Memleben weitet sich die Flusslandschaft. Der Blick, bisher mehr oder weniger an die ›Wände‹ des in den Stein geschliffenen Tals geheftet, schweift über die Wiesen und Felder der Niederung und den weiter flussaufwärts auf dem linken Ufer schroff aufsteigenden Wendelstein. Wie an vielen Orten von historischer Brisanz ist auch in Memleben das Unsichtbare von größerer Bedeutung als das Sichtbare. Die große Vergangenheit wird hier vor allem durch die klangvollen Namen deutscher Könige und Kaiser vor dem Untergang bewahrt.

Das sogenannte **Kaisertor** im Süden der ehemaligen, heute wirtschaftlich genutzten Klosteranlage ist ein Ruinenrest des südwestlichen Querschiffs jener Basilika aus dem 10. Jh., die im ostdeutschen Raum nur noch im ottonischen Magdeburger Dom ihresgleichen hatte. Ihre Stiftung durch König Otto I. geht in die Jahre nach 942 zurück. Schon seinem Vater Heinrich I., der am 2. Juli 936 in der hiesigen Pfalz starb, aber in Quedlinburg begraben wurde, war Memleben besonders lieb. Das Unstrut-Tal war eines seiner bevorzugten Jagdgebiete. Auch ist Riade, der Ort seines siegreichen Kampfes gegen die einfallenden Ungarn im Jahr 933, wahrscheinlich in Ritteburg an der Unstrut zu suchen. Es mag kein Zufall sein, dass auch sein Sohn Otto der Große am 7. Mai 973 in Memleben starb. Ob die Überlieferung, dass das Herz des schließlich in Magdeburg begrabenen Kaisers in Memleben bestattet wurde, eine Tatsache ist oder nur die symbolische Beschreibung seiner besonderen Zuneigung, muss dahingestellt bleiben. Sein Sohn Otto II. wiederum löste auf Betreiben seiner Mutter Adelheid alte Rechte des Klosters Hersfeld ab und gründete zwischen 976 und 979 eine mit Besitz und Gütern reich ausgestattete Benediktinerabtei, die bald neben die großen Klöster des Reiches Fulda, Corvey und Reichenau trat. Unter Otto III. erhielt Memleben gar Markt-, Münz- und Zollrecht. Der letzte sächsische Kaiser Heinrich II. aber stieß, wahrscheinlich wegen eines persönlichen Zerwürfnisses mit dem Abt, Memleben wieder in die Bedeutungslosigkeit und unter die Oberhoheit Hersfelds.

Auch die Anfang des 13. Jh. erbaute bescheidenere **Kirche** dieses Klosters existiert nur noch als Ruine. Allein die wohlproportionierte und mit qualitätvollem ornamentalen Schmuck ausgestattete **Krypta** vermittelt ein geschlossenes Raumerlebnis. Die modernen Gebäude an der Nordseite der Kirche tragen einige wenige Reste der ehemaligen Klausur in sich. Von der bedeutenden ottonischen Pfalz fehlt jedoch trotz einiger Grabungen bisher jede sichere Spur. Aller Wahrscheinlichkeit nach hat sie sich aber auf dem Klostergelände befunden.

Wendelstein

Wendelstein ist bei der Wanderung stromaufwärts durch das Unstrut-Tal die letzte Station in Sachsen-Anhalt. Roßleben, Artern, Heldrungen oder die Sachsenburgen, ehemals zum Bezirk Halle bzw. seit 1815 zur Provinz Sachsen gehörend, gingen mit der Länderneubildung von 1990 nach Thüringen.

Als Wendelstein bezeichnet man in einem den etwa 30 m steilen Gipsfelsen über der Unstrut und die sich darauf befindende **Burgruine.** 1322 erstmals genannt, spielte die Burg vor allem in den territorialen Auseinandersetzungen der Thüringer Landgrafen eine Rolle. Ab 1502 wurde sie zu einer modernen Festung umgebaut, um schließlich 1640 von schwedischen Soldaten demoliert zu werden. Die Anlage gliedert sich in Nieder- und Oberburg. Besonders hervorhebenswert sind Reste der einst künstlerisch wertvollen Gebäude der **Schlosskapelle** (nach 1541) und das **Neue Schloss** (1596) in der Oberburg.

Es ist zu hoffen, dass die beschaulichen Überreste der Burg nicht eines Tages aus Unachtsamkeit verschwinden, gleich den edlen Pferden des vom Kurfürst von Sachsen 1750 hier eingerichteten Gestüts, die eine Schar des Lützowschen Freikorps unter Theodor Körner 1813 von hier entführte.

Wendelstein, Ruine der Burg, erstmals 1322 genannt

Das Mansfelder Land

Eine »um- und umgewendete Landschaft«

So kompliziert und voller Brüche, Höhlungen, Verwerfungen und anderer Unwägbarkeiten die geographische Beschaffenheit, der Untergrund des Mansfelder Landes ist, von so wechselnder Macht und Ohnmacht, wirtschaftlichem Glanz und Niedergang, strahlender Fürstenmacht und blutig niedergeschlagener Untertanenrevolte ist auch die Geschichte dieser »um- und umgewendeten Landschaft«, wie sie der sächsische Lyriker Heinz Czechowski in einem Gedicht beschrieben hat.

Als Mansfelder Land werden heute allgemein das durch Kupferbergbau und Verhüttung geprägte Gebiet der ehemaligen und heute wieder zu einem Landkreis Mansfelder Land zusammengefügten Kreise Hettstedt und Eisleben, die Landschaft am Süßen und Salzigen See, wie Teile des östlichen Unterharzes bezeichnet, die im Regenschatten des Harzes als auch des Thüringer Waldes liegen. Es ist also weder mit der bis 1780 existierenden Grafschaft Mansfeld noch mit dem ab 1815 existierenden See- und Gebirgskreis der Preußischen Provinz Sachsen identisch. Sangerhausen, in dessen Reviere sich in den 60er- und 70er-Jahren des 20. Jh. der Kupferbergbau verschoben hatte, war nie mansfeldisch, ist aber kaum aus dieser Landschaft auszuschließen und wird vielfach wie selbstverständlich als zugehörig genannt. Tröstlich ist, dass auch viele der hier Lebenden nur sehr unbestimmte Vorstellungen von der geographischen Ausdehnung ihres Mansfelder Landes haben.

Ähnlich schwer durchschaubar ist auch die für den Landstrich so lebensbestimmende, über Jahrhunderte durchforschte Beschaffenheit des Erduntergrunds, von dem bis heute schätzungsweise 60 Mio. m³ an die Erdoberfläche befördert wurden. Der weitaus größte Teil davon ließ die Halden wachsen, denn nur 2–3 % trägt das 30–50 cm mächtige Kupferschieferflöz. Am Rande der Mansfelder Mulde, also westlich der Linie Wolferode–Helbra–Hettstedt, im flachen Ausstrich des Kupferschieferflözes, finden sich viele dicht beieinanderliegende, kaum meterhohe Halden aus der Zeit bis 1400. Später, bis 1670, mussten die Bergleute schon etwas mehr in die Tiefe gehen, so dass sich taubes Gestein rund um die heute natürlich längst verstürzten Schächte ansammelte oder in Kuppen bis zu 4 m Höhe aufwuchs. Als sogenannte zweite Generation gelten die Flachhalden aus dem 18. und 19. Jh. Sie liegen im Inneren der Mansfelder Mulde und können Höhen bis zu 30 m erreichen. In ihnen finden sich zahlreiche Fossilien. Im 19. und 20. Jh. türmten sich mit den Sargdeckelhalden und den weithin sichtbaren Spitzhalden die bisher größten Halden in den mansfeldischen Himmel. Das Vorhandensein und der zusätzliche Abbau von Kalisalzen, die natürliche und durch den Bergbau verursachte Ausspülung dieser Salze durch das reichlich im Untergrund vorhandene Wasser brachten und bringen Bewe-

◁ *Spuren des Bergbaus in einer »um- und umgewendeten Landschaft«: Halde bei Helbra*

Das Mansfelder Land

Der wohl bekannteste Fund der Bronzezeit ist das Helmsdorfer Fürstengrab, ein Steinkegel von 12 m Durchmesser und 3,50 m Höhe, der eine dachförmige Hütte aus Eichenstämmen enthielt. In dieser befand sich ein Eichensarg mit dem Skelett des Verstorbenen. Nadeln aus Gold, Anhänger und anderes waren dem Toten beigegeben. Das nachgestaltete Grab ist heute im Heimatmuseum Eisleben zu besichtigen.

gung in die Erde. Das Mansfelder Seengebiet erlebt Bodenerschütterungen bis zur Stärke vier der Mercalli-Skala und darf damit eine Sonderstellung in Europa für sich beanspruchen. Die Erde streckt und krümmt sich, buckelt wie ein störrisches Pferd, obwohl das Jahr 1990 mit dem Aufkommen der Marktwirtschaft das Aus für den Kupferbergbau brachte und damit ein wohl an die 4000 Jahre altes Kapitel beispielhafter Bergbaugeschichte zuschlug.

Die allgemeine Geschichte lässt sich im Mansfeldischen trotz der komplizierten Herrschafts- und Territorialverhältnisse beinahe mustergültig belegen. Sie beginnt mit dem Faustkeil von Helfta, der vor 250 000 Jahren in der Hand eines unserer Vorfahren lag, in einer Gegend, die heute als Dorado ur- und frühgeschichtlicher Funde bezeichnet wird. Bereits dem Anfang der Bronzezeit zuzurechnen ist der wohl wertvollste und bekannteste Fund, das Helmsdorfer Fürstengrab.

In die geschriebene deutsche Geschichte trat das Land mit Graf Hoyer I. von Mansfeld ein. Heinrich V. versprach Hoyer die sächsische Fürstenkrone, wenn es ihm als Führer des kaiserlichen Heeres gelänge, die Streitmacht der sächsischen Fürsten zu besiegen. Am 11. Februar 1115 aber unterlag Hoyer Wiprecht d. J. von Groitsch im Zweikampf, worauf das kaiserliche Heer den Kampfplatz fluchtartig verließ, und die Chance der mansfeldischen Grafen, einen Platz unter den Oberen des Reichs zu erkämpfen, verloren war.

Auch die nächste bedeutende geschichtliche Epoche wird durch eine Person markiert: Martin Luther. Eisleben war die Geburts- und Sterbestadt des großen deutschen Reformators.

Die Industrialisierung des 19. und 20. Jh. mit den sie begleitenden sozialen Spannungen und Kämpfen erhielt im Mansfelder Land eine ganz typische und kontrastreiche Ausprägung. Die ›Mansfeldische Kupferschiefer bauende Gewerkschaft‹ war Ende des 19. Jh. das größte private Bergwerksunternehmen im Deutschen Reich. Wie die Mansfelder Kumpel schon während des Bauernkriegs auf seiten der Aufständischen zu finden waren, standen sie auch in den Märzkämpfen des Jahres 1921 und im antifaschistischen Widerstand in vorderster Reihe.

Zwischen Seeburg und Helfta

Seeburg

Das blaue Auge Mansfelds wird der **Süße See** bei **Seeburg** genannt. Er ist heute weitgehend von Obstplantagen und Bungalowparzellen umgeben. Mit einem Badestrand, allerlei Möglichkeiten zum Wassersport und natürlich der Seeburg, die majestätisch über dem See thront, zieht er jedoch trotzdem viele Besucher an.

Da mit Restaurierungsmaßnahmen erst 1999 begonnen wurde, ist die **Burg** nur bedingt zugänglich. Die zu den größten Burgen

Seeburg

Seeburg, Blick über den Süßen See auf die bereits 743 genannte Burg, eine der größten Mitteldeutschlands

Mitteldeutschlands zählende Anlage wurde bereits 743 erstmals genannt. Sie erstreckte sich von der heutigen Steinburg bis hinaus über die Dorfkirche des kleinen Ortes. Die Herren von Querfurt ließen die karolingische Burg im 11. Jh. zur Steinburg ausbauen. Nach kurzer Existenz eines Chorherrenstifts und Übergang in Wernigeröder Besitz wurde die Burg 1287 von den Grafen von Mansfeld erworben, die sie ab 1450 zum Wohnschloss erkoren und dementsprechend modernisieren ließen.

In der ursprünglich zweiteiligen kastellartigen Anlage dominieren heute der seeseitig gelegene Witwenturm und der hinter dem Rittersaal auf höchster Stelle emporragende **Bergfried**. Letzterer besteht aus einem mächtigen Stumpf aus den Jahren um 1080, einem schlanken spätmittelalterlichen Turmaufbau und jener markanten, weithin sichtbaren barocken Haube. Auch der **Rittersaal**, im Osten gelegen und dort von der Straße aus zu sehen, ruht auf einem älteren Palas. Er ist 1515–18 entstanden. An Erkern, Portalen und Fenstern schmücken ihn qualitätvolle Steinmetzarbeiten. Mit seinen Vorhangbogenfenstern erinnert er gar an die Albrechtsburg in Meißen. Der behäbig über dem Wasser thronende **Witwenturm** wurde im 15. Jh. zu Wohnzwecken um- und ausgebaut. Am Ende der durch das Pfortenhaus in die Anlage führenden Straße weist eine runde, steinerne Apsis auf die 1179 von Erzbischof Wichmann hier eingerichtete Stiftskirche, von der auch die Umfassungsmauern noch erhalten sind.

Auch die **Dorfkirche** von Seeburg ist romanischen Ursprungs. Im Inneren befindet sich ein *Flügelaltar* aus dem Umkreis Cranachs und ein *Sandsteinepitaph* aus dem 16. Jh.

Viele der oft sehr kleinen Dörfer abseits der Hauptstraße Richtung Eisleben gehen auf Siedlungen aus der Zeit des Königreichs der Thüringer zurück. Archäologische Funde aus Bronzezeit und älteren Kulturen sind keine Seltenheit. In zahlreichen Ortschaften haben sich Teile oder ganze Baukörper der typischen romanischen Dorfkirchen dieser Gegend erhalten. Auf der Seite des Süßen Sees findet man sie in Dederstedt, Bösenburg oder Oberrißdorf. Auch die **Kirche** in **Unterrißdorf** entstand im ausgehenden 12. Jh. und musste sich, wie viele ihrer Art, in späterer Zeit einen Umbau gefallen lassen. Aus dieser Zeit besitzt sie Teile eines spätgotischen *Flügelaltars*. Umgestaltet wurde ebenfalls die romanische **Dorfkirche** von **Burgsdorf**, und zwar erst 1815. Trotzdem sind in ihr Fragmente frühgotischer *Wandmalerei* erhalten, eine Madonna mit zwei weiblichen Heiligen und der zwischen Petrus und Paulus thronende Christus aus der Zeit um 1230/40.

Auf der linken Seite der Bundesstraße Richtung Eisleben hat als Pendant zum Süßen See bis ins 19. Jh. der **Salzige See** als ein Teil des einst bis an Eisleben heranreichenden Seengebiets gelegen. Auf dem Weg nach Röblingen am See ist seine nun sich wieder füllende Senke auf einem künstlichen Damm zu durchqueren.

Der See mag ein Grund gewesen sein, einen Erzpriestersitz des Bistums Halberstadt hier zu postieren. Der nadelspitze, kreuztragende und schiefergedeckte Westturm der 1170/80 erbauten kleinen **Basilika** in **Röblingen** taucht schon bald aus den Dächerquadern heraus und weist für jeden Ortsunkundigen sicher die Richtung. Der intakte Turm wurde 1861 auf alten Fundamenten neu errichtet, die Kirche selbst 1960 umfassend restauriert.

Röblingen teilte oder teilt sich in Ober- und Unterröblingen. Mehr noch als der ehemalige Erzpriestersitz entspricht die **Dorfkirche** in Unterröblingen dem typischen Bild des ländlichen romanischen Gotteshauses.

Wer sich für diese meist sehr schlichten Zeugen vergangener Lebensweise interessiert, wird auch in dem sich ins enge Tal des Flüsschens Weida pressenden **Schraplau** fündig. Die Tatsache, dass in Schraplau direkt aus dem Talhang Kalk gebrochen wird, erweckt den eigenartigen Eindruck, als habe nicht der Fluss sich dieses Tal geschaffen, sondern die Menschen selbst. Die hoch am Talhang, gegenüber vom Kalkbruch erbaute **Kirche** aus dem letzten Viertel des 12. Jh. ist etwas größer als die in Röblingen und mit zwei romanischen Säulenportalen auch etwas reicher ausgestattet. Bis auf den spätgotischen *Schnitzaltar* allerdings gehören die Ausstattungsstücke der Zeit des barocken Ausbaus an.

Neben den Dorfkirchen des Mittelalters hat es natürlich wie überall zu dieser Zeit zahlreiche Klostergründungen als Zentren christlicher Missionierung und zur Hebung der Landeskultur gegeben. Da das Mansfelder Land in besonderem Maße von der Zerstörungswut des Bauernkriegs betroffen war, gibt es davon kaum noch architektonische Zeugnisse. So lassen zum Beispiel die drei teils zweckfremd genutzten **Kapellen** in **Sittichenbach** nur andeutungsweise auf das ehemals bedeutende, 1141 begründete und mit Grauen Brüdern aus

---

Die Basilika in Röblingen unterscheidet sich von ihren Kolleginnen im Umkreis durch die doppelte Fensterreihung im Kirchenschiff, die vielleicht auf einen früheren Emporeneinbau hindeutet, von dem heutigen aber unabhängig ist. So streng und pragmatisch wie die ganze Kirche ist auch das Tympanon im Südportal gestaltet, dessen Tür heute allerdings vermauert ist. In strenger Rahmung weist die Hand Gottes auf das als Widder dargestellte Lamm Gottes mit Kreuzstab, während in der linken Ecke Wirbelrosette und Blume als Zeichen ewigen wie endlichen Lebens zu deuten sind.

Walkenried besetzte Zisterzienserkloster schließen. Die besonders im Wasserbau bewanderten Brüder – noch heute wird die aus einem Stollen des Roten Berges kommende starke Wasserader genutzt – machten die Rohneniederung urbar.

Was Sittichenbach in landeskultureller Hinsicht, war das heute in Eisleben eingemeindete **Helfta** in noch viel größerem Maße für die deutsche Mystik des Mittelalters. Die Zisterzienserinnen Mechthild von Magdeburg, Mechthild von Hackeborn, Gertrud von Hackeborn und die sogenannte Große Gertrud verkörpern die Blüte deutscher mittelalterlicher Frauenbildung. Mechthild von Magdeburgs Werk ›Fließendes Licht der Gottheit‹ ist das bis jetzt älteste bekannte Werk seiner Gattung im deutschen Sprachraum.

Von den alten Klosterbauten sind auf dem Terrain der einstigen preußischen Domäne nur unbedeutende Reste erhalten geblieben. Die **Dorfkirche** mit einem um 1500 entstandenen *Schnitzaltar* und anderen Ausstattungsstücken aus dem 16. und 17. Jh. ist spätgotisch. Erst mit dem aufblühenden Kupferbergbau auf dem Eisleber Berg wurde Helfta von Eisleben überflügelt. Heute ist das in seiner Geschichte bis in das Königreich der Thüringer reichende Helfta durch eine 700–800 m breite Senkungswanne und die daraus resultierenden Erdbewegungen in seinem Bestand bedroht.

Das wieder aufgebaute Kloster Helfta mit der in moderner Formensprache ergänzten Kirche ist heute wieder mit Zisterzienserinnen besetzt. Auf dem revitalisierten Gelände unterhalten die Schwestern ein Bildungs- und Exerzitienhaus mit Übernachtungsmöglichkeiten. Ein kleines Museum informiert über die Geschichte ihres Ordens und des Klosters.

Lutherstadt Eisleben

Eisleben hält mit Bedacht auf seinen Martin Luther. Verständlich, dass sich die Stadt gerade nach dem Wahnwitz des Zweiten Weltkriegs und der Orientierungslosigkeit im ersten Nachkriegswinter, am 18. Februar 1946, anlässlich des 400. Todestages des Reformators den Namen Lutherstadt Eisleben zueignete. Dennoch ist der Ort vor allem durch den Bergbau und den dazugehörigen ›Berg‹ geprägt. Wer vom Markt durch das Tal der Bösen Sieben in die Neustadt oder in die fast entgegengesetzte Richtung zum Bahnhof hinaufsteigt, bekommt das zu spüren.

Hervorgegangen aus einer altthüringischen Siedlung an der Kreuzung zweier Fernwege, fand der Marktverkehr in ›Islevo‹ schon 994 Anerkennung durch Otto III. Heinrich III. bestätigte Markt-, Münz- und Zollrecht im Jahre 1045. Ackerbau, Tuchmacherei, Weinbau und der Handel mit Kupfer waren die Haupterwerbsquellen der kleinen Stadt, die wohl Mitte des 12. Jh. eine erste Stadtmauer erhielt. Vor der Nordostecke dieses Siedlungskerns befand sich die Wasserburg, die Ende des 11. Jh. zur Residenz und 1081 gar zum Krönungsort von Hermann von Salm-Luxemburg wurde, der als Gegenkönig von Heinrich IV. in die Geschichte eingegangen ist. Die Wasserburg, im 16. Jh. zum Wohnschloss umgebaut, brannte wie das gesamte Marktviertel 1601 nieder. Seine Ruinen wurden 1881, der

Eisleben ☆
Besonders sehenswert
Geburts- und Sterbehaus des Reformators

Die Lutherstätten sind 1996 in die Liste des Welterbes der Unesco aufgenommen worden.

Bergfried sogar erst 1969 abgebrochen. Bis in das 15. und 16. Jh., der ersten Blütezeit des Eislebener Kupferschieferbergbaus, wuchs die Stadt ständig. Aus diesen beiden Jahrhunderten stammen auch die bedeutendsten architektur- und kunstgeschichtlichen Zeugnisse.

Der Markt und seine Umgebung

Trotz des bereits erwähnten Brandes von 1601 ist der **Markt** auch heute noch das geschlossenste architektonische Ensemble der Stadt. Durch die Hanglage entsteht in einer beinahe dramatischen Staffelung von **Lutherdenkmal (1)**, Rathaus und der die gesamte Komposition überragenden Andreaskirche das beliebteste Fotomotiv Eislebens. Ganz in der Tradition gründerzeitlicher Denkmalkunst, verfehlt »die Kolossalfigur von Bronze auf einem Sockel von grünem polierten schwedischen Granit« ihre Wirkung nicht. Das von Rudolf Siemering geschaffene und 1883 eingeweihte Denkmal zeigt in vier Bronzereliefs Szenen aus Luthers Leben.

Hinter dem Denkmal, an der westlichen Schmalseite des Marktes, überblickt der steile weiße Giebel des **Rathauses (2)** gebieterisch den Platz. Dieser Eindruck wird etwas gemildert durch den 1874 ausgeführten zweigeschossigen Vorbau. 1910 folgte eine weitere Restaurierung, bei welcher der Ostgiebel völlig neu errichtet und im Inneren des Hauses eine Treppe eingebaut wurde. Bis dahin waren die Obergeschosse nur über die überdachte doppelläufige Freitreppe an der nördlichen Längsseite des Hauses zu erreichen. Trotz der Umbauten haben sich aber auch im Inneren in zwei Geschossen reiche Rippengewölbe und Innenportale aus der Erbauungszeit (bis 1531) erhalten. Dem Ende des 13. Jh. entstammt der an der Nordostecke des Gebäudes eingefügte Kopf mit Lilienkrone, der im Volksmund ›Knoblauchkönig‹ heißt und Hermann von Salm-Luxemburg darstellen soll.

Auch die drei gräflichen Stadtsitze lagen in Sichtweite des Rathauses am Markt. Markt 34, ein dreigeschossiges, breitgelagertes Traufenhaus, in dem sich heute die **Mohrenapotheke (3)** befindet, gehörte der Linie Mittelort und entstand nach 1601. Nah beieinander liegen die **Schlösser** der Linien **Vorder- und Hinterort (4)**, Markt 56 und 58, wobei das erstere 1707 fast völlig erneuert wurde. Auch das Schloss der Linie Hinterort hat mehrfache Restaurierungen über sich ergehen lassen müssen, weist aber mit seinen Vorhangbogenfenstern und dem kielbogenförmigen Sitznischenportal noch in die mit 1500 datierte Erbauungszeit. Im Inneren gehört zudem ein wappengeschmückter Rittersaal zum alten Bestand.

Nur ein paar Schritte die Sangerhäuser Straße hinauf befindet sich das schon im 19. Jh. als Memorialmuseum eingerichtete **Sterbehaus Luthers (5)**. Diesen Weg dürfte der als »alter und abgearbeiteter Mann« geltende Luther in seinen letzten Tagen oft gegangen sein, denn der Zweck seiner winterlichen Reise nach Eisleben war die

Lutherstadt Eisleben

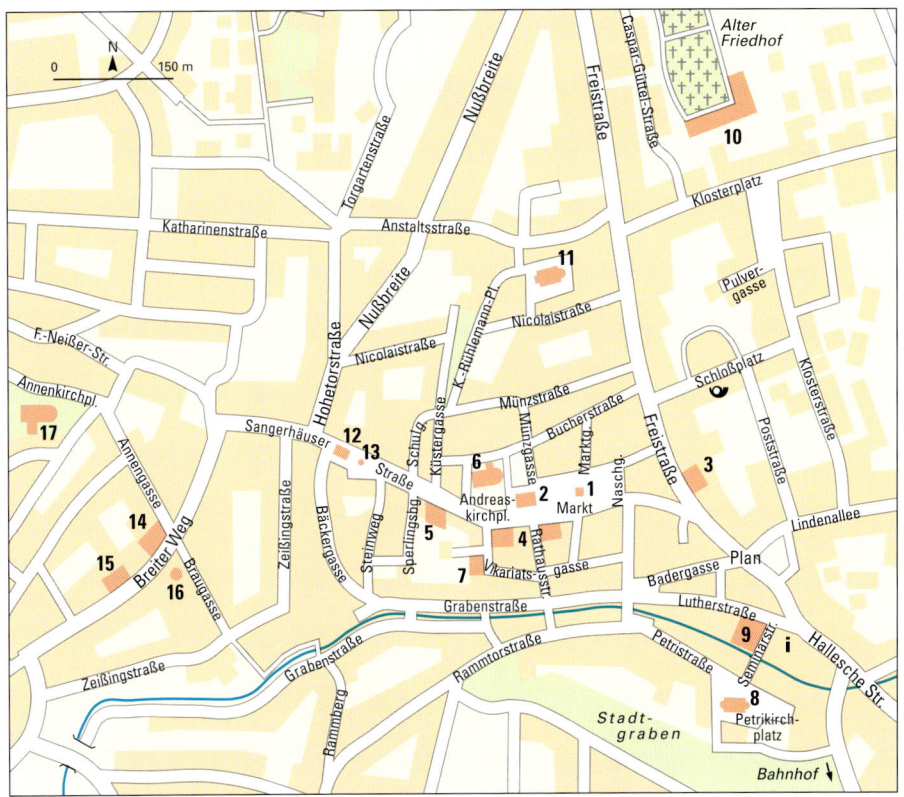

Eisleben
1 Lutherdenkmal   2 Rathaus   3 Mohrenapotheke (ehemaliges Schloss Mittelort)   4 Schlösser Vorder- und Hinterort   5 Sterbehaus Luthers   6 Andreaskirche   7 Vikariat St. Andreas   8 St. Peter und Paul   9 Geburtshaus Luthers   10 Alter Friedhof   11 Nikolaikirche   12 Ehemaliges Katharinenstift   13 Knappenbrunnen   14 Ehemaliges Neustädter Rathaus   15 Wohnhaus Joachim Tempel   16 ›Kamerad Martin‹   17 Annenkirche/ Augustinereremitenkloster

Schlichtung eines Streits zwischen den Grafenbrüdern. Als Luther am 28. Januar 1546 in der Stadt eintraf, hatte er unterwegs einen schweren Schwäche- und Herzanfall erlitten, was ihn nicht daran hinderte, neben den Verhandlungen, die am 17. Februar per Vertrag begütigend endeten, eine Reihe von anderen Aktivitäten zu entwickeln. Doch in der Nacht zum 18. Februar zwischen zwei und drei Uhr starb Luther im Alter von 63 Jahren. Zur Aufbahrung trug man ihn hinüber in den Altarraum der **Andreaskirche (6),** von deren Kanzel er in seinen letzten Tagen noch viermal gepredigt hatte.

Das Mansfelder Land

Lutherstadt Eisleben, Blick über den Marktplatz mit dem Denkmal des Reformators vor dem Rathaus, rechts die Andreaskirche

Der im zweiten Viertel des 15. Jh. unter Verwendung von Teilen eines romanischen Vorgängers begonnene Bau der spätgotischen Halle erhält durch den nördlich des Chors aufgeführten schweren Turm und dessen barocken oktogonalen Oberbau eine beeindruckende Dynamik. Wie der Rote Turm in Halle dürfte auch dieser in seiner gegen die Doppelturmfassade der Kirche auftrumpfenden Gebärde als ein die wachsende Macht des Stadtbürgertums anzeigendes Symbol gedacht gewesen sein. Er sollte sich nicht nur gegen die Kirche, sondern auch gegen die drei gräflichen Stadtsitze behaupten. Allerdings erreichte er diese imposante Wirkung erst mit dem Verschwinden der gotischen Helme der Kirche und dem späteren Aufbau seiner nun diese überragenden Haube in den Jahren 1714–23.

Unter dem mächtigen, die drei Schiffe der Kirche bergenden Satteldach entfalten sich, bedingt durch das breite Mittelschiff und die schmalen Seitenschiffe, eher ungotische, gedrungene Raumverhältnisse. Das Joch des Hauptchors wird von einem Stern-, der südliche Nebenchor von einem Netzgewölbe überspannt.

Von den Ausstattungsstücken dürfte die sogenannte *Lutherkanzel* wegen ihrer ›Reliquienhaftigkeit‹ am bekanntesten sein. Die Kanzel und der jetzt unter Glas gebrachte Kanzelbehang mit sehr kunstvoller Reliefstickerei stammen tatsächlich noch aus Luthers Zeiten. Daneben ist aber vor allem der große, vierflügelige, unter fränkisch-nürnbergischem Einfluss um 1500 geschaffene *Schreinaltar* nähere Betrachtung wert: Den Mittelpunkt bestimmt die Marienkrönung, rechts davon sind Andreas und im Flügel Nikolaus und Laurentius dargestellt, links Stephanus und im Flügel Barbara und Katharina. In der Auffassung der Figuren, insbesondere bei dem schweren, fast metallen erscheinenden Gewandstil, ist er dem Annenaltar in der Petrikirche sehr nahe. Teile eines *Chorgestühls* aus der Zeit um 1520 und zwei große *Messingkronleuchter* von 1610 können die historische Ausstattung nur andeuten. Zum Zeitpunkt der Reformation 1540 besaß die Kirche allein 14 Altäre.

Im Gegensatz zu diesen haben zahlreiche, darunter sehr schöne Grabdenkmäler aus dem 13. bis 18. Jh. die Stürme auch späterer Zeiten überdauert. Hervorgehoben sei hier lediglich die *Tumba für Graf Hoyer VI.*, den letzten katholischen Mansfelder. Schon ganz individuell gestaltet ist das Porträt der Liegefigur des Verstorbenen. Sie gilt als das Hauptwerk des Bildhauers Hans Schlegel und zugleich als ein Höhepunkt mitteldeutscher Renaissanceplastik.

Neben dem dreigeschossigen Bau der Superintendentur befindet sich nördlich der Andreaskirche das heute stark veränderte Gebäude des ehemaligen **Luthergymnasiums**, das Luther mit Justus Jonas noch am 16. Februar 1546 gegründet hatte.

Die achteckige gedrungene Turmhaube im Südosten des Marktplatzes markiert die Petri-Pauli-Kirche. Der Weg dorthin streift in der Vikariatsgasse 5 das ehemalige **Vikariat von St. Andreas (7),** ein Gebäude aus der Mitte des 16. Jh., das auf seiner Hofseite niedersächsisches Fachwerk besitzt.

St. Peter und Paul (8) ist die Kirche, in der Luther einen Tag nach seiner Geburt, am 11. November 1483, auf den Namen des Tagesheiligen getauft wurde. Vier kleine *Gemälde* aus der Mitte des 16. Jh., auf denen Luthers Eltern, Luther und seine Frau dargestellt sind, erinnern an das Ereignis, ebenso der *Taufstein* von 1817, der Reste des Steins enthalten soll, in dem Luther getauft wurde.

Die von Häusern eingezwängte Kirche war die Pfarrkirche der südlichen Vorstadt Eislebens. 1447 begann man am Ort einer kleineren, um 1320 errichteten Kirche mit dem Neubau. An der Nordseite, wo sich in einer offenen Vorhalle das mit reichen Profilen versehene Hauptportal befindet, sind drei Konsolen mit weiblichen Köpfen als Erinnerung und einziger Rest der alten Kirche ins Mauerwerk eingefügt.

In der Eingangshalle der Andreaskirche erinnern die von Johann Gottfried Schadow 1817 geschaffenen Büsten an Martin Luther ebenso wie an Melanchthon. Begraben sind beide in der Schlosskirche zu Wittenberg.

Das Mansfelder Land

Erst nach der Fertigstellung des rechteckigen Westturms 1474 begann man 1486 mit dem Bau der in anmutigen, wohlausgewogenen Formen errichteten dreischiffigen Halle, die nach vier Jochen in einem zweijochigen, dreiseitig geschlossenen Chor mündet. Die spätgotischen Fenster mit ihrem vielfach von Fischblasen geschmückten Maßwerk unterstreichen wie die gekehlten Achteckpfeiler den aufwärtsstrebenden Charakter des Raumes, den ein sternförmiges Gewölbe abschließt. Im Mittelschiff und im Chor krönen Wappenscheiben die Rippenkreuzungen. Die Seitenschiffe sind mit parallel genetzten Rippen besetzt. Hufeisenempore und Kanzel sind spätklassizistisch. Der moderne Orgelprospekt entstand 1929. Neben einem *Kruzifix* und zwei *Schnitzfiguren* aus der Mitte des 15. bzw. aus dem Anfang des 16. Jh. und zwei guten *Gemälden*, wahrscheinlich aus der Werkstatt Lucas Cranachs d. Ä., ist als einziger von den ursprünglich neun Altären der *Annenaltar* erhalten geblieben. Das war sicher kein Zufall, denn die Anna Selbdritt, Mutter der Maria, war im Mittelalter auch die Schutzpatronin des Bergbaus. In der Predella des Altars, wo die Geburt Christi dargestellt ist, hält Joseph eine Bergmannslampe. Dem heiligen Geschehen schauen nicht Hirten, sondern zwei Bergleute zu. Das mag belegen, wie sehr die Menschen der Zeit das Heilsgeschehen als ganz gegenwärtig begriffen haben.

Lutherstadt Eisleben, Geburtshaus Martin Luthers.

Von der Taufkirche ist es durch die schmale Seminarstraße ein Katzensprung zum **Geburtshaus (9).** Hier wurde Martin Luther am 10. November 1483 geboren. Das im Kern spätgotische Haus ist mehrfach umgebaut, 1863–66 erstmals restauriert und 2005–07 grundlegend saniert und wesentlich erweitert worden. Die neu gestaltete Ausstellung unter dem Titel ›Von daher bin ich – Martin Luther und Eisleben‹ veranschaulicht anhand von ca. 250 Exponaten sowohl Luthers Bedeutung als Reformator als auch seine Herkunft, die Geschichte seiner Zeit und die Baugeschichte des Hauses.

Außerhalb des Zentrums

Ein kulturgeschichtliches Denkmal ganz besonderer Art, das in vergleichbarer Ausführung in unserer Region nur noch im Hallenser Stadtgottesacker existiert, besitzt Eisleben in seinem **Alten Friedhof (10),** auch Kronenfriedhof genannt. Von den früher gewiss vorhandenen Grüften hat sich nur noch eine erhalten, die der Familie Bucher, der wahrscheinlich mächtigsten und reichsten Kaufmannsfamilie Eislebens. Die Buchers konnten es sich leisten, eine steinerne, nach innen gekehrte *Kreuzigungsgruppe* für ihre Begräbnisstätte fertigen zu lassen. Der ansonsten offene Dachstuhl wurde hier mit einem hölzernen, bemalten Himmel ausgeschlagen. Wertvolle *Grabmäler* existieren darüber hinaus vor allem aus dem 16. Jh.

Auf dem Weg zurück zum Markt erhebt sich auf einem gedrungen wirkenden Westquerturm der schlanke spätgotische Helm der **Nikolaikirche (11)** als letzter gotischer Helm Eislebens über die Dächer der Wohnquartiere. Die ehemalige Pfarrkirche der nördlichen Vorstadt, mit ihrer schönen, offenen, von einem Netzgewölbe überspannten Vorhalle, wurde 1973 von der Gemeinde aufgegeben und war seitdem ihrem Verfall überantwortet. Inzwischen befindet sie sich in einer umfassenden Restaurierung und soll künftig sowohl als Gotteshaus als auch als Konzerthalle genutzt werden.

Ein letzter Weg durch Eisleben führt vom Markt zunächst die Sangerhäuser Straße hinauf. Sie ist die Hauptgeschäftsstraße der Stadt und Fußgängerzone. Vor dem Gebäude des ehemaligen **Katharinenstifts (12),** das 1817–44 als Bergschule diente, schuf der Quedlinburger Bildhauer Wolfgang Dreysse mit dem **Knappenbrunnen (13)** ein Werk, welches sich wie wenige seiner Art wirklich in die architektonischen und historischen Gegebenheiten der gewachsenen Stadt einfügt. Die Figuren stellen den Knappschaftsältesten, den Bergmauerer, den Bergsänger, den Hüttenschmied, Bergrichter, Schmelzer, Treckejungen und den Häuer durchaus nicht historisierend, sondern in Gestik und Mimik mit einem Blick auf den Mann der Straße ganz gegenwärtig dar.

An der Grenze der Altstadt, wo die Annenstraße nach rechts in die Neustadt hinaufführt, steht an der Ecke das ehemalige **Neustädter**

Der Alte Friedhof, auch Kronenfriedhof, in der Nähe des Klosterplatzes wurde ab 1533 nach dem Vorbild italienischer Camposanti geplant: eine geometrische Anlage mit architektonischer, nach innen durch Arkaden geöffneter Umbauung. Da die Anlage nie vollendet wurde, können heute nur zwei übereck reichende Hallen einen Eindruck vermitteln. Trotz einer 1983 begonnenen Erneuerung befindet sich der historische Teil des Friedhofs in einem besorgniserregenden Zustand. Schon Johann Gottfried Schadow hatte aus ähnlichen Gründen die wertvollsten Denkmäler in das Geburtshaus Martin Luthers bringen lassen.

Das Mansfelder Land

Rathaus (14), ein Renaissancegebäude, das aufgrund der Erdbewegungen in diesem Gebiet das Schicksal vieler anderer Häuser teilt und bis jetzt in seinem Bestand noch nicht gesichert wurde. Um so größer ist daher die Überraschung, in unmittelbarer Nähe des Rathauses das nach Georg Kutzke »bedeutendste Renaissancehaus des Südharzes« zu finden. Das Haus mit seinem reich gegliederten und durch den Paradieserker zusätzlich aufgewerteten Obergeschoss wurde als **Wohnhaus** des Amtsschössers **Joachim Tempel (15)** im Jahre 1574 erbaut. Das originale Renaissanceportal verlor es allerdings im 19. Jh.

Die sogenannte Eisleber Neustadt, die sich oberhalb des Rathauses erstreckt, wurde 1511 als Bergmannssiedlung gegründet. Symbol dieser Bergmannsstadt und des Mansfelder Bergbaus überhaupt war ›**Kamerad Martin**‹ **(16),** eine um 1590 erstmals gegenüber dem Rathaus aufgestellte Sandsteinfigur, die durch eine Kopie von 1926 ersetzt wird, während sich das Original im Heimatmuseum befindet.

*Lutherstadt Eisleben,
›Kamerad Martin‹,
Kopie von 1926*

Die Annengasse führt hinauf zur gleichnamigen, wiederum der Patronin des Bergbaus geweihten **Annenkirche (17).** Ein weiter Blick über die Stadt belohnt für die Mühen des Aufstiegs gleichermaßen wie der Anblick der Kirche und des mit ihr verbundenen Klosters, das sich mit seinen fünf altfränkischen Mönchskammergiebeln geradezu emporreckt. Dieses Augustinereremitenkloster soll das einzige der zwölf Klöster des Mansfelder Landes gewesen sein, das während des Bauernkriegs keinen Schaden erlitten hat. Vielleicht weil der Prior, Caspar Güttel, zugleich der »Reformator des Mansfelder Landes« war. So jedenfalls bezeichnete ihn Martin Luther, der sich als Distriktvikar des Ordens mehrmals im Kloster aufhielt.

Die Kirche entstand im offenbar selbstverständlichen Nebeneinander von Stilformen der Spätgotik und der Renaissance. Nachdem der Chor in den Jahren 1514–16 gebaut und auch geweiht war, dauerte es fast 70 Jahre, ehe man an die Vollendung des Baus ging. Von 1585 bis 1608 entstanden das Langhaus, die westlich daran anschließende Grabkapelle für die Mansfelder Grafen und der Nordturm, dessen heutige Spitze aber aus dem Jahr 1852 stammt.

Auch im Inneren der Kirche finden sich beide Stilformen nebeneinander. Das ursprünglich wohl als dreischiffige eingewölbte Halle geplante Langhaus wurde mit einer *Holzkassettendecke* mit reichem malerischen Schmuck geschlossen. Das Mittelbild zeigt Gottvater, Sohn und Heiligen Geist, die von den zwölf Jüngern umgeben sind. In das originale spätgotische *Chorgewölbe* wurde 1586 ein reicheres, abermals spätgotische Formen aufnehmendes Gipsgewölbe eingezogen. Auf der spätgotischen Emporenbrüstung des Chors erhebt sich ein Renaissanceaufsatz. Neben *Grabmälern, Wappenschildern* und einem im Chor aufgestellten *Wappenstammbaum* der Grafen von Mansfelder-Hinterort in Form eines Obelisken, dem spätgotischen *Schnitzaltar* und dem sich darüber erhebenden *Triumphkreuz* gibt es drei weitere, ganz besonders zu beachtende Werke in der Kirche. Da sind zunächst die *Glasmalereien* der Frührenaissance in der Art schweizerischer Wappenscheiben, die sich jetzt in den südlichen Langhausfenstern befinden. In Europa einmalig soll die berühmte Eisleber *Steinbilder-Bibel* sein. Nach graphischen Vorlagen von Virgil Solis schuf der aus Münster/Westfalen kommende Bildhauer Hans Thon Uttendrup 1585 die 29 Relieffelder der Chorgestühlbrüstungen mit 25 Szenen aus dem Alten Testament und den Figuren der vier Evangelisten. »Ich gläub', was hier gebildet ist – tröst mich dein, Herr Jesu Christ«, schreibt der Künstler über sein Werk und vermittelt noch durch diesen spröden Vers etwas von der Mühe und Ernsthaftigkeit dieser Arbeit.

Die 1608, also nur wenige Jahre später geschaffene *Kanzel* scheint aus einer ganz anderen Zeit zu kommen. Die in kräftigen Farben gehaltenen Stuckreliefs erzählen in derb-naiver Manier Geschichten des Alten und Neuen Testaments. Wohl selten dürfte ein Sündenfall oder eine Auferstehung mit so unverbrauchter Lebenslust, ja Frivolität gestaltet worden sein.

An Eine und Wipper

Südlich des unteren Selketals erstreckt sich an den reizvollen Flusstälern von Eine und Wipper der gebirgigere, zum Harz gehörige Teil des Mansfelder Landes. Im Gegensatz zu den Industrierevieren bietet diese vergleichsweise dünn besiedelte Gegend neben Acker- und Wiesenflächen ausgedehnte Waldgebiete und damit Gelegenheit zu wirklich einsamen, langen Spaziergängen.

Beide oberen Flusstäler besitzen auch nur je eine Burg bzw. Burgruine. Im Einetal, das auch mit dem Auto zu durchfahren ist, erhebt sich über dem Flecken **Harkerode** die beeindruckende Ruine des **Arnstein**. Von der 1135 erbauten und später mehrfach umgebauten bzw. erweiterten Burg sind es der wohnturmartige Palas, der Bergfried und der schöne Blick über die Landschaft, die den Aufstieg lohnen.

Die **Rammelburg,** im Tal der Wipper, wird meist nur von der kleinen gleichnamigen Raststätte an der von den Einheimischen kurz ›Klaus‹ genannten Harzhochstraße besichtigt. Die Klausstraße, ein alter, von Leimbach bis zur Abzweigung nach Stolberg ansteigender Firstweg, verdankt ihren Namen einer vorreformatorischen Einsiedelei über der Rammelburg. Die ewig in Geldnöten steckenden Mansfelder Grafen sollen schließlich aus der Einsiedelei ein vom Klausner betreutes Zollhaus gemacht haben.

Glücklicherweise gibt es auch in diesem unteren Teil des Wippertals keine durchgehende Straße. Es ist ohne eigene Kraft nur mit einer Bahn zu durchfahren, die durch das Tal bis zu der kleinen, größtenteils von Wäldern und Bergen umgebenen Kurstadt **Wippra** führt.

Die Kernburg der malerisch gelegenen Rammelburg (um 1205/25) brannte 1896 nieder und wurde unter Erhalt der Reste in romanisierenden und gotisierenden Formen wieder errichtet. Mittelalterlich sind Bergfried, Torturm und Kapelle. Besichtigungen sind nicht möglich.

Lutherstadt Mansfeld

Lutherstadt Mansfeld

Mansfeld, früher Tal-Mansfeld genannt, darf seit 1996 den Beinamen Lutherstadt führen. Es hat immer schon im Schatten des größeren und reicheren Eisleben gestanden, obwohl es der eigentliche Stammsitz der Mansfelder Grafen war. Auch heute ist es so, dass viele Touristenbusse bereits in Eisleben kehrt machen. Dabei ist dem kleinen Mansfeld durchaus mehr als ein Höflichkeitsbesuch abzustatten.

Allein die Tatsache, dass **Schloss Mansfeld** vor und während des Dreißigjährigen Krieges zu den mächtigsten Festungen Deutschlands gehörte und trotz Schleifung und Verfall noch heute eine der schönsten deutschen gotischen Schlosskirchen vorweisen kann, sollte jeden Skeptiker überzeugen.

Der östlich der Stadt auf steil abfallender Hochebene gelegene Adelssitz erscheint 1229 erstmals in den Annalen, reicht aber sicher wie das Grafengeschlecht bis in das 11. Jh. zurück. Nach dem fast vollständigen Niederriss der gotischen Burganlagen begannen die Mansfelder Grafen nach der Erbteilung von 1501 in gegenseitiger Konkurrenz mit dem Bau repräsentativer Wohnschlösser. Der Bau der Festungswerke wurde 1517 begonnen und im Zusammenhang mit dem Schmalkaldischen Krieg nochmals intensiviert. Nachdem sie auch im Dreißigjährigen Krieg nie im Sturm erobert werden konnten, wurden sie erst 1674/75 auf Drängen der Städte und Stände geschleift, die für ihren Erhalt aufzukommen hatten. Die Natur, die wuchernd in die offenen Mauern griff, tat ein übriges, so dass sich das genaue Ausmaß der Festung an Ort und Stelle nur noch schwer überblicken lässt.

Der Verfall der Macht des Grafengeschlechts ging mit dem Verfall der Häuser einher. Nur das von Graf Hoyer VI. 1509–18 erbaute **Schloss Vorderort** und dort insbesondere das Hauptschloss konnte erhalten und auch nach dem Aussterben der Grafen 1780 weiter bewohnt werden. Geprägt vom Umbau der Jahre 1860–62, sind original erhalten neben der Wendeltreppe einige sehenswerte äußere Portale. Die halbkreisförmigen Reliefs der Stabwerkportale des Hauptschlosses von Hans Schlegel spielen mit der Darstellung des Weingottes sowie trinkender und raufender Landsknechte auf die offenbar sehr derbe Trinkfreude der Mansfelder Grafen an. Das Portal am Treppenturm des nördlichen Flügels, das von einer aus Säulchen und Tiergrotesken zusammengefügten Wulst umzogen wird, trägt das Steinmetzzeichen von Ludwig Binder, der den Johannbau des Dessauer Schlosses gestaltete. Eine dieser Arbeit verwandte befindet sich auch als Rahmung einer Sakramentsnische auf der Südwestempore der **Schlosskirche.** Sie ist, wenn auch turmlos, heute mehr denn je die architektonische Dominante des ganzen Areals. Der schlichte, Anfang des 15. Jh. entstandene einschiffige Bau erhebt sich auf einem tonnengewölbten, kellerartigen Unterbau. Ein fast quadratischer Treppenturm vermittelt zwischen der Kirche und

Lutherstadt Mansfeld

Lutherstadt Mansfeld, Schloss Vorderort, 1509–18, umgebaut 1860–62.
Das heutige architektonische Bild ist geprägt vom neogotischen Umbau, bei dem die sich in der frühen Renaissance durch Rundgiebel öffnende Fassade wieder geschlossen wurde. Der beeindruckende, mit Strebepfeilern umstellte Treppenturm erhielt während des Umbaus sein mit Zinnen umkränztes Obergeschoss. Die Wendeltreppe, die sich elegant um eine schön profilierte Spindel in die Höhe schwingt, blieb original erhalten.

dem Hauptschloss Vorderort. Die homogene Erscheinung des Raums, die harmonische Farbigkeit und die überaus reiche Ausstattung brachten der Kirche das Urteil ein, »zu den schönsten deutschen Schlosskirchen der Gotik« zu gehören. Das schlichte, hohe Schiff wird von schmalen Steinemporen umzogen, wobei die auf gedrehten Säulen ruhende die ältere ist. Die beiden übrigen, deren Arkaden auf oktogonalen Säulen ruhen, wurden 1521 eingebaut.

Etwa in der Mitte des Schiffs steht der spätgotische, nur ein Jahr nach den beiden jüngeren Emporen gefertigte *Taufstein* auf einer größeren runden Platte, die der Standplatz der Paten bei der Taufzeremonie war. Als auffälligster Schmuck darf sicher der aus dem Umkreis Lucas Cranachs d. Ä. stammende *Flügelaltar* angesehen werden. Er ist etwa zur gleichen Zeit wie die Emporen und der Taufstein in die Kirche gekommen. Im Mittelteil zeigt er die Kreuzigung Christi, in der Predella die Grablegung, links die Höllenfahrt und rechts die Auferstehung. Das sehr spröde, aber gerade deswegen so

Das Mansfelder Land

Martin Luther hat wahrscheinlich öfter von der Kanzel der Schlosskirche den Grafen zu Mansfeld gepredigt, denn es bestand nicht nur die Bindung zum Grafenhaus, sondern auch zur Familie, die 1484 von Eisleben nach Tal-Mansfeld gezogen war. So kann Luther wenigstens zur Hälfte auch ein Sohn Mansfelds genannt werden, denn hier besuchte er bis zum 14. Lebensjahr die Schule und kam in Kontakt mit der Theologie, die sein Beruf werden sollte.

eindrucksvolle *Epitaph* für den 1526 gestorbenen Grafen Günther ist eines der ersten Beispiele entwickelter mitteldeutscher Frührenaissanceplastik und geht auf Hans Schlegel zurück. Gegenüber dem Epitaph erhebt sich auf einem Steinsockel ein aus Holz geschnitztes *Sakramentshäuschen* von 1537.

Im wiederhergerichteten **Vaterhaus** des Reformators befindet sich eine kleine Luthersammlung; und über dem Eingang der Schule, die einst der kleine Martin fleißig besuchte, steht unter dem Relief des heiligen und drachentötenden Georg in Latein die Bitte geschrieben: »Wie das trojanische Pferd gebar kampflustige Scharen, / So die Schule des Ortes manche Gelehrte von Ruf. / Du gieb uns der Luther noch mehr, o Ritter von Mansfeld; / Mehr dann der Siege erringt Christi begeisterte Schar.« Nun, der Ritter von Mansfeld hatte offenbar so viele Luther nicht in Vorrat. Einer aber kam immerhin noch. Bis zu seiner Flucht im Jahr 1575 war der Theologe und Historiker Cyriakus Spangenberg lange Jahre Pastor und Generaldekan in Mansfeld und hat mit seiner ›Mansfeldischen Chronica‹ ein ganz wesentliches Werk zur Geschichte des Territoriums geschaffen.

Auch die unweit des Vaterhauses gelegene **Kirche** der ursprünglich nur auf dem schmalen Höhenrücken gegenüber dem Schloss sich erstreckenden Stadt ist dem heiligen Georg geweiht. Ein um 1520 entstandenes Relief aus Eichenholz, das diesen soldatischen Helfer gegen die Nichtchristen darstellt, ist über dem Stabwerkportal in der offenen sterngewölbten Vorhalle der Nordseite angebracht. Der inschriftlich 1493 begonnene Bau der einfachen spätgotischen Halle besitzt einen dreiseitig geschlossenen Chor, der im Inneren durch einen spitzbogigen Triumphbogen vom Schiff getrennt wird. Beim Aufbau des Turms fand ein älterer Unterbau erneute Verwendung. Auf beiden Seiten des Chors wurden querschiffartige Anbauten mit gewölbtem Untergeschoss aufgeführt, von denen der südliche den *Fürstenstuhl* und die *Grablege* aufnahm, in der noch die drei Prunksärge von Graf Johann Georg III., seiner ersten Gattin und seiner Schwägerin aufgestellt sind. In der Fassade des Anbaus, die zugleich Grabmal ist, finden sich die drei Toten im Aufsatz als große Freifiguren. Auch fast alle übrigen in der Kirche vorhandenen Grabmäler sind gräflich und mansfeldisch. Außerdem besitzt die Kirche unter anderem einen dem auf Schloss Mansfeld ganz ähnlichen *Taufstein*, drei wertvolle *Schnitzaltäre* aus dem Anfang des 16. Jh. und, wie könnte es anders sein, ein *Lutherbildnis*. Aus dem 1540 datierten Gemälde blickt der Reformator über den Betrachter hinweg in eine unbestimmte Ferne.

Klostermansfeld, Hettstedt und Wiederstedt

Älter als Tal-Mansfeld ist das in der Nähe gelegene **Klostermansfeld**, dessen Wahrzeichen der Mansfelder Brocken ist, eine Halde aus dem 19. Jh. Funde von Stichbandkeramik, aus der Bronze- und

Eisenzeit und der Fund einer goldenen fränkischen Gürtelschnalle aus dem 7. Jh. beweisen die kontinuierliche Besiedlung. Nach einer ersten Erwähnung im Jahre 973 wird das gräfliche Hauskloster 1115 zur Begräbnisstätte des am 11. Februar in der Schlacht am Welfesholz gefallenen Grafen Hoyer I. Anfangs wahrscheinlich vom Benediktinerorden betrieben, wurde das Kloster der Überlieferung nach im Ergebnis einer gemeinsamen Wallfahrt Albrechts des Bären und eines Grafen Hoyer im Jahr 1159 nach Palästina dem Orden vom Tale Josaphat übertragen.

Ihr heutiges Aussehen hat die kleine **Kirche** des ehemaligen Klosters einer umfassenden Restaurierung in den Jahren 1965–70 zu verdanken. Von der Ausstattung reicht kein Stück in die Romanik zurück, so dass ein wahrscheinlich von einem Triumphkreuz stammendes *Kruzifix* aus der Mitte des 15. Jh. das älteste Stück sein dürfte.

Nur ein Jahrhundert später war das Gebiet zwischen Schloss Mansfeld und Klostermansfeld von Kupferschächten durchzogen. Angefangen mit dem Kupfer hat es der Sage nach auf dem Kupferberg bei **Hettstedt**. Dieser Teil der Stadt gilt noch heute als »charakteristischste Bergmannssiedlung des Mansfelder Landes«.

Noch nicht sehr lange besteht die Möglichkeit, per dampfbetriebener Schmalspurbahn vom Bahnhof Klostermansfeld durch die vom Bergbau geprägte Landschaft bis zum Eduardschacht bei **Hettstedt-Burgörner** zu fahren. Dort gibt ein Besuch des neu eingerichteten **Mansfeld-Museums** einen Überblick über historische und technische Entwicklungen des Bergbaus. Im sogenannten **Humboldtschloss** – der preußische Minister Wilhelm von Humboldt war Herr auf Burgörner – befindet sich eine vertiefende historische Ausstellung.

Hettstedt hat alle Probleme einer alten, kleinen Industriestadt, besonders was die Umweltbelastung durch überalterte Industrieanlagen oder die Verkehrsführung im engen Wippertal betrifft. Früher war das **Saigertor**, das nördliche Stadttor von 1537, das Nadelöhr, durch welches sich bis 1972 der gesamte Verkehr hindurchzwängen musste. Nun besteht zwischen Saigertor und der Kirche eine verkehrsberuhigte Zone. Dort befinden sich auch am Ufer der Wipper Reste der **Stadtbefestigung** und zwei Wehrtürme. Das **Rathaus** stammt im Kern aus dem Jahr 1526, wurde später aber mehrmals umgebaut. Die in der ersten Hälfte des 15. Jh. aufgeführte fünfjochige Halle der **Stadtkirche St. Jacob** besitzt in ihrem reich gegliederten Chor ein ansehnliches, spätgotisches Sterngewölbe, während das Schiff 1706 mit einem hölzernen Tonnengewölbe versehen wurde. Gegen 1750 erhielt die Kirche die heute weitgehend noch existierende Ausstattung, neben der auch einige ältere Stücke bestehen blieben.

Für Freunde der romantischen Literatur empfiehlt sich zum Schluss ein Besuch des kleinen, nur Minuten von Hettstedt entfernten, an der Wipper sich hinziehenden Dorfes **Wiederstedt**. Friedrich

Im Mansfeld-Museum gibt es neben einem großen Freigelände mit Maschinen, Schachtmodellen und anderem ein voll funktionstüchtiges Duplikat der ersten in Deutschland gebauten Dampfmaschine zu sehen. Das Original hob ganz in der Nähe, im ehemaligen König-Friedrich-Schacht, seit dem 23. Oktober 1785 die Schachtwässer. Das 100 Jahre später an dieser Stelle aufgebaute ›Maschinendenkmal‹ erinnert daran.

Das Mansfelder Land

Leopold Freiherr von Hardenberg, später unter dem Namen Novalis einer der eigenwilligsten Vertreter der romantischen deutschen Literatur, ist hier im **Schloss** seiner Eltern am 2. Mai 1772 geboren worden. Seit einigen Jahren erinnert eine kleine, liebevoll gestaltete Ausstellung in dem durch Bürgerinitiative geretteten Schloss an ihn.

Sangerhausen und Umgebung

Heinrich von Morungen auf dem Ruhebett, daneben eine Dame. Buchmalerei um 1310–40, Große Heidelberger Liederhandschrift (Codex Manesse)

Sangerhausen und seine Umgebung gehören, wie anfangs bereits erwähnt, im eigentlichen Sinn schon nicht mehr zum Mansfelder Land. Das schließt natürlich den zeitweiligen Einfluss der Grafen von Mansfeld bzw. die Zugehörigkeit zum preußischen Regierungsbezirk nicht aus. Für **Morungen** trifft beides zu. Der um die 300 Einwohner zählende Ort liegt nur 6 km von Sangerhausen im Molkenbachtal am Südhang des hier mit kräftigen, bewaldeten Bergen aufsteigenden Harzes.

Um 1150 wurde wahrscheinlich auf Alt-Morungen der Minnesänger Heinrich von Morungen geboren († 1222). Die Burgstelle ist etwa 800 m westlich des Dorfes auszumachen. Später erst entstand das inzwischen ebenfalls fast verschwundene Neu-Morungen auf dem Bergsporn östlich des Dorfes. Von dort gibt es einen herrlichen Blick in die Goldene Aue und zum Kyffhäuser.

Aber auch das kleine Dorf hat seine Reize. Im Park des nach 1871 errichteten neogotischen Schlosses zum Beispiel erhebt sich neben anderen seltenen Bäumen ein mit dem Hausbau gepflanzter großer Mammutbaum.

Sangerhausen

Sangerhausen ☆
Besonders sehenswert
Rosarium

Das Mammut, das dem Baum seinen Namen gab, ist neben den Rosen zu einem Symbol für Sangerhausen geworden. Ein drittes Symbol ist die Sangerhäuser Halde.

Auf dem Weg von Morungen nach Sangerhausen befindet sich kurz vor der Stadt die alte **Kupferhütte.** Die Arbeit ist hier schon Ende des 19. Jh. eingestellt worden. Trotzdem haben das in gotisierenden Formen erbaute Hüttenhaus, eine hölzerne Bergmannskapelle und zwei Wohnbauten die bisherige Achtlosigkeit überlebt. Mit dem gesamten Mansfelder Land teilt Sangerhausen das Schicksal des auslaufenden Kupferbergbaus. Schneller als gedacht ist die Halde zu einem Denkmal der Wirtschaftsgeschichte und des letzten Kapitels des Mansfelder Kupferbergbaus geworden.

Das **Spengler-Museum** dokumentiert schon seit geraumer Zeit die Geschichte des Mansfelder Bergbaus. Das unweit des Bahnhofs liegende Museumsgebäude war der erste und auch einer der wenigen

Museumsneubauten in der ehemaligen DDR. 1952 nahm es neben den Sammlungen des Vereins für Geschichte und Naturwissenschaft die des 1869 in Sangerhausen geborenen Freizeithistorikers Gustav Adolf Spengler auf, zu der auch das 1930 in einer Kiesgrube in Edersleben gefundene Skelett jenes berühmten Altmammuts gehörte.

Daneben zieht vor allem das **Rosarium** alljährlich Tausende von Besuchern nach Sangerhausen. Es wurde 1903 vom Verein Deutscher Rosenfreunde gegründet und ist heute der bedeutendste Rosengarten der Welt. Trotzdem – die Rosenfreunde mögen verzeihen – ist Sangerhausen nicht nur in der Hauptblütezeit der Rosen eine Reise wert.

Sangerhausen, Rosarium, der bedeutendste Rosengarten der Welt. Auf einer Fläche von mehr als 15 ha wachsen etwa 6500 Gartenrosensorten, eine große Anzahl von Wildrosen und über 200 in- und ausländische Gehölze.

Das Mansfelder Land

Schon Ende des 9. Jh. wird ein Dorf ›Sangerhus‹ im Hersfelder Zehntverzeichnis genannt, dessen Name sich auf eine etwas spätere Fronhofsiedlung und auf eine südlich davon entstehende Marktsiedlung übertrug. Einander verbunden, bildeten beide gemeinsam den Altstadtkern. Um 1040 war die Stadt im Besitz von Cäcilie von Sachsen, 1110 vereinigte ihr Sohn Ludwig der Springer Sangerhausen mit der Landgrafschaft Thüringen, 1247 ging es an die Wettiner, 1291 an Brandenburg, 1372 wieder an die Wettiner, 1485 fiel es an die albertinische Linie derselben, 1656–1746 gehörte es zur Nebenlinie Sachsen-Weißenfels und 1815 wurde es schließlich preußisch.

Steinerne Zeugnisse aus acht Jahrhunderten machen die Geschichte der Stadt auch heute noch nachfühlbar. Sie befinden sich fast alle im Zentrum der alten Stadt, im Netz der Straßen und Gassen um den in der zweiten Hälfte des 13. Jh. entstandenen neueren Markt, der auf geradem Weg vom Bahnhof aus zu erreichen ist. Zwischen dem Bahnhof und dem die Stadt durchfließenden Flüsschen Gonna befand sich eine der vier mittelalterlichen Vorstädte Sangerhausens, das Neuendorf. Die **Marienkirche** war die Pfarrkirche. Neben einigen barocken Grabdenkmälern an ihren Außenmauern steht östlich des Chors auch die blockhafte Kalksteinskulptur eines Mahnmals für die Opfer des Faschismus von Gerhard Geyer.

Architektonische Dominante des lang gestreckten Marktes ist der außerhalb im Südwesten des Platzes emporsteigende, schiefe Turm der **Jakobikirche,** dessen von Rundgiebeln eingefasste Renaissancehaube auf drei oktogonalen und drei quadratischen Turmuntergeschossen ruht; die Turmhalle wird von einem Sterngewölbe überspannt. Während der Turm in den Jahren 1516–42 entstand – zwischen 1711 und 1714 wurden Fenster und Gesims barock verändert –, datieren die übrigen Teile der Kirche aus dem 14. und 15. Jh. Obwohl ursprünglich eine Einwölbung des ganzen Kirchenraums geplant war, ist sie nur im Chor, dort aber mit einem sehr schönen Netzgewölbe realisiert worden. Einer der Schlusssteine trägt ein Brustbild des Heiligen Jakobus. Der *Schnitzaltar* um 1400, wie das *Chorgestühl* aus dem frühen 16. Jh. mit bemerkenswerten Flachschnitzereien an den Rückenlehnen, kam aus der 1552 abgebrochenen Kirche des Augustinereremitenklosters nach St. Jakobi. Die den Altar bekrönende Architekturnische mit dem Salvator sowie das Ohr-muschelwerk mit den Medaillonporträts der Herzöge August und Johann Adolf I. von Sachsen-Weißenfels sind natürlich spätere Zutaten von 1621 bzw. 1670. Ein spätgotischer *Taufkessel* mit einem vom Gewölbe herabhängenden hölzernen, die Taufe Christi darstellenden Deckel (um 1700), die hölzerne *Kanzel* von 1593, ein spätgotischer steinerner *Opferstock* und die *Empore* aus dem frühen 17. Jh., hinter der sich ein barocker *Orgelprospekt* von Zacharias Hildebrand aus dem Jahr 1728 einfügt, sind die wesentlichen Ausstattungsstücke. Im Chor stehen noch zahlreiche, zum Teil prunkvolle *Epitaphien* und *Grabdenkmäler* aus dem 16. bis 18. Jh. Stellvertretend für alle sei hier nur das Wandepitaph für den Landrentmeister Caspar Tryller und dessen Frau genannt, welches auf einem mit Reliefs geschmückten Aufbau aus schwarzem Marmor die lebensgroßen Figuren der Verstorbenen in blendend weißem Alabaster trägt.

Etwas merkwürdig erscheint das **Rathaus** am östlichen Ende des reizvollen Marktplatzes. Der dort vor den höheren Giebel des Gründungsbaus von 1431–37 gesetzte Anbau aus der Mitte des 16. Jh. tritt nämlich in seiner nördlichen Seite etwas zurück. Dieses Kuriosum provozierte die Scherzfrage, ob das Sangerhäuser Rathaus einen Sparren zu viel oder einen zu wenig habe.

Auf der Seite jedenfalls, wo es einen mehr hat, erhebt sich ihm gegenüber die Front des **Neuen Schlosses.** Wie das Rathaus besteht diese in zwei Etappen (ab 1586 und 1612–22) um einen fast recht-eckigen Hof gebaute Renaissanceanlage aus Bruchsteinmauerwerk, die Formteile aber sind aus rotem Sandstein. Über der rundbogigen Tordurchfahrt schwebt das von zwei Engeln gehaltene kursächsische Wappen, das am Eckerker des jüngeren Gebäudeteils wiederkehrt, nunmehr gemeinsam mit dem brandenburgischen.

Das Neue Schloss ersetzte das Alte Schloss, das Mitte des 13. Jh. gemeinsam mit einer starken Befestigung in der Nähe des Alten Marktes erbaut worden war und von dem nur noch ein paar Reste vorhanden sind. Außer dem Schloss finden sich am Markt und überhaupt im Stadtkern noch einige Beispiele für die Gegend typischer und bemerkenswerter Bürgerhäuser insbesondere des 16. und 17. Jh. Es sind in aller Regel Traufenhäuser mit wenigstens einem massivem Untergeschoss und zum Teil den im Helme-Unstrut-Gebiet typischen Hochkellern, mit Sitznischenportalen und großen, rundbogigen Toreinfahrten. In den häufig in Fachwerk errichteten Obergeschossen mischen sich niedersächsische und thüringische Einflüsse mit den für diese Landschaften bekannten Palmetten bzw. Andreaskreuzen.

»Nimm, Heiliger, das Haus, das ich dir gelobte, als ich an Fesseln gebunden war.« Diese Worte lassen sich aus Resten einer Inschrift auf einem heute im nördlichen Querschiffarm der **Ulrichskirche** eingemauerten Tympanon rekonstruieren. Da Ludwig der Springer, der der Stifter der Kirche war, sowohl 1074 als auch 1114–16 in Gefangenschaft lag, ist die Gründungszeit bis heute umstritten. Das wäre nicht so tragisch für die Wissenschaft, wenn die Kirche nicht ein für Deutschland außerordentlich seltenes Bauschema verfolgte und in einzelnen Elementen wie etwa der Kreuzpfeiler und der Gewölbevorlagen nicht so fortgeschrittene Stilelemente aufzuweisen hätte. Imposant erscheint vor allem der mit fünf Apsiden geschlossene, stark gegliederte Ostbau der Kirche und der sehr steil wirkende, in die Wölbungen steigende Innenraum.

Einige Teile, wie der westliche Anbau mit der Nonnenempore und der etwas unsicher aufragende Vierungsturm, entstanden erst, nachdem um 1270 die Kirche mit einem Zisterziensernonnenkloster verbunden wurde. Die unversehrt erscheinenden Portale und Rundbogenfriese unter den Dächern sind das Ergebnis einer Rekonstruktion des 19. Jh., bei der auch einige andere Teile erneuert bzw. restauriert wurden.

Der Innenraum der Kirche ist heute weitgehend ohne Schmuck. Es haben sich hier nur der über den Arkadenbögen das Schiff zusammenfassende Schachbrettfries und die lombardischen Einfluss verratende Kämpferornamentik erhalten, die Parallelen zu der in der Stiftskirche zu Quedlinburg zeigt. Die Motive der achtblättrigen Sternblüte, die zwei im Profil gegeneinanderstehenden Löwen, die an Trauben pickenden Vögel oder das in Achten geschlungene drei-

Das Mansfelder Land

Sangerhausen, Ulrichskirche, Seitenschiff, 1074 oder 1114–16 – wegen des außerordentlich seltenen Bauschemas eine heiß diskutierte Frage

strähnige Flechtband finden sich auch in Quedlinburg. Interessant ist auch der Rest einer alten Ausstattung: eine aus Stuck und Holz bestehende *Schrankenbekrönung* aus dem letzten Viertel des 12. Jh. Der von drei Klauen getragene Kessel einer *Bronzetaufe* wurde 1369 gestiftet. Auch das *Altartriptychon* von 1570 war eine Stiftung und zwar eines Amtmann Nickel von Ebeleben. Unter den zahlreichen *Grabmalen* und *Epitaphien* in der Kirche sind zwei seinen 1568 verstorbenen Söhnen gewidmet, was offenbar mit der späteren Stiftung des Altars in Zusammenhang gebracht werden kann.

Eine bei weitem umfangreichere Stiftung machte Michael Tryller, der Bruder des gemeinsam mit seiner Gattin in der Jakobikirche bestatteten Caspar Tryller. In der **Ulrichstraße 18/20,** Ecke An der Trillerei steht noch heute der Renaissancebau von 1592, der der Straße den Namen gab. 1571 soll besagter Michael lediglich mit einem Karren nach Sangerhausen gekommen sein. Bei seinem Tode aber hinterließ er für wohltätige Zwecke ein Vermögen von 140 000 Gulden. Eine Sage berichtet, das Geld sei ihm in Form vieler goldener Sterne vom Himmel gefallen.

Allstedt

Das kleine, südlich von Sangerhausen in einer Bucht der Goldenen Aue versteckte Städtchen Allstedt besitzt, was die Geschichte der Landes- bzw. Provinzzugehörigkeit betrifft, einen besonderen Status. Im Mittelalter unter den verschiedenen Lehnsherrschaften, war das Amt Allstedt 1741–1920 Exklave des Herzogtums Sachsen-Weimar und 1920–44 des Freistaats Thüringen. Während es um 1330 zur planmäßigen Anlage einer Marktsiedlung mit noch heute um den Markt erkennbarem, gitterförmigem Straßennetz kam, liegt um den um 1200 erbauten Turm der **Wigbertikirche** der Kern der älteren Siedlung.

Allstedt

Thomas Müntzer, der radikale, urchristlichem Ideengut zuneigende Reformator, lebte vom Frühjahr 1523 bis Sommer 1524 als Prediger in Allstedt. Hier heiratete er die geflohene Nonne Ottilie von Gersen, die ihm Ostern 1524 einen Sohn gebar, hier entwickelte er auch seine Vorstellungen von einer deutschen Messe, die ihm an Sonntagen einen Zulauf von bis zu 2000 Zuhörern einbrachte. Hier verschärfte sich sowohl die Auseinandersetzung mit Luther als auch mit den Landesherren, in denen er »willige botenleuffer Gots« schließlich nur noch Verfolger des Evangeliums sehen konnte.

Zwar ist Müntzer in dem um 1200 erbauten Turm der Wigbertikirche eine Erinnerungsstätte eingerichtet worden, gepredigt hat er jedoch in der **Johanniskirche** westlich des Marktes. 1775 wurde hier an Stelle der mehrfach umgebauten Vorgängerin aus dem 14. Jh. eine neue Kirche erbaut und in den Formen der Zeit ausgestattet, wobei nur wenige Stücke der älteren Kirche übernommen wurden. Das **Rathaus,** das sich mit seinem Renaissancegiebel an einer der Schmalseiten des Marktes erhebt, ist ein Werk dreier Jahrhunderte, wobei die wesentlichen Teile unter der direkten Herrschaft des sächsischen Kurfürsten im ersten Viertel des 16. Jh. entstanden sein dürften. 1500 erhob Friedrich der Weise Allstedt zur Stadt und verlieh ihr angemessene Rechte.

Auch die **Burg** wurde in diese Zeit im Stil der Renaissance umgestaltet. Erbaut wurde sie auf einer flachen Bergzunge nordöstlich der Stadt, dem Terrain der alten, weitläufigen Kaiserpfalz. Die karolingische Gründung, die um 900 in die Hände der sächsischen Herzöge kam, war zeitweiliger Aufenthaltsort fast aller deutscher Könige gewesen.

Das Mansfelder Land

Allstedt, Burg, im Hersfelder Zehntverzeichnis (9. Jh.) als ›Alstedi-Burg‹ genannt. Die ausgedehnte Höhenburg war bis zur Stauferzeit beliebter Aufenthalts- und Urkundeort der deutschen Herrscher. Vorne der gotische Torturm als Zugang zur Vorburg, eingefasst von den 1740 errichteten Wohngebäuden. Links die Kernburg.

Die große landschaftsbeherrschende Anlage setzt sich aus Kernburg, Vorburg und Wirtschaftshof zusammen und bietet noch heute den Anblick seltener Geschlossenheit. Sie war bis 1918 herzogliches Jagdschloss und beherbergte auch Teile des Gestüts, in dem bis 1920 die berühmten Allstedter Rappen gezüchtet wurden. Die Kernburg ist Mitte der 70er Jahre instandgesetzt und bis 1989 nochmals aufwendig restauriert worden. Eine spätgotische Küche gestattet einen Einblick in die mittelalterliche Hauswirtschaft, während sich das **Museum** im übrigen der Baugeschichte des Schlosses und dem Wirken Goethes und Müntzers in Allstedt widmet. Ebenfalls vorbildlich restauriert wurde im Ostflügel die Kapelle, in der Müntzer seine berühmte ›Fürstenpredigt‹ gehalten hat.

Erläuterung der Fachbegriffe (Glossar)

Altar Mindestens bestehend aus *Altarmensa,* d. h. der Altarplatte und dem *Stipes* genannten Unterbau. Das *Tabernakel* oder die *Ädikula* auf der Mensa dient zur Aufbewahrung des Allerheiligsten. Auf der Mensa kann ein *Retabel* stehen, ein Aufsatz in Form von Skulpturen oder Gemälden. Ein sogenanntes *Altarziborium* kann den Altar baldachinartig überdachen

Ambo Brüstung mit Lesepult an der Chorschranke, Vorform der Kanzel

Anna selbdritt Darstellung der hl. Anna mit ihrer Tochter Maria und dem Jesuskind

Apsis Halbrunder, seit dem 12./13. Jh. auch polygonaler,

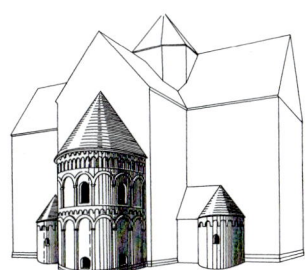

meist von einer Halbkuppel überwölbter Raumteil. Bei der → Basilika äußerster Abschluss des Chors, der Seitenchöre oder Querschiffe

Architrav Auf Säulen oder Pfeilern aufliegender Balken

Arkade Fortlaufende Reihe von Bögen auf Säulen oder Pfeilern. Die *Blendarkade* öffnet die Wand nicht, sondern gliedert sie lediglich

Basilika Eine im christlichen Kirchenbau variierte Bauform, die ihren Kern in einem *Langbau* mit einem hohen *Mittelschiff* und jeweils zwei oder mehr niedrigeren *Seitenschiffen* hat. Das Mittelschiff erhält seine Beleuchtung durch Fenster, die in den die Seitenschiffe überragenden Mittelschiffwänden eingefügt sind *(Licht-* oder → *Obergaden).* Erweitert wurde die Basilika durch *Querhaus, Chor, Kapellen-* oder *Turmanbauten*

Basis Fuß von Säule oder Pfeiler

Bastion Vorspringender Bauteil einer Festung

Bergfried Hauptturm einer Burg

Beschlagwerk Reliefartige Flächenornamente der niederländischen und deutschen Spätrenaissance

Biforium Durch eine Säule geteiltes Fenster

Birnstabprofil Rippen- oder Dienstprofil, dessen Querschnitt der Form einer Birne ähnelt

Blende Einem Bauelement vorgelegtes ›blindes‹ architektonisches Motiv, das der Dekoration oder Gliederung dient (z. B. Blendarkade)

Burgward Bezeichnung für die insbesondere durch Heinrich I. mustergültig aufgebaute Grenzbefestigung des Deutschen Reichs, wobei ›Burgward‹ für die einzelne Befestigung wie für einen größeren Bereich mit mehreren Befestigungsanlagen steht

Glossar

Chor In der christlichen Kirche der Ort für den Chor der Geistlichen mit → *Altar* und *Chorgestühl*, vom übrigen Kirchenraum abgetrennt durch *Chorschranken*, → *Lettner* oder *Chorgitter*. Er kann verschiedenen Umfangs und durch Seitenchöre, einen *Chorumgang* oder *Chorkapellen* ergänzt sein.
In der von Hirsau beeinflussten romanischen Kirche wird zwischen *chorus major* und *chorus minor* unterschieden, wobei letzterer bis ins Kirchenschiff hineinreichte und der Platz für Alte oder Kranke war, die am Gesang nicht teilnahmen. Das Chorquadrat ist der quadratische Raum östlich bzw. westlich der Vierung

Confessio Kleiner Raum mit Heiligen- oder Märtyrergrab unter dem Altarraum der frühchristlichen Kirche. Aus der Confessio entwickelte sich später die → Krypta

Dechanei Wohnung bzw. Verwaltungssitz des Dekans oder Dechants

Diamantkopf Quaderförmiges, dem Diamantschliff ähnelndes Dekorationselement, im Fachwerkbau an den Balkenköpfen

Dienst Wänden oder Pfeilern eingebundenes Bauglied, z. B. Halbsäule, die sich in die Rippen eines Gewölbes fortsetzt, diese ›trägt‹

Dormitorium Schlafsaal der Mönche

Drolerie Derb-komische Darstellung von Menschen, Tieren oder Fabelwesen in der spätmittelalterlichen Kunst (→ Miserikordie)

Empore Galerie oder Tribüne im Kirchenraum, meist für bestimmte Personenkreise (Nonnenempore) oder bestimmte Zwecken (Orgelempore)

Epitaph Grabschrift; seit dem 14. Jh. vom Grab getrenntes Gedächtnismal, an Wänden oder Pfeilern aufgestellt

Erker Ein meist durch Fenster, über ein oder mehrere Geschosse reichender Ausbau an Fassade oder Ecke in verschiedenen Formen

Fachwerk Hausbauweise, bei der ein Stabwerk aus Holz, Stahl oder Stahlbeton hergestellt wird, dessen Fächer (lichte Weiten) mit Ziegelsteinen, Schwemmsteinen oder auch einem Lehm-Stroh-Gemisch ausgefüllt werden

Fensterrose In der gotischen Baukunst kreisrundes, durch → Maßwerk unterteiltes Fenster

Fiale Spitzes, gotisches Ziertürmchen über Pfeilern, an Türmen oder Wimpergen

Fischblase Schneuß; ein der Fischblase ähnelndes Element des spätgotischen Maßwerks

Flechtband Altes, vielfach verwendetes Rahmenornament aus ineinander verflochtenen Bändern

Florisstil Nach der flämischen Künstlerfamilie Floris benannter Dekorationsstil im 16. Jh., charakterisiert durch Fruchtschnüre, → Kartuschen und → Rollwerk

Flügelaltar Altar, bestehend aus einem feststehenden Mittelteil, dem beidseitig je ein oder mehrere bewegliche Flügel angefügt sind

Fresko Wandmalerei, bei der mit Kalkwasser angerührte Farbe auf den noch feuchten Putz aufgetragen wird; besonders haltbar, weil sich Farben und Verputz unauflöslich miteinander verbinden. Im Gegensatz dazu Seccomalerei auf trockenem Putz

Fries Schmaler, meist ornamentierter Streifen zur Begrenzung, Teilung und zum Schmuck von Wandflächen

Galerie Langer, überdeckter, nach einer Seite offener Gang: 1. Laufgang mit offenen → Arkaden an einer Fassade. 2. Laufgang über den Seitenschiffen in Kirchen. 3. → Empore

Gebundenes System Quadratisches, auf das Vierungsquadrat zurückgehendes Schema, das dem Grundriss einer romanischen Basilika zugrunde liegt: einem quadratischen Mittelschiffjoch entsprechen in beiden Seitenschiffen je zwei quadratische Joche halber Seitenlänge

Gesims Vor die Mauer tretender Streifen zur Betonung der Waagerechten

Gesprenge Feingliedriger, mit Figuren besetzter Aufbau über dem Mittelschrein spätgotischer Altäre

Gewände Seitliche Abgrenzung eines Portals oder Fensters, die schräg in die Mauerfläche eingeschnitten und reich ausgeschmückt ist

Gewölbe Gekrümmte Raumdecke aus Stein in mittiger Ausrichtung. Die wichtigsten Arten sind: *Tonnengewölbe* mit dem

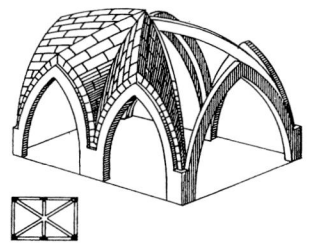

Kreuzrippengewölbe

Querschnitt eines Halbkreises, eines Kreissegments, doch kann es auch spitzbogig sein; wird ein Hauptgewölbe von einem kleineren quer geschnitten, entsteht eine *Stichkappe*. Ein *Kreuzgratgewölbe* entsteht, wenn sich zwei gleichgroße Tonnengewölbe schneiden und ›Grate‹ bilden. Werden an deren Stelle Rippen in die Konstruktion eingefügt, entsteht ein *Kreuzrippengewölbe*. Bilden diese Rippen diffizilere Formen, so nennt man sie *Stern-, Netz-* oder *Fächergewölbe*. Das seltene, meist in Zentralbauten anzutreffende *Klostergewölbe* bildet sich aus vier oder mehr Wangen eines Tonnengewölbes über oft polygonalem Grundriss. Das *Muldengewölbe* ist ein Tonnengewölbe mit gewölbten Enden. Wird bei diesem der obere Teil ›abgeschnitten‹, entsteht das im Barock verbreitete *Spiegelgewölbe*

Giebelständig Mit dem Giebel zur Straße stehend (Haus)

Grisaille Grau-in-Grau-Malerei, Malerei in Grau- und Braun-

*Fries
Zinnen- und
Sägezahnfries, Lotos-
Palmettenfries, laufender Hund, Mäander
(von oben nach unten)*

Glossar

tönen, taucht zuerst in der Glasmalerei der Zisterzienser auf
Gurtbogen Verstärkungsbogen quer zur Längsachse eines Gewölbes, der auch die Jocheinteilung markiert. Seitlich werden die Joche durch Längsgurte begrenzt

Hallenkirche Langbau mit fast gleichhohen Mittel- und

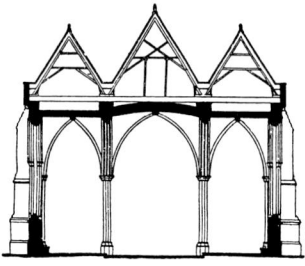

Seitenschiffen, der seine Blüte in der Gotik erlebte. Die Schiffe sind oft unter einem großen Dach zusammengefasst
Hirsauer Bauschule Sonderform der deutschen Romanik, zurückgehend auf das Kloster St. Peter und Paul in Hirsau; zugrunde liegt die Idee von der Vereinfachung des Kirchenbaus und Verringerung der Ausschmückung in Form der flachgedeckten Säulenbasilika ohne Krypta und Emporen, mit langem Chor und zu ihm geöffneten Nebenchören, Nutzung der Vierung und des ersten Langhausjoches als Chor, letzteres oft durch Pfeiler abgetrennt und z. T. mit Türmen besetzt (Paulinzella), während diese an der Westseite fehlen

Inkunabel Geprägt für Erzeugnisse der Buchdruckerkunst vor 1500, wird der Begriff auch für frühe, maßstabsetzende Lösungen in der Architektur verwandt

Joch Gewölbeabschnitt, auch dessen Grundfläche

Kämpfer An der Krümmung eines Gewölbes oder Bogens beginnende Zone, die die Lasten des aufsteigenden Mauerwerks aufnimmt und, ausgebildet als vorspringende Tragplatte, auch Träger ornamentalen Schmuckes wird

Kanzelaltar Zusammensetzung von Altar und Kanzel zu einer Einheit in protestantischen Kirchen; mit der Reformation in Deutschland entwickelt

Kapitell Kopf einer Säule, eines Pfeilers oder eines Pilasters, der in unterschiedlichsten Variationen einer der bevorzugtesten Träger plastischer Gestaltung ist

Kartusche Ornamentmotiv in Form eines Medaillons oder Schildes mit Zierrahmung, das Wappen, Inschriften, Embleme oder auch Malereien aufnimmt

Kassettendecke Flache oder gewölbte, mit eingetieften runden oder eckigen Feldern gegliederte Decke; die Kassetten sind z. T. vergoldet, mit Reliefs oder Ornamenten gestaltet

Klausur Im engeren Sinn nur die Mönchszellen eines Klosters beschreibend, weiter gefasst der Raum des Klosters, der allein den geweihten Mönchen vorbehalten war

Knagge Konsolstütze im Fachwerkbau, oft figuriert

Konsole Aus der Mauer vorspringender Tragstein für Balkone, Figuren u. a.

Kartusche

Kreuzgang Um den rechteckigen Innenhof eines Klosters angelegter überdachter Umgang
Krypta Aus der → *Confessio* hervorgegangener Raum unter dem Ostchor, seltener unter

dem Westchor romanischer Kirchen. Er diente als Aufbewahrungsort für Reliquien oder als Grablege für Heilige oder weltliche Würdenträger

Laterne Türmchenartiger Aufbau einer Kuppel oder eines Klostergewölbes, der zur Belichtung dient
Laube Offener Vorbau aus Holz oder Mauerwerk an einer Gebäudefront
Lettner Scheidewand zwischen Chor und Laienhaus mit einem oder mehreren Durchgängen
Leuchterweibchen In Süddeutschland und der Schweiz charakteristischer Kerzenträger aus holzgeschnitzten Figuren in profanen Bauten
Levitensitz Levitenstuhl; dreiteiliges Gestühl mit erhöhtem Mittelteil für den Priester und zwei Diakone
Lisene Senkrechter, gliedernder Mauerstreifen ohne Kapitell und Basis

Maßwerk Bauornament aus geometrischen Grundformen, Kreisen und Kreissegmenten zur Flächenfüllung besonders an Fenstern, aber auch als Blendmaßwerk vor geschlossenen Flächen
memento mori Symbol, das an die Vergänglichkeit des menschlichen Lebens erinnert, etwa ein Schädel oder ein Stundenglas
Mensa Obere Abdeckplatte eines Altars
Miserikordie Gesäßstütze an der aufgeklappten Sitzfläche des Chorgestühls (→ Drolerie)

Obergaden Von Fenstern durchbrochene, die Seitenschiffe überragende Mauerpartie des Mittelschiffs einer → Basilika
Oktogon Bauwerk mit dem Grundriss eines regelmäßigen Achtecks
Orangerie Besonders im Barock: Gewächshaus für exotische und südliche Pflanzen mit großen Südfenstern
Orgelprospekt Künstlerisch gestaltete Schauseite einer Orgel

Palas Herrensaal, Herrenhaus einer Burg oder Pfalz
Palmette Fächerförmiges Pflanzenornament aus palmenähnlichen Blättern
Pfalz Mittelalterlicher Gebäudekomplex auf einem Königsgut, der u. a. dem Aufenthalt des reisenden Herrschers diente
Pfeiler Stütze rechteckigen oder polygonalen Grundrisses
Pilaster Zu Gliederung, Rahmung oder Stützung benutzter, nur wenig aus der Wand heraustretende(r) Säule (Pfeiler) mit Basis und Kapitell
Point de vue Blickpunkt, auf den die Blickachsen (Schnei-

Maßwerk

Glossar

sen, Wege oder Kanäle) in der Landschaftsarchitektur hinführen
Portikus Von Pfeilern oder Säulen getragener, dem Haupt-

eingang vorgelagerter Vorbau, meist mit Dreieckgiebel
Predella Unterbau des Altarschreins oder → Retabels
Presbyterium Priesterraum beim Hauptaltar
Priorat Amt und Sitz eines Klosteroberen oder -vorstehers (Prior)
Propstei Amtssitz eines Kloster- oder Stiftsvorstehers oder geistlichen Leiters eines Bezirkes der evangelischen Kirche

Querhaus Auch Querschiff genannt. Ein- oder mehrschiffiger Bau quer zum Langhaus und mit diesem ein Kreuz bildend

Schlussstein

Refektorium Speisesaal der Mönche
Reliquie Überrest eines Heiligen oder eines mit ihm verbundenen Gegenstandes, der verehrt und in einem Reliquiar aufbewahrt wird
Remter Refektorium, v. a. der Ordensburgen des Deutschen Ritterordens
Retabel Altaraufsatz
Risalit In ganzer Höhe aus der Flucht eines Hauses vortretender Gebäudeteil; Mittel-, Seiten- oder Eckrisalit

Roland Ritterfigur mit erhobenem Schwert auf dem Marktplatz einer Stadt, wohl ein Rechtssymbol
Rollwerk Form des Beschlagwerks mit an den Seiten plastisch aufrollenden Formen
Rosette Kreisförmiges, blütenartiges Ornament
Rundbogenfries Romanische Ornamentform aus aneinandergereihten Rundbögen

Saalkirche Kirche ohne Seitenschiff, also nicht durch Stützen unterteilt
Salvator Christus als Retter und Erlöser, dargestellt mit Krone, erhobener, segnender rechter Hand. In der Linken hält er eine kreuzbekrönte Kugel. Diese Darstellung Christi findet v. a. nördlich der Alpen Verbreitung
Säule Stütze mit kreisförmigem Querschnitt
Schlussstein Stein im Bogenscheitel, der oft Gegenstand besonderer plastischer oder malerischer Gestaltung ist
Schneuß → Fischblase
Spolie Wieder verwendetes Bauteil eines älteren Gebäudes
Strebewerk Besonders in der Gotik übliche Technik des Skelettbaus, die den Seitenschub von Dach und Gewölbe kompensiert, so dass die Notwendigkeit starker, tragender Seitenwände entfällt

Traufständig Mit der Traufe zur Straße stehend (Haus)
Triforium Emporenähnliche Öffnung; in der Gotik Laufgang innerhalb der Mauerstärke unter den Fenstern des Mittelschiffs, Querschiffs oder Chors

Tumba Sargähnlicher Grabaufbau mit einer Grabplatte, die oft das Bildnis des Toten trägt
Tympanon Bogenfeld am romanischen und gotischen Portal

Vesperbild Überwiegend plastische Darstellung der trauernden Maria mit dem toten Christus auf ihrem Schoß. Die deutsche Bezeichnung für Pietà ist auf die Gebetzeit der Vesper zurückzuführen, denn zu dieser Tageszeit erfolgte am Karfreitag die Kreuzabnahme
Veste (Feste) befestigte Burg, Festung; Befestigung
Vierpass Kreisteil des gotischen Maßwerks mit vier Kreisbögen
Vierung Quadratischer oder rechteckiger Raum, der durch die Kreuzung von Lang- und Querhaus entsteht. Die ausgeschiedene Vierung ist die quadratische, die durch Vierungsbögen und Vierungspfeiler zusätzlich gesondert erscheint
Volute Schneckenförmig eingerolltes Bauglied, besonders in der Renaissance und im Barock
Vorlage Zur Gliederung oder Verstärkung einer Mauer oder eines Pfeilers vorgelegte Dienste, Lisenen oder Pilaster
Vorwerk Teil des Verteidigungssystems einer Burg oder Stadtbefestigung

Wasserkunst Bezeichnung für die künstliche Bewegung von Wasser und die zugehörigen baulichen und technischen Anlagen, besonders seit der Renaissance beliebt
Weicher Stil (Schöner Stil) Stilperiode in der deutschen Kunst – vornehmlich der Plastik – zwischen 1380 und 1430; kennzeichnend sind weiche, fließende Formen und liebliche Gesichtszüge (vor allem bei Madonnen mit dem Kind)
Welsche Haube Zwiebelhaube; oft mehrstöckiges, geschweiftes Turmdach der Renaissance (durchfenstert → Laterne)
Westwerk Bei Klosterkirchen des frühen Mittelalters errichteter westlicher Vorbau mit Altarraum. Es liegt über der zur Kirche führenden Durchgangshalle, ist von Emporen umgeben und öffnet sich zum Mittelschiff. Blütezeit in der karolingischen Epoche. Später reduziert sich dieses Bauglied zum sogenannten ›Westbau‹ oder ›Westquerbau‹
Wilder Mann, Wilde Frau, Wildleute: behaarte Waldmenschen aus der Sagenwelt. U. a. dargestellt auf mittelalterlichen Teppichen, Wappen und in der Buchmalerei. Der Begriff bezeichnet aber auch eine bestimmte Strebenordnung im Fachwerkbau

Westwerk

Zither Schatzkammer, Sakristei; Archiv mittelalterlicher Kirchen
Zwerchhaus Dachhäuschen quer zum First. Es besitzt einen Zwerchgiebel und ein Zwerchdach
Zwinger In der mittelalterlichen Befestigung der Raum zwischen äußerem und innerem Mauerring

Literaturauswahl

Alex, Reinhard: Schlösser und Gärten um Wörlitz, Leipzig 1988

Anhalts Bau- und Kunstdenkmäler nebst Wüstungen, hrsg. von Büttner Pfänner zu Thal, Dessau/Leipzig 1892

Beschreibende Darstellung der älteren Bau- und Kunstdenkmäler der Provinz Sachsen und angrenzender Gebiete, hrsg. von der Historischen Kommission, 1882 ff.

Baudenkmale (monographische Reihe), verschiedene Autoren, entsprechende Hefte, Leipzig

Das Christliche Denkmal (monographische Reihe), verschiedene Autoren, entsprechende Hefte, Berlin

Dehio, Georg: Handbuch der deutschen Kunstdenkmäler, Sachsen-Anhalt, Bezirk Magdeburg, Berlin 1974

Dehio, Georg: Handbuch der deutschen Kunstdenkmäler, Sachsen-Anhalt, Bezirk Halle, Berlin 1976

Dehio, Georg: Handbuch der deutschen Kunstdenkmäler, Die Bezirke Cottbus und Frankfurt/Oder, Berlin 1987

Deutsche Kunstdenkmäler (Bildband), Bezirke Halle Magdeburg, Leipzig 1968

Die Bau- und Kunstdenkmäler des Landes Braunschweig, Bd. 6, Kreis Blankenburg, 1922

Die Kunstdenkmale des Landes Anhalt, hrsg. von Hermann Giesau, Burg, 1937 ff.

Die Provinz Sachsen in Wort und Bild, 1. Band, Berlin 1900, 2. Band, Leipzig 1902

Eisold, Norbert: Das Dessau-Wörlitzer Gartenreich. Der Traum von der Vernunft, Rostock 2000

Haring, Erich: Geschichte der Provinz Sachsen und des Freistaates Anhalt, 1931. Erweiterte Neuherausgabe durch Albrecht Timm 1965

Harksen, Sybille: Bibliographie zur Kunstgeschichte von Sachsen-Anhalt, Berlin 1966

Jacobs, Eduard: Geschichte der in der Preußischen Provinz Sachsen vereinigten Gebiete, 1883

Krause, Hans-Joachim: Denkmale in Sachsen-Anhalt, 1983

Kunstdenkmäler des Bezirkes Magdeburg (Bildband), hrsg. von Horst Drescher u. a., Berlin 1983

Möbius, Friedrich und Helga: Ecclesia Ornata, Berlin 1974

Mrusek, Hans-Joachim: Drei deutsche Dome, Dresden 1963

Scholke, Horst: Romanische Architektur am Harz, Leipzig 1987

Schwineköper, Berent (Hrsg.): Handbuch der historischen Stätten Deutschlands, Bd. 11, Provinz Sachsen Anhalt, Stuttgart 1987

Werte unserer Heimat (Reihe), verschiedene Autoren, entsprechende Bücher, Berlin

Abbildungsnachweis

Sigrid Schütze-Rodemann, Halle/Saale Titelbild, Umschlaginnenklappe vorne, Umschlagrückseite oben; S. 23, 36, 59, 60, 61, 63, 64, 65, 67, 70, 71, 72, 76, 80, 81, 83, 85, 86, 88, 91, 99, 106, 107, 121, 122, 124, 126, 130, 132, 134, 135, 136, 138, 140, 145, 147, 148, 150, 152, 155, 161, 162, 165, 167 u., 169, 173 u., 183, 185, 189, 190, 192, 194, 199, 200, 203, 211, 215, 216, 219, 223, 224, 227, 231, 246, 249, 250, 252, 258, 261, 264, 275, 277, 280, 287, 288, 290, 292, 294, 295, 298, 302, 303, 307, 308 (2), 314, 315, 320, 325, 330, 333, 338, 341, 343, 346, 349, 351, 352, 355, 357, 361, 366, 368, 370, 377, 380, 382

Archiv für Kunst und Geschichte, Berlin Umschlagrückseite unten; S. 6/7, 35, 38, 39, 41 (2), 42, 43, 44 (2), 45, 46, 47, 48 (2), 49, 50, 51, 74 u., 77, 204, 376

Constantin Beyer, Weimar S. 19, 24, 62 (2), 174, 198, 210, 300, 334, 373

Klaus G. Beyer, Weimar S. 20, 163

Ulf Böttcher, Berlin S. 112, 175, 176, 179, 187, 212, 251, 263

Colorvision/Hans Rudolf Uthoff, Hamburg S. 339

Georg Dehio, Handbuch der deutschen Kunstdenkmäler, Der Bezirk Magdeburg, Berlin 1974, S. 58, 74 o., 79, 90, 92, 100, 101, 113, 116, 123, 137, 139, 157, 160, 167 o., 168

Georg Dehio, Handbuch der deutschen Kunstdenkmäler, Der Bezirk Halle, Berlin 1976 S. 173 o., 177, 178, 214, 222, 291, 332

dpa Picture-Alliance, Frankfurt S. 285

Peter Kühn, Dessau Umschlaginnenklappe hinten; S. 13, 68, 196, 230, 234, 239, 240, 247, 255, 256, 260, 270, 272, 273

Landesamt für Denkmalpflege und Archäologie Sachsen-Anhalt, Halle/Saale S. 14, 16 (Erika Hunold), 354 (Juraj Lipták)

Florian Monheim/Roman von Götz, Düsseldorf S. 54, 115, 117, 156, 358

Ernst Wrba Fotodesign, Sulzbach/Taunus Vignette S. 1, 9, 87, 141, 191, 206

Karten: © MAIRDUMONT, Ostfildern

Verzeichnis der Karten und Pläne

In der vorderen Umschlagklappe: Übersichtskarte von Sachsen-Anhalt
In der hinteren Umschlagklappe: Plan der Englischen Anlagen zu Wörlitz

Citypläne:
Aschersleben   S. 220
Bernburg   S. 228
Dessau   S. 243
Lutherstadt Eisleben   S. 365
Gardelegen   S. 107
Halberstadt   S. 159
Halle   S. 282
Köthen   S. 233

Magdeburg   S. 56
Merseburg   S. 305
Naumburg   S. 329
Quedlinburg   S. 172
Salzwedel   S. 96
Schönebeck   S. 128
Stendal   S. 110
Tangermünde   S. 120
Weißenfels   S. 318
Wernigerode   S. 188
Lutherstadt Wittenberg   S. 267
Zeitz   S. 323
Zerbst   S. 237

Straße der Romanik   S. 424

Bitte schreiben Sie uns, wenn sich etwas geändert hat!

Alle in diesem Buch enthaltenen Angaben wurden von den Autoren nach bestem Wissen erstellt und von ihnen und dem Verlag mit größtmöglicher Sorgfalt überprüft. Gleichwohl sind – wie wir im Sinne des Produkthaftungsrechts betonen müssen – inhaltliche Fehler nicht vollständig auszuschließen. Daher erfolgen die Angaben ohne jegliche Verpflichtung oder Garantie des Verlages oder der Autoren. Beide übernehmen keinerlei Verantwortung und Haftung für etwaige inhaltliche Unstimmigkeiten. Wir bitten dafür um Verständnis und werden Korrekturhinweise gerne aufgreifen:

DuMont Reiseverlag, Postfach 3151, 73751 Ostfildern
E-Mail: info@dumontreise.de

Tipps und Adressen

Alle wichtigen Informationen für Ihre Reiseplanung und für unterwegs

Tipps und Adressen

Hinweise für die Reiseplanung
Auskunft 395
Anreise 396
Tipps für die Reisegestaltung 396
Vorschläge für Kurzaufenthalte 397

Informationen für unterwegs – von Ort zu Ort
Touristenbüros, Übernachten, Essen und Trinken,
  Sehenswürdigkeiten 399

Reiseinformationen von A bis Z
Aussichtspunkte 420
Feste 420
Festspiele/Theater 422
Museen und Sehenswürdigkeiten 422
Naturdenkmäler 423
Parks, Gärten und Friedhöfe 423
›Straße der Romanik‹ 424

Register 427
Impressum 440

Hinweise für die Reiseplanung

Auskunft

Tourismus-Marketing Sachsen-Anhalt GmbH
Am Alten Theater 6
39104 Magdeburg
Tel. 03 91/5 67 70 80
Fax 5 67 70 81
info@tmg-sachsen-anhalt.de
www.sachsen-anhalt-tourismus.de

Regionale Fremdenverkehrsverbände

Tourismusverband Anhalt-Wittenberg e.V.
Albrechtstr. 127
06844 Dessau-Roßlau
Tel. 03 40/2 20 00 44
Fax 2 40 03 34
info@anhalt-wittenberg.de
www.anhalt-wittenberg.de

Harzer Verkehrsverband
Marktstr. 45
38640 Goslar
Tel. 0 53 21/3 40 40
Fax 34 04 66
info@harzinfo.de
www.harzinfo.de

Magdeburger Tourismusverband Elbe-Börde-Heide e.V.
Domplatz 1b
39104 Magdeburg
Tel. 03 91/73 87 90
Fax 73 87 99
info@elbe-boerde-heide.de
www.elbe-boerde-heide.de

Saale-Unstrut-Tourismus
Frau Renate Jäckel
Grochlitzer Str. 55
06618 Naumburg
Tel. 0 34 45/2 33 79 10
Fax 23 37 98
www.saale-unstrut-tourismus.de

Tourismusverband Altmark
Marktstr. 13
39590 Tangermünde
Tel. 0 39 22/34 60 und
Tel. 4 32 32
Fax 4 32 33
tv@altmarktourismus.de
www.altmarktouismus.de

TourismusRegion Wittenberg e.V.
Neustr. 13
06886 Wittenberg, Lutherstadt
Tel. 0 34 91/40 26 10
Fax 40 58 57
info@tourismusregion-wittenberg.de
www.tourismusregion-wittenberg.de

Jugendherbergen

Deutsches Jugendherbergswerk
Landesverband Sachsen-Anhalt
Leiterstr. 10
39104 Magdeburg
Tel. 03 91/5 32 10 00
Fax 5 32 10 29
service@djh-sachsen-anhalt.de
www.jugendherberge.de/lvb/sachsen-anh/

Camping

Verband der Camping- und Freizeitwirtschaft Sachsen-Anhalt VCS/A
Alemannstr. 12
39106 Magdeburg
Tel. 03 91/56 39 01 00
Fax 56 39 01 01
www.camping-verband.de

Heilbäder/Kuren

Heilbäder- und Kurorteverband Sachsen-Anhalt
Rathausplatz 2
06507 Bad Suderode
Tel. 03 94 85/9 49-0
Fax 9 49 99
heilbaeder-und-kurorteverbandSA@t-online.de
www.kuren-sachsen-anhalt.de

Auto und Fahrrad

ADAC Niedersachsen/Sachsen-Anhalt
Breiter Weg 114a
39104 Magdeburg
Tel. 03 91/62 07 60
Fax 62 07 61 29
magdeburg@nsa.adac.de
www.adac.de

Allgemeiner Deutscher Fahrrad-Club ADFC
Breiter Weg 11a
39104 Magdeburg
Tel. 03 91/7 31 66 45
Fax 4 00 98 94
kontakt@adfc-lsa.de
www.adfc-lsa.de

Hinweise für die Reiseplanung

Anreise

...mit dem Auto

Sachsen-Anhalt wird von mehreren Autobahnen durchquert. In West-Ost-Richtung führt die A2 von Niedersachsen/Nordrhein-Westfalen über Magdeburg nach Brandenburg/Berlin. Von Thüringen bzw. Süddeutschland führt die A 9 über das Schkeuditzer Kreuz (Halle) und Dessau ebenfalls nach Brandenburg/Berlin. Inzwischen sind auch Halle und die Landeshauptstadt Magdeburg an eine Autobahn (A 14) angeschlossen, und die Südharzautobahn (A 38), die das südliche Niedersachsen (Göttingen) mit dem Raum Halle/Leipzig verbinden wird, ist ebenfalls schon teilweise befahrbar. Ebenso die vierspurig ausgebaute B 6n, die den nördlichen Harzraum mit der A 14 verbindet.

...mit der Bahn

Überregionale Bahnlinien führen von Süddeutschland (Nürnberg/München/Stuttgart) über Halle/Leipzig nach Berlin. Eine West-Ost-Verbindung im südlichen Bereich führt von Düsseldorf/Frankfurt/Kassel über Halle nach Sachsen und das südliche Brandenburg. Von Köln/Hannover führt eine günstige Direktverbindung über Magdeburg nach Berlin.

...mit dem Flugzeug

Die nächsten großen Passagierflughäfen, von denen Sachsen-Anhalt günstig zu erreichen ist, liegen in Schkeuditz zwischen Halle und Leipzig, in Berlin und in Hannover.

Tipps für die Reisegestaltung

Sachsen-Anhalt verfügt über ein dichtes Netz öffentlicher Verkehrsmittel auf Straße und Schiene. Bis auf wenige Ausnahmen sind damit alle Orte zu erreichen. In größeren Städten wird der Überlandverkehr durch S-Bahn, Straßenbahn oder Stadtbus ergänzt. Sowohl für Bus als auch für Bahnreisen bieten die Verkehrsbetriebe zum Teil saisonabhängige Sondertarife, nach denen sich eine Erkundigung lohnt.

Die wichtigsten **Eisenbahnlinien** sind die von Magdeburg nach Halle, von Halle nach Erfurt über Merseburg, Weißenfels und Naumburg, von Halle über Eisleben nach Nordhausen, von Halle über Aschersleben nach Halberstadt, von Aschersleben über Köthen nach Dessau-Roßlau, die Linie Dessau-Roßlau–Wittenberg, Magdeburg–Wittenberg, Halle/Leipzig–Berlin über Wittenberg, Wittenberg–Magdeburg, von Magdeburg über Oschersleben nach Halberstadt, die Linie Magdeburg–Schwerin über Stendal und Seehausen und die Linie von Magdeburg durch das Mansfelder Land nach Thüringen.

Unter den zahlreichen Nebenstrecken sind die der **Schmalspurbahnen** im Harz Verkehrsmittel ganz besonderer Art. Mit der Harzquerbahn lässt sich der Harz von Wernigerode bis Nordhausen in etwa drei Stunden durchqueren. Die mit ihr verbundene Selketalbahn führt von Gernrode herauf über Mägdesprung, Alexisbad, Harzgerode, Straßberg, Güntersberge, Stiege und Hasselfelde zum Bahnhof Eisfelder Talmühle an der Harzquerbahn. Die von der Harzquerbahn abzweigende Brockenbahn ist ebenfalls wieder in Betrieb.

Auch mit dem **Fahrrad** kann Sachsen-Anhalt erkundet werden. Besonders zu empfehlen sind hier die ländlichen Gebiete sowie Radwege an Flüssen, etwa der Elbfernradweg Hamburg-Dresden sowie die Radwege an Saale, Unstrut, Mulde und Elster. Die Altmark besitzt einen Radwanderrundkurs. Das Dessau-Wörlitzer Gartenreich ist ebenso per Fahrrad erkundbar (Fürst Franz-Weg) wie der Harz (Harzrundweg). Nähere Informationen erhält man über den Allgemeinen Deutschen Fahrrad-Club (ADFC).

Das große **Wandergebiet** Sachsen-Anhalts ist der Harz mit seinem ausgedehnten Vorland. Ihm schließt sich

Hinweise für die Reiseplanung

im Süden das zu Thüringen gehörende Kyffhäusergebirge an. Wie dieses ist auch das Unstrut-Saale-Gebiet am Nordrand Thüringens ein beliebtes Ausflugsziel.

Daneben gibt es eine Vielzahl kleinerer und größerer Gebiete, die über ein mehr oder weniger umfangreiches Netz von Fußwegen verfügen. Zu nennen wären hier das Hohe Holz nördlich von Oschersleben, das Gebiet um Harbke und Sommerschenburg, bisher von der innerdeutschen Grenze blockiert, der Flechtinger Höhenzug, die Gommernsche Heide südöstlich von Magdeburg in der Elbaue, ebenfalls in der Elbaue die Kulturlandschaft zwischen Dessau-Roßlau und Wörlitz, der Hohe Fläming, die Dübener Heide, die ›Altmärkische Schweiz‹ bei Zichtau, die westliche Altmark um Diesdorf herum oder das Gebiet des Arendsees.

Wer nicht mit Auto oder Bahn, zu Fuß oder mit dem Fahrrad reisen möchte, der hat vornehmlich von Magdeburg (Petriförder) und Halle (Giebichenstein) die Möglichkeit, verschiedene Reisen per **Schiff** zu unternehmen. Eine feste Schiffsverbindung besteht auch zwischen Bad Kösen und Saaleck. **Wasserwandern** kann man überdies in Anhalt-Wittenberg auf Elbe und Mulde.

Vorschläge für Kurzaufenthalte

Auf der Durchfahrt

Auf der Durchfahrt, die meist über die Autobahnen erfolgt, lassen sich auch mit geringem Zeitaufwand bedeutende Sehenswürdigkeiten erreichen. Weniger als die größeren Städte sind hier vielleicht überschaubare Ziele empfehlenswert. So sind von der das Land in West-Ost-Richtung durchschneidenden A 2 Sommerschenburg, Ummendorf, Marienborn, Hamersleben, Möckern oder Loburg im Süden, Altenhausen, Flechtingen, Hundisburg, Haldensleben oder Burg im Norden verhältnismäßig günstig zu erreichen. Die von Thüringen durch Sachsen-Anhalt nach Berlin führende A 9 läuft in unmittelbarer Nähe an Weißenfels, Lützen, Bad Dürrenberg, Landsberg, Dessau-Roßlau und Coswig vorbei.

Weit mehr Orte werden natürlich von den das Land durchquerenden Bundes- und Landstraßen berührt. Sie können hier jedoch nicht aufgezählt werden (Informationen am besten direkt bei der Tourismus-Marketing Sachsen-Anhalt GmbH).

Ein- bis mehrtägige Aufenthalte

Ein- bis mehrtägige Aufenthalte sollten dem Besuch einer größeren Stadt oder eines kleineren Gebietes vorbehalten sein. Städte, die Tagesreisen und unter Umständen längere Aufenthalte lohnen, sind Magdeburg, Halle, Stendal, Salzwedel, Dessau-Roßlau, Wittenberg, Wernigerode, Quedlinburg, Halberstadt, Eisleben, Merseburg, Naumburg oder Weißenfels. Von ihnen lassen sich dann auch Abstecher in die nähere oder weitere Umgebung machen.

So kann zum Beispiel Naumburg als Ausgangspunkt für Fahrten nach Bad Kösen, Schulpforta, Freyburg und in das Unstrut-Tal gewählt werden. Von der Lutherstadt Eisleben ist sowohl das gesamte Mansfelder Land als auch der Südharz mit Sangerhausen, Stolberg und dem Kyffhäusergebirge, aber auch Querfurt mit seiner romanischen Burganlage gut zu erreichen.

Besonders dicht mit Baudenkmälern bedeutenden Ranges sind der nordöstliche und nördliche Harzrand und dessen Vorland bedacht. Zwischen Ballenstedt, Gernrode, Quedlinburg, Thale, Blankenburg, Halberstadt, Wernigerode, Osterwieck und Ilsenburg lässt sich, verbunden mit Abstechern in den Oberharz oder die Rübeländer Höhlen, ein ganzer Urlaub verbringen. Aber auch zwei oder drei Tage sind in dieser Kulturlandschaft eine Bereicherung, die zum Wiederkommen einlädt.

Das erst 2007 zur Doppelstadt fusionierte Dessau-

Hinweise für die Reiseplanung

Roßlau, als letzte Hauptstadt des einstigen Freistaats Anhalt, ist das Zentrum des Dessau-Wörlitzer Gartenreiches. Weitere Ausflüge führen nach Wittenberg, in den Kreis Jessen oder die alten anhaltischen Residenzstädte Zerbst, Köthen und Bernburg.

In der vorwiegend ländlichen Altmark sind etwas weitere Wege zu bewältigen. Stendal ist hier vielleicht als Ausgangspunkt für Fahrten nach Tangermünde und Jerichow, Havelberg und den Arendsee oder Salzwedel und Gardelegen zu empfehlen.

Reiserouten

Reiserouten lassen sich in einzelnen Gebieten recht gut zusammenstellen und in Etappen bewältigen. Da oft zwischen diesen bedeutenden Zielen kleinere Sehenswürdigkeiten liegen, lässt sich eine solche Reise natürlich ausweiten. Die hier gemachten Vorschläge, und mehr kann es wirklich nicht sein, folgen größtenteils dem Text des Kunst-Reiseführers und lassen sich zum Teil auch verbinden. Es empfiehlt sich, den beschreibenden Text und eine Karte vor einer solchen Fahrt zu Rate zu ziehen.

Östlich der Elbe
Magdeburg – Burg – Mökkern – Gommern – Pretzien – Leitzkau – Loburg; Genthin – Jerichow – Schönhausen – Havelberg.

Altmark
Werben – Seehausen – Osterburg – Arendsee; Salzwedel – Osterwohle – Diesdorf – Gardelegen – Letzlingen; Stendal – Arneburg – Tangermünde.

Magdeburger Börde
Schönebeck – Groß Mühlingen – Barby – Calbe – Egeln – Hadmersleben – Kroppenstedt – Gröningen; Hamersleben – Ummendorf – Sommerschenburg – Harbke – Marienborn – Altenhausen – Flechtingen – Oebisfelde – Haldensleben

Vorharz/Harzrand/Harz
Westernburg – Osterwieck – Huysburg – Halberstadt – Quedlinburg; Ermsleben – Falkenstein – Ballenstedt – Gernrode – Thale – Blankenburg – Wernigerode – Ilsenburg; Brocken – Oberharz – Rübeland – Harzgerode – Stolberg – Kyffhäuser.

Anhalt
Frose – Aschersleben – Hecklingen – Nienburg – Bernburg – Gröbzig – Köthen; Aken – Zerbst – Dessau-Roßlau – Oranienbaum – Wörlitz.

Wittenberg
Wittenberg – Jessen – Annaburg – Prettin – Pretzsch – Bad Schmiedeberg – Kemberg.

Saale-Unstrut-Gebiet
Halle – Wettin – Petersberg – Landsberg; Merseburg – Bad Lauchstädt – Mücheln – Bad Dürrenberg – Lützen; Weißenfels – Zeitz – Naumburg – Schulpforta – Bad Kösen – Eckartsberga; Großjena – Freyburg – Laucha – Burgscheidungen – Querfurt – Nebra – Memleben.

Das Mansfelder Land
Seeburg – Eisleben – Hettstedt – Mansfeld – Sangerhausen – Allstedt.

Informationen für unterwegs – von Ort zu Ort

Hotels und Restaurants

In den letzten Jahren haben sich die Möglichkeiten, auch ohne Voranmeldung eine preiswerte Übernachtung zu finden, erheblich verbessert. Besonders in den Touristengebieten werben neben Hotels, Pensionen usw. auch viele private Anbieter um die Gunst von Durchreisenden oder Dauergästen.

Adressenverzeichnisse erhält man über die Tourismus-Marketing Sachsen-Anhalt GmbH sowie bei den regionalen und lokalen Auskunftsstellen (s. u. und S. 395).

Bei den ausgewählten Hotels und Restaurants – und es ist hier wirklich nur eine kleine Auswahl möglich – handelt es sich zum größten Teil um Betriebe in historischen, oft denkmalgeschützten Gebäuden, um traditionelle Häuser oder solche mit historischen Bezügen oder in der Region typischen Angeboten für den anspruchsvolleren Reisenden.

Alexisbad

PLZ 06493
Vorwahl 03 94 84

Übernachten/ Essen und Trinken

Harz Hotel Habichtstein
Kreisstr. 4
Tel. 7 80-0, Fax 7 83 80
info@habichtstein.de
www.habichtstein.de
Historisches Kurhotel im Landhausstil gegenüber dem Bahnhof der Selketalbahn mit ausgezeichneter regionaltypischer Küche, hauseigenem Bier und vielfältigem Rahmenangebot.

Allstedt

PLZ 6542
Vorwahl 03 46 52

Sehenswert

Burg- und Schlossmuseum
Tel. 5 19, Fax 6 77 54
schloss@allstedt.info
www.schloss-allstedt.de
April–Okt. Di–So 10–17 Uhr;
Nov.–März Di–Fr 10–16.30,
Sa/So 13–17 Uhr

Altenbrak

PLZ 38889
Vorwahl 03 94 56

Information

Kurverwaltung
Sankt Ritter 17
Tel. 2 05, Fax 5 05 50
www.altenbrak.de

Arendsee

PLZ 39619
Vorwahl 03 93 84

Information

Tourist-Info Arendsee
Töbelmannstr. 1
Tel. 2 71 64, Fax 2 74 80
www.luftkurort-ardensee.de

Sehenswert

Heimatmuseum und Klosterruine
Tel. 24 79
www.klosterarendsee.com
Mai–Sept. 10–17 Uhr,
Gruppen n. V.

Aschersleben

PLZ 06449
Vorwahl 0 34 73

Information

Verkehrsverein
Taubenstr. 6
Tel. 42 46, Fax 81 28 97
www.aschersleben.de

Informationen für unterwegs – von Ort zu Ort

Sehenswert

Städtisches Museum
Markt 21
Tel. 95 84 31
Di–Fr, So 9–12, 14–17 Uhr

Aussichtspunkt
Westdorfer Warte

Bad Bibra

PLZ 06647
Vorwahl 03 44 65

Information

Fremdenverkehrsverein
Lauchaer Str. 36
Tel. 60 30, Fax 6 03 11
www.burgenland-bad
-bibra.de

Übernachten/ Essen und Trinken

Hotel & Restaurant Bibermühle
Lauchaer Str. 36
Tel. 60 3-0, Fax 60 3-11
www.alte-bibermuehle.de
Wer zwischen Mahlwerk, Mühlstein und Mehltrichter eine regionaltypisch orientierte Küche und Saale-Unstrut-Wein genießen möchte, ist in der Bibermühle von 1886 richtigen.

Bad Dürrenberg

PLZ 06231
Vorwahl 0 34 62

Information

Tourist-Information
Witzlebenweg 7a
Tel. 1 94 33, Fax 8 39 92
tourist@badduerrenberg.de

Bad Frankenhausen

PLZ 06567
Vorwahl 03 46 71

Information

Tourist-Information
Anger 10
Tel. 7 17 17, 7 17 16
Fax 7 17 19
www.kyffhaeuser-torismus.de
www.bad-frankenhausen.de

Sehenswert

Kreisheimatmuseum
Schloss
Tel. 6 20 86
Di–So 10–17 Uhr

Bauernkriegs-Panorama
Am Schlachtberg 9
Tel. 61 90
April–Okt. Di–So 10–18 Uhr;
Nov.–März Di–So 10–17 Uhr

Bad Kösen

PLZ 06628
Vorwahl 03 44 63

Information

Tourismus GmbH
Naumburger Str. 13b
Tel. 2 82 89, Fax 2 82 80
www.badkoesen.de

Übernachten/ Essen und Trinken

Hotel und Restaurant Zum Wehrdamm
Loreleypromenade 3
Tel. 2 84 05, Fax 2 83 96
www.wehrdamm.de
Ehemals Brauhaus ›Mutiger Ritter‹, liegt das Haus am Saalewehr im Kurviertel von Bad Kösen und besitzt eine Gartenterrasse mit Blick auf die Altstadt. Restaurant mit Thüringer Spezialitäten und Saale-Unstrut-Weinen.

Sehenswert

Museen der Stadt
Am Kunstgestänge
Tel. 2 76 68
April–Okt. Di–Fr 10–12,
13–17, Sa 10–17 Uhr, Nov.
bis März Mi 10–12, Sa/So
10–16 Uhr, 15.12–15.1.
geschl.

Aussichtspunkte
Südlich des Ortes zwei Burgruinen über dem Saaletal, Rudelsburg und Saaleck

Bad Lauchstädt

PLZ 06246
Vorwahl 03 46 35

Information

Tourist-Information der Historischen Kuranlagen und Goethe-Theater Bad Lauchstädt GmbH
Querfurter Str. 5a
Tel. 2 16 34, Fax 2 16 35
www.goethe-theater-bad-lauchstaedt.de

Informationen für unterwegs – von Ort zu Ort

Übernachten/ Essen und Trinken

Lauchstädter Gaststuben
Kurpark Hotel Garni
Parkstr. 15/16
Tel. 2 03 53, Fax 9 00 22
www.lauchstaedter
-gaststuben.de
Spätbarockes Ambiente, regionaltypischer Küche und »Tafelfreuden wie zu Goethes Zeiten« bieten die im historischen Kurpark gelegenen Gaststuben in einem anspruchsvollen kulturellen Rahmenprogramm. Im angeschlossenen Hotel ist ein Doppelzimmer bereits ab 84 € die Nacht zu haben.

Bad Schmiedeberg

PLZ 06905
Vorwahl 03 49 25

Information

Kurinformation
Kurpromenade 1
Tel. 7 11 01, Fax 7 11 03
www.bad-schmiedeberg.de

Bad Suderode

PLZ 06508
Vorwahl 03 94 85

Information

Kurverwaltung
Felsenkellerpromenade 4
Tel. 5 10, Fax 4 85
www.bad-suderode.de

Ballenstedt

PLZ 06493
Vorwahl 03 94 83

Information

Tourist-Information
Anhaltiner Platz 11
Tel. 2 63, Fax 9 71 10
www.ballenstedt
-information.de

Sehenswert

Heimatmuseum
Allee 37
Tel. 88 66
Di–Fr 10–16, Sa/So 10–12, 14–16 Uhr

Benneckenstein

PLZ 38877
Vorwahl 03 94 57

Information

Kurverwaltung
Straße der Einheit 5
Tel. 26 12, Fax 26 13
www.benneckenstein.de

Bernburg

PLZ 06406
Vorwahl 0 34 71

Information

Stadtinformation
Lindenplatz 9
Tel. 3 46 93 11
Fax 3 46 93 24
www.bernburger
-freizeit.de

Übernachten/ Essen und Trinken

Parkhotel Parforce-Haus
Aderstedter Str. 1
Tel. 36 20, Fax 36 21 11
www.parkhotel-bernburg.de
Das ehemalige barocke Jagdhaus der Fürsten am Ortsrand wurde 1993 durch einen Hotelneubau ergänzt.

Hotel & Restaurant Wippertal
Bernburger Str. 20
06408 Ilberstedt
Tel. 3 61 90, Fax 39 19 23
www.wippertal.com
3-Sterne-Hotel im Gebäude einer ehemaligen Brauerei in kleiner Parkanlage vor den Toren Bernburgs.

Sehenswert

Museum Schloss Bernburg
Schlossstr. 24
Tel. 62 50 07
April–Okt. Di–So 10–17 Uhr; Nov.–März Di–Do 10–16, Fr 10–13, Sa/So/Fei 10–16 Uhr

Aussichtspunkt
Keßlerturm

Bitterfeld-Wolfen

PLZ 06749
Vorwahl 0 34 93

Information

Stadtinformation
Am Markt 7
Tel. 36 11 25
www.bitterfeld-wolfen.de

Informationen für unterwegs – von Ort zu Ort

Sehenswert

Kreismuseum
Kirchplatz 3
Tel. 40 11 13, Fax 40 11 14
www.museumbitterfeld.
kulturserver.de

**Industrie- und
Filmmuseum**
06766 Bitterfeld-Wolfen
Bunsenstr. 4
Tel. 63 64 46, Fax 63 60 91
www.ifm-wolfen.de
Di–Fr 9–16, Sa/So 10–16 Uhr

Blankenburg

PLZ 38889
Vorwahl 0 39 44

Information

Kurverwaltung
Markt 3
Tel. 28 98, Fax 6 31 02
kurverwaltung@
blankenburg.de
www.blankenburg.de

Übernachten/
Essen und Trinken

Hotel und historische Fischgaststätte Zum Klosterfischer
Michaelstein 14
Tel. 35 11 14, Fax 35 43 45
klosterfischer@t-online.de
www.klosterfischer.de
Frischen Fisch, auch selbst geangelt und aus Teichen, in denen schon die Zisterziensermönche des nahen Kloster Michaelstein (Konzerte, Klostergarten) Fischzucht betrieben.

Sehenswert

Museum Kleines Schloss
Schnappelberg 6
Tel. 26 58
Di–Sa 10–17, So 14–18 Uhr

**Stiftung Kloster
Michaelstein**
Postfach 24
38881 Blankenburg
Tel. 9 03 15, Fax 90 90 30
www.kloster-michaelstein.de
Mai–Sept. Di–So 14–17,
Fei 10–18 Uhr;
Okt.–April Mi–Sa 14–17,
So/Fei 10–17 Uhr

Aussichtpunkte
Großvaterfelsen; Burgruine Regenstein; Ziegenkopf mit Aussichtsturm; Eichenberg mit Aussichtsturm ›Wilhelm-Raabe-Warte‹

Burg

PLZ 39288
Vorwahl 0 39 21

Information

Burg-Information
Markt 1
Tel. 48 44 90
BurgInfo@stadt-burg.de

Colbitz

PLZ 39326
Vorwahl 03 92 07

Information

**Tourismusverband Colbitz-
Letzlinger-Heide e.V.**
Brauereistr. 1
Tel. 8 06 91, Fax 8 05 33
www.touristinfo-colbitz
-letzlinger-heide.de

Coswig/Anhalt

PLZ 06869
Vorwahl 03 49 03

Information

Stadtinformation
Am Markt 1
Tel. 6 10 55, Fax 6 10 71
www.coswig-anhalt.de

Sehenswert

Heimatmuseum Coswig
Schlossstr. 57
Tel. 6 10 52
Di–Do 13–17, Fr 13–16 Uhr;
Mai–Sept. So 13–16 Uhr;
sowie n. V.

Derenburg

PLZ 38895
Vorwahl 03 94 53

Übernachten/
Essen und Trinken

**Hotel Restaurant Café
Schlossvilla Derenburg**
Schlossstr. 15
Tel. 67 80, Fax 6 78 50
www.schlossvilla
-derenburg.de
Am Ortsrand in einer 1903/05 erbauten Villa gelegen, verfügt es über eine ausgezeichnete Küche und eignet sich vorzüglich als Station für Ausflüge in den Nordharz.

Informationen für unterwegs – von Ort zu Ort

Dessau-Roßlau

PLZ 06844
Vorwahl 03 40

Information

Tourist-Information
Zerbster Str. 2c
Tel./Fax 2 04 14 42
touristinfo@dessau.de
www.dessau.de
Außenstelle
Südstr. 9
06862 Dessau-Roßlau
Tel. 03 49 01-8 24 67
Fax 5 39 26
stadtinformation@rosslau.de

Übernachten/ Essen und Trinken

Hotel Fürst Leopold
Friedensplatz
Tel. 2 51 50, Fax 2 51 51 77
www.Steigenberger.com/
FuerstLeopold
Modernes, großzügiges
Hotelgebäude mit großem
Wellnessbereich im Herzen
Dessaus. Das Restaurant mit
Schauküche bietet ein hervorragendem Angebot an
regionaltypischen und internationalen Speisen, Sommerterrasse mit Blick auf die
Stadt.

Hotel Zum kleinen Prinzen
Erich-Weinert-Str. 16
Tel. 51 70 71, Fax 51 70 73
www.kleinerprinz.com
Fünf Minuten zu Fuß bis zu
Schloss und Park Mosigkau
und eine ausgezeichnete gutbürgerliche und internationale Küche.

Sehenswert

**Anhaltische Gemäldegalerie
Schloss Georgium**
Puschkinallee 100
06846 Dessau-Roßlau
Tel. 61 38 74
www.georgium.de
www.gartenreich.com
Di–So 10–17 Uhr
**Museum für Naturkunde
und Vorgeschichte**
Askanische Str. 32
06842 Dessau-Roßlau
Tel. 21 48 24
Di–Fr 9–17, Sa/So 10–17 Uhr

Museum für Stadtgeschichte
Schlossplatz
Tel. 2 20 96 12
www.stadtgeschichte.
dessau.de
Mo–So 10–17 Uhr

Schloss Luisium
Tel. 21 83 70
www.gartenreich.com
Mai–Sept. Di–So 10–18 Uhr,
April/Okt. Fr, Sa/So 10–17
Uhr

Museum Schloss Mosigkau
Knobelsdorffallee 2/3
06847 Dessau-Roßlau
Tel. 52 11 39, Fax 52 11 81
www.ksdw.de
Mai–Sept. Di–So 10–18 Uhr;
April/Okt. Di–So 10–17 Uhr

Meisterhäuser
Friedrich-Ebert-Allee 69/71
06846 Dessau-Roßlau
Tel. 6 61 09 34
Fax 6 11 09 35
www.meisterhaeuser.de
Mitte Febr.–Okt. Di–So 10–
18, Nov.–Mitte Febr. 10–17
Uhr

**Stiftung Bauhaus
Dessau**
Gropiusallee 38
06846 Dessau-Roßlau
Tel. 6 50 82 51
10–18 Uhr
www.bauhaus-dessau.de
**Technikmuseum
Hugo Junkers**
Kühnauer Str. 161a
06812 Dessau-Roßlau
Tel. 6 61 11 93
Di–So 10–17 Uhr

Diesdorf

PLZ 29413
Vorwahl 0 39 02

Sehenswert

Freilichtmuseum
Molmker Str. 23
Tel. 4 50
info@freilichtmuseum
-diesdorf.de
www.museen
-altmarkkreis.de
April–Okt. Di–Fr 10–17,
Sa/So/Fei 10–18 Uhr

Egeln

PLZ 39435
Vorwahl 03 92 68

Sehenswert

**Museum für Vor-
und Frühgeschichte**
Wasserburg 6
Tel. 3 21 94
www.wasserburg-egeln.de
Di–Fr 14–16, So 14–17 Uhr

Informationen für unterwegs – von Ort zu Ort

Eisleben, Lutherstadt

PLZ 06295
Vorwahl 0 34 75

Information

Fremdenverkehrsverein
Bahnhofstr. 36
Tel. 60 21 24, Fax 60 26 34
www.eisleben-tourist.de

Übernachten/ Essen und Trinken

**VCH-Hotel
An der Klosterpforte**
Lindenstr. 34
Tel. 7 14 40, Fax 7 14 41 00
www.klosterpforte.de
Moderner, neu errichteter Hotel-, Restaurant- und Veranstaltungsbetrieb in historischen Gemäuern des 1999 revitalisierten Zisterzienserinnenklosters im Ortsteil Helfta mit der Möglichkeit zur Teilnahme an den Chorgebeten.

Sehenswert

**Geburtshaus
Martin Luthers**
Lutherstr. 15
Tel. 7 14 78 14
Fax 7 14 78 13
www.martinluther.de
April–Okt. 10–18, Nov. bis März Di–So 10–17 Uhr

Sterbehaus Martin Luthers
Andreaskirchplatz 7
Tel./Fax 60 22 85
www.martinluther.de
April–Okt. 10–18, Nov.–März Di–So 10–17 Uhr

Elbingerode

PLZ 38875
Vorwahl 03 94 54

Information

Fremdenverkehrsamt
Markt 3
Tel. 8 94 87, Fax 8 94 88
www.elbingerode.de

Sehenswert

Schaubergwerk Büchenberg
38872 Elbingerode
Tel. 4 22 00
www.schaubergwerg-buechenber.de
Führungen Nov.–Mai 10/11.30/13/14.30/16, Juni–Okt. stdl. 9–17 Uhr

**Besucherbergwerk
Drei Kronen & Ehrt**
Mühlental 13
Tel. 4 29 10, Fax 4 87 40
www.dreikronenundehrt.de
Führungen Nov.–April 10 (Mai–Okt. 9)/11/13/15 Uhr

Elend

PLZ 38875
Vorwahl 03 94 55

Information

Kurverwaltung
Hauptstr. 19
Tel. 3 75, Fax 5 87 40
www.elend-harz.de

Ermsleben

PLZ 06463
Vorwahl 03 47 43

Sehenswert

Konradsburg
Tel. 9 25 65, Fax 9 25 63
www.konradsburg.com
April–Okt. Mo–Fr 9–17, Sa/So 10–18 Uhr;
Nov.–März Mo–Fr 9–16, Sa/So 14–18 Uhr

Falkenstein/Harz

PLZ 06463
Vorwahl 03 47 43

Übernachten/ Essen und Trinken

Parkhotel Schloss Meisdorf
Allee 5
Stadt Falkenstein/OT Meisdorf
Tel. 9 80, Fax 9 82 22
meisdorf@vanderfalk.de
www.vanderfalk.de
Klassizistisches Schloss im Naturpark Selketal unweit der Burg Falkenstein mit umfangreichen Freizeitangeboten (Golf).

Sehenswert

Burg Falkenstein
OT Pansfelde
Tel. 53 55 90, Fax 5 35 59 20
falkenstein@dome-schloesser.de
www.burg-falkenstein.de
April–Okt. 10–18 Uhr; Nov.–März Di–So 10–16.30 Uhr

Freyburg/Unstrut

PLZ 06632
Vorwahl 03 44 64

Informationen für unterwegs – von Ort zu Ort

Information

Fremdenverkehrsverein
Markt 2
Tel. 2 72 60, Fax 2 73 76
www.freyburg-info.de

Sehenswert

Museum Schloss Neuenburg
Schloss 1
Tel. 3 55 33, Fax 3 55 55
April–Okt. Di–So 10–18 Uhr;
Nov.–März Di–So 10–17 Uhr

Jahn-Museum
Schlossstr. 11
Tel. 2 74 26, Fax 6 65 60
jahn-museum@gmx.de
www.jahn-museum.de
April–Okt. Di–So 10–17 Uhr;
Nov.–März Di–So 10–16 Uhr

Aussichtspunkt
Neuenburg über der Stadt,
Bergfried

Friedrichsbrunn

PLZ 06507
Vorwahl 03 94 87

Information

Tourist-Information
Hauptstr. 33a
Tel. 2 88, Fax 7 48 37
www.friedrichsbrunn.de

Gardelegen

PLZ 39638
Vorwahl 0 39 07

Information

Tourist-Information
Rathausplatz 1
Tel./Fax 4 22 66
www.gardelegen.info

Übernachten/ Essen und Trinken

Hotel Reutterhaus
Sandstr. 80/82
Tel. 8 07 60, Fax 80 76 46
www.hotel-reutterhaus
-gardelegen.de
Das nach dem Kabarettisten benannte Kleinstadthotel im Zentrum bietet ausgezeichnete regionale Küche.

Sehenswert

Stadtmuseum
Rathausplatz 10
Tel. 65 19
Di–Do 9–13 Uhr

Genthin

PLZ 39307
Vorwahl 0 39 33

Information

Tourist-Information
Bahnhofstr. 8
Tel. 80 22 25, Fax 82 28 96
www.touristinfo-genthin.de

Sehenswert

Kreismuseum Jerichower Land
Mützelstr. 22
Tel. 80 35 21
Di–Fr 8–12, 14–17,
So 10–12, 14–16 Uhr

Gernrode

PLZ 06507
Vorwahl 03 94 85

Information

Informationspavillon
Suderöder Chaussee
Tel. 3 54
www.gernrode.de

Übernachten/ Essen und Trinken

Bückemühle – historische Gaststätte und Pension
Am Bückeberg 3
Tel. 4 19, Fax 6 12 03
www.bueckemühle.de
Die Mühlstube der bis ca. 1930 betriebenen Mühle ist heute eine zünftige Gaststube, in der vor allem regionale Fischspezialitäten auf den Tisch kommen.

Gieckau (bei Naumburg/Saale)

PLZ 06618
Vorwahl 03 44 45

Übernachten/ Essen und Trinken

Landgasthof Falkenhof
Dorfstr. 6
Tel. 2 13 38, Fax 9 07 33
www.landgasthof-gieckau.de
Der Gasthof, der auch einige Fremdenzimmer bietet, befindet sich in einem 1726 erbauten und geschmackvoll sanierten Bauernhaus im alten Bauerndorf Gieckau.

Informationen für unterwegs – von Ort zu Ort

Gommern

PLZ 39245
Vorwahl 03 92 00

Information

Gommern-Information
Platz des Friedens 10
Tel. 77 89 22, Fax 77 89 99
www.gommern.de

Gräfenhainichen

PLZ 06773
Vorwahl 03 49 53

Information

Stadtinformation
Markt 1
Tel. 3 57 56, Fax 3 57 61
www.graefenhainichen.de

Sehenswert

Ferropolis – Stadt aus Eisen
Museum und Veranstaltungen
Ferropolisstraße 01 (sic!)
Tel. 351 25, Fax 351 23
feller@ferropolis.de
www.ferropolis.de

Gröbzig

PLZ 06388
Vorwahl 03 49 76

Sehenswert

Museum Synagoge Gröbzig
Lange Str. 8–10
Tel./Fax 2 22 09
Di–Do 10–12, 14–17,
Fr 10–12, So 14–17 Uhr

Güntersberge

PLZ 06507
Vorwahl 03 94 88

Information

Tourist-Information
Marktstr. 52
Tel./Fax 7 93 73

www.guentersberge-harz.de

Hadmersleben

PLZ 39398
Vorwahl 03 94 08

Sehenswert

**Kulturhistorisches Museum
Kloster Hadmersleben**
Tel. 66 66
Mo–Fr 8–12, 14–17 Uhr

Halberstadt

PLZ 38820
Vorwahl 0 39 41

Information

Halberstadt Information
Hinter dem Rathause 6
Tel. 55 18 15, Fax 55 10 89
www.halberstadt.de

Übernachten/ Essen und Trinken

Parkhotel Unter den Linden
Klamrothstr. 2
Tel. 62 54-0, Fax 62 54-4 44
www.pudl.de
Das Haus außerhalb der Altstadt wurde 1910/11 von Hermann Muthesius im Stil englischer Landhäuser erbaut. Gut sortierter Weinkeller und Küche, die bodenständige Produkte in phantasievolle Kreationen verwandelt.

Hotel Villa Heine
Kehrstr. 1
Tel. 3 14 00, Fax 3 15 00
www.hotel-heine.de
Aus der Fabrikantenvilla des durch seine Würstchen zu Ruhm und Reichtum gelangten Theodor Heine wurde ein 4-Sterne-Hotel mit Wellnessbereich und Schwimmbad. Im Restaurant Halberstädter Fleischspezialitäten und Bier aus dem eigenen Brauhaus.

Sehenswert

Städtisches Museum
Domplatz 36
Tel. 55 14 74
staedtischesmuseum@halberstadt.de
Di–Fr 9–17, Sa/So 10–17 Uhr

Gleimhaus
Domplatz 31
Tel. 6 87 10, Fax 68 71 40
www.gleimhaus.de
Nov.–April Mo–Fr 9–16,
Sa/So 10–16 Uhr;
Mai–Okt. Mo–Fr 10–17,
Sa/So 10–16 Uhr

Museum Heineanum
Domplatz 37
Tel. 55 14 61, Fax 55 14 69
Di–Fr 9–17, Sa/So 10–17 Uhr

Dom/Domschatz
Tel./Fax 2 42 37

Informationen für unterwegs – von Ort zu Ort

www.dom-unddomschatz.de
Mai–Okt. Di–Sa 10–17,
So 11–17 Uhr;
Nov.–April Di–So 11–16 Uhr

**Museum für Wohnkultur
(Schraube-Museum)**
Voigtei 48
Tel. 55 14 30
Di–Fr 14–17 Uhr

Behrend-Lehmann-Museum
Judenstr. 25/26
Tel. 56 70 50
www.moses-mendelssohn
-akademie.de
Mai–Okt. Di–Fr 9–17, Sa/So
10–16 Uhr;
Nov.–April Di–Fr 10–17,
Sa/So 10–16 Uhr

Aussichtspunkt
Spiegelsberge mit Aussichtsturm

Haldensleben

PLZ 39340
Vorwahl 0 39 04

Information

Haldensleben-Information
Hagenstr. 21
Tel. 4 04 11, Fax 72 48 94
www.haldens-lebendig.de

Übernachten/
Essen und Trinken

Hotel Behrens
Bahnhofstr. 28–30
Tel. 34 21, Fax 27 34
www.hotel-behrens.de
Das Hotel befindet sich in
der 1892 erbauten Villa des
Steingutfabrikanten Fried-
rich Schmelzer.

Sehenswert

Museum Haldensleben
Breiter Gang
Tel./Fax 27 10
www.museumhaldens
leben.de
Di–Fr 9–12, 14–17,
So 10–12, 14–17 Uhr

**Ecomusée Haldensleben-
Hundisburg**
www.ecomusee.de
Integrales Museum. Neben
der Kulturlandschaft an sich
mit zahlreichen archäologi-
schen Kulturdenkmalen und
historischen Bauwerken
sowie Zeugnissen der Gar-
tenkunst des 18./19. Jh.
finden sich hier mehrere
museale Einrichtungen mit
zum Teil überregionaler
Bedeutung: Museum Hal-
densleben, Bülstringer Torturm, Schulmuseum Hundis-
burg, Ziegelei Hundisburg
sowie das Haus des Waldes
und die Kunstsammlungen
auf dem Schloss Hundis-
burg.

Halle/Saale

PLZ 06108
Vorwahl 03 45

Information

Tourist-Information
Marktplatz 13/
Marktschlösschen
Tel. 1 22 99 84
Fax 1 22 99 85
www.halle.de

Übernachten/
Essen und Trinken

**Kempinski Hotel & Con-
gress Centre Rotes Ross**
Leipziger Str. 76
Tel. 2 92 20, Fax 2 92 22 22
reservations.rotesross@
kempinski.com
www.kempinski.com
Luxuriöses Boutique-Hotel
in der Fußgängerzone Halles.

Sehenswert

Christian-Wolff-Haus
Große Märkerstr. 10
Tel. 2 21 30 30
Fax 2 21 30 33
stadtmuseum@halle.de
www.hallische-museen.de
Di–So 10–17 Uhr

Burg Giebichenstein
Seebener Str. 1
Tel. 5 23 38 57
Fax 5 24 73 51
März–Okt. Di–Fr 9–18,
Sa/So 9–18.30 Uhr

**Landesmuseum
für Vorgeschichte**
Richard-Wagner-Str. 9–10
Tel. 52 47 30, Fax 5 24 73 51
poststelle@lfa.mk.sachsen
-anhalt.de
www.archsla.de
Bis zum Frühsommer 2008
geschlossen.

Händel-Haus
Große Nikolaistr. 5
Tel. 50 09 00
www.haendelhaus.de
April–Okt. Mo 11–16, Di–So
10–18 Uhr;
Nov.–März Di–So 10–17 Uhr

Informationen für unterwegs – von Ort zu Ort

Stiftung Moritzburg, Kunstmuseum des Landes Sachsen-Anhalt
Friedemann-Bach-Platz 5
www.moritzburg.sachsen-anhalt.de
Tel. 2 12 59-0, Fax 2 02 99-90
Di 11–20.30, Mi–So 10–18 Uhr

Technisches Halloren- und Salinemuseum
Mansfelder Str. 52
Tel. 2 09 32 30
stadtmuseum@halle.de
www.hallische-museen.de
Di–So 10–17 Uhr

Archäologisches Museum Robertinum
Universitätsplatz 12
06099 Halle
Tel. 5 52 40 18
Fax 5 52 70 69
www.robertinum.altertum.uni-halle.de
Do 15–17 Uhr und n. V.

Geiseltalmuseum
Domstr. 5
Tel. 5 52 61 35
Fax 5 52 73 71
www.geiseltalmuseum.de
Mo–Do 9–12, 13–17, Fr 9–12, 13–15, Sa/So 9–13 Uhr

Die Franckeschen Stiftungen zu Halle
Ausstellung, Franckeplatz 1
06110 Halle
Tel. 2 12 74 50
www.francke-halle.de
Di–So 10–17 Uhr

Aussichtspunkte
Burgruine Giebichenstein;
Petersberg, 10 km nördlich von Halle

Harzgerode

PLZ 06493
Vorwahl 03 94 84

Information
Stadtinformation
Markt 7
Tel. 3 24 20
Fax 3 24 21
www.harzgerode.de

Sehenswert
Heimatstube
Schloss
Tel. 4 21 06
Di–Fr 10–12, 14–16, Sa/So 10–16 Uhr

Hasselfelde

PLZ 38899
Vorwahl 03 94 59

Information
Touristinformation
Breite Str. 17
Tel. 7 13 69
Fax 7 60 55
www.hasselfelde.de

Havelberg

PLZ 39539
Vorwahl 03 93 87

Information
Tourist-Information
Uferstr. 1
Tel. 7 90 91
Fax 7 90 92
www.havelberg.de

Sehenswert
Prignitz-Museum
Domplatz 3
Tel. 2 14 22, Fax 8 87 78
www.prignitz-museum.de
Di–So 10–12, 13–17(18) Uhr

Hettstedt

PLZ 06333
Vorwahl 0 34 76

Information
Stadtinformation
Markt 1–3
Tel. 8 01-0, Fax 80 11 65
www.hettstedt.de

Sehenswert
Mansfeld-Museum
Schlossstr. 7
Tel. 20 08 09, Fax 20 07 53
www.mansfeld-museum-hettstedt.de
Mi–Fr 10–16, Sa/So 10–17 Uhr

Hohenmölsen

PLZ 06679
Vorwahl 03 44 41

Information
Stadtinformation
Rathausgasse 1
Tel. 4 18 05
www.stadt-hohenmoelsen.de

Hundisburg

PLZ 39343
Vorwahl 0 39 04

Informationen für unterwegs – von Ort zu Ort

Sehenswert

Technisches Denkmal Ziegelei Hundisburg
Süplinger Str. 2
Tel. 4 28 35,
Fax 46 45 30
www.ziegelei-hundisburg.de
Mo–Fr 10–16, Mai–Okt. So 10–17 Uhr

Schloss Hundisburg
Schloss- und Gartenverwaltung Hundisburg
Tel. 4 42 65,
Fax 25 41
www.schloss-hundisburg.de
Im Barockschloss mit seiner historischer Gartenanlage gibt es eine Gaststätte, Zimmer und Veranstaltungen.

Ilfeld

PLZ 99768
Vorwahl 03 63 31

Information

Südharztouristik
Ilger Str. 51
Tel. 3 20 33, Fax 3 20 35
www.suedharztouristik.de

Ilsenburg

PLZ 38871
Vorwahl 03 94 52

Information

Tourismus GmbH
Marktplatz 1
Tel. 1 94 33, Fax 9 90 67
www.ilsenburg.de

Übernachten/ Essen und Trinken

Landhaus Zu den Rothen Forellen
Marktplatz 2
Tel. 93 93, Fax 93 99
www.rotheforelle.de
Hinter der historischen Fassade verbirgt sich unweit des romantischen Ilsetales am Fuß des Harzes ein Fünfsterne-Hotel mit Gourmetküche und einer langen Liste berühmter Gäste.

Sehenswert

Hüttenmuseum
Marienhöfer Str. 9b
Tel. 22 22, Fax 80 29 23
www.bibliothek-ilsenburg@gmx.de
Di–Fr 10–16, So 13.30 bis 16.30 Uhr

Jerichow

PLZ 39319
Vorwahl 03 93 43

Sehenswert

Klostermuseum
Am Gut 4
Tel. 2 85, Fax 9 26 61
www.stiftung-kloster-jerichow.de
April–Okt. 10–17 Uhr;
Nov.–März Di–So 10–16 Uhr

Jessen

PLZ 06917
Vorwahl 03 53 7

Information

Touristinformation
Schlossstr. 11
Tel. 21 65, Fax 27 66 10
www.jessen.de

Kalbe/Milde

PLZ 39624
Vorwahl 03 90 80

Information

Tourist-Info
Schulstr. 11
Tel. 9 71 22
touristinfo@vg-arendsee-kalbe.de

Kelbra

PLZ 06537
Vorwahl 03 46 51

Information

Touristinformation
Th.-Müntzer-Str. 9
Tel. 4 55 24, Fax 4 55 94
www.kelbra.de

Kemberg

PLZ 06901
Vorwahl 03 49 21

Information

Tourismusverband Dübener Heide e.V.
Markt 1
Tel. 2 03 91, Fax 6 03 91
www.duebener-heidetourist.de

Informationen für unterwegs – von Ort zu Ort

Köthen

PLZ 06366
Vorwahl 0 34 96

Information

Köthen-Information
Hallescher Turm
Tel. 21 62 17, Fax 70 05 75
www.koethen-anhalt.de

Sehenswert

Naumann-Museum
Schlossplatz 4
06354 Köthen/Anhalt
Tel. 21 20 74
Di–Fr 13–17, Sa/So 10–13,
14–17 Uhr

**Historisches Museum
Schloss Köthen
Bach-Gedenkstätte**
Schlossplatz 4
Tel. 21 25 46, Fax 21 40 68
Mo–Fr 13–17, Sa/So 10–13,
14–17 Uhr

Kroppenstedt

PLZ 39397
Vorwahl 03 92 64

Sehenswert

Heimatmuseum
Am Kirchhof 2/3
Tel. 3 55 04
Mo–Do 10–16, Fr 10–13,
Sa 10–16 Uhr

Kyffhäuser

PLZ 06567
Vorwahl 03 46 51

Sehenswert

**Reichsburg Kyffhausen/
Kyffhäuserdenkmal**
Tel. 27 80, Fax 23 80
www.kyffhaeuser-denkmal.de
April–Okt. 9.30–18 Uhr;
Nov.–März 10–17 Uhr

Aussichtspunkte: Kulpenberg, 477 m, höchste Erhebung des Kyffhäusergebirges, Fernseh-Aussichtsturm; Kyffhäuser, 457 m, mit Aussichtsplattform auf dem Kyffhäuserdenkmal

Landsberg

PLZ 06188
Vorwahl 03 46 02

Sehenswert

Museum und Doppelkapelle
Hillerstr. 8
Tel. 2 06 90, Fax 2 06 90
www.stadt-landsberg.de
Museum Di, Do, Sa, So 13–17 Uhr, Doppelkapelle St. Crucis Mai–Okt. Führungen Sa 15, So 10, 15 Uhr

Laucha

PLZ 06636
Vorwahl 03 44 62

Sehenswert

Glockenmuseum
Glockenmuseumstr. 2
Tel. 2 05 09
Sa/So 10–12, 14–16 Uhr und n. V.

Lostau/Elbe

PLZ 39291
Vorwahl 03 92 22

Übernachten/
Essen und Trinken

**Landgasthof Lostau
Zur Erholung**
Möserstr. 27
Tel. 90 10, Fax 9 01 16
www.hotel-landgasthof
-lostau.de
Ruhig gelegener, kleiner und gemütlicher Familienbetrieb mit einer Küche, die Bodenständigkeit mit europäischen Spezialitäten kombiniert.

Lützen

PLZ 06686
Vorwahl 03 44 44

Sehenswert

Museum im Schloss
Schlossstr. 4
Tel. 2 02 28, Fax 9 06 93
April–Okt. Di–So 10–12, 13–17; Nov.–März Di–So 10–12, 13–16 Uhr

Magdeburg

PLZ 39104
Vorwahl 03 91

Information

Tourist-Information
Ernst-Reuter-Allee 12
Tel. 1 94 33 , Fax 5 40 49 30
www.magdeburg-tourist.de

Informationen für unterwegs – von Ort zu Ort

Übernachten/ Essen und Trinken

Maritim Hotel Magdeburg
Otto-von-Guericke-Str. 87
Tel. 5 94 90, Fax 5 94 99 90
www.maritim.de
Modernes Viersterne-Hotel im Zentrum, wenige Minuten von den wichtigsten Sehenswürdigkeiten.

Parkhotel Herrenkrug
Herrenkrug 3
Tel. 8 50 80, Fax 8 50 86 01
www.herrenkrug.de
Hotel inmitten des gleichnamigen historischen Landschaftsparks an der Elbe. Galopprennbahn und Golfplatz in unmittelbarer Nähe.

Hotel Residenz Joop
Jean-Burger-Str. 16
Tel. 6 26 20, Fax 6 26 21 00
www.residenzjoop.de
Privathotel in ruhiger Villenlage des Gründerzeit-Viertels, von parkähnlichem Baumbestand umgeben, nur 5 Min. Taxifahrt vom Hauptbahnhof entfernt. Der Dom, andere Sehenswürdigkeiten und viele der besten Restaurants der Stadt sind bequem zu Fuß erreichbar.

Sehenswert

Kulturhistorisches Museum
Otto-v.-Guericke-Str. 68–73
Tel. 5 40 35 10
Fax 5 40 35 10
www.kmh-magdeburg.de
Di–So 10–17 Uhr

Kunstmuseum Kloster Unser Lieben Frauen
Regierungsstr. 4–6
Tel. 56 50 20, Fax 5 65 02 55
www.kunstmuseum-magdeburg.de
Di–So 10–17 Uhr

Museum für Naturkunde
Otto-v.-Guericke-Str. 68–73
Tel. 5 40 35 35
Di–So 10–17 Uhr

Technikmuseum
Dodendorfer Str. 65
39112 Magdeburg
Tel. 6 22 39 06
Fax 6 22 39 07
www.technikmuseum-magdeburg.de
Mai–Okt. Di–So 10–17 Uhr

Gedenkstätte Moritzplatz
Umfassungsstr. 76
39124 Magdeburg
Tel. 2 44 55 90
Fax 2 44 55 99
Mo–Fr 9–16, Do 9–18 Uhr

Jahrtausendturm im Elbauenpark
Tessenowstr. 5a
Tel. 59 34 50
www.mvgm.de
Frühjahr–Herbst Di–So 10–18 Uhr

Dom
Tel. 5 43 24 14
www.magdeburgerdom.de
Mo–Sa 10–16 (sommers 10–18), So ab 11.30 Uhr, Führungen 14, So 11.30, 14 Uhr

Aussichtspunkte
Turm der Johanniskirche; Aussichtsturm im Stadtpark Rotehorn; Jahrtausendturm

Mansfeld, Lutherstadt

PLZ 06343
Vorwahl 03 47 82

Information

Stadtinformation Mansfeld
Junghuhnstr. 2
Tel. 9 03 42, Fax 9 03 44
www.mansfeld-lutherstadt.de

Merseburg

PLZ 06217
Vorwahl 0 34 61

Information

Tourist- und Tagungsservice
Burgstr. 5
Tel. 21 41 70, Fax 21 41 77
www.merseburg.de

Sehenswert

Kulturhistorisches Museum Schloss Merseburg
Domplatz 9
Tel. 40 13 18
museum.schloss.merseburg@lkmg.de
März–Okt. 9–18 Uhr;
Nov.–Febr. 10–16 Uhr

Dom
Domplatz 7
Tel. 21 00 45
www.merseburger-dom.de
www.vereinigtedomstifter.de
März–Okt. Mo–Sa 9–18, So 12–18 Uhr; Nov.–Febr. Mo–Sa 10–16, So 12–16 Uhr; reguläre Führungen 11, 13 und 15 Uhr

Informationen für unterwegs – von Ort zu Ort

Molmerswende

PLZ 06543
Vorwahl 03 47 79

Sehenswert

Gottfried-August-Bürger-Museum
Hauptstr. 14
Tel. 2 05 80
www.gottfried-august
-buerger-molmerswende.de
Di–Fr 10–16, Sa 13–16,
So 10–12 Uhr

Naumburg

PLZ 06618
Vorwahl 0 34 45

Information

Tourist- und Tagungsservice
Markt 12
Tel. 27 31 12, Fax 27 31 05
www.naumburg-tourismus.de

Sehenswert

Stadtmuseum Hohe Lilie
Markt 18
Tel. 70 35 03
www.museum-naumburg.de
Tägl. 10–17 Uhr

Nietzsche-Haus
Weingarten 18
Tel. 70 33 03
www.museum-naumburg.de
April–Okt. Di–Fr 14–17,
Sa/So 10–16 Uhr

Dom
Domplatz 16/17
Tel./Fax 23 01 10
www.naumburger-dom.de

www.vereinigtedomstifter.de
März–Okt. Mo–Sa 9–18,
So 12–18 Uhr; Nov.–Febr.
Mo–Sa 10–16, So 12–16 Uhr

Aussichtspunkte
Turm der Wenzelskirche;
Schönburg, 4 km östlich
hoch über der Saale

Nebra

PLZ 06642
Vorwahl 03 44 61

Sehenswert

Arche Nebra
An der Steinklöbe 16
Wangen
Tel. 2 57 50, Fax 2 20 26
www.himmelsscheibe
-erleben.de

Oranienbaum

PLZ 06785
Vorwahl 03 49 04

Information

Stadtinformation und Tourismusagentur
Schlossstr. 17
Tel. 2 25 20, Fax 2 25 21
www.oranienbaum.de

Sehenswert

**Museum
Schloss Oranienbaum**
Tel. 2 02 59
www.gartenreich.com
April–Okt. Di–So 11–17 Uhr;
Mai–Sept. Di–So 10–18 Uhr

Osterburg

PLZ 39606
Vorwahl 0 39 37

Information

Stadtinformation
Großer Markt 15
Tel. 89 50 12, Fax 89 50 13
www.osterburg.de

Sehenswert

Kreisheimatmuseum
Breite Str. 21
Tel. 8 37 30, Fax 29 20 81
museum-osterburg@gmx.de
Di–Fr 9–16, So 14–17 Uhr

Osterwieck

PLZ 38835
Vorwahl 03 94 21

Information

Stadtinformation
Markt 1
Tel. 2 94 41, Fax 7 22 63
www.osterwieck.de

Sehenswert

Heimatmuseum
Markt 1
Tel. 2 94 41
www.museum-osterwieck.de
Di–Do 10–12, 13–16,
So 13–16 Uhr

Petersberg

PLZ 06193
Vorwahl 03 46 06

Sehenswert

Museum Petersberg
Hallesche Str. 28
Tel. 2 02 29
www.museum-petersberg.de
Di–So 10–17 Uhr

Prettin

PLZ 06922
Vorwahl 03 53 86

Sehenswert

Schloss Lichtenburg
Schlossstr. 1
Tel. 2 23 82
www.lichtenburg.org
April–Okt. tgl. 10–17 Uhr;
Nov.–März Di–Fr 10–16 Uhr

Quedlinburg

PLZ 06484
Vorwahl 0 39 46

Information

Tourismus-Marketing GmbH
Markt 2
Tel. 90 56 24, Fax 90 56 29
www.quedlinburg-info.de

Übernachten/ Essen und Trinken

Zur Goldenen Sonne
Steinweg 11
Tel. 9 62 50, Fax 96 25 30
www.hotelzurgoldenen
sonne.de
In einem typischen Ackerbürgerhaus (Fachwerk) der historischen Neustadt harztypische Gerichte, auch aus dem hauseigenen Räucherofen.

Romantik Hotel am Brühl
Billungstraße 11
Tel. 9 61 80, Fax 9 61 82 46
www.hotelambruehl.de
Stilvoll eingerichtetes Haus zwischen Schlossberg und Brühl.

Sehenswert

Schlossmuseum
Schlossberg 1
Tel. 90 56 81, Fax 90 56 89
April–Okt. tägl. 10–18 Uhr;
Nov.–März Fr–Mi 10–16 Uhr

Klopstockhaus
Schlossberg 12
Tel. 26 10, Fax 51 59 75
klopstockhaus@
quedlinburg.de
April–Okt. Mi–So 10–17 Uhr;
Nov.–März Mi–So 10–16 Uhr

Ständerbau
Wordgasse 3
Tel. 38 28, Fax 51 59 75
April–Okt. Fr–Mi 10–17,
sonst bis 16 Uhr

Lyonel-Feininger-Galerie
Finkenherd 5 a
Tel./Fax 22 38
www.feininger-galerie.de
April–Okt. Di–So 10–18 Uhr;
Nov.–März Di–So 10–17 Uhr

Stiftskirche
Schlossberg
Tel. 70 99 00
Mai–Okt. Di–Sa 10–17.30,
So/Fei. 12–17.30; Nov.–April
Di–Sa 10 bis 15.30, So/Fei
12–15.30 Uhr

Querfurt

PLZ 06268
Vorwahl 03 47 71

Information

Stadtinformation
Markt 14
Tel. 2 37 99, Fax 2 37 98
www.querfurt.de

Sehenswert

Museum Burg Querfurt
Burg
Tel. 52 40, Fax 52 41 99
www.burg-querfurt.com
Di–So 9–17 Uhr

Salzwedel

PLZ 29410
Vorwahl 0 39 01

Information

Tourist-Information
Neuperverstr. 29
Tel. 42 24 38, Fax 3 10 77
www.kultour-saw.de
www.salzwedel.de

Sehenswert

Johann-Friedrich-Danneil-Museum
An der Marienkirche 3
Tel. 42 33 80, Fax 30 60 01
info@danneil-museum.de
www.museen
-altmarkkreis.de
Di–Fr 13–16.30, Sa/So
13–17 Uhr, Jan. geschl.

Informationen für unterwegs – von Ort zu Ort

Sangerhausen

PLZ 06526
Vorwahl 0 34 64

Information

Tourist-Information
Am Markt 18
Tel. 1 94 33
Fax 51 53 36
www.sangerhausen-tourist.de

Sehenswert

Spengler-Museum
Bahnhofstr. 33
Tel. 57 30 48
Di–So 13–17 Uhr

Europa-Rosarium
Steinberger Weg 3
Tel. 57 25 22
Fax 57 87 39
rosarium-sangerhausen@
t-online.de
www.europa-rosarium.de
April–Okt. 8–19 Uhr

Schierke

PLZ 38879
Vorwahl 03 94 55

Information

Kurverwaltung
Brockenstr. 10
Tel. 86 80, Fax 4 03
www.schierke-am-brocken.de

Schkopau

PLZ 06258
Vorwahl 02461

Übernachten/ Essen und Trinken

Schlosshotel
Am Schloss
Tel. 74 90, Fax 74 91 00
www.schlosshotel
-schkopau.de
Das Viersterne-Haus ist in seinen ältesten Teilen annähernd 1000 Jahre alt und liegt an einem 8 ha großen Park.

Schönebeck

PLZ 39218
Vorwahl 0 39 28

Information

Stadtinformation
Badepark 1
Tel. 7 05 50
www.schoenebeck.de

Sehenswert

Kreismuseum
Pfännerstr. 41
Tel. 6 94 17, Fax 84 58 14
Di, Do, So 13–17 Uhr

Schönhausen

PLZ 39524
Vorwahl 0 39 37

Information

Tourist-Information
Bismarckstr. 2
Tel. 3 88 74, Fax 3 99 60
www.schoenhausenelbe.de

Sehenswert

Bismarck-Museum
Bismarckstr. 2
Tel. 03 93 23/3 88 74
April–Sept. Di–So 10–18 Uhr; Okt.–März Di–So 10–17 Uhr

Seehausen

PLZ 39615
Vorwahl 03 93 86

Information

Stadtinformation
Schulstr. 6
Tel./Fax 5 47 83
www.stadt-seehausen.de

Sorge

PLZ 38875
Vorwahl 03 94 55

Information

Kurverwaltung
Försterbergstr. 3
Tel. 32 39, Fax 9 84 27
callcenter@tiscover.com

Staßfurt

PLZ 39418
Vorwahl 0 39 25

Information

Bürgerinformations- und Dienstleistungscenter
Steinstr. 19
Tel. 98 91 90, Fax 98 91 99
www.stassfurt.de

Informationen für unterwegs – von Ort zu Ort

Stendal

PLZ 39576
Vorwahl 0 39 31

Information

Stendal-Information
Markt 1
Tel. 65 11 90, Fax 65 11 95
www.stendal.de

Übernachten/ Essen und Trinken

Hotel Schloss Storkau
Tel. 03 93 21/52 10, Fax 52 20
www.schloss-storkau.de
In einer Parkanlage direkt an der Elbe. Das Gourmetrestaurant verarbeitet Produkte vom schlosseigenen Gutshof.

Sehenswert

Winckelmann-Museum
Winckelmannstr. 36/37
Tel. 21 52 26, Fax 21 52 27
Di–So 10–17 Uhr

Altmärkisches Museum
Schadewachten 48
Tel. 65 17 00, Fax 65 17 08
Di 13–17, Mi–Fr 10–17,
Sa/So 11–18 Uhr

Stiege

PLZ 38899
Vorwahl 03 94 59

Information

Tourist-Information
Teichstr. 2c, Tel./Fax 7 12 29
tourist-information-stiege@
t-online.de

Stolberg

PLZ 06547
Vorwahl 03 46 54

Information

Tourist-Information
Markt 2
Tel. 4 54, Fax 7 29
www.stadt-stolberg-harz.de

Übernachten/ Essen und Trinken

Hotel Zum Kanzler
Markt 8
Tel. 2 05, Fax 3 11
www.zum-kanzler.de
Direkt im Zentrum der romantischen Fachwerkstadt vis-à-vis von Rathaus, Kirche und Schloss.

Sehenswert

Museum Alte Münze
Niedergasse 19
Tel. 8 59 60
Mi–Fr 10–12.30, 13–17,
Sa/So 10–12, 13–17 Uhr

Museum Altes Bürgerhaus
Rittergasse 14
Tel. 8 59 55
Mi 10–12.30, Di, Do–So 13–17 Uhr

Aussichtspunkte

Großer Auerberg/Josephshöhe, 4 km östlich, von Stolberg, vom Josephskreuz weite Aussicht über den Südharz zum Kyffhäuser, bei klarem Wetter gar bis Magdeburg; Birkenkopf, 5 km nordöstlich

Straßberg

PLZ 06493
Vorwahl 03 94 89

Sehenswert

Bergwerksmuseum Grube Glasebach
Glasebacher Weg
Tel. 2 26
Mai–Okt. Di–Fr 10–16,
Sa/So 10–17 Uhr

Tangerhütte

PLZ 39517
Vorwahl 0 39 35

Information

Stadtinformation
Kulturhaus
Tel. 95 93 59
www.tangerhuette.de

Tangermünde

PLZ 39590
Vorwahl 03 93 22

Information

Tourismus-Büro
Kirchstr. 59
Tel. 2 23 93, Fax 2 23 94
www.tangermuende.de

Übernachten/ Essen und Trinken

Ringhotel Schwarzer Adler
Lange Str. 52
Tel. 9 60, Fax 36 42
www.schwarzer-adler
-tangermuende.de

Informationen für unterwegs – von Ort zu Ort

Sehenswert

Stadtgeschichtliches Museum
Altes Rathaus
Tel. 4 21 53
Di–So 10–17 Uhr

Burgmuseum
Schlossfreiheit 5
Tel. 9 28 44
April–Okt. Di–So 10–17 Uhr

Tanne

PLZ 38875
Vorwahl 03 94 57

Information

Tourist Info Tanne
Schulstr. 2
Tel. 32 26, Fax 32 98
www.tanne-im-harz.de

Thale

PLZ 06502
Vorwahl 0 39 47

Information

Thale-Information
Bahnhofstr. 3
Tel. 25 97, Fax 22 77
www.thale.de

Übernachten/ Essen und Trinken

Berghotel Hexentanzplatz
Hexentanzplatz 1
Tel. 47 30
Fax 4 73 38
www.berghotel-hexentanzplatz.de

Kleines Hotel über dem wildromantischen Bodetal, auch mit einer Kabinenseilbahn zu erreichen.

Sehenswert

Hüttenmuseum
Walther-Rathenau-Str. 1
Tel. 7 22 56, Fax 7 12 56
www.huettenmuseum-thale.de
Nov.–April Di–So 9–17 Uhr;
Mai–Okt. Di–Fr 9–17, Sa/So 10–18 Uhr

Aussichtspunkte
Hexentanzplatz; Rosstrappe, Blick auf Harzvorland und romantischen Bodekessel

Tilleda

PLZ 06537
Vorwahl 03 46 51

Sehenswert

Freilichtmuseum Königspfalz
Pfingstberg
Tel. 29 23
www.tilleda.ottonenzeit.de
April–Okt. tägl. 10–18 Uhr;
Nov.–März tägl. 10–16 Uhr

Treseburg

PLZ 38889
Vorwahl 03 94 56

Information

Kurverwaltung
Ortsstr. 24
Tel. 2 23, Fax 5 60 03
touristinfo.treseburg@web.de

Übernachten/ Essen und Trinken

Hotel Forelle
Ortsstr. 28
Tel. 5640
reisedienst_forelle@web.de
www.forelle-reisen.de
Das älteste Gast- und Pensionshaus im oberen Bodetal bringt derzeit knapp 30 Gerichte aus dem sagenumwobenen Fluss auf den Tisch.

Trautenstein

PLZ 38899
Vorwahl 03 94 59

Information

Kurverwaltung
Schützenstr. 11
Tel./Fax 7 19 23
www.trautenstein.de

Ummendorf

PLZ 39365
Vorwahl 03 94 09

Sehenswert

Bördemuseum
Meyendorffstr. 4
Tel. 5 22
Fax 9 38 63
www.boerde-museum-burg-ummendorf.de
Febr.–Nov. Di–Fr 9–17,
Sa/So 12–17 Uhr

Weißenfels

PLZ 06667
Vorwahl 0 34 43

Information

Touristinformation
Große Burgstr. 1
Tel. 30 30 70
Fax 23 94 72
www.weissenfels.de
www.weissenfelstourist.de

Übernachten/ Essen und Trinken

Jägerhof
Nicolaistr. 51
Tel. 33 40
Fax 33 41 00
www.jaegerhof-weissenfels.de
Stimmungsvolles Haus in der Altstadt, in dem 1723 Johann Sebastian Bachs Jagdkantate unter Anwesenheit des Komponisten zur Aufführung kam.

Sehenswert

Museum im Schloss
Schloss Neu-Augustusburg
Zeitzer Str. 4
Tel. 30 25 52
museum-weissenfels@
t-online.de
Di–So 10–17 Uhr

Heinrich-Schütz-Haus
Nikolaistr. 13
Tel. 30 28 35
www.schuetzhaus-weissenfels.de
Di–So 13–17 Uhr

Wernigerode

PLZ 38855
Vorwahl 0 39 43

Information

Tourismus GmbH
Marktplatz 10
Tel. 5 53 78 35
Fax 5 53 78 99
www.wernigerode
-tourismus.de

Übernachten/ Essen und Trinken

Ringhotel Weißer Hirsch
Marktplatz 5
Tel. 60 20 20
Fax 63 31 39
www.hotel-weisser-hirsch.de
Dieses älteste Hotel der Stadt liegt direkt am Markt vis-à-vis vom berühmten Rathaus.

Sehenswert

Harzmuseum
Klint 10
Tel. 65 44 54, Fax 65 44 97
Mo–Sa 10–17 Uhr

Schloss Wernigerode
Tel. 55 30 30
Fax 55 30 55
www.schloss-wernigerode.de
Mai–Okt. tgl. 10–18 Uhr;
Nov.–April Di–Fr 10–16,
Sa/So 10–18 Uhr

Aussichtspunkte
Schlossterrasse mit Blick zum Brocken; Armeleuteberg/Harburg südlich der Stadt

Wettelrode

PLZ 06528
Vorwahl 0 34 64

Sehenswert

Schaubergwerk und Bergbaumuseum
Röhrigschacht
Tel. 58 78 16, Voranmeldung empfohlen!
www.roehrigschacht.de
Mi–So 9.30–17 Uhr,
Seilfahrten 10, 11, 12.30,
13.45 und 15 Uhr

Wettin

PLZ 06198
Vorwahl 03 46 07

Information

Fremdenverkehrsamt
Burgstr. 4
Tel. 2 03 20
Fax 2 18 64
www.wettin.de

Wiederstedt

PLZ 06333
Vorwahl 0 34 76

Sehenswert

Novalis-Museum
Schäfergasse 6
Tel. 85 27 20
Fax 85 27 27
www.schloss-oberwiederstedt.de
Di–So 10–16 Uhr

Informationen für unterwegs – von Ort zu Ort

Wippra

PLZ 06543
Vorwahl 03 47 75

Information

Fremdenverkehrsbüro
Siedlung 11
Tel. 7 52 48, Fax 7 52 37
www.wippra-harz.de

Wittenberg, Lutherstadt

PLZ 06886
Vorwahl 0 34 91

Information

Wittenberg-Information
Schlossplatz 2
Tel. 49 86 10, Fax 49 86 11
www.wittenberg.de

Übernachten/ Essen und Trinken

Brauhaus Wittenberg im Beyerhof
Markt 6
Tel. 43 31 30, Fax 43 31 31
www.brauhaus-wittenberg.de
Kleiner Hotelbetrieb in einer für Wittenberg typischen Hofanlage des 16. Jh. Hier kann man mehr lernen als nur Biertrinken.

Sehenswert

Melanchthon-Haus
Collegienstr. 60
Tel. 40 32 79, Fax 4 20 32 70
www.martinluther.de
April–Okt. 10–18, Nov.–März Di–So 10–17 Uhr

Lutherhaus
Collegienstr. 54
Tel. 42 03-0, Fax 42 03 27
www.martinluther.de
April–Okt. 9–18 Uhr;
Nov.–März 10–17 Uhr

Stadtkirche St. Marien
Tel. 40 44 15
www.stadtkirchgemeinde-wittenberg.de
Mai–Okt. Mo–Sa 10–17, So 11.30–17 Uhr, sonst jeweils bis 16 Uhr

Schlosskirche
Tel. 40 25 85, Fax 45 97 26
www.schlosskirche-wittenberg.de
Karfreitag–Okt. Mo–Sa 10–18, So 11.30–18, sonst jeweils bis 16 Uhr

Wolmirstedt

PLZ 39326
Vorwahl 03 92 01

Sehenswert

Kreisheimatmuseum
Schlossdomäne
Tel. 2 13 63, Fax 3 24 72
Mo–Fr 9–12, 14–17 Uhr

Wörlitz

PLZ 06786
Vorwahl 03 49 05

Information

Wörlitz-Information
Förstergasse 26
Tel. 2 17 04, Fax 3 10 10
www.woerlitz-information.de

Übernachten/ Essen und Trinken

Landhaus Wörlitzer Hof
Markt 96
Tel. 41 10, Fax 4 11 22
www.woerlitzer-hof.de
Geschmackvoll eingerichtetes Haus direkt am Markt und nur ein paar Schritte in die Woerlitzer Anlagen.

Sehenswert

Schloss Wörlitz
Tel. 2 03 02
Nur Führungen, die letzte Führung findet eine Stunde vor Schließung statt:
Mai–Sept. Di–So 10–18 Uhr; April/Okt. Di–So 10–17 Uhr

Gotisches Haus
Nur Führungen, letzte Führung 1 Stunde vor Schließung: Mai–Sept. Di–So 10–18 Uhr; April u. Okt. Sa/So/Fei 10–17 Uhr
Nähere Informationen über Kulturstiftung Dessau-Wörlitz, Tel. 03 40/6 46 15 41, www.gartenreich.com

Zeitz

PLZ 06712
Vorwahl 0 34 41

Information

Zeitz-Information
Altmarkt 16
Tel. 8 32 91, Fax 8 33 31
www.zeitz.de

Informationen für unterwegs – von Ort zu Ort

Übernachten/ Essen und Trinken

Gasthaus am Neumarkt
Neumarkt 15
Tel. 6 16 60, Fax 61 66 26
www.hotel-zeitz.com

Sehenswert

Museum Schloss Moritzburg
Tel. 21 25 46, Fax 61 93 31
moritzburg@zeitz.de
Di–So 10–17 Uhr
Tel. 21 25 46

Zerbst

PLZ 39261
Vorwahl 0 39 23

Information

Tourist-Information
Schlossfreiheit 12
Tel. 76 01 78, Fax 76 01 79
www.stadt-zerbst.de

Sehenswert

Museum der Stadt Zerbst
Weinberg 1
Tel. 42 28
museum-zerbst@t-online.de
Fr–So 10–16 Uhr

Sammlung Katharina II.
Schlossfreiheit 12
Tel. 23 51
Mo–Fr 9–12.30, 15–17,
Mai–Sept. Sa 9–12.30 Uhr

Zörbig

PLZ 06780
Vorwahl 03 49 56

Sehenswert

Heimatmuseum
Schloss
Tel. 2 56 05
Mo–Fr 9–12, 13–15.30,
So 14–17 Uhr

Reiseinformationen von A bis Z

Aussichtspunkte

In Sachsen-Anhalt sind es vornehmlich der Harz und die südlichen Flusstäler der Saale und Unstrut, die reich an reizvollen Aussichtspunkten sind. Aber auch das Flachland bietet mit einigen Erhebungen bzw. Aussichts- oder Kirchtürmen Lohnendes.

Eine Auswahl davon ist im Abschnitt ›Informationen von Ort zu Ort‹ angegeben; siehe unter: Arneburg, Aschersleben, Bad Kösen, Bernburg, Blankenburg, Halberstadt, Halle, Kyffhäuser, Magdeburg, Naumburg, Stolberg, Thale, Ummendorf, Wernigerode. Weitere Aussichtspunkte:

Brocken
1142 m, höchste Erhebung des Harzes und Zentrum des Nationalparks Oberharz mit Alpengarten
Eckartsberga
Eckartsburg über der Stadt, Bergfried
Goseck
Schloss über dem Saaletal
Hessen
Fallstein, 288 m, 4 km westlich von Hessen, Aussichtsturm mit Blick über das nördliche Harzvorland
Hohneklippen
908 m, Oberharz
Wendelstein
Burgruine über dem Unstrut-Tal

Stakenberg
160 m, in den Hellbergen südlich von Zichtau, mit Blick über die Altmark

Feste

In alten, traditionellen Festen leben bis heute Ritus und Brauchtum, Sage und geschichtliche Überlieferung in ganz eigenartiger Verquikkung. So verschieden die Landschaften sind, so verschieden sind auch die Feste, die gefeiert werden.

Wenn Sachsen-Anhalt auch gewiss nicht den Ruf besitzt, ein Land der Feste zu sein, so gibt es doch einige Eigentümlichkeiten, wobei besonders die alten Siedlungsgebiete in Erscheinung treten, allen voran der Harz.

Beim **Questenfest,** das in *Questenberg* (www.questenberg.de) im Kreis Sangerhausen, am Südrand des Gebirges alljährlich zu Pfingsten begangen wird, verschmelzen wohl ein vorchristliches Frühlingsfest mit einer in die Sagenwelt zurückgesunkenen Geschichte. Danach wurde ein verschwundenes Ritterfräulein nach langer Suche unversehrt im tiefsten Walddickicht beim Kränzewinden von Bauern aufgefunden. Zum Lohn schenkte der dankbare Vater des Mädchens seinen Bauern den gesamten Wald zur gemeinsamen Nutzung. In der allgemeinen Freude über den glücklichen Ausgang des Geschehens wurde die Queste, also der Kranz, an einer langen Stange sichtbar aufgehängt. Und noch heute wird dieser Questenkranz von etwa 3 m Durchmesser alljährlich zu Pfingsten auf einer Bergkuppe, die bezeichnenderweise von Wällen einer bronzezeitlichen Befestigungsanlage umgeben ist, an einem entrindeten Eichenstamm angebracht und mit entsprechendem Jubel, Musik und Tanz zum Mittelpunkt des Festrituals erhoben.

Die Bauern des Oberharzes dagegen feiern lieber erst nach eingefahrener Heuernte. Beim althergebrachten **Grasedanz,** der im Dorf *Hüttenrode* begangen wird, ist der Höhepunkt des Festes die Versteigerung der umtanzten und übersprungenen Heuhaufen. Heukönig wird der Meistbietende. Er darf zum Lohn die Heukönigin, das schönste Mädchen des Dorfes, zum Tanz führen.

Aus einer Nebenerwerbsquelle der Harzer, dem Vogelfang, hat sich seit dem Mittelalter ein fröhlicher Wettstreit erhalten, der alljährlich zu Pfingsten stattfindet und den Meister beim **Finkenschlagen** kürt. Obwohl auch andernorts

Reiseinformationen von A bis Z

begangen, hat sich dieser Brauch besonders in *Benneckenstein* erhalten. Mit Spannung lauschen dort in aller Herrgottsfrühe viele Wettkämpfer den ›Harzer Rollern‹, die ihre gefiederten Preisanwärter aus den mit weißem Tuch eingebundenen Käfigen von sich geben. Denn nicht wie oftmals angenommen ist der runde, in dieser Gegend so bevorzugte Sauermilchkäse der ›Harzer Roller‹, sondern das rollende Gesangsintervall dieser Finken. Zum Sieger gekürt wird der Vogel, der diesen Gesang am längsten durchsteht und den ›Roller‹ am häufigsten wiederholt. Wobei letztendlich die Ehre wohl mehr der Züchter einheimst und nicht das arme Tier.

Da haben es die Jodler besser, die sich in der Regel am ersten Sonntag im September auf der Waldbühne in *Altenbrak* zusammenfinden, um ihre Kunst zu proben. Wer bei diesem **Jodlerwettstreit** einen der vordersten Plätze erjodelt, darf sich immerhin ein ganzes Jahr ›Meisterjodler‹ nennen. Bei Einheimischen wie bei Gästen ist dieses Folklorefest besonders beliebt, wenngleich seine Tradition erst auf die Anfänge unseres Jahrhunderts zurückgeht. Das bedeutet nicht, dass im Harz nicht schon länger gejodelt wurde. Einst waren es hauptsächlich Waldarbeiter und Fuhrleute, die sich durch Jodelschläge über Berge und Täler hinweg verständigten. Diese weithin hörbaren und wohlklingenden Laute werden durch den schnellen Wechsel vom Brustton- ins Kopftonregister erzeugt. Auch manch verliebter Köhler mag auf diese Art sein Mädchen zum Stelldichein gelockt haben. Solche Erwägungen sind heute weitgehend verschwunden. Geblieben ist der Spaß am Gesang und die Freude an diesem Jodlerwettstreit, was die Anzahl der Akteure und Besucher jedes Jahr von neuem beweist.

Die hier jedoch meistgefeierten **Schützenfeste** gehen auf die legendären ›Harzschützen‹ zurück, die sich besonders während der Befreiungskriege als selbstorganisierte Widerstandskämpfer Ansehen und Achtung erworben hatten, und die es späterhin als Sport ansahen, immer wieder einen Meisterschützen zu küren.

Im ländlichen Raum der Börde wie der Altmark finden vorrangig **Ernte- und Kirmesfeste** statt, wobei die Kirmesfeste kirchlichen Ursprungs waren und mit der Weihe einer Kirche in Verbindung standen. Im Lauf der Jahrhunderte geriet dies allerdings mehr und mehr in Vergessenheit, wodurch die Feste ihren eigentlichen Charakter verloren und sich vordergründig auf Ess- und Trinkgelage einengten, begleitet von Spiel und Tanz.

Daneben gibt es alte **Marktfeste.** Auf eine mehrhundertjährige Tradition kann die **Eisleber Wiese** zurückblicken, die alljährlich im Herbst mit der symbolischen Marktrechtsverleihung durch den Kaiser begann und noch beginnt. Der **Havelberger Pferdemarkt,** er findet Anfang September statt, löste vor Jahren noch wahre Völkerwanderungen aus und war das größte Marktfest im Osten Deutschlands überhaupt. Je geringer die Notwendigkeit der Pferde, um so anziehender wurde der Handel mit ihnen.

Vom Salz der Erde muss die Rede sein, wenn es um die **Halloren** mit ihren Festen geht, die stolz der vernichtenden Industrialisierung trotzten. Seit dem 15. Jh. heißen die Salzarbeiter in *Halle* ›Halloren‹. Das Wort hat seinen Ursprung im lateinischen ›hallonum‹, das im Sprachgebrauch zu ›hallorum‹ verdorben wurde, wobei ›hall‹ ins Keltische verweist und die ›Stätte der Salzgewinnung‹ bezeichnet.

Diese Salzarbeiter nun, die ohnehin nach Kasten getrennt in bestimmten Wohnvierteln Halles lebten, schlossen sich 1699 zu einer Salzwirkerbrüderschaft zusammen, um ihre Rechte besser wahren zu können und sich gebührende Anerkennung zu verschaffen.

Aus diesen Bestrebungen resultiert auch der Brauch vom **Fischerstechen.** Da die Halloren in der Regel ausgezeichnete Schwimmer waren, stellten sie dieses Können in einem dem Ritterkampf entlehnten Stechen zur Schau.

Reiseinformationen von A bis Z

Mit Lanzen auf schaukelnden Booten inmitten der Saale stachen sie aufeinander ein vor einem mitunter sehr zahlreichen Publikum, worunter selbst hochgestellte Persönlichkeiten des Adels zu finden waren. Das Schauspiel, unter der romantischen Kulisse des Giebichenstein dargeboten, wurde für illustre Gäste zusätzlich mit Musik untermalt.

Zum Teil in Vergessenheit geraten, belebte sich dieser Brauch seit Anfang unseres Jahrhunderts zunehmend und ist heute, bezeichnet als **Laternenfest**, das beliebteste Sommerfest an der Saale. Es zieht sich von den Morgenstunden bis in die Nacht hinein. Nach dem Fischerstechen am Nachmittag und anderen, meist artistischen Vorführungen, entzünden sich, sobald die Sonne untergegangen ist, Tausende und Abertausende von Lichtern und Laternen in und auf der Saale. Illuminierte Schiffe suchen einander an leuchtender Schönheit zu übertreffen. Krönender Abschluss ist und bleibt das große Feuerwerk, das von den Klängen der ›Feuerwerksmusik‹ des in Halle geborenen Georg Friedrich Händel begleitet wird und bei den bombastisch rauschenden Klängen verglüht.

Hat das Laternenfest den Rahmen des Überlieferten zu Gunsten einer allgemeinen Volksbelustigung gesprengt, verharrt das sogenannte **Pfingstbier** der Halloren unverändert alle zwei Jahre im strengen Ritual. Daran konnte nicht einmal die Tatsache etwas ändern, dass durch die Stillegung der Salinen das Schicksal der Bruderschaft besiegelt schien. Sie gaben sich rechtzeitig eine neue Verfassung, nachdem der Aufnahmekreis durch Ehrenmitgliedschaften, vor allem aber durch Vererbung erhalten bzw. sogar erweitert werden konnte. Und so feiern sie noch heute ihr ›Pfingstbier‹ in alten, überkommenen Trachten, ganz genau wie es 1791 in der ›Beschreibung der Stadt Halle‹ aufgezeichnet steht. »Sie halten dabey öffentliche Aufzüge mit Fahnen und Musik. Auf einem großen Hofe wird ein Baum in die Erde gesteckt, bey diesen wählen sie 4 neue Vorsteher. Wenn dieses geschehen, so tanzen sie mit ihrem Vorsteher um den Baum herum. Die Richter der Halloren, welche mit bekränztem Halloren-Mädchen bey dieser Gelegenheit tanzen, tragen Blumenkränze am Arme. Nach dem Tanz wird brav geschmaust und pokulirt (gezecht). Abends fährt der Richter ... in einem Wagen nach Hause, vor demselben gehet eine Hallorenfrau mit einem großen dicken Kuchen, worauf ein Kranz liegt; und der Bote der Brüderschaft trägt ein großes bemaltes Bierglas mit Bier gefüllt.«

Festspiele/Theater

Zu den nun schon traditionsreichen Musikereignissen Sachsen-Anhalts gehören die jährlichen **Händelfestspiele** (www.haendel festspiele.halle.de) in *Halle*, die **Telemannfesttage** (www.telemann-festtage.de) in *Magdeburg* und der **mdr-Musiksommer** (www.mdr.de/musiksommer). Darüber hinaus gibt es ein vielfältiges Angebot an Konzerten durch die im Land ansässigen Orchester und durch Gastspiele, das speziell im Sommer und zu kirchlichen Feiertagen durch Konzerte in Kirchen erweitert wird. Größere Ein- und Mehrspartentheater und Puppentheater spielen in Magdeburg, Halle, Dessau oder Halberstadt/Quedlinburg (www.theater-index.de).

Museen und Sehenswürdigkeiten

In Sachsen-Anhalt gibt es über 200 Museen und museumsähnliche Einrichtungen. Nur ein kleiner Teil kann hier aufgelistet werden; siehe Abschnitt ›Informationen für unterwegs – Von Ort zu Ort‹. Die Öffnungszeiten insbesondere kleinerer Einrichtungen können sich häufiger geringfügig ändern.

Über Weihnachten und Neujahr gibt es oft Sonderregelungen. Bei sehr unübersichtlichen Öffnungsordnungen wurden lediglich die

Kernzeiten angegeben. Im übrigen besteht vielfach für Gruppen die Möglichkeit einer gesonderten Vereinbarung.

Für detaillierte Informationen zu den Museen empfiehlt sich der vom Museumsverband Sachsen-Anhalt herausgegebene Museumsführer für 10,20 Euro. Die funktionale Homepage des Verbandes (www.mv-sachsen-anhalt.de) bietet neben Kurzinformationen zudem schnelle Links zu Seiten der dem Verband angehörenden Museen.

Historische Bauwerke, eingeschlossen die Kirchen, die nicht in erster Linie museal genutzt werden, haben nur bedingt feste Besuchszeiten. Ausnahmen freilich sind die großen Kirchen und Dome in Naumburg, in Merseburg, Halle, Wittenberg, Quedlinburg, Gernrode, Halberstadt, Magdeburg, Stendal, Tangermünde, Jerichow oder Havelberg, wo feste Öffnungszeiten bestehen oder zu bestimmten Zeiten Führungen angeboten werden. Doch gibt es an vielen anderen Orten auch Hinweise, wie eine Kirchenbesichtigung ermöglicht wird. Ansonsten hilft nur der Weg zum Pfarrer oder Küster. Mit der Einrichtung der ›Straße der Romanik‹ und durch die vermehrten Bemühungen vieler Kommunen um ihre sakralen Bauwerke hat sich hier schon vieles verbessert.

Naturdenkmäler

Sachsen-Anhalts vielfältige Landschaftsstruktur hat im nordöstlichen Teil des Harzes ihre wohl schönsten Naturdenkmäler zu bieten. Zentrum ist der **Nationalpark Oberharz** (www.nationalpark-hochharz.de) mit seiner subalpinen Flora auf dem **Brocken**, wo schon vor über hundert Jahren der erste Alpengarten angelegt wurde. Die Flusstäler der **Steinernen Renne**, der **Ilse**, der **Bode** und der **Selke** prägen diese Landschaft. Besondere Berühmtheit haben das Panorama des **Bodekessels** bei Thale und die **Ilsefälle** erreicht. Am Gebirgsrand verdient der Sandsteinrücken der **Teufelsmauer,** der sich mit Unterbrechungen von Blankenburg bis Neinstedt hinzieht, besondere Beachtung. Als Attraktionen gelten die **Hermannshöhle** und die **Baumannshöhle** in Rübeland. Diese Tropfsteinhöhlen zählen zu den bedeutendsten in ganz Deutschland. Im Südharz liegt am Talhang der Thyra zwischen Rottleberode und Berga die **Heimkehle,** die größte Gipshöhle in den östlichen Bundesländern. Ebenfalls eine Gipshöhle ist die **Barbarossahöhle** am Südrand des Kyffhäusergebirges.

Darüber hinaus besitzt Sachsen-Anhalt eine weitere Anzahl durchaus sehenswerter Naturdenkmäler, die hier im einzelnen nicht aufgezählt werden können. Nicht zuletzt gehören dazu die Flusstäler der **Saale, Unstrut** und **Elbe** (www.elbetourist.de), wo es neben anderem Restbestände ursprünglicher Auenwälder gibt.

Parks, Gärten und Friedhöfe

Unter diesem Stichwort steht in Sachsen-Anhalt an erster Stelle das weltberühmte **Dessau-Wörlitzer Gartenreich** (www.gartenreich.com) mit dem **Luisium** und dem **Georgium** in *Dessau*, den **Schlossparks** in *Oranienbaum* und *Mosigkau* und natürlich den **Wörlitzer Anlagen,** um nur die bedeutendsten zu nennen. Einst fanden sich solche oder ähnliche Parks an fast allen Adelssitzen. Viele davon sind heute in naturnahe Parks umgewandelt oder einfach verwildert. Erst jetzt geht man an einigen Orten daran, sie, wenn nicht original, so doch in angemessener Form wiederherzustellen.

Eine besondere Form dieser Gärten und in seiner Erhaltung einmalig ist der 1732 angelegte, 50 mal 50 m große **Irrgarten** in *Altjeßnitz*, Kreis Bitterfeld. Ein schönes, wenn auch recht kleines Beispiel eines **Barockgartens** findet sich am Kleinen Schloss in *Blankenburg*. Daneben entstanden **Bürger- bzw. Stadtparks,** die sich auch heute noch in fast jeder Stadt finden. Der bekannteste in

Reiseinformationen von A bis Z

Sachsen-Anhalt dürfte der **Rotehornpark** auf der gleichnamigen Elbinsel in *Magdeburg* sein. Einer der in seiner Art schönsten historischen **Kurparks** befindet sich in *Bad Lauchstädt*, einem Modebad aus der Goethe-Zeit.

Einen Sonderplatz nimmt auch das **Rosarium Sangerhausen** (www.europa-rosarium.de) ein. Mit einem Bestand von über 6000 wildwachsenden und gezüchteten Rosen zählt es zu den schönsten und reichsten seiner Art.

Botanische Gärten gibt es in *Halle* und *Magdeburg*. Der älteste, 1890 angelegte Alpenpflanzengarten der Welt ist der **Brockengarten** auf dem Plateau des höchsten Berges Sachsen-Anhalts. Auf dem knapp einen halben Hektar großen Areal wachsen heute knapp 1500 Pflanzenarten aus allen Hochgebirgen der Welt.

Insgesamt gibt es in Sachsen-Anhalt an die 1000 Gärten und Parks. 40 von ihnen sind in das Projekt ›**Gartenträume – Historische Parks in Sachsen-Anhalt**‹ aufgenommen worden, vom mittelalterlichen Klostergarten in Drübeck bis zu dem im Entstehen begriffenen Landschaftspark Goitsche bei Pouch nahe Bitterfeld. Ihnen gilt besondere Aufmerksamkeit bei Pflege, Wiederherstellung und Bewirtschaftung (nähere Informationen unter www.gartentraeume-sachsen-anhalt.de).

Friedhöfe mit einzelnen Denkmälern des 17., 18. oder 19. Jh. sind in Sachsen-Anhalt keine Seltenheit. Sie finden sich auch auf vielen Kirchhöfen oder Parks, die heute nicht mehr als Friedhöfe benutzt werden. Im Text wird darauf verschiedentlich hingewiesen.

Als Besonderheiten hingegen gelten der **Stadtgottesacker** in *Halle* und der **Kronenfriedhof** in *Eisleben*. Beide gehen in ihrer Anlage auf das Vorbild des italienischen Camposanto zurück. Auch der **Historische Friedhof** in *Dessau* lässt sich darauf zurückführen. Er wurde aber nicht wie die erstgenannten schon im 16. Jh., sondern erst ab 1787 angelegt und ist heute zu einer Parkanlage umgestaltet. Ebenfalls im 16. Jh. entstanden, bietet der **Stadtfriedhof** in *Merseburg* zahlreiche qualitätvolle Grabdenkmäler vornehmlich des 18. Jh.

Einen 6000 Jahre alten ›Friedhof‹ mit Großsteingräbern birgt der **Haldensleber Forst**.

Straße der Romanik

1993 ist in Sachsen-Anhalt die ›Straße der Romanik‹ (www.romanikstrasse.de) eröffnet worden. Auf einer Nord- und einer Südroute kann man eine Entdeckungsreise in das deutsche Mittelalter in einer Landschaft unternehmen, die zweifellos zu den an romanischen Baudenkmälern reichsten in Deutschland gehört. Ein Signet an den empfohlenen Reisewegen führt zu 60 Denkmälern romanischer Architektur: Klöster, Dome, Dorfkirchen, Stadtanlagen, Häuser, Burgen und besondere Einzelstücke romanischer Kunst. Inzwischen sind mehrere Führer und Faltblätter zu einzelnen Abschnitten der Straße mit Beschreibungen der Objekte erschienen.

Die ›Straße der Romanik‹ erfasst zwar die wichtigsten Denkmäler romanischer Architektur, jedoch bei weitem nicht alle. Ein Vergleich mit dem vorliegenden Reiseführer, der sich z. T. auf andere Denkmäler konzentriert, macht das deutlich und sollte dazu verführen, auch abseits der Straße nach Sehenswürdigkeiten Ausschau zu halten. (Die Bezeichnung und Datierung der einzelnen Stationen folgt dem offiziellen Material des Ministeriums für Wirtschaft, Technologie und Verkehr des Landes Sachsen-Anhalt.)

Nordroute:

1 Magdeburg: Dom (10./12. Jh.), Kloster Unser Lieben Frauen (12. Jh.), St. Petri (1150), St. Sebastianskirche (11. Jh.)
2 Groß Ammensleben: Benediktinerkloster (1129)
3 Hillersleben: Benediktinernonnenkloster (1022)
4 Hundisburg: Ruine Nordhusen (12. Jh.)

Reiseinformationen von A bis Z

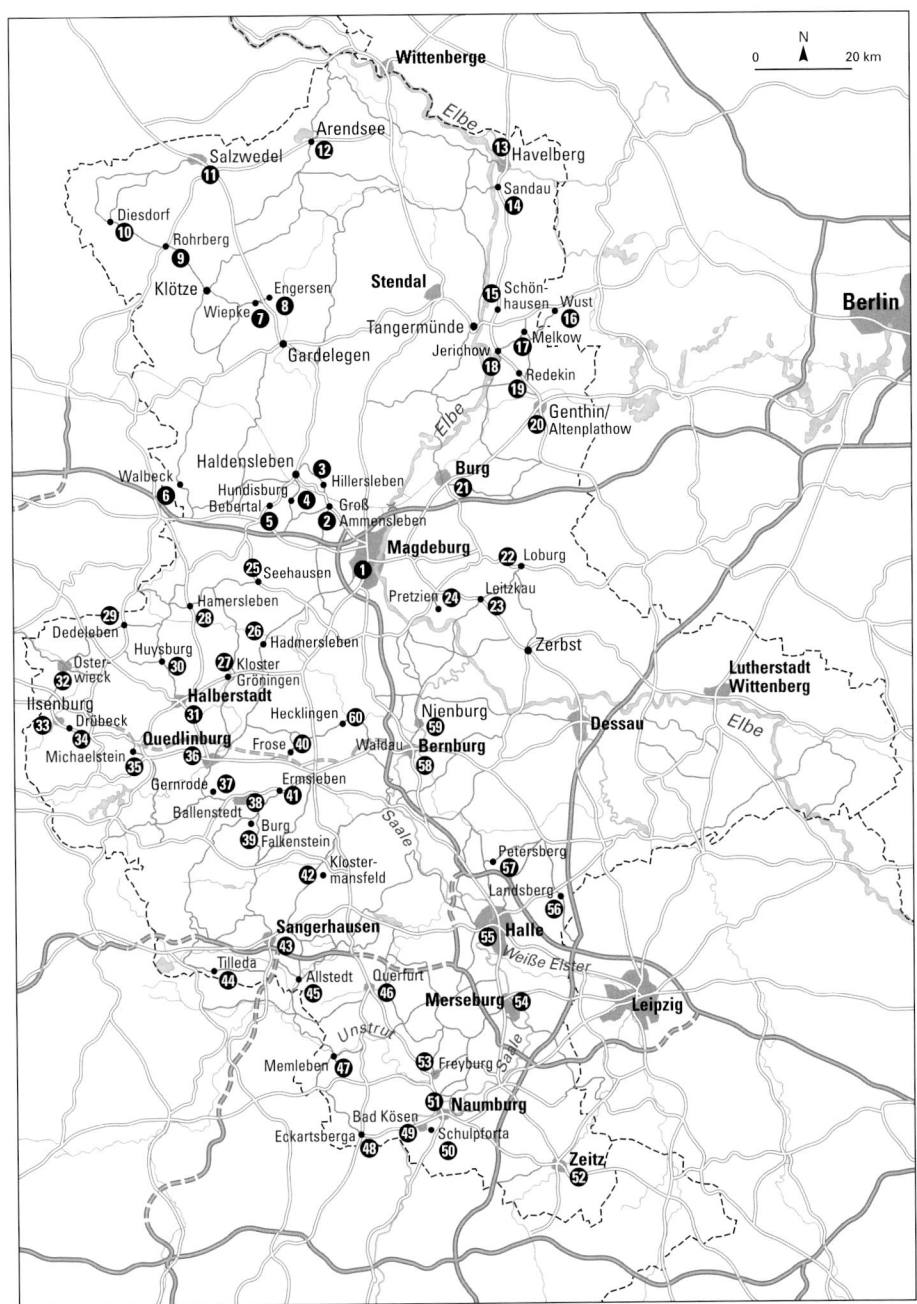

Reiseinformationen von A bis Z

5 Bebertal: Friedhofskapelle (10. Jh.)
6 Walbeck: Stiftskirche St. Marien (11. Jh.), Sarkophag Graf Lothars II. (10. Jh.) in der Dorfkirche
7 Wiepke: Dorfkirche (12. Jh.)
8 Engersen: Dorfkirche (13. Jh.)
9 Rohrberg: Dorfkirche (12. Jh.)
10 Diesdorf: Augustinerchorherren- und Nonnenklosterkirche (1161)
11 Salzwedel: Lorenzkirche (Mitte 13. Jh.)
12 Arendsee: Benediktiner-Nonnenkloster (1184)
13 Havelberg: Dom St. Marien (1150)
14 Sandau: St. Nicolaus (1200)
15 Schönhausen: Dorfkirche (1212)
16 Wust: Dorfkirche (12. Jh.)
17 Melkow: Dorfkirche (12. Jh.)
18 Jerichow: Prämonstratenserstift (1148), Stadtkirche (1230)
19 Redekin: Dorfkirche (12. Jh.)
20 Altenplathow/Genthin: Figurengrabstein (1170) in der Kirche
21 Burg: Unterkirche St. Nikolai (1190), Oberkirche Unser Lieben Frauen (1250)
22 Loburg: Ruine Liebfrauenkirche (1190)
23 Leitzkau: Dorfkirche St. Petri (1150), Klosterkirche St. Maria (1155)
24 Pretzien: Dorfkirche St. Thomas (1180)

Südroute:

25 Seehausen/Börde: Paulskirche (1148)
26 Hadmersleben: Benediktinerinnenkloster (10.–12. Jh.)
27 Kloster Gröningen: Klosterkirche St. Vitus (12. Jh.)
28 Hamersleben: Stiftskirche St. Pankratius (1111)
29 Dedeleben: Westerburg (11. Jh.)
30 Huysburg: Benediktinerkloster (1121)
31 Halberstadt: Liebfrauenkirche (1020), Dom St. Stephanus (1239)
32 Osterwieck/Harz: Stephanikirche (1150)
33 Ilsenburg: Klosterkirche (1180)
34 Drübeck: Klosterkirche (1170)
35 Michaelstein: Zisterzienserkloster (1147)
36 Quedlinburg: Stiftskirche St. Servatii (11. Jh.), Krypta der Wipertikirche (1020)
37 Gernrode: Stiftskirche St. Cyriakus (10. Jh.)
38 Ballenstedt: Klosterkirche (1043) mit Grab Albrechts des Bären († 1170)
39 Burg Falkenstein (1120)
40 Frose: Stiftskirche (936)
41 Ermsleben: Kloster Konradsburg (1200)
42 Klostermansfeld: Klosterkirche (1040)

43 Sangerhausen: Ulrichkirche (1116–1123)
44 Tilleda: Kaiserpfalz (10. Jh.)
45 Allstedt: Burg (erste Erwähnung im 9. Jh.)
46 Querfurt: Burg (um 899)
47 Memleben: Klosterkirche St. Marien (10. Jh.)
48 Eckartsberga: Eckartsburg (12. Jh.)
49 Bad Kösen: Rudelsburg (1171), Burg Saaleck (1050), Romanisches Haus (12. Jh.)
50 Schulpforta: Zisterzienserkloster (1128), Kirche (1137)
51 Naumburg: Dom (13. Jh.)
52 Zeitz: Moritzburg mit Dom St. Peter und Paul (11. Jh.), ottonische Krypta (10. Jh.)
53 Freyburg: Schloss Neuenburg (11.–13. Jh.)
54 Merseburg: Dom St. Johannes und Laurentius (11. Jh.), Neumarktkirche (12. Jh.)
55 Halle: Burg Giebichenstein (961), Dorfkirche Böllberg (12. Jh.)
56 Landsberg: Doppelkapelle St. Crucis (1170)
57 Petersberg: Stiftskirche St. Petrus (12. Jh.)
58 Waldau/Bernburg: Dorfkirche St. Stephan (1180)
59 Nienburg: Klosterkirche St. Marien und Cyprian (11. Jh.)
60 Hecklingen: Klosterkirche (1170)

Register

Personen- und Sachregister

Achilles, Albrecht 125
Adelheid, Äbtissin 173, 174
Adelheid, Kaiserin 50, 57, 356
Adler, Friedrich 271
Agnes, Äbtissin 173
Agnes, Fürstin von Anhalt 254
Albrecht, Herzog von Sachsen 21
Albrecht II., Erzbischof von Magdeburg 57
Albrecht der Bär, Markgraf der Nordmark und Gründer der Mark Brandenburg 20, 22, 38, 76, 84, 89, 110, 122, 208, 213, 218, 236, 265, 375
Albrecht, Markgraf von Brandenburg, Erzbischof von Magdeburg 10, 23, 25, **41**, 283, 284, 287, 289, 290, 292
Albrecht von Querfurt, Erzbischof von Magdeburg 162
Aldegrever, Heinrich 267
Alexander III., Papst 302
Alexander Carl, Herzog von Anhalt-Bernburg 217
Alvensleben, Adelsfamilie 144, 149
Alvensleben, Johann Friedrich von 149
Alvensleben, L. von 105
Anhalt, Grafen von 219, 241
Anhalt-Bernburg, Herzöge von 211
Anhalt-Bernburg-Hoym-Schaumburg, Fürsten von 217
Anna Wilhelmine, Prinzessin von Anhalt-Dessau 251
Apel, Heinrich 68, 332
Arnim, Achim von 296
Arnold, Hans 235
Askanier 20, 22, 38, 145, 154, 208, 218, 226, 229, 265, 271
Asseburg, Achaz von 211
Asseburg, August von 141
Asseburg, Bernhardine von 209
August, Herzog von Sachsen-Weißenfels 378
August II., der Starke, Kurfürst von Sachsen 274, 277, 278, 316
August von Sachsen, Administrator des Erzbistums Magdeburg 27
Attila, Hunnenkönig 15
Augustinereremiten 237, 266, 378
Augustinerorden 64, 103, 116, 122, 139, 142, 167, 169, 227, 236, 293, 299, 337, 370

Bach, Johann Sebastian 29, **41f.**, 121, 232, 235, 320, 339
Bach, Maria Barbara 232
Backoffen, Hans 292
Baldung gen. Grien, Hans 267
Bandhauer, Gottfried 234, 235, 262
Barby, Agnes von 226
Barby, Burkart von 132
Barby, Grafen von 131
Barby, Sophie von 238
Barby, Wolfgang von 131
Bardt, Karl Friedrich 340
Barlach, Ernst 63f.
Basedow, Johann Bernhard 29, 47, 241
Beckmann, Max 291
Beer, Johann 320
Begas, Reinhold 244
Behrens, Peter 44
Beichlingen, Grafen von 202
Benediktinerorden 93, 104, 135, 138, 139, 157, 174, 193, 224, 225, 321, 337, 354, 356, 375
Berenhorst, Georg Heinrich von 241
Bernhard, Bischof von Halberstadt 214
Bernhard, Herzog von Sachsen 20
Bernhard II., Herzog von Sachsen 336
Bernhard III., Fürst von Anhalt 226
Bezeling, Bischof von Quedlinburg 173
Bierstedt, Arnold 108
Bill, Max 245
Binder, Bastian 291
Binder, Ludwig 130, 242, 259, 268, 372
Bismarck, Otto von 31, 40, **42**, 82, 109
Blankenburg, Grafen von 183
Blome, Andreas 113
Blühme, Joseph 350
Blüthner, Julius Ferdinand 326
Blütner, Samuel 197
Bodmer, Johann Jakob 47
Bogenkranz, Zacharias 294

427

Personen- und Sachregister

Böhme, Johann Heinrich 321
Bolizlav, Herzog von Böhmen 19
Boltze, Johann Gottfried 299
Bonstede, Hermen 91
Bora, Katharina von 48, 266, 269
Borlach, Johann Gottfried 316, 342
Borstel, Helmecke 91
Boxthude, Steffen 89, 115, 120
Bratfisch, August 141
Brecht, Bertolt 35
Brenner, Melchior 309
Brentano, Clemens 296
Brose, Christoph Friedrich 251
Brunsberg, Hinrich 121
Brüsewitz, Oskar 36
Bugenhagen, Johannes 269
Bunge, Johann Adolf Philipp 229
Burchard von Esebeck, Salzgraf 130
Burchard II., Bischof von Halberstadt 20, 193
Burchard III., Erzbischof von Magdeburg 22, 57
Bürger, Gottfried August 77, 210

Cäcilie von Sachsen 378
Calixt II., Papst 20
Canaletto (Bernardo Belotto) 261
Caroveri, Giovanni 321
Christian von Sachsen-Weißenfels 319, 344, 345
Christian II., Kurfürst von Sachsen 276
Christian von Braunschweig 26, 143
Christiane Eberhardine, Kurfürstin von Sachsen 277

Christine von Schweden, Königin 169
Chryselius, Johann Wilhelm 314
Clausewitz, Carl von 74
Courths-Mahler, Hedwig 355
Cranach, Lucas d. Ä. 41, **42f.**, 48, 222, 260, 267, 268, 269, 287, 339, 361, 368, 373
Cranach, Lucas d. J. 39, 99, 226, 234, 238, 239, 245, 263, 268, 269
Creutz, Caspar 307
Crola, Elise 193
Crola, Heinrich Georg 193
Czechowski, Heinz 359

Damm, Christian Friedrich 251
Danneil, Johann Friedrich 89, 96, 99, 102
Dietrich I. von Brehna-Wettin 298
Dietrich II. von Brehna-Wettin 298
Dietrich II., Bischof von Naumburg 332
Dietrich der Bedrängte, Markgraf von Meißen 317
Dominikanerorden 119, 291, 293, 346
Drake, Friedrich 270, 271
Dreysse, Wolfgang 178, 369
Dürer, Albrecht 41, 42, 272, 273
Dyck, Anthonis van 251

Ebeleben, Nickel von 380
Eber, Paul 269
Ebert, Friedrich 32
Ebhardt, Fritz 114
Echternach, Peter von 230
Editha, Kaiserin 50, 55, 57, 58, 61, 62, 171

Ehrenburg, Ilja 33
Eichendorff, Joseph von 281, 297
Eike von Repgow 22, 38, 68, 210
Einbeck, Conrad von 228, 293, 294
Ekkehard II., Markgraf von Meißen 335, 336, 343
Entzelt, Christoph 89
Erasmus von Rotterdam 48
Erdmann, Daniel 317
Erdmannsdorff, Friedrich Wilhelm Freiherr von 10, **43**, 47, 241, 245, 248, 252, 253, 257, 259, 260, 261, 262
Erdmuthe Dorothea, Herzogin von Sachsen-Merseburg 314
Ernestiner, Fürstenfamilie 265
Ernst, Graf von Mansfeld 238
Ernst von Sachsen, Erzbischof von Magdeburg 21, 58, 62f., 133, 283, 289
Erxleben, Dorothea von 181
Esico von Ballenstedt, Graf 207
Eulenspiegel, Till 230
Eyserbeck, Johann Friedrich 241, 249, 252

Feininger, Lyonel 176f., 245, 246, 281, 286, 291
Fichte, Johann Gottlieb 340
Fieger, Carl 246
Fischer, Carl 31
Floris, Cornelis 107
Floris, Frans 107
Föhse, Anna Luise 28
Fontane, Theodor 109, 121, 153
Forster, Georg 258

428

Personen- und Sachregister

Francke, August Hermann 28, **43f.**, 283, 294
Franz Ferdinand, Erzherzog von Österreich 109
Franziskanerorden 95, 116, 131, 132, 169, 237, 238
Franz, Robert 282, 289
Franz von Assisi 221
Friedel, Friedrich 240
Friedell, Egon 114
Friedrich, Caspar David 286
Friedrich I. Barbarossa 199, 200, 201, 203, 302, 306
Friedrich I., Kurfürst von Brandenburg und König in Preußen 125
Friedrich II., ›der Große‹, König von Preußen 28, 29, 43, 51, 78, 82, 104, 127, 186, 234, 241
Friedrich der Weise, Kurfürst von Sachsen 25, 42, 48, 265, 271, 272, 381
Friedrich von Wettin, Erzbischof von Magdeburg 62
Friedrich Wilhelm I., König von Preußen 28, 40, 51, 82, 109, 241
Friedrich Wilhelm III., König von Preußen 142, 310, 312
Friedrich Wilhelm IV., König von Preußen 109
Frühling, Karl 187

Geiger, Nikolaus 200
Gellert, Christian Fürchtegott 258, 315
Gentz, Heinrich 315
Georg, Herzog von Sachsen 25
Georg, Markgraf von Meißen 341
Gerhardt, Paul 255
Gero, Erzbischof von Magdeburg 64
Gero, Markgraf 19, 214, 217
Gersen, Ottilie von 381
Gertrud von Hackeborn 363
Geyer, Gerhard 378
Ghropengheter, Ludwig 101
Gleim, Johann Wilhelm Ludwig 153, 166, 211, 315
Gneisenau, August Graf Neidhardt von 142
Göderitz, Johannes 70
Goethe, Johann Wolfgang von 131, 142, 153, 166, 182, 202, 242, 257, 296f., 315, 382
Göricke, Johann 339
Göring, Hermann 109
Gottsched, Johann Christoph 315
Götz, Curt 281
Götze, Wolf 169
Grade, Hans 69
Gregor von Tours 349
Griebenstein, Andreas 317
Grimm, Brüder 149
Gröningen, Gertrud 136
Gropius, Walter 10, 33, 40, **44**, 207, 244, 245, 246
Gryphius, Andreas 23, 232
Grzimek, Waldemar 64
Guericke, Otto von 9, 26, **44f.**, 66, 68
Günther, Andreas 230, 286, 292
Gustav Adolf II., König von Schweden 316, 318, 339
Guts Muths, Johann Christoph Friedrich 180
Güttel, Caspar 370

Hacke, Hans 114
Hackert, Philipp 261
Hadrian, Kaiser 259
Hahnemann, Samuel 235
Händel, Georg Friedrich **45**, 282, 284, 321
Hans von Köln 98
Harms, Johann Oswald 321, 339
Hatheburg, Königin 304
Hathui, Äbtissin 214
Haußmann, Eilias Gottlob 41
Hedwig, Kurfürstin von Sachsen 275, 276
Heffner, Claus 273
Heine, Heinrich 153, 193, 194, 296
Heinrich I., König 11, 18, 37f., **45f.**, 73, 89, 171, 174, 175, 177, 304, 356
Heinrich II., Kaiser 19, 192, 193, 304, 306, 307, 356
Heinrich III., Kaiser 300, 336, 363
Heinrich IV., Kaiser 201, 217, 309, 363
Heinrich V., Kaiser 20, 38, 343, 360
Heinrich VI., König 203
Heinrich, Herzog von Braunschweig-Wolfenbüttel 25
Heinrich, Herzog von Sachsen-Weißenfels 131
Heinrich der Erlauchte, Markgraf von Meißen 303
Heinrich der Löwe, Herzog von Bayern und Sachsen 148, 160, 203
Heinrich der Stolze, Herzog von Bayern 208, 229
Heinrich von Morungen 376
Heinrich von Veldeke 345
Heise, Katharina 130
Helding, Michael Sidonius, Bischof von Merseburg 304
Hendrich, Hermann 182

429

Personen- und Sachregister

Henriette Katharina, Prinzessin von Oranien 254
Herder, Johann Gottfried 166
Herlitz, Christoph 353
Hermann, Landgraf von Thüringen 345
Hermann von Salm-Luxemburg 363, 364
Hermenefred, König von Thüringen 348
Hesekiel, Georg Christoph 253, 259, 262
Hesse, Ludwig Ferdinand 109
Hildebrand, Zacharias 339, 378
Hildegrim von Châlons-sur-Marne, Bischof von Halberstadt 17, 37, 159, 222
Hildegrim II., Bischof von Halberstadt 159
Hildeward, Bischof von Halberstadt 168
Hildeward, Bischof von Zeitz 329
Hilleborch, Thomas 190
Hindenburg, Paul von Beneckendorff und 33, 109
Hirsch, Erhard 259
Hitler, Adolf 32, 33, 40
Hoelz, Max 32
Hoffmann, Friedrich 314
Hoffmann, Johann Heinrich 177
Hofmann, Nickel 230, 284, 287, 295, 311
Hohenzollern, Fürstenfamilie 125, 145, 154
Hohmann, Otto 231
Holbein, Friedrich Wilhelm 271
Hölderlin, Friedrich 244
Holland, Henry 260
Hoppenhaupt, Johann Michael d. Ä. 235, 250, 310, 311, 312, 314

Hoßfeld, Fritz 329
Hoyer I., Graf von Mansfeld 360, 375
Hoyer VI., Graf von Mansfeld 367, 372
Hugenberg, Alfred 32
Humboldt, Wilhelm von 375
Hundrieser, Emil 201
Hunold, Erzbischof von Magdeburg 329
Hunold, Friedemann 250, 253

Innozenz III., Papst 307
Irmisch, Hans 266

Jahn, Friedrich Ludwig 31, 102, 347
Jean Paul (Friedrich Richter) 166
Jérôme, König von Westfalen 29
Joachim I., Kurfürst von Brandenburg 25
Joachim Ernst, Fürst von Anhalt 39, 230, 241, 245
Joachim Friedrich, Kurfürst von Brandenburg 109
Johann Adolf I., Herzog von Sachsen-Weißenfels 319, 378
Johann Cicero, Kurfürst von Brandenburg 23, 38, 125
Johann Friedrich, Kurfürst von Sachsen 25, 43
Johann Georg, Fürst von Anhalt-Dessau 245, 249, 254
Johann Georg, Herzog von Sachsen-Weißenfels 319
Johann der Beständige, Kurfürst von Sachsen 271, 273
Johann von Wöpelitz, Bischof von Havelberg 86
Johanna Elisabeth von Anhalt-Zerbst, Fürstin 77

Johannes XIX., Papst 329
Johannes von Schleinitz, Bischof von Naumburg 326
Johanniterorden 90, 328
Jonas, Justus 367
Jordaens, Jakob 251
Juckoff, Paul 316
Julius von Pflug, Bischof von Naumburg 322, 327
Junkers, Hugo **46,** 242

Kadaloh, Bischof von Naumburg 329
Kandinsky, Wassily 245, 246
Kapup, Christoph 61, 62
Karl IV., Kaiser 100, 122, 124, 125
Karl V., Kaiser 25, 230, 281
Karl VI., Kaiser 184
Karl der Große, Kaiser 17, 18, 37, 50, 55, 151, 227
Karl August, Herzog von Sachsen-Weimar 202
Karlstadt (Andreas Bodenstein) 48, 268
Karmeliterorden 170
Karsch, Anna Luise 170
Katharina II. ›die Große‹ (Sophie Auguste Friederike von Anhalt-Zerbst), Zarin 77, 211, 240
Katte, Hans Hermann von 82
Kempen, Wilhelm van 251
Keßler, Kilian 198
Kirchner, Ernst Ludwig 286
Klee, Paul 245, 246, 291
Klinger, Max 344
Kloeber, August von 271
Klopstock, Friedrich Gottlieb **46f.,** 153, 166, 176, 211, 340
Klumpp, Hermann 177
Knobelsdorff, Georg Wenzeslaus 240, 251

Personen- und Sachregister

Königsmark, Philipp Christoph Graf von, Marschall 169
Kolup, Tile 201
Konrad I., König 18, 45
Konrad II., Kaiser 38, 329
Konrad, Erzbischof von Magdeburg 208
Konrad, Markgraf von Meißen 208, 299, 300, 301
Korb, Hermann 149, 183
Körner, Theodor 357
Kraft, Caspar 286
Krakau, Johann von 336
Krieger, Johann Philipp 320
Kristan von Luppin 202
Krosigk, Bernd von 232
Krosigk, Christoph von 232
Krukmann, Hermann 220
Krummel, Heinrich 189
Krupp, Gustav 33
Kügelgen, Wilhelm von 31, 210, 211, 213, 217, 227, 229
Kugler, Franz 342
Kunigunde, Kaiserin 307
Kutzke, Georg 370

Ladegast, Friedrich 309, 321
Lavater, Johann Kaspar 258
Lemoine, Alfred 45
Lenbach, Ernst von 42
Lenin, Wladimir Iljitsch 305
Lenné, Peter Joseph 70, 212
Leopold, Fürst von Anhalt-Köthen 41, 250
Leopold I., der ›Alte Dessauer‹, Fürst von Anhalt-Dessau 28, 40, 66, 67, 241, 244, 250
Leopold III. Friedrich Franz, ›Vater Franz‹, Fürst von Anhalt-Dessau 10, 29, 40, 43, **47f.**, 241, 252, 253, 257, 258, 259, 260
Leopold Maximilian, Fürst von Anhalt-Dessau 244
Lessing, Gotthold Ephraim 47, 166, 242
Leubelfing, August von 339
Levi, Paul 34
Lichtenfels, Gerhard 284
Lichtenfelser, Heinrich 287
Lindner, Johann Carl 250
Lissitzky, El 291
Liszt, Franz 212
Liudolfinger 18, 153
Loewe, Carl 301
Logau, Friedrich 232
Löns, Hermann 186
Lortzing, Albert 212
Löser, Hans von 276, 278
Lothar von Supplinburg, Herzog von Sachsen, Kaiser 20, 21, 38, 171, 183, 224
Louis Ferdinand, Prinz von Preußen 109
Ludwig, Fürst von Anhalt-Köthen 232, 233, 234
Ludwig III., Landgraf von Thüringen 345
Ludwig XIV., König von Frankreich 319
Ludwig der Deutsche 18, 37
Ludwig der Springer 194, 343, 344, 378, 379
Ludwig Rudolf, Herzog von Braunschweig-Wolfenbüttel 184
Luise, Königin von Preußen 103
Luther, Hans 269
Luther, Martin 10, 23, 24f., 39, 41, 43, **48**, 169, 196, 197, 265, 266, 268, 269, 270, 271, 273, 289, 292, 322, 360, 363, 364, 365, 367, 369, 370, 374, 381
Lynar, Rochus van 262

Maier, Hermann 302
Mansfeld, Ernst von 26
Mansfeld, Grafen von 253, 361, 371, 374, 376
Maria Theresia, Kaiserin 184
Marcks, Gerhard 289, 296
Marx, Jenny 96, 100
Mathilde, Äbtissin 174
Mathilde, Königin 171, 174
Mathisson, Friedrich von 241, 259
Mechthild von Hackeborn 49, 363
Mechthild von Magdeburg **49**, 363
Meister Arnold 191
Melanchthon, Philipp 89, 197, 266, 269, 270, 271, 273, 289, 322, 367
Mendelssohn, Moses 242, 244
Mente, Heinrich 123
Merian, Matthäus d. J. 44
Messel, Alfred 213
Meyer, Adolf 44
Meyer, Hannes 44, 246
Meyer, Konrad Ferdinand 339
Minde, Grete 121
Minetti, Abondio 240
Minetti, Francesco Domenico 353
Miseko, Herzog von Polen 19
Moestel, Johann 307
Moritz, Kurfürst von Sachsen 25, 326, 327, 340
Moser, Wilhelm 189
Muche, Georg 246
Müller, Wilhelm 241, 244
Münchhausen, Chr. W. von 75

431

Personen- und Sachregister

Münchhausen, Hilmar von 77
Münchhausen, Karl Friedrich Hieronymus, Freiherr von 77
Münchhausen, Statius von 77
Müntzer, Thomas 24, 48, 197, 198, 381, 382

Nagel, Gustav 94
Napoleon, Kaiser 29, 40, 347
Nathusius, Johann Gottlob 149
Naumann, Johann Friedrich 232, 235
Nebra, Schenken von 354
Neuber, Friederike Caroline 320
Neuendorf, Carl Gottfried 241
Neumark, Johann Chr. 255
Neuß, Erich 302
Nieto, Fuentsanta 291
Nietzsche, Friedrich 27, 340
Niuron, Franciscus 235
Niuron, Peter 235, 238, 262
Norbert von Xanten, Erzbischof von Magdeburg 9, 21, 38, 64, 65, 81
Nosseni, Maria 276
Novalis (Friedrich von Hardenberg) 49, 153, 318, 321, 375f.

Ohmann, Friedrich 66
Opitz, Martin 232
Ostwalt, Hans 113
Ottmar, Carl Theodor 141
Otto, Bischof von Bamberg 313
Otto I., ›der Große‹, Kaiser 9, 19, 38, 45, **50**, 55, 57, 61, 68, 81, 84, 159, 171, 173, 281, 296, 356

Otto II., Kaiser 19, 201, 311, 356
Otto III., Kaiser 168, 173, 208, 356, 363
Otto III. von Brehna-Wettin 298, 302
Otto der Reiche 208
Otto von Hadmersleben 133
Otto von Hessen, Erzbischof von Magdeburg 62

Palladio, Andrea 260
Panofsky, Erwin 162
Papen, Franz von 32
Pascal, Blaise 45
Paulick, Richard 246
Pauvaert, Antonius 287
Pellicia, Giuseppe Anselmo 314
Peltier, Martin 143
Penther, Johann Friedrich 199
Permoser, Balthasar 277
Pesne, Antoine 234, 251, 261
Peter I. ›der Große‹, Zar 105, 193
Peter III., Zar 240
Pflug, Julius 336
Pflüger, Konrad 265, 271, 273
Pinder, Wilhelm 159
Plötzkau, Grafen von 224
Pöppelmann, Matthäus Daniel 277
Pozzi, Carlo Ignazio 250, 253, 255, 269
Prämonstratenserorden 21, 38, 64, 76, 79, 84
Preußer, Georg 78

Quadri, Bartolomeo 321
Quast, Ferdinand von 216, 271
Querfurt, Brun von 354
Querfurt, Gebhard XIV. von 353
Querfurt, Grafen von 354

Radegunde, Prinzessin 11
Ranke, Leopold von 340
Rathenau, Walther 342
Rauch, Christian Daniel 294
Raumer, Georg Karl von 241
Reichardt, Johann Friedrich 297
Remy de la Fosse, Louis 301
Rennert, Jürgen 268
Richenza, Kaiserin 224
Richter, Adrian Ludwig 198, 210
Richter, Christian 326
Richter, Johann Moritz d.Ä. 319, 321, 326
Richter, Wilhelm 326
Richwin, Bischof von Naumburg 337
Riemenschneider, Tilman 60, 163
Riemer, Julius 267, 273
Rimpau, Theodor Hermann 104
Rinckeler, Thomas 287
Rispach, Ulrich 197
Ritter, Carl 176, 180
Robert, Carl 289
Rode, August von 241, 261
Röder, Leberecht Wilhelm von 209
Rössel, Wilhelm 337
Rössing, Ludolph von 156
Röttger, Jürgen 149
Rubens, Peter Paul 251, 261
Rudolf von Schwaben, König 20, 308, 309
Ruge, Arnold 30, 281
Rühl, Konrad 71
Ruysdael, Salomon 261
Ryckwaert, Cornelis 238, 240, 254

Sachsen-Merseburg, Herzöge von 313

Personen- und Sachregister

Sachsen-Weißenfels, Herzöge von 345
Sandtmann, Johann Caspar 327
Schadow, Johann Gottfried 270, 367, 369
Schaper, Fritz 321
Schardt, Alois J. 291
Schatz, David 349
Schau, Heinrich 339
Schelling, Friedrich Wilhelm Joseph 49
Schenk (Scheußlich), Hans 164
Scherer, Hans d.J. 123
Schiller, Friedrich 49, 315
Schinkel, Karl Friedrich 70, 176, 197, 199, 209, 270, 294, 314, 316
Schlegel, Friedrich 49
Schlegel, Hans 367, 372, 374
Schleinitz, Peter von 327
Schlemmer, Oskar 245
Schmidt, Martin 221
Schmidt-Rottluff, Karl 177
Schmiedeberg, Ulrich von 242
Schmiedel, Wieland 268
Schmitz, Bruno 200
Schongauer, Martin 99
Schönitz, Hans von 286
Schroh, Peter 292
Schröter, Georg 224, 270
Schubert, Franz 242
Schulenburg, Alexander von der 89
Schulenburg, Graf Levin Friedrich von der 349
Schulenburg-Heßler, Grafen von 354
Schütz, Heinrich 318
Schütze, Johann Christoph 240
Schwind, Moritz von 212
Schwineköper, Berent 149
Seckendorf, Veit Ludwig Freiherr von 325
Sehring, Bernhard 182, 213, 233
Seldte, Franz 32
Semler, Arntz 319, 346
Seume, Johann Gottfried 166, 316
Siemering, Rudolf 364
Sigebodo, Abt 194
Sigismund, Kaiser 20
Sigismund von Lindau, Bischof von Merseburg 306
Silbermann, Gottfried 339
Simonetti, Giovanni 238, 240, 263
Sobejano, Enrique 291
Soest, Konrad von 156
Solis, Virgil 371
Sophia von Brehna 174
Spangenberg, Cyriakus 374
Spangenberg, Gustav Adolph 289
Spener, Philipp Jakob 43
Spengler, Gustav Adolf 377
Spiegel zum Desenberg, Ernst Ludwig Christoph 170
Spieß, Michael 74, 91
Stalin, Josif W. 35
Stappen, Simon 156
Statius von Düren 101
Stein, Charlotte von 256
Stendhal (Henri Beyle) 111
Stengel, Friedrich Joachim 77
Stockhammer, Balthasar 321
Stolberg, Elisabeth von 197
Stolberg, Heinrich Graf von 188, 197
Stolberg-Wernigerode, Botho von 194
Stolberg-Wernigerode, Christian Ernst Graf von 187
Stolberg-Wernigerode, Otto Graf von 187
Strack, Johann Heinrich 270
›Straße der Romanik‹ 104
Struwe, Johann Friedrich 113
Stüler, Friedrich August 109, 122, 143, 209, 266, 279, 311

Taubenheim, Christoph von 346
Tappert, Esaias Wilhelm 113
Taut, Bruno 33, 71
Telemann, Georg Philipp 68f.
Tempel, Joachim 370
Templerorden 297, 328
Tendler, Christoph 274
Tessenow, Heinrich 71
Tetzel, Johann 23
Teutleben, Kaspar von 232
Thälmann, Ernst 296
Thal, Hans von 217
Theoderich der Große 15
Theophanu, Kaiserin 50, 201, 214
Thiersch, Paul 33, 296
Thietmar, Bischof von Merseburg 57, 119, 199
Thietmar, Markgraf 226
Thilo von Trotha, Bischof von Merseburg 308, 309, 311
Thioter, Abt 194
Thomasius, Christian 283
Thorvaldsen, Bertel 233
Tieck, Friedrich 176, 296
Tieck, Ludwig 49
Tilly, Johann, Feldherr 39, 70
Tischbein, Johann Friedrich August 43
Torricelli, Evangelista 45
Torstensen, Lennart 169
Triebsch, Joachim 296

433

Trothe, Christian 312
Trothe, Johann Christian 312
Tryller, Caspar 378, 381
Tryller, Michael 380
Tschammer, Richard 324
Tuaillon, Louis 310, 312
Tübke, Werner 205

Udalrich von St. Egidien 313
Udo I., Bischof von Naumburg 337, 340
Ulbricht, Walter 82
Ulrich, Bischof von Augsburg 313
Ulrich, Johann Gottfried 348
Uta von Ballenstedt 335
Uttendrup, Hans Thon 371

Vargula, Schenken von 354
Veltheim, Hans Hasso von 301, 302
Veltheim, Otto Ludwig von 302
Venantius Fortunatus 11
Vischer, Hans 273
Vischer, Peter d.Ä. 62, 197, 268, 272, 308
Vogl, J.N. 17
Völker, Karl 199
Voß, Johann Heinrich 166

Walbeck, Thietmar von 304
Wallenstein, Albrecht von 253
Walther, Christoph 300
Walther, Hans 300
Walther, Sebastian 269, 276
Warpke-Lüchow, Hermann, Graf von 103
Weber, Christoph 350
Weidanz, Gustav 239, 286
Weidenbach, Georg 324
Weill, Kurt 246

Weinert, Erich 69
Weisbach, Reiner 247
Weitling, Wilhelm 69
Wentzel-Teutschenthal, Carl 299
Werner, Erzbischof von Magdeburg 64
Wettin, Dedo von 299
Wettiner 20, 21, 22, 265, 298, 300, 313, 317, 345, 378
Wichmann, Ludwig 114
Wichmann von Seeburg, Erzbischof von Magdeburg 22, 62, 76, 148, 361
Widukind von Corvey 348
Wiehe, Adelsfamilie 349, 350
Wieland, Christoph Martin 166, 242
Wigger, Bischof von Brandenburg 76
Wilhelm I., König von Preußen 201
Wilhelm II., Kaiser, König von Preußen 42, 109, 271
Wilhelm-Ernst, Erbprinz von Sachsen-Weimar 233
Winckelmann, Johann Joachim 43, **50f.**, 102, 111, 114, 116
Wiprecht d. J. von Groitsch 360
Witzlebe, Hans 338
Wolff, Christian 51, 282, 283
Wolff, Friedrich Wilhelm 70
Wolff, Julius 185
Wolfgang, Fürst von Anhalt 239
Woltreck, Friedrich Franz 233
Woltstein, Sebald 324
Wou, Geert van 113, 116
Wrba, Georg 213, 221

Zaruth, Hans 101
Zetkin, Clara 296
Zisterzienserorden 133, 139, 149, 160, 184, 200, 202, 204, 237, 340, 341, 363, 379

Ortsregister

Aken 22, **236,** 245
Alexisbad 208
Aller 146
Alleringersleben 143
Allstedt 8, 34, **381f.**
Alsleben 216, 223, 224
Altenbrak 186
Altenburg 304, 322
Altenhausen 144
Altenplathow 79
Althaldensleben 149
Altmark 9, 13, 14, 20, 23, 30, 38, 73, **88ff.**
Anhalt-Dessau, Fürstentum 10, 29, 47
Annaburg 265, **274**
Arendsee 89, **93ff.**, 248
Arneburg 89, **119**
Arnstein 21, 371
Artern 357
Artern, Kreis 8, 199
Aschersleben 14, 207, **218f.**, 222, 224
Aschersleben, Kreis 8
Auerstedt 29

Baalberge 231
Bad Dürrenberg 315f.
Bad Frankenhausen 39, **203f.**
Bad Kösen 340, **342,** 344
Bad Lauchstädt 313ff.
Bad Schmiedeberg 265, **277f.**
Bad Suderode 217
Ballenstedt 8, 10, 26, 29, 207, **211ff.**, 213, 217
Barbarossahöhle 200

Ortsregister

Barby 21, **131f.**
Bartensleben 144
Beckendorf-Neindorf 141
Beesenlaublingen 223
Beetzendorf 104
Berlin 15, 23, 33, 35, 42, 44, 73, 125
Bernburg 10, 20, 29, 207, 222, **226ff.**, 231, 294
Beuna 312
Biese 17, 92
Bilzingsleben 11
Bismark 109
Bitterfeld 10, 31, 35, 247, 248
Bitterfelder Revier 31
Blankenburg 27, **182**
Blankenburg, Kreis 8, 34, 183
Blocksberg 17
Bode 127, 133, 137, 171, 180, 181, 218, 224, 225
Bodekessel 182
Bodetal 153, **181f.**
Bodfeld 46
Bösenburg 362
Brandenburg 25, 26, 27, 39, 89
Brandenburg, Bistum 19, 21, 38, 55, 117
Brandenburg, Kurfürstentum 281, 283
Brandenburg-Preußen 23
Braunsbedra 312
Brehna 21
Breitenstein 207
Brocken 9, 11, 37, 153, 186, **194f.**
Brumby 132
Burg 22, **73f.**, 78
Burg Anhalt 207
Burg Falkenstein 209f.
Burg Regenstein 184
Burgscheidungen 348ff.
Burgsdorf 362

Calbe 22, **132f.**
Calvörde 8, 34
Cölln-Berlin 125
Colbitz-Letzlinger Heide 108f.
Cormigk 231
Corvey 17, 356
Coswig 29, **262f.**
Cracau 69

Dachau 95
Dahme 22
Dederstedt 362
Derben 78
Dessau-Roßlau 8, 14, 20, 26, 29, 33, 34, 35, 40, 44, 46, 207, 236, **241ff.**, 262
– Bauhaus 241, 242, **245f.**
– Roßlau 253f.
– Schloss und Park Georgium **248ff.**, 372
Dessau-Wörlitzer Gartenreich (s. a. Dessau, Großkühnau, Mosigkau, Oranienbaum, Wörlitz) 40, 43
Diesdorf 69, **103f.**
Dölauer Heide 12
Domburg 304
Dornburg 29, **77**
Dosse 84
Dresden 15, 25, 43, 50, 198, 198, 199, 240, 273, 275, 277, 314, 319
Drömling 89, 104, 146
– Naturpark Drömling 104
Droyßig 327
Drübeck 191f.
Dübener Heide 277, 278, 279
Dumme 102

Eckartsberga 343
Egeln 31, **133f.**
Eimersleben 143
Eine 218, **371ff.**
Eisenach 41, 48, 302
Eisleben 48, 273, 359, 360, 361, 362, **363ff.**, 372, 374

Elbe 8, 11, 12, 17, 19, 73, 77, 104, 119, 127, 131, 132, 151, 159, 207, 247, 257, 262, 265, 274, 276, 277
Elbe-Havel-Kanal 73, 78
Elbingerode 153, 186
Elend 195
Elmen 129
Engersen 104
Erfurt 32, 43, 48, 117, 196
Ermsleben 14, 210
Erxleben 127, **143f.**

Falkenstein 21, **209f.**
Fallstein 157
Ferchland 78
Fischbeck 82
Fläming 23, 77, 207
Flechtingen 145
Frankenhausen 8
Frankleben 312
Freiberg 302
Freyburg 10, **344ff.**
– Neuenburg 344f.
– Stadtkirche St. Marien 346f.
Fritzlar 18
Frohse 127, 128, 217
Fuhne 231, 301
Fulda 17

Gänsefurth 224
Gandersheim 18
Gardelegen 23, 26, 89, 104, **105ff.**, 109, 110, 146
Genthin 78
Geiseltal 10, 31, 312
Gerlebogk 231
Gernrode 207, 208, **214ff.**, 217, 225
– Stiftskirche 214ff.
Giebichenstein, Burg s. Halle
Glaucha 43
Gnadau 131
Goldene Aue 199, 376, 381

Ortsregister

Gommern 75
Gonna 378
Goseck 321f.
Goslar 156, 159, 240
Gotha 21, 319
Grabow 74f.
Gräfenhainichen 248, **256**
Griesen 259
Gröbzig 231f.
Gröningen 137f.
– Klosterkirche St. Cyriakus 137f.
Groß Ammensleben 150
Großjena 344
Großkorbetha 318
Großkühnau 250
Groß Wirschleben 224
Großer Bruch **139ff.**, 154
Großer Fallstein 154
Groß-Mangelsdorf 82
Groß Mühlingen 131
Güntersberge 207, 208
Güsten 222

Hadmersleben 135f.
Hakel 157
Halberstadt 14, 17, 22, 23, 34, 38, 40, 87, 135, **158ff.**, 211, 218, 221, 302
– Dom 159ff.
– Liebfrauenkirche 140, **167f.**
Halberstadt, Bistum 26, 37, 132, 154, 155, 219, 313, 362
Haldensleben 127, 147, **148**
Haldenslebener Forst 13, **147f.**
Halle 10, 12, 14, 17, 22, 25, 28, 29, 31, 32, 33, 34, 35, 40, 41, 48, 50, 51, 67, 218, **281ff.**, 305, 315, 322, 366
– Burg Giebichenstein 33, 281, 282, 286, **296f.**
– Dom 291ff.
– Franckesche Stiftungen 294ff.

– Markt 284ff.
– Moritzburg 289ff.
– Neustadt 36, 293, 294
– Universität 288f.
Hamersleben 10, **139ff.**, 167
– Stiftskirche St. Pankratius 139ff.
Hämerten 119
Harbke 142
Harkerode 371
Harz 9, 10, 15, 18, 20, 23, 33, 35, 50, 138, 139, 141, **153ff.**, 156, 195, 218, 301, 348, 359, 371, 376
Harzgerode 10, 20, **208f.**
Harzkreis **208ff.**
Harzvorland 182
Hasselfelde 186
Havel 87
Havelberg 8, 9, 83, **84ff.**, 89
Havelberg, Bistum 9, 19, 21, 38, 55, 79, 117
Havelland 17
Haynsburg 327
Hecklingen 224f.
Helbra 359
Heldrungen 357
Helfta 360, 363
Hellbergen 105
Helme 16, 17, 379
Hersfeld 17, 356
Herzberg 22
Hessen 154
Hettstedt 49, 359, **375**
Hexentanzplatz 182
Hirsau 139, 167, 193
Hohenmölsen 309
Hohenseeden 78
Holtemme 153, 159, 186
Honstein 21
Horklitz 317
Hornburg 139
Hornhausen 16
Hoym 217
Hundisburg 12, **149**
Huy 157

Ihle 74
Ilberstedt 222
Ilse 153, 186, 193, 194
Ilsenburg 167, **193f.**, 303
Ilsestein 194

Jeetze 95
Jena 47, 49, 50, 51, 273, 347
Jerichow 9, 21, 22, 38, 78, **79ff.**, 84
Jessen 273
Jonitz 253
Josephshöhe 199
Jüterbog 22

Kalbe 104, 149
Kalte Bode 153
Kaltendorf 147
Karsdorf 350
Kelbra 199, **202f.**
Kemberg 279
Kleinjena 329
Klein Rossau 93
Klengowe 317
Klietznick 82
Klötze 104
Klötzschen 312
Kloster Huysburg 157
Klostermansfeld 374 f.
Kloster Michaelstein **184f.**, 221
Kloster Neuendorf 108f.
Klusberge 170
Königshütte 195
Königslutter 194, 240, 303
Konradsburg 211, 218
Köthen 10, 14, 20, 29, 41, 207, **232ff.**, 236, 262
– Schloss 234f.
Krevese 93
Kroppenstedt 136f.
Krumbke 93
Krumpa 312
Kühnauer See 250
Kulpenberg 200, 201
Kunrau 104
Kyffhäusergebirge **199ff.**, 205, 354, 376

436

Ortsregister

Landsberg 21, **302f.**, 345
Langenstein 170
Lauenburg 217
Lausitz 21, 73
Leiden 44
Leimbach 371
Leipzig 21, 22, 25, 28, 33, 42, 43, 47, 49, 51, 195, 265, 278, 279, 301, 304, 316, 322, 330
Leitzkau 21, 38, 73, **76f.**, 79, 84
Letzlinger Heide 11, 89, 104, **108f.**, 147, 151
Leuna 10, 14
Lindenau 26
Loburg 77f.
Löbejün 301
Löcknitz 84
Lude 195
Lützen **316**, 339

Mägdesprung 207
Magdeburg 9, 11, 12, 17, 18, 19, 22, 23, 25, 28, 29, 31, 32, 33, 35, 38, 39, 40, 44, 48, 49, **54ff.**, 73, 105, 132, 135, 148, 151, 159, 160, 195, 262, 265, 281, 296, 301
– Dom 19, **55ff.**, 356
– Kloster Unser Lieben Frauen **64f.**, 84
Magdeburg, Börde 22, **127ff.**
Magdeburg, Erzbistum 8, 19, 26, 27, 38, 66, 149, 281, 283, 296, 297, 298, 322
Mansfeld 21, 48, **372ff.**
Mansfeld, Grafschaft 27, 359
Mansfelder Gebirgskreis 211
Mansfelder Land 35, **358ff.**, 367, 370, 371
Mansfelder Mulde 359
Marienborn 143

Mark Brandenburg 20, 38, 89, 122
Mehringen 223
Meisdorf 211
Meißen 21, 290, 334, 361
Meißen, Bistum 19, 38, 55, 322
Melkow 82
Memleben 356f.
Merseburg 11, 18, 22, 27, 32, 35, 302, **304ff.**, 313
– Dom 306ff., 310
– Schloss 309f.
Merseburg, Bistum 19, 25, 30, 38, 55, 313, 322
Meuchen 316
Milde 17, 104, 149
Mildensee 244, **253**
Mittellandkanal 33, 104, 127, **139ff.**, 147, 148, 150
Möckern 75
Molmerswende 210
Morungen 376
Mosigkau 250
Mücheln 297, 312, **313**
Mulde 207, 231, 247, 253
Mummenthal 180

Naumburg 10, 22, 25, 184, 304, 322, 327, **328ff.**, 340, 344, 346, 347
– Dom St. Peter und Paul 328, **331ff.**, 341
Naumburg-Zeitz, Bistum 25, 30
Nebra 12, 344, 350, 354, 356
Neinstedt 181
Neuenklitsche 82
Nienburg 224, **225f.**
Nischwitz 254
Nordhausen 18, 23, 191, 202
Nordhusen 150
Nordmark 20
Nordthüringgau 127
Nöthnitz 50
Nuthe 238

Oberaltenburg 304
Oberrißdorf 362
Oebisfelde 104, 105, **146f.**
Ohre 17, 127, 139, 148, 151, 159
Oker 17, 159
Oranienbaum 254ff.
Oschersleben 16, 127, 135, 139
Osterburg 26, 82, 92f.
Osterwieck 11, 17, 139, **155ff.**, 159
Osterwohle 102f.
Ostrau 301
Ottersleben 69

Petersberg 299ff.
– Stiftskirche St. Petrus 299ff., 302
Plomnitz 231
Plötzkau 224
Pötnitz 253
Potsdam, Bezirk 8
Prettin 274ff.
Pretzien 75f.
Pretzsch 276f.
Preußen 27, 28, 29, 30, 40

Quedlinburg 8, 10, 18, 19, 27, 32, 47, 138, 156, **170ff.**, 214, 356
– Stiftskirche 171ff., 379f.
Querfurt 21, 22, **350ff.**
– Burg Querfurt 350ff.

Radisleben 26
Raguhn 231
Ramberg 153
Rambergmassiv 214
Redekin 82
Regenstein-Blankenburg 21
Reinharz 278
Reinsdorf 353
Riade 19, 356
Röblingen 362
Roseburg 213
Roßlau s. Dessau-Roßlau

437

Ortsregister

Roßleben 357
Roßtrappe 182
Rottleben 200
Rübeland 153, 186
- Baumanns- und Hermannshöhle 186

Saale 10, 11, 15, 17, 19, 127, 132, 159, 207, 218, 223, 225, 226, 231, **280ff.**, 293, 296, 297, 298, 304, 309, 311, 317, 321, 328, 340, 342, 343f.
Sachsen, Kurfürstentum 265, 304
Sachsen, preußische Provinz 8, 29ff., 34, 40, 77, 89, 262, 310, 357, 359
Sachsen-Merseburg, Herzogtum 304
Sachsen-Weimar, Herzogtum 29, 41, 381
Sachsen-Weißenfels, Herzogtum 319
Sachsen-Wittenberg, Herzogtum 265
Sachsen-Zeitz, Herzogtum 325, 330, 338
Salzelmen 127, 129, 131, 315
Salziger See 359, **362**
Salzmünde 299
Salzwedel 9, 23, **95ff.**, 103, 104, 105, 110, 121
- Katharinenkirche 101
- Marienkirche 98f.
- Mönchskirche 95ff.
Sandau 83
Sangerhausen 359, **376ff.**, 381
- Jakobikirche 378
Sarre 134
Schadeleben 129
Schkopau 312
Schlanstedt 154
Schlenze 218
Schmalkalden 321
Schmölln 340

Schmoner Bach 353
Schönebeck-Salzelmen **127ff.**, 133
Schönhausen 82f.
Schraplau 362
Schulpforta 47, 184, **340f.**, 342
Schwarze Elster 265, 273
Schwenda 199
Seeburg 360ff.
Seehausen 92
Seligenstadt 155
Selke 207, 208, 209, 210, 371
Sittichenbach 362
Sommerschenburg 142
Sommersdorf 142
Spiegelsberge 170
Stakenberg 104
Staßfurt 31, 224, **225,** 342
Stecklenburg 217
Steigra 350
Steinfeld 109
Steinklöbe 356
Stendal 9, 23, 26, 50, 89, 92, 93, 104, 105, **109ff.**, 119, 122, 323
- Dom 87, **116ff.**, 122
- Jakobikirche 114
- Marienkirche 112f.
Stiege 195, 208
St. Michaln 313
Stöpenitz 84
Stötterlingen 157
Stolberg 11, 21, 22f., **195ff.**, 371
Straßberg 208
Süßer See 359, 360, 362
Suhl 32
Sydow 82

Tanger 119
Tangermünde 9, 23, 26, 38, 82, 89, 110, **119ff.**, 151
- Burg 124f.
- Stephanskirche 90, **122f.**
Tauchlitz 317
Teufelsmauer 181, 182

Thale 17, 174, **181f.**
Thüringen 8, 14, 21, 34, 39, 304, 357, 378, 381
Thyra 195, 198
Tilleda 199, **201f.**
Timmenrode 182
Törten 248, **253**
Torgau 21, 34
Trautenstein 186
Treseburg 186
Tröbsdorf 350

Uchte 110
Ummendorf 141
Unstrut 10, 11, 16, 17, 19, 159, 280, 328, **343ff.**, 379
Unterrißdorf 362

Vitzenburg 354
›Volkmarskeller‹ 184

Walbeck **146,** 147
Waldersee 244, **251ff.**
Walkenried 340, 341
Wallendorf 11
Wallhausen 202
Wangen 11, 356
Wanzleben 134
Wartburg 48, 302
Wartenberg 29
Wechselburg 302
Weddersleben 181
Weferlingen 146
Wefersleben 146
Weida 362
Weimar 21, 32, 44, 242, 319
Weiße Elster **280ff.**, 322
Weißenfels 10, 22, 27, 31, 49, 316, **317ff.**, 322
- Marienkirche 317f.
- Schloss Neu-Augustusburg 319ff.
Wendefurth 186
Wendelstein 356, **357**
Werben 9, **89ff.**, 92, 95, 151
- Johanneskirche 90f.
Wernigerode 11, 21, 37, **186ff.**, 361

438

Ortsregister

Westerburg 154
Wettin 297, **298f.**
Wetzendorf 350
Wiederstedt 375f.
Wiepke 104
Wilde 195
Wipper 218, 226, **371ff.**
Wippra 371
Wische 89, 92
Wittenberg 10, 20, 21, 23ff., 28, 29, 36, 39, 42, 43, 48, 49, 247, 248, 262, 263, **265ff.**, 277, 279, 289
– Lutherhaus 266f.
– Markt 269ff.
– Schlosskirche 271ff., 367
– Stadtkirche St. Marien 99, 268f.
Wolferode 359
Wolmirstedt 151
Wörlitz 10, 29, 43, 247, 248, 254, **257ff.**, 262
Wormke 153
Wust 82

Zeitz 10, 27, 31, 317, **322ff.**, 329
- Bistum 19, 38, 55, 322
- Dom St. Peter und Paul 326f.
- Schloss Moritzburg 325f.

Zerbst 29, 34, 35, 40, 207, **236ff.**, 294
Zethlingen 105
Zichtau 104
Ziebigk 248, 250
Zillierbach 186
Zilly 154
Zörbig 26, **302**
Zschornewitz 248
Zwickau 322

Impressum

Umschlagvorderseite: Quedlinburg, Burgberg
Umschlagklappe vorn: Naumburg, Dom, Uta und Ekkehard
Vignette: Haldensleben, Fachwerkhaus, Detail
Umschlagklappe hinten: Englische Anlagen zu Wörlitz, Fächerblick zu Synagoge und Kirche
Umschlagrückseite:
Lagekarte Sachsen-Anhalt
Gernrode, Stiftskirche St. Cyriakus von Süden
Ausschnitt Cityplan Magdeburg
Bauhausmeister Lyonel Feininger, Wassily Kandinsky, Oskar Schlemmer und Paul Klee sowie Georg Muche (4. v. l.), 1928

S. 6/7: Magdeburg, Holzschnitt aus Hartmann Schedels Weltchronik, 1493
S. 52/53: Sangerhausen, Stahlstich aus ›Das malerische und romantische Deutschland‹, 1836–41

Über die Autoren:
Edeltraud Lautsch lebt als freie Schriftstellerin in Blankenburg im Harz. Sie publizierte mehrere Kinderbücher, daneben Beiträge für Rundfunk und Fernsehen sowie einen Prosaband, der die Situation ostdeutscher Frauen zum Thema hat.
Norbert Eisold arbeitet als freier Autor, Kunsthistoriker und Kurator. Er veröffentlichte vor allem Bücher zur Kunst- und Kulturgeschichte des östlichen Deutschland, beispielsweise zum Dessau-Wörlitzer Gartenreich und zu Hermann von Pückler-Muskau und seinen Gartenschöpfungen.

5., aktualisierte Auflage 2008
© DuMont Reiseverlag, Ostfildern
Alle Rechte vorbehalten
Grafisches Konzept: Groschwitz, Hamburg
Satz und Druck: Rasch, Bramsche
Buchbinderische Verarbeitung: Bramscher Buchbinder Betriebe